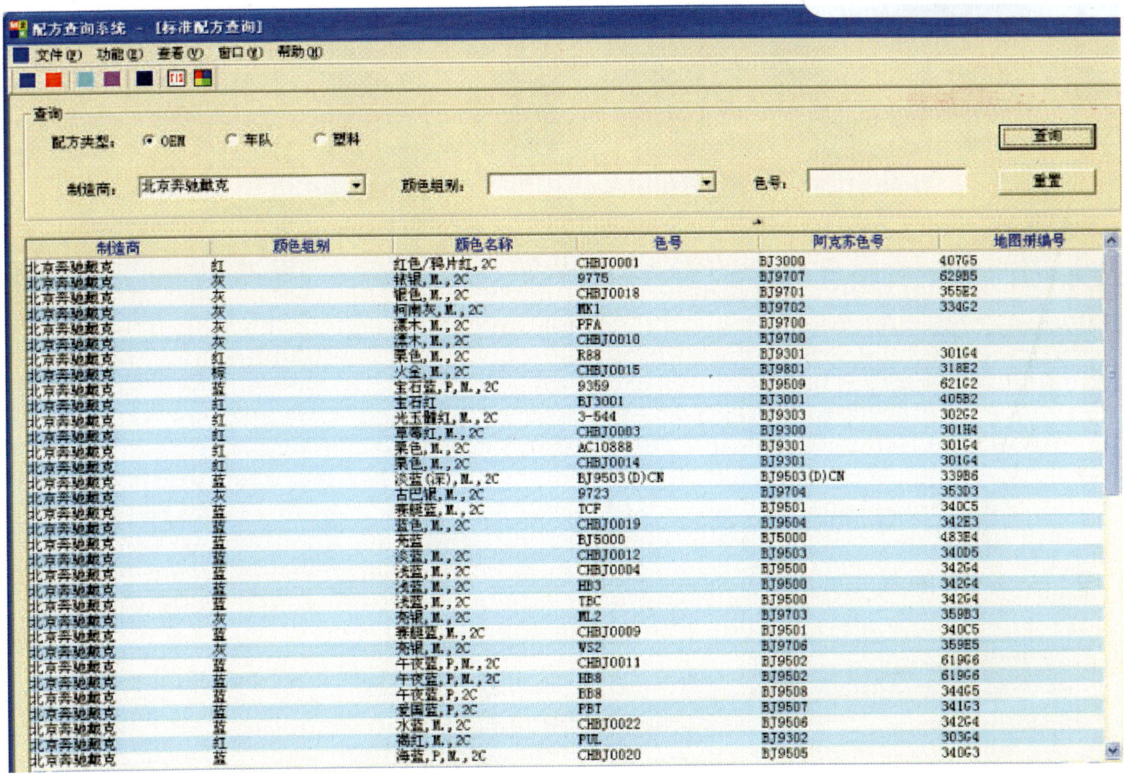

制造商	颜色组别	颜色名称	色号	阿克苏色号	地图册编号
北京奔驰戴克	红	红色/鸦片红, 2C	CHBJ0001	BJ3000	407G5
北京奔驰戴克	灰	钛银, M., 2C	9775	BJ9707	629B5
北京奔驰戴克	灰	银色, M., 2C	CHBJ0018	BJ9701	355E2
北京奔驰戴克	灰	柯南灰, M., 2C	MK1	BJ9702	334G2
北京奔驰戴克	灰	漂木, M., 2C	PFA	BJ9700	
北京奔驰戴克	灰	漂木, M., 2C	CHBJ0010	BJ9700	
北京奔驰戴克	红	栗色, M., 2C	R88	BJ9301	301G4
北京奔驰戴克	棕	火金, M., 2C	CHBJ0015	BJ9801	318E2
北京奔驰戴克	蓝	宝石蓝, P, M., 2C	9359	BJ9509	621G2
北京奔驰戴克	红	宝石红	BJ3001	BJ3001	405B2
北京奔驰戴克	红	光玉髓红, M., 2C	3-544	BJ9303	302G2
北京奔驰戴克	红	草莓红, M., 2C	CHBJ0003	BJ9300	301H4
北京奔驰戴克	红	栗色, M., 2C	AC10888	BJ9301	301G4
北京奔驰戴克	红	栗色, M., 2C	CHBJ0014	BJ9301	301G4
北京奔驰戴克	蓝	淡蓝(深), M., 2C	BJ9503(D)CN	BJ9503(D)CN	339B6
北京奔驰戴克	灰	古巴银, M., 2C	9723	BJ9704	353D3
北京奔驰戴克	蓝	赛艇蓝, M., 2C	TCF	BJ9501	340C5
北京奔驰戴克	蓝	蓝色, M., 2C	CHBJ0019	BJ9504	342E3
北京奔驰戴克	蓝	亮蓝	BJ5000	BJ5000	483E4
北京奔驰戴克	蓝	淡蓝, M., 2C	CHBJ0012	BJ9503	340D5
北京奔驰戴克	蓝	浅蓝, M., 2C	CHBJ0004	BJ9500	342G4
北京奔驰戴克	蓝	浅蓝, M., 2C	HB3	BJ9500	342G4
北京奔驰戴克	蓝	浅蓝, M., 2C	TBC	BJ9500	342G4
北京奔驰戴克	灰	亮银, M., 2C	ML2	BJ9703	359B3
北京奔驰戴克	蓝	赛艇蓝, M., 2C	CHBJ0009	BJ9501	340C5
北京奔驰戴克	灰	亮银, M., 2C	WS2	BJ9706	359E5
北京奔驰戴克	蓝	午夜蓝, P, M., 2C	CHBJ0011	BJ9502	619G6
北京奔驰戴克	蓝	午夜蓝, P, M., 2C	HB8	BJ9502	619G6
北京奔驰戴克	蓝	午夜蓝, P, 2C	BB8	BJ9508	344G5
北京奔驰戴克	蓝	爱国蓝, P, 2C	PBT	BJ9507	341G3
北京奔驰戴克	蓝	水蓝, M., 2C	CHBJ0022	BJ9506	342G4
北京奔驰戴克	红	褐红, M., 2C	FUL	BJ9302	303G4
北京奔驰戴克	蓝	海蓝, P, M., 2C	CHBJ0020	BJ9505	340G3

图 7-74　微机中的配方系统

图 7-91　清除旧漆层

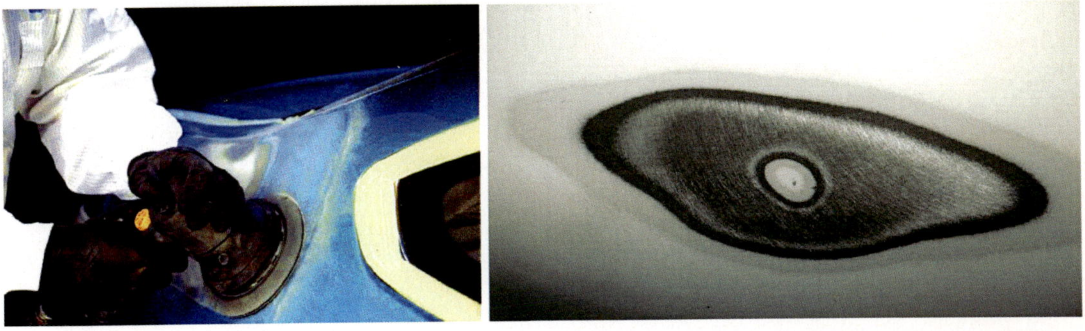

图 7-92　打磨羽状边及效果

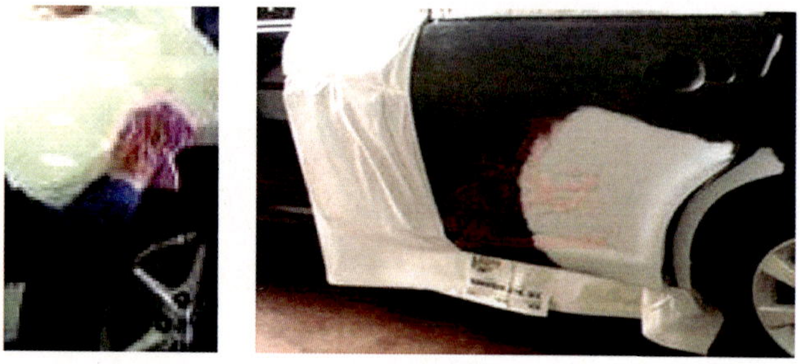

图 7-93　遮蔽除油

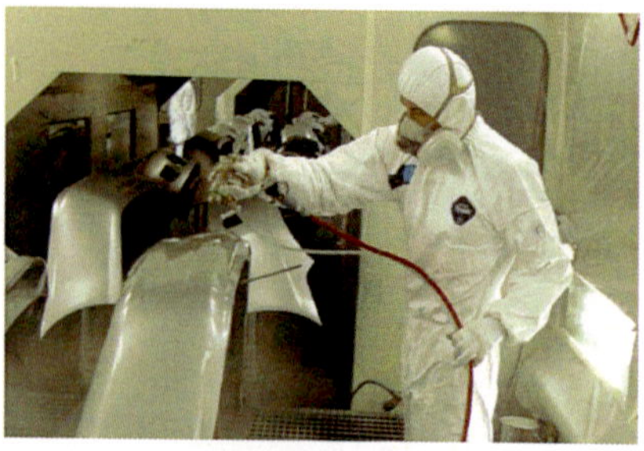

图 7-94　喷涂底漆

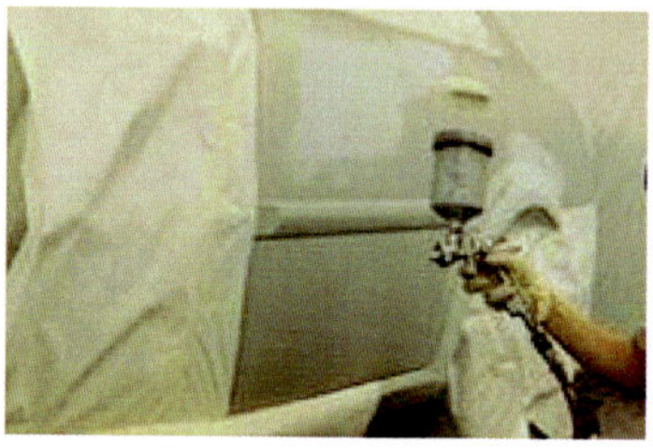

图 7-95　按厂家给定比例调配并喷漆

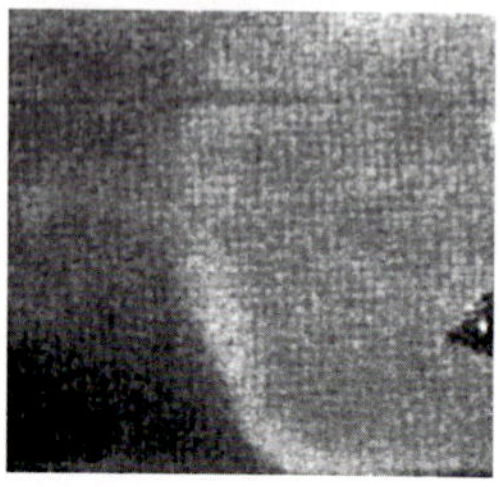

图 7-96　底漆喷涂效果

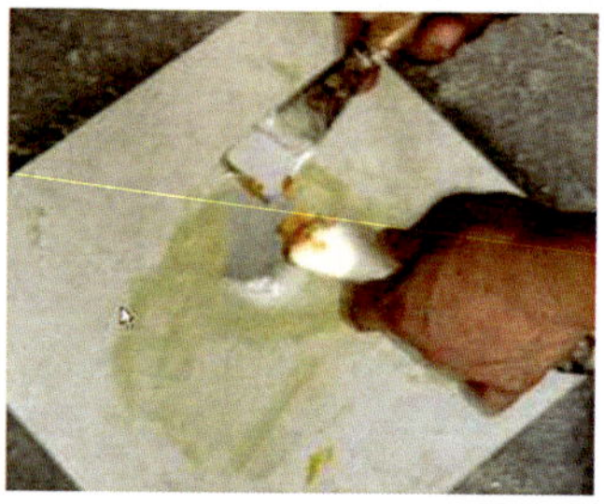

图 7-98　调配原子灰

图 7-99　刮涂原子灰

图 7-100　简单手工打磨

图 7-110　喷枪的使用

图 7-112　面漆抛光

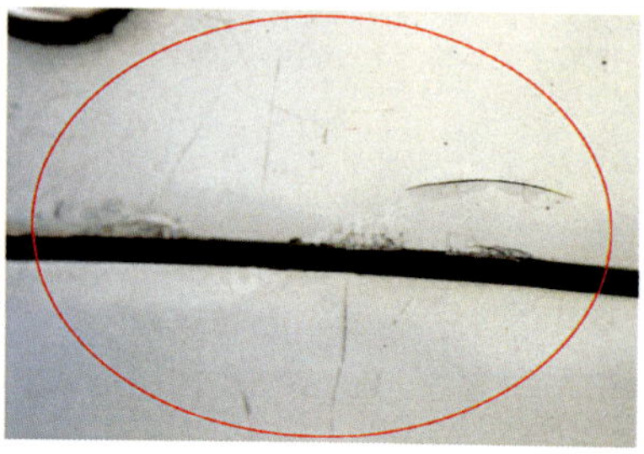

图 7-114　原子灰脱落

图 7-115　起云

图 7-116　颜色出现偏差

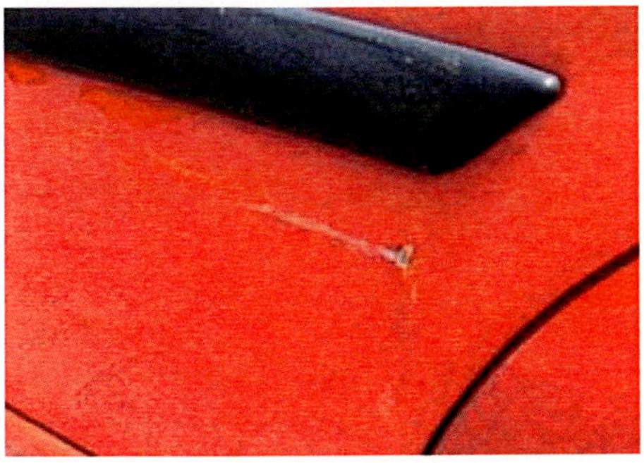

图 7-117　凹痕

图 7-118　污垢

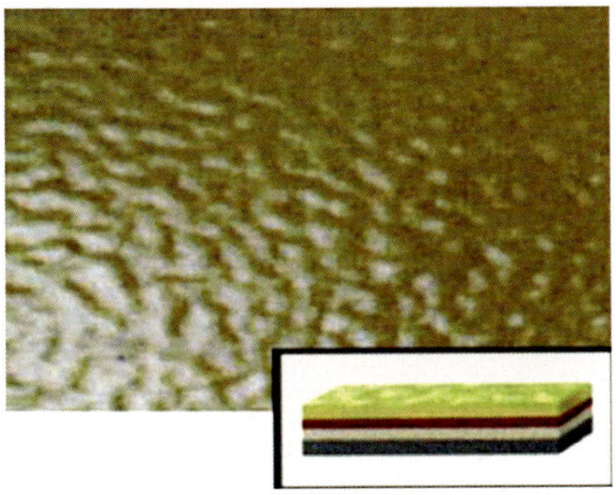

图 7-119　橘皮

图 7-120　针孔

图 7-121　溶剂泡

图 7-122　原子灰痕迹

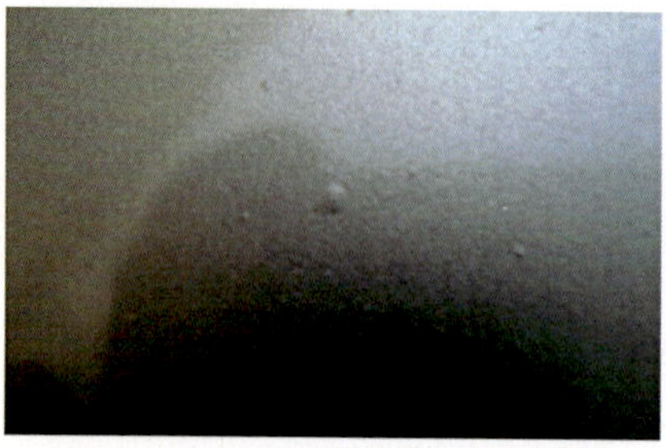

图 7-123　起泡

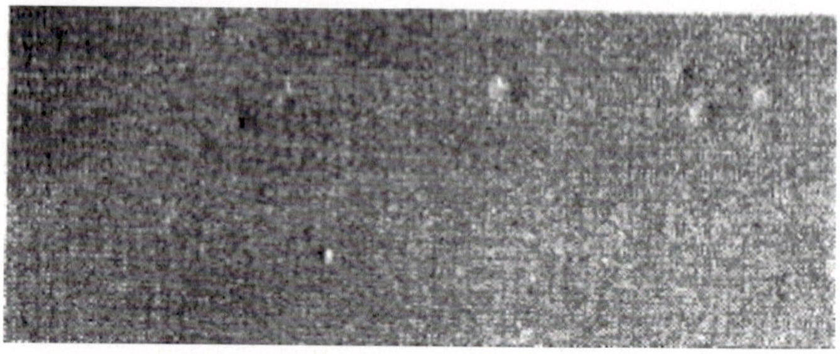

图 7-124　中间漆凹陷

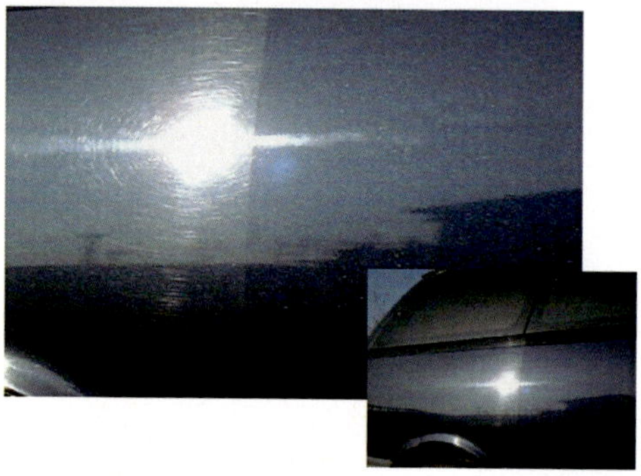

图 7-125　划痕

图 7-126　发红

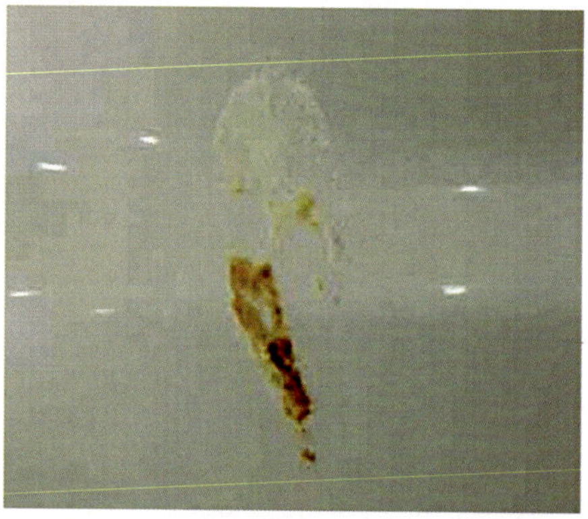

图 7-127　锈蚀

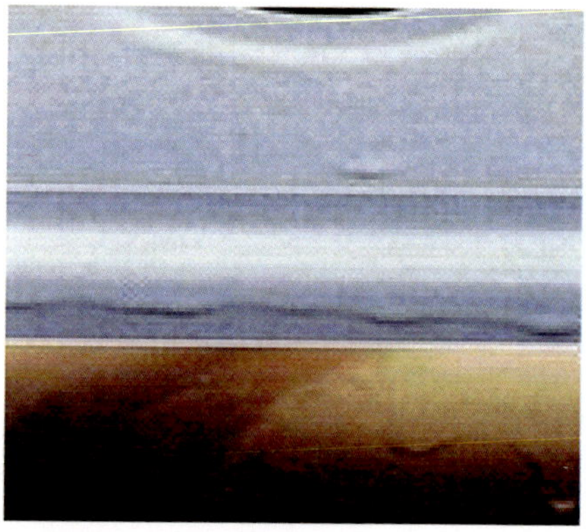

图 7-128　流挂

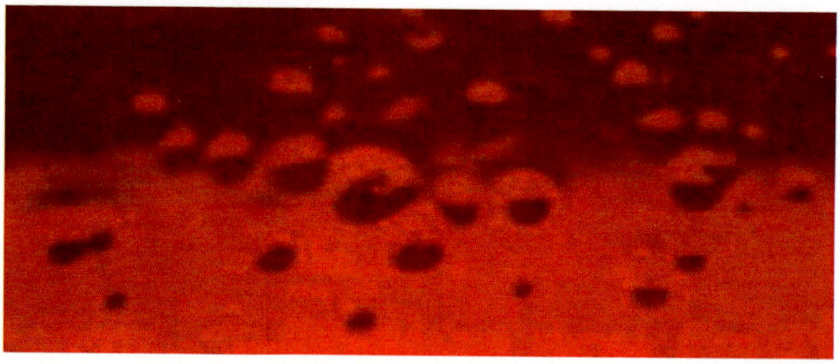

图 7-129　鱼眼凹陷

"十二五"职业教育国家规划教材

经全国职业教育教材审定委员会审定

轿车车身构造与维修

第2版

主　编　刘建华　江　帆

副主编　李起振　舒　会　赵雪铭

参　编　王磊刚　于汇泉　叶文海

戚小男　王立超　孟永帅

李亚杰　郑　涛　薛　鹏

孙江山

机械工业出版社

CHINA MACHINE PRESS

本书是“十二五”职业教育国家规划教材，是在第1版的基础上修订而成的。本书以轿车承载式车身为主，以捷达、桑塔纳、奥迪、帕萨特、雅阁、宝来、东风日产颐达、别克荣御、别克君威等多种国产轿车的车身为实例，详细、系统、全面地介绍了现代轿车车身的构造；同时对车身焊接、钣金、钳工等基本操作技能、车身变形的修复方法以及车身涂装作业常识和基本操作技能作了较系统的介绍。

本书可作为职业院校汽车专业教材，亦可作为汽车修理工，相应层次的汽车运用工程、汽车检测与维修等相关专业的在校学生，以及准备进入汽车修理业的社会人员自学参考。

为方便教学，本书配有电子教案，凡选用本书作为授课教材的教师，均可登录 www. cmpedu. com，以教师身份免费注册下载。编辑咨询电话：010-88379865。

图书在版编目（CIP）数据

轿车车身构造与维修/刘建华，江帆主编. —2版. —北京：机械工业出版社，2014.9（2023.1重印）

“十二五”职业教育国家规划教材

ISBN 978-7-111-47656-6

Ⅰ.①轿…　Ⅱ.①刘…②江…　Ⅲ.①轿车－构造－职业教育－教材②轿车－车辆修理－职业教育－教材　Ⅳ.①U469.11

中国版本图书馆CIP数据核字（2014）第186573号

机械工业出版社（北京市百万庄大街22号　邮政编码100037）
策划编辑：曹新宇　责任编辑：于志伟
责任校对：佟瑞鑫　封面设计：马精明
责任印制：单爱军
北京虎彩文化传播有限公司印刷
2023年1月第2版第5次印刷
184mm×260mm · 20.5印张 · 2插页 · 502千字
标准书号：ISBN 978-7-111-47656-6
定价：48.00元

凡购本书，如有缺页、倒页、脱页，由本社发行部调换

电话服务
服务咨询热线：010-88379833
读者购书热线：010-88379649

网络服务
机 工 官 网：www. cmpbook. com
机 工 官 博：weibo. com/cmp1952
教育服务网：www. cmpedu. com
金 书 网：www. golden-book. com

第2版前言

本书是按照教育部《关于开展“十二五”职业教育国家规划教材选题立项工作的通知》，经过出版社初评、申报，由教育部专家组评审确定的“十二五”职业教育国家规划教材，是根据《教育部关于“十二五”职业教育教材建设的若干意见》及教育部新颁布的《高等职业学校专业教学标准（试行）》，同时参考汽车维修、汽车制造等岗位群的职业资格标准组织修订的。

本书内容是在第1版的基础上，结合现代钣金设备和技术以及汽车车身材料的变化重新修订而成的。本书主要以当前社会保有量比较大的车型作为实例，第8单元轿车车身拆装维修实训还以目前全国职业院校学生技能比赛用车雪佛兰科鲁兹作为实例进行编写，兼顾了实用性和当前教学的需求。

全书由刘建华、江帆担任主编，李起振、舒会、赵雪铭担任副主编，参与编写的还有王磊刚、于汇泉、叶文海、戚小男、王立超、孟永帅、李亚杰、郑涛、薛鹏、孙江山。本书经全国职业教育教材审定委员会审定，教育部专家在评审过程中对本书提出了宝贵的意见，在此一并表示感谢！

由于编者水平有限，书中疏漏和不当之处在所难免，敬请读者批评指正。

编　者

第1版前言

车身与发动机、底盘称为汽车的三大总成。车身不论在保证安全、功能使用、车型开发、生产投资等方面都具有极重要的地位。从外形到装备，从汽车空气动力学到人机工程学，从功能到结构，从原材料到制造工艺都体现出现代轿车车身向着高性能、新技术、多样化发展的趋势。

车身既是保护乘员和行李的工具，也是汽车的主要承载部件，又是技术与造型有机结合的艺术品。随着社会的发展，人们对物质生活的需求逐步增大，作为交通和运输工具的轿车，越来越受到重视。现在各国汽车产品中，人们对轿车的多样化要求越来越强烈，而轿车的多样化主要体现在车身上。

电子技术和材料工艺的迅速发展，使汽车的一些性能指标达到了崭新的高度，并大大推进了车身向豪华化、多样化、居室化、办公室化方向发展，提高了驾驶人的操纵方便性和乘员的舒适性，以适应现代人生活和工作的需要。

目前，计算机辅助设计与制造（CAD、CAM）以及有限元结构分析方法的广泛应用，不但提高了新车身开发和制造的质量，同时也缩短了开发周期，这就更能适应人们对轿车不断更新的追求。

本书力求与我国汽车产业的发展相适应，同时体现中职技术教育改革的发展趋势。本书主要以捷达、桑塔纳、奥迪、帕萨特、雅阁、宝来、东风日产颐达、别克荣御、别克君威等多种轿车车身为实例，详细、系统、全面地介绍了现代轿车车身的构造；同时对车身焊接、钣金、钳工等基本操作技能、车身变形的修复方法以及车身涂装作业常识和基本操作技能作了较系统的介绍。本书在内容上以车身构造为主，突出新结构、新技术；叙述时则力求由浅入深、通俗易懂、文字简练、图文并茂；以培养具有扎实专业知识和熟练操作技能为目的，以内容新颖、理论与实践相结合为原则，使学生在掌握构造的基本上，较快地掌握拆装、维修等方法。

全书共分8个单元：车身构造与维修概述、车身本体构造、车门与附件、车身装饰、座椅与座椅安全带、车身附件、车身修复技术、宝来（BORA）轿车拆装维修实训。

编写分工：刘建华（单元1、2）、于汇泉（单元3）、尹维贵（单元4）、江帆（单元5）、韦家壮、马立峰（单元6）、王磊刚（单元7、8）。全书由刘建华、江帆任主编，尹维贵、韦家壮、马立峰任副主编。

由于编者的经验、水平有限，因此，书中难免出现缺点和错误，敬请读者批评指正。

编　者

目 录

CONTENTS

单元1　车身构造与维修概述

应知应会

1. 了解轿车车身的结构、作用与各类结构形式。
2. 掌握车身的技术要求。
3. 了解车身使用的各种材料。
4. 掌握车身修理使用的各种工具及设备。
5. 学会使用修理车身的各种工具及设备。

课题1　车身的作用、构成与形式

1.1.1　车身的功用与类型

1. 汽车车身概述

车身既是运送和保护乘员及行李的工具，也是汽车的主要承载部件，更是技术与艺术有机结合的艺术品。随着社会的发展，人们对物质生活的需求逐步增大，作为交通和运输工具的轿车，越来越受到重视。现在在各国汽车产品中，轿车产量约占75%以上，人们对轿车的多样化要求越来越强烈，而轿车的多样化主要体现在车身上。

电子技术和材料工艺的进步，使汽车的一些性能指标达到了崭新的高度，并大大推进了车身向豪华化、多样化、居室化和办公室化方向发展，从而提高了驾驶人的操纵方便性和乘员的舒适性，以适应现代人生活和工作的需要。很多人在选择轿车时，首先考虑的已不是发动机和底盘的结构及性能，而是车身的式样和装备。

目前，计算机辅助设计与制造（CAD、CAM）以及有限元结构分析方法的广泛应用，不但提高了新车身开发和制造的质量，同时也缩短了开发周期，这就更能适应人们对轿车不断更新的追求。

2. 汽车车身的功用

汽车车身既是驾驶人的工作场所，也是容纳乘客和货物的空间。

3. 对汽车车身的要求

1）能给驾驶人提供良好的操作条件，能给乘客提供舒适的乘坐条件，保护他们免受汽车行驶时振动、噪声、废气的侵袭及外界恶劣气候的影响。

2）保证完好无损地运载货物且装卸方便。

3）保证行车安全和减轻事故后果。

4）保证汽车具有合理的外部形状，行驶时能有效引导周围气流，以减少空气阻力和燃油消耗。

5）保证汽车行驶稳定性和改善发动机的冷却条件，并使室内通风良好。

4. 汽车车身的种类和车架形式

（1）汽车车身的种类　汽车车身一般可按用途、所用材料、与底盘的连接方式进行分类，但是更多的是按受力的情况分类，即有非承载式、半承载式和承载式车身之分。

1）非承载式车身又称有车架式车身。其特点是车身与车架通过弹性元件连接，汽车车身仅承受本身和所载客、货的重力以及汽车行驶时的惯性力与空气阻力；而发动机、底盘这些部件工作时的作用力以及汽车行驶时道路对汽车的外加荷载等都由车架承受。

2）承载式车身也称无车架式车身。车身底架就是发动机和底盘各总成的安装基础。全部荷载都由车身来承受。其优点是抗弯、抗扭、刚度较高、质量轻、地板高度较低，能更有效地利用厢内空间。轿车多采用这种结构。

3）半承载式车身，其结构特点是车身与前支架用焊接法或螺栓刚性连接，二者成为一体而承受荷载。这种结构实质上是另一种无车架车身，只是装了前支架，起着一部分车架的作用，发动机和悬架均安装在车身前支架上。

（2）汽车车身的车架形式

1）非承载式车身的车架形式（或称大梁类型）。非承载式车身的大梁式车架的基本结构由两条侧梁和几条横梁构成，大梁式车架如图 1-1 所示，可以根据其形状分成多种类型。

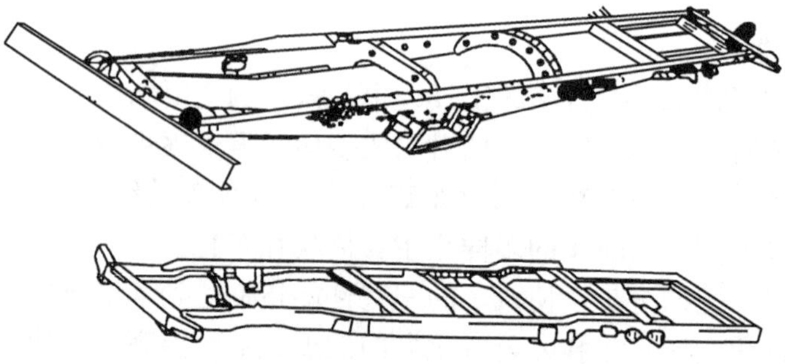

图 1-1　大梁式车架

① 梯形大梁。梯形大梁是原始的机动车大梁，由两个平行的侧梁通过几条横梁连接起来。即使在今天，这也是重型车辆上最常见的大梁类型。通常，大型货车车架使用槽钢，梯形大梁及车身如图 1-2 所示。

② 边框式大梁。边框式大梁是一种用于轿车的梯形大梁，其侧梁有一个大的偏心部分，从而沿车身的边框构成大梁；部分侧梁的截面形状随之改变，以保证一个平而低的底盘。边框式大梁的车身结构介于梯形大梁和整体式车身之间，边框式大梁及车身如图 1-3 所示。

③ 脊背式大梁。这种大梁是车辆的主干，其形状就像一个单一的通道，其基本功能与

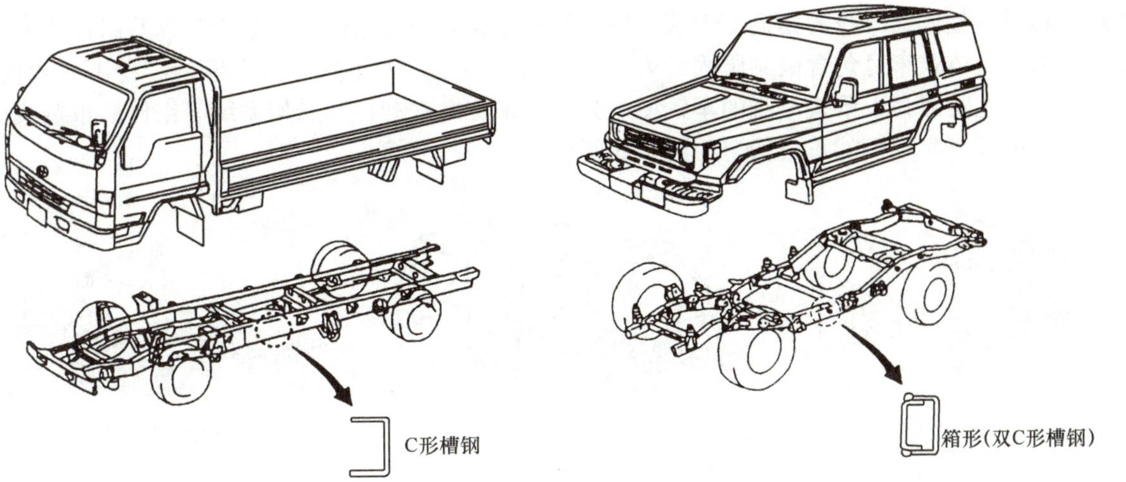

图 1-2　梯形大梁及车身

其他形式车辆上的大梁相同。脊背式大梁的一个特征就是传动轴和管路是封闭在大梁中的。这种大梁在早期的丰田运动型汽车 2000GT 中采用过，脊背式大梁如图 1-4 所示。

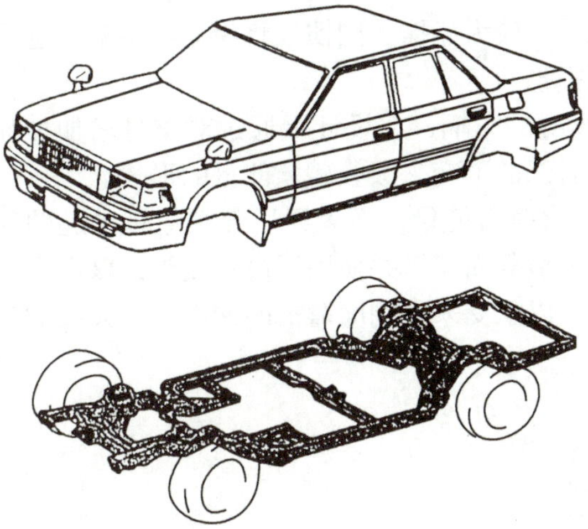

图 1-3　边框式大梁及车身

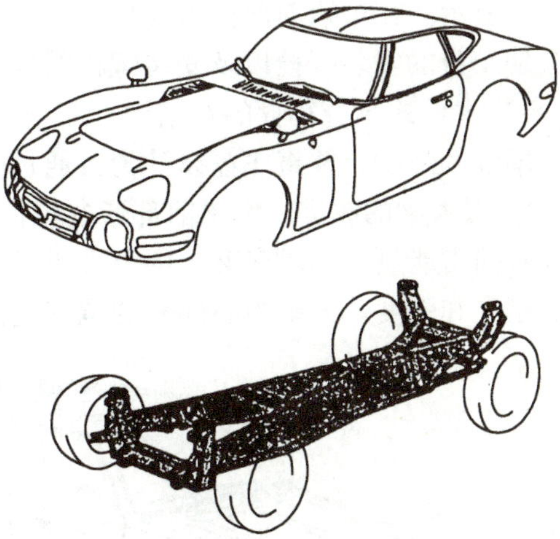

图 1-4　脊背式大梁［Toyota（丰田）2000GT］

④ 钢管式大梁。这种大梁由焊接在一起的钢管件构成，其结构就像一个鸟笼。因为钢管式大梁车辆的底盘和车身是由钢管构成的，所以并不完全是大梁式车架。其整体形式类似于一辆由钢管制成的、经防滚架加固的赛车，这种大梁不用于普通车辆，钢管式大梁如图 1-5 所示。

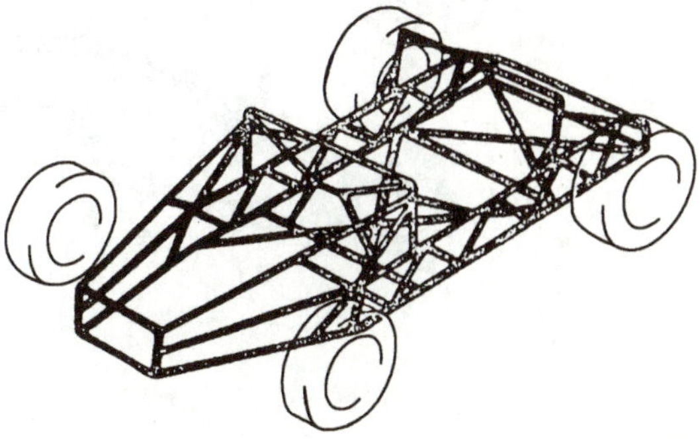

图 1-5　钢管式大梁（越野式）

2）大梁式车身车辆的车身构造。大梁式车身车辆的车身构造与整体式车身的构造基本相同，整体式车身的车辆上安装有发动机和悬架系统等组件。为承受与这些组件相关联的应力，整体式车身包含极其坚固的前、后侧梁。但是，大梁式车身车辆的车身不包含前、后侧梁。这是因为大梁式车身的车辆使用其大梁来支撑发动机和悬架系统等组件的重量或应力，大梁式车身车辆的车身构造如图 1-6 所示。

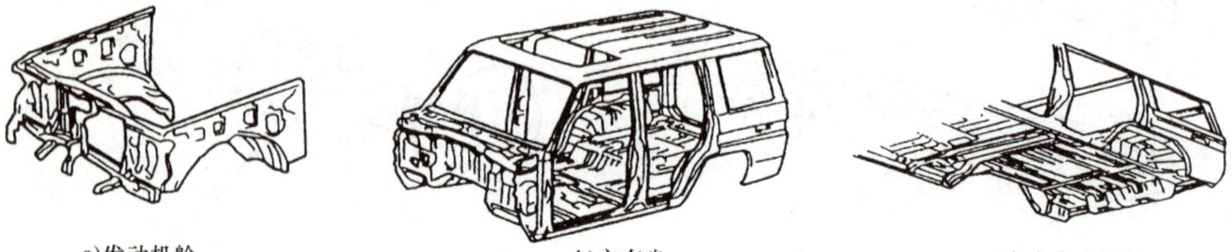

a)发动机舱　　b)主车身　　c)主车身底视图

图 1-6　大梁式车身车辆的车身构造

3）大梁式车架和车身的连接。大梁式车架和车身由 8～12 套螺栓、螺母和橡胶衬套连接而成。由于车身安装在橡胶衬套顶部，所以驾驶人在驾驶时感到非常舒适。橡胶衬套分为两种类型：一种是压缩型，起到衬垫的作用；另一种是剪切型，由内套环和外套环组成，如图 1-7 所示。在车辆前部撞击过程中，如果大梁受到较大碰撞，则惯性将使车身移动，这可能会使车身的安装螺栓以及安装螺栓的区域受到损伤。

4）大梁式车身车辆的新结构。新型大梁式车身的车辆，在设计上通过对车身增加加强板以增强其强度，并将底盘设计为可通过前部和后部的形变来吸收碰撞能量的形式。

① 对大梁的改进。大梁前部通过轴向压缩吸收撞击能量，而大梁后部则通过拱起的弯曲吸收撞击能量。构成底架的中心大梁具有较大的横截面积，并使用了高强度钢，以提供更大的刚度和强度。大梁中心部分的宽度也已加宽，以承受来自侧面撞击的冲击力，大梁的改

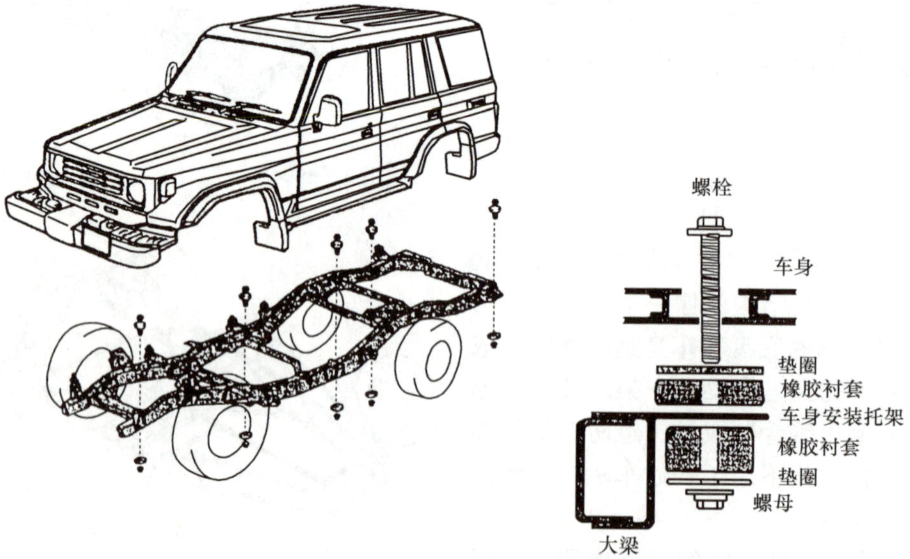

图 1-7　大梁式车架和车身的连接

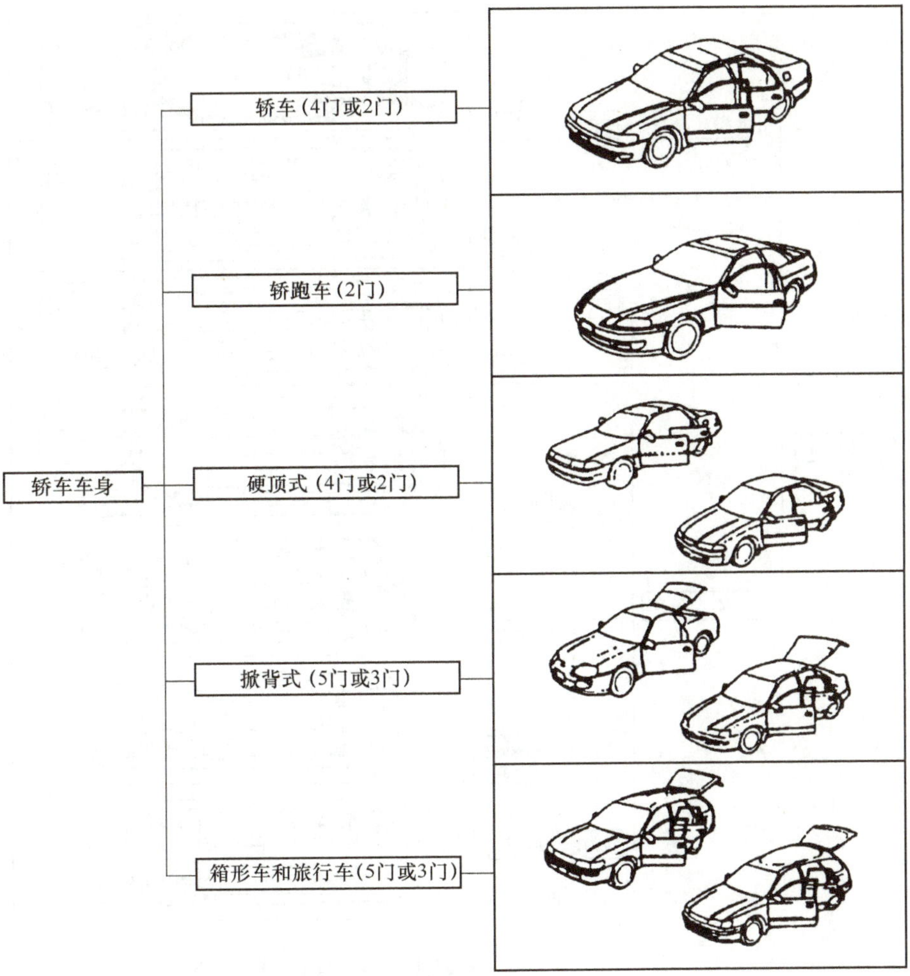

图 1-13　轿车车身根据形状及其使用目的分类图示

有中柱与车顶连接在一起的形式，称为中柱硬顶式。不论是硬顶式或中柱硬顶式，其室内空间都比 4 门轿车略小。

④ 掀背式。掀背式小客车的尾门倾斜角度大且可掀起，而且乘客室和行李舱空间结合在一起。根据尾门倾斜角度的大小，可以分为仓背式以及斜背式。根据车门数量则可分为跑车型的 3 门掀背式和实用型的 5 门掀背式。

⑤ 箱形车和旅行车。对于上述所介绍的小客车形式，其车顶钢板仅延伸至后座而已。而箱形车和旅行车的车顶钢板却是延伸至车辆的尾端。它属于多用途车辆（MPV），这种车型加大行李舱空间、增加尾门以供装载货物。旅行车强调乘坐的空间，而箱形车则重视货物装载的空间。

3）轿车车身依照发动机的放置和固定方式，其基本结构可分成下列几种形式，如图 1-14 所示。

① FF 车辆的特性。“FF”是指前置发动机前轮驱动的车辆，即发动机放置于车辆的前方，车辆由前轮驱动。由于不需后轮驱动的组件，所以 FF 车辆可以降低车地板中间位置拱

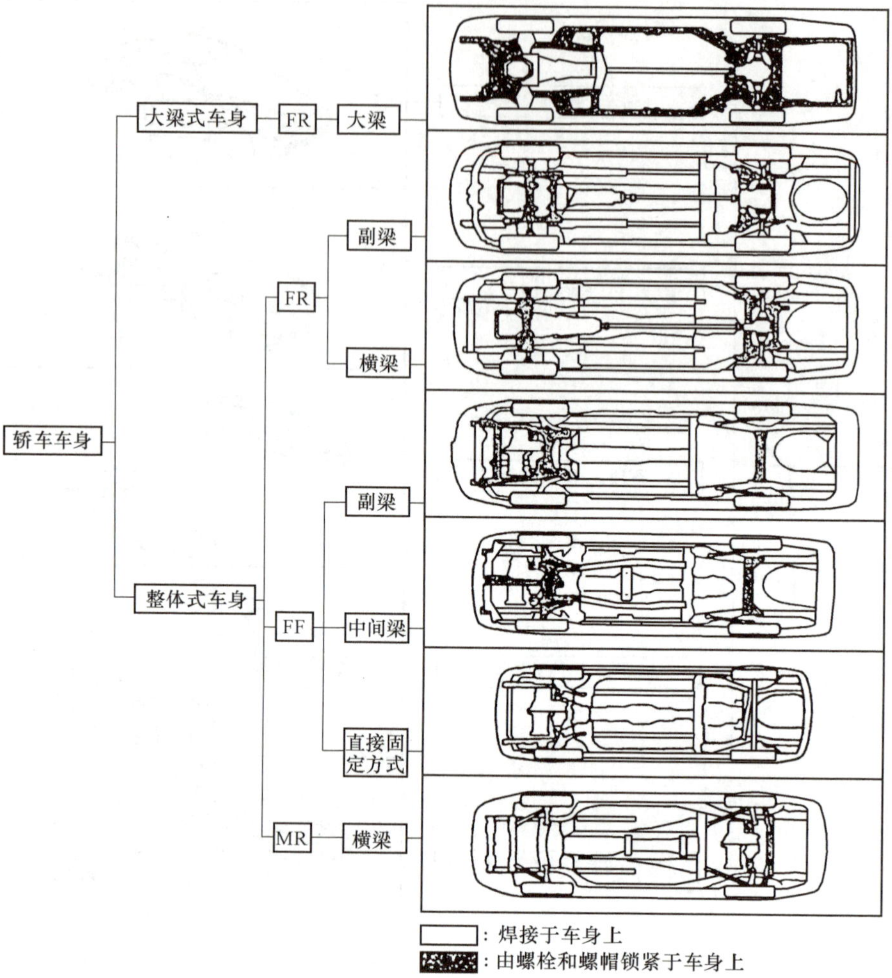

图 1-14　发动机放置和固定方式不同的轿车车身结构

起的高度，而提供较大的乘客室空间。除此之外，FF 车辆的后悬架系统构造比较简单，从而减轻了车辆的质量。如果为了使车辆达到足够的强度和刚度，而采用安装加强梁等方法，FF 车身结构如图 1-15 所示。

② FR 形式的车身结构。“FR”是指前置发动机后轮驱动的车辆，即发动机放置于车辆的前方，并且经由传动轴驱动后轮。由于 FR 车辆有传动轴，后方安装差速器，所以车地板中心需要有一定的拱起高度以提供较大的空间，因此乘坐空间便减少了。所以一般来说这种结构形式不应用于小型车，而广泛应用于大型车辆上，FR 车身结构如图 1-16 所示。

③ MR 车辆的特性。“MR”是指中置发动机后轮驱动的车辆，即发动机在前后车轮的中间位置，并且经由传动轴驱动后轮。由于这种布置造成了乘客室空间小，现已较少采用，MR 车身结构如图 1-17 所示。

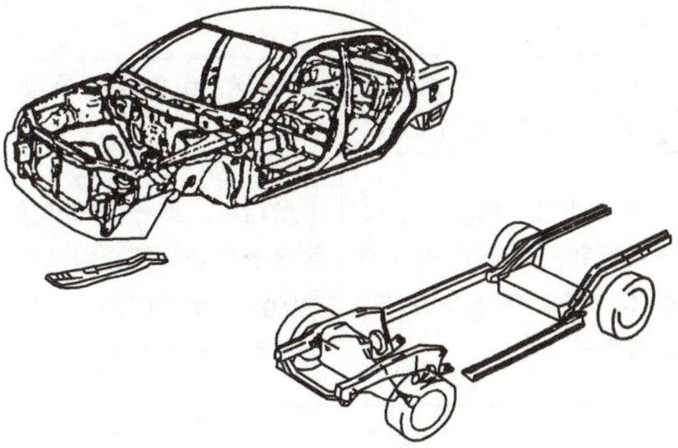

图 1-15　FF 车身结构

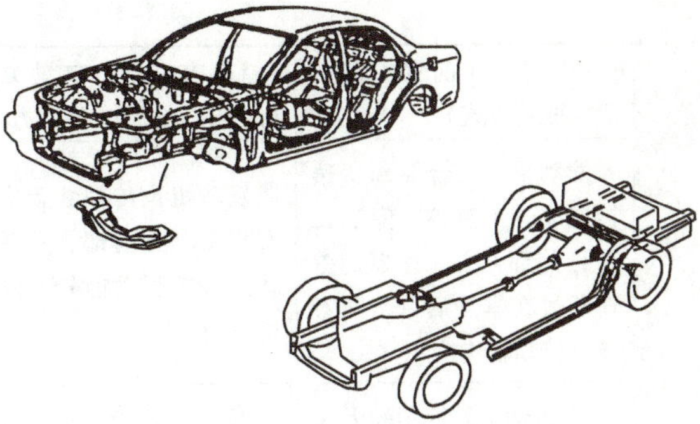

图 1-16　FR 车身结构

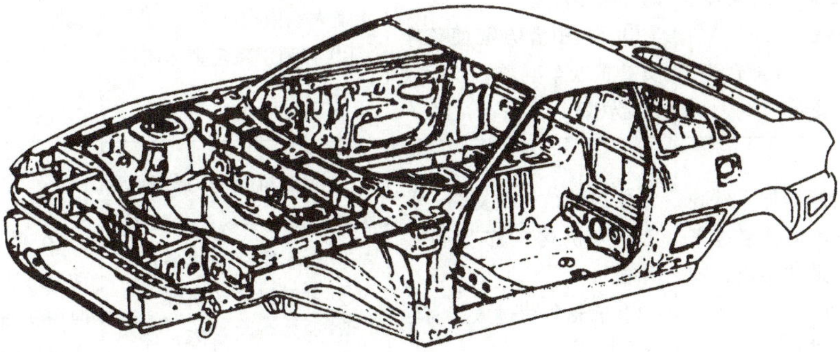

图 1-17　MR 车身结构

1.1.5　车身与整车结构及造型的关系

车身是装在底盘上的运送人员或货物的建筑性结构，车身是汽车的基本骨架，也是整车最大的部件，它决定了底盘上各大总成的基本布置、车内的活动空间与用途、轿车的外部造型与整车尺寸，即车身的结构与尺寸决定了整车的布置与造型。

1. 发动机及传动系统布置影响到车身的内部结构

在现代轿车中，发动机及传动系统的驱动方式常见的几种形式如图 1-18 所示。

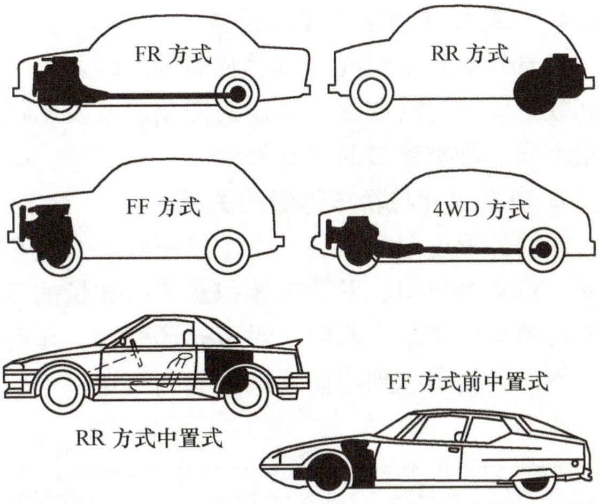

图 1-18　发动机及传动系统的驱动方式

各种驱动方式的特征、优缺点及适用范围见表 1-1。

由表 1-1 可看出，不同的发动机及传动系统驱动方式将影响到车内活动空间、驾驶姿势、行李箱的空间、散热器面罩的形式以及直接与用户相关的空间尺寸，即影响到车身的内部结构。

表 1-1　各种驱动方式的比较

形式	FR 方式（前置发动机后轮驱动方式）	FF 方式/FF 中置方式（前置发动机前轮驱动方式）	RR 方式/RR 中置方式（后置发动机后轮驱动方式）	4WD 型（四轮驱动方式）
结构特点	发动机、离合器和变速器连成一个整体，安装在车身前部，主减速器、差速器放在车身后部，两者通过传动轴连接	发动机及传动装置集中安装在车身前部，发动机动力直接驱动前轴。发动机可为横置	将发动机、离合器、变速器变和差速器连成一个整体，安放在车身后部，不需要传动轴	发动机、离合器和变速器置于车身前部，通过传动轴及分动器使前、后四个车轮均成为驱动轮
优点	① 发动机靠近驾驶人座椅，因此发动机、离合器和变速器可以由驾驶人直接操纵，控制机构简单，操作维修方便 ② 整车质量分配合理，前、后轮各接近 50%	① 车身地板平整，有利于增大室内空间 ② 传动距离短，有利于减轻整车质量 ③ FF 中置方案使整车质量靠近车辆质心，行驶稳定性好	① 车室底板平整，还可降低车身底板高度，有利于增大室内空间 ② 有利于减轻整车质量	爬坡能力强，越野性能好
缺点	① 由于变速器伸入驾驶室内，并有传动轴穿过车身底部呈隧道状突出，缩小了室内空间 ② 增加了整车质量	① 前轴结构很复杂，并且操纵机构的布置也较困难 ② 前轮负荷过大，前轮磨损加剧	① 发动机及动力装置远距离操作，容易产生故障 ② 行李箱空间减小 ③ 发动机冷却困难 ④ 后轮负荷过大，操纵稳定性差	① 整车过重，机构变得复杂 ② 平道行驶，四轮驱动会造成能量浪费。此时应用变速杆将四轮驱动变为仅后轮驱动（与 FR 方式相同）
应用范围	中型以上轿车多数仍采用，是轿车采用的主流方案	在 2.0L 以下中、小型轿车上的应用越来越多	车速不高的微型车应用较多，大型客车上也有应用	要求越野性能强的轿车、运动赛车

2. 车身外形决定了整车造型

车身外形除了空气动力学及美学的因素外，还与一些功能性要求分不开，例如座椅的位置和数量、车门的数量、顶盖的变化以及发动机、行李箱、燃料箱和备胎的布置等，形成了造型不同、种类繁多的车身外形。

3. 车身尺寸与轿车等级的关系

即使外形近似的车身，由于使用对象及整车等级的舒适程度不同，或者由于车内的活动空间、行李箱空间、发动机体积及车门数量的不同，也会导致车身尺寸上的差别，从而改变人们对整车的印象。所以，对于外形而言，车身尺寸是最基本的评价参数。

不同的轿车级别将显著地影响到车身尺寸。轿车的等级与车身尺寸见表 1-2。

表 1-2　轿车的等级与车身尺寸

级　别	微　型	小　型	普通型	中　级	中高级	高　级
	A_{00}	A_0	A	B	C	D
排量/L	<1.0	1.0 ~ 1.3	1.31 ~ 1.6	1.61 ~ 2.0	2.01 ~ 2.5	>2.5
总长/m	3.3 ~ 3.7	3.8 ~ 4.0	4.1 ~ 4.2	4.3 ~ 4.45	4.46 ~ 4.8	>4.8
轴距/m	2.0 ~ 2.1	2.2 ~ 2.3	2.31 ~ 2.45	2.46 ~ 2.6	2.61 ~ 2.8	>2.8
整备质量/kg	<680	680 ~ 800	801 ~ 970	971 ~ 1150	1151 ~ 1380	>1380

由表1-2可以看出，轿车级别愈高，车身总长及轴距愈长，车身的轮距及总宽度也会更加宽敞。国产部分轿车级别见表1-3。

表1-3 国产部分轿车级别

车　名	轴距/m	排量/L	级　别
云雀		0.658	A_{00}
奥拓	2.175	0.796	A_{00}
夏利	2.34	0.993	A_0
新夏利		1.34	A
富康ZX	2.54	1.36/1.58	A
捷达	2.475	1.6	A
桑塔纳	2.548	1.78	B
桑塔纳2000	2.656	1.78	B
北京现代	2.700	2.0	B
帕萨特B5	2.707	1.8	B
奥迪100	2.687	2.2	C
小红旗7226/7228	2.687/2.919	2.2	C
广州本田雅阁	2.750	2.2	C
上海通用别克	2.769	3.0	D
奥迪A6	2.850	2.8	D

1.1.6 车身结构与整车性能的关系

轿车车身结构应以整车安全、节能、舒适和耐用等技术性能为主导确定相应的结构。

1. 车身安全性措施

汽车安全性是基于对人的生命给予无条件的保护，不论在什么情况下都能使对乘员及步行者的伤害控制在最小程度内。

汽车安全性是车辆最重要的性能。车身安全性涉及预防（主动）安全性和撞车（被动）安全性两个方面。

（1）预防安全性　预防安全性措施旨在预防事故，减少发生交通事故的可能性。

尽可能地改善驾驶视野对于预防安全性至关重要。其中直接视野与车身外形有直接关系。例如，前窗采用全景玻璃并力求使尺寸宽大；在保证车身强度与刚度的前提下尽量使窗柱细小；为减少驾驶视角障碍，应使视区内凸出部分减小并增加前车身的斜度等。

改善间接视野主要取决于内、外后视镜的尺寸和位置，雨、雪天的视野是由刮水器的刮拭面积和位置的布置来保证的；玻璃除霜、吹风系统以及遮阳板等部件的功能对预防安全性也有重要影响。为了保证良好的视野，各国均制定了相关法规。视野标准要求示例如图 1-19 所示。

舒适的座椅既便于驾驶操作又可减轻疲劳；前照灯、方向灯、刹车灯的设置是保证车辆安全行驶的必需。以上均属于主动的预防性安全措施。

（2）撞车安全性　所谓撞车安全性是指当交通事故一旦发生，如何避免或减轻车内乘员的伤害，故也称为被动安全性。根据统计，撞车事故中车身不同部位受到撞车损害的比例如下：正面碰撞的比例最大占 52%~59%；追尾撞车占 12%~13%；侧面撞车占 9%~11%；车顶受到重物撞击的比例约占4%~14%。

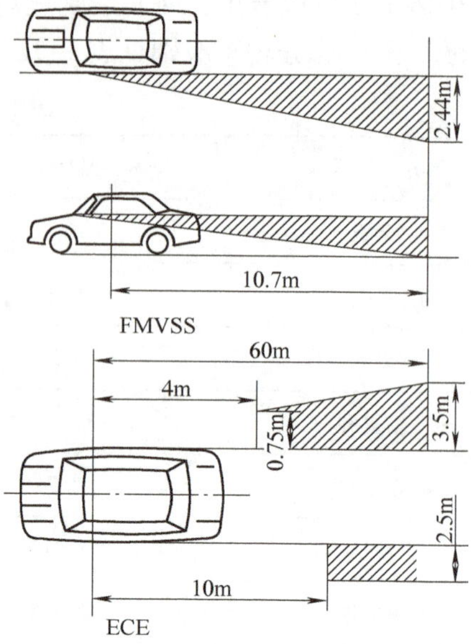

图 1-19　视野标准要求示例

针对汽车发生碰撞事故最易导致乘员伤害这一特点，应采取一系列保护性措施。

1）车身壳体刚度分级。对车身壳体刚度分级是针对撞车安全性的有效措施。将同一车身划分成不等的壳体刚度，使乘客室尽可能具有最大刚度，而相对于乘客室的前、后车身（发动机室、行李箱）则应具有较大的韧性，起着良好的吸收冲击能量的作用。中间的乘客室为具有较大刚度的框架结构，而前、后车身则是人为预留的刚度较为薄弱的部分，如图1-20所示。

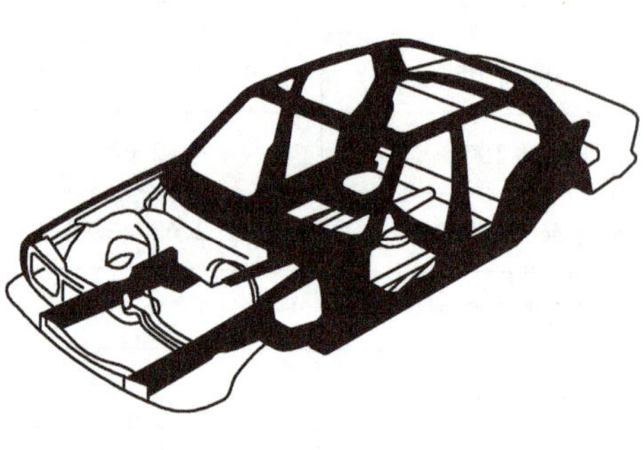

图 1-20　车身壳体刚度分级示意图

一旦发生正面碰撞或追尾等事故，所产生的冲击能量在车身前部或后部得以迅速吸收，以前车身或后车身的局部首先变形来换取中部乘客室的安全空间，如图 1-21 所示。

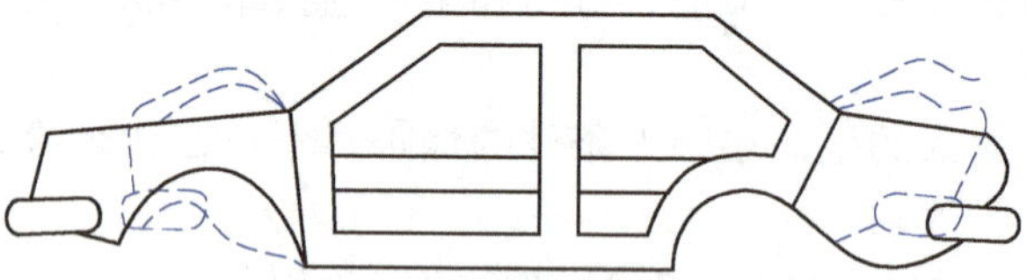

图 1-21　正面碰撞或追尾等事故中车身变形示意图

依据撞车事故中车身不同部位受到的不同撞车损害，一台完整的车身的各个构件采用了不同的强度，从而使各个构件起着各自不同的作用，如图 1-22 所示。

图中深色部分为刚度较大的构件，浅色的部分为刚度较小的构件。

值得注意的是：这些刚度不等的构件的合理布局，在修理作业中切不可以为某些部位刚度不足而擅自施行加固作业，否则会破坏原车身合理的设计而埋下安全隐患。

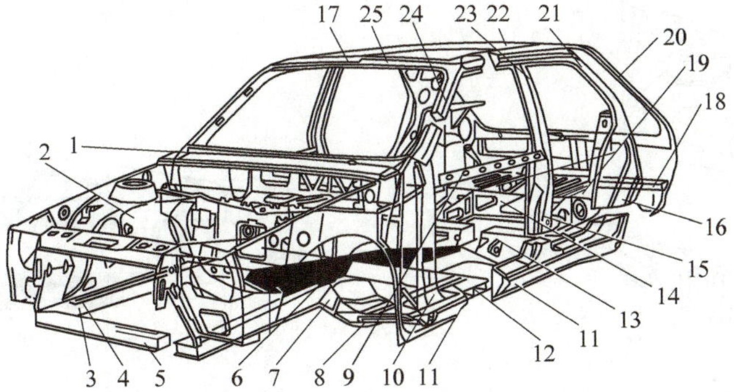

图 1-22　不同刚度车身构件的使用位置（不同方向冲击部位）

来自正面的冲击	来自横向的冲击	来自追尾的冲击	翻车时
1—前围横隔板	1—前围横隔板	6—底板中呈隧道状增强部位	17—焊接顶盖前横梁
2—前挡泥板	4—安全部位	11—双重门槛加强板	21—后柱上段
3—吸收冲击的前纵梁	5—前横梁	16—后柱下段	22—顶盖后横梁
4—安全部位	10—前门柱下段	18—后横梁	23—中柱上段
5—前横梁	11—双重门槛加强板	19—后围墙板	24—前柱上段
6—底板中呈隧道状增强部位	12—前座椅下横梁	20—背门框架	25—顶盖前加强筋
7—焊接侧构件	13—后座椅下横梁	□ 受冲击容易变形的部分	
8—横侧构件	14—后悬挂用横梁	■ 受冲击难以变形的部分	
9—前门加强梁	15—中柱下段		
10—前门柱下段	16—后柱下段		
11—双重门槛加强板	17—焊接顶盖前横梁		

2）加固乘客室整体框架结构的刚度。为加固乘客室整体框架结构的刚度，采取了如下措施。

① 对于 FR 型轿车，在车身下部传动轴通过部位采取了隧道状增强结构，如图 1-23 所示。

有的在车门上增设了车门加强梁，如图 1-24 所示。为防腐蚀一部分钢板采用电镀（Volvo）。

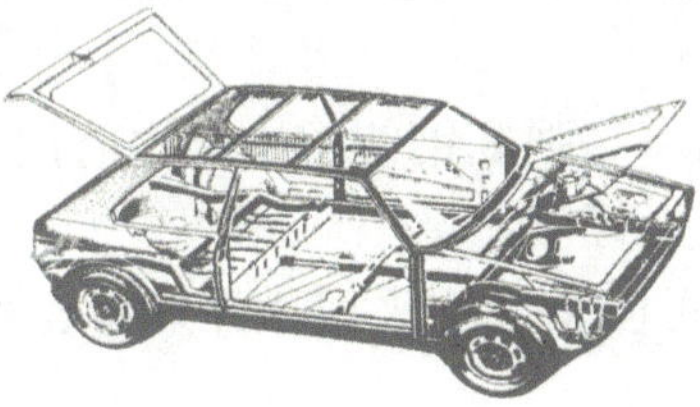

图 1-23　车身下部隧道状增强结构（VW）

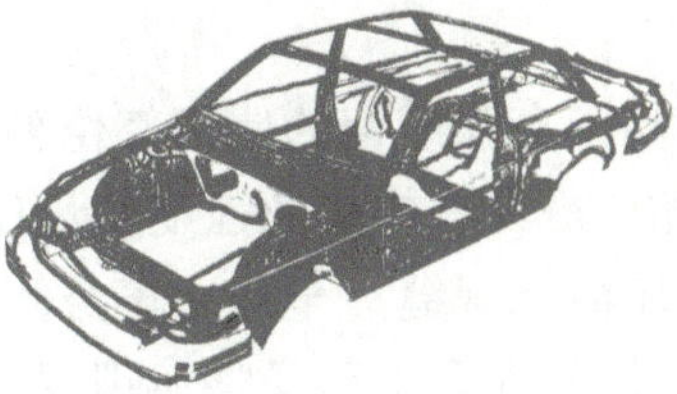

图 1-24　车门加强梁

② 采用蛇形管状的前侧梁。为减轻头部冲击，采用具有吸收冲击能量的蛇形管状的前侧梁，如图 1-25 所示。有的采用能吸收冲击能量的油压保险杠，如图 1-26 所示。

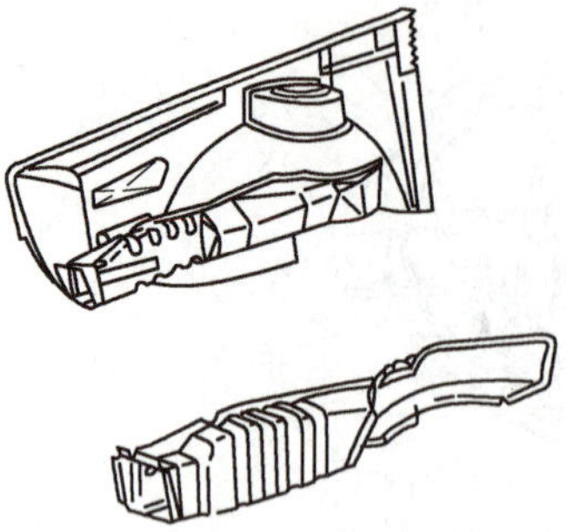

图 1-25 具有吸收冲击能量的蛇形管状的前侧梁（VW 高尔夫）

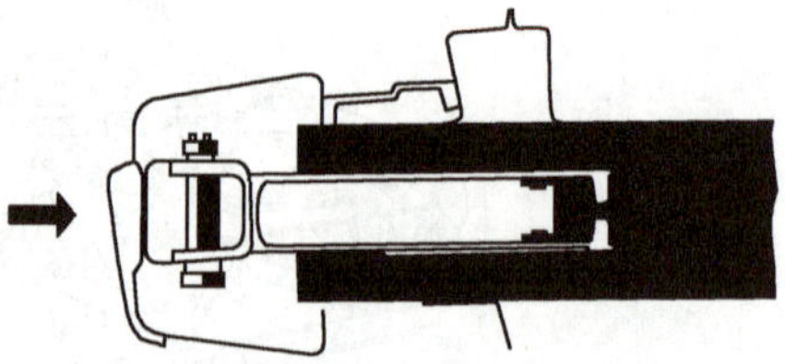

图 1-26 采用能吸收冲击能量的油压保险杠（VW 高尔夫）

③ 采用有粘着力的塑胶中间膜。在撞车发生以后，为减轻乘员受到进一步伤害，在车身附件上也采取了一些相应的措施。如为防止玻璃碎片刺伤乘员，在前窗的双层玻璃之间涂附具有一定粘着力的塑胶中间膜，如图 1-27 所示。

④ 采用能吸收冲击能量的转向盘机构及使用座椅安全带等，如图 1-28 所示。

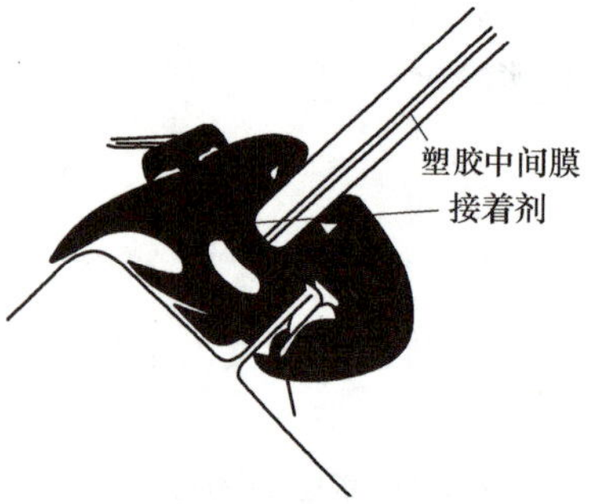

图 1-27 采用有粘着力的塑胶中间膜

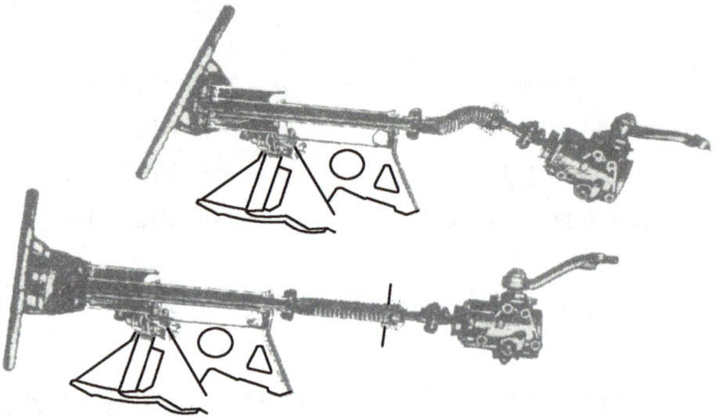

图 1-28 采用能吸收冲击能量的转向盘机构

（3）奥迪 A6 轿车车身安全性措施 奥迪 A6 轿车完全符合碰撞安全的新标准，且比前代车型轻。

1）提高了高强度钢的使用部位如图 1-29 所示。高强度钢使用比例比前代车型增加。高强度钢的优点是具有较高的强度重量比，车身刚度更好。

2）采用激光焊缝。车顶、车身侧面、纵梁及底板总成均采用激光焊缝，由于激光焊缝是连续的，从而提高了车身整体刚度。

3）铝制部件。发动机罩为铝制，如设计合理，铝制件与钢板件强度相同。

4）采用变形体。变形体指汽车碰撞时主动变形的部件，保证撞车后产生局部变形，从而不会导致车身结构性损伤，同时亦可降低修理费用。

① 前部管状断面变形件如图 1-30 所示。发生碰撞时，内部管状断面在凸缘部位变形。在此过程中，变形件内部向外突出，从而吸收冲击能量。

② 后部管状断面变形件如图 1-31 所示。发生碰撞时，内部管状件通过外部管状件的颈

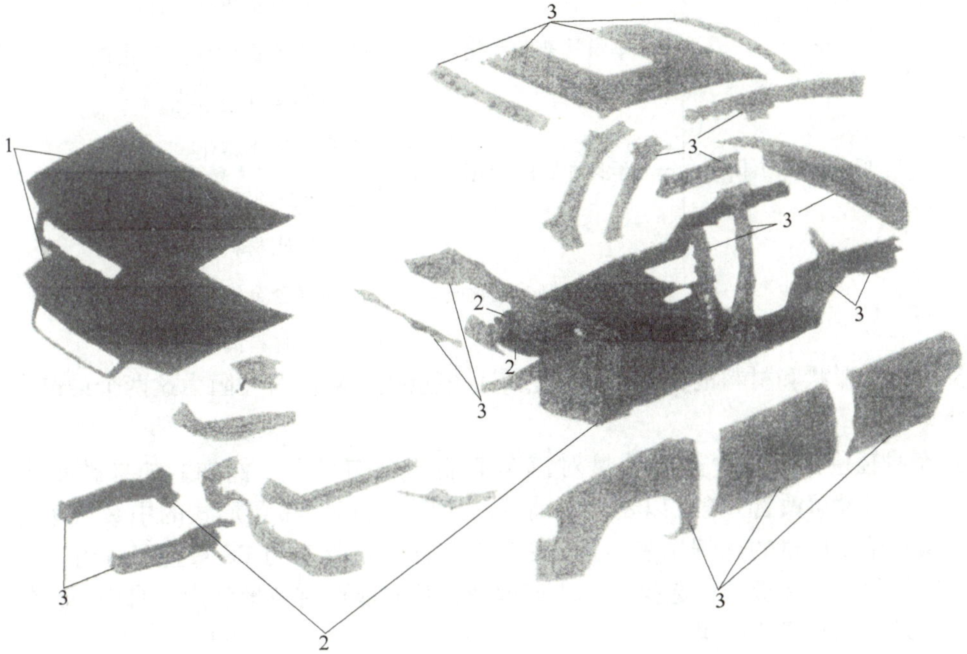

图 1-29　高强度钢的使用部位

1—高强度钢　2—同一件各部厚度不同　3—铝件

缩被压出，内部管状件变形，从而吸收冲击能量。

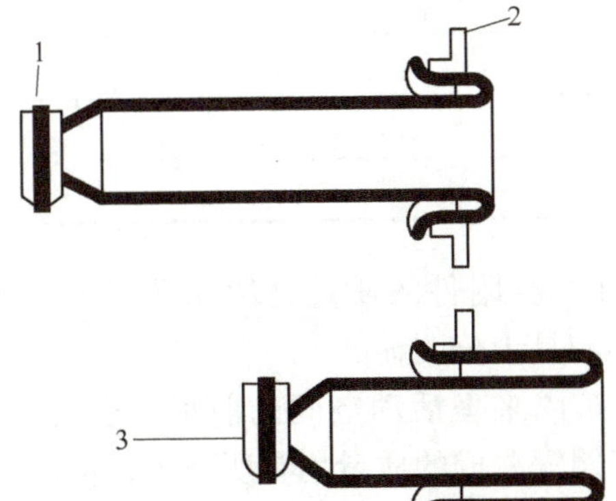

图 1-30　前部管状断面变形件

1—保险杠固定件　2—纵梁连接件　3—能量冲击

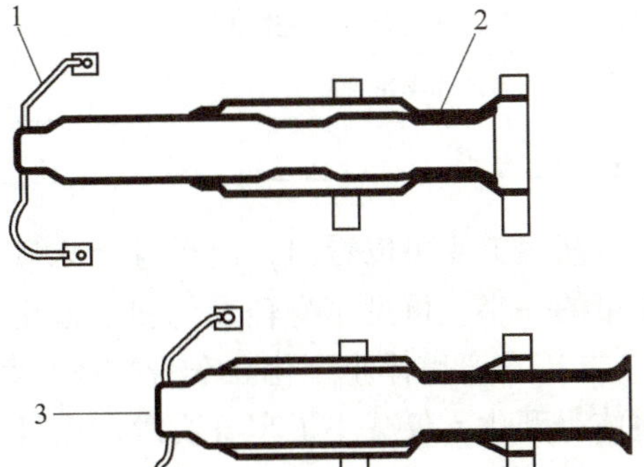

图 1-31　后部管状断面变形件

1—保险杠固定件　2—纵梁连接件　3—能量冲击

2. 车身节能措施

汽车节能即改善轿车燃油经济性，对降低车辆运行成本具有重要意义。改善整车燃油经济性的主要措施有三个方面：①减少汽车整备质量；②提高发动机效率；③降低行驶阻力。其中减小汽车整备质量（轻量化）对节能的影响最大，约占 50% 的比例；提高发动机效率占 20%；降低行驶阻力约占 30%。车身是轿车中的重要部分，它对整车节能影响巨大，通常车身节能可从如下几个方面入手。

- 车身节能对策
  - 车身构造的变化
    - 承载式车身更加流行
    - 发动机前置前驱动车增多
    - 车身结构件轻量化
  - 车身形状的变化
    - 车身整体小型化
    - 更注重风阻的影响
  - 车身材料的变化
    - 合成树脂材料的应用
    - 高强度合金钢板的应用
    - 铝合金材料的应用

车身构造、形状和材料的变化都是通过车身轻量化及降低行驶阻力这两个渠道来影响节能效果的。

（1）车身轻量化　减少整车质量对汽车节能的影响最大，例如，如果整车质量减少10%，燃油经济性可改善8%。以发动机前置前轮驱动的FF布置形式的中级轿车为例，其各总成质量占整车质量的比例见表1-4。发动机前置前轮驱动的FF布置形式由于取消了长的传动轴，使得车身底板的凸起得以减小或取消，从而能更有效地利用车身内部空间，使整车和车身有较高的轻量化效果。

表1-4　各总成质量占整车质量的比例

总　成	占整车质量比例
白车身（未喷漆车身总成）	26%
内外装饰及车身装备（座椅、内护板、仪表板和保险杠等）	21%
动力传动系统（发动机和变速器等）	19%
行走系（悬架和车轮等）	17%
其他	17%

从表1-4可以看出，白车身（未喷漆车身总成）和车身附件的质量之和几乎占了整备质量的一半。可见车身轻量化和小型化对轿车节能的影响是十分明显的。

1）车身整体小型化。车身整体小型化是在不影响车内乘坐活动空间的前提下进行的，整体小型化不仅减小了车身质量，而且使发动机和变速器等总成的质量均有所减小，从而进一步减小整车质量。

2）采用轻质材料。采用轻质材料是车身轻量化的又一重要手段。车身外板部件约占车身总质量的20%，使用高强度钢板取代普通结构钢能使零件质量平均减小10%~25%，在某些情况下甚至可以减小50%。

3）采用塑料制品。一些车身附件采用塑料制品取代金属材料使车身轻量化的效果十分显著，详见表1-5。

目前，用塑料作为车身内、外装饰件的主要材料已经普及，并已扩展到仪表板、散热器面罩、保险杠和各类箱形零件上。近年来，在车身外板上也开始使用塑料覆盖件，例如车身底板、顶盖、行李箱盖、背门、前后翼子板和车门等。有的轿车车身采用钢质承载骨架与塑料覆盖件紧固在一起的结构形式，大大减轻了车身质量。

表 1-5 塑料制零部件质量减小情况

部件名称	塑料材料	原金属材料	质量减小量（%）
保险杠	聚丙烯	钢	30
保险杠	* SMC	钢	54
挡泥板	聚氨酯	钢	60
轮毂	SMC	钢	40
车门	SMC	钢	43
燃料箱	聚丙烯	钢	40
板簧	SMC	钢	82

* SMC——片状模塑料

（2）减小因车身造型引起的空气阻力　在汽车行驶的各项阻力中，空气阻力占很大的比例，特别在高速行驶时更是如此。其中，与车身主体形状有很大关系的形状阻力是空气阻力的主要部分；此外是车身表面突起物（如后视镜、门把、引水槽、悬架导向杆和驱动轴）引起的干扰阻力；因车身通风构成的内循环阻力；还有诱导阻力及摩擦阻力，上述各项是形成空气阻力的不同因素。

轿车在行驶中的空气阻力与轿车迎风面积及空气阻力系数（C_D 值）成正比。车辆小型化可减少迎风面积。而改善车身造型，降低 C_D 值则是节约燃料的有效途径。现代轿车的 C_D 值通常在 0.25～0.4 之间（个别轿车的 C_D 值可降至 0.19～0.21）。试验表明，当 C_D 值从 0.5 降至 0.3 时，燃油经济性可改善 22%。

低 C_D 值的轿车车身造型方案要点如图 1-32 所示。

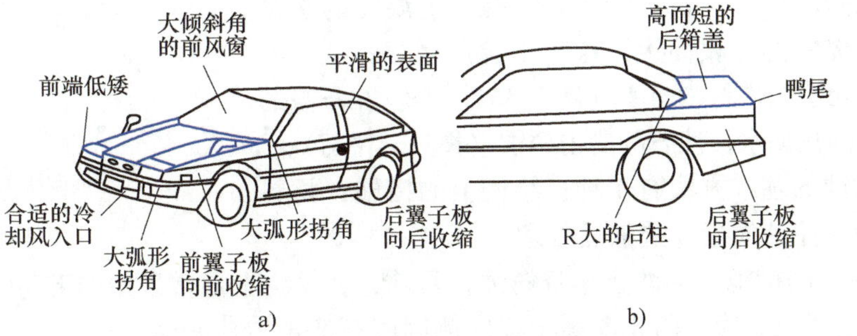

图 1-32　低 C_D 值车身造型方案要点

1）车身前部。发动机盖应向前下倾。面与面交接处的棱角应为圆柱状。风窗玻璃应尽可能“躺平”，且与车顶圆滑过渡。前支柱应圆滑，侧窗应与车身相平。尽量减少灯、后视镜等凸出物，凸出物的形状应接近流线形。在保险杠下面的前面应装有合适的扰流板。车轮盖应与轮胎相平。

2）整车。整个车身应向前倾 1°～2°。水平投影应为“腰鼓”形，后端稍稍收缩，前端呈半圆形。

3）车身后部。车身后部最好采用舱背式或直背式，应有后扰流板。若用折背式，则行李箱盖板至地面距离应高些，长度要短些，后面应有鸭尾式结构，如图 1-32b 所示。

4）车身底部。所有零部件应在车身下平面内且较平整，最好有平滑的盖板盖住底部。盖板从车身中部或由后轮以后向上稍稍升高。

5）发动机冷却进风系统。仔细选择进风口和出风口的位置，应有高效率的冷却水箱，设计很好的内部风道。

3. 提高车身寿命

车身主要是由薄钢板冲压焊接而成，但钢板容易生锈，锈蚀使车身强度降低，外观劣化，损坏汽车的商品性。因此防锈蚀成为影响汽车使用寿命的重要因素。

轿车车身锈蚀的主要方式和部位见表 1-6。

表 1-6 轿车车身锈蚀的主要方式和部位

锈蚀方式	锈蚀部位	锈蚀方式	锈蚀部位
穿孔锈蚀	封闭结构内部：挡泥板、车门和门槛板	凿击锈蚀	车身下部：地板和门槛板
缝隙锈蚀	接缝处：发动机罩和行李箱盖等的卷边处	疤痕锈蚀	外板鼓包：车门、发动机罩和翼子板
端部锈蚀	端部：前围上部和车顶滴水槽	机能锈蚀	底盘、电器件、燃料箱、导管和电器连接

雨水冲刷、泥沙腐蚀、碎石的凿击以及温度湿度的变化是车身内外表面产生锈蚀的主要原因，车身表面腐蚀状态示意图如图 1-33 所示。

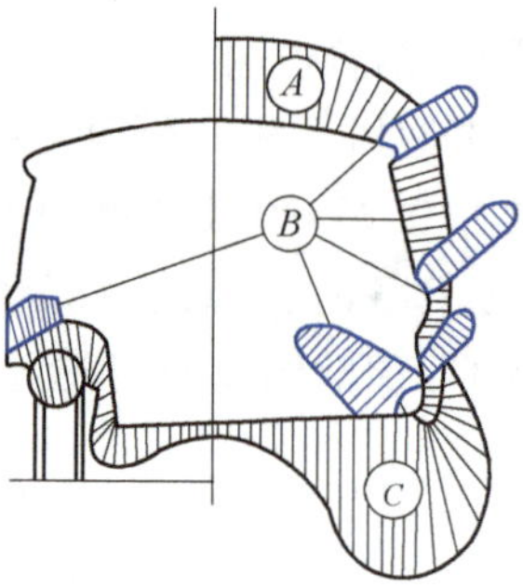

图 1-33 车身表面腐蚀状态示意图

车身的外表面经常受到水蒸气凝结后的二氧化硫、硫酸铵和尘埃等的侵蚀（图 1-33 中 *A*），当泥土中的盐类水溶液进入车身金属板的内表面与内饰板的夹壁之间时，其腐蚀作用尤为强烈。另外，温度变化会使有一定湿度的水蒸气冷凝在车身构件的内表面上，这对于像门槛、骨架、立柱和窗框等封闭型构件特别有害（图 1-33 中 *B*）。在车身的下部经常受到的是泥水、沙石的凿击锈蚀（图1-33中 *C*）。

车身防锈蚀的基本方法有 4 种：结构上的措施；材料上的措施；确保涂装质量；追加后处理。

（1）结构上的措施　为防止车身锈蚀，目前，在结构上通常采用如下防锈措施：

1）采用挡泥板。为了防止前翼子板内侧因碎石凿击造成剥落损坏，采用挡泥板结构来遮挡泥水，如图 1-34 所示。

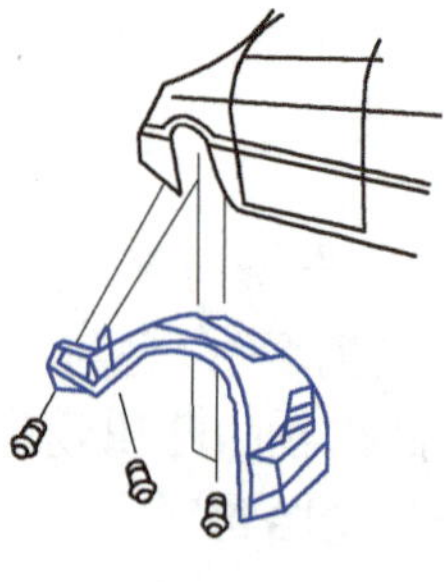
图 1-34 采用挡泥板遮挡泥水

2）加门槛保护罩。为了防止门槛板被碎石凿击剥落损坏，在门槛外加门槛保护罩，这种方法对车门下部也起到保护作用，如图 1-35 所示。

3）去掉流水槽。为了防止端部锈蚀，去掉顶盖周围的流水槽，采用防止雨水浸入车体内部的结构，如图 1-36 所示。

4）消除板件搭接处的凹部。为了减少积存泥水，底板尽可能减少凸凹表面，在板件搭接处尽量消除凹部，如图 1-37 所示。

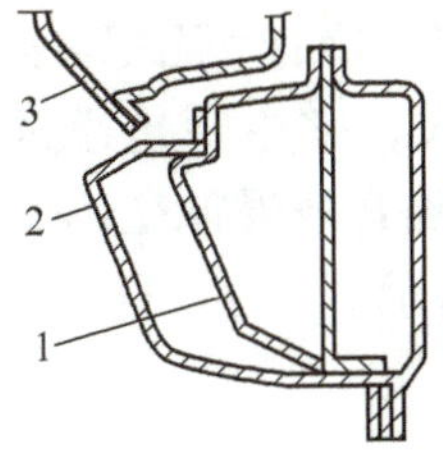

图 1-35　门槛外加门槛保护罩

1—门槛　2—保护罩　3—车门

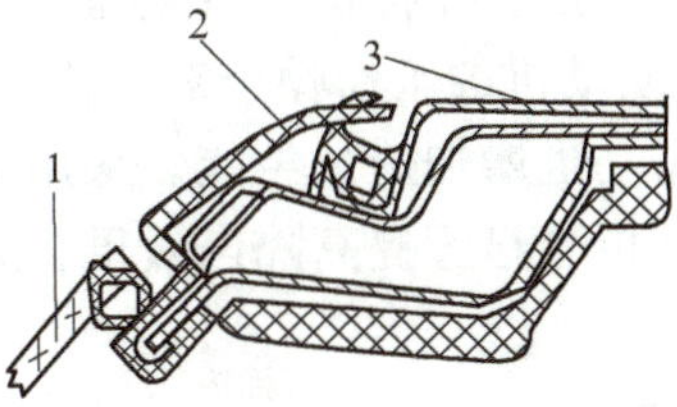

图 1-36　去掉顶盖周围的流水槽

1—车门玻璃　2—装饰板　3—顶盖

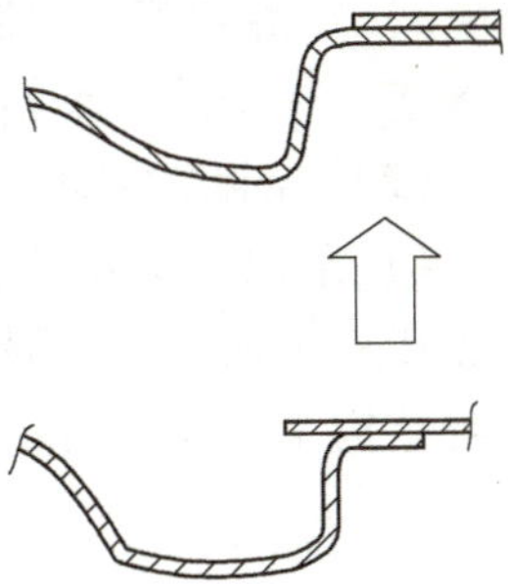

图 1-37　消除板件搭接处的凹部

5）设置流水孔。为了减少积存泥水，车门等有盒形结构的部件在最低部应设有流水孔，如图 1-38 所示。

车身骨架寿命的长短决定着车身使用寿命，在组装前要对其内表面进行防锈蚀处理，尤其是门槛等部位，一般涂以聚氯乙烯或石蜡等防锈材料。此外覆盖件的内表面也应进行防锈处理。

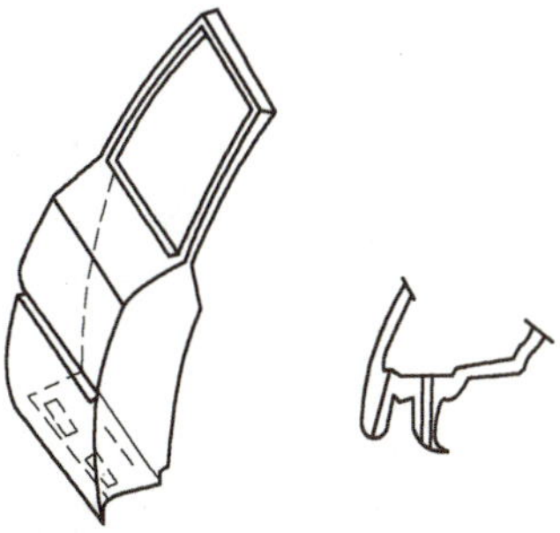

图 1-38　设置流水孔

（2）材料上的措施　为了提高车身的防锈蚀效果，采用表面经过防锈处理的钢板效果较好，典型的有镀锌钢板、合金化镀锌板和铬酸锌板等，采用这些材料时需考虑易蚀部位、焊接性、加工性和成本等因素。采用铝材料对防锈蚀是有效的，并尽可能多采用塑料件，尤其是外装饰件。

（3）确保表面涂装质量　车身涂装旨在保护基材——薄板不被锈蚀，需多道工序和严格的管理技术，其工序大致有前处理、上底漆、涂二道漆和涂面漆等，外板的涂膜厚度约 100μm。

涂底漆一般采用电泳法，即 EPC（粉体电泳涂装）和阴极电泳的方式，以提高防锈能力。

（4）追加后处理　轿车车身是由大量薄钢板焊接而成的，易出现缝隙，另外在结构上也有最易产生锈蚀的地方，因此除一般涂装工艺外，还需要充填密封剂或涂防锈蜡。

4. 降低车内噪声

车内噪声与车身结构关系密切，它是影响整车舒适性、语言清晰度、听觉损伤程度、行车安全性以及人在车内对车外各种音响讯号识别能力的重要因素。

（1）车内噪声的来源　车内噪声的来源，大致可分为空气动力性噪声、机械性噪声和空腔共鸣等三类。

1）空气动力性噪声。空气动力性噪声一般是指由车身外部传入的噪声，如发动机及其附件的工作噪声、排气噪声、传动系统噪声、轮胎、悬架及行走系统的噪声，它们主要是通过前围板及地板传入车室。此外还有从汽车周围传入的各种环境噪声；轿车在高速行驶时在窗框周围、车身地板以及前围板的孔隙中钻进的风啸声。

2）机械性噪声。机械性噪声通常是指由于车室内装备（如刮水器电动机和空调设备等运动部件）以及车身结构连接件产生的振动噪声。

3）空腔共鸣。空腔共鸣是把车身作为共鸣箱，对于小轿车共鸣箱主要有两个；一个是乘客室，一个是行李箱。

（2）控制车内噪声的方法　要控制车内噪声，主要是采取防振、隔音、吸音和阻尼等办法。

1）采用双层隔音板。前置发动机的工作噪声对车内噪声影响最大，它主要是通过前围挡板传入车内，加之隔壁本身振动也增加透过声能。采用单层隔壁的隔音效果往往不好，所以在结构工艺允许时，用双层隔板会显著提高隔声效果，如图 1-39 所示。

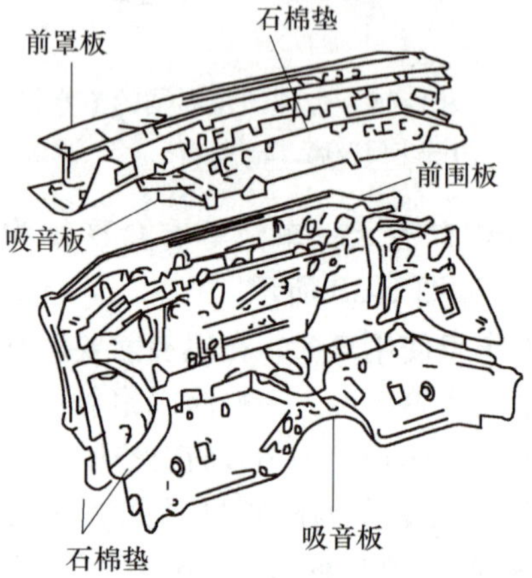

图 1-39　采用双层隔音板

2）密封穿线孔。在轿车前围板、地板有许多穿线孔、安装孔等，既能引起风啸声，又会大大增加透射损失，所以通常采用穿线胶套加以密封，其隔音效果明显。几种常用的穿线胶套如图 1-40 所示。

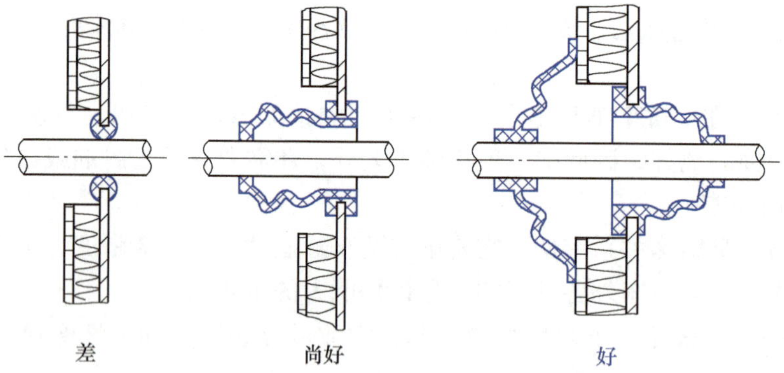

图 1-40　几种常用的穿线胶套

3）利用吸声材料作内饰。对传入车内的噪声常辅以吸声处理，即利用吸声材料作内饰，如图 1-41 所示。

图 1-41 为防振、隔音、吸声和阻尼材料综合应用实例。在车身内饰中既考虑到艺术造型及安全性对室内软化的要求，又满足了控制振动和噪声的要求。

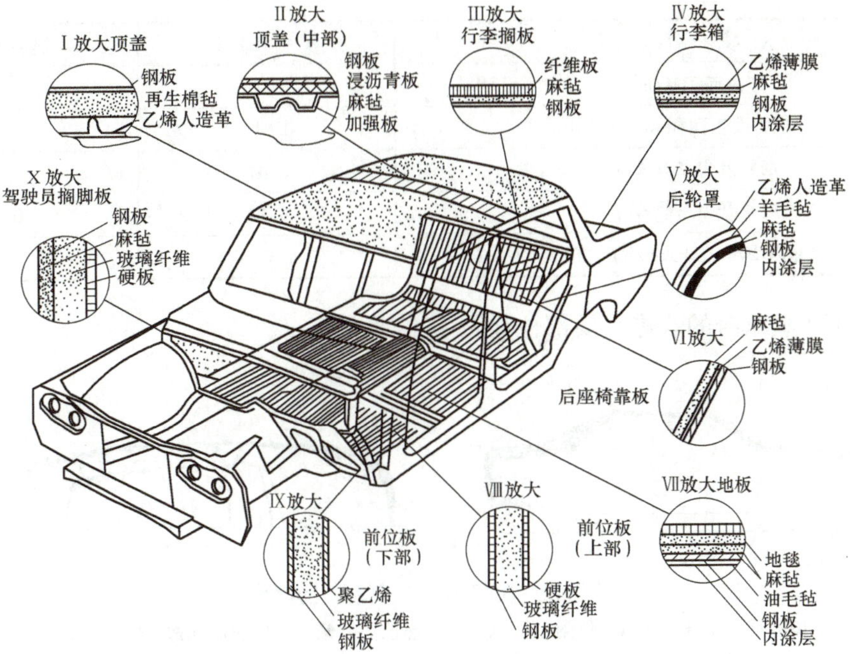

图 1-41　利用吸声材料作内饰

课题 2　对车身的要求

1.2.1　具有符合空气动力学造型的车身外形

车身是综合了功能、艺术和汽车空气动力学于一体的造型设计，体现了现代高水平的车身开发技术和制造技术。汽车车身的空气动力造型，开始时是以其速度和视觉魅力而出现的，然而实际上真正发挥其使用效果是在 20 世纪 70 年代出现能源危机和原材料危机之后，因为空气动力学与汽车的很多性能有密切关系，如行驶燃料经济性、最高车速、操纵稳定性、发动机和制动器周围的冷却性能、风噪声、客厢内通风、空调性能以及对灰尘泥水附着的控制等，其中以经济性效果更引人注目。因此，各国的汽车厂家对汽车空气动力学的研究都特别重视。

车身造型符合空气动力学的要求，对减小空气阻力则是行之有效的措施。例如，从奥迪 100C2 型到奥迪 100C3 型车身的改进主要是提高汽车空气动力性能，经过对 17 处、22 个覆盖件的改进，使空气阻力系数从 0.42 降低到 0.3，详见表 1-7。

表 1-7　奥迪 100C3 与奥迪 100C2 空气动力特性对比

项　　目		奥迪 100C3	奥迪 100C2
不同侧偏角的空气阻力系数 C_D	0°	0.30	0.42
	5°	0.31	0.43
	15°	0.36	0.46

（续）

项　　目	奥迪 100C3	奥迪 100C2
迎风面积 A/m^2	2.05	2.00
阻力发生面积 A_D/m^2	0.615	0.84
前轮升力系数 C_{LF}	0.01	0.15
后轮升力系数 C_{LR}	0.12	0.12
客厢内噪声（110km/h）/dB	67	69

奥迪 100C2 型车身的改进主要部位如图 1-42 所示。

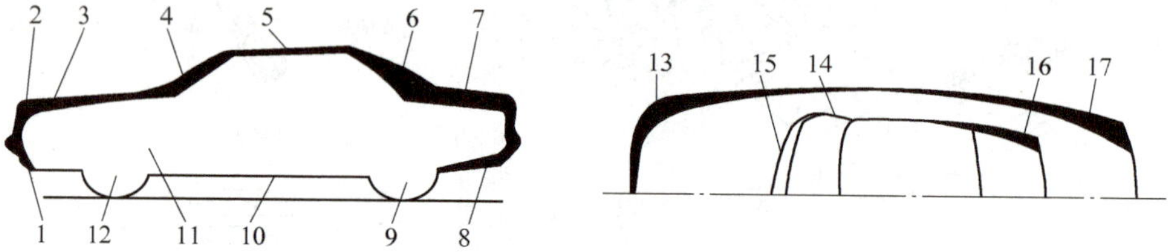

图 1-42　奥迪 100C2 型改进的部位

1—车头（指散热器面罩及其前照灯附近）从垂直状态改为后倾，并使前后部都呈圆形　2—散热器面罩的进风部分做了改进，提高了进风效率　3—发动机罩加大了倾角，形成楔形　4—前风窗加大了后倾角，与水平线夹角为 29°　5—顶盖曲线的弧度有所增加　6—后风窗的倾角加大、达到水平夹角为 25°45′21″　7—行李箱盖加高　8—后翼子板下边上翘度增加　9—翼子板上的轮孔凸形边缘取消　10—车身底部平滑化　11—轮胎挡泥板圆滑化　12—车轮装饰罩扁平化　13—前转角处的俯视收敛并圆滑化　14—前风窗支柱圆滑化　15—前风窗的曲率加大俯视曲线圆滑化　16—后风窗与侧面的转角处圆锥形处理　17—后翼子板到尾部向内收敛并圆滑化

奥迪 100C3 车身还进行了车身外饰件和附件的空气动力处理，使车身在整体上更趋于圆形化和楔形化，通过减少形成气流的剥离因素，减少涡流的形成，以追求整车的最佳空气动力特性。

从表 1-7 中可以看出，奥迪 100C3 型的迎风面积虽然增加了，由于造型的空气动力化而使空气阻力系数减小，其他空气动力性能也得到了改善。

1.2.2　车身具有高防腐性能

为了延长车身的使用寿命，车身必须采用有效的防腐蚀措施，使其具有高防腐性能（防腐及防锈措施见课题 1）。

奥迪 100C3 型车身采用的防腐蚀措施如下：

1. 采用双面镀锌钢板

奥迪 100C3 型车身，从 1986 年开始，所有的板制零件均采用双面镀锌钢板。镀锌钢板的作用在于把车身腐蚀的开始时间向后推迟，可使使用寿命提高 35% 以上，10 年之内车身不会因腐蚀而损坏。

2. 用严格的、先进的油漆前处理工艺

油漆前通过脱脂、水洗、磷化、钝化和纯水洗等过程，使表面形成一层具有最佳抗腐蚀能力的磷化膜。锌盐磷化与阴极电泳底漆相匹配，具有良好的结合力和耐腐蚀性，钝化处理又可使磷化膜的防腐能力大大提高。阴极电泳底漆是目前世界上具有最好抗腐蚀能力的涂漆工艺。

3. 车身底部喷涂

车身经过阴极电泳底漆、中涂之后和面漆之前，在车身底部进行聚氯乙烯（PVC）喷涂处理，聚氯乙烯层厚度为1.5mm，主要是防止沙石损伤和路面的刮碰。

4. 空腔内注入石蜡

在车身骨架的空腔内注入石蜡，使其覆盖在骨架板件的内表面上，并可以将各角落、空穴等处给以封闭，由于毛细管现象，所有的小缝隙都能进入石蜡，从而防止各种有害物质直接接触钢板。

1.2.3 车身的轻量化设计

目前世界上普遍重视汽车的轻量化设计。因为，车的质量每下降10%，燃料经济性可改善8%。因此，减轻汽车自重已成为改善汽车燃料经济性的重要方法之一。轿车车身质量约占整车的50%以上，可见，轿车车身的轻量化设计会成为新车开发的重要项目。

车身轻量化的途径很多，包括总布置方法、车身造型、结构设计、材料选择和制造工艺等，这些都是使车身轻量化的有效的措施。奥迪100C3车身的轻量化采用了以下两项措施。

1. 采用轻质材料

奥迪100C3型车身采用的轻质材料有塑料和铝合金等。由于塑料比钢铁大约轻1/2～1/5，并且具有造型自由、零件数目少、简化工艺、颜色容易调配、隔音隔热好以及耐冲击等特点，近年来使用量逐年增加，在普通车上已达整车质量的10%左右。目前普遍采用的注塑、发泡、模压、搪塑和复合等手段，使车身从内饰件到外部件；从小的按钮、卡扣到大的仪表板、保险杠；从功能件、装饰件到结构件等都可应用塑料零件。

如奥迪100C3型车身上采用的铝合金件有车门里板、车门窗框和前保险杠加强板等。铝的相对密度约是钢铁的1/3，因此是一种较合适的轻金属材料。4个车门上的铝合金零件重约10kg，这是目前众多车型中使用铝合金材料较多的一种。然而，由于铝合金在成形性、焊接性、热膨胀稳定性和表面处理等方面存在着明显的缺陷以及铝的不可修复性和高价格，使其在使用上受到限制，在车身上的应用不及塑料的增长快。

2. 在车身结构上的轻量化设计

在选择板料规格方面，注意采用薄板料。覆盖件板料厚度为0.6～0.8mm，骨架部分的板厚为0.8～2.0mm。薄板料运用合理的设计和适当的加工方法，可得到必要的强度和刚性。例如，车门要求有很高的强度，尤其是中部，一般在车门外板的里面设有强度相当高的横向加强梁。但奥迪100C3型车身的车门却没有这种梁，而是把车门外板设计成一深度较大的横向通槽，外面用防碰装饰条盖上，既能满足强度要求，又能保持其外形的美观，更重要的是取消了加强梁，仅这项措施就使每个车门减轻1.5～2.0kg。

顶盖周边的骨架，即顶盖的左右侧梁和前后横梁，都采用开口断面，外边缘与顶盖的翻边用定位焊联接，而内边缘用填充剂与顶盖粘结，取消了各门的加强板，减少了零件数量，并且使车身质量减轻，达到轻量化的目的。

1.2.4 具有良好的车身安全性

安全性是现代汽车追求的重要目标之一，故现代轿车应具有良好的车身安全性。奥迪100C3 车身采用了以下安全性措施。

1. 车身整体采用了被动安全性设计

这种安全性设计是把车身整体分成两部分，一部分是由强化了的骨架和覆盖件构成坚固的乘坐区，以保证车辆在各种条件下保护乘员不会受到伤害；而车身的前部和后部都设计成可吸收能量的变形区，在发生撞车事故时吸收撞击能量以保护乘坐区不产生使乘员伤亡的变形，降低乘员伤亡的危险。

2. 具有立体造型的软化内饰

立体造型的软化内饰不仅使乘员乘坐舒适，还能保证在意外事故中，即使乘员与车内的装备碰撞也不致遭受严重损伤。如仪表板，是发生事故时最容易撞上的车身部件，它装在客厢里的最前面，在它的表皮里和骨架之间有厚度不等的聚氨酯泡沫层，最厚的部位达20mm，最薄的部位为8mm，从而保证碰撞后的缓冲作用。

3. 前后两排座椅都配备了三点式被动座椅安全带

三点式被动座椅安全带使乘员在意外事故中不致发生二次碰撞。在座椅靠背上装有可调整的头枕，以防止在发生追尾事故时头颈受伤。

4. 车门及车门附件

车门及车门附件应保证汽车在碰撞或翻滚后，能顺利地打开车门，使乘员尽快脱离汽车，或者使救护人员能及时救出受伤乘员。

1.2.5 具有良好的车身密封

车身密封性是保证车身外部的风沙雨雪不得侵入车内的性能。根据车身各部件的功能不同可分为三个类型。第一类是车身本体的密封，即车身骨架焊接总成的密封，它由车身覆盖件和骨架等板件之间的焊缝密封和板件本身孔洞的密封组成。第二类是车身壳体装配后不活动部件的密封，如前风窗、后风窗和后三角窗等的密封。第三类是装配到车身本体上之后需经常活动的部件的密封，即前车门、后车门和行李箱盖等部件的密封。发动机罩的密封，除了阻挡雨水、尘沙不进入发动机舱外，还应考虑发动机的冷却性能和汽车空气动力学这两个因素。

车身本体的密封是车身密封的基础，现以奥迪 100C3 型车身本体的密封为例加以说明：

1）所有定位焊焊缝在焊后均涂以密封胶，并对密封胶的用量给以严格的规定，用量多了会增加车身的制造成本和质量，用量少了不能保证密封，必须恰到好处。

2）在受力较小的部位，板件相连接时，多采用贴接的方法，如车门外板与端板的结合，发动机罩内外板的结合，行李箱盖内外板的结合等。先贴接，然后包边。

3）所有 CO_2 保护焊的焊缝均涂以密封胶。

4）在总装前，车身板件与车外相通的工艺用孔都用橡胶堵盖盖上，并且在堵盖与板件之间涂以密封胶。

5）在有空腔的骨架结构内都灌以石蜡。

6）前部水槽等重要密封部位的焊缝应涂以防护膏。

7）车身上可拆卸部件装配的紧固螺栓都加有橡胶垫圈，以保证这些装配用孔的密封件。

8）在车身板件上，在通过电线线束及各种操纵机构的拉丝等的通孔上都装有橡胶密封垫。

课题3　轿车车身用材料

轿车车身上使用的材料主要是由车身的三大部分——壳体、装饰和装备的特性所决定的，还包括一些辅助用材。由此决定了车身用材料的多样性。

轿车车身用的材料，主要分为金属材料和非金属材料两类。这两类材料的采用，一方面要满足汽车车身强度、耐久性及可靠性的要求，另一方面要保证汽车外观优美、乘坐舒适及安全、节能、成本等方面的要求。构成轿车车身的金属材料主要有钢铁材料、铝合金和不锈钢等；非金属材料主要有塑料、橡胶、橡塑、玻璃及阻燃的针纺织物和真皮等。

早期的轿车车身，绝大部分采用的是金属材料（主要是钢铁材料），使车辆很沉重，整车的动力性、经济性等性能都受影响。近年来，由于新型材料的开发，满足了汽车强度、可靠性和耐久性等方面的要求，同时又具有质量轻、外形美观和造价低等方面的优点。这些新型材料越来越多地被应用在轿车车身上，实现了汽车的轻量化，使汽车动力性、经济性能得到提高。

1.3.1　车身用金属材料

1. 车身用的钢板

车身的质量约67%为钢板。因此，为了保证汽车从设计上满足强度要求的同时，采用较薄的钢板来使车身轻量化；从模具、焊接等工艺设计上选择合理的工装器具；在钣金操作、维修等技术上合理地作业，深入地了解汽车车身使用的钢板性质是很重要的。

（1）车身钢板的性质　汽车车身上使用的钢板，首先要求有很好的成型性。另外，轿车车身外覆盖大型化、流线型化程度高，要求钢板具有很好的可塑性。由于成形的条件及耐振性要求，轿车钢板一般使用低碳钢。若使用含碳量高的钢板，虽然车身能耐较高的冲击力，但钣金零件的成形困难，而且钣金修理作业也很困难。为了解决强度方面的问题，设计上在必要的地方增加加强板或改变断面形状（加强肋等）来增加车身的强度。

轿车车身使用的钢板，要求具有的基本性能是可塑性、弹性、加工硬化及热变形。

1）可塑性。所谓可塑性，是指在超过弹性极限的外力作用下，产生永久变形而不引起破坏的性能。金属大都具有可塑性，可塑性分为可延性和可展性两种：可延性可使金属拉成细丝；可展性可使金属展成薄片。一般具有塑性的金属有延性必有展性。

在汽车制造厂内，大型的钢模冲压出顶盖、翼子板和发动机罩等大型覆盖件的成形过程中，用冲压成形来使钢板依钢模而变化，钢板的形状称为车身钢板可塑性。

增加压力（例如将钢板弯曲的力）使钢板不破裂而能成形的程度和钢板的硬度（主要是含碳量的高低）有关。钢板变形是由于受张力或者压力而产生的，利用压力产生的变形为延性，以压力成形者称为可锻性。拉力变形的最后结果是拉伸，而压力变形的最后结果是压缩。拉伸和压缩的性质在汽车的车架矫正或钣金修正作业中是必须具备的知识，也是汽车钣金的基本作业原则。

2）弹性。金属板受力后弯曲变形，而当力去除后又回复原状的性能就是弹性。例如车身的钣金面将其抑制力除去时，有恢复原来形状的倾向。因此，钢板变硬，弹性的硬化限度也增大，而弹性大的钣金材料（如不锈钢板等），其加工较为困难。

金属的弹性有一定的范围，若外力超过此极限，则使金属失去弹性而获得永久变形。例如，弯曲的金属板将其所加的外力除去而不能完全回复原状态时，就是超过了弹性极限，如图 1-43 所示。

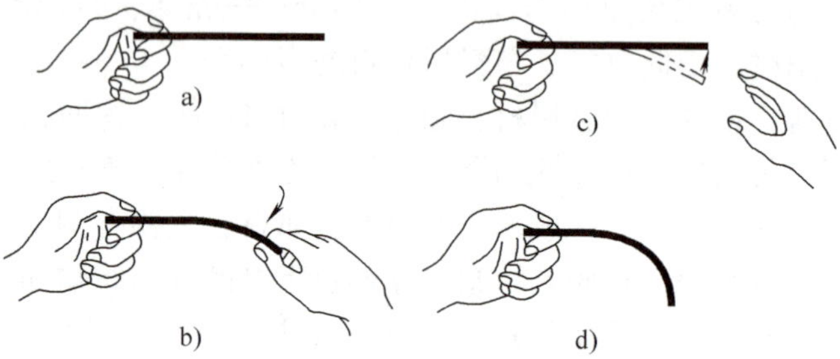

图 1-43 “弹性”钢板的弹性和弹性极限

a）平直钢板 b）施予弯曲力 c）除去弯曲力时，反弹力的作用使金属板回复原状 d）作用力超过弹性极限时则产生永久变形

将损伤的翼子板自车身上拆开时，翼子板及挡泥板等都有反弹回原来形状的倾向。钢板遭受严重的碰撞损坏时，都具有某一程度的反弹力。这对钣金工来说是重要的相关知识，必须牢记。

车身钣金是以冲压机床的作用力及模具的形状而使之成形。钣金零件上留有压力，称为钣金嵌板的残留压力。例如，将发动机盖板的边缘角部切断时，切断后的两个断面有或多或少的收缩或反方向展开的现象，这是当初的冲压成形工序时所留下的残留应力所造成的影响，如图 1-44 所示。

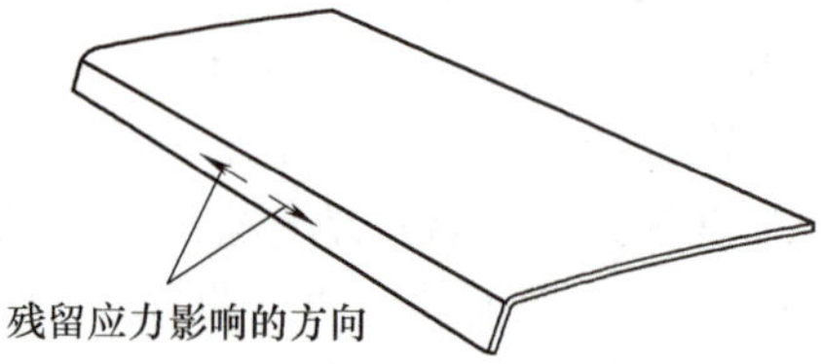

图 1-44 残留应力

3）加工硬化。金属板以加热的方式来成形（弯曲、伸张或压缩）时较为容易，但是在加热以外的条件下也可以成形。

钢板在常温状态下的加工有一定的限度，超过了这个限度则钢板将会破裂。钢板在常温近于极限程度状态下加工作业时，随加工程度的增加，材料会渐渐变硬，使加工困难，这个作用称为加工硬化。

加工硬化作用的实例是将平钢板折曲，再将其折回时，当初折曲部分留下的形状，会在其两侧产生两处新的折曲，这就是钢板的折曲处形成了加工硬化，其结果是加工硬化的部位强度比折曲处以外的部分强，如图 1-45 所示。

加工硬化是汽车制造厂在从事车身钣金零件冲压成形过程中常发生的现象，也是在车身遭受外来的冲击损伤，或在修理厂从事钣金修正作业时常发生的现象，钣金工常碰到这类问题。在车身钣金件加工过程中，因不断地施加外力使钢板产生塑性变形，因而容易造成加工

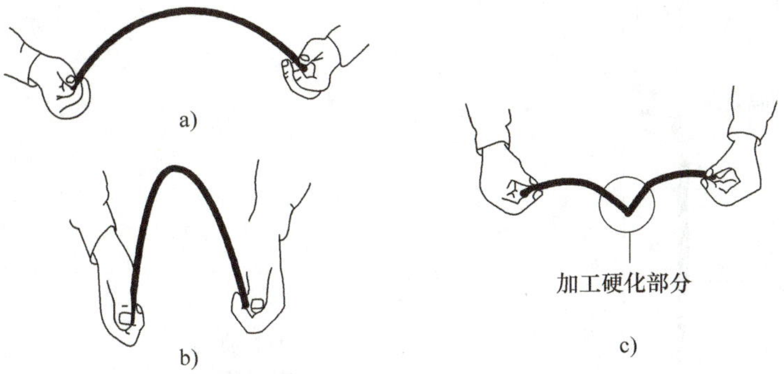

图 1-45　加工硬化

a）将平钢板折曲　b）进一步将平钢板折曲　c）将折曲后的钢板反向折曲时，则留下当初折曲部分的形状，即加工硬化的部分

硬化。其退火方式是采用气焊火焰加热，温度到达650℃左右后让其慢慢冷却，即可恢复它的加工性。

4）热变形。普通钢材当加热温度达到800～1000℃时，即可开始加工，直到温度降至650℃。但是温度若再降至400～200℃时，钢材即发生青热脆化，比常温时缺乏延展性而无法继续加工，必须再重新加热方可加工。

钢板具有“热胀冷缩”现象，钣金工常利用这种现象来完成弯曲加工作业或整形作业。若在钢板边缘上加热，则受热部分产生膨胀；当以水冷却时，因温度迅速降低而收缩，引起塑性变形，能达到弯曲成形或整形的效果。

钢板因受热胀冷缩的作用或外力而变形，当这些情况超越弹性极限，或是约束力不解除时，则发生变形或翘曲。一般热作用所产生的变形，其热源来自气焊、气体切割及电弧焊，或者是砂轮的磨削生热等。这些热源由于只在局部加热，其母材在板厚方向、板幅方向以及加热的进行方向，就会产生温度差，因此板的伸长不均一。当这种情况成为塑性变化时，就以翘曲的形状出现。

（2）车身钢板的拱曲　车身钢板的拱曲使车身钣金具有一定的曲率。车身钣金为提高其整体的强度及良好的外形，各钣金零件设计成各种曲面，这样的曲面就是拱曲。汽车车身钣金的拱曲分为四类：①低拱曲（低曲率）——钣金面的曲面非常的缓和；②高拱曲（高曲率）——急剧的曲面；③结合拱曲——一块钣金零件有低拱曲和高拱曲混合的拱曲；④逆拱曲——钣金面向内侧挤型的曲面，如翼子板和发动机罩等。

1）低拱曲。低拱曲钣金面的曲率小，其所能承受的载荷小。车顶盖是低拱曲的例子，车顶盖的边缘有极小的曲面，其中央部分几乎是平面的。但是，车顶盖的前、后端部及两边有急剧的弯曲，可以说是高拱曲钣金。

2）高拱曲。高拱曲的拉伸板使各个方向都可成形。这可以由破损汽车的钣金修理时，损伤对钣金面的变形有某种程度的抵抗力看出来。这种高拱曲存在于翼子板的上方、前面部分及上面后方部分的车身棱线等处，如图 1-46 所示。

现代轿车车身装配都由非常大的低拱曲钣金零件所制成。但高拱曲成形钢板的拱曲部分非常强韧，不必像低拱曲钣金需要补强，可以降低成本。

3）高低结合拱曲。轿车车身一般使用高低结合的拱曲面，如翼子板、车门外板等，它

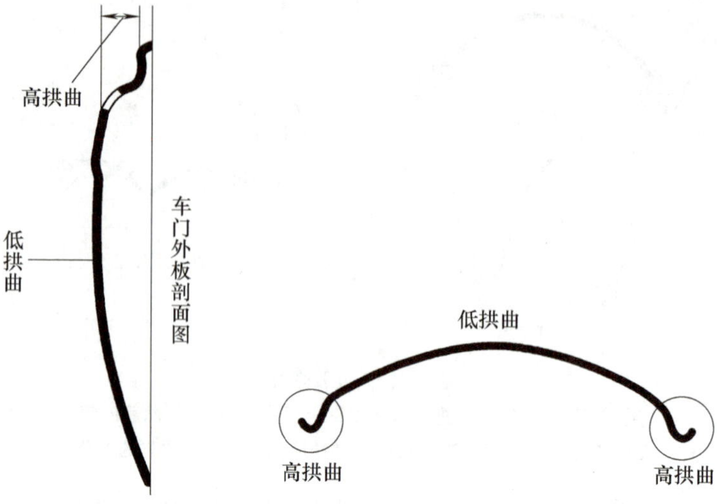

a)　　　　b)

图 1-46　高、低拱曲示意图

a）车门外板的高、低拱曲　b）车顶板的高、低拱曲

能使车身本身具有较强的强度，如图 1-47 所示。

4）逆拱曲。这是边缘向内侧急剧弯曲的形状，在发动机盖及翼子板上可看到。它们在损伤变形时的钣金修正作业困难。一般这部分的损伤情况虽是极严重，但也仅限于局部而已。关于这部分的钣金修正，使用普通车身的一般修正方法即可，如图 1-48 所示。

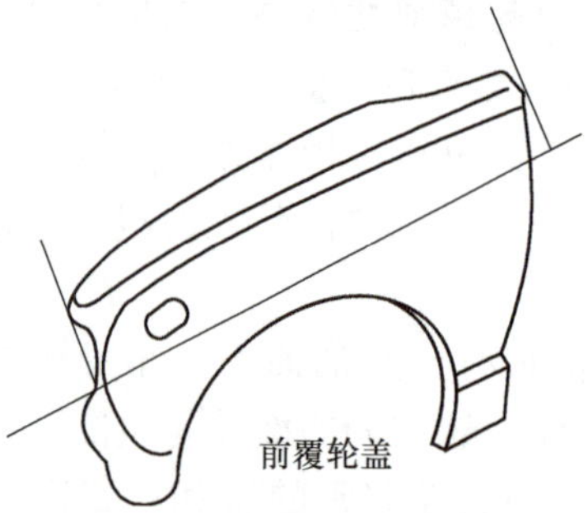

图 1-47　翼子板的高低结合拱曲

图 1-48　发动机罩盖的逆拱曲

一般高拱曲钢板部分受冲击时，高拱曲部分常同方向地压挤出去。低拱曲遭受冲击时，低拱曲部分向内侧弯曲。高低结合的拱曲钣金面遭受冲击时，是一块钣金面具有高拱曲和低拱曲的混合性质。

（3）拱曲的操作方法　拱曲的钣金操作方法有冷拱曲和热拱曲两种：

1）冷拱曲。冷拱曲的基本原理是使板料周边起皱向里收，中间打薄向外伸展，反复进行操作，使板料逐渐变形，得到所需的形状。所以拱曲零件一般都是周边壁厚增加，而底部减薄。

冷拱曲的操作方法一般有两种：

① 顶杆手工操作法。该法一般用于制作拱曲深度较大的零件。拱曲前应使板料焖火，

拱曲时如发现板料硬化，应予退火。

操作时，先将毛料边缘作出皱褶，然后在顶杆上将皱褶敲平，毛料将因皱褶而向内弯曲。此时可用木锤轻而匀称地捶击毛料中部，使中部毛料伸展而拱曲。捶击应均匀而稠密，边捶击边旋转毛料，根据目测调整捶击部位和捶击力量，依次收边捶击中部，并配合中间检查，直到符合要求为止。

考虑最后修光时会产生回弹变形，一般拱曲度应大一些，最后，在圆顶杆上用平头锤把拱曲零件修光，按要求划线并切割，锉光边缘，如图 1-49 所示。

② 在胎模上手工拱曲。手工拱曲一般用于制作深度较浅的拱曲零件，其操作如图1-50所示。

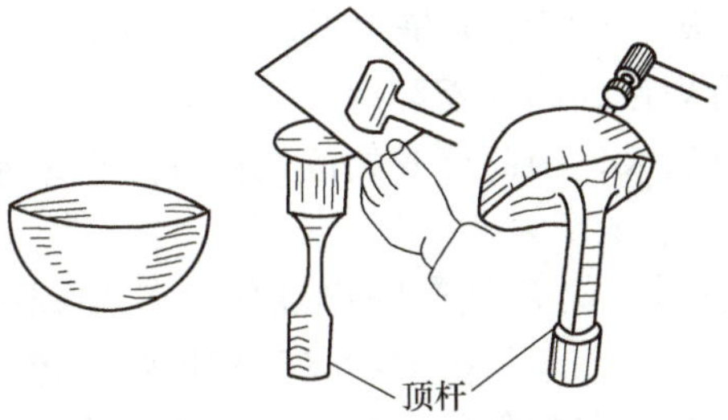

图 1-49　修光操作

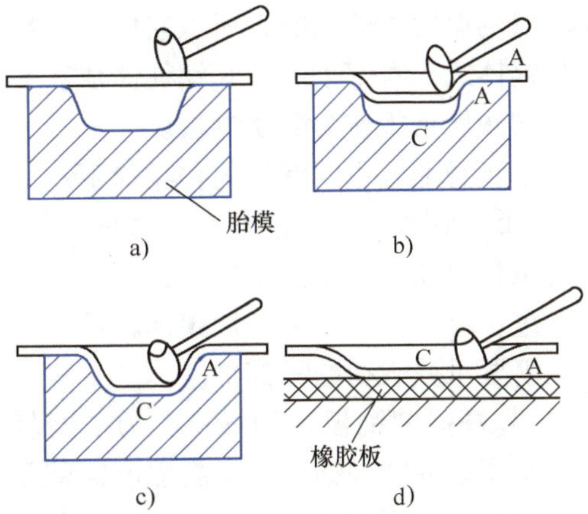

图 1-50　在胎模上手工拱曲的操作

先将毛料压紧在胎模上，用锤子从边缘开始逐渐向中心部分捶击，图 a、b、c 是拱曲过程，图 d 是利用橡胶板伸展毛料、锤子由 A 逐渐向中心 C 的拱曲过程。

拱曲时，捶击要轻而均匀，使整个加工表面均匀地伸展，形成凸起的形状。应注意：操作不能过急，应分几次，使毛料逐渐全部贴合胎模成形。最后，用平头锤在顶杆上打光捶击凸痕。

2）热拱曲。热拱曲的基本原理是利用金属的热胀冷缩的性质（有时需加外力）进行拱曲，如图 1-51 所示。

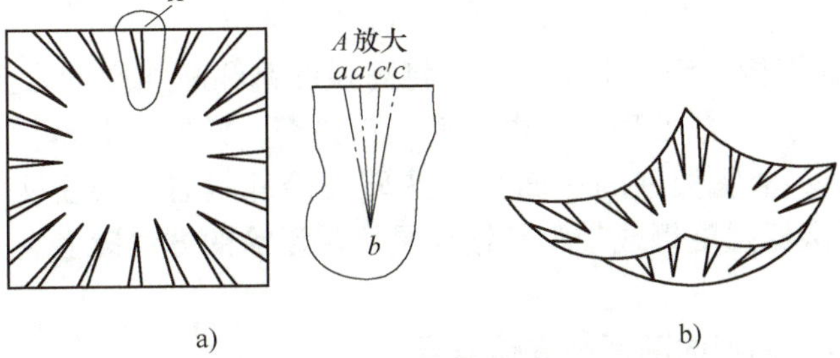

图 1-51　热拱曲的操作

a）热拱曲原理　b）拱曲件

从A处开始沿上△*abc*进行加热，三角形内的毛料因受热而膨胀，但因加热后材料的力学性能降低，不能向周围未被加热的毛料方向伸张，反而被压回缩小；而冷却后本身又往里收，于是冷却后的三角形由原来的*abc*缩小到*a′bc′*，因此A处的毛料收缩。如果沿毛料的四周对称而均匀地进行分区加热，便可收缩成如图1-51b所示的拱曲件。

（4）钢板种类　根据金属板厚度的不同通常分为薄板、中板和厚板。汽车车身上普遍采用的是厚度为0.6~2.0mm的薄钢板。

按热处理的方式不同，车身结构中的钢板有热轧钢板和冷轧钢板两种类型。

热轧钢板是在800℃以上的高温下轧制的，用于制造汽车上比较厚的零部件，如车身上的横梁。

冷轧钢板是由热轧钢板经过酸洗后冷轧变薄，并经过退火处理后制成的。由于冷轧钢板是在较低的温度下轧制的，所以它的厚度精度高、表面质量好，并且具有良好的可压缩性。大多数整体式车身都采用冷轧钢轧制成。在悬架周围特别容易受到腐蚀的地方，采用经过表面处理的冷轧钢板作为防锈钢板。

汽车车身上采用的钢板的种类如下：

1）低碳钢板。在当前汽车车身修理中遇到的钢板，大多数都是用低碳钢制成的。含碳量低的钢材很软，所以便于加工，可以很安全地进行焊接、热收缩和冷加工，它的强度不会受到严重影响。但是，由于低碳钢容易变形，而且质量大，因此已开始改用高强度钢来制造汽车上需要承受载荷的零部件。

2）超高强度钢板（UHSS）。为了减轻汽车的质量，提高汽车的燃油经济性和减少排放，开发了多种特种钢材。超高强度钢就是一种特种钢材，车门护梁和保险杠加强件等汽车车身零件，均采用超高强度钢制造。这种钢材强度极高，非常坚硬，在冷态下很难或不可能被校正。如果修理时加热不当，钢的高强度会受到破坏。当超高强度钢制造的零件损坏时，不能进行修理，只能更换。

3）高强度钢（HSS）。高强度钢板也是一种在汽车上常用的钢板。这种钢板在新型轿车的许多零部件上都得到应用，如翼子板内护板、支柱加强件的上、下部件等构件。高强度钢可以在冷态下拉伸，而且它对于370~650℃的热量非常敏感。不正确的加热温度会降低钢的强度，因此必须遵循厂家提供的加热温度。

4）高强度低合金钢板（HSLA）。这种合金钢也是一种特种钢材，用来制造各种各样的零件，包括边梁延伸件、车窗上部边护梁，甚至某些车型中的车窗框下部件等。维修人员要清楚地知道汽车上哪些部件是用高强度低合金钢制成的，才可以检查待修理车辆的碰撞情况。

5）表面处理过的钢板。汽车上采用一些将高强度钢和高强度低合金钢经过处理后得到的钢，如镀锌钢、镀锌层扩散处理钢、电镀钢和锌铬钢，详见表1-8。

① 单面镀锌钢板。金属板件的一面是在热轧或冷轧状态下镀上去的自由状态镀锌层，这种钢材也被称为低碳低强度钢或带钢。镀层是用热浸涂的方法镀上去的，这一面不暴露在外部环境下。

② 双面镀锌钢板。钢板的两面都有镀锌层。

③ 3/2面镀锌层。在其两面都有镀层，但一面镀层厚，一面镀层薄。镀层厚的一面不暴露在外部，上面镀的是自由状态的锌。暴露在外部的一面镀的是轻质合金。

表 1-8　使用在车身上的表面处理钢板

名　称		特　征	使用部位
镀层钢板	熔锌镀锌板（单面、双面）	1. 镀层表面粗糙 2. 涂装密着性问题	1. 下护板、车顶的内衬板、车门等 2. 车身底部
	合金化处理钢板	1. 电阻焊接性及涂料密着性良好 2. 加工成形受限制	
	电镀镀锌板	1. 电镀层膜厚均一 2. 镀层膜厚可调整	
	镀铅锡钢板	1. 冲床加工的成形性优良 2. 焊接性良好	汽油箱
	镀铝钢板	高湿情况下耐蚀性强	消音器、排气管等排气的相关零件
涂装处理钢板（锌粉漆）		具有较佳的防蚀性及加工性	下护板、车顶的内衬板、车门框等

④ 电镀锌钢板。通过电镀方法在钢板表面生成镀锌层。

⑤ 锌铬钢板。在低碳钢板的表面镀上一层有铬酸盐和锌的混合物组成的富锌涂层。

这些金属涂层提供了最大的抗腐蚀性能。汽车上许多零件和板材均采用镀锌防腐蚀处理。镀锌钢板，在受热时会发出有毒的烟气，应注意加强保护并采用良好的通风条件。

6）不锈钢板。不锈钢板是在碳钢中添加铬或者铬和镍，经热轧和冷轧所制成的钣金材料，极富耐蚀性，外观为光滑美观的银白色。

2. 车身用的铝板

（1）铝的特性　铝为银白色金属，具有较好的装饰性。纯铝的相对密度为 2.7，大约是铜的 1/3，是一种轻金属材料，导热性较好，塑性很高，具有很好的成形能力。但纯铝的强度低，性质柔软，故不适宜单独作为汽车车身构造用材料。

（2）铝在汽车上的应用　应用上多采用铝合金。铝合金是将纯铝加入其他金属制成的合金材料，常温或高温加工容易，且会获得相当优良的力学性能。铝合金是汽车钣金，特别是装饰钣金不可缺少的材料。为了达到汽车质量轻量化的目的，铝合金在汽车上的应用范围在不断地扩大。

铝可用来制造汽车上的各种板，例如外壳覆盖件，包括车门、发动机盖板、后备箱盖板和顶盖等。抗腐蚀能力是铝的突出优点。当初次暴露在空气中时，铝的表面会形成一层很薄的氧化膜。这层氧化膜可以起到自我保护的作用，避免进一步的腐蚀。因此，铝也可以应用在外部零件的表面要求有金属光状的部分，例如使用在装饰条、散热器前饰罩和侧保险杠等。另外，其表面也可以再涂装。

铝和铝合金的可焊性能较差，焊接时应按操作规程先除去焊接处阳极处理的氧化膜并采用专用的铝焊剂进行。

与钢板相比，铝比钢软得多，而且当铝受到加工硬化后，更难以加工成形。它的熔点也较低，被加热时容易变形。铝制的车身及车架构件的厚度，通常是钢件的 1.5 ~2 倍。由于加工硬化的影响，铝件受到损坏后更加难以修复。修理铝板时应严格按照铝板的修理方法进行。

（3）铝合金板材规格　汽车钣金修理常用的铝合金板材规格详见表1-9。

表1-9　铝合金板材规格

厚度/mm	（宽/mm）×（长/mm）	质量/(kg/m²)	厚度/mm	（宽/mm）×（长/mm）	质量/(kg/m²)
0.5	400×1500	1.425	2.3	400×2400	6.55
0.6	400×1600	1.71	2.5	400×2400	7.125
0.7	400×1600	1.995	3.0	400×2400	8.55
0.8	400×1800	2.28	3.5	400×2400	9.975
0.9	400×1800	2.565	4.0	400×2400	11.4
1.0	400×2000	2.85	5.0	400×2400	14.25
1.2	400×2000	3.42	6.0	400×2400	17.1
1.5	400×2200	4.275	7.0	400×2400	19.95
1.8	400×2400	5.13	8.0	400×2400	22.8
2.0	400×2400	5.7	9.0	400×2400	25.65

3. 金属材料的特性

在金属板料成形过程中，为使板料变成所需形状，需对板料施以外力。金属板料对外力作用具有一定的抵抗力，称为力学性能。不同材料具有不同的力学性能，通常用弹性、屈服点、塑性、抗拉强度和硬度等表示。

（1）弹性　金属材料受外力作用时发生变形，卸去外力后，又完全恢复原来的形状和尺寸，这就是弹性。在材料受到拉伸时，拉伸量与外力呈线性关系变化，则其变化范围为材料弹性变化范围。材料弹性大小，用能保持弹性变形的最大应力，即弹性极限 σ_e 表示：

$$\sigma_e = \frac{F_e}{A_0}$$

式中　F_e——弹性极限负荷（N）；

A_0——拉伸试件的横断面积（mm^2）。

（2）屈服点　金属材料在拉力作用下，开始发生明显的塑性变形，或达到规定塑性变形值时的应力，称为屈服强度。

塑性高的材料，在拉伸过程中，加载到某一力时，力不增加，而材料继续伸长，这种现象称为材料的屈服现象。材料产生屈服时的外力 F_s 与试样断面积 A_0 之比，称为屈服点 σ_s，即

$$\sigma_s = \frac{F_s}{A_0}$$

屈服点是金属材料将要发生显著变形的标志，因此，在钣金成形过程中，要使板料改变成一定的形状，施加外力必须能使板料产生的应力大于 σ_s。

（3）塑性　塑性是指金属材料在外力作用下，不发生破坏的永久变形能力，这种永久性的变形是塑性变形。如在同样拉力情况下，伸长量越大，则材料塑性越大。塑性大小通常用断面收缩率和伸长率表示。

1）断面收缩率。材料受拉伸断裂后的截面缩减量与原截面面积比值的百分率，称为断

面收缩率，用符号 φ 表示，即

$$\varphi = \frac{A_0 - A_1}{A_0} \times 100\%$$

式中　A_0——原截面面积（mm^2）；

A_1——断口处的截面积（mm^2）。

2）伸长率。材料在拉伸断裂后的总伸长长度与原来长度的比值百分率，称为伸长率，用符号 δ 表示，即

$$\delta = \frac{l_1 - l_0}{l_0} \times 100\%$$

式中　l_0——原标距长度（mm）；

l_1——拉断后的标距长度（mm）。

金属材料的断面收缩率和伸长率数值越大，塑性越好。塑性大的材料，容易加工成形。

（4）抗拉强度　金属材料在拉力作用下，抵抗破坏的最大能力，即发生破坏前所承受的最大应力叫抗拉强度，用符号 σ_b 表示，即

$$\sigma_b = \frac{F_b}{A_0}$$

式中　F_b——材料在断裂前的最大拉力（N）；

A_0——材料原横截面积（mm^2）。

所以，在钣金成形过程中，为不使零件破裂，所加外力必须小于极限拉力 F_b。对于钣金材料，不仅希望其本身具有较高的抗拉强度，而且还要有一定的屈强比（σ_s 与 σ_b 的比值）。屈强比越小，结构零件的可靠性越高。不同的材料有不同的屈强比。

（5）硬度　硬度是金属材料抵抗坚硬物体的压入而引起塑性变形的能力。抵抗能力越大，硬度越高。硬度的表示方法一般有布氏硬度（HBW）、洛氏硬度（HR）和维氏硬度（HV）等。汽车板料的硬度多用布氏硬度和洛氏硬度两种表示方法。

1.3.2　车身用非金属材料

近年来，非金属材料越来越多地应用于汽车一些钣金件和其他部件的制造上。其目的是减少汽车总质量，提高汽车的动力性和燃油经济性等性能，降低成本。汽车上用的非金属材料主要包括塑料、橡胶、玻璃钢及玻璃等。

1. 塑料

塑料具有质量轻、坚固和易着色等优点，在汽车材料中应用范围逐渐扩大。当塑料最初被引用到汽车上时，它在汽车结构上的应用主要局限于制造仪表板组件上的装饰件，如前照灯、尾灯等指示灯，车窗升降器手柄和其他各种小零件。然而，经过了许多年后，塑料件的应用逐渐增加，而且在今天，由于汽车设计上要努力减轻汽车的质量以提高燃油经济性，越来越多的汽车零部件都用塑料来制造，例如仪表板、翼子板塑垫、挡泥板、通风口、散热器罩和风机叶片等。这些塑料件比金属板轻得多，由于塑料具有高的强度—质量比，因此质量减少并不意味着强度降低。随着汽车上塑料件的增多，塑料修理将成为车身修理上不断增长的业务。

（1）塑料的优点　与钢铁比较塑料有如下的优点：

1）相对密度小。

2）成形性良好。

3）无金属的外观及具有触感。

4）有柔软性。

5）耐蚀性良好。

6）隔音、防振和隔热性能良好。

塑料与金属的比较详见表1-10。

表1-10　塑料与金属的比较

项目＼材料	铝　材	高强度钢板	塑　料
特征	1. 质轻（相对密度约为钢的1/3） 2. 导电性、热导率佳 3. 耐蚀性优良 4. 表面美观 5. 加工性、铸造性良好 6. 适于大量生产	1. 抗拉强度大，可减少板的厚度 2. 同一抗拉强度条件下的相当材料费比钢板约便宜15%～30%	1. 质轻（相对密度1～2） 2. 加工性优良 3. 耐蚀性良好 4. 同一弯曲刚性条件下的相当质量比软钢板轻
适用例	1. 铸造品：气缸头、曲轴箱、活塞、油泵和水泵 2. 轧延品：饰条、饰罩（水箱）和机油冷却器等热交换器	1. 各种大梁、车架类 2. 保险杆 3. 车门板 4. 车身其他外板	1. 装备零件：水箱前饰罩、车灯壳及饰罩、内把手和扶手等 2. 外板零件：前护板、后护板和保险杆等
主要问题	1. 材料费较高（钢的7～8倍） 2. 长期材料购买受成本变动的不安定因素所影响 3. 焊接法需要改良	1. 材料费高（比软钢板高10%～30%） 2. 加工变形性低 3. 影响电阻焊接性、强度变小 4. 模具寿命减短	1. 材料费高（同一质量的情况下，为软钢的3～5倍） 2. 生产性低（每一循环需2～4min） 3. 耐热性、弹性系数低

（2）塑料的组成及特性　塑料是以天然树脂或人造树脂（合成树脂）为基体，加入填充剂、增塑剂、润滑剂和着色剂（有机玻璃除外）等而制成的高分子有机物。塑料的主要特性如下：

1）质量轻，吸水率小。塑料的密度约在0.9～2.3g/cm^{3}范围内，只有钢铁的1/8～1/4左右。

2）化学稳定性好。一般塑料对酸、碱、盐和有机溶剂具有良好的抗腐蚀性。

3）比强度高。尽管塑料的强度比金属低，但由于塑料密度小，其比强度相当高。

4）良好的绝缘性能。几乎所有的塑料都有优良的电绝缘及耐电弧特性，所以，汽车塑料广泛应用于汽车电器设备上。

5）优良的耐磨、减磨及自润滑性。大多数塑料摩擦系数很小，耐磨性好，可作为减磨材料，制造车身上的密封圈、电器上的齿轮等。

（3）塑料的种类　塑料的种类很多，按特性来分，可分为热塑性塑料和热固性塑料两大类。

1）热塑性塑料。这种塑料可以重复地加热软化，其形态和化学成分并不发生变化。加热时软化或熔化，冷却后硬化。可在塑料焊机上焊接。

2）热固性塑料。这种塑料在加热或使用催化剂或紫外光的情况下，发生化学变化。硬化后得到永久形状，即使重复加热或使用催化剂也不会变形，不能焊接，但可在无空气焊机上进行胶合。

（4）汽车钣金常用塑料及制品

1）聚氯乙烯（PVC）。PVC 塑料在汽车钣金上应用较广。一般使用的 PVC 板材有两类：第一类是不可压缩的，没有弹性；第二类是可压缩的，有弹性。第二类比第一类软，加工比较容易。大多数第二类 PVC 板弹性变形率可达 25%，在这一程度下，塑料板很不容易破裂。因为第一类 PVC 板几乎没有弹性，所以它比第二类强韧，其抗化学、抗温性也比第二类强。因此，钣金作业都选用第一类 PVC 板材，特殊需要场合，可选用第二类 PVC 板材。

PVC 与钢材比，并不是一种坚固的材料，抗拉强度在室温时仅是钢的 1/10，而随着温度的升高，PVC 强度转弱，因此，使用 PVC 板的环境温度不应超过 82℃。

PVC 板的优点如下：

① 抗腐蚀能力强。如在腐蚀最强的场合，比不锈钢具有更好的抗腐蚀能力。许多含有硝酸、硫酸和碳酸钙等化学药品的导管或容箱，采用 PVC 制造后，寿命得到了很大的延长。

② 导热能力低。用金属管材需要用隔热材料保温的场合，如改用 PVC 板材管，则省去保温材料，而管内还不会因温度差而凝结水气。

③ PVC 板材质量轻。其质量仅是同体积钢板质量的 1/5，这对汽车工业和航空业都是非常有益的。

④ PVC 不受水和太阳的影响。它虽然能被点燃，但当点火的火源一撤除，便会立即停止燃烧。

2）聚苯乙烯。用于制造各种仪表外壳、指示灯罩等。

3）低压聚乙烯。用于制造一般结构零件，例如，玻璃升降器手柄、堵盖和杂物箱等。

4）ABS 塑料。它是由苯乙烯、丁二烯和丙烯腈所组成的树脂塑料制成。它具有良好的综合性能，在汽车上的应用发展很快，用于制造转向盘、散热器罩、仪表板总成、车顶天窗和挡泥板等。

5）聚丙烯。其密度仅为 $0.90 \sim 0.91 g/cm^3$，是常用塑料中最轻的一种，在汽车上可用于制造散热器罩、挡泥板、蓄电池外壳、正时齿轮盖和变速器壳体等。

6）有机玻璃（聚甲基丙烯酸甲酯）。有机玻璃是一种高透明度的热塑性塑料，能透过可见光 99%，是最高级的透明材料。用于制造汽车指示灯护镜、遮阳板、门窗玻璃及其他装饰件等。

7）尼龙及聚甲醛。尼龙又称聚酚胺，它和聚甲醛都属于一般耐磨传动零件用塑料，用于制造转向节衬套、卡扣等。

8）泡沫塑料。泡沫塑料分为聚氨酯泡沫塑料和聚氯乙炔泡沫塑料两种。聚氨酯泡沫塑料具有良好的缓冲性能，当很强烈的撞击力作用在人体上时，泡沫能将这种撞击力减弱和分散，可减轻撞车事故后乘员的致伤程度。半刚性的聚氨酯泡沫塑料用于制造仪表板、前立柱、中立柱、后立柱、转向管柱及转向盘等。聚氯乙炔泡沫塑料具有相对密度小，热导率低等优点，属于一般隔热、减振零件用材料，主要用于制作密封条、地毯等。

2. 橡胶

橡胶是一种有机高分子弹性化合物。它具有良好的柔性，复原弹性很高。橡胶在断裂时的伸长率为500%~600%，而低碳钢仅为百分之几。橡胶还具有不透水性、不透气性及电绝缘性等。利用这些特性，汽车为了防风、防雨以保护驾驶室及行李箱、发动机舱等不受雨水、灰尘侵入的影响，在车门或车窗上与车身配合等的间隙部分，都使用防水橡胶条。

橡胶主要用作垫圈、缓冲、防尘和密封等配件。一般这些密封条为防止吸收水分，其表面用高密度的橡胶制成，而里面为海绵状，具有伸缩的弹性，使闭合良好。

装配前风窗玻璃及后风窗玻璃的防水橡胶条，必须具有将玻璃夹紧套住车身凸缘的特性，所以橡胶密封条其横断面形状颇为复杂，如图1-52所示。

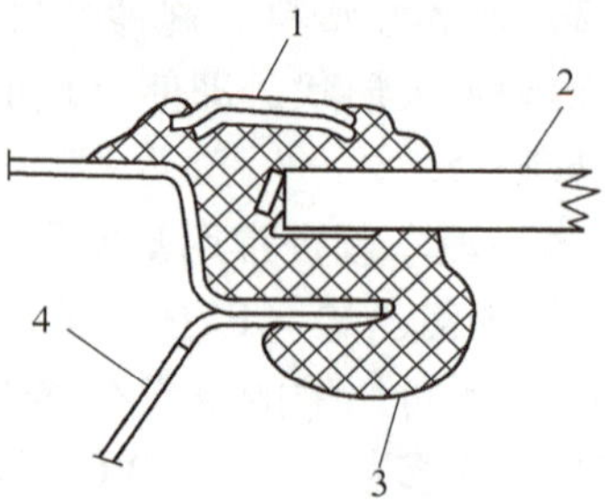

图1-52　橡胶密封条

1—饰条　2—安全玻璃　3—橡胶密封条　4—车身

3. 玻璃钢

从20世纪80年代开始，玻璃钢材料已开始大量地被应用于车身及附件的制作上。玻璃钢材料包括热固性玻璃钢（以不饱和聚酯等玻璃钢为主）、热塑性玻璃钢（如聚丙烯玻璃钢），还有ABS夹层板、聚氨酯等，主要用于制造外翼板、后备箱盖及前后保险杠、挡泥板等，有的甚至采用全玻璃钢车身。

（1）玻璃钢的优点

1）密度小（1.4~2.0g/cm^3），比铝轻1/3；强度高，其比强度（强度与密度的比值）超过钢材。

2）热导率仅为金属的1/100~1/1000，是优良的隔热材料。

3）玻璃钢在超高温时产生大量气体，吸收大量热量，是一种热防护和耐烧蚀材料。

4）有优良的耐腐蚀性。

5）有优良的电绝缘性，能透过高频电波，为非磁性材料。

（2）玻璃钢的缺点

1）弹性模量较低，一般只有钢的1/10~1/20，只有铝的1/7~2/7。

2）长期耐高温性能较差，一般不超过200℃。

3）抗剪强度及长期循环负荷强度较低。

（3）玻璃钢的性能　玻璃钢材料的性能及特点详见表1-11。

表1-11　玻璃钢材料的性能及特点　（单位：MPa）

分　类	酚醛玻璃钢	不饱和聚酯玻璃钢	环氧玻璃钢
抗拉强度	>98.07	254.39	196.13~235.36
抗拉模量	—	15700	—
抗弯强度	>107.87	337.94	294.20~392.27
抗弯模量	—	—	245.00
抗冲击强度	>0.0491	0.0756	0.1373~0.1667
抗压强度	—	—	2.2555~2.7459

由表1-11可见，玻璃钢是一种强度很高的结构材料。

4. 玻璃

汽车上装有大量的玻璃，以保证有良好的能见度和广阔视野。汽车玻璃主要集中在前风窗、车门及后窗上。这些玻璃通常在碰撞、飞石等情况下被打破。

为确保乘员的安全，各国对汽车车窗玻璃的种类及品质都有法律规定，详见表1-12。

表1-12 各国对汽车玻璃的法律规定

区分 / 国名	前窗（光线透过率）	侧窗及后窗
日本	中间膜厚0.38mm以上之胶合玻璃或是部分钢化玻璃 （70%以上）	钢化玻璃
美国、法国	中间膜厚0.76mm以上之胶合玻璃 （70%以上）	钢化玻璃
德国、英国、意大利	中间膜厚0.76mm之胶合玻璃或是部分钢化玻璃 （德国75%以上 英国、意大利>70%）	钢化玻璃
瑞典、芬兰	中间膜厚0.76mm以上之胶合玻璃 （70%）	钢化玻璃
澳大利亚	中间膜厚0.76mm的无色胶合玻璃或是无色之部分钢化玻璃 （85%以上）	钢化玻璃

汽车用安全玻璃种类如下：

- 汽车用安全玻璃
  - 钢化玻璃
    - 全钢化玻璃
    - 半钢化玻璃
  - 夹层玻璃
    - 高强度夹层玻璃（中间膜厚0.76mm）
    - 标准夹层玻璃（中间膜厚0.38mm）

（1）钢化玻璃 汽车的风窗玻璃一般都使用钢化玻璃，钢化玻璃的作用是为了增加玻璃的强度以减少破损，其是由普通平板玻璃或磨光玻璃经热处理后而得到的一种淬火玻璃，分全钢化玻璃和半钢化玻璃。钢化玻璃破损后即破碎成无尖锐状的碎粒，因此用在风窗玻璃及窗玻璃上，在车辆肇事时，可避免碎片伤人。

1）钢化玻璃性能特点：

① 弯曲强度比普通玻璃大5~6倍。

② 抗冲击强度和疲劳强度都较高，比普通玻璃高几倍。

③ 挠度很大，比普通玻璃大3~4倍。

④ 热稳定性高，可经受120~130℃的温度差而不炸裂。

⑤ 钢化玻璃发生破碎时，整个玻璃面会蒙上一层稠密裂缝网，从而使透视变得困难，而且一受振动，玻璃就会破碎。

⑥ 玻璃破碎后，形成黄豆粒大小的细粒，且没有尖角，无锋锐碎片，无碎屑飞散，不致伤人，使用安全性好。

⑦ 耐高温和耐低温性能强，可长期在高温或低温季节使用而不改变性能。

⑧ 抗振性好，在汽车上可长期地经受振动而不改变性能。

⑨ 透光率不低于80%。

钢化玻璃用于制作汽车上的玻璃制品，例如一般车速的汽车驾驶室风窗玻璃和车门玻璃。

2）钢化玻璃使用方法：

① 钢化玻璃需在淬火前截割成形，淬火后无法裁切。

② 平板钢化玻璃的边部是最薄弱的部分，在装配玻璃时，通常边部要嵌橡胶条在框架内，且在使用期间不能承受动载荷。

③ 凡是以钢化玻璃制成的汽车门窗玻璃不要随便截割，因为钢化玻璃一截割，就破坏了内部的内应力，会导致整个玻璃破碎。

④ 某些表面缺陷可用磨料（如砂轮、浮砂和红粉等）进行修正，但是不能加工，其拉伸层不能钻孔、切边等。

⑤ 如果行驶中玻璃发生破碎，必须采取紧急措施，将钢化玻璃碎片除掉或调换玻璃，这样才能继续行驶。否则，形成稠密裂网的整个破碎玻璃面一受振动，就会由窗框中飞出。

（2）部分钢化玻璃　一般的钢化玻璃在破损的一瞬间，有不能透视前方视野的缺点，而部分钢化玻璃在破损时，能够确保中央部分（驾驶人前方）的视野。部分钢化玻璃的制造方法是在强化处理过程中，让中央部分的冷却速度缓慢，则其表面的残留压缩应力较小，破片较粗，可使视野较为清楚。这种部分钢化玻璃大都使用于前风窗玻璃上。

（3）安全玻璃（夹层玻璃、胶合玻璃）　夹层玻璃是由两片机制平板玻璃，中间夹以塑料夹层，通过黏合剂、软化剂处理，再经过滚压、热压处理，使之黏合后逐渐冷却而制成的玻璃。当玻璃破裂时，中间膜不破，玻璃仍附在其上，故可达到安全的目的。通常前风窗玻璃，有时中间膜的上半部为有色的，以减少阳光对驾驶人照射的程度。

根据所用塑料夹层的不同，有聚乙烯醇缩丁醛夹层玻璃、聚丙烯酸甲酯夹层玻璃，醋酸纤维夹层玻璃和硝酸纤维夹层玻璃（目前较少采用此种玻璃）。汽车上主要使用聚乙烯醇缩丁醛夹层玻璃。

1）夹层玻璃性能特点：

① 具有优良的力学性能。

② 抗弯曲强度比钢化玻璃小，但比普通玻璃高。

③ 抗冲击强度与钢化玻璃相近，但当冲击速度增加时，其冲击强度比钢化玻璃高得多。

④ 夹层玻璃在被击碎后，玻璃碎块仍旧黏附在塑料夹层上，使用安全性能比钢化玻璃好。

⑤ 破碎时，碎片最长不大于5mm，且无碎屑。

⑥ 夹层玻璃可以用刀具随意切割。

⑦ 夹层玻璃呈无色、浅绿色或天蓝色。通常前风窗玻璃，有时中间夹层薄膜的上半部为有色的，以减少阳光对驾驶人照射的程度。它的透光率不低于80%。

在汽车维修作业中，常用来制作风窗玻璃和车厢的门窗玻璃，尤其是高速汽车以使用夹层玻璃为好。

2）夹层玻璃使用方法：

① 可根据所需形状，用刀具截割成形。

② 夹层玻璃在受到打击、产生裂口后，仍可继续使用。

③ 夹层玻璃为了避免空气、潮气与玻璃中的夹层塑料发生化学反应，常在夹层玻璃周边涂上一层不透水的封口胶。

另外，在欧美等国家也开发了一种外板为普通平板玻璃、内板为液冷强化玻璃合成的玻璃。此外，还有吸收红外线玻璃、嵌入天线的玻璃和电导体玻璃等各种特殊用途的玻璃。

（4）有机玻璃　有机玻璃是一种高度透明的热塑性塑料，属于透光材料之一。它是用丙酮、氰化烃或者异丁烯等制成的甲基丙烯酸甲酯经聚合而成聚甲基丙烯酸甲酯，即是俗称的有机玻璃。

1）有机玻璃性能特性：

① 具有一定的机械强度，在一般条件下尺寸稳定，成形容易，但是质较脆，表面容易擦毛，作为透光材料表面硬度不够。

② 绝缘性能好，耐腐蚀性能较好，易溶于有机溶剂（如醇、酮、芳烃和氯化烃等）。但是，不耐碱，比较难以着火，而着火后燃烧缓慢，离火后继续燃烧。

有机玻璃的性能详见表 1-13。

表 1-13　有机玻璃的性能

性　能	数据及说明
透光率（%）	92（加速老化 240h 后不变，室外 10 年后降至 89%）
相对密度	1.19
吸水率（%）	2.1（浸入 20℃水中）
折光率（%）	1.491
抗拉强度/MPa	4825～7581
伸长率（%）	2～7
抗弯强度/MPa	8963～11719
抗压强度，屈服/MPa	6277～12405
抗冲击强度，缺口/(J/m^2)	(15.7～26.3) $\times 10^2$
硬度 HBW	20
玻璃化温度/K	378
线膨胀系数/(1/K)	7.3×10^{-5}
比热容/[J/(kg·K)]	1465
热变形温度/K　1819kPa	369
455kPa	380.2
最高使用温度/K	338～368
表面电阻/Ω	2×10^{18}
体积电阻/(Ω·m)	6×10^{19}
介电常数（60Hz）/(F/m)	3.7
耐电弧	尚可
耐候性	比较好，可室外使用，色泽变化小

在轿车维修作业中，有机玻璃用以制造某些透光材料零件，例如驾驶室的遮阳板、后灯灯罩、发动机罩前标志和暖风说明牌等。

2）有机玻璃使用方法：

① 为消除引起有机玻璃制品翘曲的内应力，使用时可自行进行退火处理。可将有机玻

璃制品放入空气炉或红外线加热炉中，升温到190℃以上，再随炉冷却。

② 可用木工机械切割有机玻璃。有机玻璃表面硬度较低，使用时要尽量注意不要被硬物损伤表面。有机玻璃使用温度不高，最高使用温度在60~95℃之间，使用时应注意。要避免和某些有机溶剂及碱类接触，以防溶解和受侵蚀。

1.3.3　衬垫材料

1. 人造革

汽车维修作业中，常用的是聚氯乙烯人造革，它由聚氯乙烯树脂、增塑剂、稳定剂、着色剂、填充剂及其他各种助剂经机械研磨、搅拌混合后，用涂刮法、压延法或挤出法，将涂层与布基（棉织物）或纤维基（纸基、无纺布基等）结合在一起，再经过热处理、熔融和压纹等表面处理后制成；也可在基材表面贴上一层聚乙烯薄膜，表面压成类似皮革纹路的花纹而成；当在配方中加入发泡剂时，还可以制成发泡人造革。

（1）种类　按所用基材分，有棉布基和纤维基两类。棉布基有布基、漂布基、帆布基和针织布基等，纤维基有纸基和无纺布基等。汽车上使用的多是织布基人造革。另外，还有单面人造革（单面涂塑料）和双面人造革（双面涂塑料）之分。根据所用聚氯乙烯树脂型号及棉布规格不同，可分为302帆布聚氯乙烯人造革、382鼠纹布人造革和347细平纹布人造革三种牌号。

聚氯乙烯人造革的尺寸规格，详见表1-14。

表1-14　聚氯乙烯人造革的尺寸规格

布　基	产品名称	宽度/mm	厚度/mm
市布	聚氯乙烯漂市布人造革	720±20	0.45±0.05 0.55±0.05
	聚氯乙烯染色市布人造革	750±20　800±20	0.45±0.05 0.55±0.05
	聚氯乙烯染色市布泡沫人造革	750±20　800±20	1.0±0.10 1.1±0.10
	聚氯乙烯市布人造革	800±20　850±20	0.55±0.05 0.65±0.05
	聚氯乙烯市布泡沫人造革	800±20　850±20	0.80±0.07 1.0±0.10
帆布	2×2帆布基聚氯乙烯人造革	≥700±20	0.75±0.07
	3×3帆布基聚氯乙烯人造革	720±20　780±20	0.85±0.07
	3×3宽帆布基聚氯乙烯人造革	1250±30	1.0±0.10
	4×4帆布基聚氯乙烯人造革	780±20　880±20	0.9±0.10
	16×12帆布基聚氯乙烯人造革	850±20	0.8±0.07

（2）性能特点

1）结构上是由表面层、中间层和纤维层等组织制成，不像天然革那样是同质连续结构。

2）色彩多样，外观鲜艳，不易沾污；质地柔软，表面手感滑爽；强度大，耐折、耐磨，抗蚀性强，耐酸、耐碱、耐水和耐大气侵蚀；具有一定阻燃性能和一定的防雾性能。

3）吸湿性差，透气性差。其中增塑剂（如邻苯二甲酸酯类、磷酸三甲酚酯类等）、稳定剂（有机铅类）和防霉剂（汞、酸、铜、锡）都有毒性。

（3）用途　在轿车维修作业中，制造或修补人造革制件，如轿车内护面用的蒙布、汽车坐垫、靠背、车门内板及其他装饰覆盖物等时，多用302帆布人造革和382鼠纹布人造革制造。

（4）使用方法

1）可按制件的形状和所需面积量好尺寸，用剪刀剪切成块，之后用缝纫机械轧制成形即可。

2）由于聚氯乙烯人造革配方中许多材料是有毒的，使用时要防止中毒。

3）聚氯乙烯人造革应在室内储存，室内空气要流通、干燥；防止起霉、发白；储存时不要靠近热源，应尽量避免重压，尤其是泡沫人造革更要注意防压；存放时应竖向放置。

2. 泡沫塑料

泡沫塑料是弹性衬垫材料之一。

（1）种类　常用的有聚氯乙烯泡沫塑料和聚氨酯泡沫塑料两种。此外，还有一种泡沫橡胶，也可作为弹性衬垫材料使用。

1）聚氯乙烯泡沫塑料，有硬质和软质两种。

① 硬质塑料是在加工时，由溶剂溶解聚氯乙烯树脂溶剂受热挥发而成。

② 软质塑料是由加有增塑剂的聚氯乙烯，在加入发泡剂等之后，经过混炼、塑炼，在模具中加热、熔融、冷却和热处理膨胀等过程而制成。弹性垫所用的是软质聚氯乙烯泡沫塑料。

2）聚氨酯泡沫塑料的主要原料是二异氰酸酯和多羟基化合物。其生成原理是异氰酸酯与适量的水分起作用，使之分解出二氧化碳气体进行发泡；也可在配方中加入挥发性组分，经加热挥发而发泡。聚氨酯泡沫塑料有软质、硬质和半硬质之分。

① 软质的主要分子结构是线形的，是热塑性的。弹性垫所用的是软质聚氨酯泡沫塑料。

② 硬质的主要分子结构是网形的，无热塑性。

③ 半硬质的介于二者之间，稍有热塑性，但不能熔融。

3）泡沫橡胶又称乳胶海绵，也可作为弹性垫材料使用。

（2）性能特点

1）聚氯乙烯泡沫塑料。相对密度小，导热系数低，隔热性好，软质塑料耐熔性差，热收缩率大；耐溶剂和油类性能差，遇到某些溶剂和油类会溶胀和变形；因其中的增塑剂是非反应性添加剂，有助于多种细菌的生长，因此表面易发霉；压缩变形较大。

2）聚氨酯泡沫塑料。相对密度小，导热系数低，隔热性好，隔音性、防振性好，具有良好的弹性。部分物理性能：密度0.05～0.07g/cm^3；静压缩永久变形率不大于5%；多次压缩永久变形率不大于5%。耐寒性：在−40℃低温下不全部失掉弹性，变形率不小于15%。

根据不同用途，制成具有特定密度、柔软性、伸长率和压缩性的弹性垫。改变其原料配方，可以在很大范围内调整其软硬程度及密度（20～960kg/m^3），开孔率达95%。强韧：有很好的压缩变形，回弹时间很短。

通过添加助剂，可获得阻燃性能和其他性能。聚氨酯泡沫塑料能耐多种溶剂和油类侵蚀，其组分几乎全是反应性的，无助于某些细菌的生长，因此表面不易发霉。

聚氨酯泡沫比聚氯乙烯泡沫塑料具有更好的耐化学性、抗拉和抗撕强度；在相同密度下，抗拉强度比聚氯乙烯泡沫高 20%，抗撕强度则大 100%；压缩变形值很小，接近于零，回弹性良好。

3）泡沫橡胶。以 49kPa（0.5kgf/cm^3）的负荷压缩海绵零件时，其压缩量不低于原高 65%，压缩后停留 1min，其永久变形不超过 3%；将它压缩至原高的 50%，共进行 25 万次压缩后，其永久变形不超过 7.5%，也不出现破裂现象；密度不大于 0.25，老化系数不小于 0.9。

（3）用途　在维修作业中，作为汽车的隔音、隔热、防振和密封等材料使用。聚氯乙烯泡沫塑料可用以制作汽车的地毯、垫条和密封条；聚氨酯泡沫塑料可用以制作汽车坐垫，靠背，需隔热、隔音、防振的顶盖内饰板和平衡杆球头封垫圈等；软质聚氨酯泡沫制作防撞材料；半硬质聚氨酯泡沫塑料制作某些车身结构材料（其密度约为 200kg/m^3）。

汽车坐垫也可用泡沫橡胶制作。

（4）使用方法　可按实际需要的形状和面积，用机械方法将泡沫塑料或泡沫橡胶剪切成形，铺垫或装填在相应部位，予以包装、固定即可。

聚氯乙烯泡沫塑料要尽量避免接触油类和其他溶剂，以防溶胀和变质；在其使用的部位（如地板等）要避免温度过高，以防泡沫受热，产生较大收缩。

课题 4　车身修理设备与工具

对于撞损比较严重的车身，钣金件在修理时大致可分为两步：第一步是钣金件的成形，是指把已失去空间几何形状的钣金件，利用车身矫正设备进行拉拔，以恢复其原有形状的作业过程；第二步是钣金件的整平，是指利用整平工具及设备，把已经矫正成形的钣金件表面修整得尽量光滑和平整，以恢复其原有曲面形状的作业过程。在实际钣金件修理过程中，成形和整平并不是相对独立的，而是互相交叉反复进行的。

1.4.1　车身矫正设备

矫正设备是通过施加巨大的拉拔力，将车架或车身结构恢复原状的机械。先进的矫正设备必须具备以下特点：①能进行精确、彻底的车身车架结构矫正；②具有安全、高效的结构固定器和夹具；③能进行多点和全方位的拉拔矫正。

现代轿车多采用承载式车身，这种车身结构的特点是没有独立的车架，汽车的各总成和部件都是装配在车身上。当进行车身矫正时，车身上任何构件矫正的不精确，都会直接影响汽车的使用性能，甚至危及行车安全。在进行拉拔作业时，因为这种车身下方没有车架支撑，因此需要有较多的固定器和夹具来承受矫正拉拔力，以保证整个车身结构处于稳定的平衡状态。同时，为使车身恢复到正确的形状和尺寸，要求能进行多点多向同时拉拔，这样才能保证在拉拔点不出现变形的情况下，完成好拉拔矫正作业。

承载式车身是应力壳体式薄板框架结构，所以第一次就能拉拔好十分重要。在这种情况下，要求车身损伤测量设备不但能检测出各基准点位置的偏离量，而且还能检测出它们的偏离方向。这样修理人员才能正确制定整个拉拔作业程序，监测出每次实现的拉拔量及拉拔效果。

车身矫正设备种类繁多，但不管每种设备具体结构如何，在使用时必须具有以下两方面的功能：①能安全、可靠地固定车辆；②能在需要的方向上施加得以控制的拉拔力。

1. 地面矫正设备

在地面矫正设备中，按其结构和形式的不同，可分为地框式、地锚式及平台式3种。

（1）地框式　地框式车身矫正设备如图1-53所示。

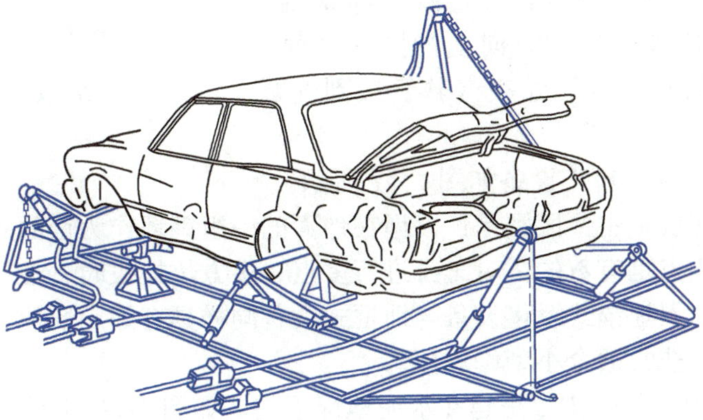

图1-53　地框式车身矫正设备

它是将一组特殊设计的钢槽，嵌入在平整的地面上作为支撑点，利用液压千斤顶作为动力对车身损坏部位进行拉拔或推压，以矫正车身。

采用这种设备，在车辆周围形成无数个拉拔支撑点，根据作业需要，通过液压缸和铁链的不同挂接方式，可对车身各部位做各种方向的矫正，而且矫正作用力可以在多个部位同时施加。系统中气动液压泵的用气压力为0.686～1.177MPa，液压缸柱塞的最大顶伸力为9800N，嵌入在地面上的钢槽长为7200mm，宽为4200mm。

在进行拉拔矫正之前，首先将汽车通过带有管状横梁的固定夹紧装置，支撑在千斤顶式支座上。图1-54为夹紧装置。

夹紧装置要求夹在汽车的特定点上，例如车身的压焊件上。同时，支座通过如图1-55所示的铁链，与地框或地锚相连。铁链上装有锁紧器，用以拉紧铁链。

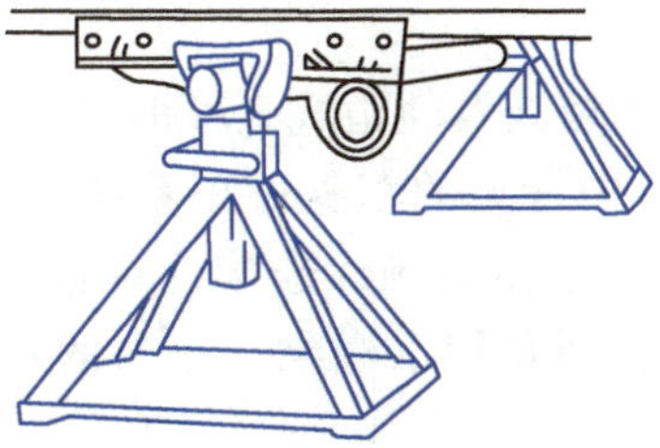

图1-54　车身固定的夹紧装置

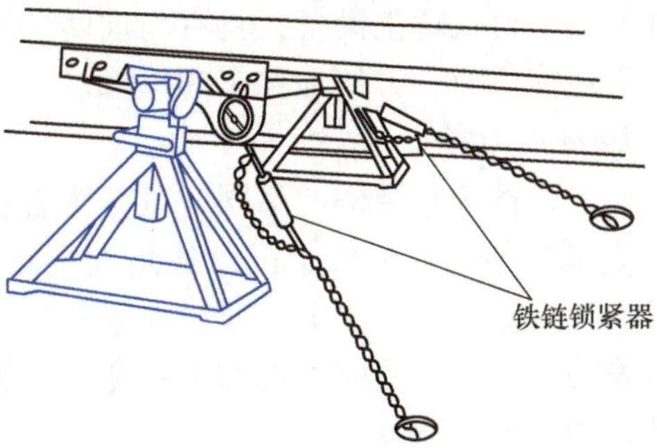

图1-55　用锁紧器拉紧铁链

这样，就可以将汽车牢牢地固定。这种固定结构必须使拉拔力在大小和方向上都能得到平衡，如图 1-56 所示。

其次把带有铁链的夹具夹装在车身上的拉拔点处，同时把液压缸端部的球头套入卡装在地框上的缸座内，再用加长杆将液压缸调到所需的长度，连接铁链，并用锁销把铁链锁好，然后将铁链卡装在地框上。车身上的拉拔点、缸座和铁链与地框间连接点，应处于拉拔方向上的同一平面内。将气泵与液压缸接通，压缩空气软管接到气泵上。踏压气泵以使铁链张紧，而后即可进行拉拔作业。

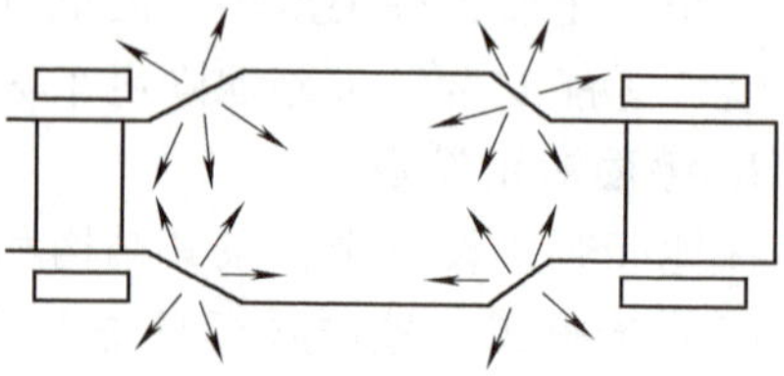

图 1-56　使拉拔力平衡

（2）地锚式　地锚式矫正设备如图 1-57 所示。

它与地框式矫正设备主要区别是：以埋在地面的一组钢环作为锚固点来替代地框，因此这种矫正设备的锚固点是有数的。对车身进行多点、多方位拉拔时，液压缸与铁链的挂接方式要受到一定限制。但地锚式矫正设备与地框式设备同样具有固定快速、锚固牢靠快和占地面积小等特点，所以非常适合小型修理厂。

（3）平台式　地框和地锚都是建在水泥地面下的。如图 1-58 所示的平台式矫正设备是设置在地面上的。

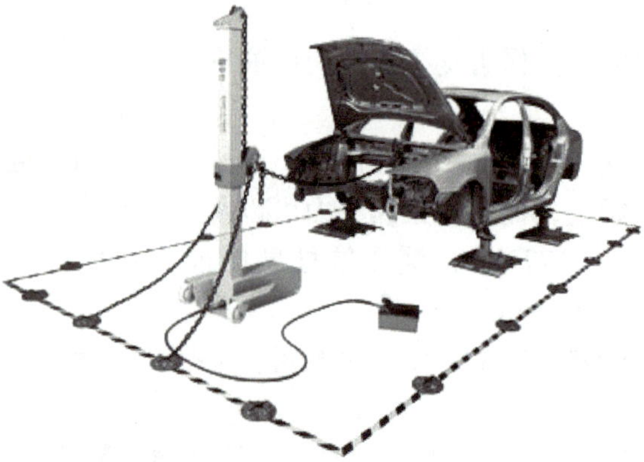

图 1-57　地锚式矫正设备

图 1-58　平台式矫正设备

这种地面平台式矫正设备，具有与前两种同样的优点，而且由于它是用螺栓固定在地面上的，因而还能快速、方便地在车间里挪动。

2. 台架矫正设备

台架矫正设备按其结构的不同，可分为普通式、加力塔式及轨道式 3 种形式。

（1）普通台架式　台架矫正设备是大型轿车修理厂中常见的车身矫正系统。这种设备在使用时，车身置于台架之上，通过夹紧支撑装置与台架呈多点刚性连接，具有固定可靠、支撑稳定等特点。为了适应不同的车身宽度，夹具支撑装置可以沿横梁（车身的宽度方向）水平滑动，如图 1-59 所示。

这种台架方式固定的车身，为测量工作提供了很大的方便。定位与矫正都是在同一台架上进行的，故操作过程中一般不会发生移位现象。矫正作业前的检测、拉拔过程中参数的校核和矫正后的检验等测量工作，都可以在台式固定架上依次完成。

普通台架式矫正设备的应用如图 1-60 所示。

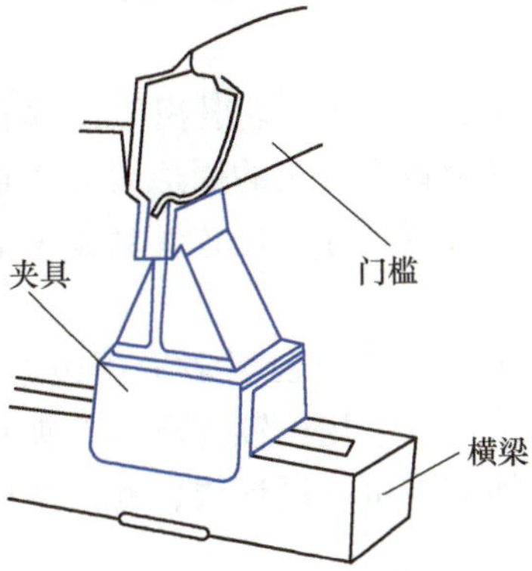

图 1-59　台架上夹具可沿横梁滑动

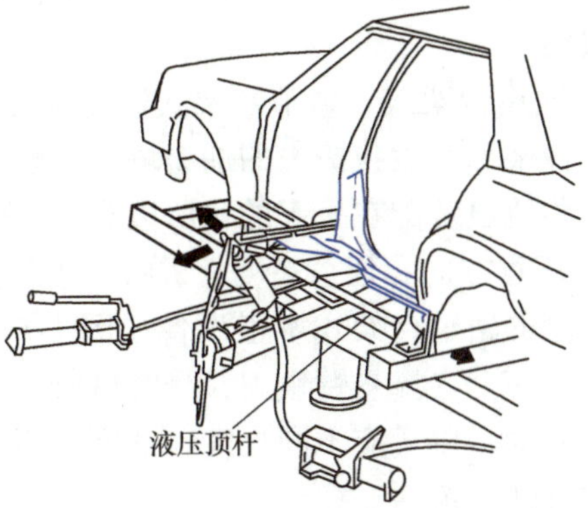

图 1-60　普通台架式矫正设备的应用

利用液压千斤顶和铁链，可将门柱与门槛拉拔复位。使用这种设备进行矫正作业时，由于千斤顶的支撑点和铁链的锁固点都在台架上，有时为获得某一拉拔力，铁链和千斤顶的挂接方式非常难以设置，尤其是多点多方位拉拔时，普通台架式矫正设备就难以胜任了。

（2）加力塔台架式　加力塔台架式矫正设备如图 1-61 所示。其结构特点是：不但具有一个工作平台，同时设置一个或多个用来进行拉拔的加力塔。图 1-61 中所示的设备中，其前部设有三个可在水平面内回转的加力塔，使用时有销钉加以锁止，加力塔内带有液压缸用以产生拉拔力。平台上设置四个夹具，用来固定车身，防止汽车移动，工作台下装有升降

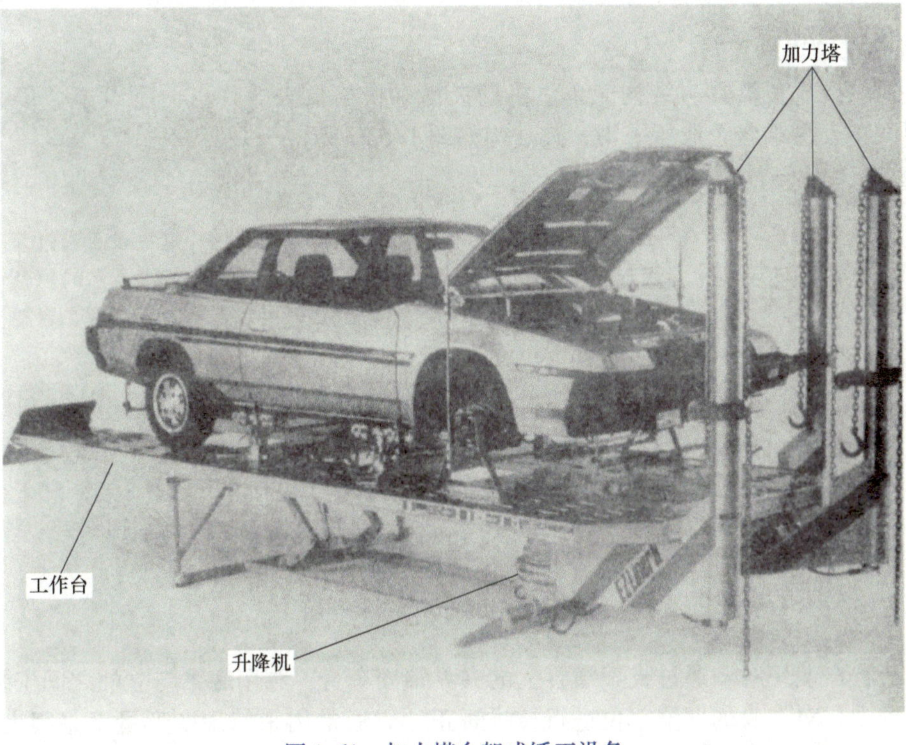

图 1-61　加力塔台架式矫正设备

机，在汽车上、下工作台和拉拔作业中，可以按需要垂直升降。加力塔台架式矫正设备，还配有车身测量设备和工作台计算机，用来测量车身尺寸和分析损坏的程度以及监测整个拉拔矫正的过程。

（3）轨道台架式　轨道台架式矫正设备与加力塔台架式矫正设备很相似，都有用来固定车身的台架和产生拉拔力的加力塔，但轨道台架式矫正设备中台架的周边设有轨道，加力塔是与这些轨道装配在一起的，所以在使用时，加力塔可以调到任意位置，就是说能从汽车周围360°任意方向和任意高度上进行矫正拉拔。

简单型的轨道台架式矫正设备如图1-62所示。这种设备中的台架多采用边框式结构，整个车体靠四个支撑悬臂锁固，悬臂可沿轨道前后移动，悬臂上用于锁固车身的夹具，可沿悬臂左右移动，以适应不同长度和宽度的轿车。台架和加力塔可以设计成移动式结构，使用起来更加方便、灵活。

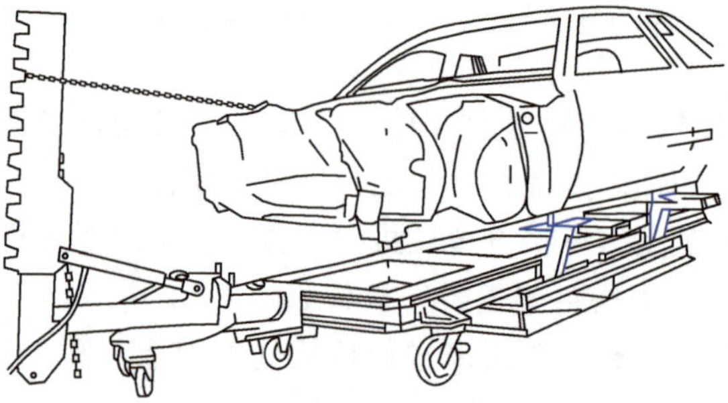

图1-62　简单型的轨道台架式矫正设备

3. 折叠式拉拔矫正器

折叠式拉拔矫正器具有结构简单、机动灵活和价格低廉等优点，所以至今仍被广大的中、小型汽车车身维修企业所采用，其结构如图1-63所示。

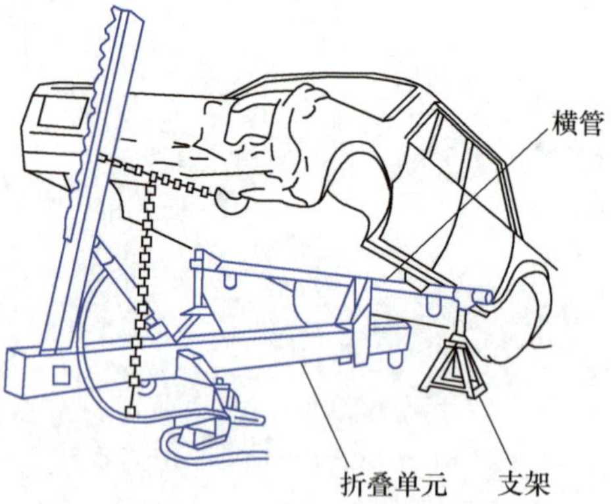

图1-63　折叠式拉拔矫正器

这种装置在使用时，通过支架横管上的夹具锁固车身，利用底梁与立柱之间安装的液压缸产生拉拔力，对车身的凹陷部位进行拉拔矫正。它通常用来修理变形量不是很大的损伤。由于移动方便，如图1-64所示，矫正器可以很容易地调整到相应的位置，使矫正器沿撞击的相反方向进行拉拔。但是，这种装置一般只能在一个方向上拉拔，不能进行多点、多方位的拉拔作业。

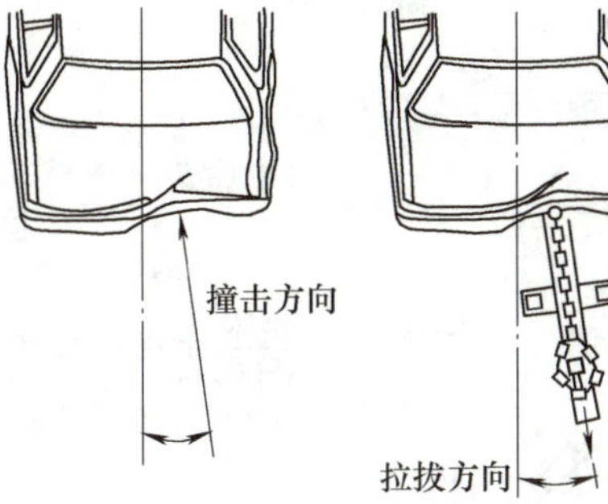

图 1-64　设置拉拔器的方向

4. 便携式液压顶杆

便携式液压顶杆是一种使用非常方便的工具，能够在受限制的地方进行推压、扩张、夹紧、拉拔和拉伸等作业，以矫正车身上小的变形。

便携式液压顶杆系统的主要零部件如图 1-65 所示。液压顶杆的各种应用情况如图 1-66 所示。液压顶杆完成的各种车身矫正操作如图 1-67 所示。

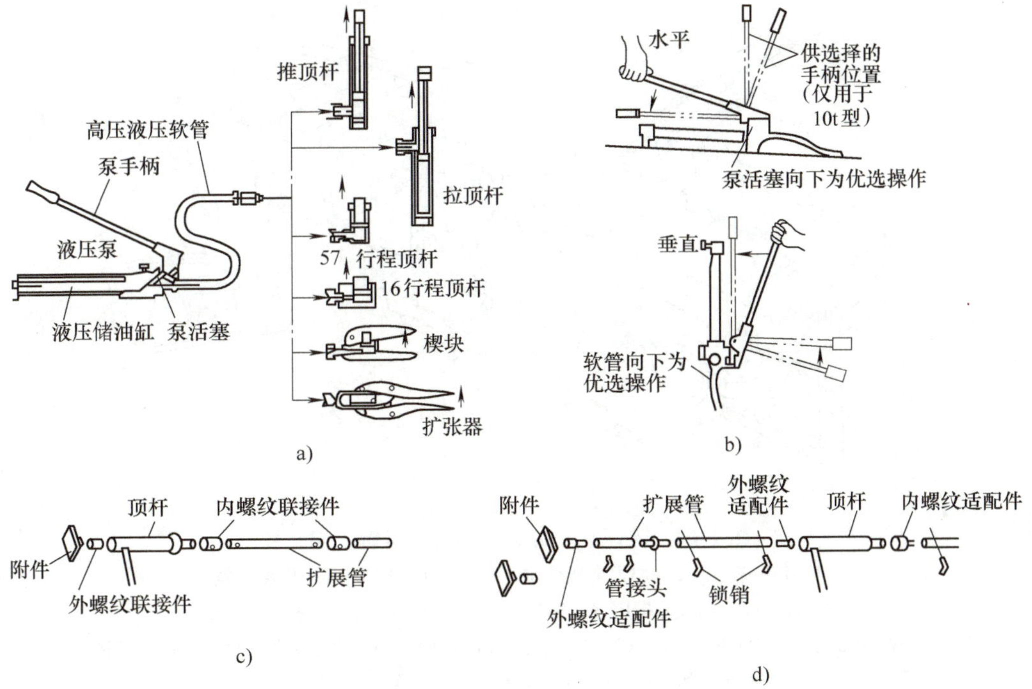

图 1-65　便携式液压顶杆系统的主要零部件

a）系统的主要组成部分　b）液压泵的位置与操作　c）、d）顶杆上连接的各种附件

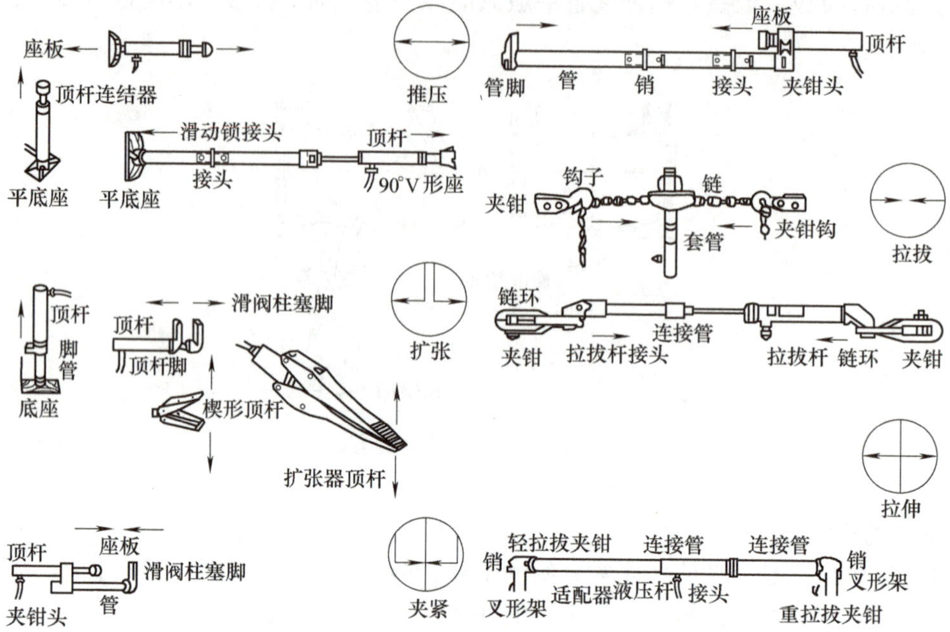

图 1-66 液压顶杆操作时的装配标准符号

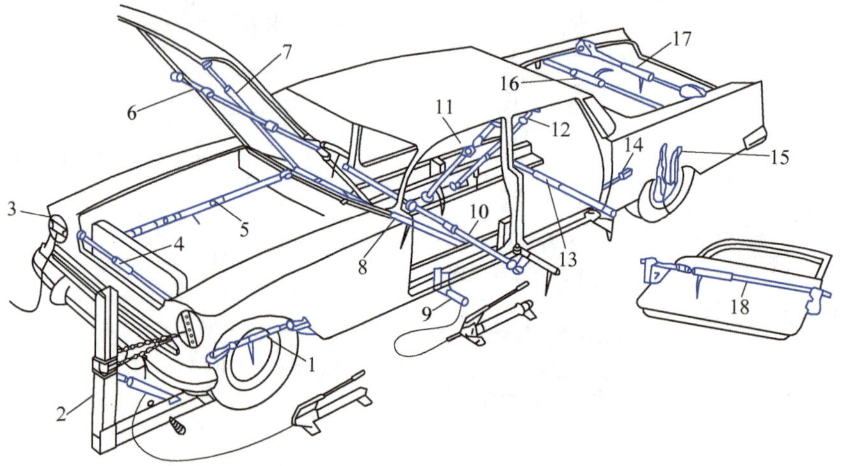

图 1-67 液压顶杆完成的各种车身矫正操作

1、17—轻拉 2—加力塔架牵拉 3、7、16—轻推 4—轻度扩宽
5、8、11、12—标准力推压（100kN） 6—轻夹 9—标准力扩宽（100kN）
10—标准力夹压（100kN） 13、18—标准力拉（100kN） 14—焊缝扩张 15—延伸臂扩张

1.4.2 钣金手工具

在汽车钣金修理中，需要经常使用各种手工工具，在钣金件的整平、收缩、焊道的清理和钢板内应力的消除等作业中，都有所使用。现主要介绍以下 5 种手工工具及其使用方法。

1. 锤子

钣金修理所用锤子的式样很多，它们有各自的特点，也各有各的用途。

（1）球头锤　球头锤如图 1-68 所示。

它是一种钣金作业中最常用、具有多种用途的工具。它在钣金件的粗整平、焊道的清理和钢板内应力的消除等作业中大量使用。

（2）轻铁锤　轻铁锤如图 1-69 所示。

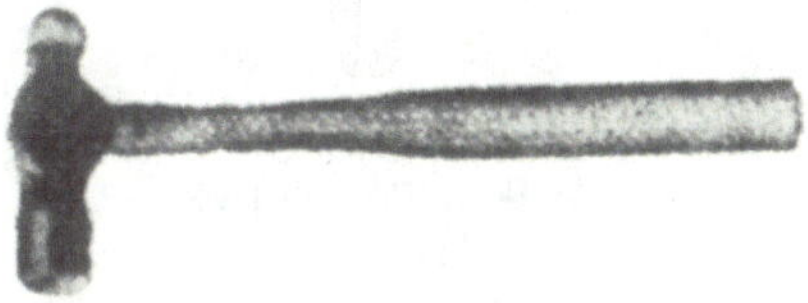

图 1-68　球头锤

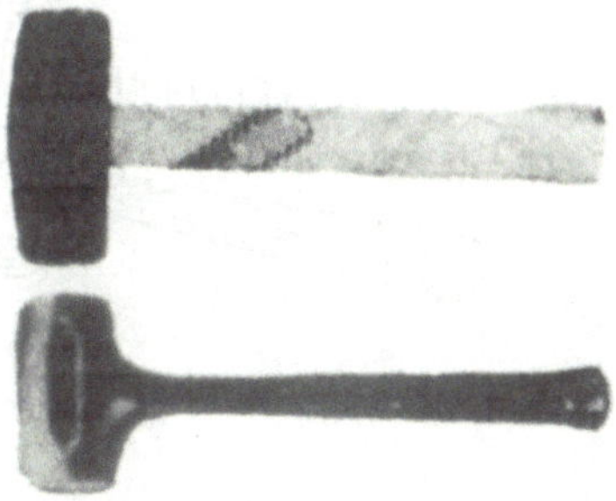

图 1-69　轻铁锤

轻铁锤是修复损坏钣金件第一阶段所必须使用的工具。它的质量较大，并有一个短手柄，因此能在紧凑的地方使用。轻铁锤能用来敲打损坏的钣金件，使其大致回复到原形，在更换钣金件时则用于清理损坏的钢板。

（3）鹤嘴锤　鹤嘴锤有多种形状和尺寸，其类型如图 1-70 所示。

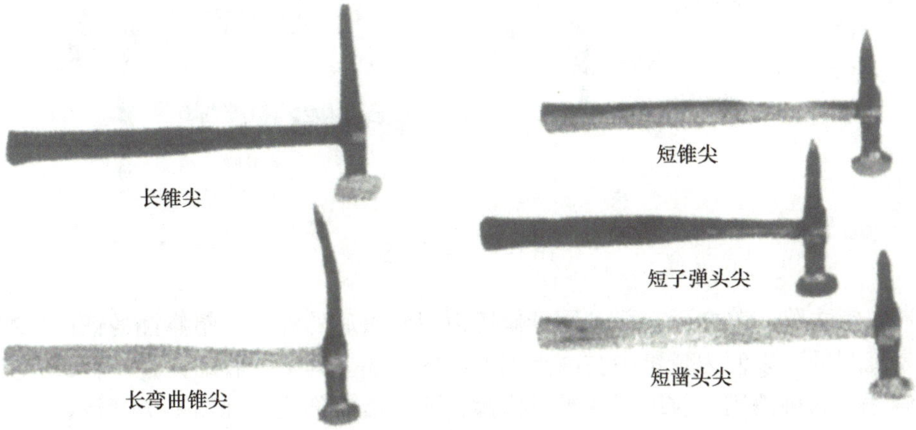

图 1-70　鹤嘴锤的类型

鹤嘴锤能维修许多小凹陷，其尖头端从凹陷的内部轻轻地敲打，即可把小凹陷敲平；其平顶端与顶铁配合作业，可去除钣金面上凸起的点和波纹。鹤嘴锤的作用如图 1-71 所示。

长锥尖和长弯曲锥尖这两种锤头较长的鹤嘴锤，可以穿过钣金件内衬板上的孔洞，很容易地从内部敲打面板上的小凹陷。

（4）冲击锤　冲击锤的锤头一端为带曲面的方形，另一端则是锤面为平的圆形，如图1-72所示。

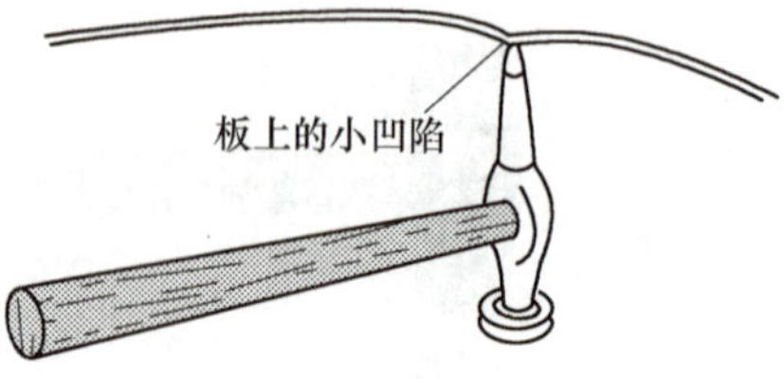

图1-71　鹤嘴锤的作用

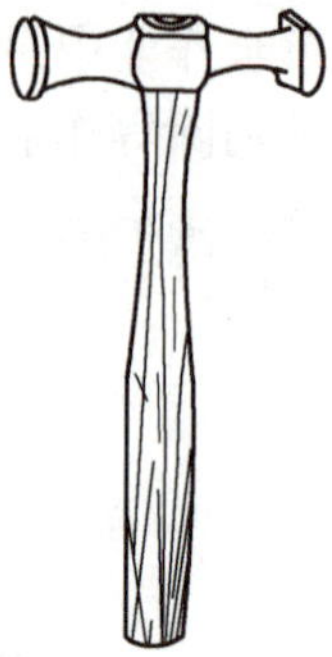

图1-72　冲击锤

冲击锤用于大凹陷面板初始的矫正，或加工内衬板和加强肋等部位，这些需要较大的力量而不要求光洁的表面。冲击锤的锤面大，打击的力分散在较大的面积上，可使钢板受到冲击而不发生延展现象。

（5）精修锤　精修锤如图1-73所示。

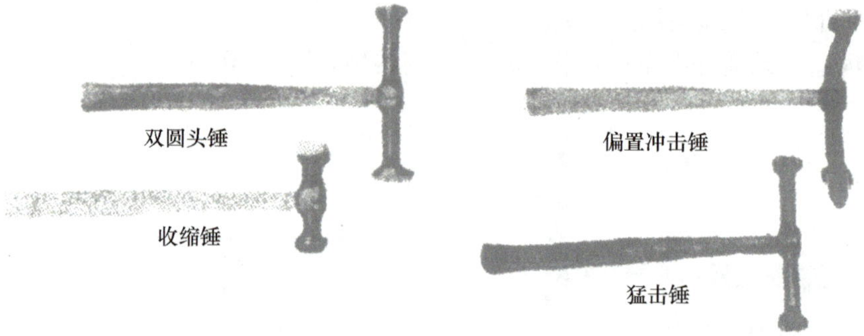

图1-73　精修锤

在用冲击锤去除凹陷之后，可利用精修锤以得到最后的外形。精修锤的锤面比冲击锤的小，表面是隆起的，以便力量集中在高点或波纹的顶端。其中，收缩锤是一种具有交错沟槽锤面的精修锤，这种锤用来收缩那些被过度锤打而延展的部位，如图1-74所示。

（6）橡胶锤　橡胶锤用于柔和地锤击薄钢板，不会损坏喷漆表面，如图1-75所示。

图1-74　收缩锤

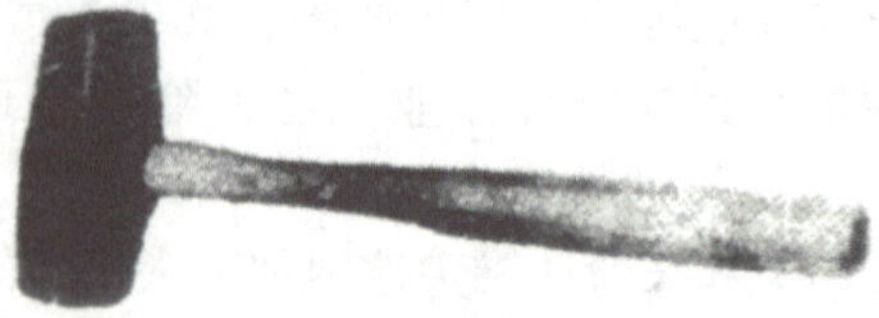

图1-75　橡胶锤

橡胶锤经常与图 1-76 所示的吸杯配合使用。当用吸杯将凹陷拉上来时，用橡胶锤围绕凹陷部位周围高起的点轻打，当高起的点落下时，凹陷的部位会弹回到原来的形状。

此外，还有铜锤、木锤和塑料锤等锤子，也多用于轻轻地锤击薄钢板或有色金属板材。

锤子在使用时握持的方法如图 1-77 所示。锤子的摆动方式如图 1-78 所示。

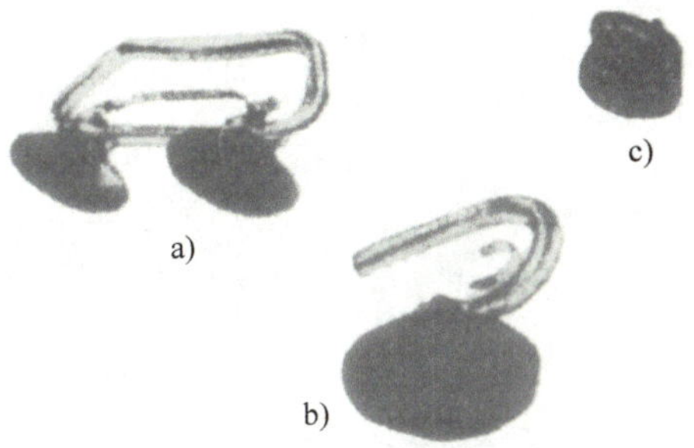

图 1-76 吸杯

a）双抓手杯 b）重负荷吸杯

c）重负荷双重杯

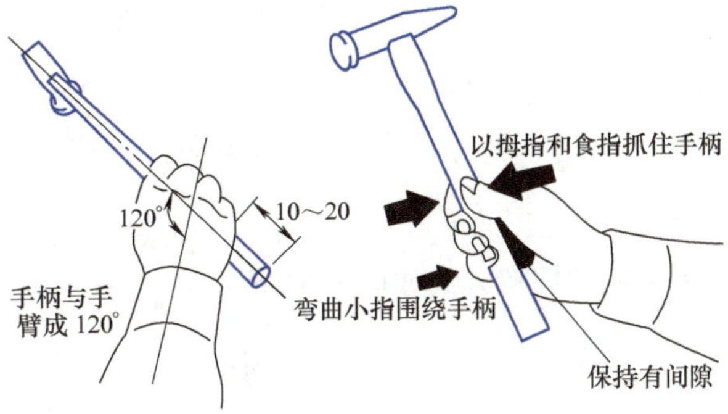

图 1-77 锤子在使用时握持的方法

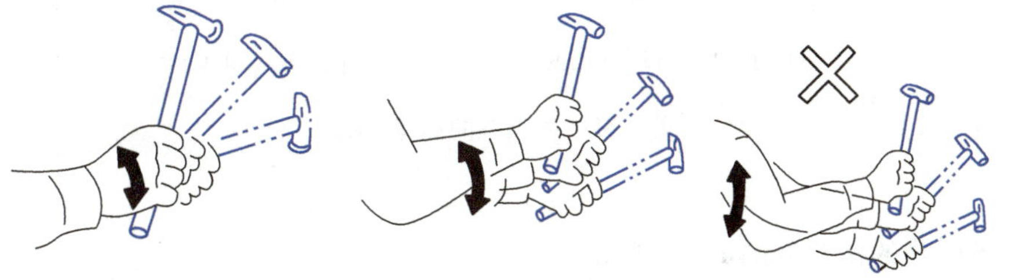

图 1-78 锤子的摆动方式

锤子敲击的方向（以上下垂直的方向进行）如图 1-79所示。

2. 顶铁

顶铁也叫垫铁，它通常用手握持，顶在锤子敲击钢板的背面。用锤子和顶铁配合作业，可以使钣金件表面平整。顶铁有多种不同的形状如图 1-80 所示。

顶铁与钣金件面板外形的配合非常重要，假如在高隆起的面板上使用平面或低隆起的顶铁，结果将增加凹陷。

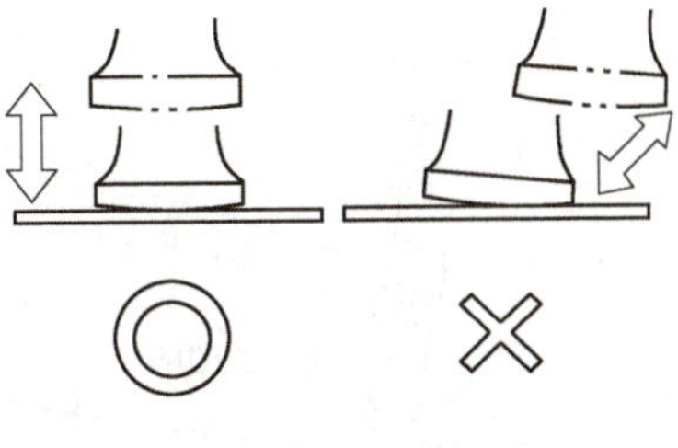

图 1-79 锤子敲击的方向

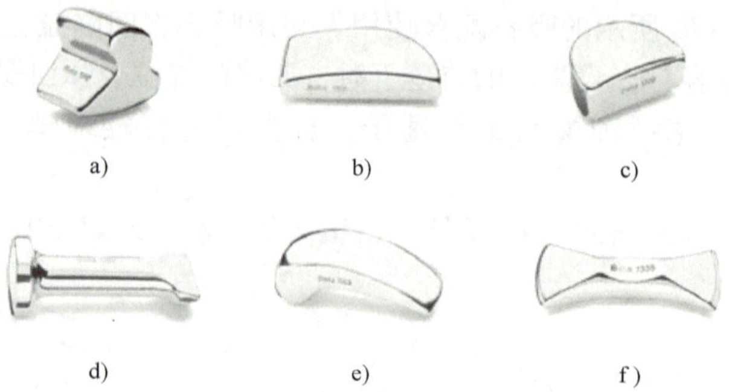

图 1-80 多种不同形状的顶铁

手顶铁的握持方法如图 1-81 所示。

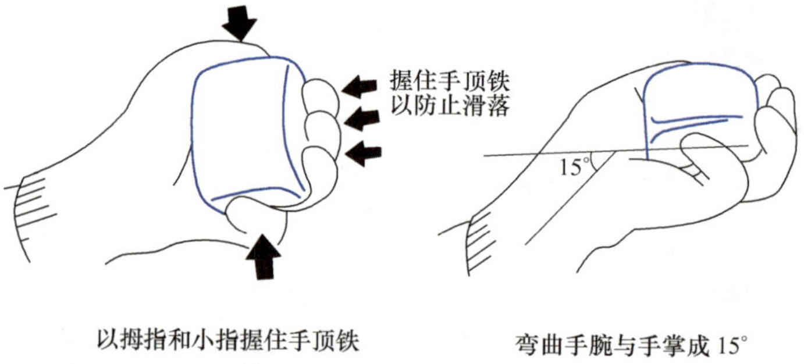

图 1-81 手顶铁的握持方法

顶铁敲击凹陷的作业如图 1-82 所示。

3. 修平刀

修平刀是另一种车身修整工具。它有时用作锤子，有时又用作顶铁。修平刀有多种尺寸和形状，以满足各种不同形状车身面板的需要，如图 1-83 所示。

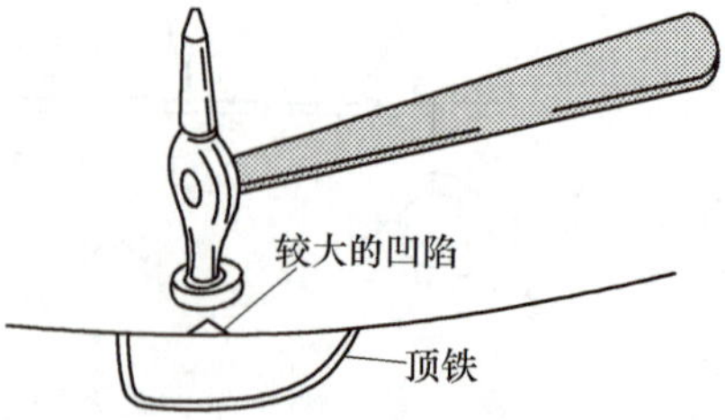

图 1-82 顶铁敲击凹陷的作业方法

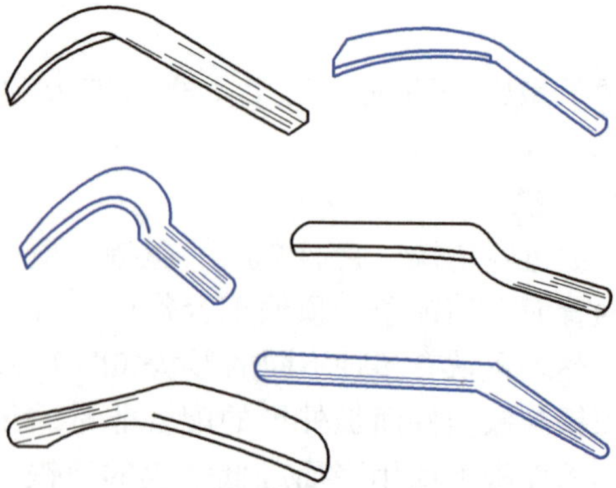

图 1-83 各种不同形状的修平刀

平直表面的修平刀，可以把锤子的敲击力分散到较大的面积上，尤其适用于消除皱折和凸脊，如图 1-84 所示。

内边修平刀可伸入面板内侧，撬起低凹处（图 1-85a），当面板后面空间有限时，修平刀可当做顶铁用（图 1-85b）。冲击锉修平刀有锯齿状表面，用来拍打凸脊或内侧的折痕，使钢板回复到原来的形状，如图 1-85 所示。

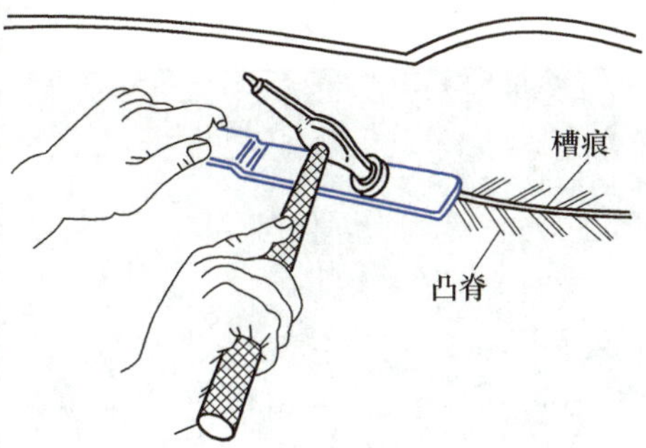

图 1-84 平直表面的修平刀

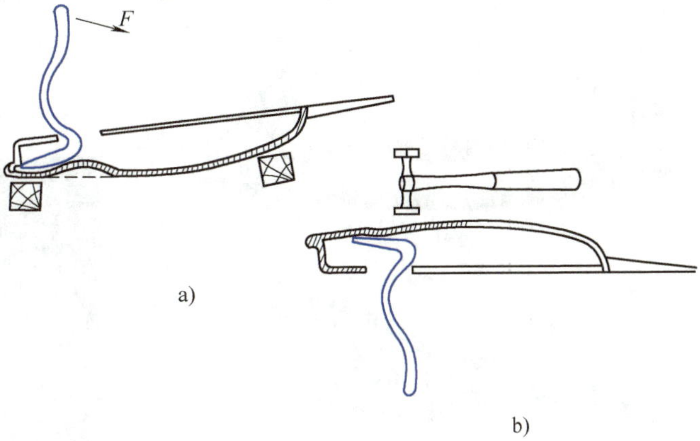

图 1-85 利用修平刀修整车门面板

a）用修平刀撬起凹陷处 b）用修平刀顶垫，敲平车门面板

4. 撬棍

车身修理用撬棍如图 1-86 所示。

撬棍类似于内边翘起修平刀，用来伸进狭窄的空间撬平凹陷。它们有不同的长度和形状，大多数撬棍的末端是 U 形的，用作把手，如图 1-87 所示。

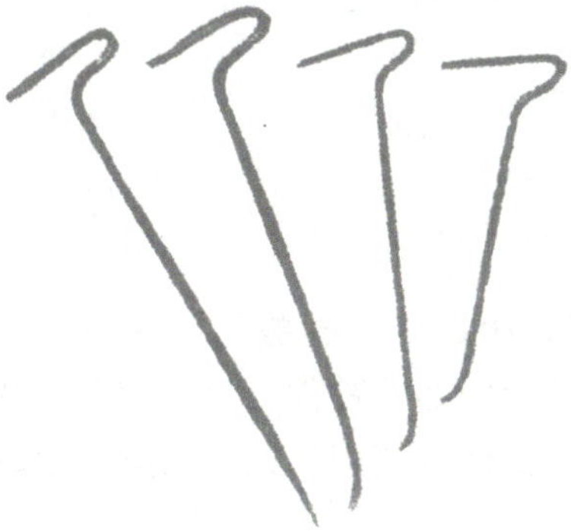

图 1-86 车身修理用撬棍

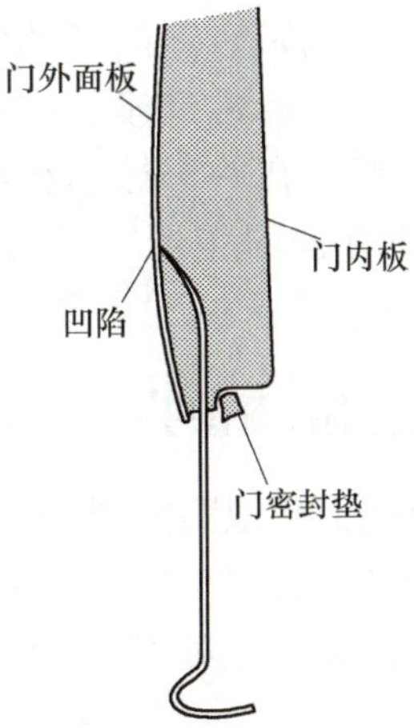

图 1-87 用撬棍撬起车门面板上的凹陷

5. 车身锉刀

车身锉刀常用来对整平后的钣金件做最后的修整，使其表面尽量光滑平整，如图 1-88

所示。车身锉的锉刀片安装在把柄上。图 1-88a 所示是一种挠性把柄，可通过转动拉紧套筒，调整锉刀片的弯曲，可让锉刀的形状更好地配合面板的外形。图 1-88b 所示是刚性把柄，适用于锉平面或曲度较小的外板面。

当用锉刀锉削钣金面时，锉刀锉除高点而显露出任何可能需要再加以敲击的低点，作业者也可通过手掌的抚摸感受到，或从侧面观察到这些低点的存在。有时锉刀还用来对补锡后的或涂敷塑料填料的车身进行磨削成形，如图 1-89 所示。

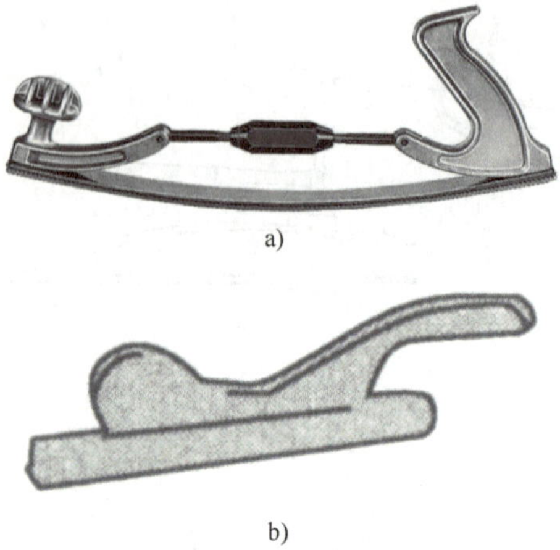

图 1-88　车身锉刀

a）挠性把柄锉　b）刚性把柄锉

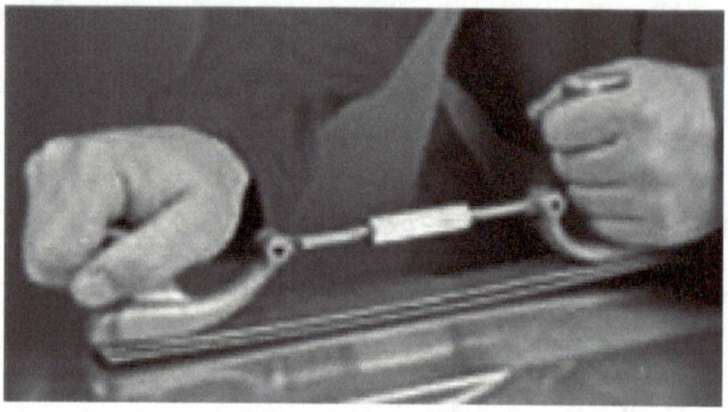

图 1-89　利用锉刀锉平车身上的填料

使用车身锉刀时，运锉方向要与锉刀成一定角度，并且轻轻加力于锉刀上进行推锉即可，如图 1-90 所示。

运锉用力过大，会使锉齿过分锉削金属，造成钣金面上出现划痕。锉削开始时，仅以锉刀前端的锉齿作用，然后再过渡到中间和尾端，回拉时应将锉刀抬起。在一个锉削行程中，使锉齿从前端到尾端都有锉削作用，行程要长且有规律，不可过短而杂乱。

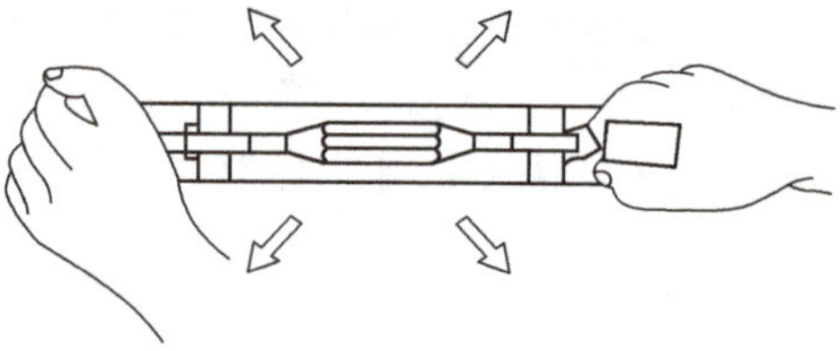

图 1-90　运锉方向

1.4.3　钢板凹陷面的拉拔工具

对于车身表面轻微凹陷或刮痕等这些小的损伤，可使用钢板凹陷面拉拔工具来进行修复。这种修理方法只在车身外表面进行，所以不用拆除损伤钣金内部的零件，也不用考虑内侧空间的大小。特别是对于内、外板之间形成封闭式结构的钣金件，使用拉拔工具整平是非常方便的。

1. 拉杆和滑锤

使用拉杆和滑锤进行拉拔作业时，都要在凹陷处或皱折中钻几个孔，然后把拉杆或滑锤钩状的端部伸入孔中，钩住钢板，靠手的力量或滑锤的冲击力把凹陷拉平。

利用两个拉杆拉拔，同时配以锤子敲打，修复钣金面凹陷的作业如图 1-91 所示。

滑锤的端部除配用钩状顶端外，还可以使用螺纹顶端，如图 1-92 所示。

把螺纹顶端拧入所钻的孔后，使滑锤在金属杆上滑动并冲击把手，利用冲击力慢慢拉起凹陷点。凹陷拉出后，所有的小孔需用锡钎焊填补，表面高凸的焊珠用锉刀加以锉平。

2. 垫圈熔植机

垫圈熔植机是一种电阻焊机，它是利用垫圈和钢板接触面间的电阻，通以大电流，使其产生电阻热而将垫圈熔植于钢板上。在使用中，要根据不同情况设定熔植机的熔接电流和通电时间，如图 1-93 所示。

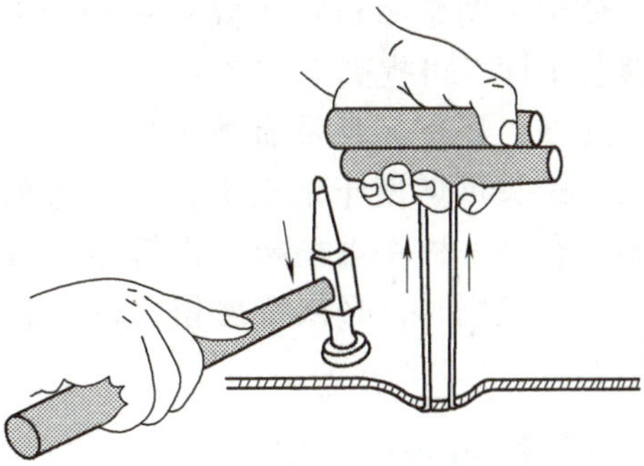

图 1-91　拉拔凹陷同时敲打凹陷周边隆起点

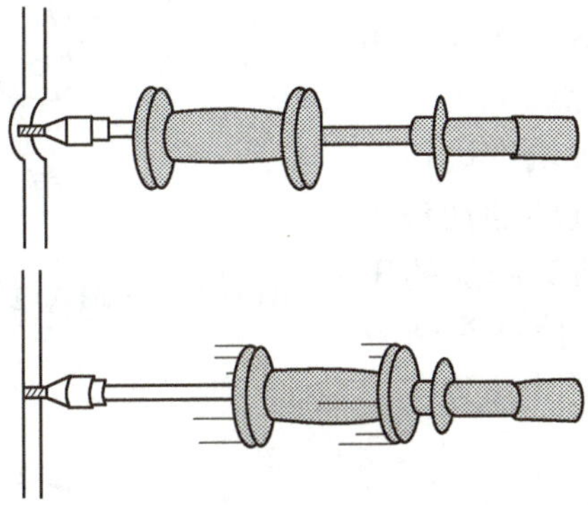

图 1-92　利用滑锤拉平凹陷

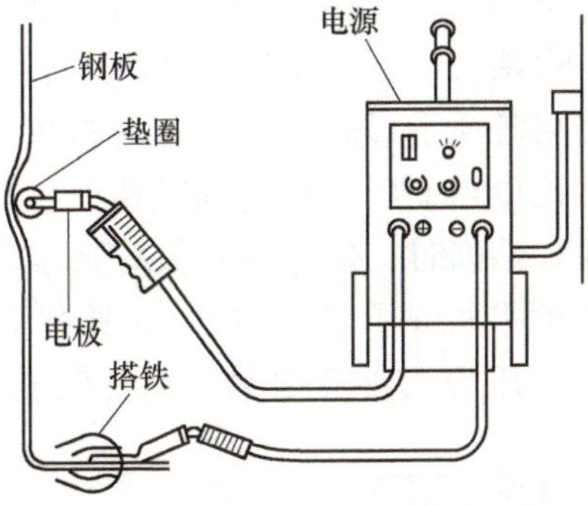

图 1-93　垫圈熔植机

将垫圈焊在钢板的凹陷部位后，可使用滑锤（图 1-94）、拉杆（图 1-95）或拉拔矫正设备（图 1-96），向外拉拔垫圈，然后用锤子敲击凹陷周围的凸起部位，凹陷面会逐渐被拉平。

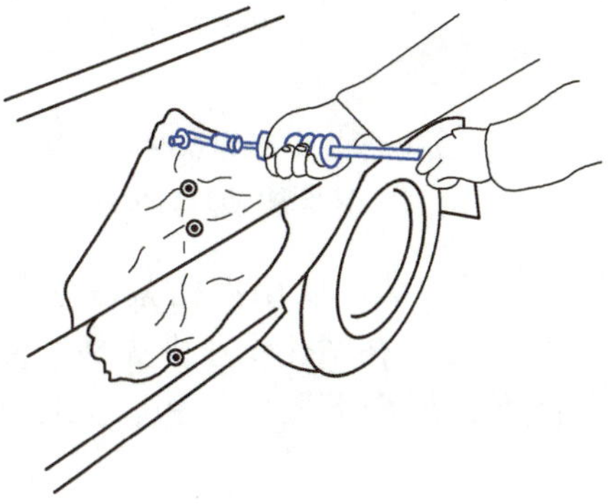

图 1-94　利用滑锤拉平凹陷

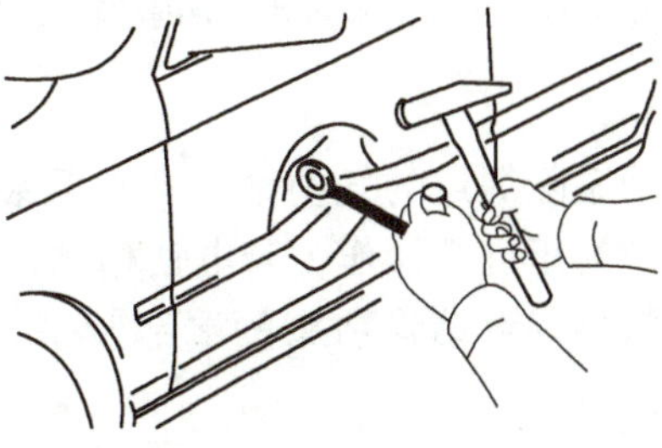

图 1-95　利用拉杆拉拔凹陷面上的垫圈

使用垫圈熔植机可免除在钢板上钻孔，简化了修复工序，可提高工作效率。

此外，还有一种带有熔植极头的滑锤，这种工具的极头可熔植于钢板上，将钢板的凹陷部位拉出。它是一种将熔植机与滑锤结合成一体的拉拔工具，使用时，必须将熔植机的正极接于滑锤的后侧。

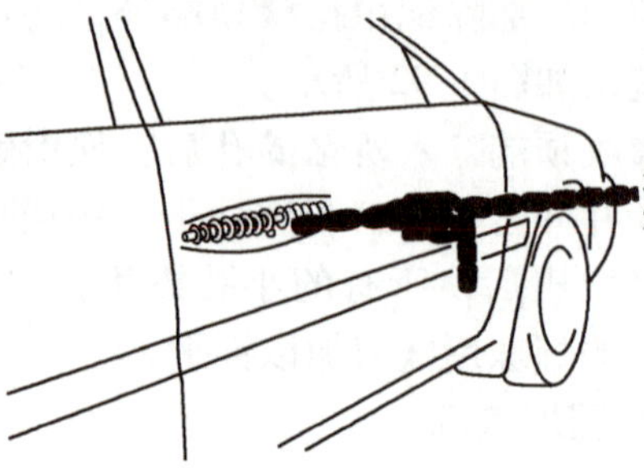

图 1-96 利用矫正设备拉拔凹陷面上的垫圈

1.4.4 钢板拆卸工具

车身修理中，有时需要将损伤钣金件从车身上拆卸下来，进行修复或是更换，这就需要使用钢板的拆卸工具。此类工具主要有以下 3 种。

1. 焊点钻除钻头

使用手提式电钻（图 1-97）或气动钻（图 1-98）配以专用焊点钻除钻头（图 1-99），可钻除车身构件间的点焊点。

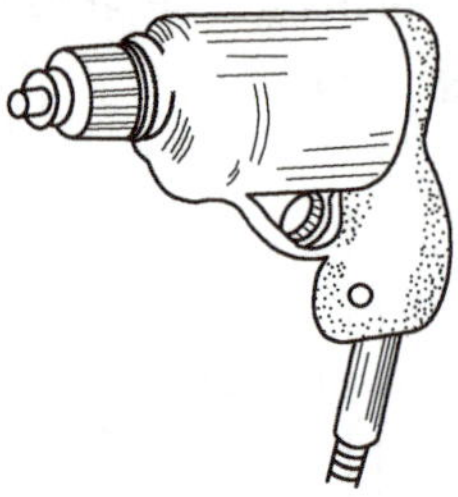

图 1-97 手提式电钻

使用普通手提式电钻时，应握紧拿稳。将钻头尖端准确地放置在钻孔位置上后，再启动扳机开关，切勿把正在旋转的钻头压向工件。钻削时，应保持钻头垂直于工作面，以对钻头施加的压力以达到平稳钻孔为标准，不要过大。压力太大会使钻头断裂或过热，压力太小会使钻头离开钻孔，同时应注意用电安全。

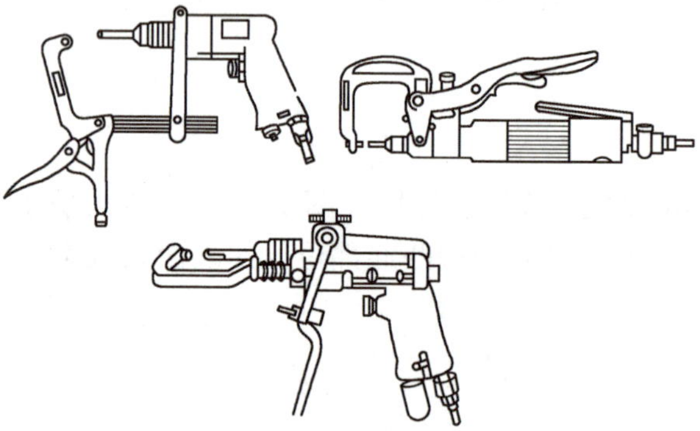

图 1-98 几种钻除点焊点的专用气动钻

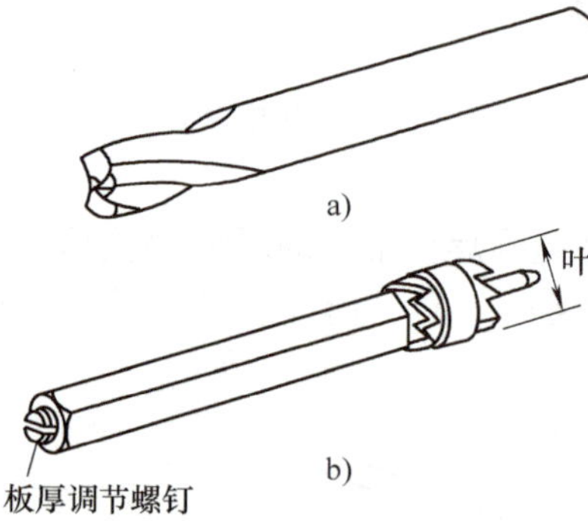

图 1-99 专用焊点钻除钻头

a）钻头型 b）锯孔型

专用钻除焊点的气动钻带有夹紧装置。钻除焊点时，气动钻可以用夹钳紧固在焊点部位，这样易于进行操作。与电钻相比，气动钻体积小、质量轻，在钻孔作业中更易于使用。

钻头型焊点钻除钻头的端部较平，这样在使用中就不会损伤下层的钢板，如图 1-100 所示。

锯孔型焊点钻除钻头在使用时，其钻削深度可以调整，所以也不会损伤下层钢板，但需要磨削掉残余的焊接部分，如图 1-101 所示。

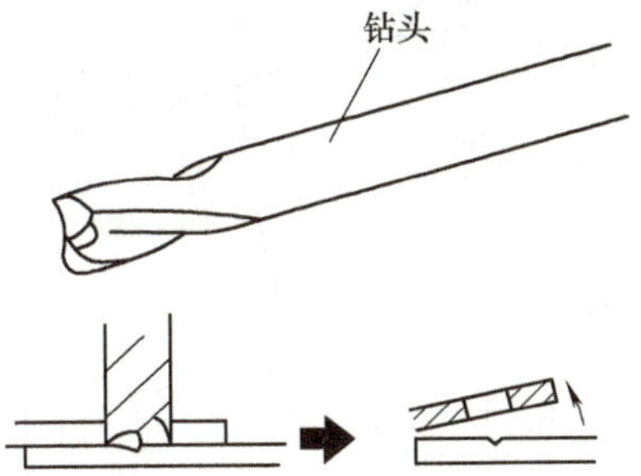

图 1-100　钻头型焊点钻除钻头的使用

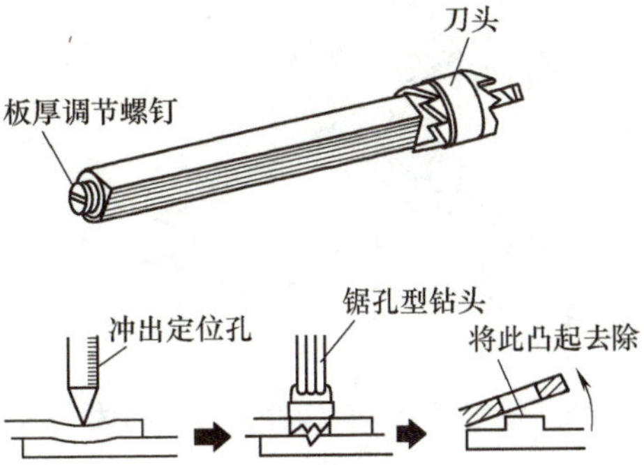

图 1-101　锯孔型焊点钻除钻头的使用

2. 气动錾

气动錾是钣金修理作业中较为常用的一种工具，它以压缩空气作为冲击动力，可产生 1800 次/min 的击打频率，自身质量仅为 1～2kg。装配不同錾头，可以实现敲击、铲平和繁割等多项功能，如图 1-102 所示。

图 1-102　气动錾

标准型气动錾头如图 1-103 所示。

气动錾的切割钣金件应用实例如图 1-104 所示。

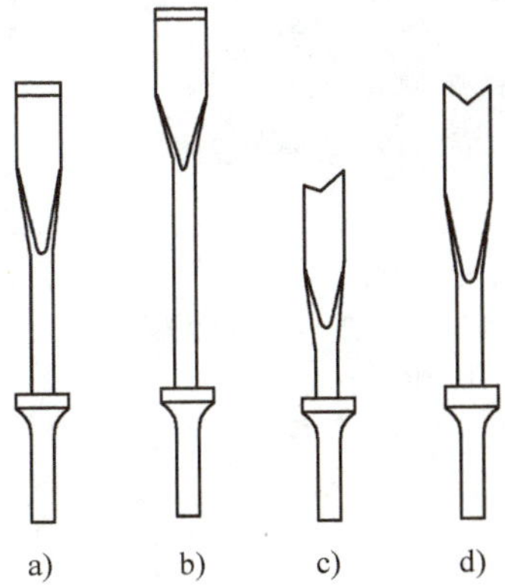

图 1-103　标准型气动錾头

a）铆钉切断錾　b）平錾

c）钢板切割錾　d）焊点切除錾

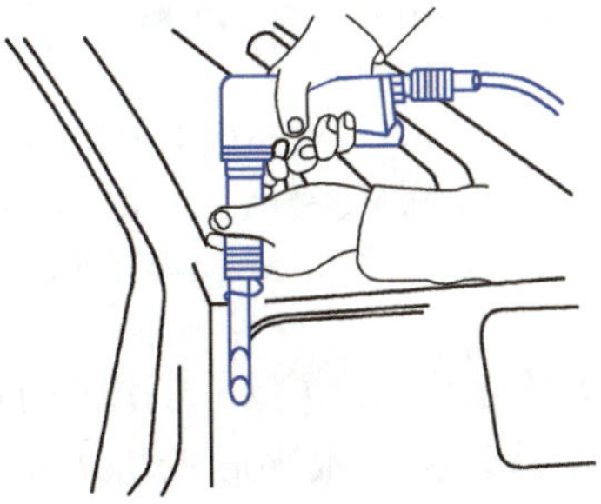

图 1-104　气动錾的切割钣金件

气动錾的特点是体积小、质量轻、效率高以及切割性能好，在不受限制的情况下，可进行直线、曲线和型线的切割。气动錾的缺点是振动和噪声相对较大，在切除焊点时，容易造成下层钢板的变形。所以一般使用在底板较厚或具有较大刚性的部位上，例如从车架大梁上切除轮室挡泥板的作业。

整套的錾切工具中，除气动錾和气动錾头外，还有一些普通的錾子，配以锤子来使用。

使用锤子和扁錾修复车身型线如图 1-105 所示。

使用锤子和錾子切除车身上的焊点如图 1-106 所示。

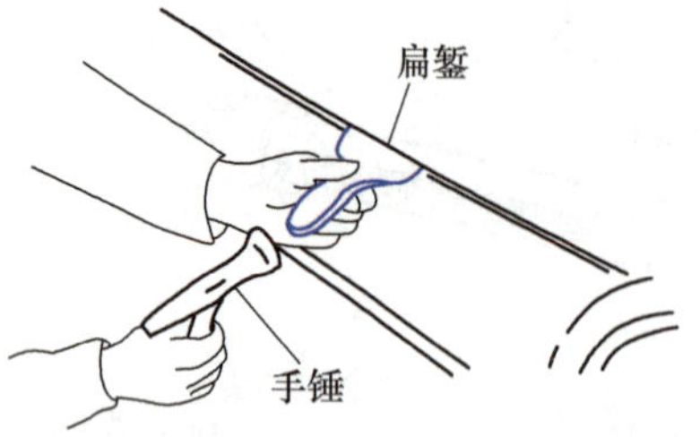

图1-105 使用锤子和扁錾修复车身型线

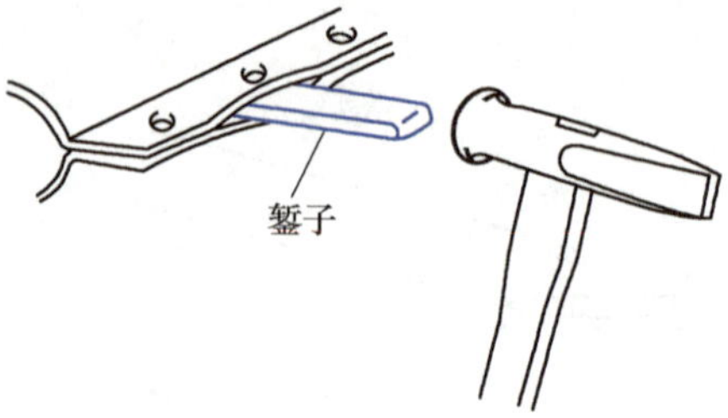

图 1-106 使用锤子和錾子切除车身上的焊点

3. 砂轮机

砂轮机是车身修理作业中更为常用的一种工具，它可完成旧漆的清除、焊道的清理、切割钢板和剥离焊点等多项作业。砂轮机种类很多，如图 1-107 所示。

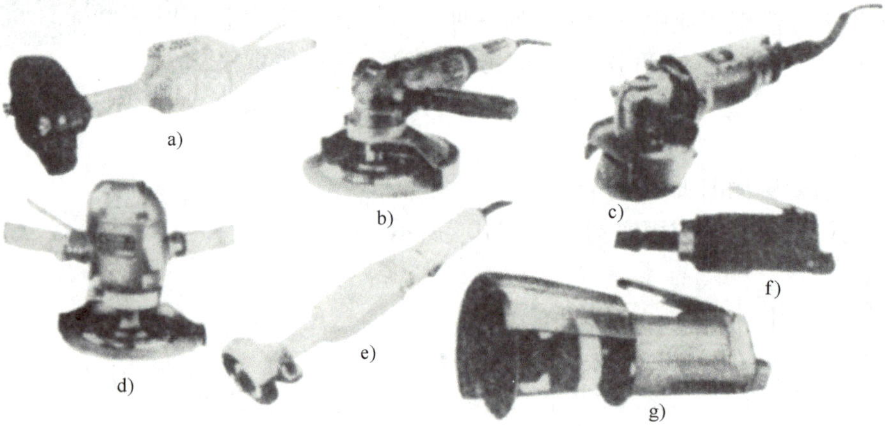

图 1-107 车身修理中常用的几种砂轮机

a）水平砂轮机 b）垂直砂轮机 c）杯形砂轮的垂直砂轮机 d）角砂轮机 e）小轮砂轮机 f）成形砂轮机 g）切割砂轮机

按驱动方式还可分为电动式和气动式 2 种类型。

（1）水平砂轮机 水平砂轮机用于重负荷磨削。

（2）垂直砂轮机 垂直砂轮机是一种手提圆盘式砂轮机，用于轻度磨削，钣金修理中最为常用。把砂轮片换成砂纸打磨垫，这种砂轮机可转换为盘式砂磨机。此外，还有带杯形砂轮的垂直砂轮机。

（3）角砂轮机 角砂轮机主要用于打磨倒角和倒圆焊点。

（4）小轮砂轮机 小轮砂轮机用于轻负荷磨削。

（5）成形砂轮机 成形砂轮机带有镶嵌刀尖和硬质合金小圆锯，用于清理焊点毛刺、倒圆和磨光，有直头和斜角头两种形式。

（6）切割砂轮机 切割砂轮机可轻易地切断消声器夹子和挂钩，它也可将钢板及连续焊道切开。

砂轮机具有磨削能力强、质量好和切割速度快等优点，同时在使用中也会产生许多火花和金属磨削粉尘，应采取相应的防护措施。

手提盘式砂轮机的正确使用方法如图 1-108 所示。

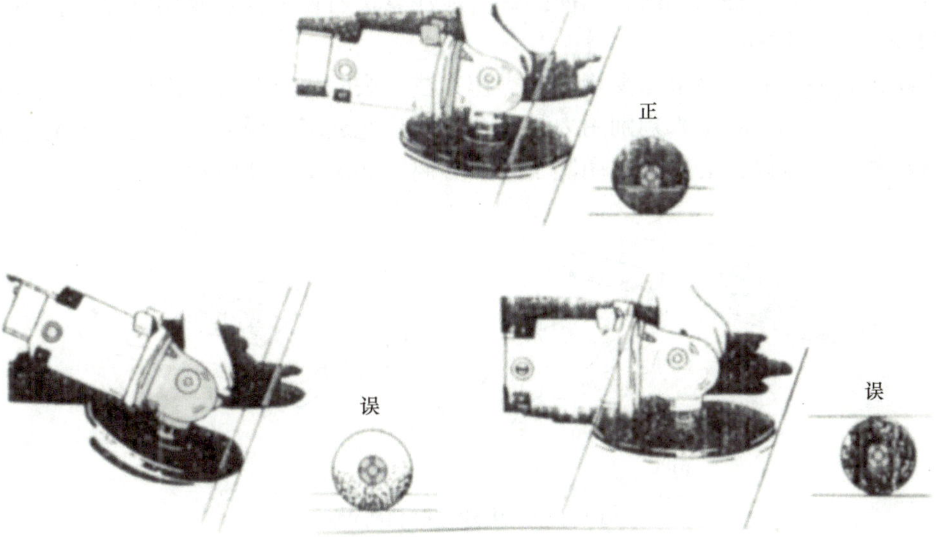

图 1-108 手提盘式砂轮机的正确使用方法

使用时，应握紧拿稳。为获得最佳作业效果，可将砂轮机后跟稍微提起倾斜。对车身钣金表面磨削时，不可施加太大的压力，使其具有一定的压力来弯曲砂轮片即可。过大的压力，将过分地磨削钢板，而且也会降低砂轮片的寿命。使用时应作长距离的扫动，使被磨削表面连续光滑。

用砂轮机切割连续焊道，以拆解车身构件的操作方法，如图 1-109a 所示。

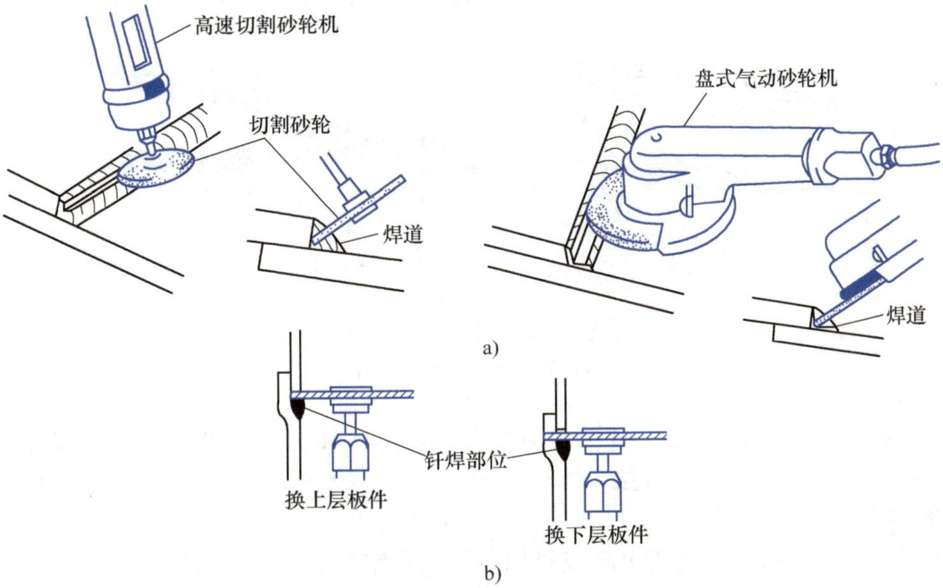

图 1-109 焊道的切割

a）用砂轮机切割连续焊道 b）切割钎焊

对只拆解不更换的构件，应选好切割角度，只割断焊缝而不损坏零件本身；对需要更换的车身构件，可以直接将其割断，以便拆卸，应注意按所换构件控制切割深度，不要损伤需保留的构件（图1-109b）。

用砂轮机剥离焊点以拆解车身构件的操作方法。去除焊点时应一次磨完，按压砂轮的力不宜过大，可用火花飞溅量来判别用力是否合适。火花越多，说明压力大、磨削量也大。当见到焊点轮廓时，应停止磨削，改用錾子将其分离，如图1-110所示。

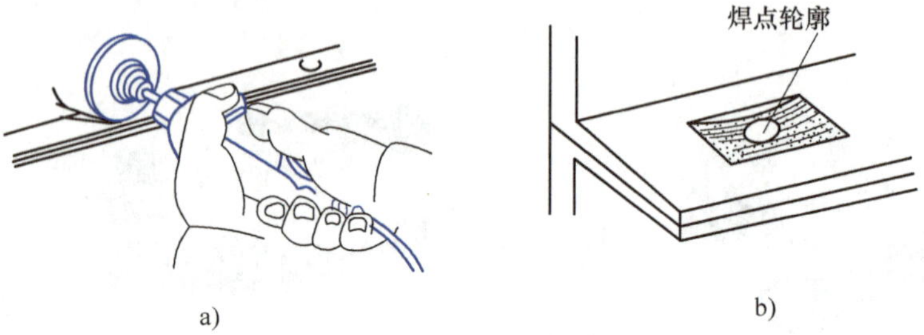

图1-110 用砂轮机剥离焊点

a）砂轮机的使用 b）磨出焊点轮廓

1.4.5 钢板切割工具

车身修理中，对钣金件进行局部切换或钣金件制作时的下料，都会使用到钢板切割工具。除气动錾和砂轮机外，还有几种工具可对钢板进行切割作业。

1. 剪切工具

钢剪和板材剪属于手动剪切工具，用来切割车身上腐蚀或损坏的钣金件。这种手动剪切工具可在厚度为1.0mm以下的钢板上作直线或曲线切割，如图1-111所示。

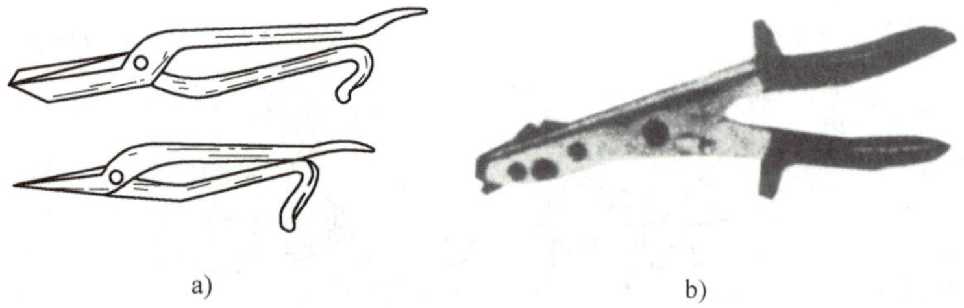

图1-111 手动剪切工具

a）手工钢剪 b）板材剪

金属剪切器和手提振动剪，属气动剪切工具，用气压力为490kPa。最大剪切厚度为：冷轧低碳钢板可达2mm，铝板可达2.5mm。剪板时应将钢板略微垫起，使剪切工具前进时不受阻碍，如图1-112所示。

剪切工具一般应用在精度要求高或较细小的切割作业中，剪切后的切口清洁、准确，容易焊接。

2. 锯割工具

（1）手锯 手锯锯弓分为两段，前段可在后段中伸出或缩入，由此安装不同长度的锯

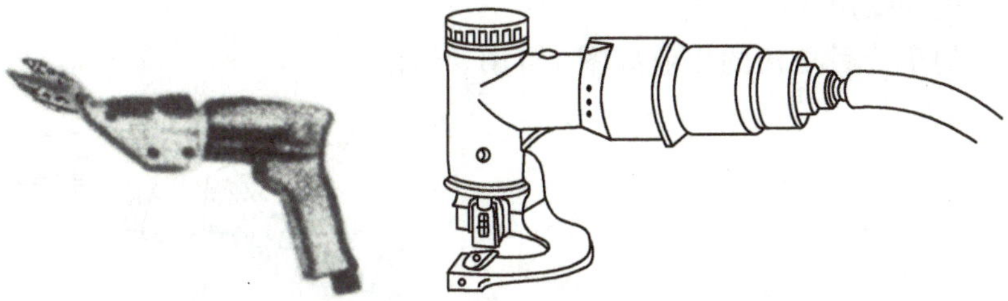

a)　　　　b)

图 1-112　气动剪切工具

a）金属剪切器　b）手提振动剪

条。锯条的长度分为 200mm、250mm 和 300mm 三种。按齿距大小又可分为粗、中和细三种规格。锯割硬度不高的金属时，应选择粗齿锯条。细齿锯条用来锯割一些硬金属和板材，如图 1-113 所示。

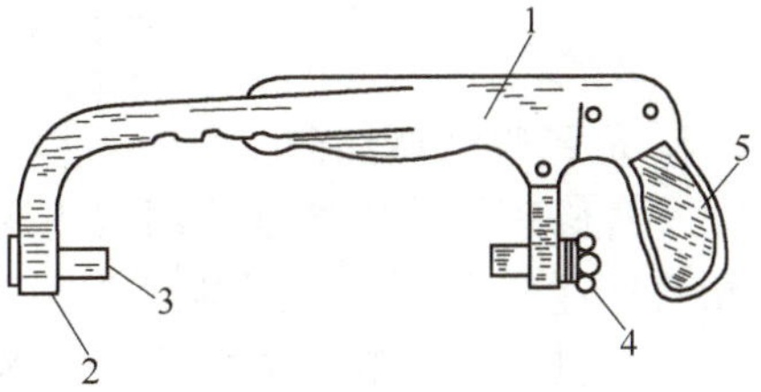

图 1-113　可调锯弓式手锯

1—锯弓　2—夹头　3—方孔导管　4—蝶形螺母　5—手柄

安装锯条时，锯齿向前。安装的松紧程度应适中，保证锯条既有弹性又不致扭曲。

手锯的使用方法：手锯的握持方式应是左手在前握住锯弓，右手在后握住锯柄。起锯时，锯齿与工件表面应成 10°～15°角；锯割时，右手推动手锯，左手向下略施压力，并扶正锯弓作往复运动；后拉时，左手使锯的前端稍微抬起，以减少锯齿的磨损。在起锯或锯割时，至少要保证 3 个齿在锯割面上工作，保证锯割顺利进行。锯割速度以往复 30 次/min 左右为宜，软金属可稍快，而硬金属宜慢些。锯条的推拉长度应为锯条全长的 3/4，以提高锯割效率和锯条的使用寿命，如图 1-114 所示。

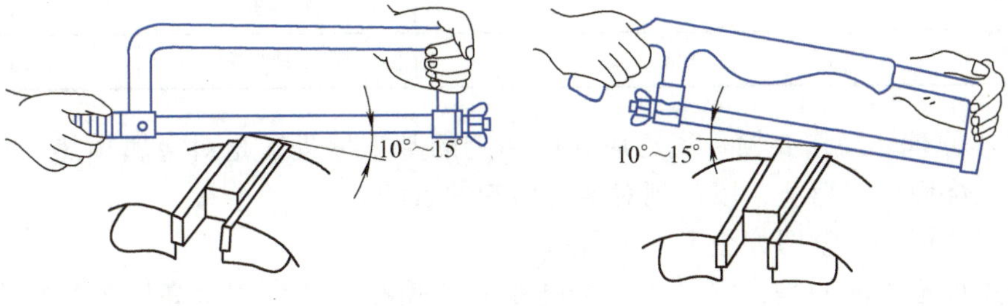

a)　　　　b)

图 1-114　握锯及起锯方法

a）工件前起锯　b）工件后起锯

（2）气动锯　气动锯的运动速度高达 1200 次/min，行程在 45mm 以上，具有切割效率高、质量好和操作方便等优点，如图 1-115 所示。

气动锯的锯条只有一端装配在锯身上，由于没有锯弓的干扰，锯条在锯割过程中可任意移动。可见，气动锯更适合切割薄板类车身构件，相对手锯（活动范围受锯弓的影响）和气割（对钢板及周围构件的热影响太大）具有很大优越性。但是，气动锯如同其他气动工具一样，也存在气动噪声大的缺点。

用气动锯切割车身后角板的作业如图 1-116 所示。

图 1-115 气动锯

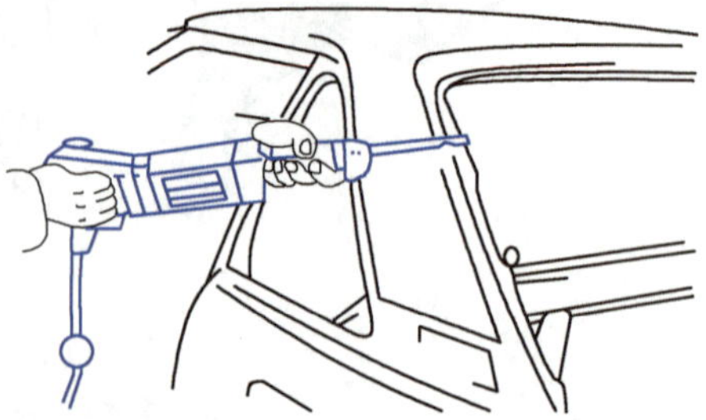

图 1-116 用气动锯切割车身构件

3. 氧乙炔气体切割

车身修理作业中经常使用氧乙炔气体切割螺栓、构件或损坏的钣金件，这种方法切割速度快且作业成本低，因而得到广泛应用。但也存在切口宽、对构件热影响（热氧化、热变形、烧毁其他构件等不良影响）大等缺点。

（1）切割嘴的规格与气压 采用氧乙炔气体切割，只要将焊枪换成割炬，并参照表 1-15 推荐的参数，选择相应的切割嘴和调整所需的氧乙炔气体压力，即可进行金属切割。

表 1-15 氧乙炔气体切割嘴及气压参数

切割板厚/mm	切割嘴规格/No.	清理预热区尺寸/mm	切割氧气压力/kPa	乙炔气压力/kPa
3	2	77	104～138	21～35
6～10	3	75	138～242	21～35
13	4	73	207～276	21～35
25	4	73	276～345	21～35
50	4	73	414	21～35

（2）基本原理和操作要领 氧乙炔气体切割的基本原理，是对金属预热并使其在纯氧气流中剧烈燃烧而生成熔渣，以达到对金属切割的目的。

氧乙炔气体切割示意图如图 1-117 所示。

与焊接用焊枪不同的是：它多了一个高压氧气喷孔，纯氧气从高压氧气喷孔吹向热金属。预热火焰则从氧气孔周围的预热孔喷出。预热火焰的大小可以通过割炬上的调节阀加以控制。

切割时先打开氧乙炔气阀并点燃割炬，使用中性热火，并通过调节阀调整预热火焰强度。将金属切割处加热到燃烧温度（钢板一般加热至樱红色为宜）时，应及时打开高压氧气阀，向需切割部位喷射氧气，使金属在纯氧气中剧烈燃烧并氧化成溶渣。

4. 等离子弧切割

等离子弧切割也叫等离子空气切割，它是当今汽车行业金属切割最先进的方法，正在逐步取代氧乙炔切割。它能迅速有效地切割损坏的金属而不改变母材的性能，具有产生（切割）的热量多、切割速度快以及输入母材的热量少等特点，可以轻易地切割生锈的、带有油漆的或镀层的金属。

（1）等离子弧切割的基本原理　等离子弧切割的实质，是在极小的范围内，产生一股很强的热气流，熔化并带走金属。采用这种方法，可以很整齐地切割金属。同时，由于热量非常集中，甚至在切割薄金属板时，也不会使金属板产生热变形。等离子弧切割的原理如图 1-118 所示。

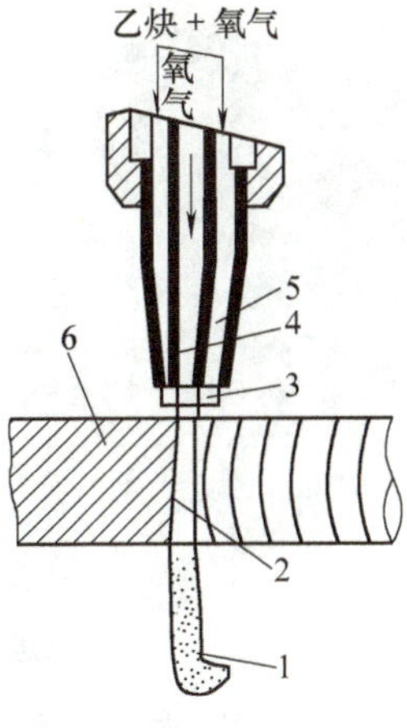

图 1-117　氧乙炔气体切割示意图

1—氧化铁渣　2—切口　3—预热火焰
4—高压氧气喷孔　5—切割嘴体
6—工件

从图 1-118a 可以看出，进行等离子弧切割时，是用压缩空气来进行屏蔽和切割的。屏蔽用空气，可将割炬喷嘴的外部屏蔽起来，并对该区域进行冷却，使割炬不会过热。切割用空气在流向喷嘴口过程中，围绕着电极产生涡流。当设备通电后，在喷嘴和内部电极之间形成一个电弧（图 1-118b）。切割气体到达这里以后，达到过热状态，这时气体的温度很高，产生电离，能够传递电流（被电离的气体就是等离子体）。等离子体通过狭小的喷嘴口加速流向工件，当喷嘴离工件足够近时，电弧穿过这一间隙，同时等离子体将电流传递到工件上（图 1-118c），从而产生切割电弧。极高的温度和切割电弧的共同作用，在金属上熔化出一条狭窄的通道，使金属扩散到空气中并形成微粒。等离子体的作用力将所有金属微粒吹走，形成一条整齐的切口。

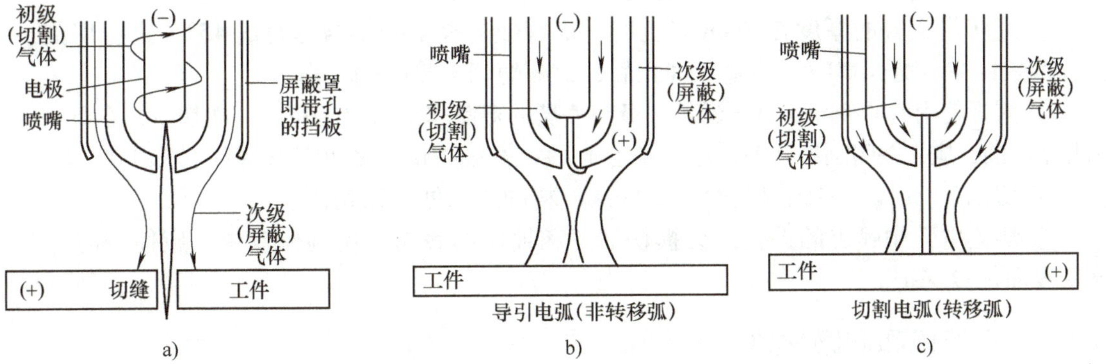

图 1-118　等离子弧切割的原理

（2）等离子弧切割机及其操作方法　等离子弧切割机如图 1-119 所示。

使用输出电流为 10～100A 的电源。电源的输出电流决定了可以切割金属的最大厚度。10～15A 的等离子切割机，通常用来切割 5mm 以下的低碳钢板；30A 的切割机，可切割 7mm 厚的金属；60A 的切割机甚至可切割 13mm 厚的金属。

1）操作方法如下：

① 将切割机连接到一个清洁、干燥、能产生 400kPa 压力的压缩空气气源上。

② 将切割机接通电源，并将地线夹连接到汽车上，尽量靠近切割部位的一个清洁表面。各种类型的地线夹如图 1-120 所示。

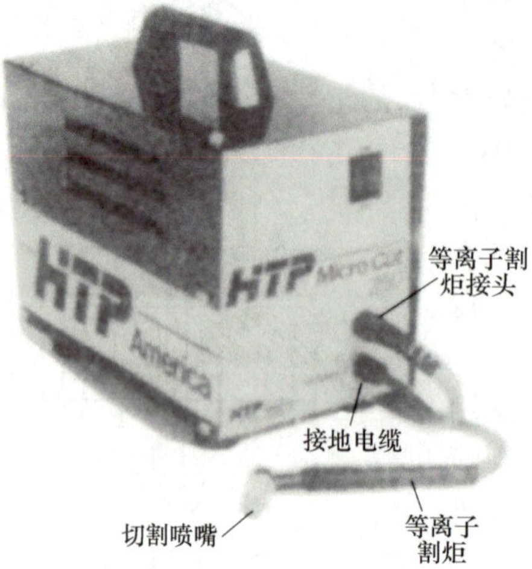

图 1-119　等离子弧切割机

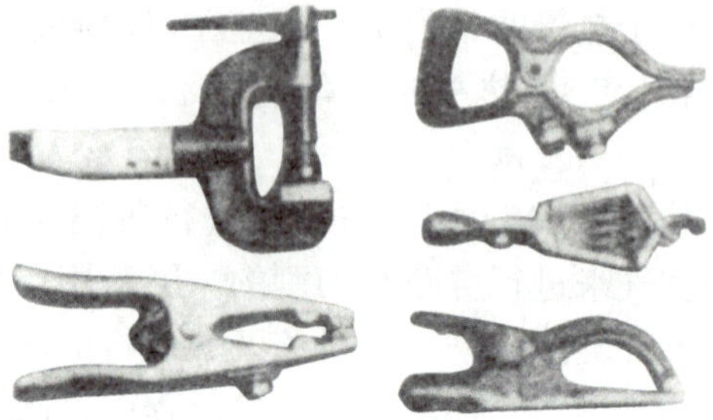

图 1-120　各种类型的地线夹

③ 拿起等离子割炬，使切割喷嘴与工件表面垂直接触。向下推动等离子割炬，这将迫使切割喷嘴向下移动，直到与电极相接触。这时等离子弧被触发，然后应立刻停止推动等离子弧割炬，并让切割喷嘴返回到原来的位置。保持切割喷嘴与工件接触会使切割更容易进行。

④ 在金属上需要切割的部位移动等离子割炬。切割速度由金属的厚度决定，厚的金属切割速度应慢些。

2）在使用等离子弧切割机时，还应注意以下几点：

① 当切割金属的厚度在 3mm 以上时，最好使等离子割炬与母材成 45°角进行切割。防止金属微粒在喷嘴处集中，堵塞各气孔后，会缩短切割喷嘴的寿命。

② 割炬使用后的冷却，对于延长电极和喷嘴的寿命非常重要。完成一次切割，在下一次切割开始以前，应先关闭割炬开关，让空气连续几秒钟流过割炬，以预防喷嘴和电极过热。

③ 切割 7mm 以上厚的材料时，最好从材料的边缘处开始切割。

④ 切割电弧中喷出的火花，会损伤油漆和玻璃的表面，切割作业中，应使用防护罩对这些表面加以保护。

1.4.6　砂磨机和砂磨材料

车身钣金修理和涂装作业中，都经常会使用到砂磨机。砂磨机也有气动和电动之分，使用的砂磨材料是砂纸。

在钣金修理作业中，砂磨机主要用于清除旧漆、锈迹、焊痕以及对钣金面的磨光。使用的砂纸通常是 24 号、60 号、80 号或是 120 号。

1. 砂磨机

现在使用的砂磨机主要有以下几种。

（1）圆盘式和轨道式砂磨机　圆盘式砂磨机一般只用于钣金面的粗打磨。这种砂磨机的砂纸作简单的圆周运动，很容易在钣金面上形成漩涡状磨痕，如图 1-121 所示。

与其配合使用进行细打磨的轨道式砂磨机，在旋转的同时还有摆动，这种复合运动方式下的打磨，会得到更好的磨光效果，如图 1-122 所示。

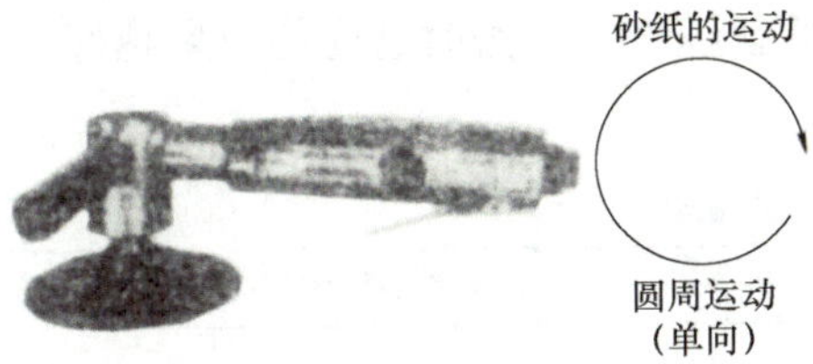

图 1-121 圆盘式砂磨机和砂纸的运动形式

图 1-122 轨道式砂磨机和砂纸的运动形式

这两种砂磨机的打磨盘均为圆形，常用打磨盘的尺寸有 5in、6in 和 8in（1in = 25.4mm）。进行打磨作业之前，应根据打磨盘的尺寸和打磨对象，选取相应规格的盘型砂纸，用黏结剂将砂纸固定在打磨盘衬垫上。具体的使用方法与盘式砂轮机相似。

（2）振动式砂磨机　振动式砂磨机可进行精细打磨，打磨后的表面非常光滑，主要用于面漆的磨光。采用的板型砂纸常见尺寸为长 11in、宽 5in，使用时把砂纸裁剪成相应的大小、装卡在打磨板衬垫上，如图 1-123 所示。

（3）带式砂磨机　带式砂磨机只用于钣金面的粗打磨，如图 1-124 所示。

图 1-123 振动式砂磨机及其运动

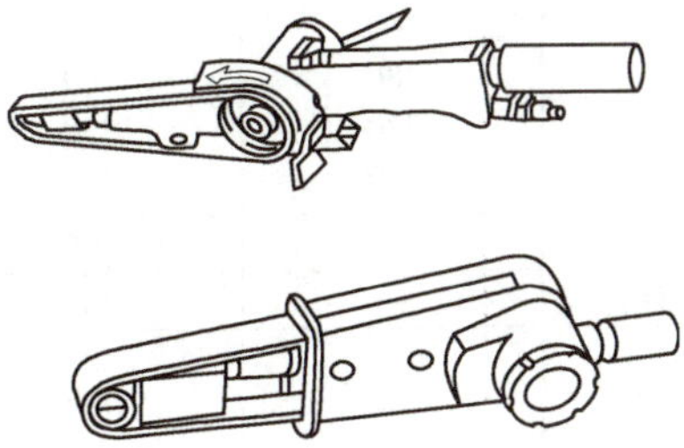

图 1-124 带式砂磨机

它特别适用于较狭窄或较深而无法使用圆盘式砂磨机的部位，并因其接触面积大，所以能使焊接部位打磨得较平整。但由于带式砂磨机产生的花纹常常呈瓜条状，而且有划痕，打磨表面不够光滑等原因，现已很少使用。

2. 砂磨材料

车身修理中使用的砂磨材料，主要是砂轮和砂纸。从结构上讲，都是利用附着剂将磨粒黏结到一起（砂轮），或黏结到一块背衬上（砂纸）。

砂磨材料按其表面形式，可分为砂粒松散型和砂粒密集型两种。松散型砂材料的磨料颗粒较分散，颗粒之间有空隙，磨料粒度由 16 号到 120 号，主要用清除旧漆、磨削焊道等较粗的打磨作业。由于磨屑容易嵌入磨粒间的空隙，使磨削性能下降很快，使用寿命一般较短。密集型砂磨材料的磨料颗粒做到尽可能密集的程度，磨料粒度由 16 号一直到 2000 号，其使用贯穿整个车身修理作业。密集型砂磨材料一般采用湿打磨。

砂轮主要用于钣金作业中，盘式砂轮机使用的砂轮片常用的规格有 7in 和 9in 两种；砂纸主要用于涂装作业。

磨料通常采用金刚砂、氧化铝或锆铝来制造。砂磨材料根据磨料粒度的大小加以编号。

号码越小，磨粒越大，砂磨材料越粗糙，即所谓的粗砂轮、粗砂纸，其使用特点是磨削能力强，打磨速度快。号数越大，磨粒越小，砂轮和砂纸就越细，打磨时磨光的效果越好。磨料的分类和编号详见表 1-16。

表 1-16　磨料的分类和编号

分　类	氧化铝	金刚砂	锆铝	车身修理中的主要用途
极粗	16 24	16 24	— 24	用于清除旧漆，清理焊道
粗	36 40 50 60	36 40 50 60	— 40 — 60	用于打磨锈迹、焊痕、锤印及塑料填料
中等	80 100 120	80 100 120	80 100 —	用于钣金作业中对钣金面的磨光
细	150 180	150 180	150 180	用于涂装作业表面处理中的底板打磨
极细	220	220	—	用于打磨需重新喷涂的旧漆层
极细	240 280 320 400	240 280 320 400	240 280 — 400	用于打磨表面处理中各涂层和旧漆层
	—	600	600	用于面漆喷涂前的打磨
超细	—	800	—	用于面漆喷涂前的打磨
精细	— — —	1250 1500 2000	— — —	用于面漆抛光前的研磨

现在砂纸规格没有国际统一标准。选用不同厂家和牌子的砂纸时，砂纸的编号和用途应参照其使用说明，并注意区分手工用砂纸和机器用砂纸。表中所列编号和使用的主要用途仅供参考。

课题 5　汽车车身维修操作基础

1.5.1　焊接在车身维修中的应用

汽车车身的连接以焊接应用的最为广泛。这是因为，焊接可以获得与母材相近的强度，而且连续焊接不仅具有良好的水密、气密性，而且有比其他任何连接方式都可靠的结合强度。焊接与铆接相比，可以减轻车身的总质量且工艺简单、成本低。同样，车身维修作业也离不开焊接技能的应用，尤其是修复那些因行车事故而损伤的车辆。

汽车车身制造与维修中广泛应用的焊接方法可分为 3 大类，即：熔焊、压焊和钎焊。焊接及其分类方法见下面的框图（划有“＊”标记的焊接在车身维修中最为流行）。

- 焊接方法
  - 熔焊
    - 气焊
      - 氧乙炔焊 *
      - 氧乙炔氢焊
    - 弧焊
      - 埋弧焊
      - 夹杆屏蔽电弧焊
      - 原子氢焊
      - 电束焊
      - 金属活性气体焊(MAG) *
      - 金属惰性气体焊(MIG) *
      - 钨惰性气体焊(TIG) *
      - 等离子焊 *
  - 压焊
    - 电阻焊
      - 定位焊*
      - 凸焊
      - 线焊
    - 超声焊
    - 摩擦焊
    - 气压焊
    - 爆压焊
  - 钎焊
    - 软钎焊(锡钎焊) *
    - 硬钎焊(铜焊) *

焊接在汽车车身维修作业中占据相当重要的地位，并且焊接水平对焊接品质的影响极大，加之现代汽车上普遍采用的新型合金材料，使车身维修作业对焊接技术的要求更加苛刻了。

车身制造中一些部位使用的焊接方法，在车身修理中也应采用，如图 1-125 所示。

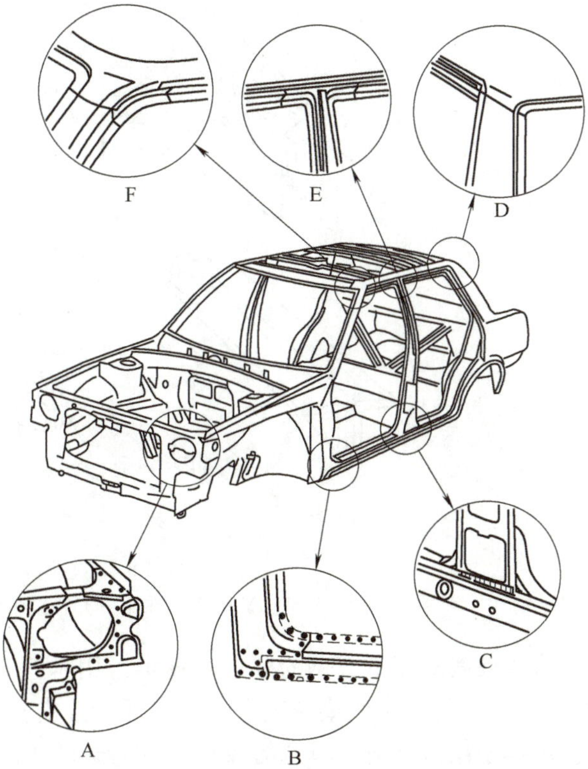

图 1-125　车身制造中一些部位使用的焊接方法

A、B—电阻定位焊　C—CO_2 气体保护焊　D、E、F—钎焊

1.5.2　车身钣金作业的基本技能

金属材料在一定载荷的作用下，会产生塑性变形而不被破坏。利用金属材料的这个性质，可以将金属板材加工为所需的形状。钣金成形技术就是要在掌握平、直、圆三要素的基础上，以手工操作方式将板材制作成不同形状的制件。

1. 弯曲

钣金件的弯曲属于简单的成形作业，其中利用折弯设备可进行批量加工；而利用手工弯曲则适合单件及现场操作。车身钣金中多以角形弯曲构件为主，如：“∟”“⊏”“□”“⌐⊓⌐”“⌐⌐”形等。弧形弯曲则以筒形构件的制作最为典型。角形弯曲成形的质量关键是直线（或相互垂直的直线）的加工与制作，如图 1-126 所示。

基本操作要领是按要求划好弯曲线并确保弯曲角度。筒形的制作则需要过渡圆滑，并且与要求的弧形一致。

（1）角形弯曲

1）“∟”形的弯曲。弯曲“∟”形板料的操作过程，可以按如图 1-127 和图 1-128 所示的步骤进行操作：

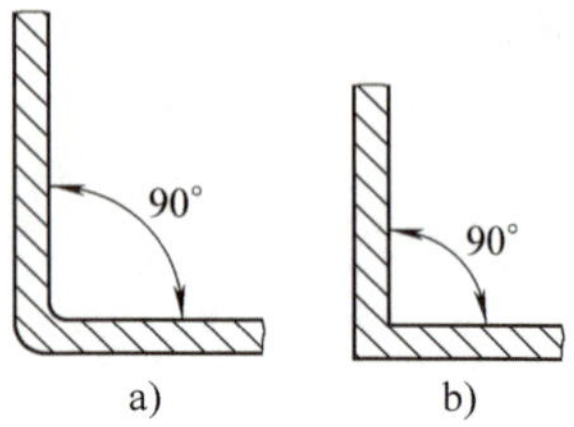

图 1-126　弯角的形状

a）圆角弯曲　b）锋角弯曲

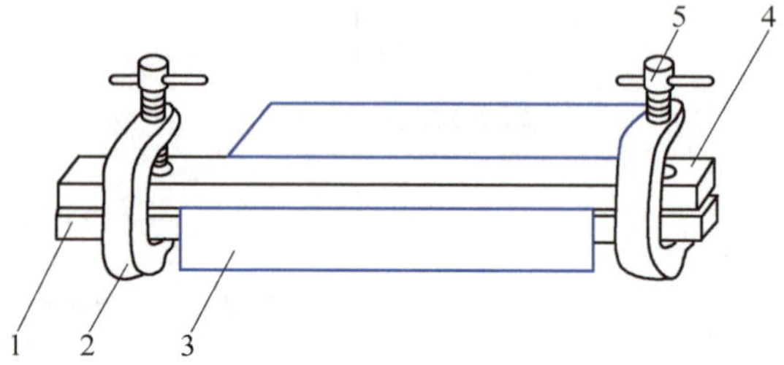

图 1-127　用专门工具加工

1—下方钢　2—弓形钢　3—板料　4—上方钢　5—加工手柄

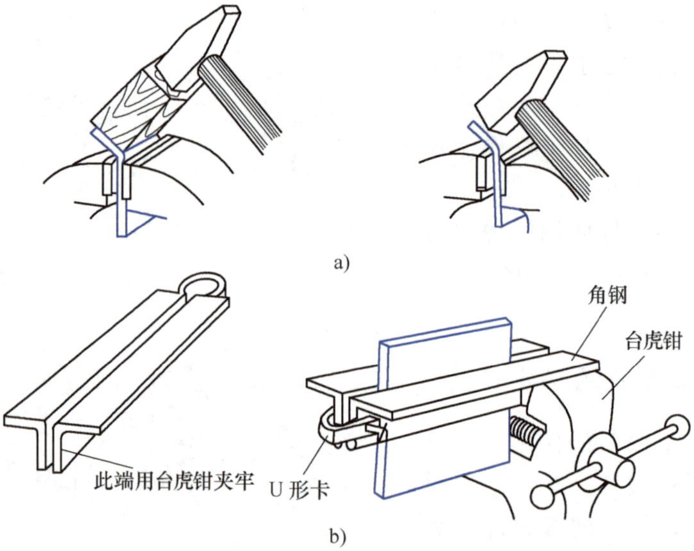

图 1-128　“∟”形板料的弯曲

a）用锤子加工　b）借助角钢或简易夹具加工

将弯曲线对正下方钢的棱角并夹牢，用木锤直接敲击使其折弯（适于厚度小于 1.5mm 的钢板），也可将木块垫在欲弯曲处用锤子敲击折弯。当板料较厚或强度较高时，也可以直接使用锤子敲打。对于较宽的板料（即弯边较长时），可以用手将其搬弯后再由下至上（从钳口开始）锤击；也可以一边用手揿住（图 1-128a），一边用木锤将其弯曲成形。对于过长的板料，还需要借助角钢或简易夹具来完成（图 1-128b）。但无论如何，锤击部位均应沿棱角的边缘从一端敲向另一端。需要弯角的棱线比较清晰时，可于弯曲大致完成后，用平锤沿折边轻轻敲击找细。

板料弯曲成“∟”形以后，通常还要大致验证一下弯曲角度。直角的验证方法比较容易，但有些摇把形弯件的折角往往大于90°。一般除按要求处理好夹角外，更主要的是应确保两板平面的平面度。因为这类弯件在装配时，大多数场合都对两平面间的夹角有公差要求，成形过程中应不断进行检查和调整。

2）"匚"形的弯曲。"匚"形的弯曲仍以"└"形弯曲为基础，按如图1-129b所示方法先弯曲一直角后，再按图1-129c所示方案弯折成槽形。

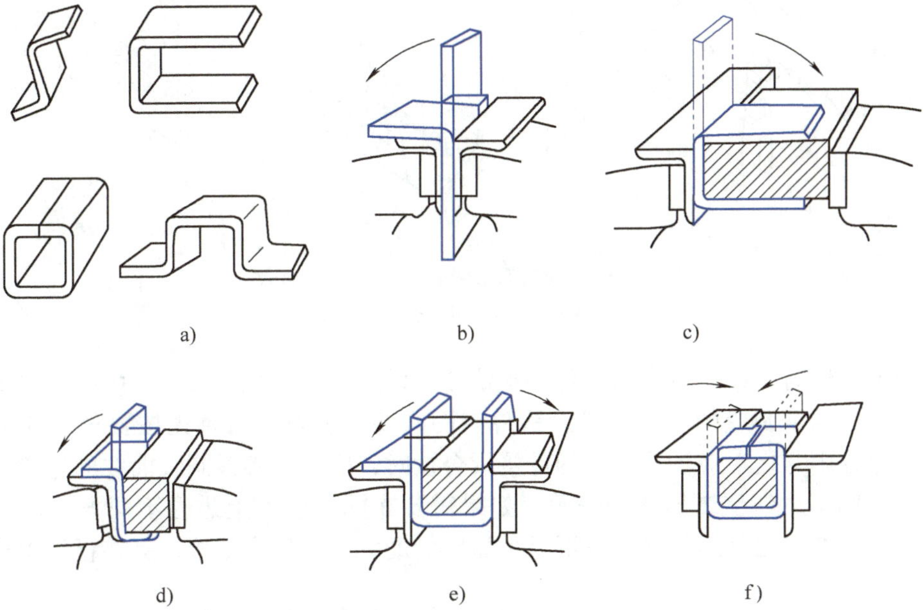

图1-129 "匚"形和"_┌┐_"形的手工成形工序

a）欲扳边形状 b）扳边形成"└"形 c）扳另一边形成"匚"形

d）反向扳边而成"_┌"形 e）向两边弯折形成"_┌┐_"形 f）向内弯折形成"□"形

如果将板边扳向另一边，就形成了"_┌"形构件（图1-129d）。与加工"┘"形构件不同的是，弯角应略大于90°为宜。因为在成形过程中（尤其是较长的"┘"形构件），往往会伴随着局部变形，如槽底的凹凸和弯边呈波浪形等。对此，可用平锤将槽底修平并将校线理齐，最后再用平锤修整弯边的波形。显然，在修正两弯角直线时，弯边与槽底的夹角还会有所变化。

"_┌┐_"形和"□"形的弯曲都是在"└"形基础上完成的。按图1-129e所示方法，将槽形件夹持在台虎钳上并对准弯折线，向外弯曲并敲平便成为"_┌┐_"形构件。如果改为向内弯曲并敲平则成为"□"形构件（图1-129f）。

弯曲板料最好不直接使用钳口作棱线基准，以防止因经常性锤击而使钳口发生损伤。

车身维修中遇到的弯边成形作业，还可以使用图1-130所示的专用弯边器（或称扳边钳）。比起手工操作来，更加快捷、整齐。

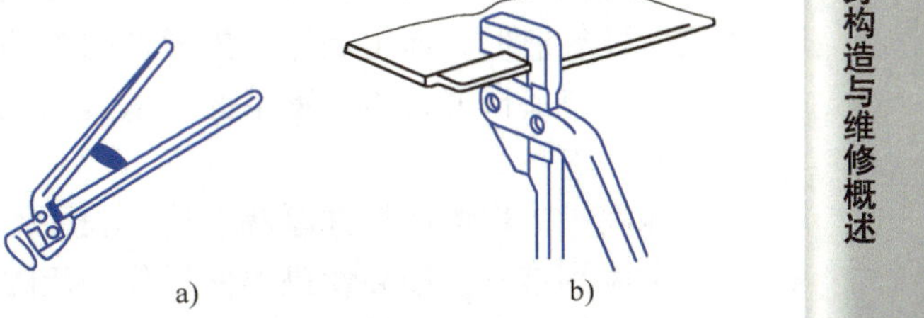

图1-130 专用弯边器

a）外形 b）操作

（2）弧形弯曲　弧形弯曲作业的目的是将板件弯曲成形为符合要求的弧形或筒形。利用卷板机可批量制作成符合图样要求的弧形或筒形构件；手工弯曲则更能够满足现场使用要求。

弯曲弧形钣金构件的操作程序，如图1-131所示。

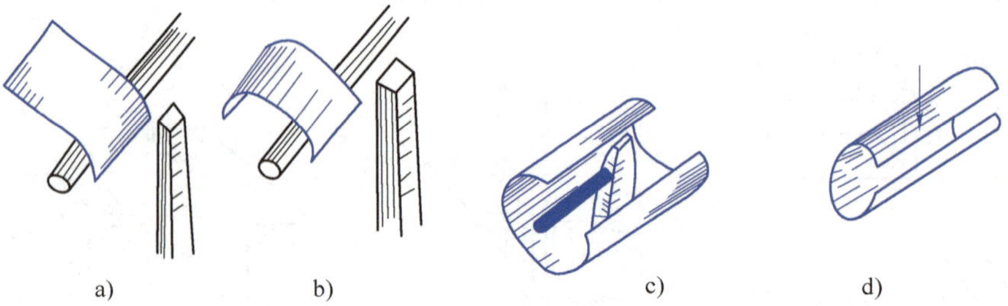

图1-131　弯曲弧形钣金构件的操作程序
a)、b)、c)、d) 操作过程

加工筒形构件时，第一步先两侧各1/4处分别敲成圆弧形状，然后再由两侧向中间逼近敲出圆弧。为了保证制成的圆弧或筒形构件与图样要求相符，可预先按要求用硬纸做出样板，供制作过程中与之对应。当筒形构件接近合拢时，应注意各段圆弧曲线的过渡，通过对非圆滑部分的修正达到整体形状的一致。如果需要在同一板件上进行不同方向的弧形弯曲时，其操作方法亦与之基本相同，只不过是需要借助一些木块和垫板，夹在板件中按要求分段操作即可。

2. 拱曲

车身上的拱形构件也比较常见，加之车身覆盖件多为曲面（单曲面或双曲面）形状，车身维修作业（如挖补、修复）同样需要成形拱曲构件。所谓拱曲，就是利用对板料的“边收中放”，使之成为所需形状，如半球形、碟形和半壳形等。

拱形件的制作分为冷做法和热做法两种。

（1）冷拱曲　冷拱曲的基本原理是，使板料的边缘起皱向里收，将中间打薄向外延展。如此交替反复操作，使板料在锤击过程中逐渐变形，在不使板料被撕裂的前提下，成形为所需的拱形件。

对于较大拱曲的零件，一般应使用球形顶杆或胎模作砧铁锤击成形。使用球形顶杆应先将板料的边缘做出皱褶（图1-49），然后在顶杆上将皱褶敲平，板料因沿边的收缩而向内弯曲。与此同时，均匀锤放板件的中部，使拱形件中间的金属产生延伸而拱曲。锤击点和锤击力度应呈放射形，即越是靠近拱形件的中部，锤击点的密度越高锤击力也越大；反之，则疏而且轻。并要根据具体成形情况，依目测随时调整锤击力度和部位，使之达到拱形件的形状和尺寸要求。

深度拱曲难免使板件厚薄不均、表面不平，为此还要用平锤做最后的精整、修光使其完善。考虑到这一工序会使拱形件回弹一定的量，故拱形件的初成形还应适当大一些为宜。

对于较小拱曲的零件，可使用胎模作砧铁锤击成形（图1-50）。操作时先将板料贴紧在胎模上，锤子从边缘开始逐渐向中心部分锤击。不具备胎模并且拱曲较小时，也可以采用厚橡胶板做垫块将板料锤击成形。

用胎模制作拱曲件时，锤击力度要轻而均匀，并循序渐进地延展，形成过渡圆滑的凸起。成形完毕，同样也需根据拱形件的形状，将其置于合适的顶杆上，用平锤去除表面凹凸使之平滑。

凸缘和隆起损伤的修复如图 1-132 所示。

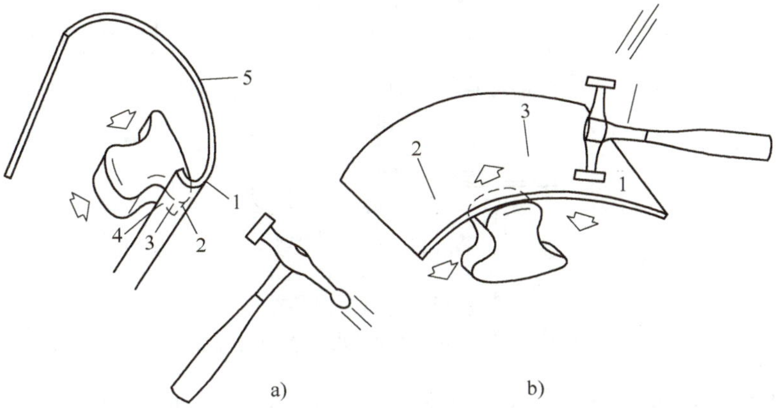

图 1-132　凸缘和隆起损伤的修复

a）凸缘　b）隆起

车身维修中应用最广泛的是用钣金托模隆起不同形状的薄板。当车身薄板的凸缘部分受到损坏时，可将钣金托模置于损坏的凸缘内，并且按图 1-132 中箭头所示用力方向顶住损伤零件，然后用钣金锤从防护板外缘开始按数字顺序敲击，直至将损伤的板面修正圆滑。如果是车身薄板的隆起部分受到破坏时应先将板面放松和进行粗略整形，然后用断贴托模及锤击的方法将其修平（图 1-132b）。采用断贴凸缘和隆起损伤的修复车身面板时，应注意托模移动过程中不要与薄板脱离，锤击时托模要间歇撞击薄板凹陷区域并连续进行。

（2）热拱曲　热拱曲的原理和操作前已述过。

这种热拱曲法只适用于曲率半径较大的球面拱形件的制作。当所要求的拱曲量较小时，只要控制好加热温度、区域和密度等，一般不需外力就可实现。但对曲率半径较小或非球面过渡的拱形件，还需要比照冷做法借助外力使其成形。其实，这更有利于拱形件的成形而不使金属发生撕裂或严重的加工硬化现象。

3. 卷边与咬缝

用卷边的方法将金属板的边缘卷起，可以提高构件的强度并使边缘美观，同时还可避免划伤人员或划坏其他物体。咬缝是将板料的边缘敲成榫形（钩形）并扣合在一起的方法。许多车身构件都是采取咬缝并附加定位焊方式连接的。咬缝可以取代焊接，这对那些不允许焊接的材料更有实际意义。

（1）卷边　常见的卷边形式有空心卷边、夹丝卷边和平行卷边 3 种，如图 1-133 所示。

卷边操作需要预留出加工余量，其中空心卷边和夹丝卷边的余量计算公式为

$$B = 2.5 \times D$$

式中　B——边宽；

　　　D——卷边直径。

一般，板料厚度小于 0.5mm 时，卷边直径选定在 2 ~ 4mm 之间；板料厚度为 0.5 ~ 1mm

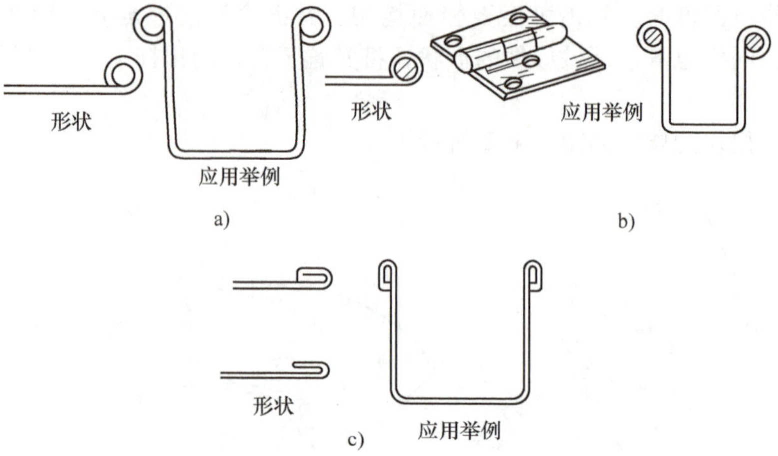

图 1-133 卷边的形式

a）空心卷边 b）夹丝卷边 c）平行卷边

时，卷边直径选定在 3 ~6mm 之间；板料厚度为 1 ~2mm 时，卷边直径选定在 4 ~8mm 之间。

对于夹丝卷边余量的计算公式与空心卷边有所区别，其计算公式为

$$B = d + 2\pi \times h$$

式中 B——边宽；

d——铁丝直径；

h——板料厚度。

对于平行卷边的余量，则应根据一次卷边与二次卷边的宽度，按适当比例予以确定。

（2）咬缝 咬缝是将两块板料分别制成样形并扣合在一起的方法。咬缝可以取代焊接，更适合那些不允许焊接材料的连接。按咬缝的结构可分为单扣和双扣；按咬扣形式可分为立扣、角扣和卧扣。

手工咬缝需要使用锤子、弯嘴钳和拍板等，其操作方法与成形过程如图 1-134 所示。

先在板料上划出扣缝弯折线，再将板料放到托铁上并使直线与边缘对正，用前述弯曲的办法使边弯折成直角，然后朝上翻转板料并将弯边向里扣（注意不要扣死）。用同样的方法将另一块如法炮制后，再把两块板料彼此扣合在一起，理直咬缝棱线最后压紧即可。

车身构件上常见的咬扣形式多以单扣顺缝为主。用翻边钳取代手工咬缝，可使车门蒙皮与车门内板的咬接十分便利地完成。先将长边用锤子和包布托铁弯折成 30°（注意不要用锤子敲击弯角的边缘，并且不要损坏外板的型线）。然后用翻边钳顶住端部，用力夹紧即可，如图1-135所示。

这种翻边方式具有效率高、成形美观和表面锤痕少等诸多优点，很值得在车身维修的钣金作业中推广。应当引起注意的是，车门蒙皮的咬接虽然简单，但需要在操作前涂敷防锈剂和定位焊密封胶，最后还要以定位焊方式将其焊牢。

检查咬缝质量的重点在于咬缝是否等宽、平直而不扭曲，咬缝要牢、无裂纹。咬缝如需要起密封作用，应用水或煤油试漏；需要承受拉力的，要先将咬缝试板进行拉力试验，合格后再投入生产。咬缝出现质量问题时，应从材质、操作技术和工艺手段查找原因。

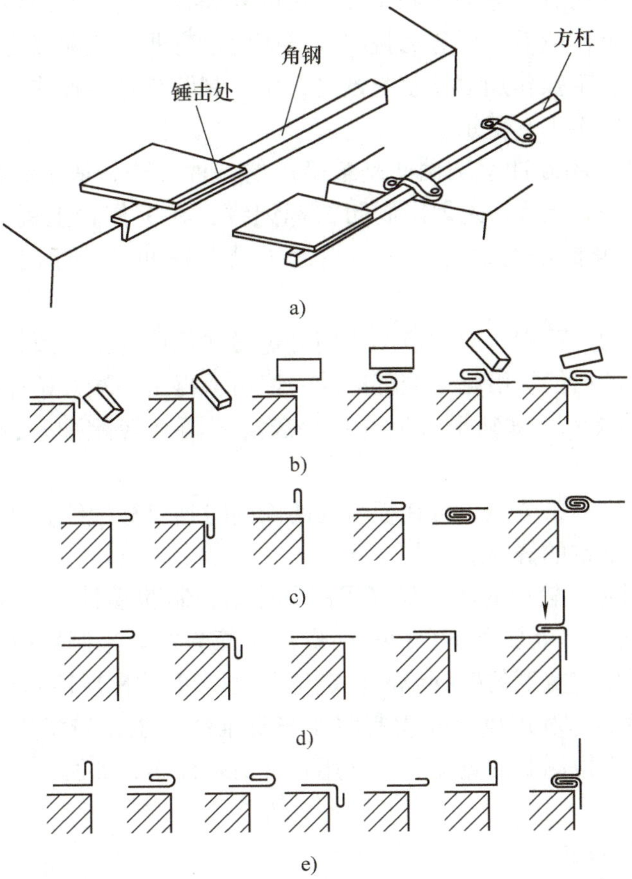

图 1-134　咬缝的类型及其操作过程

a）借助角钢或方杠进行咬缝的弯制　b）卧扣单咬缝的弯制过程　c）卧扣整咬缝的弯制过程中　d）站扣单咬缝的弯制过程　e）站扣整咬缝的弯制过程

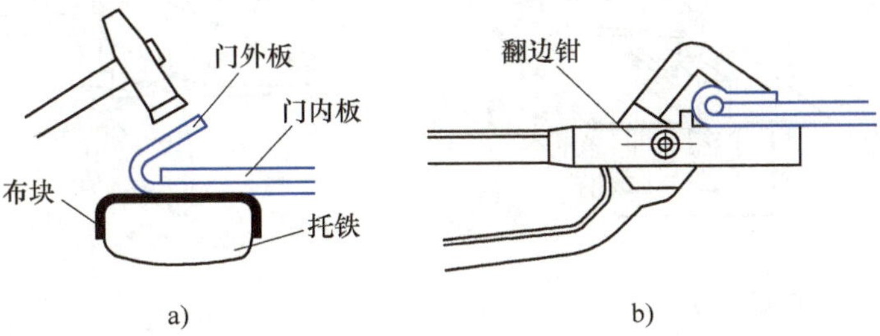

图 1-135　用翻边钳咬缝

a）按定位线将长边弯折成30°角　b）用翻边钳完成咬缝

4. 制肋

在薄板上制成各种不同形状的棱线，可以提高构件的抵抗变形的能力。这种经过制肋的板料，不仅强度发生变异而且还具有美化构件的作用。这也是其广为车身构件特别是车身外蒙皮上所采用的主要理由。

车身覆盖件发生损伤后，起加固和装饰作用的外表线形会受到破坏。对车身覆盖件进行了敲平、焊接和挖补等作业后，原有的棱线也可能发生弯曲、扭曲或变得不够清晰。这些都需要借助手工工具及手工操作加以修整与恢复，手工制肋是这些操作的基础。

手工制肋方法如图 1-136 所示。

（1）用扁冲制肋　用扁冲手工制肋是最简单的一种方法，适于制棱线细而浅的肋。具体操作方法如图 1-136a 所示。先划出制肋的标记线，在工作台上铺一块橡胶板并将板料放好，一手持扁冲对准标记线，另一只手用锤子敲击扁冲，沿标记线冲出符合要求的棱线来。

在敲击扁冲制肋的过程中，应注意不要用力过猛并保持深浅一致，移动距离不要超过扁冲的宽度和确保良好的衔接。沿标记全部敲冲一遍后，再由一端开始冲第二遍，直至达到符合要求的深度为止。最后，拿到平台上（不垫胶皮）再轻轻敲冲一遍，使起肋形成清晰、整齐的线条。

如果要求两面形成多条棱线，可在板料的两面同时划出标记线，并按上述方法在两面交替操作，最后统一作细致的修整。

（2）借助模具制肋　较深的肋条最好用模具冲制，制肋模具可分为上下两部分。其中，图 1-136b 所示的两套模具需要上下合模；而借助于简易模具来制肋时，则只要求上模符合形状要求，下模选用相应宽度的槽钢或两块定位角钢即可（图 1-136c）。

（3）钣金托模制肋　利用钣金托模制肋在车身维修中也比较实用。为了提高钣金托模制肋的美观程度，应将拟制肋的宽度和尺寸用划针清晰标出，如图 1-137 所示。

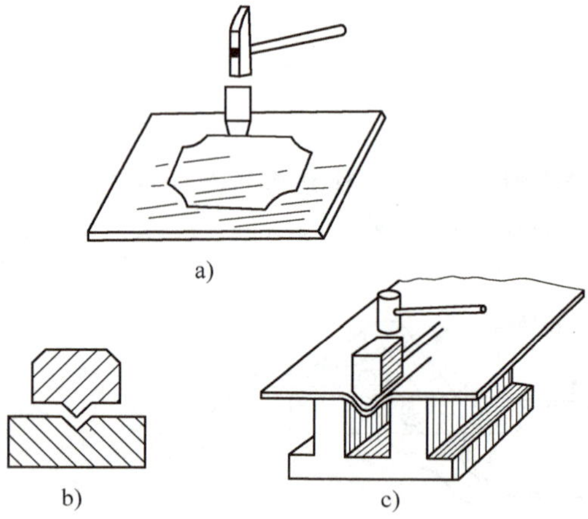

图 1-136　手工制肋方法

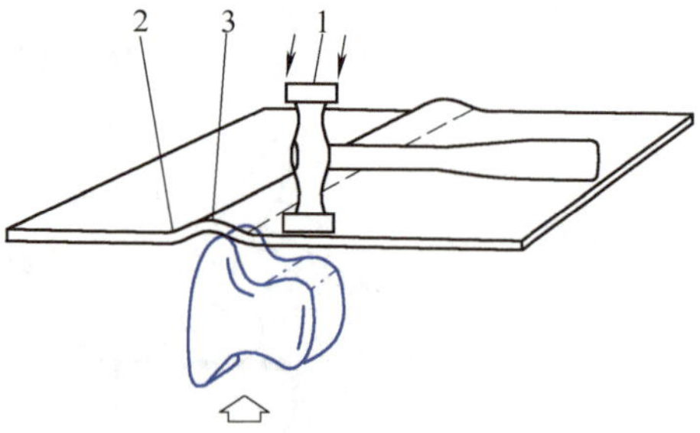

图 1-137　钣金托模制筋

按图中虚线所示的方法，将钣金托模紧紧顶在划线区的中线上，并按图中标明的数字顺序锤击金属板，直到使金属板发生延展并形成基本轮廓时，再用双头钣金锤和鹤嘴锤交替敲击钣金托模顶部，直至金属充分延展并形成符合要求的肋棱。用钣金托模制肋时，在敲击金属板过程中，一定要用力将钣金托模紧紧顶住工件，注意不要打空、打偏，以防止造成凹陷和影响美观的锤痕。

当需要将焊缝隆起时，也需要借助钣金托模使其形成符合要求的焊缝，如图 1-138

所示。

用钣金托模的顶尖直接抵住焊缝的中线，然后用钣金锤从另一面锤击托模顶部及其周围，可使高区和没有用顶尖抵住的部位下降，很快沿焊缝形成一定高度的隆起。

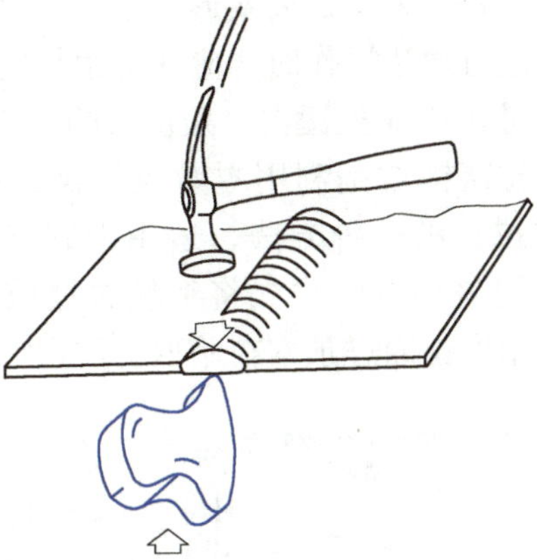

图 1-138　用托模顶尖将焊缝隆起

5. 收边与放边

车身钣金维修作业中经常会遇到收边与放边的操作。其中：收边可分为无波折和有波折 2 种方法；放边则分为打薄、拉薄和胎型 3 种方法。

(1) 收边　收边也称收缩或缩边，是将板料边缘的内侧收缩的一种钣金操作方法。

先在薄板上画出落料剪切线和收边轮廓线，落料后将薄板放在钢衬上沿收边轮廓线向内边锤击并旋转毛坯（图 1-139a），循序渐进直至完成桶盖边缘的收缩（图 1-139b）。这是一种无波折收缩的典型操作方法。

对于无美观要求的收边，可以采用图 1-140 所示的方法。

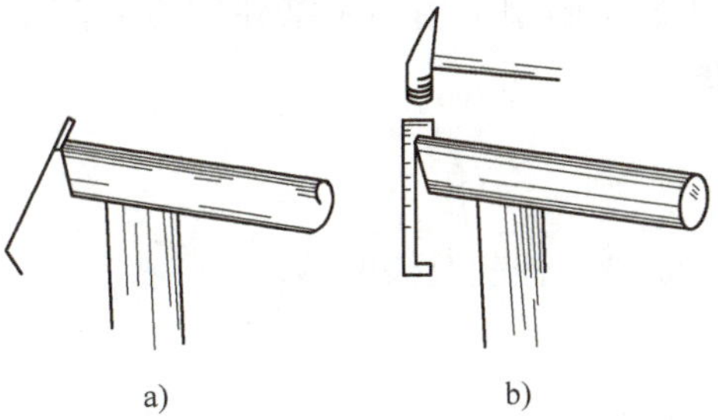

图 1-139　无波折收边的操作方法

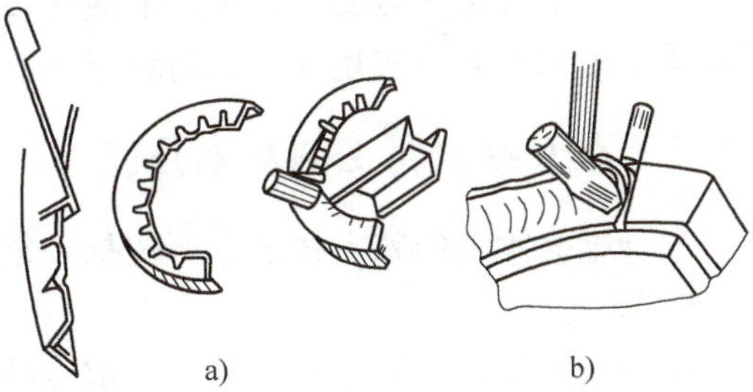

图 1-140　波折的制成方法

用折皱钳先使收缩边起皱（图 1-140a），也可用钣金锤打薄板，沿收边轮廓线摞出折线（图 1-140b），再将毛坯置于托铁上，用木锤将起皱敲平如图 1-141 所示。

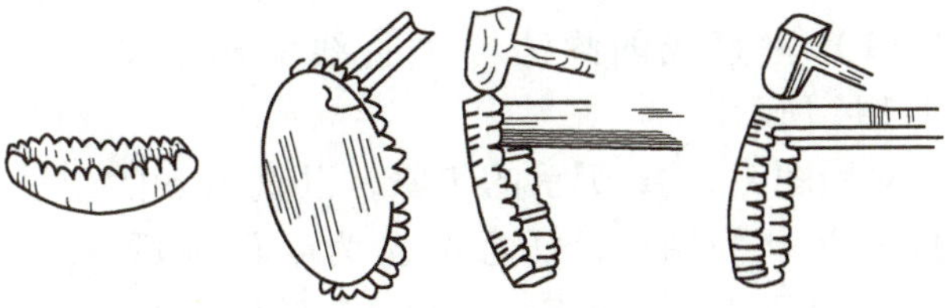

图 1-141　波折收边的成形过程

锤击时应注意从折波的顶点开始，并保证锤击力度轻而均匀，要注意避免因用力过大造成锤痕和使薄板发生延展变形。

折皱钳可以用钢肋自制，但表面要光滑无毛刺，以免在起皱时损伤薄板。

(2) 放边　钣金放边操作如果用拉薄锤放的方法效果较为显著，但表面光滑程度差、厚薄不均匀，如图 1-142 所示。

将预先弯成角材的毛坯平稳地放在砧铁上，然后用锤子敲击放边一侧的边缘，使金属在锤击过程中发生延展变形，角料的边缘随之逐渐放大而向内侧弯曲。

进行放边操作时，应注意角材的底面应与砧铁平面贴合，不能一头高、一头低，也不能沿角材弯角 R 处锤击。敲击时的锤痕应均匀、力度适中，锤击面积占弯边宽度的 3/4。

拉薄锤放是利用木墩较软且具有一定弹性的特点，使金属材料在木锤或铁锤敲击下伸展拉长的一种方法，适用于制作凹曲线弯曲零件。为了防止薄板在放边时发生裂纹，可使用这种方法预先将毛坯放展成弯形，再结合其他方法制成符合要求的放边形状。

用木锤通过顶木在胎型上放边如图 1-143 所示。

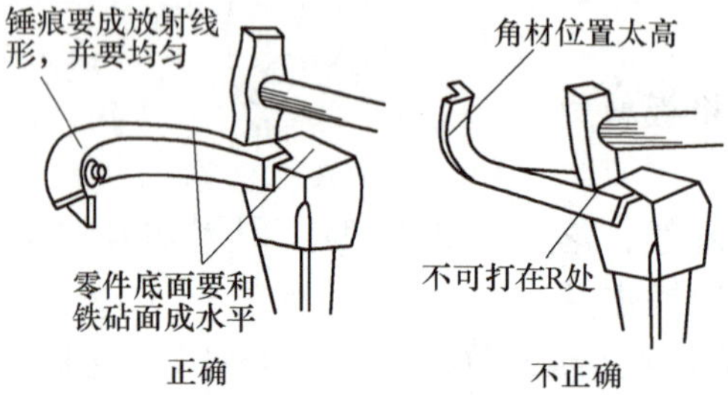

图 1-142　拉薄锤放的操作过程

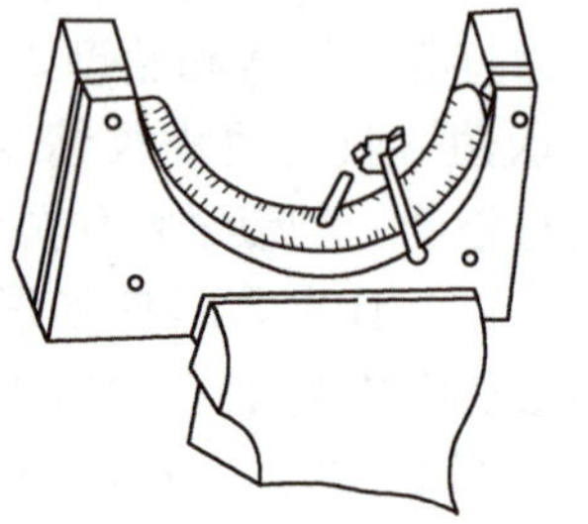

图 1-143　在胎型上放边

在胎型上放边也可实现钣金件的放边要求。将毛坯置于胎型上用顶木抵住相应的部位，用木锤敲击顶木即可实现使金属材料延展、伸长的目的。

1.5.3　车身维修钳工的基本技能

车身维修钳工的基本技能主要包括：划线、錾切、切割、锉削及修配等。

1. 划线

用划线工具在工件上划出待加工部位的轮廓线或作为基准的点和线叫做划线。划线前应先读懂图样，并确定好工件表面所必须划出的线的尺寸与位置要求等。

（1）垂直线的画法　垂直线的画法如图 1-144 所示。

对照图 1-144a 所示的步骤，以直线 a 的任意一点 O 为圆心，任意长 R 为半径画弧，与直线交于 1、1′两点；再以 1、1′为圆心，r（$r>R$）为半径分别画弧并交于 2、3 两点，连接 2、3 两点的直线即为 a 的垂直线。

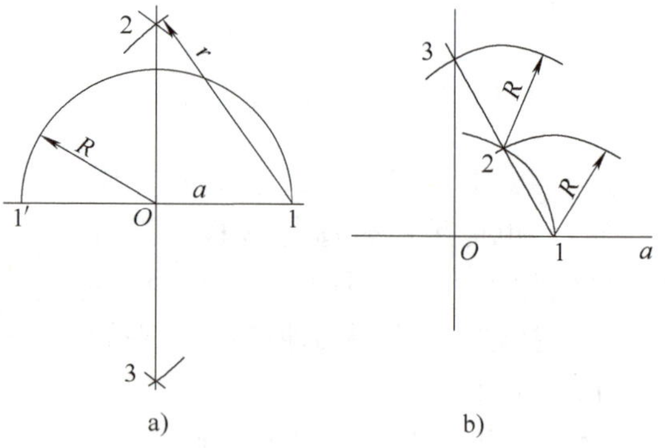

图 1-144　垂直线的画法

a）中垂线法　b）三规求方法

也可对照图 1-144b 所示的步骤，以直线 a 上任意一点 O 为圆心，任意长 R 为半径画弧并交 a 于 1 点；再以 1 为圆心，R 为半径画弧并交前弧于 2 点，再以 2 点为圆心，R 为半径画弧交过 1、2 点的直线于 3 点；最后连接 O、3 两点为直线，则该直线即为 a 线垂直线。

（2）平行线的画法　平行线的画法如图 1-145 所示。

画两条距离为 L 的平行线，可对照图 1-145a 所示的步骤，在已知直线上任意取 1、2 两点并分别以该两点为圆心，以 L 为半径画弧；作外弧上的两公切线 3—4，则 3—4 连线与 1—2 平行且距离为 L。

也可对照图 1-145b 所示的步骤，在已知直线上取两点 1 和 2；然后过 1、2 分别作已知直线的垂直线，在同侧垂直线上取等于 L 的 1—4 和 2—3；连接 3、4 则直线 3—4 平行于直线 1—2 且距离为 L。

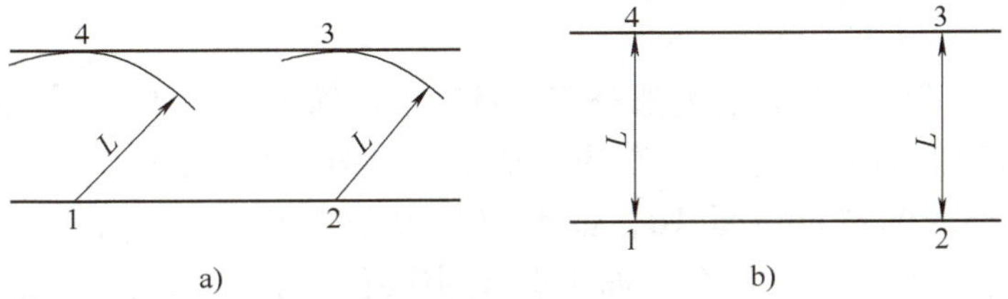

图 1-145 画平行线

a）切线法 b）距离法

（3）直线段的等分画法 直线段的等分画法如图 1-146 所示。

按图 1-146 中所示的步骤（以 5 等分为例），已知一直线 A—B；过 A 作一射线并从 A 点起依次截取等长线段 A—1、1—2、2—3、3—4、4—5；连接 5、B 并过 1、2、3、4 各点作 5—B 线的平行线与 A—B 线交于 1′、2′、3′、4′各点；1′、2′、3′、4′各点即将已知的直线 A—B 等分成了 5 等份。

（4）角平分线的画法 角平分线的画法如图 1-147 所示。

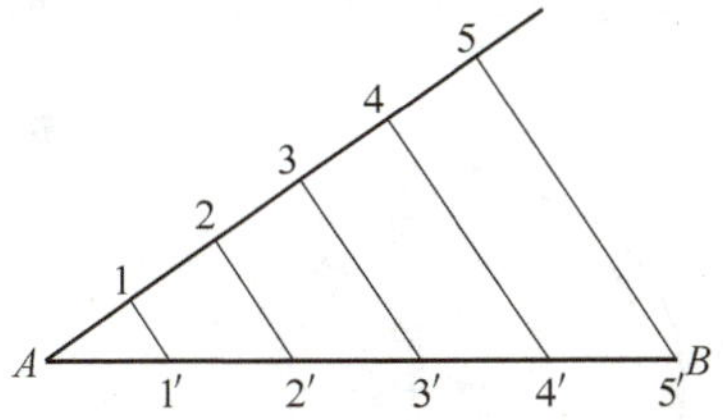

图 1-146 直线段的等分画法

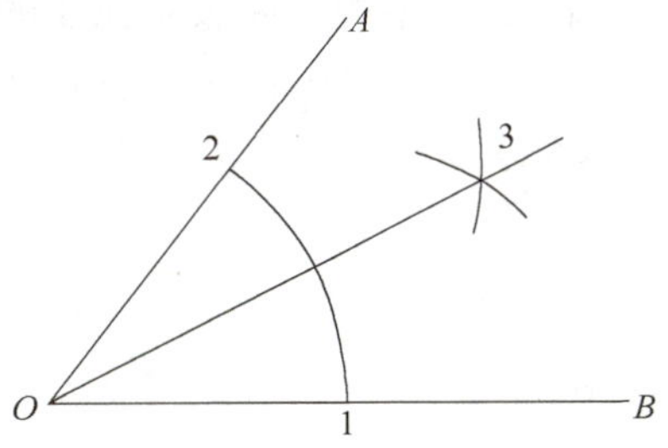

图 1-147 角平分线的画法

作已知∠AOB 的角平分线，可按图 1-147 中所示的步骤，以 O 为圆心和任意长为半径画弧，与 O—A 边交于 2，与 O—B 边交于 1；再分别以 1 和 2 为圆心，任意长为半径分别画弧，两弧交点为 3；最后过 O、3 两点作直线，则该直线 O—3 就是上∠AOB 的角平分线。

（5）等分圆弧的画法 等分圆弧的画法如图 1-148 所示。

画圆弧的 2、4、8、16、…、2^n（n 为正整数）等分可用平分弦法；而其他数目的等分可用渐近法。

1）平分弦法。按图 1-148a 所示的步骤（以 4 等分 AB 为例），作 A—B 弦的中垂线交于 1 点，1 点将弧 AB 2 等分；分别作 A—1、B—1 弦的中垂线交于 2、3 点，则 2、1、3 将 AB 弧 4 等分。

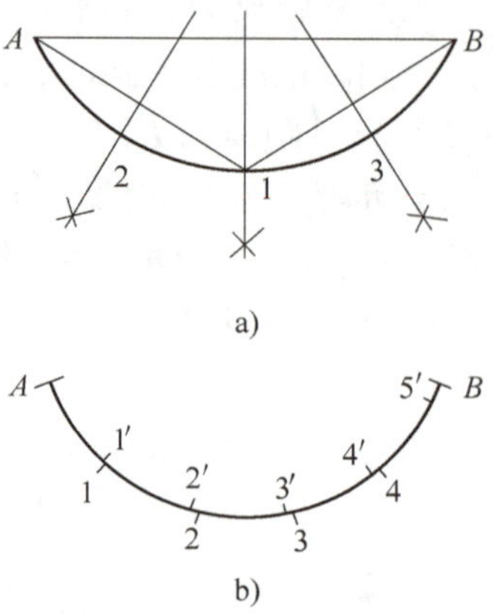

图 1-148　等分圆弧

a）平分弦法　b）渐近法

若要 8 等分弧 AB，则只要再作 A—2、2—1、1—3、3—B 的中垂线，找出各中垂线与弧的交点即可。16、32…等分，亦可比照此法作出。

2）渐近法。按图 1-148b 所示的步骤（以 5 等分 AB 为例），从弧的 A 端开始依次用约为 1/5 弧长的圆规量取 5 次，得各分点 1′、2′、3′、4′、5′。如果 5′点与 B 点不重合（本例 5′在弧 4′B 之间），说明圆规两脚的间距需要调整（依本例情况应加大）。

加大圆规两脚的间距，使其加大部分等于目测出的弧 5′B 的 1/5（如果 5′划到 B 点外边去了，则应相应缩小圆规脚的间距）；用重新调整的圆规重量弧 AB，如 5′点与 B 点重合，则各分点 1、2、3、4 将弧 AB 5 等分；如不重合则应继续调整圆规脚距。

（6）椭圆的近似画法　椭圆的近似画法如图 1-149 所示。

椭圆的近似画法，可按图 1-149 中所示的步骤，已知椭圆的 a 为长轴，b 为短轴，垂直并相交于 O 点；随后以 O 为圆心，$\frac{a}{2}$为半径画弧并与短轴相交于 5 点；连接 1—3 并以 3 为圆心、3—5 为半径画弧，与 1—3 交于 6 点；作 1—6 的垂直平分线与长轴交于 7 点、与短轴交于 8 点；在长轴上取 O—9 等于 O—7，在短轴上取 O—10 等于 O—8。最后分别以 8、10 为圆心，8—3 为半径画弧；以 7、9 为圆心 1—7 为半径画弧。四段圆弧围成的图形，就是一个近似的椭圆。

（7）圆内接正多边形弦长和弧长的计算　圆内接正多边形弦长和弧长的计算如图1-150 所示。可以分别用作图法和计算法求出。前者作图步骤多、误差大，后者则简单、精确。这里推荐计算法求弦长，公式为

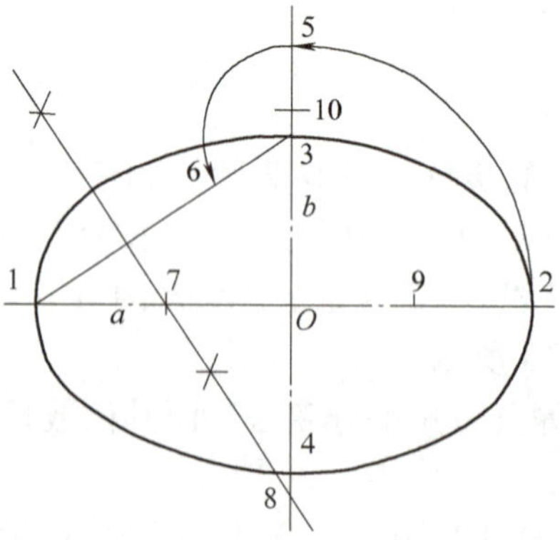

图 1-149　椭圆的近似画法

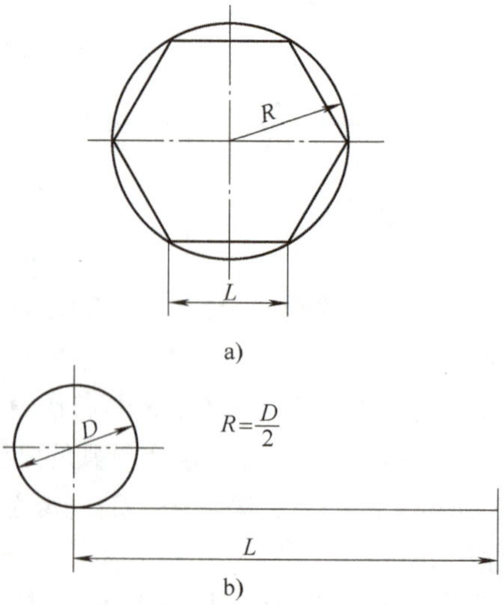

图 1-150　正多边形的弦长与弧长

a）弦长　b）弧长

$$L=2R\sin(180°/n)$$

式中　L——多边形弦长；

R——圆的半径；

n——正多边形的边数。

圆弧的展开长度（图1-150b）也可以用下式求出：

$$L=(\alpha\pi R)/180°$$

式中　L——伸直后的弧长；

α——弧的度数（即圆心角）；

π——圆周率；

R——圆弧半径。

2. 錾切

錾切作业使用的主要工具是锤子、錾子和台虎钳等，可以进行铲平、剔槽和切断等项加工。

进行錾切加工时有两种握锤方法，即紧握法和松握法。但无论是那一种握锤方式，锤柄的末端都要空出15~30mm的长度，如图1-151所示（再结合图1-77）。

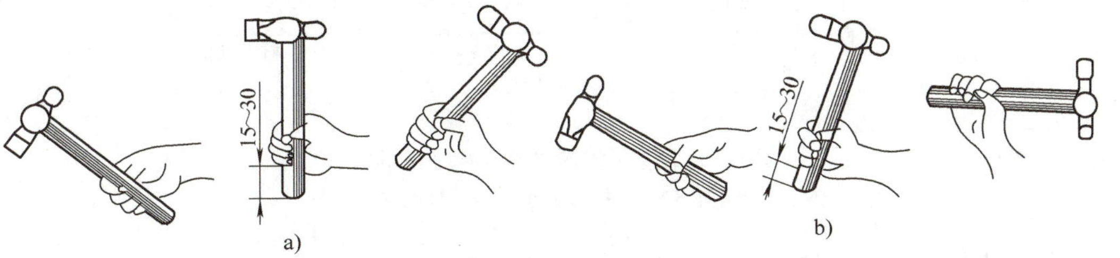

图1-151　握锤方法示意图

a）紧握法　b）松握法

挥锤也分为腕挥、肘挥和臂挥3种形式，如图1-152（再结合图1-78）所示。

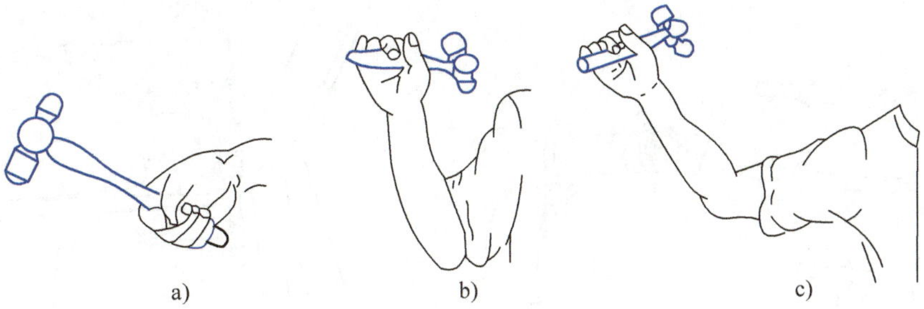

图1-152　挥锤方法示意图

a）腕挥　b）肘挥　c）臂挥

腕挥锤击时只运动手腕，故敲击力度比较小，多用于錾切的初始、收尾及剔油槽、修模具等场合；肘挥则手腕和肘腕一起动作，锤击的力度较前者增大，适合于割断性錾切和铲平等场合；臂挥则手腕与臂肘一起动作，锤击的力度最大，但在錾切作业中应用的机会不多。

錾子的握法及其与工件的夹角、位置、方向等，对錾切的质量及锤击力度都有影响，如图1-153所示。一般，在铁砧上切断金属时采用垂直形式的立握法；剔油槽或作较精确的修整时，采用反握法并与工件成15°左右的夹角；多数场合下采用正握法，通常与工件成25°~40°的夹角（图1-152a）。夹角过大，会使錾子越切越深，甚至还会损坏韧口；反之夹角过小，则由于錾切方向趋于水平方向，不仅錾切效率低，而且錾子容易从工件表面滑出（图1-152b）。

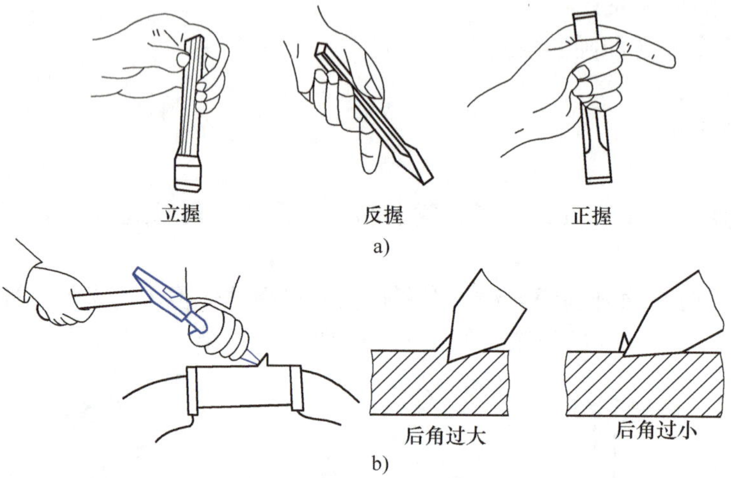

图1-153　錾子的握法及其与工件的夹角

a）錾子的握法　b）錾子与工件的夹角

操作时应注视錾子的锋口方向，而不要只顾注视錾子被锤击那部分。錾切量较大时，应适当将加工量分为几次，不要因急于求成而使切削量过大。錾切软金属时，可用油或肥皂水涂于錾子的锋口上，这样可以使切削后的表面较为光滑。

此外，风錾作为一种新型车身维修工具，开始在汽车维修行业流行，如图1-154所示。

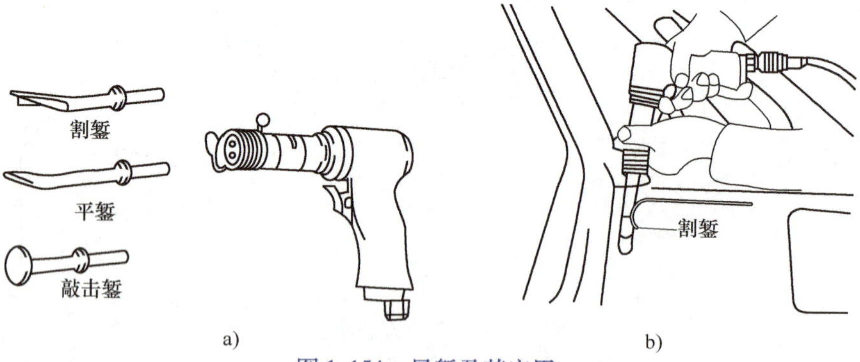

图1-154　风錾及其应用

a）风錾　b）应用实例

风錾以压缩空气作为冲击动力，可产生1800次/min的击打频率，自身质量仅为1~2kg。装配不同的錾头，可以实现錾割、铲平和敲击等多项功能。风錾的特点是，体积小、质量轻、效率高、切割性能好；在不受限制的情况下，可进行直线、曲线和型线的切割；与锯割或砂轮切割相比，无粉尘危害。缺点是振动和噪声相对较大。

3. 切割

车身维修钳工的切割作业除了锯割之外还广泛使用砂轮切割，用于拆解、割断车身构件。

锯割时应先用划针划出切割标线，再用三角锉于工件表面挂出起锯点。用手锯前要检查锯条的拉紧程度和锯齿向，一般以调节到锯割过程中不致弯曲为宜。使用风动锯，应检查锯条是否装配牢靠，锯齿是否朝前。

手锯的操作要领为：一手在前握住锯弓，一手在后握住锯柄；起锯时应略向工件的前或后边缘倾斜10°~15°，随后再转入正常姿势，以免折断锯条。推锯时身体上部应略向前倾，给手锯以适度的压力；拉锯则应将手锯稍微抬起，以免加速锯齿的磨损。锯割的往复速度以20~40次/min为宜，锯条的使用范围不应少于全长的2/3。锯条的运动有直线方式和摆动方式两种，一般要视工件的锯割宽度而定。但不论采取何种运锯方式，都要保证锯缝的正直并使锯条始终在锯缝正中间滑动。

风动锯运动速度高（120次/min），行程可达45mm以上，具有切割效率高、使用方便、质量好、操作方便以及构件损坏程度小等诸多优点。风动锯的锯条只有一端装配在锯身上，由于没有锯弓的干扰，锯条的另一端可以在锯割过程中任意移动。可见，风动锯更适合切割薄板类车身构件，而这些又是手据（活动范围受锯弓的影响）和气割（对金属及周围构件的热影响太大）所不及的。但是，如同其他风动工具一样，风动锯也存在风动噪声大的缺点。

用手提式砂轮机切割车身板类构件，具有切割能力强、质量好和切割快等优点，也是车身维修中比较流行的一种切割方法。

用砂轮割断焊缝拆解车身构件连接的操作方法参见图1-110。用砂轮割断焊缝适用于保护焊、电弧焊等连续焊缝的割断。对只拆解不更换的构件，应选好切割角度且仅割断焊缝，而不要损坏零件本身；对需要更换的车身构件，可以直接将其割断以便于拆解，但一定要注意不要将完好的构件割断。

用高速砂轮剥离焊点、拆解车身构件连接的操作方法参见图1-109。用高速砂轮剥离焊点比较适用于塞焊并且所换构件在上的焊点的磨断。去除焊点时应一次磨完，中途最好不要换位，否则重找焊点比较麻烦。按压砂轮的力不宜过大，可用火花飞溅量的多少来鉴别用力是否合适，火花越多说明压力大、磨削量也大。当见到定位焊轮廓时即应停止磨削，改用錾子将其分解。

使用砂轮切割或磨断时，会产生许多火花和金属切割粉尘，应采取相应的劳动防护措施。

4. 锉削

锉削所使用的主要工具是锉刀。按锉刀的断面形状，可以分为普通锉刀，如扁锉、方锉、圆锉和三角铁等；特种锉刀，如刀口锉、菱形锉、扁三角锉、椭圆锉、整形锉和柔性锉等两大类，如图1-155所示。

粗加工时应选用粗锉、半细锉；精加工时应选用细锉、最细锉和整形锉。加工软金属或非金属材料时，不宜使用细齿锉。所选锉刀的断面应与工件的锉削端面相符。

锉削平面的操作要领为：按照图1-88a所示的姿势持锉；向前推锉时应适当用力下压，

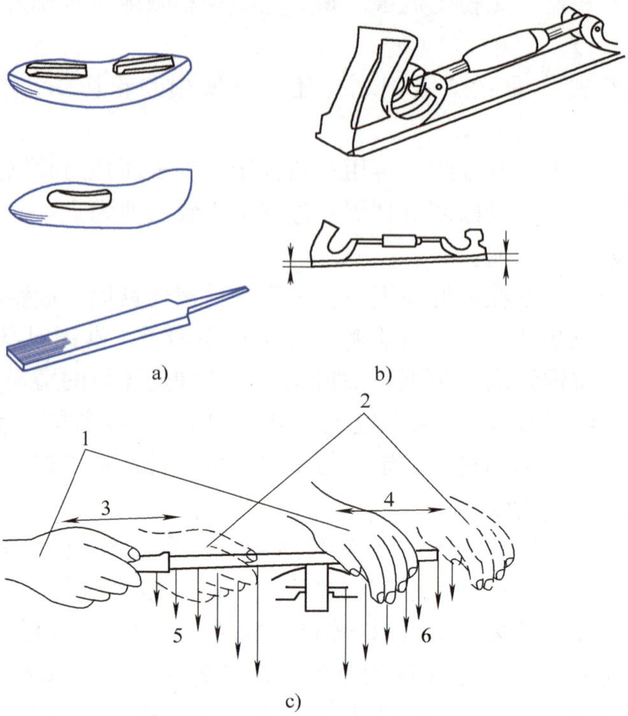

图 1-155　锉刀的类型与平锉的基本握持方法

a）车身维修用锉　b）柔性锉　c）平锉的握持方法及力的变化

1—起始　2—尽头　3—右手的运动　4—左手的运动　5—左手的力逐渐增加　6—右手的力逐渐减小

向后拉时放松并不得回拉锉削；运锉过程要平稳、不摆，运锉方向要更迭交叉，以免加工成的表面凹凸不平。

如果锉削的平面有形状与位置公差要求，除操作前应预先划定锉削基准外，锉削过程中还应不断用量具进行检查、测量。同时加工两个有位置度要求（如：相互垂直或平行）的平面，应根据先易后难的原则，选定一个便于加工和测量的平面作基准，锉削合格后再锉削另一平面，这样可以避免加工误差过大。

5. 钻削

车身维修中除个别情况使用钻床外，主要使用的是手提式电钻和风钻，所用的刃具以麻花钻头为主。车身维修中常用的钻头如图 1-156 所示。

钻削前应于中心点冲出不需钻削的定位孔。钻孔直径超过 12mm 时，还应先用小直径的钻头将定位孔钻出，然后再用合适的钻头切削。

钻削过程中刃具同时进行两种方式的动作：一是绕本身轴线旋转的连续切削运动，二是沿轴线向下运动的进给运动。钻削时会因其对金属的切削作用而使钻头发热，过热将使钻头失去应有的硬度。故钻削深孔或连续作业时，应使用肥皂水、矿物油和切削液等进行冷却。

用钻削法剥离焊点的应用如图 1-157 所示。

此外，还可以使用冲孔钳和电钻在车身构件打孔和车身构件的塞焊等场合，如图1-158所示。

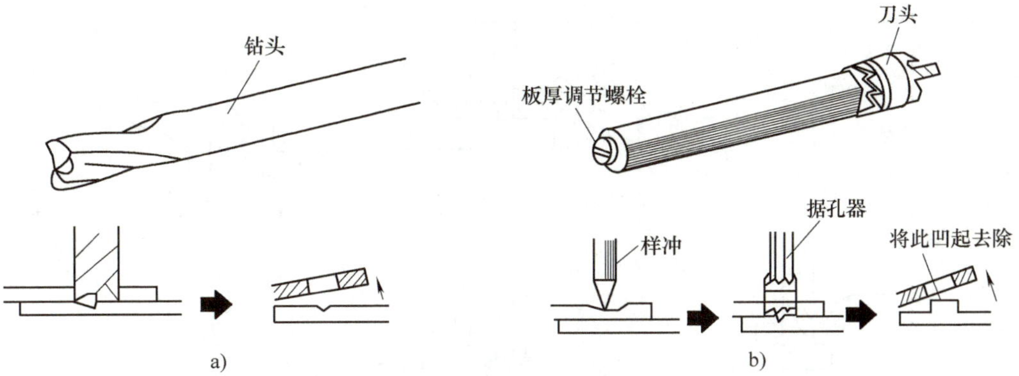

图 1-156　车身维修中常用的钻头

a）普通钻头　b）焊点切具

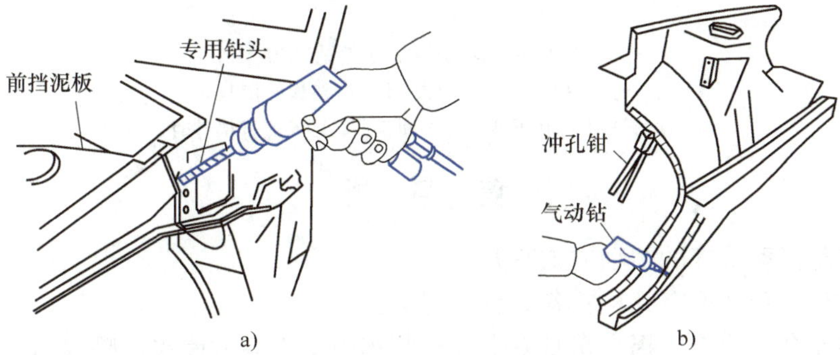

图 1-157　用钻削法剥离焊点的应用

a）用焊点切具剥离焊点　b）用普通钻头钻孔

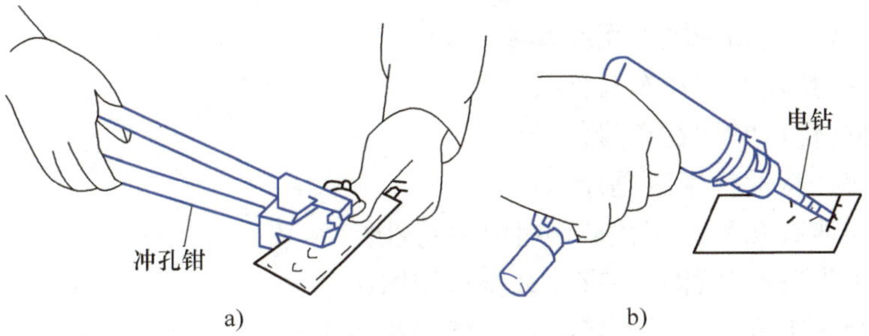

图 1-158　钻塞焊孔

a）用冲孔钳　b）用电钻

用钻削法剥离焊点的作业方法如图 1-159 所示。

图 1-159a 为所换板件夹在两构件中间，且不能由底面焊接的钻削方案；图 1-159b 为所换板件在上，不伤及底面板的钻削方案；图 1-159c 为所换板件在下或夹在中间，且又不必顾及底面构件的钻削方案。

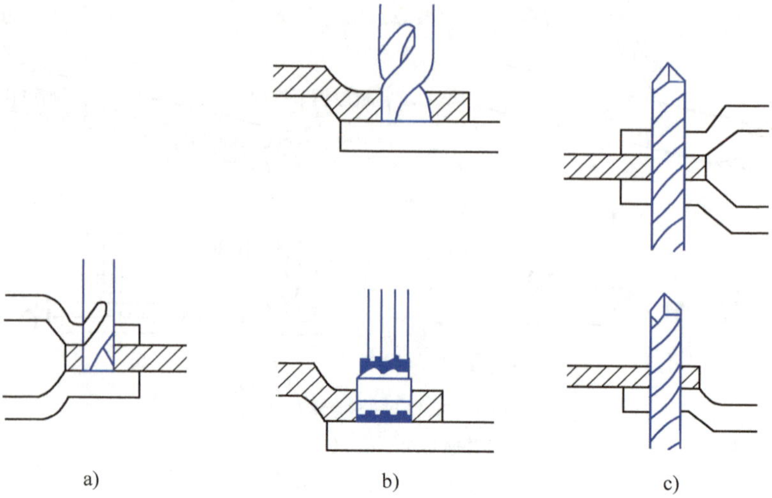

图 1-159 剥离焊点时的钻孔方案

a）所换板件夹在中央 b）所换板件在上

c）所换板件在下或夹在中间且不必顾及底部构件时

复 习 题

1. 发动机及传动系统的驱动方式有几种？
2. 现代轿车车身外形有几种？各有什么特点？
3. 车身在安全、节能、提高车身寿命和控制车内噪声各方面采取哪些措施？
4. 车身与整车造型有什么关系？
5. 车身结构与整车性能有什么关系？
6. 对车身有哪些要求？
7. 钢板有哪些特性和种类？用在车身何处？
8. 铝板有哪些特性？用在车身何处？
9. 塑料有哪些优点？用在车身何处？
10. 橡胶有哪些特性？用途是什么？
11. 汽车用玻璃有几种？钢化玻璃有哪些特性？
12. 车身矫正设备有几种？各有什么特点和用途？
13. 车身钣金手工具有哪些？各有什么特点和用途？
14. 焊接有哪三大类？各有什么用途？
15. 车身钣金作业有哪些操作项目？基本操作如何？

单元2　车身本体构造

应知应会

1. 熟知车身下部结构。
2. 熟知左、右侧围板焊接总成。
3. 熟知前、后围板焊接总成和顶盖及前后梁的组成。
4. 掌握车身前板制件的组成。
5. 掌握行李箱盖、后舱背门和保险杠的组成。
6. 掌握顶盖的分类及构造。

课题1　车身壳体

2.1.1　车身结构分类

现代轿车车身分为非承载式车身和承载式车身两类。

非承载式车身是一种具有独立车架的车身，如图2-1所示。非承载式车身的车架是车辆

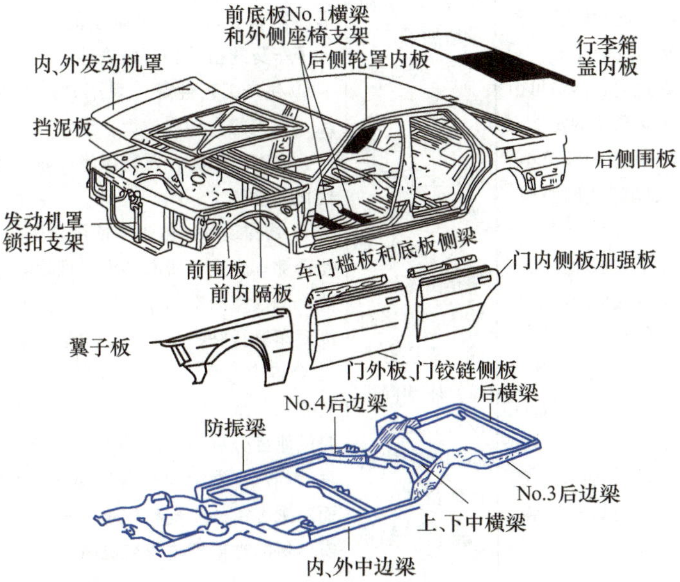

图2-1　非承载式车身

承载、驱动和传动等装置安装的总骨架，而车身则是安装在车架上用于载人或装货的各种箱形构件与覆盖件的总称。它是一种车身与车架分离式结构。

承载式车身是一种将车架与车身合二为一的整体箱形结构，如图2-2所示。承载式车身由于没有独立的车架，使整个车身（由底板、骨架、内外蒙皮和车顶等组焊制成的整体刚性框架）全都参与承载，所以叫做承载式车身。

图2-2　承载式车身整体结构示意图

非承载式车身与承载式车身的优、缺点的比较详见表2-1。

表2-1　非承载式车身与承载式车身比较

非承载式车身		承载式车身	
优　点	缺　点	优　点	缺　点
① **减振性能好**　动力系统的振动和从路面上传来的冲击先传给车架，然后才传给车身，车架和车身之间设置的橡胶悬置能吸收大部分振动和车架的扭转变形 ② **安全性好**　在汽车碰撞时，能量可由车架吸收，从而可确保车室内乘员的安全 ③ **视野开阔**　由于车身承受的载荷小，因此可以细化支柱，加大风窗玻璃面积，改善视野 ④ **对车身底板的保护作用**　在坏路面上行驶时，车架可起到保护车身底板的作用 ⑤ **工艺简单**　车架与车身分开制造，发动机和底盘各总成可以先安装在车架上，然后再与车身组装在一起，整车装配有良好的工艺性 ⑥ **易于改装**　由于以车架作为车身的基础，便于按使用要求对车身进行改装、改型和改造 ⑦ **维修方便**	① 整车质量增加了 ② 整车高度增加了 ③ 门槛增高，上下车方便性受影响 ④ 因为车架是由厚钢板冲压、焊接而成，需要有大型压床和焊接设备。需要较高的生产技术保证精度 ⑤ 成本较高	① **质量轻**　车身由薄钢板整体冲压成形，能减小原来车架质量的40%，并增大了车身的扭转和弯曲刚性 ② **生产工艺性好**　采用薄钢板成形冲压，多工位自动定位焊，组焊后整体变形小，生产效率高，质量保障性好，适合现代化大生产 ③ **结构紧凑**　由于不使用独立的车架，使得整车高度、质心高度、承载面高度都能降低，室内空间相应增大，其中质心高度对车辆行驶稳定性的影响起决定性作用 ④ **安全性好**　由于是整体承载式框架，具有均匀承受载荷并加以扩散的能力，车身的刚度分级使之对冲击能量吸收性好，尽管当汽车发生撞车事故局部变形较大，而对乘客室的影响却相对小得多，使轿车安全保障性得到改善与提高	① 悬架及动力系统的振动与噪声容易直接传到乘客室 ② 撞车后的维修比较困难 ③ 下部车身骨架均系薄钢板组焊，受地面的影响容易腐蚀，使强度下降

非承载式车身常用在一些大型的高级轿车上。目前，由于生产技术的高度发展，在隔音、防振、轻量化和安全性等方面的技术发展较快，使承载式车身已成为现代轿车车身结构的主流，尤其对于发动机前置前轮驱动（FF）方式和后置后轮驱动（RR）方式的布置形式，均采用了承载式车身。

1. 非承载式车身车架的结构形式

（1）框架形车架　框架形车架的结构如图 2-3 所示。

框架形车架的纵梁通过乘客室底板的周围，车架前部设置安装前悬架和发动机的悬架横梁，后部是安装后轮的后车架横梁。车架在靠前轮的后方呈曲拐形态，当车辆正面撞车时起到吸收冲击能量的扭箱的功能；车架后侧的横梁在后轮附近，呈弧形拱起，当追尾撞车时，有利于尾部变形并吸收冲击能量。由于存在着易于变形的薄弱环节，因此在车架中部的重要部位应加焊一些横梁，以提高车身的刚度。

框架形车架的优点在于：可降低车身底板的高度，使质心降低并降低整车高度，增加室内空间的高度。

（2）梯形车架　梯形车架的结构如图 2-4 所示。

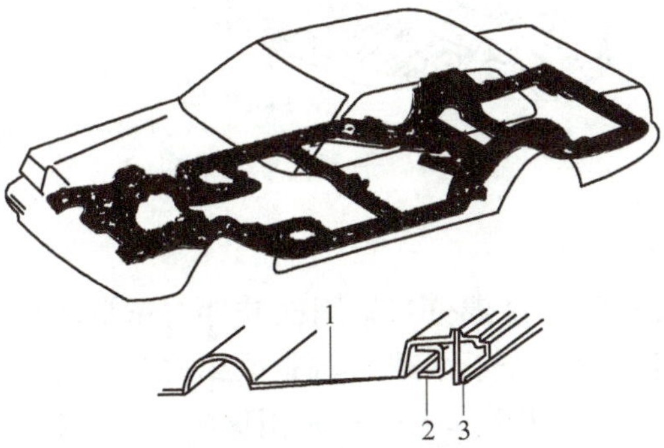

图 2-3　框架形车架的结构

1—底板　2—车架纵梁　3—门槛

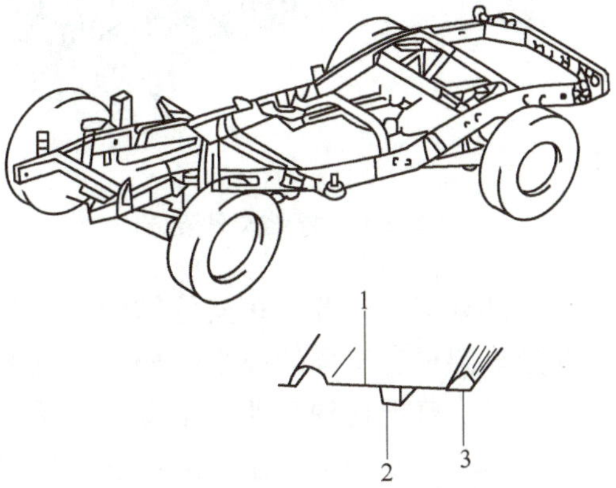

图 2-4　梯形车架的结构

1—底板　2—车架纵梁　3—外门槛

梯形车架以贯穿汽车前后的两根纵梁为主，纵梁之间用若干横梁组焊在一起，其形状如同常见的楼梯。为了在它上面安装车身，纵梁从车身底板下通过，这样便抬高了车身底板。

梯形车架的结构简单，制造成本低，整个车身离地间隙高，在现代轿车上几乎见不到了，但这种车架形式在四轮驱动的越野车上，在大型客、货车上仍有应用。

（3）X 形车架　X 形车架的结构如图 2-5 所示。

X 形车架实际上是梯形车架的一种变形，但 X 形车架的纵梁中部向前后弯曲，使整个车架呈“X”形状。X 形车架扭转刚性高，允许车轮有较大的跳动空间，便于装配独立悬架，所

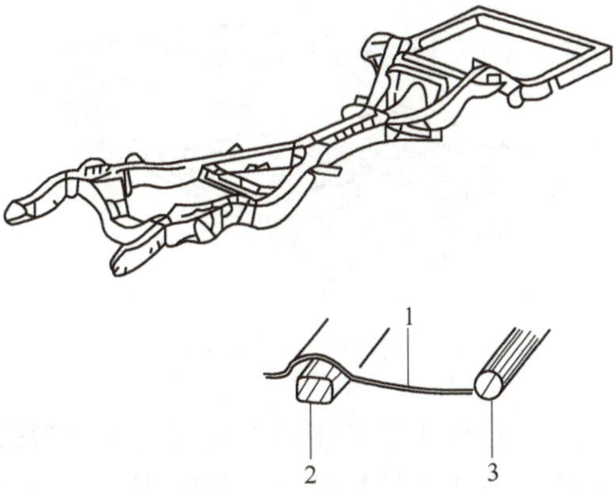

图 2-5　X 形车架的结构

1—底板　2—车架纵梁　3—外门槛

以某些高越野性能的车采用了此种车架，在小轿车上应用很少。

（4）脊梁式车架　脊梁式车架的结构如图 2-6 所示。

脊梁式车架采用一根粗大的封闭式断面（圆形或矩形）梁作纵梁（脊梁），横梁和其他辅助框架都以纵梁为中心分布在脊梁的两侧或两端，这种车架没有边梁，因此车身底板和地板上的门槛都可以做得较低，有利于降低整车高度，车架的抗扭强度也较高，但生产工艺性差。

（5）平台式车架　平台式车架的结构如图 2-7 所示。

平台式车架是把底板从车身中分离出来与车架焊接成为一个整体。这时的车身是用螺栓与车架联接。

这种车架底面平坦，有利于减小空气阻力。中间通过传动轴的孔道与车架制成一体，有利于提高车架抗扭及抗弯强度。平台式车架是一种轿车专用车架。

图 2-6　脊梁式车架结构

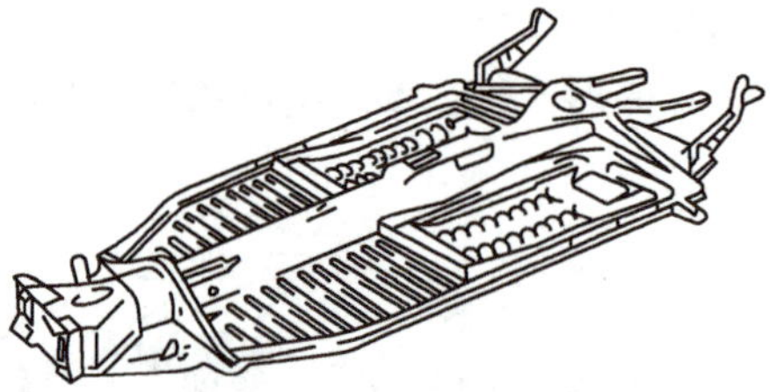

图 2-7　平台式车架结构

（6）部分车架　部分车架的结构如图 2-8 所示。

部分车架只有车架的前半部分，在其上安装发动机，这部分车架用橡胶件与车身联接在一起，所以也有把这种车架的车身叫半承载式车身。它是介于承载式与非承载式车身之间的一种过渡形式，一些中级车多采用这一形式，在 FF 车或 RR 车上也有采用这种车架结构的。

（7）空间桁架式车架　空间桁架式车架的结构如图 2-9 所示。

空间桁架式车架由若干钢管组焊成立体框架，在框架外面固定外板，整个车架质量轻、刚度大。由于车身不承受载荷，只起外壳的作用。

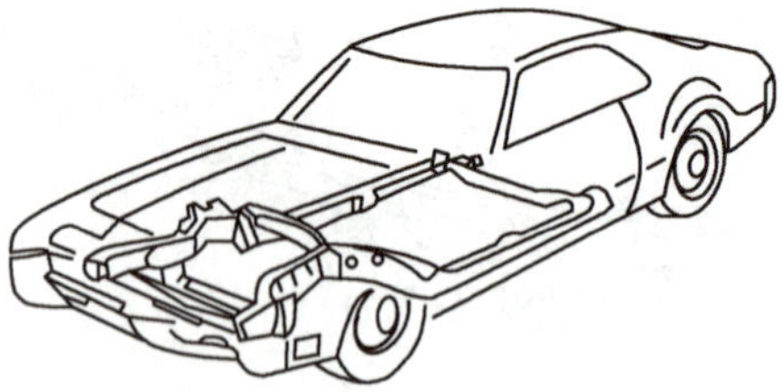

图 2-8　部分式车架的结构

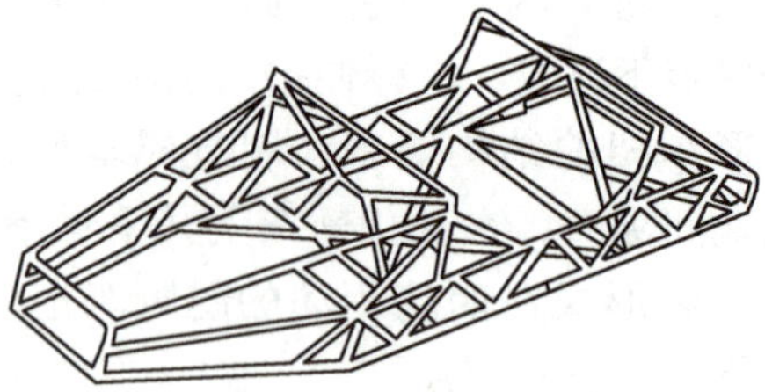

图 2-9　空间桁架式车架的结构

空间桁架式车架还可以同增强塑料等轻量车身材料组合在一起，但这种车架形式生产工艺复杂，不适合批量生产，只能用于运动型赛车或试制车上。

2. 承载式车身结构

承载式车身是由厚度为 1 ~2mm 的高强钢板冲压成曲面构件，将其搭接部分进行定位焊组装而成的箱形结构。随着工业机器人及焊接自动化的大量应用，各种造型美观、承载后应力分布合理、可以大批量生产、价廉质优的承载式车身已成为现代轿车车身的主流。

轿车承载式车身一般由车身壳体（包括车身的外部覆盖件和车身结构件）、车身内外饰件和车身附件三大部分组成。

（1）车身壳体　车身壳体是整体的基础，其中车身的外覆盖件是指从轿车外部可以看到的部分；而车身结构件是指支撑覆盖件和车身内外饰件的全部结构零件。它与顶盖、地板等连在一起构成车身的骨架。

捷达轿车的车身壳体如图 2-10 所示。

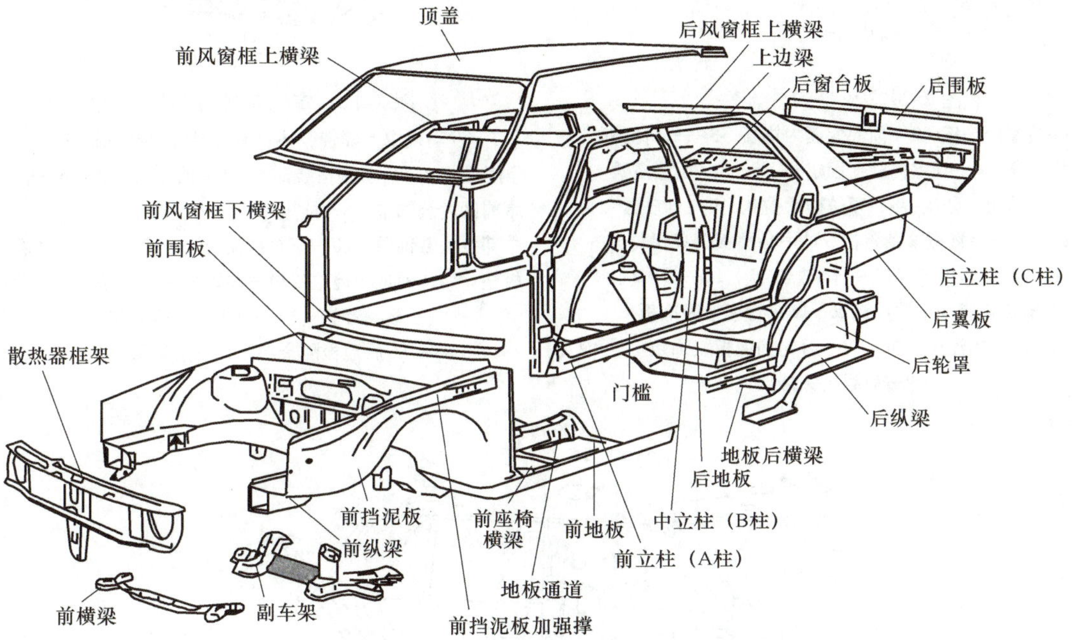

图 2-10　捷达轿车的车身壳体

（2）车身内外装饰件　车身内外装饰件是既实用又具装饰作用的零件。内饰件中最重要的部分是显示汽车使用中各种数据的仪表板，此外还有顶棚、地毯以及车内各种护板。外饰件有外部装饰条、商标等。

车身内外饰件如图 2-11 所示。

车内覆盖件与消声垫如图 2-12 所示。

（3）车身附件　车身附件包括各种锁机构、玻璃升降器、座椅、安全带、内外后视镜、刮水器、遮阳板以及车用空调系统等附属设备。车身附件是车身中具有独立功能的部件，如图 2-13 所示。

2.1.2　车身下部构造

车身下部是承受载荷的主要部件，并且工作环境较其他部位恶劣。因此对其结构有一定的特殊要求，即要有足够的强度、刚度以及较轻的自重；要符合各项标准、法规的要求；具有良好的工艺性，便于自动化生产、便于生产管理，且生产成本低；要有良好的防腐、防振、隔热、隔音性能；良好的安全性和空气动力性能；应考虑整车驱动形式的影响，零部件的通用化，同时要为其他零部件提供可靠的固定基础。

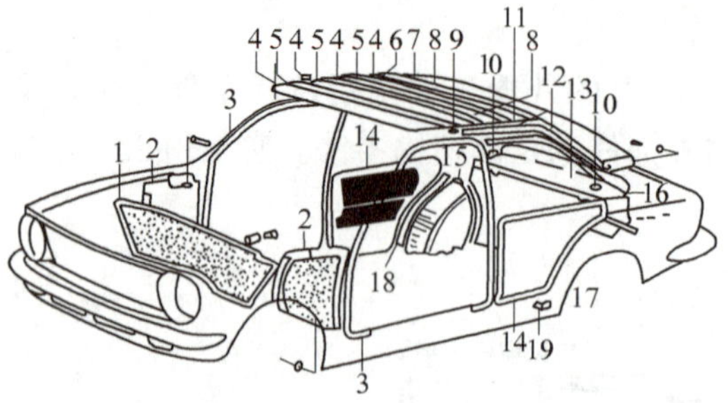

图 2-11　车身内外饰件

1—前围内饰板　2—前围侧面内饰板　3—车门门框密封条　4—顶盖内蒙皮固定架　5、6—顶盖横梁　7—顶盖内蒙皮　8—顶盖横梁拉钩　9—自攻螺钉　10—后翼板镶条盖板　11—后翼板镶条保持架　12—后翼板镶条　13—行李架支座　14—后翼内饰板　15—车轮挡泥罩　16—行李架装饰板　17—挡泥板外罩　18—后轮挡泥板装饰条　19—后翼板保持架

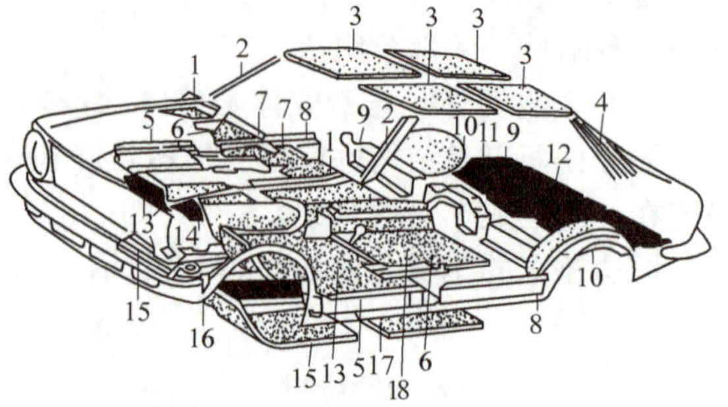

图 2-12　车内覆盖件与消声垫

1、7—发动机罩盖隔音胶垫　2—前柱内装饰板　3—车顶消声垫　4—后窗侧柱装饰垫　5—前围内饰板　6—前坐席前区内装饰垫　8—前坐席后区内装饰垫　9、11—地板中部接头装饰盖　10—车轮挡泥板隔音垫　12—行李箱地板垫　13—前地板地垫　14—前地板中部地垫　15—前地板隔音垫　16—地板中区隔音垫　17—后地板隔音垫　18—后地板地垫

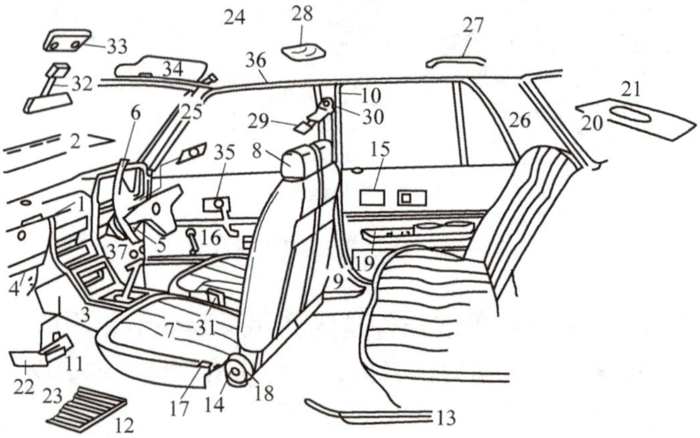

图 2-13　车身附件

1—仪表板　2—前围上部装饰板　3—副仪表板（通道护罩）　4—杂物箱　5—转向柱盖板　6—转向盘　7—坐垫蒙皮　8—头枕包布　9—中柱内饰板　10—窗框装饰条　11—地毯　12—脚垫　13—缓冲条　14—坐垫侧面装饰条　15—车门烟灰盒　16—车门窗玻璃升降器手柄　17—驾驶人座椅调节旋钮　18—驾驶人座椅调节轨道　19—电动窗玻璃升降器开关　20—行李架面板　21—扬声器的孔　22—收音机外罩　23—地垫　24—车顶蒙皮　25—前柱装饰板　26—车顶内蒙皮　27—助力拉手　28—顶灯　29—安全带　30—安全带上部固定点　31—安全带内侧固定点　32—内视镜　33—车室前顶灯　34—遮阳板　35—车门内手柄　36—车室顶盖侧缝装饰条　37—副仪表板侧装饰条

车身下部结构包括 5 个部分：

车身下部焊接总成——
- 左右前轮罩、前纵梁焊接总成
- 中后地板焊接总成
- 前地板焊接总成
- 后挡板焊接总成
- 水槽焊接总成

各部分结构及其相互关系如图 2-14 所示。

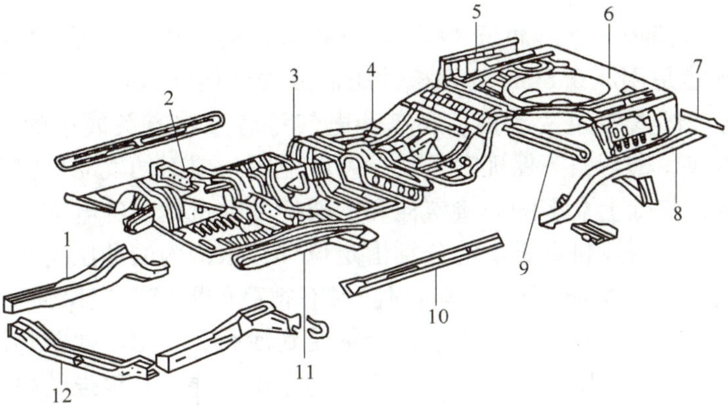

图 2-14　车身底板结构

1—前侧梁　2—前地板　3—中地板（前）　4—中地板（后）　5—后侧板　6—后地板　7、9—后地板横梁　8—后侧梁　10—侧梁护板　11—中段侧梁　12—前横梁

（1）左、右前轮罩，前纵梁焊接总成　该焊接总成主要包括：左、右前轮罩焊接总成；左、右前纵梁焊接总成；左、右前悬架固定座；左、右加强板焊接总成。

该焊接总成是车身前部的重要部件，是发动机、前悬架及底盘各零部件的固定承载件。它是由 0.8 ~2.0mm 的钢板冲压焊接而成。各零部件组成封闭式纵梁、完整的满足轮胎运动关系的前轮罩、牢固的前悬架固定座。

（2）中后地板焊接总成　中后地板焊接总成主要包括左后地板焊接总成；右后地板焊接总成；前座椅横梁焊接总成；后座椅横梁焊接总成；中地板前、后段焊接总成；左、右后纵梁、后轮罩焊接总成。

地板总成是车身结构的一个重要组成部分，是整个车身的基础。它直接承受乘客、货物的载荷，并对安全性、舒适性等有很大的影响。承载式车身结构的地板总成还是主要的承载构件，除要承受行驶中的各种静、动载荷外，还要作为其他总成、零部件的定位基础。中地板是整车中最大的冲压件，厚度为 0.8mm，长约 2700mm，宽约 1500mm，最大拉延深度为 300mm。其结构形状不规则，有较多的凸凹及加强肋，用以满足刚度和定位零件的要求。在前、中、后有 6 个高精度工艺定位孔，在焊装流水线上使用。在地板、门槛等部位设有排漆孔，使水和油漆能自动排净。德国生产中地板是采用整体冲压，这样可以减少零件的冲压和焊接工作量，减轻汽车自重，降低生产成本。中地板分为前、后两段，分别冲压后焊接在一起。中地板与门槛外板组成封闭的门槛，同时也与中间通道共同作为地板纵梁，并对侧面冲撞有防护作用。前、后座椅横梁既用来固定前、后座椅，又作为地板横梁起加强作用。左后地板和右后地板的厚度分别为0.7mm、0.9mm。后纵梁、后轮罩焊接总成是车体后部的重要承载构件，用于固定后悬架等零部件。

（3）前地板焊接总成 前地板焊接总成由前地板、脚制动固定架及一些焊接螺栓、T形销组成。前地板焊接总成与水槽焊接总成共同组成前围。前地板的主要作用是沟通发动机舱与乘客舱的联系，为各种控制操纵机构提供固定和通行的手段。同时它还必须有良好的密封性，具有隔热、隔音的作用。前地板的结构为整体非对称而局部对称。为满足各种功能要求，其结构形状不规则，精度要求较高。它由厚0.8mm的钢板冲压而成，其生产工艺复杂。

（4）后挡板 后挡板为整体冲压“L”形薄板体，将乘员空间与行李箱分隔开。

（5）水槽 水槽是用厚0.8mm的钢板冲压而成的凹槽形构件。它并不是用来盛水，而是为暖风机、蓄电池的安装及发动机、底盘和电气等各系统有关线束的敷设而设计的大支架。水槽通过橡胶塞、密封条等保证暖风机、蓄电池等与前部的发动机完全隔离，使其正常工作不受任何影响，前壁上众多的焊接螺栓和支架使发动机舱内的电缆线、管路和有关附件易于安装，条理清晰。暖风机和蓄电池分别由定位焊在水槽内的冲压支架固定。

（6）车身下部防护 奥迪100C3车身对防腐有很高的要求，应保证10年不锈穿。为此采取了很多措施。在汽车行驶中，车身下部经常受到沙石、积水、盐粒和污物的侵袭，其防护层应能起到防腐、防振、防石击、隔音和隔热的作用，并具有很强的耐久性。车身下部的防护措施主要包括：

1）采用双面镀锌钢板，以提高抗腐蚀能力。内部件，如中地板，采用热镀锌板；覆盖件，如门槛外板，采用电镀锌板。

2）采用阴极电泳底漆，具有很好的附着力，有较强的防护性能。

3）地板下表面涂布PVC车底涂料，厚约1.0mm。它与焊缝密封胶通用，具有防振、隔音、隔热、耐腐蚀和抗磨损性能；可防止焊缝渗漏水、气，起密封等作用。

4）在门槛等空腔内部喷涂蜡，利用蜡膜进行防腐，以消除死角。

5）车底喷涂蜡，以进一步提高防石击的能力。

2.1.3 左、右侧围焊接总成

如图2-15所示，侧车身主要由前柱内板、后柱内板、后覆轮盖（后角板）、后轮室外板、后轮室内板、补强板、下护板、前柱外板、中柱和车顶侧内衬板等构件组成。车顶侧内衬板、中柱和下护板等构件，都是采用高强度薄钢板冲压成的抗弯曲能力较高的箱形封闭断面结构。侧车身将前部车身、车顶板及车地板等构件，均以焊接方式形成一个牢固的乘员室。

（1）前支柱 前支柱由上段的前风窗支柱和下段的前围支柱焊接而成。前风窗支柱既是侧围的重要零件，又参与构成前风窗框。前围支柱断面尺寸较大，它主要的功能是承担前门负荷。

（2）中支柱 中支柱主要起车门立柱的作用，同时增加侧围的刚度，承受侧面撞击。其形式为内板凹入形成闭合断面空间弯曲梁。凹入形的内板有利于前座椅安全带的布置。

（3）后侧围内板 后支柱、后风窗支柱、连接板、加强板、后轮罩外板及安全带固定板等共同组成后侧围内板焊接分总成。

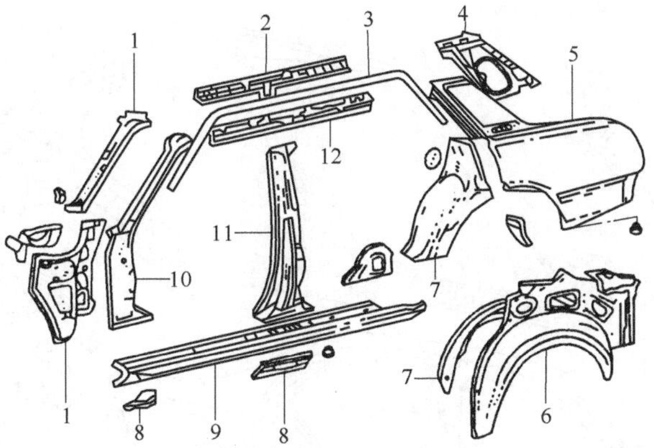

图 2-15　侧车身结构

1—前柱内板　2—车顶侧内衬板　3—滴水条　4—后柱内板　5—后覆轮盖（后角板）　6—后轮室外板　7—后轮室内板　8—补强板　9—下护板　10—前柱外板　11—中柱　12—车顶侧内板

(4) 后翼子板　后翼子板又称为后侧围外板。后翼子板与侧围一体化是现代车身结构的一个突出特点。后翼子板包住轮胎，以防止流水飞溅，并要满足外观要求。

(5) 顶盖侧梁　顶盖侧梁的形状极为复杂，它既要承受纵向载荷，又要与前、中、后三个支柱及内饰拉手连接。从安全性出发，顶盖侧梁在前支柱至中支柱之间加设侧梁加强板，使之与侧梁组成闭合断面，以提高结构强度和抗弯、抗扭刚度。侧梁的下侧翻边与顶盖的垂直翻边点焊连接，上侧翻边与顶盖内表面粘接连接，既保证了顶盖外表的表面质量，又起到了密封隔振的效果。

(6) 门槛外板　侧围下部的门槛属于地板焊接总成，为使焊接工艺简便，先与侧围各零件焊于一体，其内部与前支柱和后支柱连接处分别设有加强板，以提高接口刚度。此外，在下表面冲制有千斤顶支座固定孔，以方便厂内运输及维修调整。

1. 本田雅阁轿车侧围焊接总成

本田雅阁轿车侧围焊接总成由外侧围、前门柱加强件、前门柱衬里、风窗柱衬里、纵梁腹板前/后部、中门柱上/下加强件，中门柱衬里、门楣、门楣加强件、后侧围衬里总成、行李箱流水槽、尾灯支座以及车门铰链、门锁的固定/加强件等构成，如图 2-16 所示。

(1) 后侧围柱衬里总成　后侧围柱衬里总成由后侧围衬里、后轮罩、后悬架支座及加强件等构成，为了增加零件的刚性，后轮罩上设置了不少加强肋。

(2) 外侧围总成　外侧围采用0.75mm 厚的整块钢板冲压成形，尺寸精度高，便于控制车门与周边零件的间隙，减少车门装配时的调整。为了满足造型、装配和强度的要求，外侧围形状复杂，设有不少翻边和加强肋，具有较好的刚度和强度。

(3) 侧围总成　侧围总成下部与地板焊接，上部与车顶总成焊接，前部与前端骨架焊接，后部与包裹架、后围板焊接。侧围总成是后悬架弹簧和减振器总成的安装点、车门和车门限位器等的固定点，是车身的重要受力总成之一。侧围总成在抵御正面碰撞、侧面碰撞和汽车翻滚中起到很大的作用，必须具有良好的刚性和强度。

(4) 前、中门柱　在前门柱和中门柱下部，预先固定了乙烯发泡隔音片，经油漆烘炉加热后，隔音片膨胀、与周边的冲压件粘接，阻止车外噪声通过纵梁传入乘客舱，提高了隔音性能。

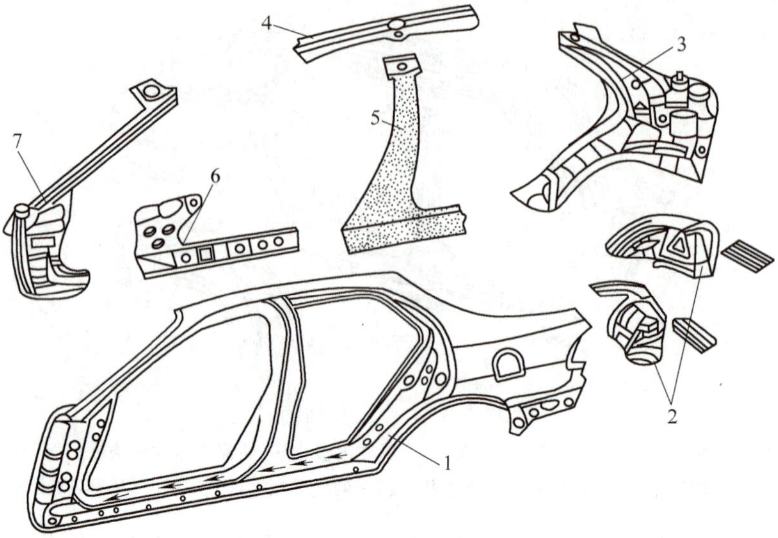

图 2-16 本田雅阁轿车侧围焊接总成

1—外侧围 2—后灯座 3—后侧围衬里总成 4—门楣分总成 5—中门柱衬里分总成 6—前门柱衬里/纵梁腹板 7—前门柱加强件

（5）包裹架总成 包裹架总成由包裹架、前/后加强件等组成，如图 2-17 所示。

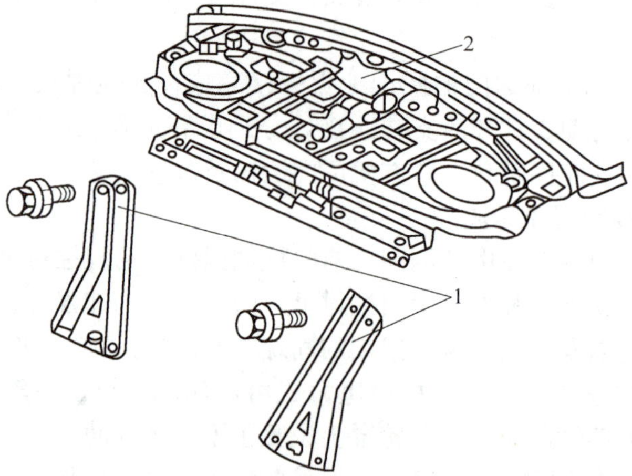

图 2-17 包裹架总成

1—后隔板角撑 2—包裹架

前、后加强件分别与包裹架焊接，形成封闭截面梁。包裹架总成后部是后风窗玻璃下部支撑和行李箱前部雨槽，包裹架总成两侧与侧围焊接。后隔板角撑固定在包裹架总成前部和后排座椅下横梁上，支承后排座椅靠背，形成驾驶室的后隔板，并增加车身的抗扭刚度。

2. 桑塔纳轿车侧围组成

桑塔纳轿车侧围组成如图 2-18 所示。

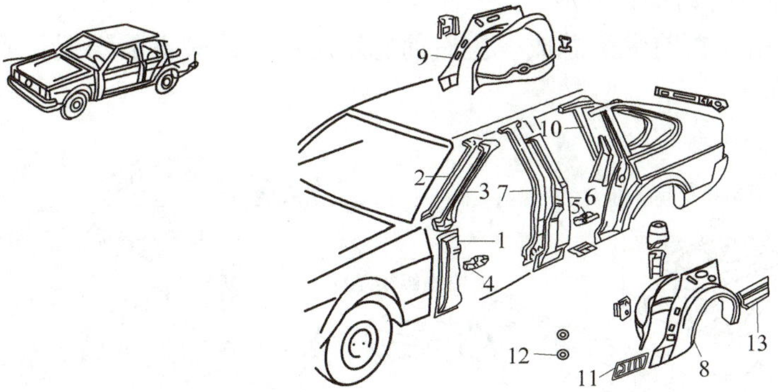

图 2-18　桑塔纳轿车侧围组成

1—前支柱外板总成　2—前柱上部内板　3—前柱上部外板　4、5—前、后车门限位器轴承支座　6—中柱外板总成　7—中柱内板　8、9—左、右后轮外挡泥板　10—后翼子板三角窗内板　11—门槛加强板　12—管线引穿护套　13—底板加强板

2.1.4　前围焊接总成

前车身主要由前翼子板、前段纵梁、散热器固定板、发动机罩及各种隔板等构件组成，如图 2-19 所示。前翼子板与轮室盖板及发动机罩同属前部车身的主要部件，不仅起着使车身线条流畅的作用，而且使前车身的整体刚性增强。发动机由罩采用高强度钢板冲压成网状的骨架和蒙皮组焊而成。多数轿车还在夹层之间使用了耐热胶，可提高刚度并形成良好的消音层。前翼子板、前护板和发动机罩通常和车身壳体通过螺栓连接在一起，其他部件都是焊接在一起，形成一个刚性结构。前围总成的组成如图 2-20 所示。

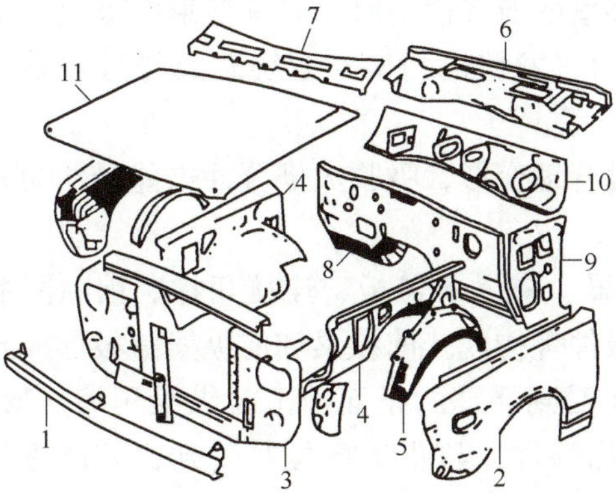

图 2-19　前车身结构

1—前护板　2—前覆轮盖（前翼子板）　3—散热器固定板　4—发动机罩及覆轮盖座　5—轮室盖板　6—通风箱　7—通风栅板　8—下隔板　9—侧隔板　10—上隔板　11—发动机罩

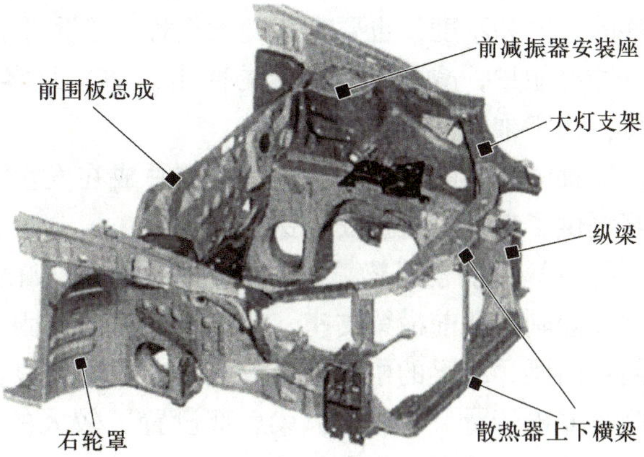

图 2-20　前围总成

1. 本田雅阁轿车前端骨架总成

前端骨架总成由左右前纵梁总成、左右前轮罩总成、驾驶室前隔板总成和前脸骨架总成构成，如图2-21所示。

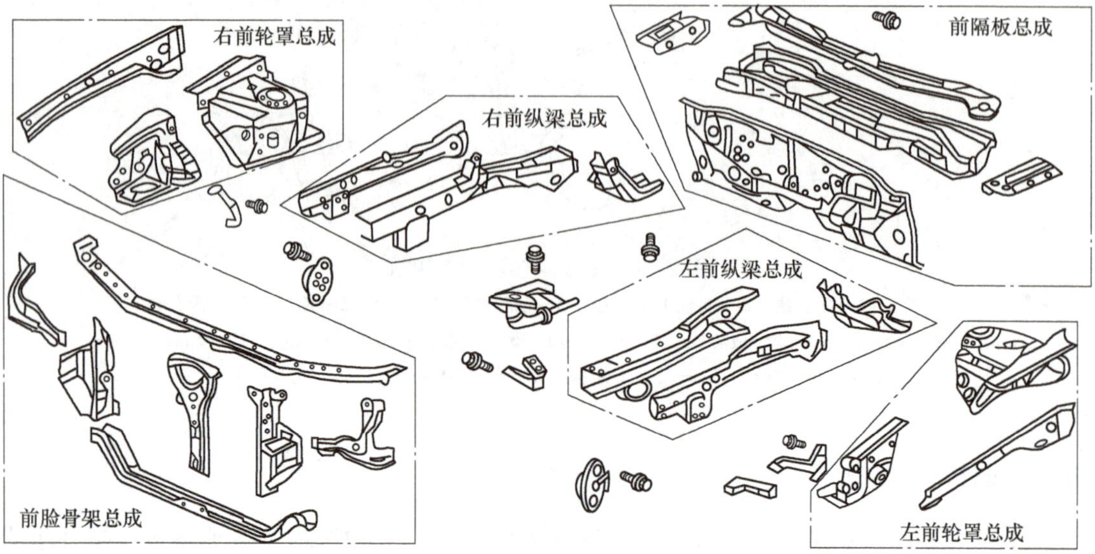

图2-21　本田雅阁轿车前端骨架总成

前端骨架总成是前副车架、发动机、前保险杠、空调系统、散热器、前照灯、发动机罩和前翼子板等零部件的安装基础，承受上述总成的重量及传递的各种载荷，受力情况较为恶劣。同时，前端骨架也是直接承受前部碰撞时纵向冲击载荷的总成，因而前端骨架既要有足够的强度和刚度，也要有合理的柔性。在发生比较严重的前部撞击时，必须变形以吸收大部分冲击能量，减少成员承受的冲击，防止乘客舱变形、发动机和传动系统总成等进入乘客舱，伤害乘客。

雅阁轿车的设计，使前端骨架总成在发生撞击时合理变形，吸收大部分冲击能量，为乘客提供了良好的碰撞安全保护。

（1）左右前纵梁总成　左右前纵梁总成由前纵梁、前纵梁盖板、连接角撑、前纵梁后部、前副车架前横梁支座、前副车架后横梁固定加强件等构成。前纵梁和前纵梁盖板形成封闭截面梁，纵梁的中部设有垂直方向的肋，以便于在受到严重的正面冲击时纵梁压缩变形，吸收冲击能量。在左前纵梁后部设置了较大的U形加强件，防止该部位在受到比较严重的正面撞击时变形，伤害驾驶人。

（2）左右前轮罩总成　左右前轮罩总成由前轮罩前分总成、前悬架上支座总成和前轮罩上纵梁等构成，前悬架上支座总成同时也是前轮罩的后半部分。前轮罩分成前后两部分，充分考虑了前轮的运动空间和发动机舱内各部件的布置要求以及冲压工艺性。

左右前轮罩总成是前悬架弹簧/减振器总成的安装点，直接承受轿车的部分重量和前悬架弹簧/减振器总成传递的载荷，必须具有良好的强度和刚度。为了提高前端骨架的刚性，在前部设置了加强角撑，以加强前纵梁总成和前轮罩总成之间的连接；在后部，在前悬架支座和前隔板上横梁总成之间，设有加强撑杆。

（3）前脸骨架　前脸骨架由上横梁、下横梁、中柱、左右柱和前照灯支架等构成。上横梁与左右前轮罩总成连接，下横梁与左右前纵梁总成连接，左右立柱加强了下横梁与左右前纵梁总成之间的连接。

（4）驾驶室前隔板　驾驶室前隔板总成主要由驾驶室前隔板、前隔板上/下加强件、前隔板上横梁总成等构成。其中前隔板上横梁总成由前隔板上横梁、前风窗下横梁和加强件等构成。

由于驾驶室前隔板总成是发动机舱和乘客舱的隔板，在设计时充分考虑了其隔音、隔振和隔热性能。厚度为0.6mm的加强件将改性沥青隔音件分别固定在前隔板和前隔板上横梁上。经过油漆烘炉加热后，隔音件将上述零件和加强件黏结起来，形成三文治的结构，提高了隔音和防振性能。

前隔板总成下部与前地板总成、左右前纵梁总成焊接，两侧与侧围、左右前轮罩总成焊接；前隔板上横梁总成构成驾驶室的进风口，上横梁的后部是前风窗玻璃的下部支撑。

前隔板上的紧固件全部采用凸焊螺钉。这种结构具有焊接劳动强度低、效率高的优点。无需在前隔板上冲孔，通过专用半自动手枪式焊枪，可以方便地将凸焊螺钉焊接在前隔板上。

2. 桑塔纳轿车前围组成

（1）桑塔纳轿车前围　前围组成如图2-22所示。

（2）桑塔纳轿车顶盖　轿车顶盖为整体式大型冲压板件。桑塔纳顶盖组成如图2-23所示。

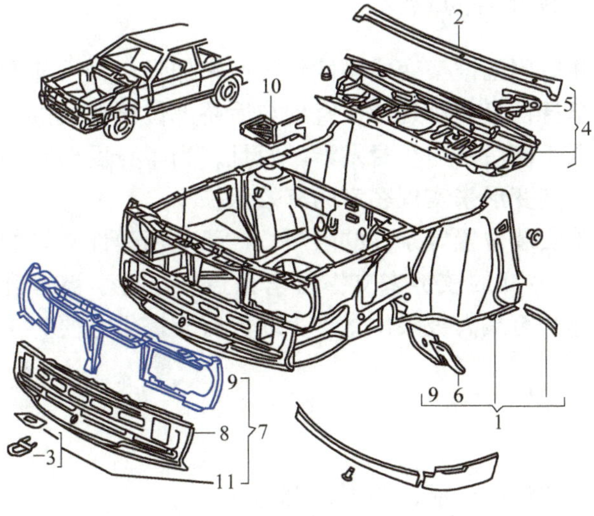

图2-22　桑塔纳轿车前围组成

1—前围总成　2—前风窗下板　3—牵引钩　4—雨水收集盒　5—转向器轴承支架　6—前围下板　7、8、9—前裙总成、下部、上部　10—蓄电池支架　11—垫圈

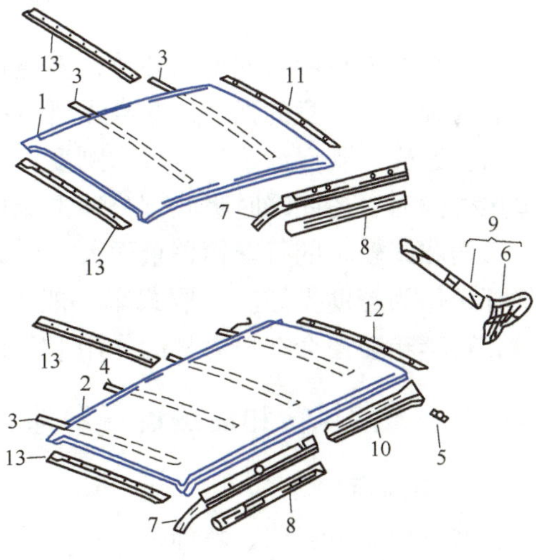

图2-23　桑塔纳顶盖组成

1、2—顶盖　3、4—顶盖加强板　5—支撑板　6—角板　7、8—顶盖内侧框　9、10—内侧框延长板　11、12—后横梁　13—前横梁

有的轿车顶盖（如奥迪100）后部为整体式与后风窗框一次冲压成形，两侧表面为压肋

式凹槽，使侧围表面既平滑又提高了纵向抗弯刚度。

顶盖前后横梁均为单板冲压件。前横梁两端分别与左、右前风窗支柱内板定位焊，后横梁两端与左、右后风窗支柱内板定位焊，这样，顶盖前后横梁、左右侧梁、左右前风窗支柱及左右后风窗支柱共同构成了乘客区上部的完整的受力骨架。

2.1.5　后车身

后车身是指乘客室后侧用手放置物品的部分，是中间车身侧体的延长部分。三厢车的乘客室与行李箱是分开的，两厢车的行李箱与乘客室合二为一，如图 2-24 所示。

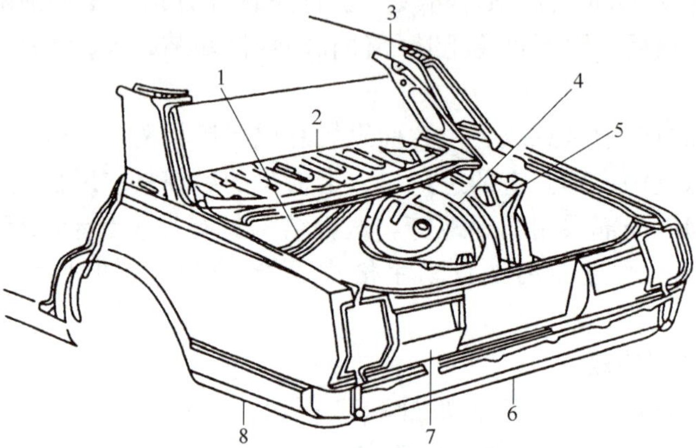

图 2-24　后车身结构

1—后座椅托板　2—后托架　3—后柱内板　4—后轮室内板　5—后轮室外板
6—后护板　7—后板　8—后覆轮盖

行李箱盖是后车的薄弱环节，多通过将并口周围框架变成刚性封闭面来加强车身后部刚度。为确保后车身的强度，车身纵梁由中间车身径直向后延伸，直到与后桥部位再形成拱形弯曲。这样，既保证了后车身的刚度，又不至于使后桥与车身发涉。而且，当车身后部受到追尾碰撞时，还能瞬时吸收部分冲击能量，以其变形来实现客室的有效保护。

两厢式轿车的行李箱盖重而大，同时也受安装位置等条件的限制，一般采用弹性支好的气杆簧作为辅助支撑。三厢式车一般采用带扭力杆的铰链来支撑行李箱盖。当行李被打开时，行李箱盖便会在扭力杆的作用下，自动弹开至最大极限位置，为取放行李提供方便。

2.1.6　前后风窗和后侧窗（奥迪轿车）

1. 前风窗

前风窗是由玻璃、装饰条、密封条、垫块和粘胶组成，如图 2-25 所示。

玻璃是由外层厚 2.65mm 的玻璃片和内层厚 1.5mm 的薄片玻璃及厚度为 0.76mm 的胶片组成的安全玻璃。玻璃的内表面四周涂有陶瓷釉网栅，起装饰作用。玻璃的上部为了遮光而有一条深绿色，其宽度在 100mm 左右，颜色由上至下逐渐变淡。其他部分是无色透明的，透光度必须大于 85%，以获清晰的视觉。

装饰条和密封条先组装在一起，然后再装到玻璃的四周。由于密封条和装饰条是开口的，必须把它们接上，用橡胶圆条插入密封条中。装饰条用接头连接，然后装到玻璃上，如

图 2-25 右下部所示。以上装好后，在玻璃的内表面沿周边 12mm 处涂以粘胶，胶厚度为 12mm。在风窗口的下边粘上四个垫块，然后将玻璃装到窗口上，施加一定的压力，下部正好压在垫块上。为了防止玻璃下移，在玻璃的下边左右加上两个楔形胶块。玻璃经4～5h后便粘牢，楔形胶块即可以卸掉，如图 2-25 右下部所示。

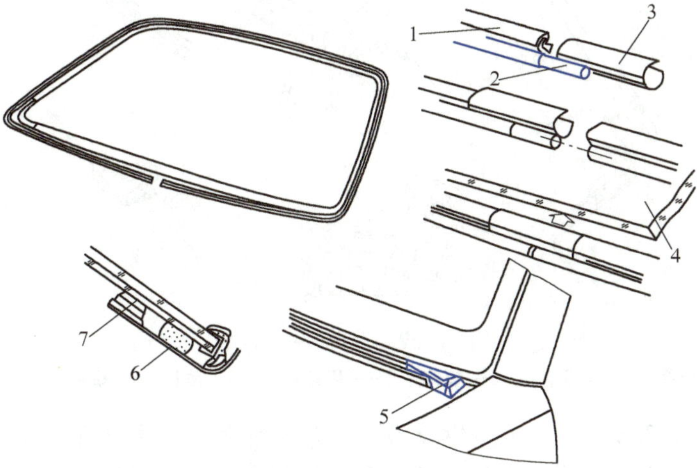

图 2-25　前风窗的组成

1—装饰条和密封条总成　2—橡胶圆条　3—装饰条接头　4—玻璃
5—楔形胶块　6—粘胶　7—垫块

2. 后风窗

后风窗是由玻璃、装饰条、密封条和粘胶组成，如图 2-26 所示。

后风窗玻璃是由厚 3.85mm 的成形钢化玻璃，内表面涂有铜的电路，供冬季除霜使用。玻璃的四周涂有陶瓷釉网栅，起装饰作用，如图 2-26 左部所示。

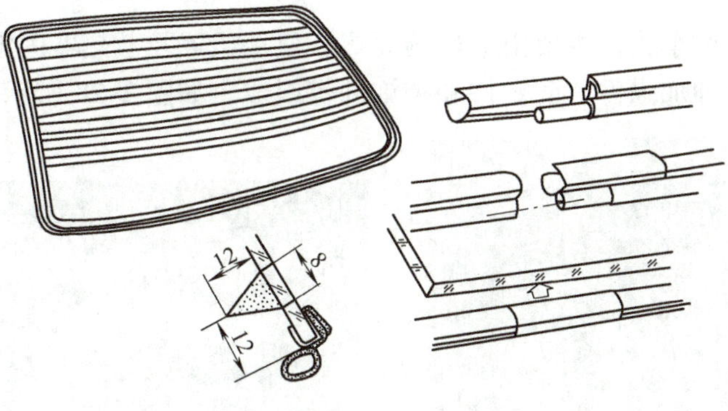

图 2-26　后风窗的组成

装饰条和密封条的装配方法与前风窗相同，粘胶的涂刷方法以及玻璃装进窗口上的方法也相同。仅固定方法不同，是用麻布胶带将玻璃固定，等玻璃粘牢后，再揭掉麻布胶带。

3. 后侧窗

后侧窗是由玻璃、装饰条、密封条、装饰条弹簧卡片、铆钉和粘胶组成，如图 2-27 所示。

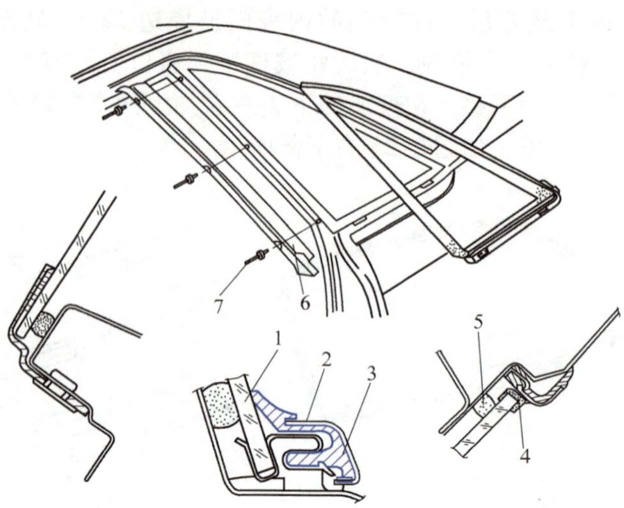

图2-27 后侧窗的组成

1—玻璃 2—弹簧卡片 3—装饰条 4—后密封条 5—粘胶 6—铆钉 7—螺栓

后侧窗玻璃是厚3.85mm的成型钢化玻璃，带淡绿色，四周涂有陶瓷釉网栅，起装饰作用。装配前在下边装上两个弹簧卡片，后边装上密封条，然后沿周边涂上粘胶，再装到窗口上。然后，将前面的装饰条用铆钉装在后支柱上，同时盖住玻璃的前边缘，以提高装饰和密封效果。

课题2 车身板制零件

2.2.1 车身前板制零件

车身前板制件俗称车头，主要由散热器面罩、发动机罩及散热器固定板、前翼子板、保险杠、挡泥板以及各种加强件、固定件和装饰件等组成，如图2-28所示。

图2-28 散热器罩

车身前部是整个车身重要组成部分之一，它对于车辆的外部选型，提高整车的动力经济性、安全性，改善冷却通风，减少灰尘积垢和噪声都有着至关重要的影响。

1. 散热器罩

散热器罩是装在散热器外部的防护零件，其功用是保护散热器不受冲击，并为散热器和空调冷凝器提供足够的通风冷却面积。同时，散热器罩也是车头乃至整车重要的装饰零件。

散热器罩所用材料主要分为钢板冲压件、铝合金压铸件和塑料树脂件等。钢板冲压件工艺要求低、成本低，为载货车所广泛采用，但难以满足复杂的成形要求，所以在轿车上很少使用。铝合金压铸件曾在过去轿车散热器面罩中广为使用，能满足造型要求，加工装配精度也较高，但质量大、成本高，目前已逐渐被塑料件所取代。采用塑料树脂注射成形，制作散热器罩在现代轿车中已广为采用。

常用的塑料材料有 ABS 树脂、PP 及聚酯树脂、其优点是质量轻、耐腐蚀，可采用注射成形等高效大量生产方式，产品表面及尺寸精度较高，零件表面可以电镀，也可进行各种装饰花纹处理。

面罩造型以横向长度方向为基调，突出了车辆低短、宽大的效果。

在现代轿车中，常常是将散热器罩与保险杠的横向布置以及车头灯罩整体注塑成形，其结构断面是□字形，既提高了车身前端的整体刚度，又增添了造型的协调感与纵深感。

在现代轿车中，电动风扇的出现，改变了散热器罩的布置，散热器罩在整个车头中的比例减小，因为在发动机后置后驱动（RR 方式）的轿车中，取消散热器罩是理所当然的。甚至在一些发动机前置前驱动（FF 方式）的轿车中，也出现无散热器罩的结构。

2. 前导流板

前导流板的作用是改善整车的气流状态。因为在车前端周围很容易产生涡流，安装导流板可以抑制涡流的产生，并使汽车周围的气流状态得到改善。安装导流板后，虽然增加了一部分阻力，但总的看来仍可减少整车的阻力。这是由于安装导流板使车辆周围的气流得到改善，由此而降低的整车总阻力远远超过导流板本身所增加的阻力。因此，安装导流板有助于减少整车的阻力和升力。此外，导流板的高度，位置与倾斜角对改善空气阻力系数都有很大的关系，应通过风洞试验来确定最佳值。

3. 前端板总成

前端板总成是由锁板、左右锁板支架以及前下横梁四种零件构成。其功用是将左右前挡泥板、前加强板以及前纵梁等车头承载零件连接成一个封闭整体，从而大大提高车头承载零件的承载能力。此外，它还用来安装散热器罩、前照灯、前保险杠以及前导流板等零部件，如图 2-29 所示。

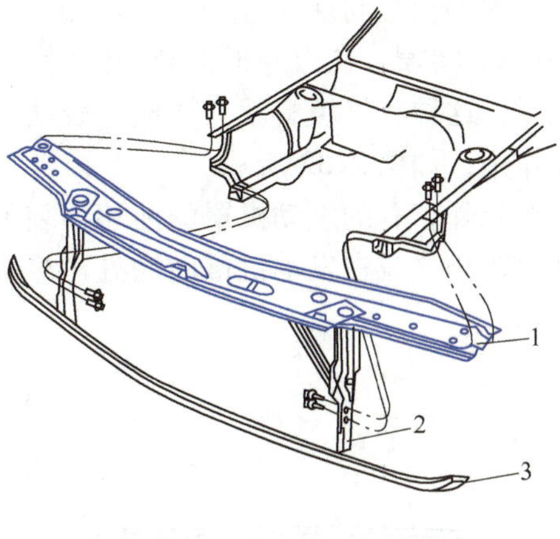

图 2-29 前端板总成

1—锁板 2—锁板支架 3—前下横梁

4. 发动机罩及其附件

发动机罩按开启方式可分为：向后开启（铰链在后)、向前开启（铰链在前）和侧向开启（铰链在纵向中线处)。一般大多数轿车采用向后开启的方式，一般开度在 40° ~ 50°。发动机罩向前开启的方式在少数轿车上也有采用的，从高速行驶时发动机罩锁可能自动打开的情况来看，这种方式偏于安全。

这种开启方式，一般开度要大些，为70°左右。在轿车上发动机罩几乎不采用侧向开启方式。

（1）发动机罩结构　发动机罩总成是由外板及内板焊接总成组成，其结构及形状如图2-30所示。

外板为适应整车造型的需要是较为平整（或稍有拱曲）的大覆盖件。有的机罩外板表面还布置两条相差不大且通长的加强肋。为了增强机罩的整体刚度，内板由薄钢板经整体拉深后成形，内板肋条网格布置，凸肋的布局既增加美感、提高刚度，又兼顾到它们在发动机罩上的位置避让诸如铰链、锁机构等零件的需要。

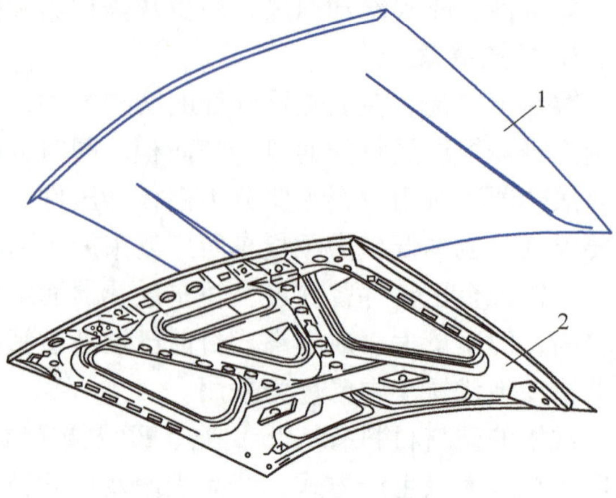

图2-30　发动机罩结构

1—外板　2—内板焊接总成

内外板的连接采用环氧树脂胶，内外板包合后再进行黏结，如图2-31所示。

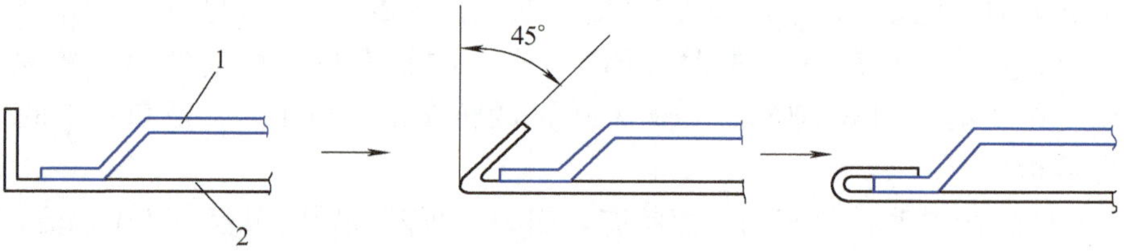

图2-31　发动机罩的连接

1—内板焊接总成　2—外板

黏结时，先在外板的黏结面处涂环氧树脂胶，然后将内板焊接总成放在外板上，输送至咬合模中进行咬合。第一次咬合，将外板翻边45°；第二次咬合，将翻边咬死。也有的内外板用定位焊联接。

内外板之间除了用环氧树脂沿周边黏结外，在内板肋条翻边处与外板内表面还留有2～5mm间隙，在内外板组装合件时，应用有机填料或将具有弹性的不干胶填入，经烘干固化后，这种有机填料就会变成外表硬、内部软的状态，起到吸振和减少噪声。形成柔性连接的作用，如图2-32所示。

此外，有的发动机罩的前端加装了一条密封条，将发动机罩前缘下边密封以消除间隙，从而防止气流在发动机罩前缘处产生剥离而形成涡流，以减少整车的空气阻力，如图2-33所示。

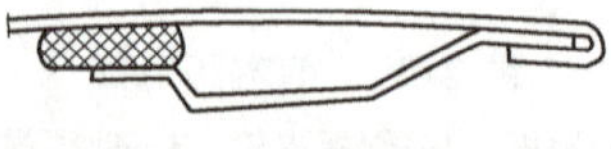

图2-32　填入有机填料

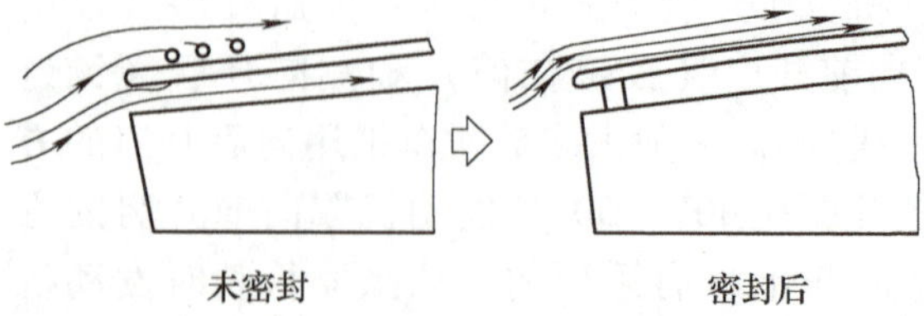

图2-33　密封前后的气流情况

（2）发动机罩铰链　发动机罩铰链是发动机罩用来固定并通过它和车头本体相连接的机构，也是发动机罩开闭机构。要求启闭轻便，灵活自如，并有足够的开启角度（一般开度在40°~50°为宜），在开启过程中不得有运动干涉，并要有足够的刚度和强度，可靠耐久和易于制造。

发动机罩铰链有明铰链与暗铰链。明铰链虽然结构简单，但操作笨重，铰链外露，影响外观质量，增大空气阻力。对于轿车主要采用暗铰链。在暗铰链中有臂式铰链、合页式铰链及平衡式铰链等多种形式，如图2-34所示。

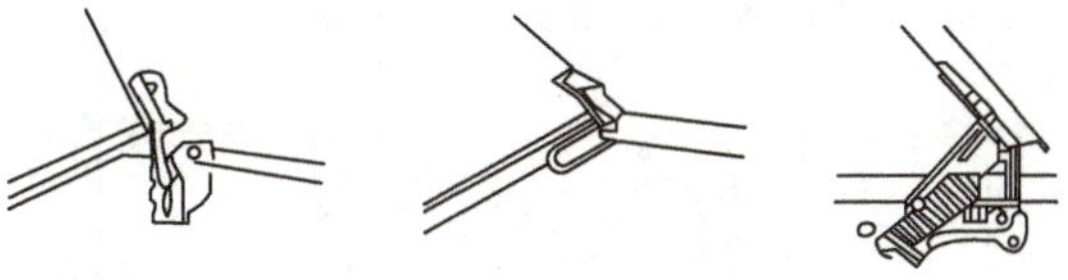

图2-34　发动机罩铰链形式

a）臂式　b）合页式　c）平衡连杆式

发动机罩上应设置支撑杆配合铰链的开启。有以下几种形式：

1）普通合页式铰链。普通合页式铰链与支杆联合使用。这种铰链结构简单，使用可靠，一般在普及型轿车或吉普车上采用。依靠铰链使发动机开启一定角度，用一根一定长度的支杆支撑，使发动机罩停留在固定的角度上。

2）简单铰链与平衡机构联合使用。这种铰链有如下两种形式：

① 简单铰链与有平衡弹簧的机构联合使用。这种形式结构简单、易于制造、承受的负荷较大，适于发动机罩自身质量较大的车型，但铰链与平衡机构分别装在两处，结构上显得不够紧凑，如图2-35所示。

② 简单铰链与气动杆联合使用。发动机罩的质量平衡靠左右各设一支空气弹簧支撑杆来平衡。由气动杆来平衡发动机罩自身质量产生的阻力矩。这种机构工作可靠、柔和、结构紧凑，适于大量生产。目前在轿车上采用得较多，如图2-36所示。

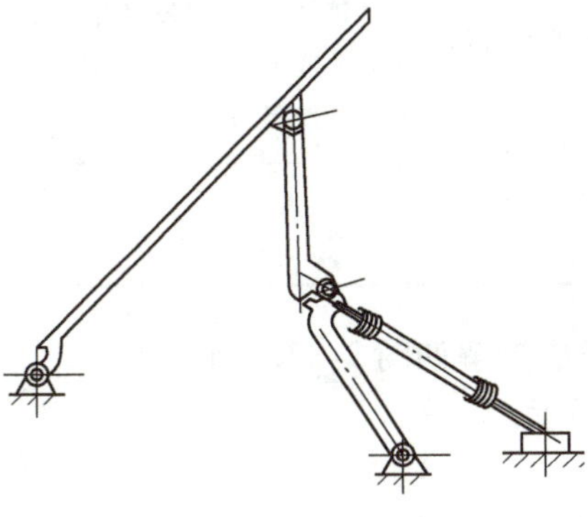

图2-35　简单铰链与平衡机构联合使用

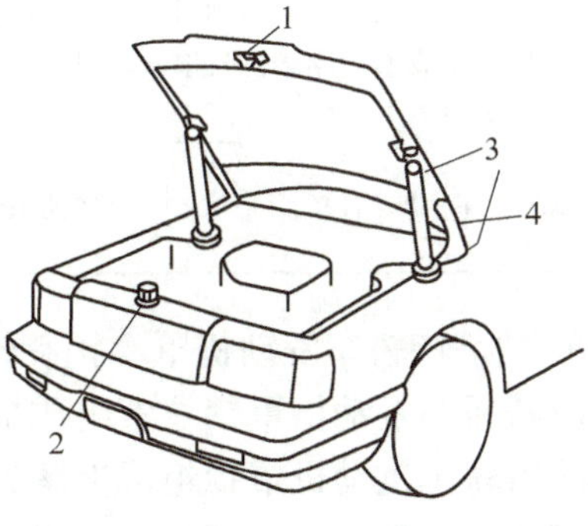

图2-36　简单铰链与气动杆联合使用

1—锁环　2—卡板　3—发动机罩气动杆　4—铰链

3）平面连杆式铰链。发动机罩铰链采用平面四连杆机构，在发动机罩开启时，瞬时旋转中心不断变化，采用不同杆件尺寸，可以实现所要求的运动轨迹和开启角度，使发动机罩停留在任意开度上。

（3）发动机罩锁　发动机罩锁的功能是使发动机罩安全锁闭，并保证机罩与车身的相对位置，在行车中不得自动开启。

发动机罩锁包括锁本体、内开机构和安全锁三部分。按其锁体结构划分，可分为钩子锁、舌簧锁及卡板锁三种形式。这三种锁的结构与作用原理，优、缺点及应用范围详见表 2-2。

表 2-2　三种发动机罩锁的比较

	钩　子　锁	舌　簧　锁	卡　板　锁
作用原理与示意图	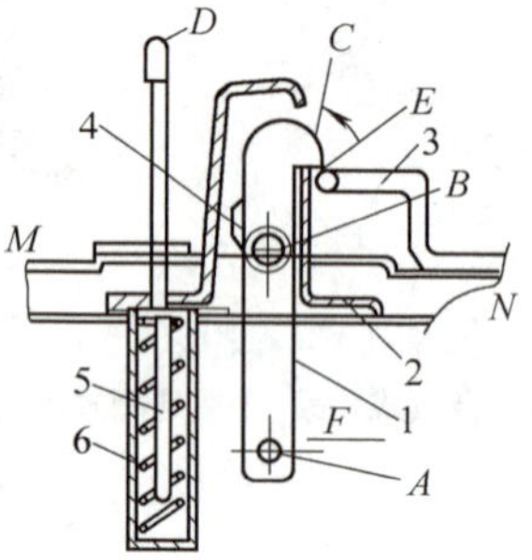 钩子锁示意图（Benz600） 1—锁钩　2—支座　3—锁扣　4—复位弹簧　5—支杆　6—弹簧 开罩时，作用力使锁钩绕 B 旋转并与锁扣脱离，靠弹簧压紧的支杆的作用将罩弹起，再拨开安全锁的第二道锁紧装置使机罩打开	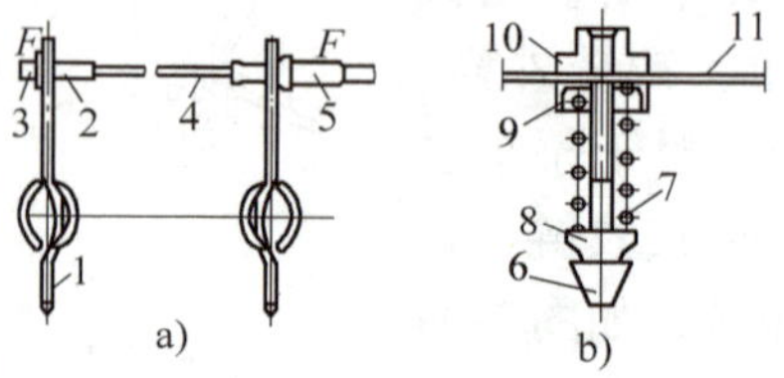 舌簧锁的内开机构（Audi100） a）下锁装置　b）上锁装置 1—锁紧扭簧　2—导套　3—套管总成　4—拉丝　5—护套总成　6—锁舌锥杆　7—复位弹簧　8—导向套　9—冠状螺母　10—螺母板　11—机罩内板 开罩时，在力 F 作用下使锁紧扭簧旋转，并与固定在内板上的上锁装置中的锁舌锥杆脱离配合，机罩在复位弹簧作用下弹离下锁装置，再拨动安全钩即可打开发动机罩	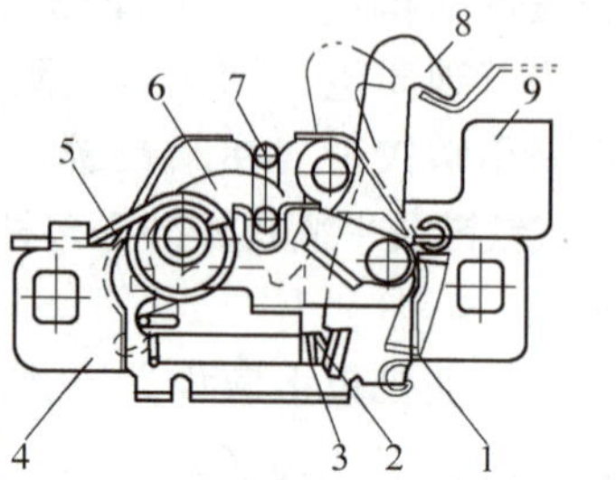 卡板锁示意图（TOYOTA） 1—辅助挂钩弹簧　2—锁紧手柄　3—复位弹簧　4—锁体　5—举升弹簧　6—卡板　7—钩扣　8—辅助挂钩　9—辅助挂钩离合器 发动机罩锁靠钩扣定位，采用辅助挂钩与卡板双重锁紧机构
优点	结构紧凑、简单、噪声小；机件外表无大的突起，利于维修；使用可靠	结构简单、制造方便；磨损工作面不是同一平面，利于提高寿命	使用可靠，不易自动脱开
缺点	要求机罩装配位置准确性高，即锁钩与锁扣必须准确对中；锁支座成形较困难。目前轿车上应用不多	关闭冲击噪声大；因振动易自动开启发动机罩，安全性差	锁体内构件尺寸形状精度要求高；适于专业化、大批量生产；有的构件布局不集中
应用举例	轿车上已应用不多	奥迪 100	夏利

（4）帕萨特轿车发动机罩　帕萨轿车发动机罩组成拆解如图 2-37 所示。

帕萨特轿车发动机罩锁拉索组成拆解如图 2-38 所示。

帕萨特轿车发动机罩锁组成拆解如图 2-39 所示。

帕萨特轿车发动机罩锁支架组成拆解如图 2-40 所示。

帕萨特轿车发动机罩密封条如图 2-41 所示。

5. 前翼子板和挡泥板

前翼子板是车身上的大型覆盖件之一，在绝大多数轿车上，前翼子板是用螺钉与车身本体连接的，其后端通过中间板和前围支柱连接，侧面与发动机罩缝线处和挡泥板相连，前部和散热器框延长部分相连，左、右前翼子板间也有联板。前翼子板一般由 0.6～0.8mm 高强度钢板拉深成形，表面形状由车身造型确定。前翼子板周围边界所受的影响因素是前部头灯的形式和布置，后部车身外覆盖件分块及前门的运动，内侧发动机罩的形状、尺寸及侧缝线等。

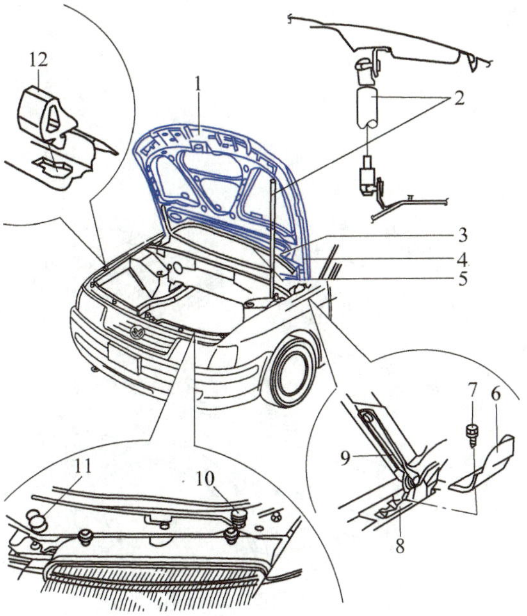

图 2-37　帕萨特轿车发动机罩组成拆解

1—发动机罩　2—气体压力弹簧　3—轮管　4—弹簧夹头　5—喷嘴　6—铰链护罩　7—螺栓，6N·m　8—铰链　9—螺栓，23N·m　10—限位装置　11—橡胶缓冲垫　12—侧限位块

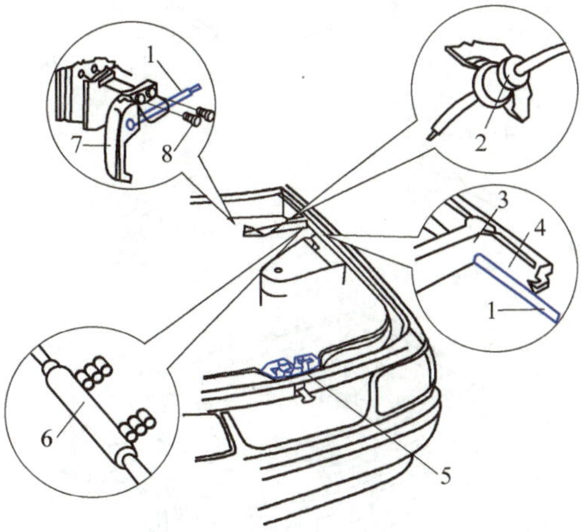

图 2-38　帕萨特轿车发动机罩锁拉索组成拆解

1—发动机盖锁拉索　2—橡胶圈管　3—前围上板密封条　4—前翼子板密封条　5—发动机盖锁　6—发动机盖拉索护套　7—拉索手柄　8—自攻螺钉

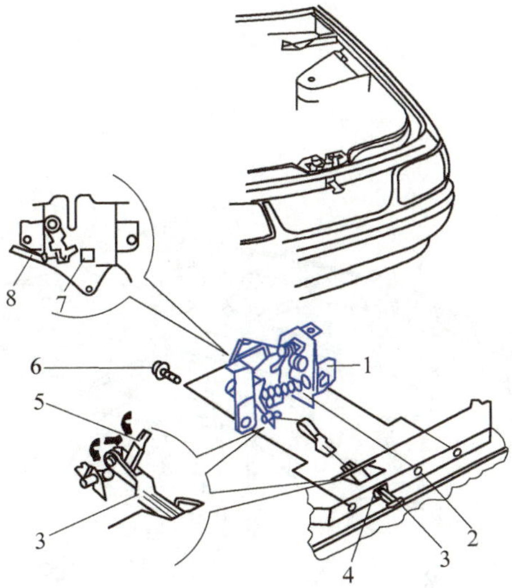

图 2-39　帕萨特轿车发动机罩锁组成拆解

1—发动机盖锁　2—定位心轴　3—连锁杠　4—卡箍　5—螺钉旋具（作为辅助工具）　6—六角螺栓（自锁），12 N·m　7—报警开关　8—拉索

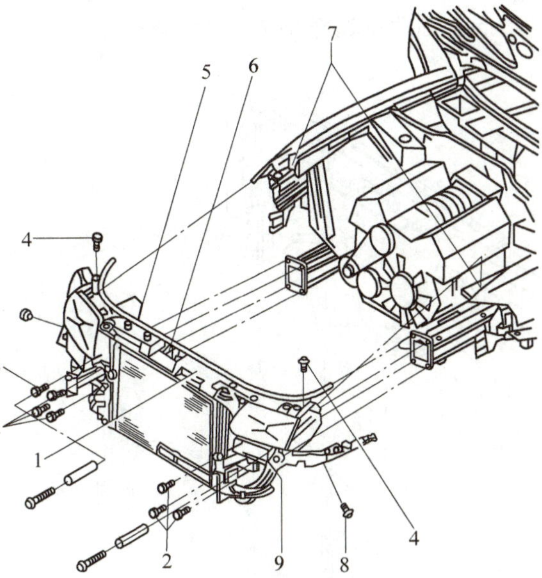

图 2-40　帕萨特轿车发动机罩锁支架组成拆解

1—带附件锁支架　2—螺钉 6 个，50N·m　3—螺钉，50N·m　4—螺钉 2 个，8N·m　5—垫圈　6—拉索　7—孔　8—螺钉 2 个　9—特种工具钻孔

1）桑塔纳轿车前翼子板与前轮罩如图 2-42 所示。

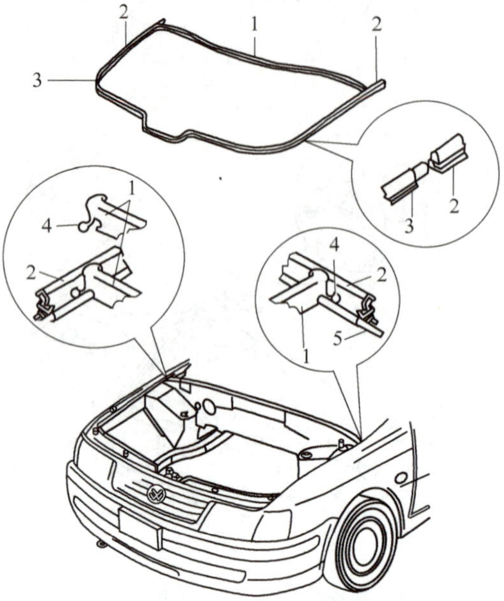

图 2-41　帕萨特轿车发动机罩密封条

1—前围上板密封条　2—前翼子板密封条　3—前端密封条　4—塞子　5—拉索

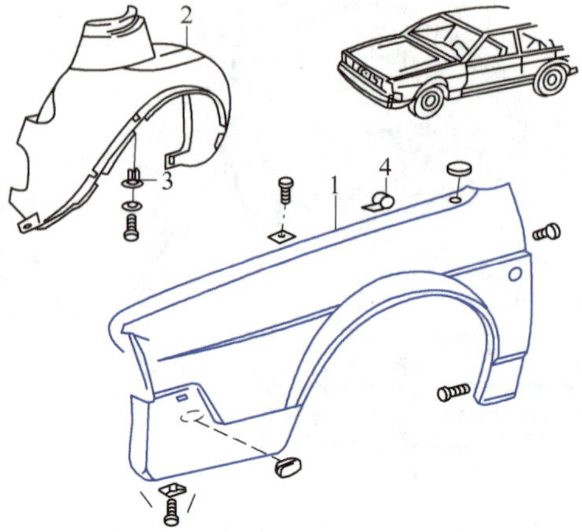

图 2-42　桑塔纳轿车前翼子板与前轮罩

1—前翼子板　2—前轮罩　3—插入式弹性自锁螺母　4—塑料密封带

2）奥迪 A6 轿车前翼子板如图 2-43 所示。

3）帕萨特轿车前翼子板如图 2-44 所示。

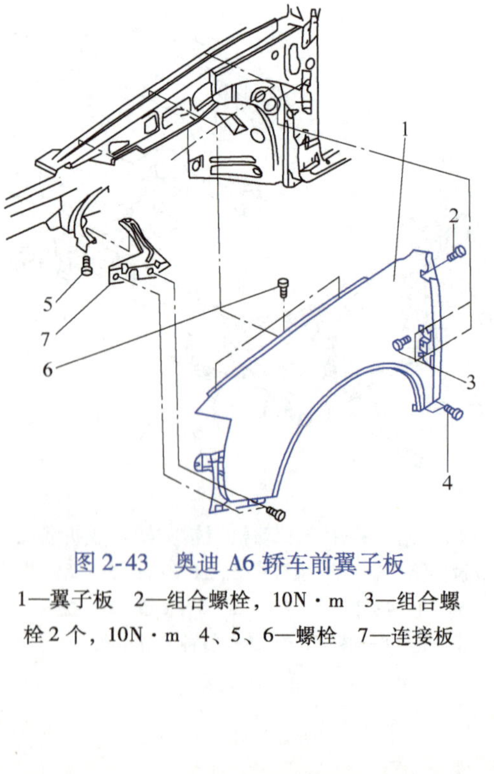

图 2-43　奥迪 A6 轿车前翼子板

1—翼子板　2—组合螺栓，10N · m　3—组合螺栓 2 个，10N · m　4、5、6—螺栓　7—连接板

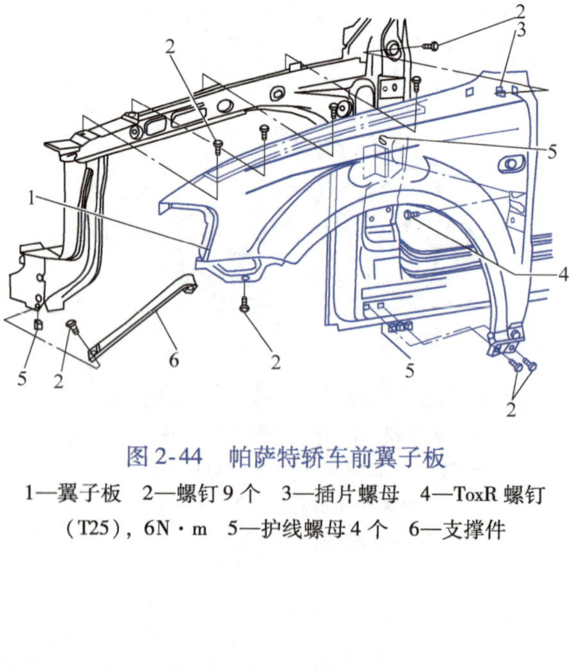

图 2-44　帕萨特轿车前翼子板

1—翼子板　2—螺钉 9 个　3—插片螺母　4—ToxR 螺钉（T25），6N · m　5—护线螺母 4 个　6—支撑件

2.2.2 行李箱与后舱背门

轿车乘客室后侧用于放置行李物品的那一部分为行李箱，通常也称为后车身。三厢式轿车有与乘客室分开的行李箱，而两厢式轿车的行李箱则与乘客室合为一体成为相通的结构，如图2-45所示。

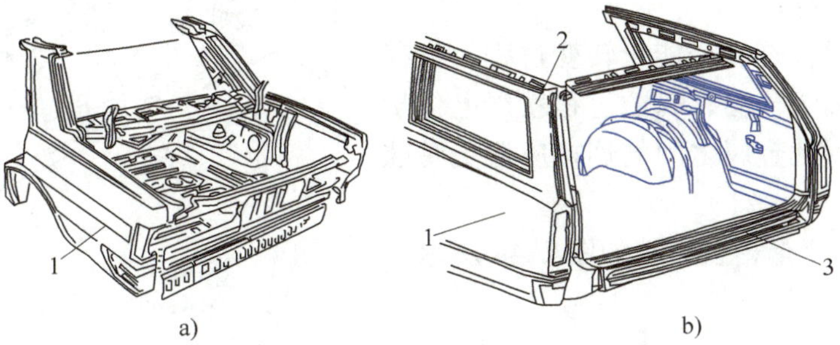

图2-45 行李箱与后舱背门

a）三厢式车的行李箱 b）两厢式车的舱背门

1—后翼子板 2—窗柱 3—后门槛

无论属于哪一种形式都有一个宽大的行李箱盖或后舱背门。这是后车身的薄弱环节，因此在结构对策上都是将开口周围（行李箱盖框架或后舱背门框架）制成刚性封闭式断面。

行李箱由行李箱盖、后地板，后挡板，后围板及左右后翼子板组成。要求行李箱的体积大，箱内的物品装卸方便省力，空气动力性好；盖的开度角大，同时还应具有开启灵活、安全指标高和密封性好等特点。

从空气动力学得知，较高的行李箱与缓斜的倾角有利于减小空气阻力系数 C_D 的值。较短的纵向尺寸有利于减小汽车高速行驶时所产生的升力，提高汽车的稳定性。行李箱盖的下开缝线较低，可使行李取放方便，同时也减小了行李箱相对于整车的刚度，使其柔性化，提高了整车被动安全性。

1. 行李箱盖

（1）行李箱盖构成 行李箱盖由内板、上外板、下外板3块钣金制件构成，如图2-46所示；油漆后装上装饰板，如图2-47所示。

为减轻整车的质量，尽可能选择拉深性能好的薄钢板。奥迪100C3行李箱盖内板厚为0.65mm，外板为0.75mm，总质量为11.9kg，由于结构合理、工艺先进，行李箱的刚度达到了理想的效果。

从结构上看，行李箱内板的形状较复杂，既有纵向肋，又有横向肋，同时还有斜向肋和环状肋。因为汽车的行驶工况是

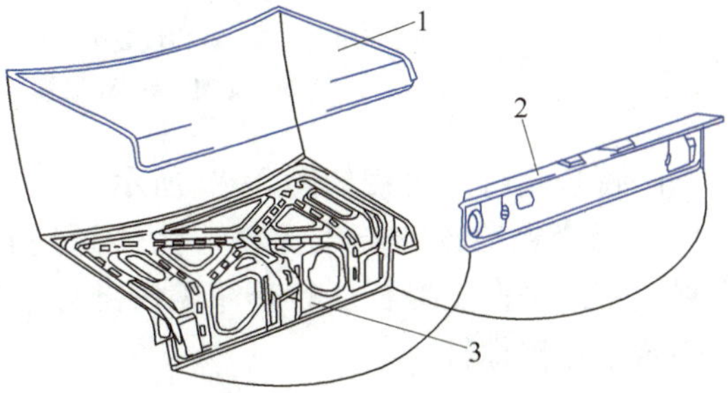

图2-46 行李箱盖构成

1—行李箱盖上外板 2—行李箱盖下外板

3—行李箱盖内板

非常复杂的，单一方向的肋不能保证汽车在各种路面行驶时行李箱盖不发生变形。此外，整个行李箱盖的刚度必须接近车身后部的刚度，否则汽车在不良路面行驶时，某一部分变形大，而另一部分变形小，就会影响锁的正常使用及盖的密封性，并且也会产生噪声。

金属的腐蚀过程是一个能量转变过程，当存在着腐蚀介质水和氧气时，腐蚀过程就以电化学反应形式实现，因此金属之间的连接应避免腐蚀介质存在。

奥迪 A6 轿车行李箱盖和锁如图 2-48 所示。

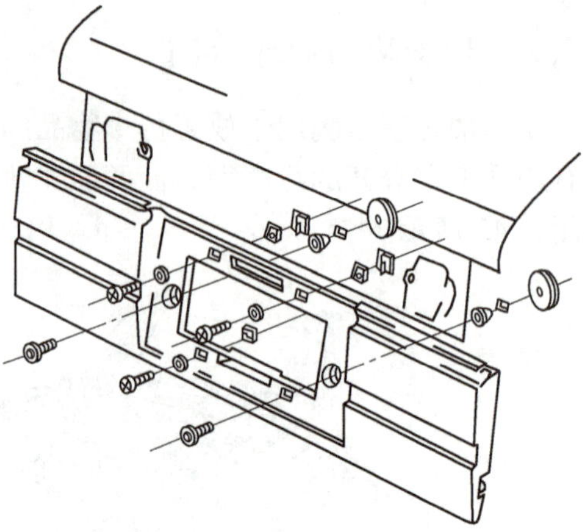

图 2-47 行李箱盖装饰板

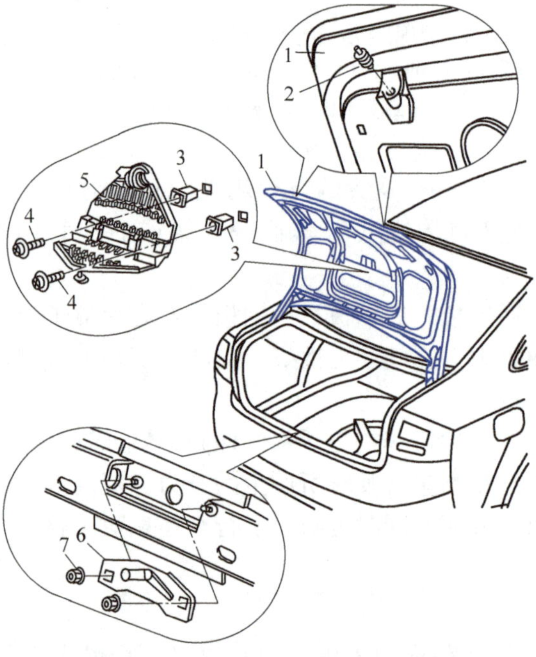

图 2-48 奥迪 A6 轿车行李箱盖和锁

1—行李箱盖 2—缓冲块 2 个 3—膨胀螺母 4—自攻螺钉，1.5N · m
5—支架 6—张紧楔 7—六角螺母，8N · m

帕萨特轿车行李箱盖如图 2-49 所示。

(2) 行李箱盖铰链与支撑杆 为了适应行李出入的大开口，并保证箱盖大的开启角，应设置铰链及平衡支撑杆。行李箱盖铰链常用臂式或四连杆式铰链。支撑杆则用扭力杆式或空气弹簧减振支撑杆。

1) 臂式铰链。臂式铰链和扭杆弹簧机构如图 2-50 所示。

铰链装在行李箱盖与车身之间，当箱锁被打开时，行李箱盖便在扭杆弹簧作用下，自动弹开至最大极限位置，为取放行李提供方便。

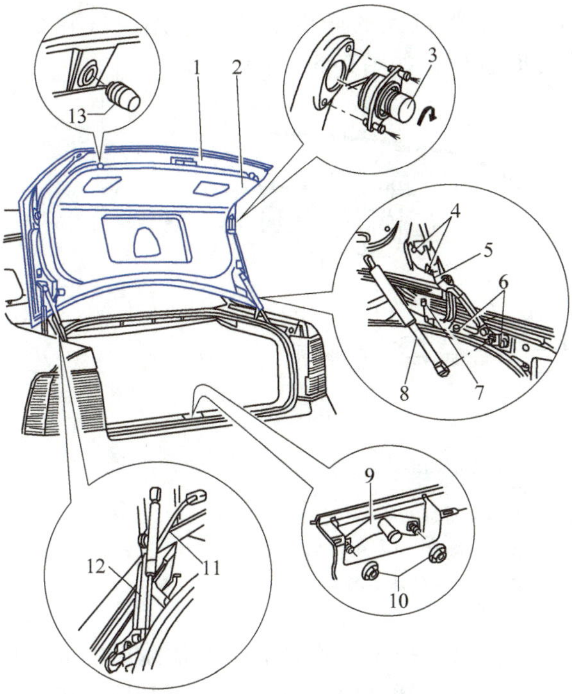

图 2-49　帕萨特轿车行李箱盖

1—行李箱盖　2—行李箱盖衬里　3—调节块
4—六角螺母，22N · m　5—铰链　6—螺栓，22N · m
7—橡胶缓冲块　8—气体弹簧　9—锁柱板
10—六角螺母，7.2N · m　11—线束
12—铰链护罩　13—橡胶缓冲块

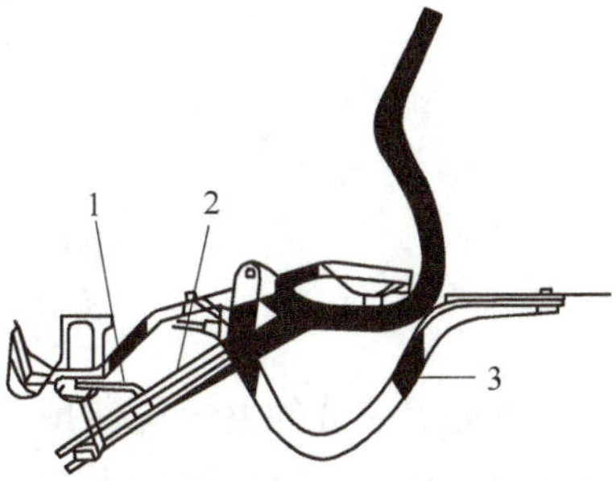

图 2-50　臂式铰链和扭杆弹簧机构

1—扭杆弹簧　2—连接杆　3—臂

使用臂式铰链和扭杆弹簧机构的行李箱盖如图 2-51 所示。

近来，用空气弹簧减振支撑杆的方案日益增多，可减轻开闭时行李箱盖的冲击，如图 2-52 所示。

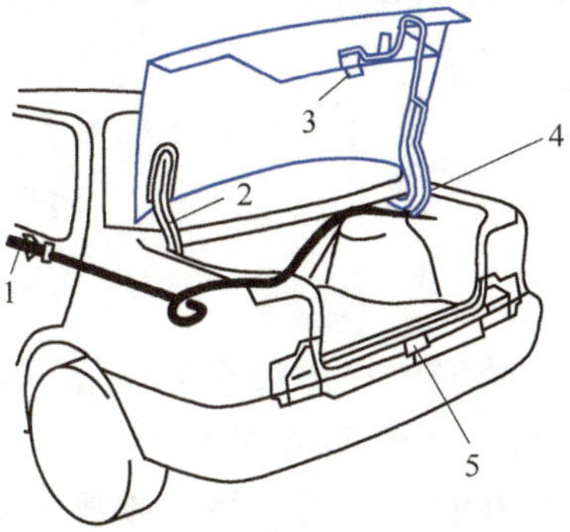

图 2-51　使用臂式铰链和扭杆弹簧机构的行李箱盖

1—行李箱盖开启控制杆　2—铰链
3—卡板锁　4—开启拉索　5—锁环

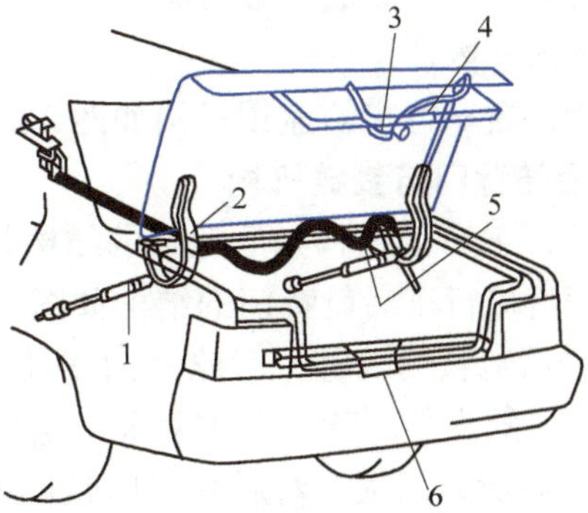

图 2-52　使用臂式铰链和空气弹簧减振支撑杆的行李箱盖

1—空气弹簧　2—铰链　3—卡板锁
4—电磁铁　5—开启拉索　6—锁环

2）四连杆式铰链。四连杆式铰链可确保行李箱盖大的开度。开启时用空气弹簧支撑杆；关闭时，行李箱盖在挡泥板及密封凸缘之间合拢，如图 2-53 所示。

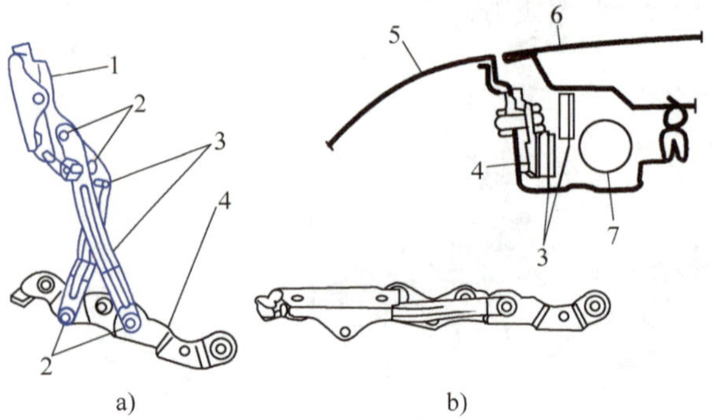

图 2-53　四连杆式铰链

a）全开时　b）全闭时

1—箱盖侧铰链　2—铰链结　3—连接臂　4—车身侧铰链

5—后挡泥板　6—行李箱盖　7—气体支撑杆

行李箱盖铰链的主要构件是拉力弹簧和铰链摇臂。铰链支撑处有一个用耐磨的非金属材料制成的衬套，固定弹簧处也有一个外金属衬套。铰链摇臂由弯管、加强板和连接板三部分组成。弯管是壁厚为 2mm，直径为 30mm 的精密焊接钢管。

铰链的工作过程：开锁后稍用力掀起行李箱盖，以克服行李箱盖的重力，拉力弹簧便使盖自动开启；当盖关闭时，必须克服弹簧的拉力而使盖关紧。

铰链的安装：将摇臂的一端通过铰链轴（内六角头螺栓）与翼子板内板连接，另一端与行李箱盖连接。弹簧一端与摇臂相连，另一端与翼子板上的铰链支座相连。

该铰链具有结构简单、容易制造及装配以及成本低等优点。但是，由于拉力弹簧和摇臂所占空间较大，行李箱盖关闭时，容易压坏行李物品。

（3）行李箱盖锁　行李箱锁机构由四部分组成，即锁芯总成、锁紧装置、锁销总成及传动杆总成。锁芯总成一般由制锁厂设计，通用性较强。但锁芯外部应有密封环，以防止水或尘土进入车内。

帕萨特轿车行李箱盖锁机构如图 2-54 所示。

2. 后舱背门与铰链机构

（1）后舱背的结构　后舱背的结构如图 2-55 所示。

帕萨特旅行车后舱背门的结构如图2-56所示。

（2）后舱背门铰链　后舱背门多使用臂式铰链，铰链安放在比较高的位置。因此，支撑杆是不可缺少的。背门支撑多采用空气弹簧减振支撑杆，如图 2-57 所示。

（3）后舱背门锁　对后舱背门锁的基本要求是操作方便、锁闭可靠，通常采用钩扣式和卡板式两种结构形式，如图 2-58 所示。

门锁的开启装置有拉索方式，也有电磁式自动锁。行李箱盖及后舱背门锁基本上都是用拉索来解扣，采用电磁式自动锁则应使电磁阀内线圈处于 ON/OFF 两个动作，如图 2-59 所示。

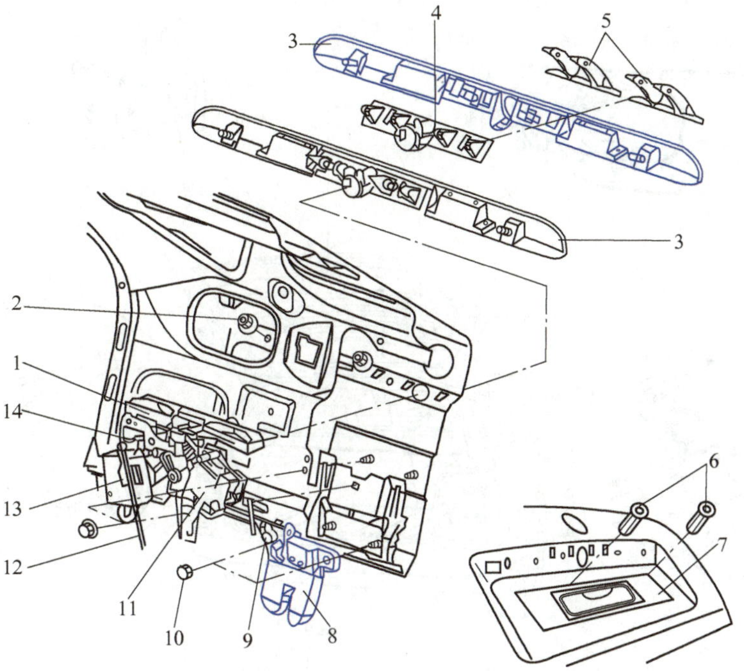

图 2-54　帕萨特轿车行李箱盖锁机构

1—锁芯托架　2—六角螺母，7N·m　3—后柄导板　4—手柄　5—按键
6—沉头螺母　7—牌衬垫　8—行李箱盖锁　9、12、14—传动杆
10—六角螺母，7N·m　11—集控锁的执行器　13—多边插座

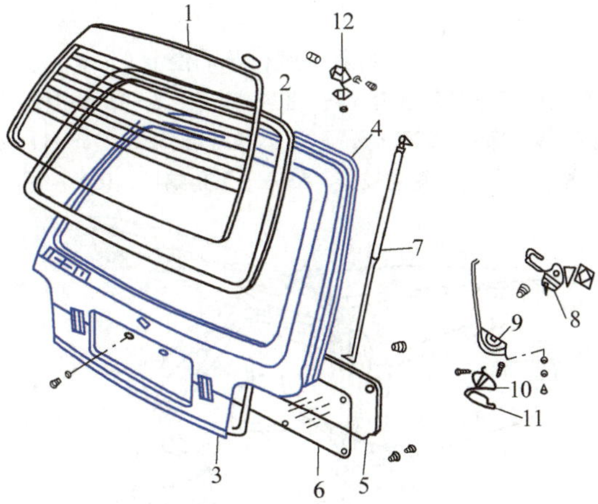

图 2-55　后舱背的结构

1—背门窗玻璃　2—背门窗密封条　3、4、7—背门　5—背门装饰板
6—背门密封薄膜　8—背门锁芯　9—背门锁销　10—背门锁闩眼
11—背门锁闩眼垫片　12—背门铰链

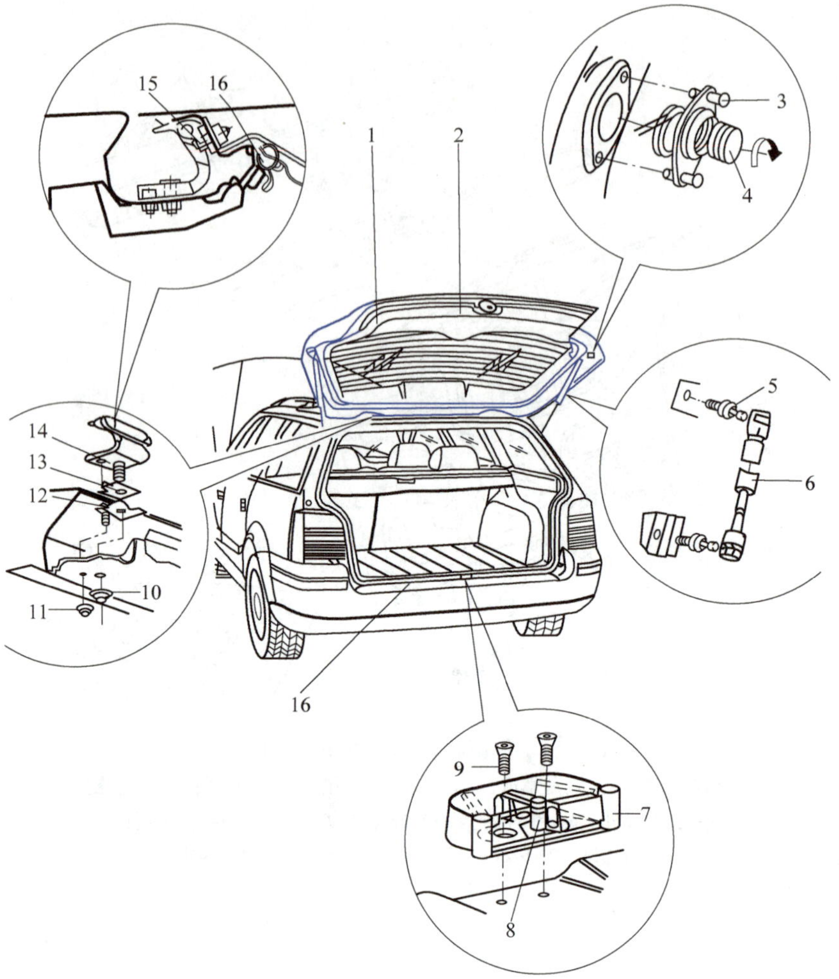

图 2-56　帕萨特旅行车后舱背门

1—行李箱　2—行李箱盖衬里　3—弹簧卡销　4—调整缓冲块　5—球体螺栓，21N · m　6—气体弹簧　7—锁柱护罩　8—锁柱　9—螺钉，23N · m　10—六角螺母，22N · m　11—六角螺母，16N · m　12—连接板　13—胶垫　14—行李箱盖铰链　15—十二角螺钉，10N · m　16—行李箱密封条

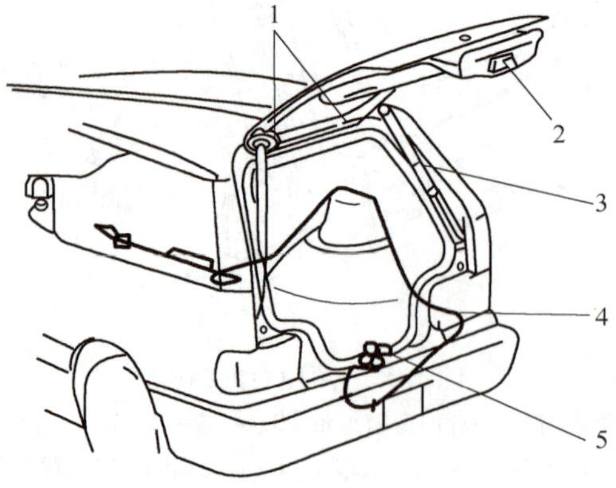

图 2-57　后舱背门铰链

1—铰链　2—卡板锁　3—空气弹簧支撑杆　4—开启拉索　5—锁环

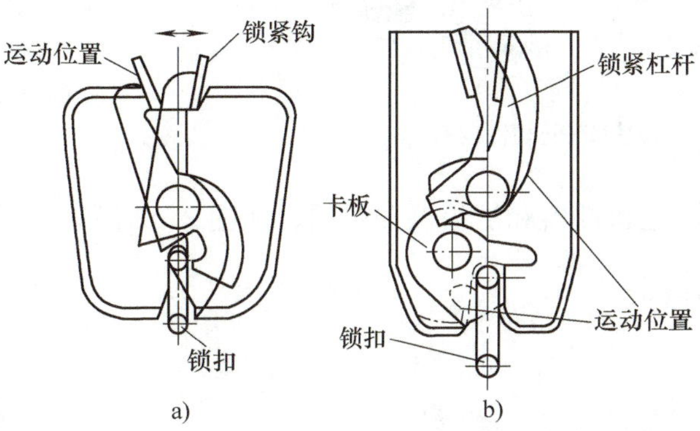

图 2-58　后舱背门锁

a）钩扣式　b）卡板式

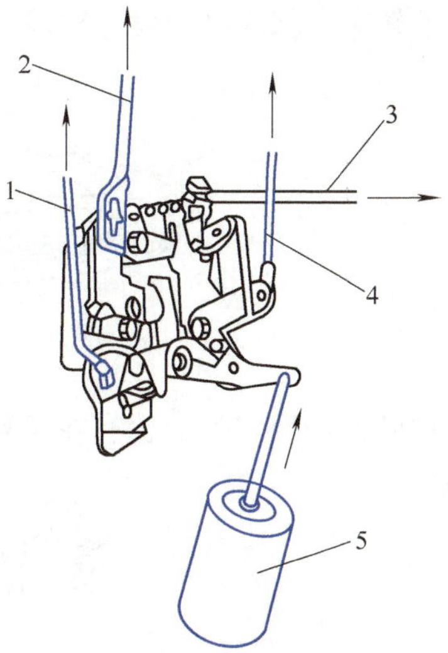

图 2-59　电磁式自动锁

1—锁芯连杆　2—尾手柄连杆　3—内手柄连杆　4—内锁上杆　5—电磁铁

2.2.3　保险杠

1. 保险杠作用

（1）安全作用　轿车保险杠是装在轿车前后端的防护装置，是被动安全系统的重要外部构件，应保证汽车在发生碰撞时可最大限度吸收撞击能量，以其保险杠自身可以恢复的变形和轻度的损坏，来避免或减轻车辆其他部件的损坏以及乘员在第二次撞击中的伤害。

（2）装饰作用　保险杠的形状和安装位置应与整车外形协调配合，它也起着装饰的作用。

（3）节能作用　随着轿车向高速化发展，保险杠不仅有吸能和装饰作用，其形状、尺寸及安装位置等与车身造型的最佳配合，也是降低整车空气阻力的重要因素。因此，良好的保险杠设计也是节能措施之一。

2. 保险杠结构类型

保险杠的结构分为普通型和吸能型两类。普通型保险杠的结构简单、质量轻，广泛用于一般轿车；而吸能型保险杠的安全保险性能好，它与车身造型相协调，多用于高级轿车上。

（1）普通型保险杠　普通型保险杠也称为刚性保险杠，常以 2mm 厚钢板冲压成形，表面施以镀铬，通过支撑柱安装在车身框架上。考虑到安全，也有将保险杠的两端埋入车身两侧。也有在钢支架外侧装上合成树脂材料制成的保险杠面罩，如图 2-60 所示。

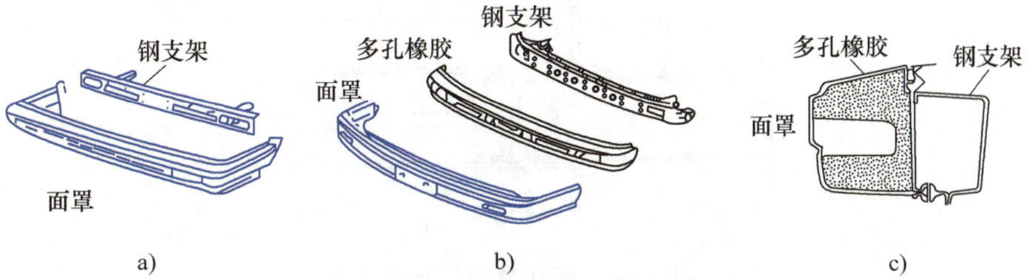

图 2-60　普通钢制保险杠及树脂面罩

a）普通型　b）吸能型　c）吸能型断面

有的轿车在保险杠上贴上橡胶保护层如图 2-61 所示。

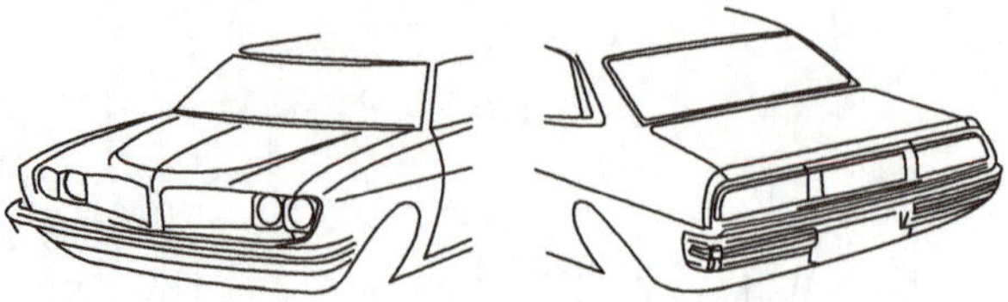

图 2-61 贴上橡胶保护层的钢制保险杠

除橡胶保护层之外，也有在保险杠前端设置超控器和护板保护层的，如图 2-62 所示。

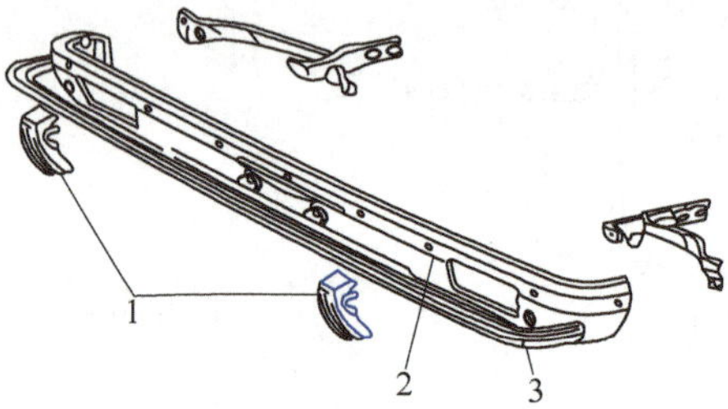

图 2-62 有保护层及超控器层的钢制保险杠

1—超越控制器 2—前保险杠 3—保险杠保护层

普通钢制保险杠的结构简单，但在局部碰撞变形后会影响到整个车身。

（2）吸能保险杠 吸能保险杠在碰撞时能吸收冲击能量，形成一种防冲击的隔离带，如图 2-63 所示。

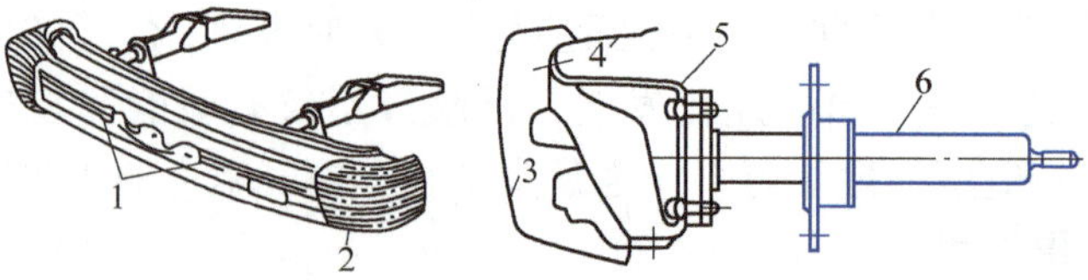

图 2-63 吸能保险杠

1—保险杠保险层 2—拐角保护 3—隔离层 4—保险杠挡杆 5—加锻件 6—吸能单元

1）筒状吸能单元。筒状吸能单元有两种形式，一种是利用在活塞及套筒中封入油和空气，利用油的阻尼吸收冲击，以空气弹簧的压缩作为减轻冲击的缓冲器，如图 2-64 所示。

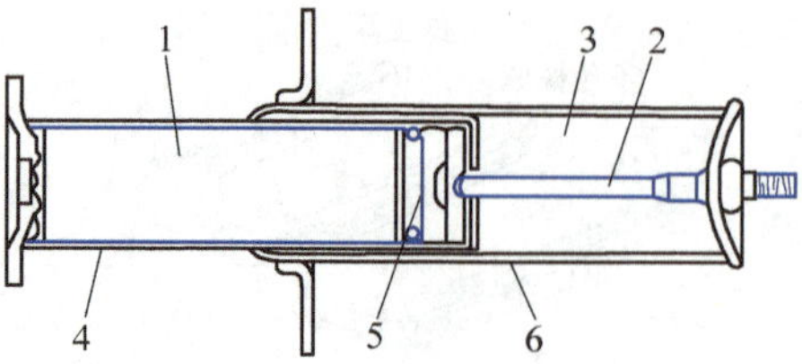

图 2-64 筒状吸能单元（Ⅰ）

1—气体 2—金属支撑杆 3—油 4—活塞套筒 5—浮动活塞 6—气缸套筒

另一种是使用硅油作为阻尼器，并利用两段套管的面积差起缓冲复原的作用，如图2-65所示。

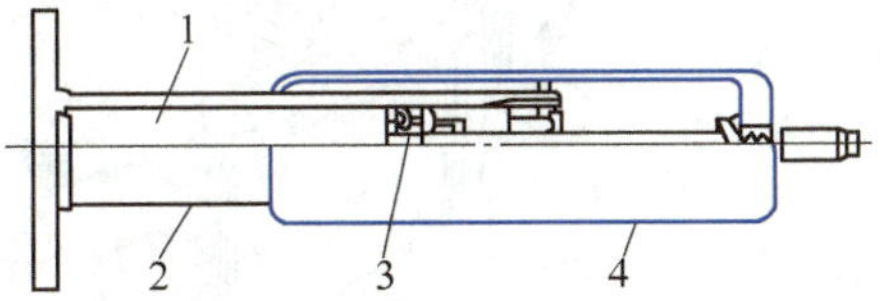

图2-65　筒状吸能单元（Ⅱ）

1—硅橡胶　2—活塞套筒　3—活塞
4—气缸套筒

2）直接吸收式保险杠。直接吸收式保险杠在靠车身一侧为强度比较高的钢制保险杠支撑板，将合成泡沫塑料或发泡橡胶等吸收冲击能量好的材料填充于支撑板与面罩之间，构成具有一定能量吸收功能的保险杠，当汽车受到轻度冲击时，靠填充材料受冲击压迫后的瞬间变形直接吸收能量。

另外，在树脂型保险杠内侧设置若干纵横向加强肋，在承受冲击时，这些加强肋可压缩。

3. 几种轿车的保险杠

奥迪A6轿车前后保险杠如图2-66和图2-67所示。

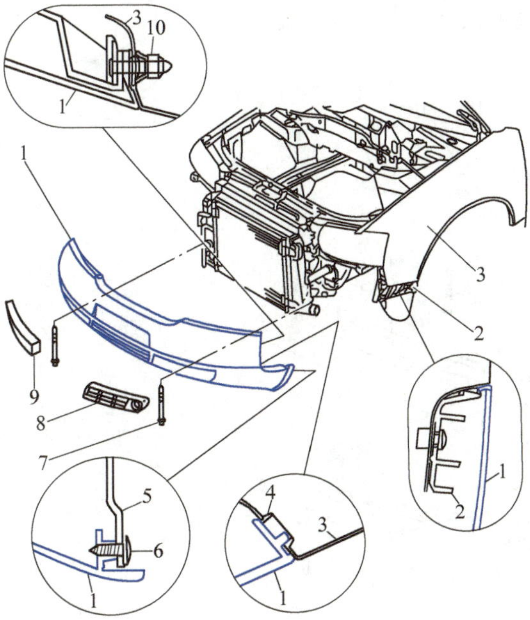

图2-66　奥迪A6轿车前保险杠

1—外壳　2—导向件　3—翼子板　4—卡夹
5—车轮罩材板　6—组合螺栓，1N·m
7—内六角头螺栓，23N·m　8、9—进气护栅　10—六角螺母，6N·m

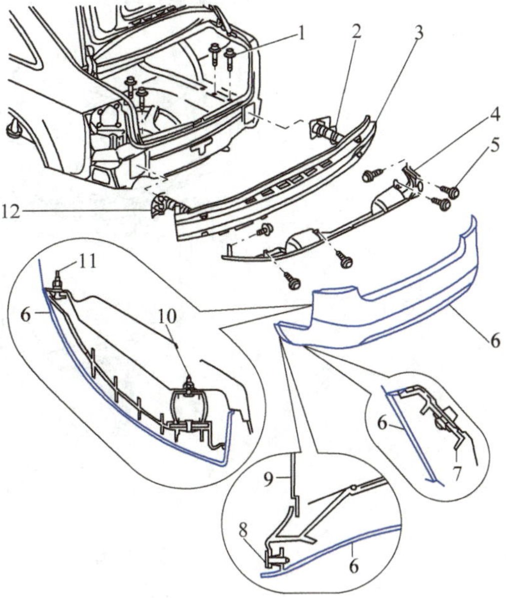

图2-67　奥迪A6轿车后保险杠

1、8—组合螺栓　2、12—吸振件　3—横梁
4—后挡板装饰件　5—自攻螺钉，1.5N·m
6—外壳　7—导向件　9、10—六角带肩螺母2个　11—密封件

帕萨特轿车前后保险杠如图2-68和图2-69所示。

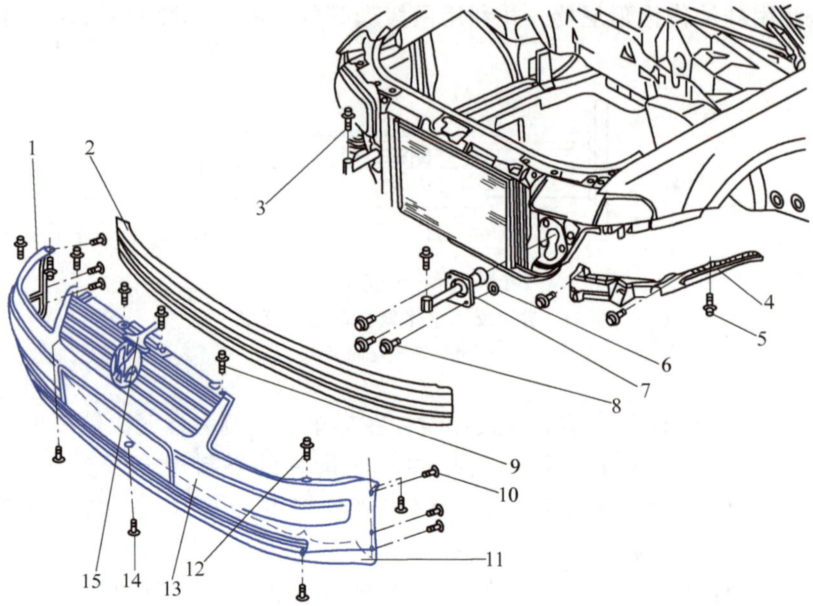

图 2-68 帕萨特轿车前保险杠

1—保险杠外罩壳 2—保险杠骨架 3—螺栓 2 个，20N·m 4—导向装置
5—螺栓 6 个，2N·m 6—六角螺母 2 个 7—缓冲装置 8—螺栓 7 个，50N·m
9—螺栓 4 个，3N·m 10—螺栓 8 个，2N·m 11—导流板 12—螺钉
13—保险杠嵌条 14—快速连接螺栓 3 个，2N·m 15—释放杆

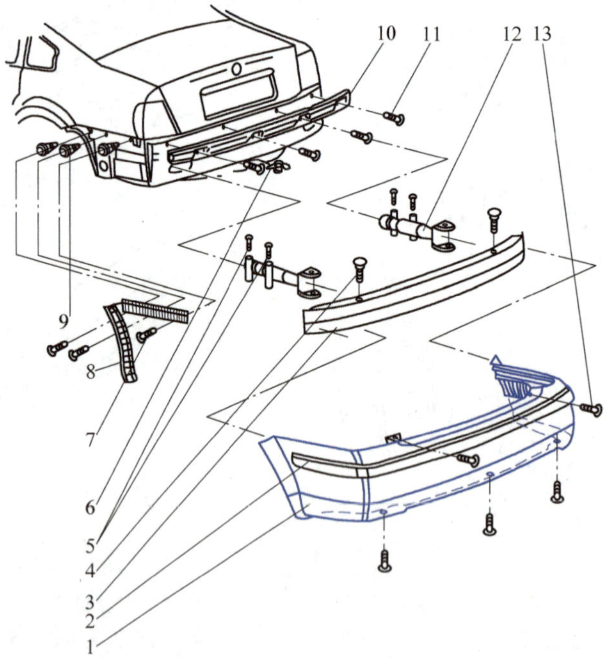

图 2-69 帕萨特轿车后保险杠

1—保险杠外罩壳 2—保险杠嵌条 3—保险杠骨架 4—螺栓 2 个，15N·m 5—螺栓 4 个，30N·m 6—插片螺母 7—螺栓 6 个，2N·m 8—导槽 9—夹紧螺母 6 个
10—固定板 11—螺栓 4 个，1.2N·m 12—缓冲装置 13—螺栓 5 个，6N·m

课题3　车身顶盖

车身顶盖是大型覆盖件，顶盖形状大都是曲率较小的“平坦”零件，其作用不只是避雨，提高零件的刚性也是至关重要的，轿车侧翻时可起到保护乘员安全的作用。

普通轿车均为与车身成为一体的固定式车顶，有些高级轿车出于采光与通风等方面的需要，在车顶适当部位开了不同形状的天窗，再安装上活动的遮阳顶盖。

2.3.1　顶盖的分类

轿车顶盖可分为以电动机驱动的滑板式及手工装拆式两大类，具体细分如下：

1. 滑板式顶盖

(1) 外滑板式　外滑板式顶盖可以在车顶上面滑动，并用电动机驱动，如图2-70a所示。

(2) 内滑板式　内滑板式顶盖是在车顶与车顶衬里之间滑动与收藏的形式，如图2-70b所示。

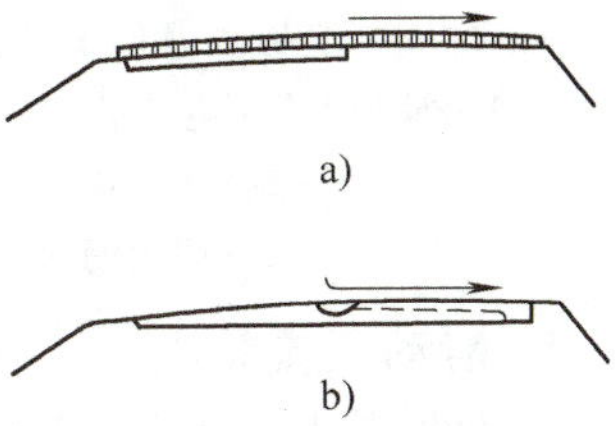

图2-70　滑板式顶盖示意图

a）外滑板式　b）内滑板式

2. 倾斜向上的形式

顶盖后端向上倾斜呈开启状态，将后滑块销向上抬起，使顶盖后端倾斜向上，如图2-71所示。

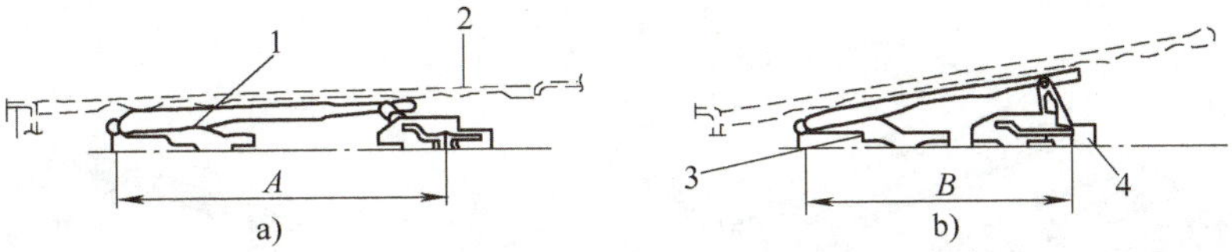

图2-71　倾斜向上形式的顶盖示意图

a）全闭时　b）倾斜向上开启时

1—车顶　2—顶盖　3—前滑块　4—后滑块　*A*、*B*为前滑块前端与后滑块滑动点的距离

也可用玻璃制作顶盖。在车顶全闭时用手动也能开启进行采光，为防止玻璃采光带来的温度升高，可使用具有金属薄膜的热反射玻璃。

3. 滑板加倾斜向上的形式

滑板加倾斜向上的形式是在外滑板中加上顶盖后端向上的机构，如图2-72所示。

4. 固定玻璃型

固定玻璃型是在天窗开口位置装上玻璃，不用装拆及倾斜机构。在玻璃作顶盖的构造中，还应装有遮阳板，进行采光与遮光调节。

2.3.2　滑板式顶盖的构造

滑板式顶盖由滑动顶盖总成、车顶支架、滑动机构及驱动电动机等组成，如图2-73所示。

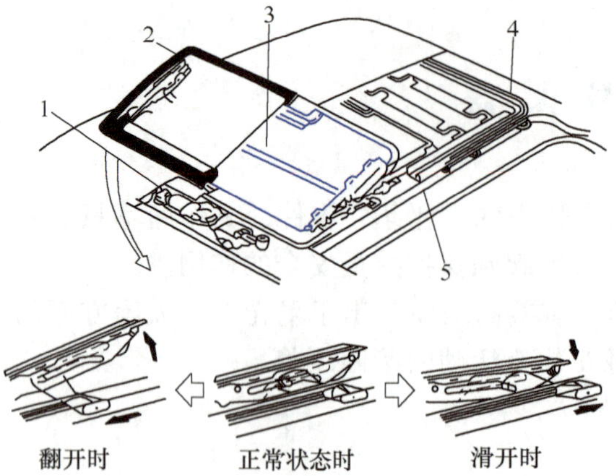

图 2-72 滑板加倾斜向上形式的顶盖

1—滑动式车顶电动机 2—遮阳顶盖 3—遮阳板 4—支架 5—驱动钢索

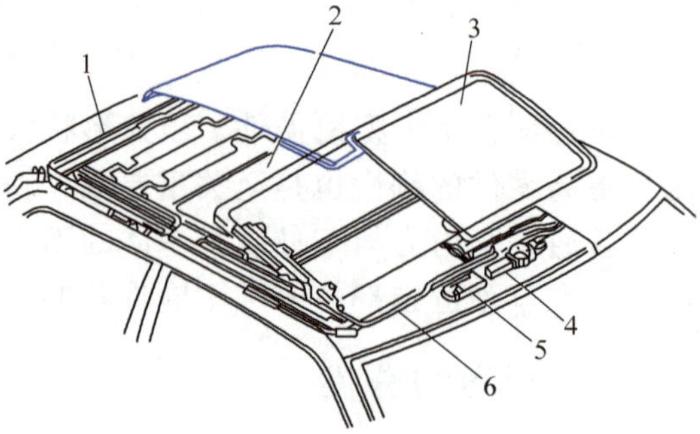

图 2-73 滑板式顶盖的构造

1—支架 2—遮阳板 3—玻璃 4—驱动电动机及齿轮 5—控制继电器 6—驱动钢索

1. 滑动顶盖总成

滑动顶盖总成由遮阳通风板、密封条、外板总成及板扣等组成，如图 2-74 所示。

2. 车顶支架

车顶支架与导轨成为一体，是支撑顶盖的骨架，增强了安装刚度。为了减轻车顶支架的质量，支架采用超轻型树脂，如内板、遮阳板、托架等；也有使用铝材的，如导轨总成、螺母等，如图 2-75 所示。

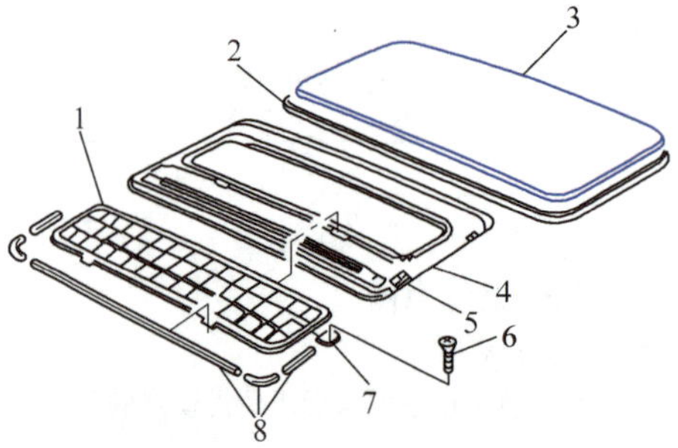

图 2-74 滑动顶盖总成

1—遮阳通风栅 2—密封条 3—外板总成 4—遮阳板总成 5—钩扣 6—螺钉 7—板夹子 8—护圈

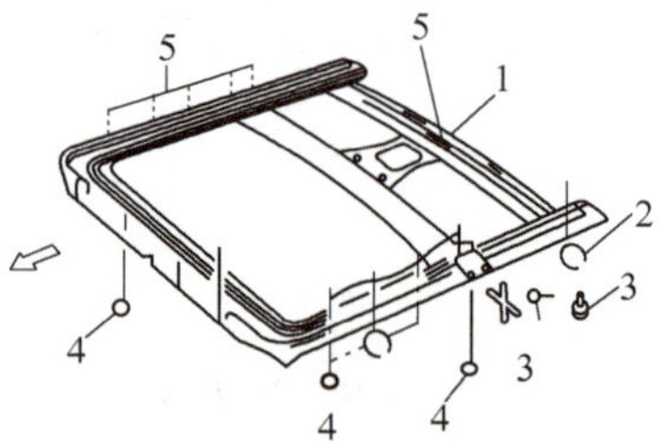

图 2-75 车顶支架

1—导轨总成 2—托架 3—螺栓 4—螺母 5—双头螺柱

3. 滑动机构

（1）滑动机构组成 车顶滑动机构组成如图 2-76 所示。

在车顶支架的前方安装电动机，驱动齿轮旋转，齿轮带动钢索并拉动滑板移动。

（2）钢索机构 拉动顶盖的钢索机构如图 2-77 所示。

钢索和在支架导轨上移动的滑块连接，可动滑块的移动带动了滑板式的顶盖。同时，由调整用滑块补偿钢索长度的变化，使钢索始终保持一定的长度。

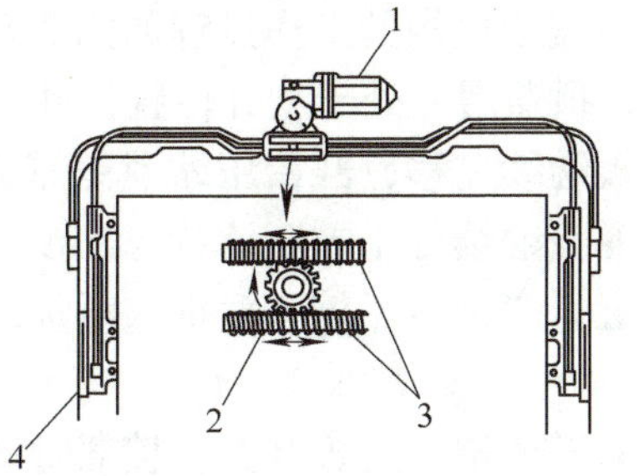

图 2-76　滑动机构组成

1—驱动电动机　2—齿轮

3—钢索　4—后滑块

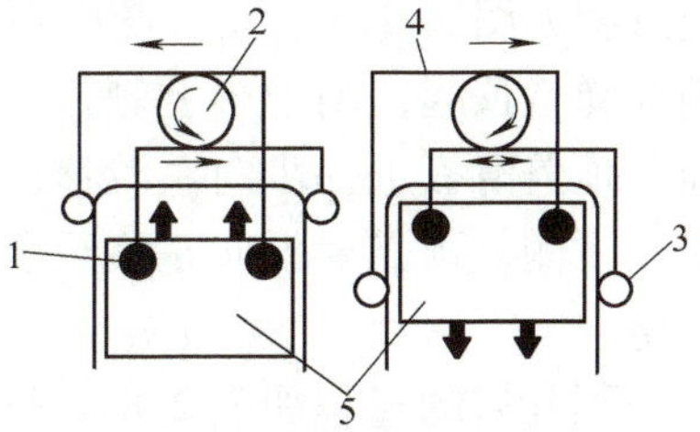

图 2-77　钢索拉动机构示意图

1—可动滑块　2—齿轮　3—调

整滑块　4—钢索　5—顶盖

4. 驱动电动机

（1）驱动电动机构造　驱动电动机总成构造如图 2-78 所示。

驱动电动机由小齿轮、凸轮、减速齿轮、离合器和限位开关等组成。限位开关内藏位置传感器及离合器，它与电动机一起组成驱动单元。

滑板式顶盖移动的位置信号检测由限位开关（位置检测用）执行，如图 2-79 所示。

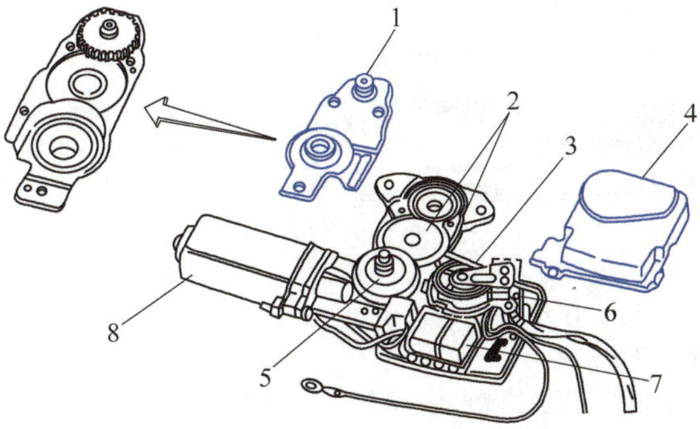

图 2-78　驱动电动机总成

1—小齿轮　2—减速齿轮　3—凸轮　4—开关盖　5—驱动

电动机　6—离合器　7—限位开关　8—继电器

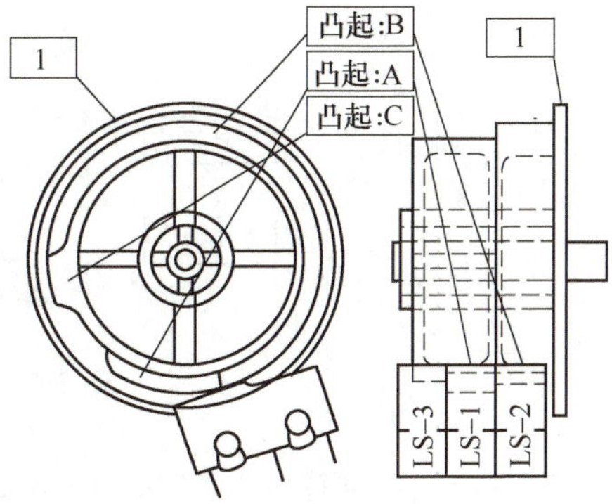

图 2-79　限位开关

1—齿轮

限位开关中凸轮的突起部位压在微动开关上，三个凸起 A、B、C 可分别检测出滑板顶盖全开、全闭、倾斜向上和自动动作（顶盖由全闭到全开自动动作）等动作。

（2）驱动电动机离合器　为防止驱动电动机过负荷运转，设置离合器及电流断路器用以保护电动机，如图 2-80 所示。

当拉不动顶盖的时候，则离合器空转，可起到防护电动机过负荷的作用。

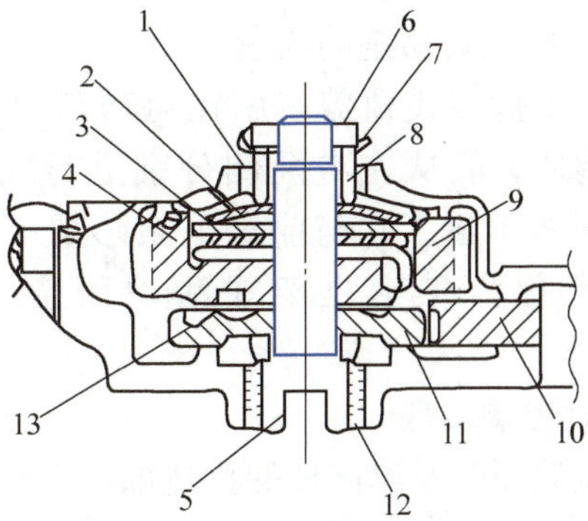

图 2-80　驱动电动机离合器

1—上衬套（外）　2—离合器弹簧　3—离合器总成　4—蜗轮蜗杆　5—驱动轴　6—螺母　7—垫圈　8—上衬套（内）　9—垫圈　10—减速齿轮　11—齿轮　12—下衬套　13—下垫圈

5. 顶盖锁机构

当顶盖全闭之后，为防止顶盖再度滑动并开启，应设置顶盖锁机构。顶盖全闭时，中断了向驱动电机的供电，这时应自动将顶盖锁止。顶盖锁机构的工作过程如图2-81所示。

顶盖锁止过程如图2-81a所示。图中右上侧，顶盖滑板处于全开位置，并向关闭方向左移，这时锁销被弹簧顶起；图中中上侧，顶盖滑板继续左移，开始压缩锁销弹簧；图中左上侧，在锁止前，顶盖滑板进一步向左滑移，锁销弹簧继续处于被压缩状态，锁销仍可在滑板上滑动；图中左下侧，顶盖滑板向左移至全闭位置，锁销由压缩弹簧推入滑板的槽孔中，顶盖被锁止和固定。

顶盖从关闭到开启的过程如图2-81b所示。只需要按下盖板开关，使摇臂动作，摇臂端头便可将锁销从槽孔中推出，顶盖被解锁。

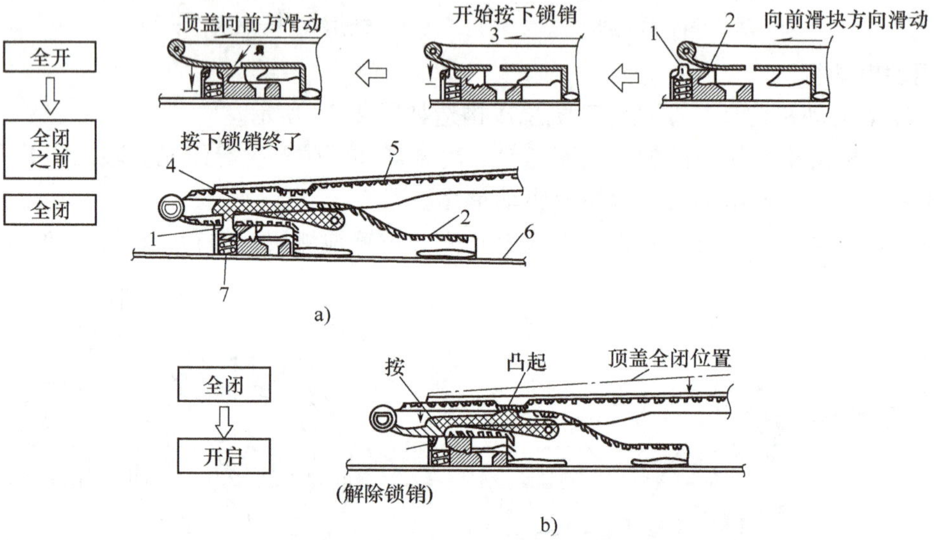

图2-81　顶盖锁机构的工作过程

a）锁止过程　b）开锁过程

1—锁销　2—前滑块　3—车顶盖　4—臂　5—玻璃顶盖托架　6—导轨　7—弹簧

2.3.3　拆装式顶盖

1. 拆装式顶盖的构造

手工拆装式顶盖多用在运动车中，其特征是分块构造，能从左右两侧分别进行安装与拆卸。从车顶向下看，它与前缘框架形成一个T字形，所以又称为T形框架式活动顶盖，如图2-82所示。

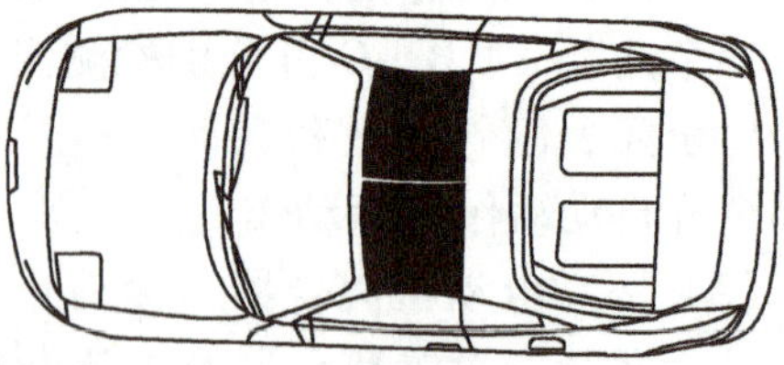

图2-82　左右分块式拆装T形活动顶盖

2. 玻璃顶盖

玻璃顶盖及遮阳板的构造如图2-83所示。

顶盖中常用金属型及玻璃型顶盖两种，而且玻璃型顶盖及遮阳板正在逐渐增多。这个遮阳板应拆装方便，在需要采光时可取下遮阳板。只要转动遮阳板上的锁旋钮，便能方便地拆下遮阳板，如图2-84所示。

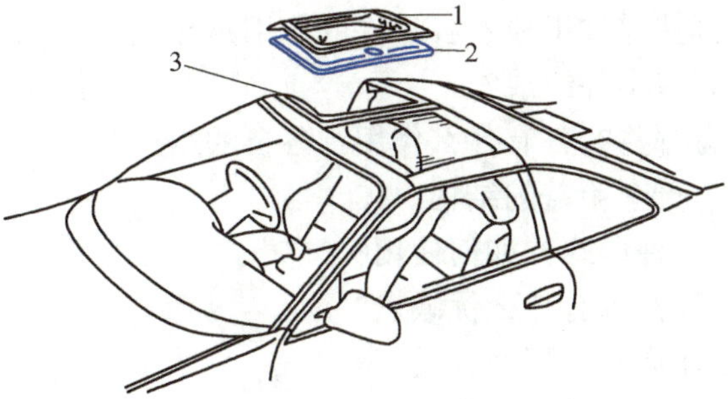

图 2-83 玻璃顶盖及遮阳板

1—玻璃顶盖 2—遮阳板 3—导向槽

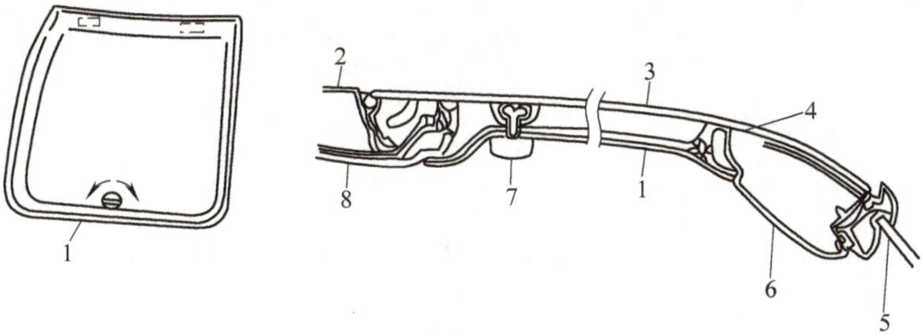

图 2-84 遮阳板的安装断面

1—遮阳板 2—顶盖板 3—玻璃顶盖 4—托架 5—门玻璃 6—锁罩壳 7—锁旋钮 8—顶盖衬里

3. 拆装式顶盖的锁机构

在拆装式顶盖中锁机构是十分重要的，锁机构由手柄、齿轮副和锁轴等组成。按指定方向拉动手柄，能使顶盖处于锁定或释放状态，如图 2-85 所示。

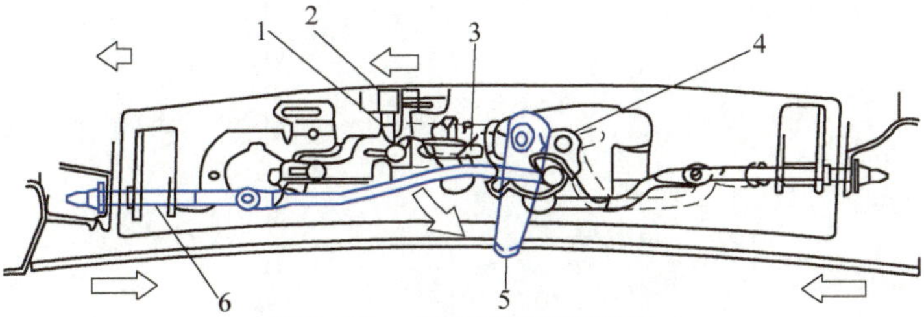

图 2-85 玻璃顶盖的锁机构

1—锁杠杆 2—锁旋钮 3—锁旋钮用回位弹簧 4—齿轮副 5—手柄 6—锁轴

复 习 题

1. 什么是非承载式车身？什么是承载式车身？
2. 非承载式车身的车架有几种形式？各有什么结构特点？
3. 对车身下部的结构有什么要求？
4. 奥迪 100 车身下部由哪五部分组成？简述各部分的结构？
5. 左、右侧围焊接总成由哪些零件组成？各零件的作用是什么？

6. 前围焊接总成由哪些零件组成？各零件的作用是什么？
7. 后围焊接总成由哪些零件组成？
8. 车身前板制零件有哪些？各有什么作用？各自的结构？
9. 叙述发动机罩盖、行李箱盖的结构。
10. 发动机罩铰链有几种形式？如何使用？
11. 发动机罩有哪三种？各有什么优缺点？
12. 保险杠的作用是什么？有哪两大类？
13. 车身顶盖有几类？各自的特点是什么？

单元3 车门与附件

应知应会

1. 熟知车门本体、车门铰链与车门锁的构造。
2. 至少熟知一种类型玻璃升降器的构造、了解其他类型玻璃升降器的构造。
3. 掌握电动玻璃升降器的构造与工作原理。
4. 学会正确更换密封条。

课题1 车门总体构造

3.1.1 车门概述

车门是车身上的一个独立总成，是供乘员或货物进出的必要通道，因此它的使用频率很高。轿车在行驶过程中，车门不得因任何原因，包括撞车事故等而自动打开；而当发生事故后，车门不得因扭曲变形而打不开，因此它是非常重要的安全件。车门使用频繁，且要求性能稳定，它的设计质量直接影响整车的安全性、造型效果、空气动力学特性、密封性及噪声等。

车门总成设计包括钣金零件的设计，车门附件的结构设计或选择及合理布置，其中既有金属件，又有非金属件。由于车门所包括的附件较多，性能要求又高，因此它的成本在整个车身上所占的比例是较大的。

车门一般是用铰链将车门安装在车身上，由车门本体、附件和内外装饰件三部分构成。为了保证乘员上下车的方便性、行车的安全性、良好的侧面视野、密封性及低噪声等方面的性能，对新车门及制造成和维修后的车门均应有下列要求。

1. 对车门的要求

（1）车门的开启　车门应开关灵活，运动自如，具有足够乘员上、下车的开度，车门开关应有轻度的节制，能在最大开度和中间开度的位置上停稳，轿车车门开度一般在60°～70°范围内，并能保证即使在倾斜路面上车门也能够顺利开启。

（2）车门的锁止　车门在锁止时，不得因振动、碰撞而自动开启；在锁止后需要开启时，又很容易打开。

（3）车门的强度和刚度　车门应有足够的强度和刚度，不允许因变形、下沉而影响到车门开关的可靠性。在关门时不得有敲击声，行驶时不允许产生振动和噪声。

（4）车门密封性　车门与门洞之间应有良好的密封性，雨、雪不能从车门缝隙中进入车内，并能把灰尘和泥水挡在车外。

（5）良好的工艺性和维修方便性

（6）附件布置合理　附件布置合理，相互不干涉，使用方便，性能可靠。

2. 车门的结构形式

（1）车门的数量　车门的数量与轿车的用途和形式有密切关系。常见的有两门车、四门车、五门车等多种形式，如图3-1所示。

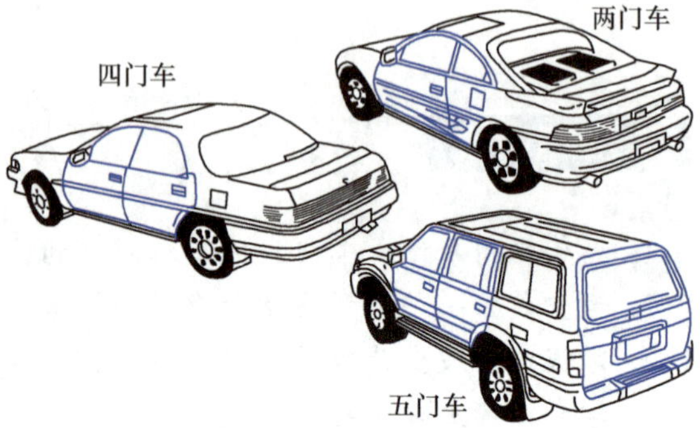

图3-1　不同车门数轿车的外观图

二门、四门常用在折背式（三箱式）、直背式、溜背式和短背式等多种形式的车身上，视车身的大小、允许乘员的多少决定车门的数量。

对于二箱式车身（其特点是行李箱与乘员室连成一体）或单箱式车身（从外观上看是不分台阶的平头型车，乘员室、行李箱和发动机室同在一个箱内），多数在后部设有车门，使大件物品可以进出。如果将后座椅叠起，那么后部的空间可放大件行李物品，通常将这一类形式称为“掀背式”，也叫三门或五门式轿车。

由于二门及三门式轿车的前座椅掀倒后才能利用后座椅，所以乘员超过两人后乘降很不方便，有时为了便于后座人员的乘降而加大了车门。

（2）车门的开闭方式　车门的开闭方式有旋转式车门、推拉式车门和飞翼式车门等，尤以旋转式车门应用最普遍。

1）旋转式车门。旋转式车门分顺开式和对开式车门。

旋转式车门多采用顺开式，如图3-2所示。

顺开式车门是车门铰链布置在车门的前端，顺着车前进的方向向前旋转，这种车门布置比较安全，如果在轿车行驶中门锁失灵而使车门打开或者乘员误开车门，不会因空气流动的作用而发生危险。

对开式车门如图3-3所示。对开式车门的后门铰链是紧固在后支柱上的，车门开启时是向后旋转，这种布置便于三排座顺开门轿车的中排座椅和后排座椅的乘员上下车。对开门轿车现已采用较少。

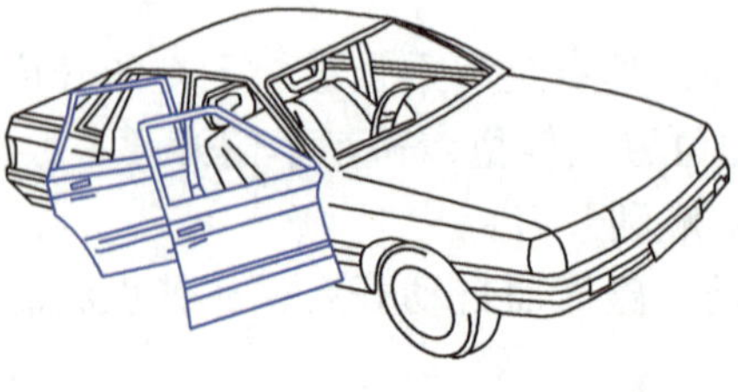

图3-2　顺开旋转式车门

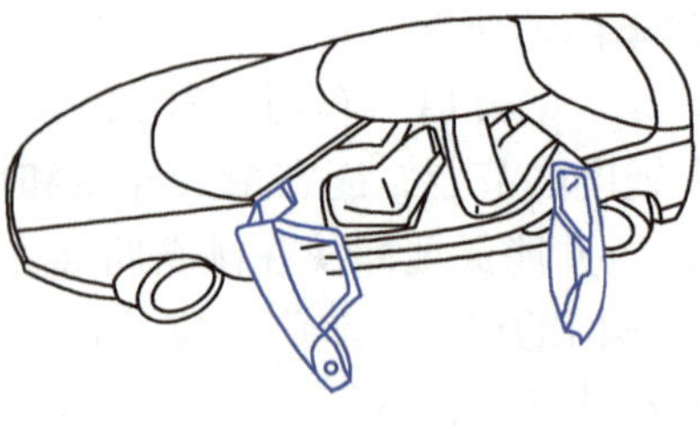

图3-3　对开式车门

2）推拉式车门（滑门）。推拉式车门如图 3-4 所示。

推拉式车门（滑门）经常用于单车厢中。车门沿导轨滑动，像拉窗那样滑动开关，门的开口面积最大，且在窄小的地方也能开关。

推拉式车门的支撑与滑动主要依靠安装在车门上、中、下的三个导轨及与之配合的滚柱。在开始打开车门时，车门稍向外倾移动后，再向车身后方水平滑动，因此，车门占用面积很小，可以相应增大车内空间。

3）飞翼式车门。飞翼式车门大多用于运动车，这是一种车身低、流线形好、为了方便上下车而采用的结构形式，如图 3-5 所示。

飞翼式车门向上方弹起，车门打开后的形态像正在飞翔中的海鸥翅膀，所以称为“飞翼式”。

开启车门的方法有两种：一种是将铰链装于车顶，车门横向打开的方式；另一种是铰链装于车门前方，车门向上举起的方式。

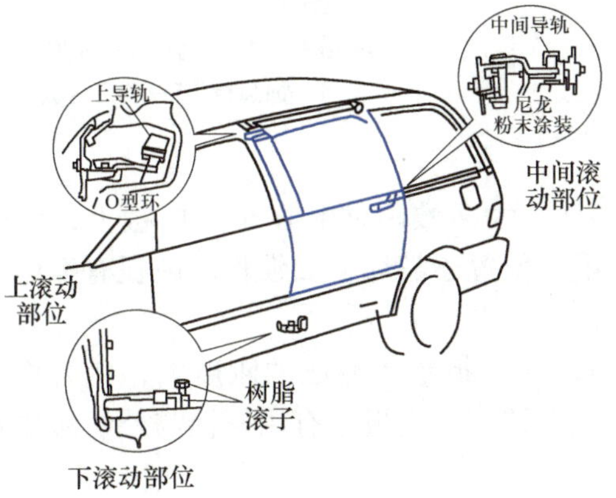

图 3-4　推拉式车门

图 3-5　飞翼式车门

3. 有、无窗框的车门

车门按有、无窗框可分为有窗框车门与无窗框车门。

（1）有窗框车门　大多数轿车是有框的车门，这种车门容易保证车门的刚性和密封性，如图 3-6 所示。

（2）无窗框车门　无窗框车门多用于敞篷车和硬顶车。在一辆轿车上前门没有窗框、后门有窗框的例子也是有的，如图 3-7 所示。

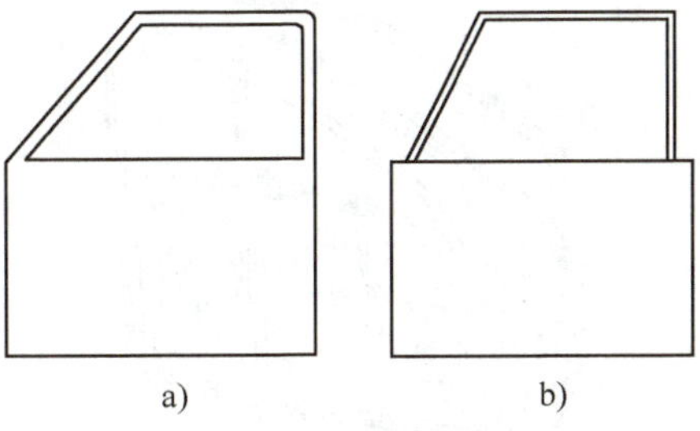

图 3-6　有窗框车门

a）整体式　b）框架式

3.1.2　车门本体

1. 车门本体结构

车门本体的骨架部分包括车内板、外板、窗框和加强板等构件，如图 3-8 所示。

（1）车门外板　车门外板基本上是由车身外形决定的，由板材厚度为 0.6～0.8mm 的薄钢板冲压而成，通常在外板上冲制一些孔，用以装配外手柄、锁机构和装饰条等，车门外板的装配一般采用定位焊、黏结及咬合等方法。

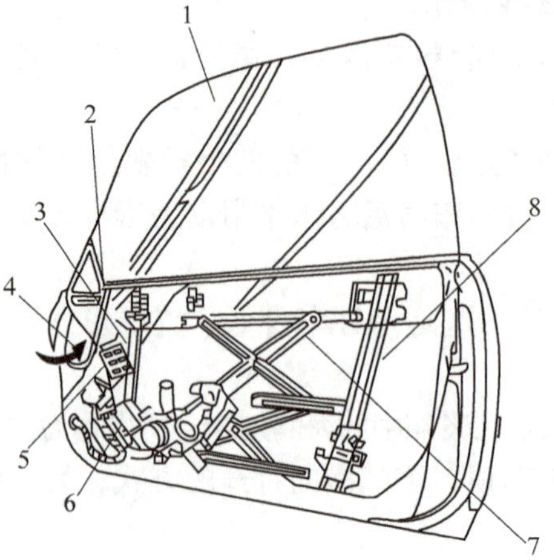

图 3-7　无窗框车门

1—车门玻璃　2—侧面防雾装置　3—前导轨　4—防雾装置通风口　5—主开关　6—电动机　7—X 形双臂式玻璃升降器　8—后导轨

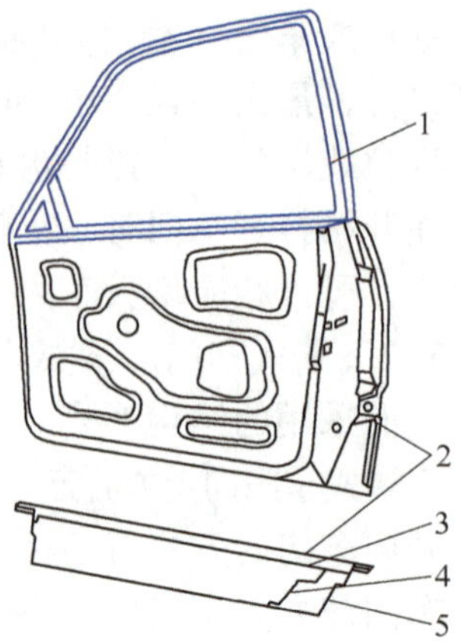

图 3-8　车门本体结构

1—窗框　2—外板　3—外加强板　4—加强板　5—车门内板

（2）车门内板　车门内板是车门主要受力部件，大多数附件装在车门内板上，所以内板的形状复杂，刚度、强度都较高，并且在一些重要位置还需焊上加强板。内板有整体冲压的，也有分块冲压后焊接成形的。

1）整体冲压内板。整体冲压内板如图 3-9 所示。内板整体冲压的刚度大，免去焊接的麻烦，尺寸精度高，但需要大型冲压设备，生产成本较高。内板也有用螺栓与外板总成紧固在一起的。

2）分块冲压内板。分块冲压内板如图 3-10 所示。

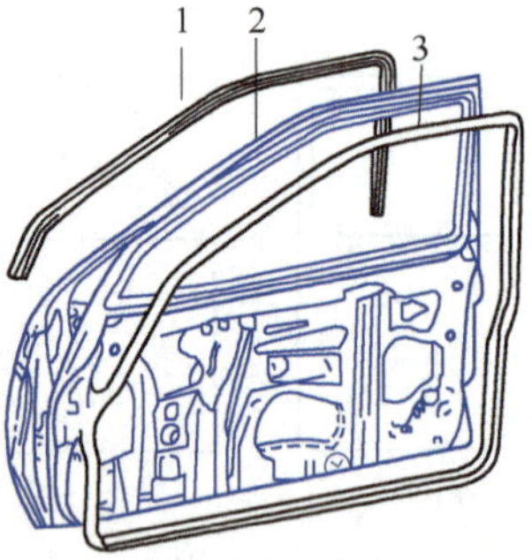

图 3-9　整体冲压内板

1—玻璃导槽　2—U 板总成　3—密封条

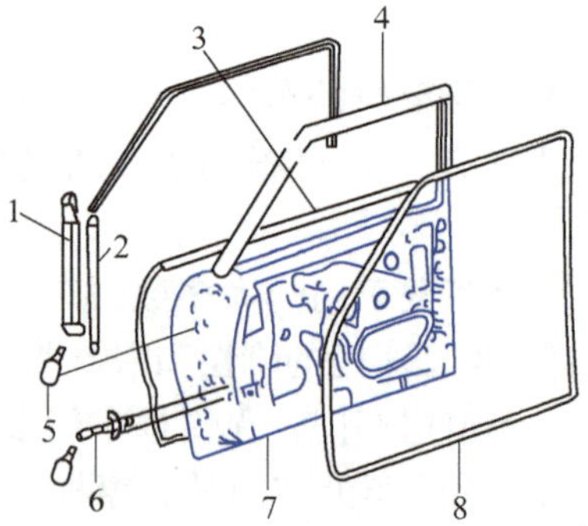

图 3-10　分块冲压内板

1—门窗前杆　2—玻璃导槽　3—外板　4—窗框　5—门铰链　6—车门限位器　7—内板　8—密封条

（3）窗框　窗框大多数是用薄钢板冲压、滚压或用其他方法加工后焊接而成，如图 3-11 所示。

窗框结构应满足如下要求：

1）具有使车门玻璃能上下运动的导槽。

2）有固定车门密封条的结构。

3）便于外装饰条及内护板的装配。

4）可拆卸窗框的结构形式应具有良好的装配工艺性及足够的连接刚度。

5）窗框与其相邻的车身骨架应协调，保证车身表面的光滑。车身的密封性及避免产生运动干扰。

6）窗框要有足够的刚度，以保证玻璃能正常升降以及车门的密封性。

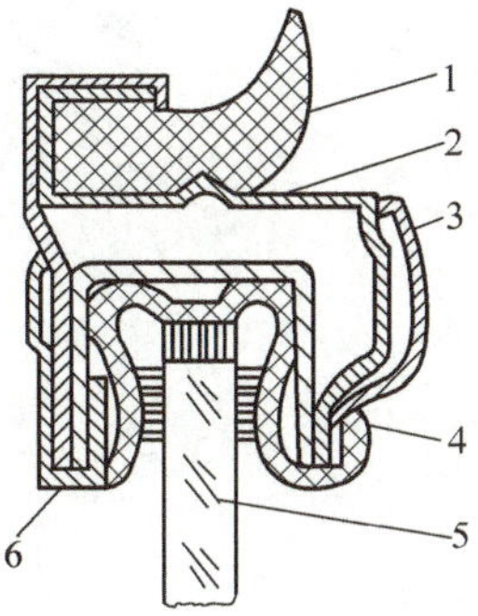

图 3-11　车门窗框断面

1—密封条　2—窗框骨架　3—窗框内护板
4—玻璃导槽　5—玻璃　6—装饰条

2. 奥迪 A6 轿车车门结构

1）前车门和车门部件支架结构如图 3-12 所示。

2）后车门和车门部件支架结构如图 3-13 所示。

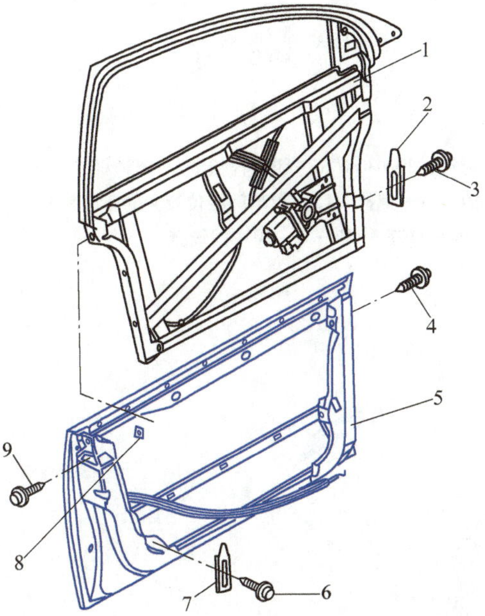

图 3-12　奥迪 A6 前车门和车门部件支架结构

1—车门部件支架　2—调整板
3、4、6、9—组合螺栓，30N · m
5—前车门 7—调整板　8—垫片

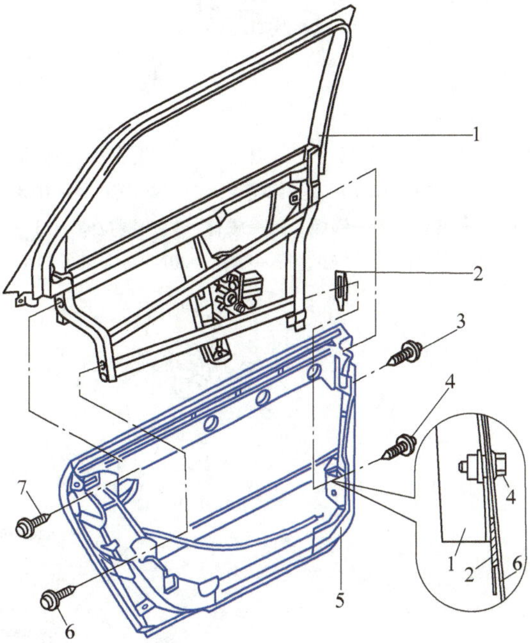

图 3-13　奥迪 A6 后车门和车门部件支架结构

1—车门部件支架　2—调整板
3、4、6、7—组合螺栓，30N · m　5—后车门

3. 帕萨特轿车车门结构

1）前车门结构如图 3-14 所示。

2）后车门结构如图 3-15 所示。

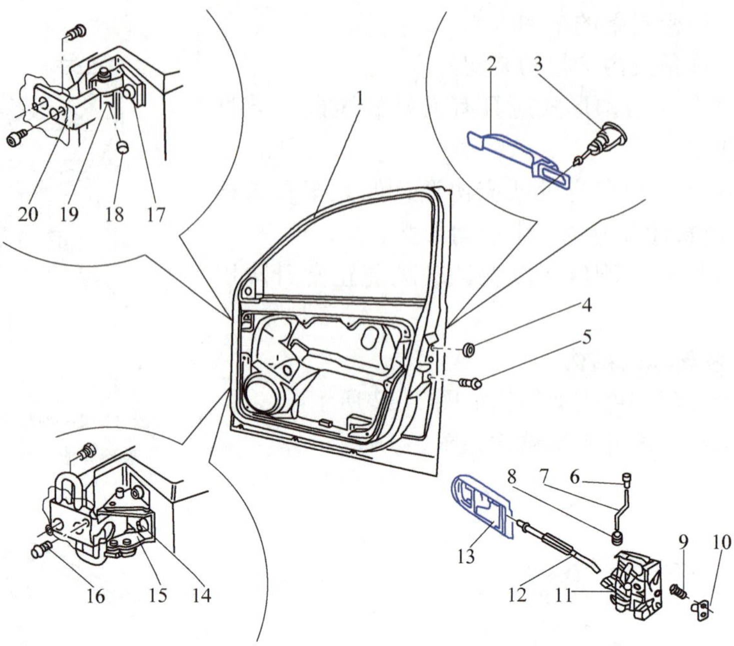

图 3-14　帕萨特轿车前车门结构

1—前车门　2—门把手　3—锁芯罩　4—护盖　5、9—螺栓，20N · m　6—闭锁杆钮　7—闭锁杆　8—胶套　10—锁板　11—锁体　12—铜拉索　13—门内部手柄　14—螺栓　15—带车门限位装置的车门铰链　16、17—螺栓，20N · m + 90°　18—盖　19—沉头螺钉，23N · m　20—门铰链

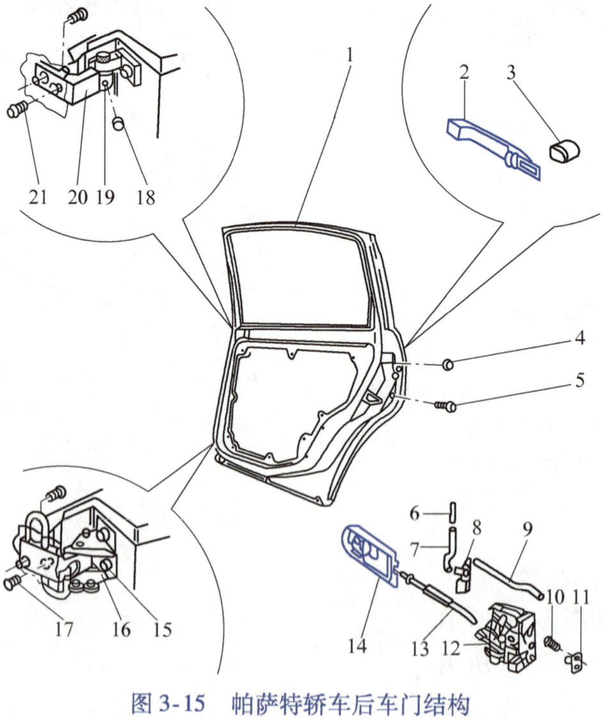

图 3-15　帕萨特轿车后车门结构

1—后车门　2—带骨架的门把手　3—外罩　4—帽盖　5、10—螺钉，20N · m　6—闭锁杆钮　7—闭锁杆　8—肘形节杆　9—保险杠　11—连接片　12—门锁　13—钢丝索　14—门内部把手　15、21—螺钉　16—带定位的门铰链　17—螺钉，20N · m + 90°　18—帽盖　19—沉头螺钉，23N · m　20—门铰链

3.1.3 车门铰链与车门限位器

车门铰链是车门总成的一个附件，车门附件还包括玻璃升降器、门锁、内外手柄、门锁控制机构和车门开度限位器等。其中，车门铰链是决定车门与车身间相对位置、控制开闭运动的装置。

1. 对车门铰链的要求

（1）保证车门位置　铰链承受车门质量，保持车门灵活自由的开闭，防止因铰链松动引起的车门下沉或车门与车身的错位。

（2）寿命长　铰链及销轴应耐磨，应保证车门在长时间开闭后不会明显下沉。

（3）保证车门能停在任意位置　铰链应有保持车门任意开度时的阻尼机构和车门全开时的限位装置。

（4）能控制车门的开启运动规律　对某些具有特殊功能的铰链机构（如4节铰链），应能控制车门的开启运动规律；能顺利地避让拱形挡泥板；为方便乘降，在开启过程中能使车门上部略为外倾。

在车门铰链中有内铰链（也叫隐铰链）和外铰链。现在大部分轿车都使用内铰链；在某些特殊车身结构中也有外铰链的形式。

2. 车门铰链的组成部分

车门铰链一般由车身件和车门件等组成，如图3-16所示。

3. 车门铰链的连接方式

（1）螺栓连接　车门铰链的车身件、车门件以及车身和车门间均有安装孔，靠穿过安装孔的螺栓螺母将车门铰链和车身以及车门连接起来，如图3-17所示。

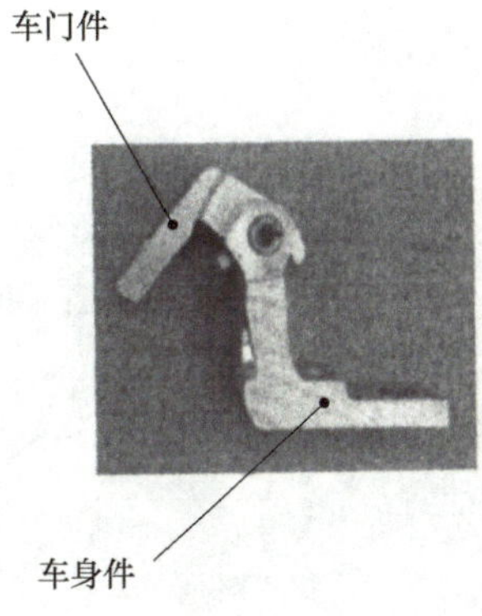

图3-16　车门铰链结构

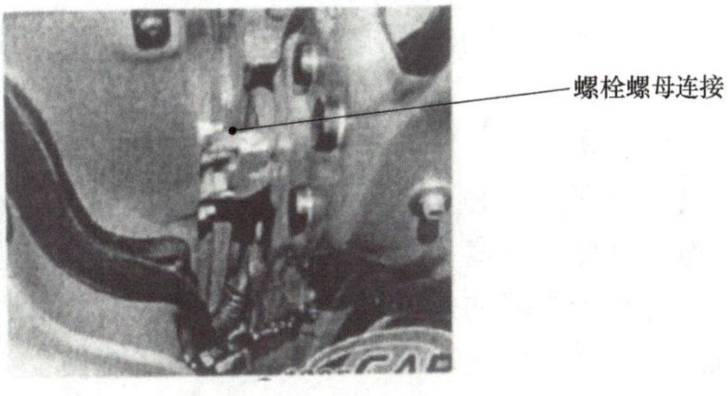

图3-17　螺栓连接铰链

（2）焊接连接　车门铰链的车身件、车门件以及车身和车门间没有安装孔、靠焊接将车门铰链和车身以及车门连接起来，如图3-18所示。

（3）焊接和螺栓连接　车门铰链的车身件或者车门件有一个是靠螺栓连接到车身或车门上，另外一个则靠焊接和车身或者车门连接起来。

4. 车门铰链的分类

（1）一体化车门铰链　在铰链机构中，除了应有将车门和车身进行铰链连接的合页外，还应有车门在任意开度的阻尼和车门开度的限位装置，并将其与开度限位器、铰链各项功能集于一体，如图 3-19 所示。

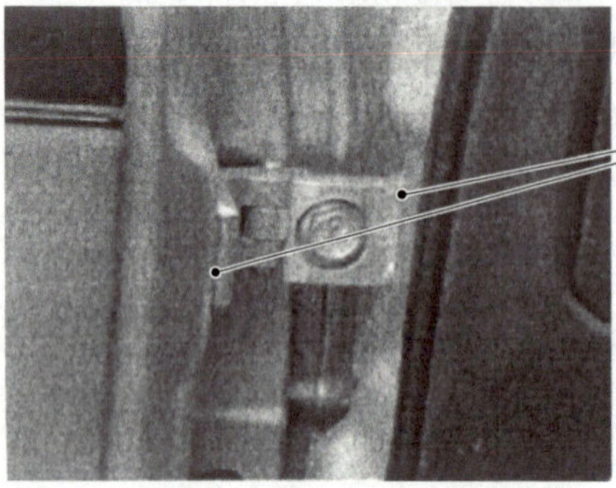

图 3-18　焊接连接铰链

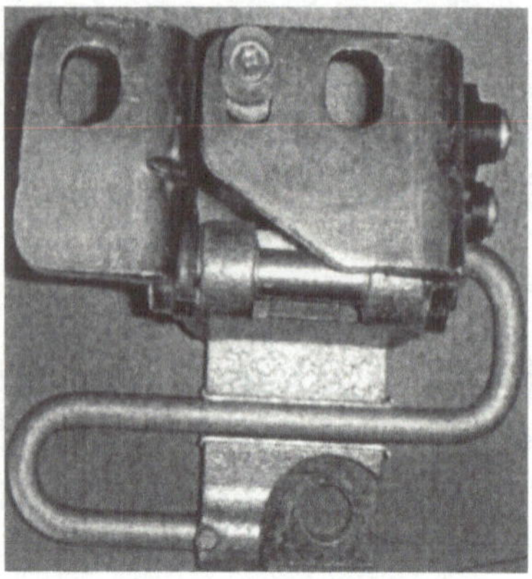

图 3-19　一体化车门铰链

（2）分体式车门铰链　将铰链与开度限位器功能分离的形式，这种铰链成本低廉、重量小、易于控制，但同时强度偏低，典型结构如图 3-20 所示。

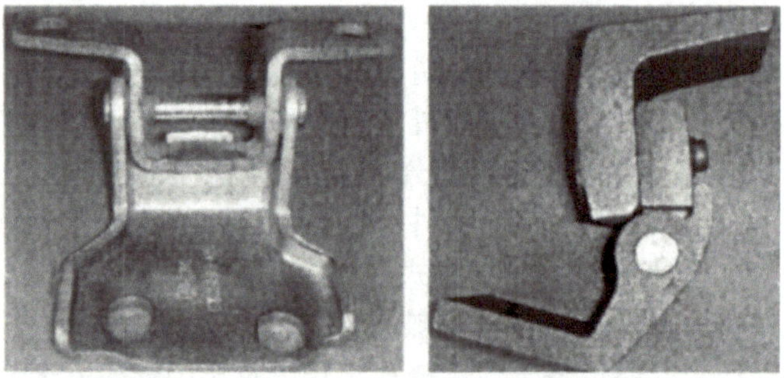

a)　b)

图 3-20　分体式铰链

（3）车门外铰链　大多数轿车均采用内铰链，而少数车型采用外铰链，车门外铰链一般也采用合页式结构，外铰链的结构与功能较简单，结构暴露于车门外边，比较常见于采用外铰链的车型有 JEEP-牧马人，如图 3-21 所示。

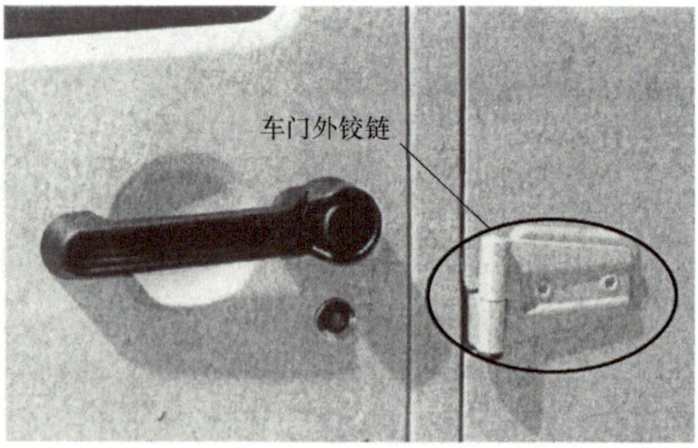

图 3-21　车门外铰链

由于车门上、下铰链的连接杆长度不相等（上侧长、下侧短），使车门开启呈外倾形态，这使乘员肩胸部位的乘降空间比较宽敞，有利于乘降的舒适性。对于这种形式的铰链，通常独立的车门开度限位器已不能使用，而是采用滚柱及凸轮盘结构。在上侧第二连杆（后连杆）上安装滚柱，并使滚柱紧贴在凸轮盘上移动，在车门开启过程中，使扭簧发生扭转，其扭簧的反作用力保持车门在半开后具有一定的阻尼状态，当滚柱移动至凸轮盘上的最大限位挡时，可限制车门的全开状态。

5. 车门开度限位器

为了防止车门铰链因开启角度过大造成车门与车身的碰撞，在车门框上、下铰链之间还装上用来限制车门最大开度的限位器。车门开度限位器的结构，如图 3-22 所示。

将车门限位器的一端用销钉与车身连接，另一端嵌入车门体内并使之固定，车门开启至半开位置时限位器开始起作用，当车门推动杠杆右移，杠杆楔形端部推动两滚子上下方向压缩阻尼弹簧，形成对杠杆的滑动阻力，从而保持车门在任意开度下的位置。

当车门进一步开启，杠杆楔形端部接触到限位橡胶，而限制了车门的全开，这就是开度限位器的作用。

车门开度限位器除采用滚子及压缩弹簧的形式外，还有靠阻尼橡胶来保持车门位置的，作用原理与前述相似，其结构如图 3-23 所示。

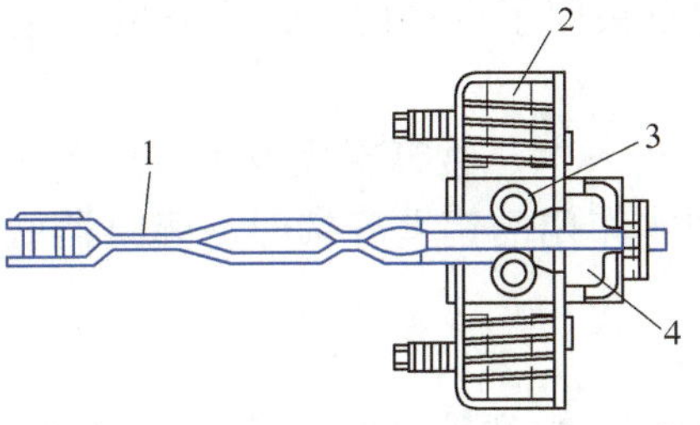

图 3-22　滚子式车门开度限位器

1—杆　2—压缩弹簧　3—滚子　4—限位橡胶

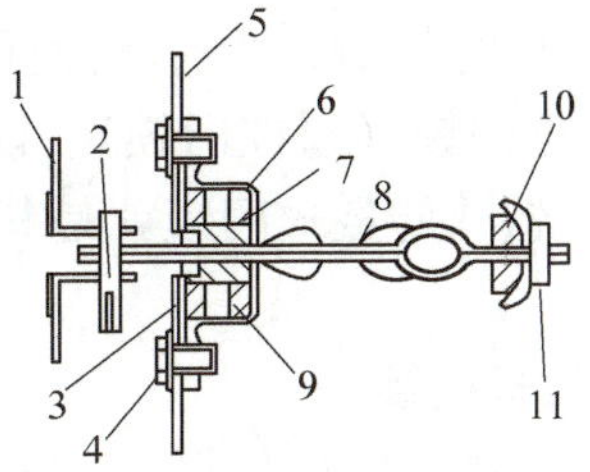

图 3-23　阻尼橡胶式车门开度限位器

1—前支柱板子　2—销　3—盖　4—螺栓

5—车门　6—盒　7—导向块　8—臂

9—阻尼橡胶　10—限位器橡胶　11—限位器销

3.1.4　车门锁机构

1. 对车门锁的要求及门锁分类

（1）对车门锁的要求　车门锁是汽车车身重要的、使用最频繁的专用保安部件。它一方面直接关系到汽车行驶时乘客的安全，另一方面也是汽车的防盗安全装置。为此，对车门锁在操作性、安全性、可靠性、强度和装饰性等诸方面的要求如下：

1）操作性。要求在车门内外均能灵活、方便、可靠地将车门锁紧或打开。要求门锁装置具有对车门的导向、定位和防振的能力。

2）安全性。要求车门锁具有两个挡位的锁紧位置——全锁紧和半锁紧。半锁紧挡的作用是：汽车行驶中，当车门松动，一旦与工作位置脱开，半锁紧挡仍能起到使车门关闭的保险作用，由此产生的松旷声，或者专设的安全指示信号能及时提醒驾驶人或乘客注意安全，并将其重新锁闭。

为保证安全，车门锁还应具有可靠的安全锁止机构，如按下锁钮或外手柄处于锁止状态时，搬动车门内、外手柄不能打开车门，在车外只有使用钥匙，或者在车内只有先拉起锁按钮才能打开车门。

3）可靠性。当车门处于正常全锁紧状态时，除非转动或拉动车门手柄或操作按钮，否则不能使汽车在行驶时因碰撞、振动或其他外力使车门打开。另外，门锁部件应具有足够的耐磨性。

4）装饰性。车门锁的一部分结构装配在车身构件的夹壁内，还有一部分必须装配在车身的内、外表面上，这就要求车门锁的外形应美观、大方，与本身的造型和谐一致，表面质量也要满足装饰性和频繁使用的要求。

(2) 门锁的分类 门锁的种类有很多，可分为如下几种：

1) 手动式门锁。手动式门锁即机械式门锁，包括舌簧式、钩簧式、卡板式、齿轮齿条式和凸轮式等。

在各类机械式门锁中，由于卡板式（又叫叉销式）门锁受力平稳、冲击性小，零件多为钢板冲压、加工后装配而成，结构紧凑，生产工艺性、可靠性、耐久性和维修性均好，强度高、定位准，锁体部件也可用增强树脂制造，既轻巧、启闭噪声又低，可使用于各种类型的汽车，并逐渐取代其他类型的门锁，而占据了车门锁结构的主导地位。

2) 自动门锁。现代轿车，特别是中、高级轿车采用了自动门锁，由驾驶人集中控制，即当一个车门上锁后，所有车门同时锁紧的装置。

3) 防盗门锁（遥控门锁）。防盗门锁是将声、光、电、磁等现代技术应用于防盗门锁。如警报指示器式防盗式门锁就是其中一种，应用非本车门的钥匙开锁时，蜂鸣器就会鸣响、报警。

2. 手动式门锁

(1) 卡板式（叉销式）门锁 卡板式（叉销式）门锁由锁环、锁机构（包括卡板）、内外手把、钥匙芯及锁定按钮等组成，如图 3-24 所示。

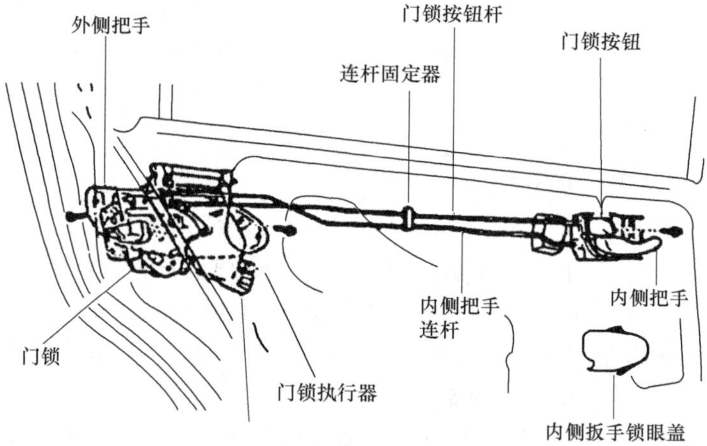

图 3-24 卡板式（叉销式）门锁

工作时，利用锁体上的叉形卡板和锁环的脱开或啮合来实现车门的开闭，如图 3-25 所示。

车门开启时，锁环与卡板是分开的（图 3-25a）；当关闭车门时，固定在门框上的锁环与锁体上的卡板相碰撞，使卡板、棘爪同时旋转到位，卡板被棘爪定位，锁环被卡板锁上（图 3-25b）。

卡板和棘爪的啮合与分离是依靠各自弹簧力的作用，其开闭如图 3-26 所示。

当关闭车门的时候，锁环推动卡板绕卡板轴旋转，卡板弹簧被压缩，同时卡板的旋转带动棘爪转动，使棘爪弹簧被拉伸，呈锁定状态（图 3-26a）。当锁定状态被解除时，外力推开棘爪，卡板与棘爪在各自弹簧恢复力的作用下脱开，呈解锁状态（图3-26b）。

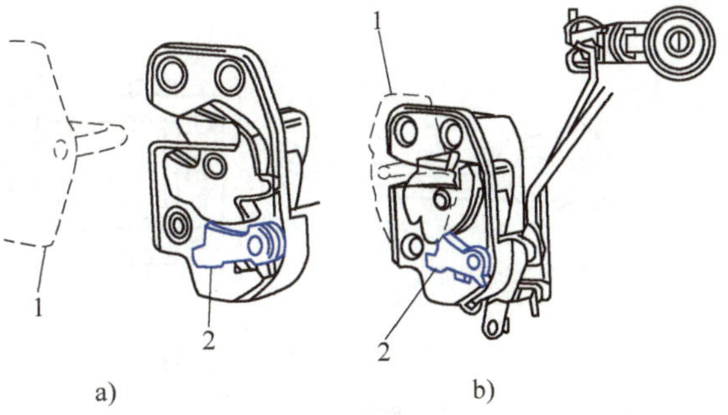

图 3-25　车门锁（靠脱开或啮合）的开闭

a）解锁状态　b）锁紧状态

1—锁环　2—棘爪

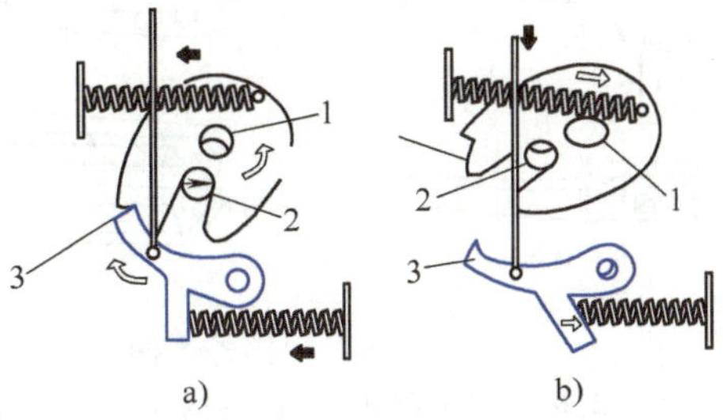

图 3-26　车门锁（靠弹簧力）的开闭

a）卡板在车门关闭力作用下呈锁定状态

b）在弹簧复原力作用下呈解锁状态

1—卡板主轴　2—锁环　3—棘爪

（2）后舱门的门锁（上掀式后门锁）　上掀式后门的装配方式与侧车门有所不同，所以门锁的结构形式也存在很大的差别。后门锁结构基本上采用比较流行的卡板式门锁机构。但开启门锁的方法有两种，一种是从车内远距离控制的方法（缆索方式）；另一种是直接用钥匙。无论是远距离控制的缆索方式，还是用钥匙直接开锁的方式，都是将与卡板啮合的棘爪彼此脱开，如图 3-27 所示。

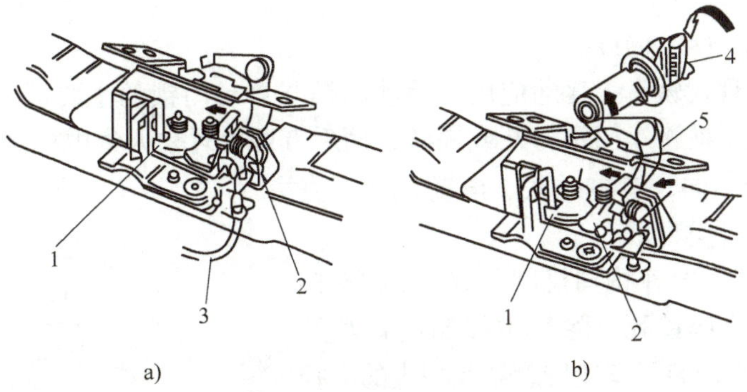

图 3-27　后舱门的锁机构

a）拉动缆索开锁　b）由钥匙直接开锁

1—卡板　2—棘爪　3—缆索　4—钥匙　5—杠杆

（3）门锁手柄与锁芯　车锁的手柄和锁芯大多制作成一体，用于启闭车门、行李箱盖，并兼作装配锁芯的壳体。车门锁的外手柄可分为旋转式、按钮式、板机式和掀拉式等几种类型，其中掀拉式外手柄置于车门外蒙皮的凹槽内，空气阻力小，安全性好，美观大方并与车身浑然一体。车门外手柄结构如图 3-28 所示。

门锁内手柄主要有旋转式和掀拉式两种类型。有些车门锁的安全锁止操纵机构也装在内手柄上，如图 3-29 所示。

锁芯可与外手柄合装而成为一体，也可将手柄与锁芯分开单装（成为分体式），车锁上的锁芯均为圆柱形，结构上有锁片式、弹子式和片销式，其中片销式实际上是销式和片式的结合。

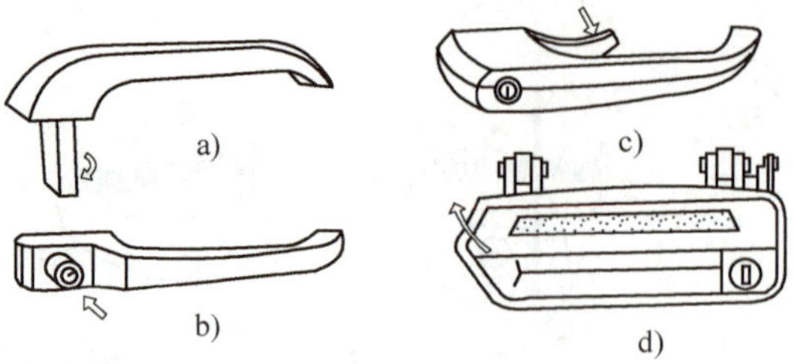

图 3-28　门锁外手柄

a）旋转式　b）按钮式　c）板机式　d）掀拉式

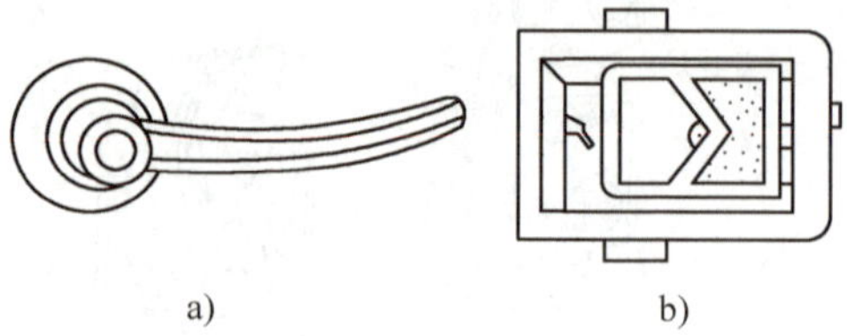

图 3-29　门锁内手柄

a）旋转式　b）掀拉式

锁芯通常采用若干个孔（或槽）与相同数量但高度不等的弹子（或销片）组合成一体，其结构如图 3-30 所示。

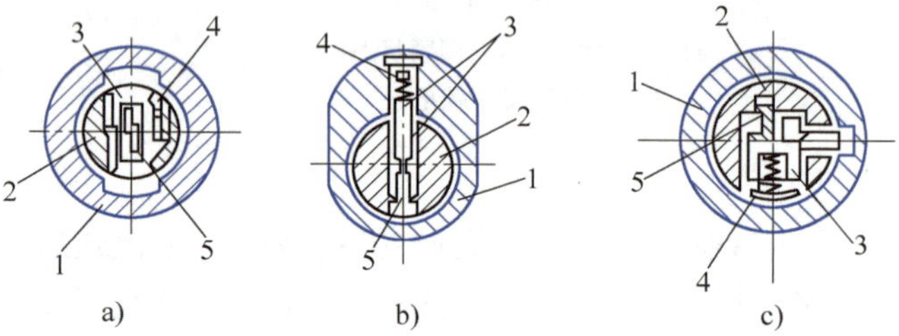

图 3-30　圆柱形锁芯

1—锁芯外壳　2—锁芯体　3—销片（或弹子）　4—弹簧　5—钥匙

圆柱形锁芯由锁芯外壳、锁芯体、销片（或弹子）、弹簧和钥匙等零件组成，钥匙插入锁芯且弹子（或销片）的高度合适时，锁芯体方可与其外壳相对转动，与锁芯连接的拉杆或锁止板也随之动作，从而达到启闭车门锁或行李箱锁的目的。

3. 自动门锁（中央门锁）

自动门锁已在现代轿车上普通应用。手动门锁与自动门锁的主要区别是在操纵方式上，前者需使用钥匙或手柄将车门锁打开或锁紧，而后者可由驾驶人集中控制各车门的启闭。

按操纵方式的不同，有电磁式、电动机式、真空式和电子式等几种类型。

自动门锁的功能可从车内司机席一侧，手按车门控制开关，将车门全部锁死。除集中控制门锁功能外，还在有的轿车上加装了车速传感器及相应的电控系统，当轿车行驶速度提高到一定车速后，能自行通电将全部车门自动锁死，以避免忘记锁止门锁或行驶中车门开脱。汽车装备中央门锁后，可实现以下功能：

1）将驾驶人锁钮按下时，其他几个车门及行李舱门都能自动锁定，如用钥匙锁门，也可同时锁好其他车门和行李舱门；

2）将驾驶人车门锁钮拉起时，其他车门和行李舱门锁钮都能同时打开，如用钥匙开门，也可实现该动作；

3）在车室内个别车门需要打开时，可分别拉开各自的锁钮。

捷达都市先锋轿车的中央门锁机构如图 3-31

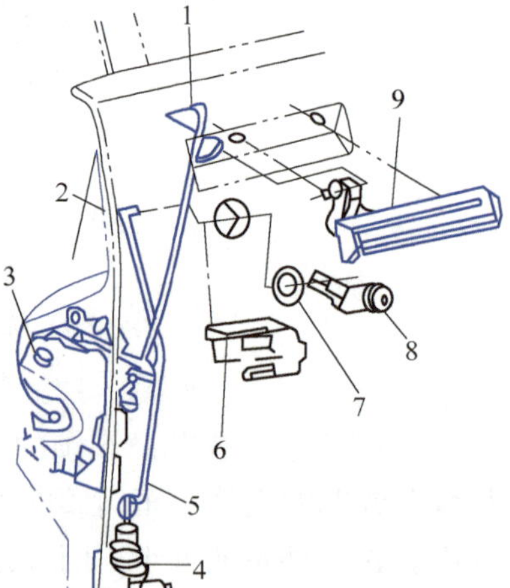

图 3-31　捷达都市先锋轿车的中央门锁机构

1—外门锁把手至门锁连杆　2—锁芯至门锁连杆　3—门锁总成　4—门锁电动机　5—电动机至门锁连杆　6—锁芯定位架　7—垫圈　8—锁芯　9—外门锁把手

所示。

捷达都市先锋轿车的中央门锁是微型直流电动机式，利用控制电动机的正反转来实现门锁的开关动作。

直流电动机式中央门锁主要由双向电动机、导线、继电器、门锁开关及连杆操纵机构组成。

当门锁电动机运转时，通过门锁操纵连杆操纵门锁动作。电动机的旋转方向由经过电动机电枢的电流方向决定。若锁门时电动机电枢流通的是正向电流，那么开锁时，电动机电枢流通的则为反向电流，电动机即反向旋转。这样利用电动机的正转或反转就可完成车门的闭锁和开锁动作。

4. 遥控式电子门锁

遥控式电子门锁又称“电子防盗式”门锁，一般由电子指令发射器、接收器和执行机构三部分组成。点火钥匙内装微电波或红外线信号发生器，信号接收器收到解除门锁信号，并与存储的数据一致时，便可使门锁动作。使用这种遥控门锁可不插钥匙便解除门锁，信号接收器的接收范围为1m以内，在黑暗的场所不用寻找钥匙孔便可解锁门锁。

由于每台轿车的遥控式电子门锁具有各自不同的电信号，因而比机械式门锁更具备防盗功能。电子遥控式门锁常用在高级轿车上。

遥控式电子门锁如图3-32所示。

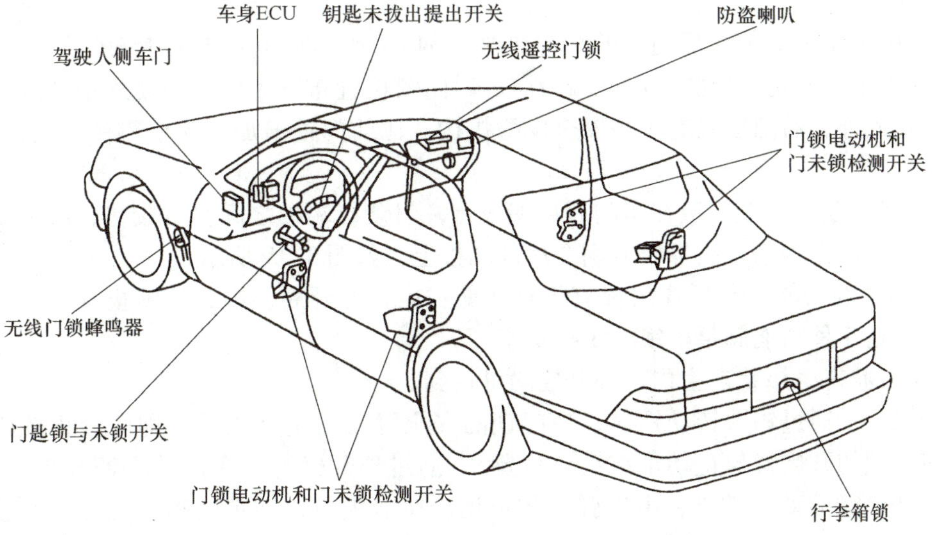

图3-32 遥控式电子门锁

使用信号发射器与主开关如图3-33所示。

使用信号发射器发出解锁或锁止信号后（图3-33a），由后窗接收天线将接收到的信号经分配器送至信号接收器。信号接收器分辨出锁止或解锁信号，经车门控制继电器输送至控制电动机，操纵门锁总成执行发射器给出的信息。

除上述可由发射器给出遥控信号外，当车辆久置或在发射器丢失的情况下，可使用车内主开关，将信息直接输入接收器，以控制车门启闭（图3-33b）。此外，车门未锁好报警开关以及由乘员（非驾驶人）许用的信号开关也可将信号直接输入接收器。

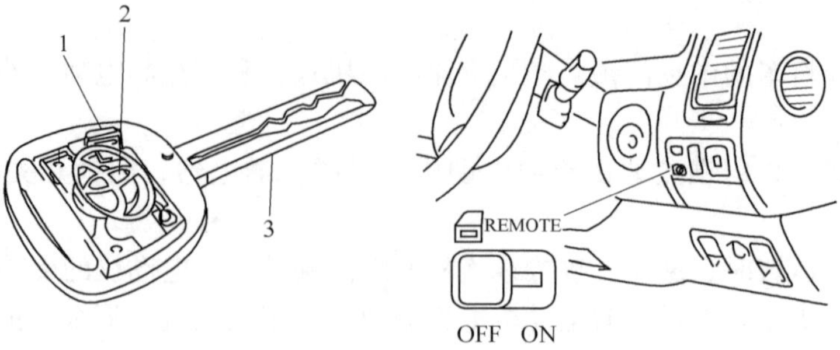

a)　　　b)

图 3-33　信号发射器与主开关

a）信号发射器　b）主开关

1—发送信号开关　2—锂电池　3—钥匙

5. 轿车门锁机构

轿车门锁机构包括门锁锁体、锁销及其操纵部件。操纵部件包括锁芯、按钮、外手柄（外开机构）、内手柄（内开机构）、柔拉线及操纵杆等部件。

（1）门锁结构与安装

1）门锁类型。门锁采用卡板式门锁（属于凸轮锁的一种）。因为它的各个方向都有限位作用，开关既轻便又安全，它所能承受的横向载荷及纵向载荷均较高，是目前被广泛采用的一种结构。

2）门锁的结构。前、后门锁的结构如图 3-34 所示。前门锁与后门锁的结构基本相同，故其中有 21 个零件是互换的，但又因为前、后门锁位置布置不同，而使外手柄开启臂形状有所不同。此外，后门锁装有小孩安全保险机构，比前门锁增加了 3 个零件，共由 25 个零件组成。

3）门锁安装。门锁安装在车门后部端板上，门锁与端板之间衬有胶垫，门锁暴露在端板外部，并用两个内六角头螺栓紧固在后部端板上，如图 3-35 所示。

（2）门锁的功能　卡板式门锁有 5 种功能：内、外开启，内、外锁止及后门设有儿童保险装置，这 5 种功能满足了锁的 3 种状态。

1）全开状态。该状态由内、外开启均可达到。

外开门——通过钥匙转动锁芯，使门锁的安全臂在上止点位置（即门锁止按钮在上止位置，使门锁的开启臂与止动爪在结合位置）。通过外开机构（车门外手柄及操纵杆），经杠杆传递开启臂推动止推爪，由于弹簧的作用，使卡板与止动爪的啮合脱开，卡板脱离锁销，车门就被打开。

内开门——拉起锁止按钮，使门锁的安全臂在上止点位置（这时门锁的开启臂与止动爪处于结合位置）。通过内开机构（车门内手柄及弯曲拉线）使门锁的内手柄开启臂克服弹簧力，推动止推爪，使卡板与止动爪的啮合脱开，卡板脱离锁销，车门就被打开。

2）车锁状态。轻微关门，旋转卡板撞击门柱上的锁销产生旋转，使旋转卡板第一挡位置卡入止动爪。此时，门没有被关死，但锁销被包入旋转卡板空穴内，从而使车门处于半关状态，这主要是保证汽车在高速行驶中防止车门完全被振开的安全挡位。

3）全锁状态。关门时稍微用力，使旋转卡板撞击门柱上的锁销而产生旋转，超越卡板

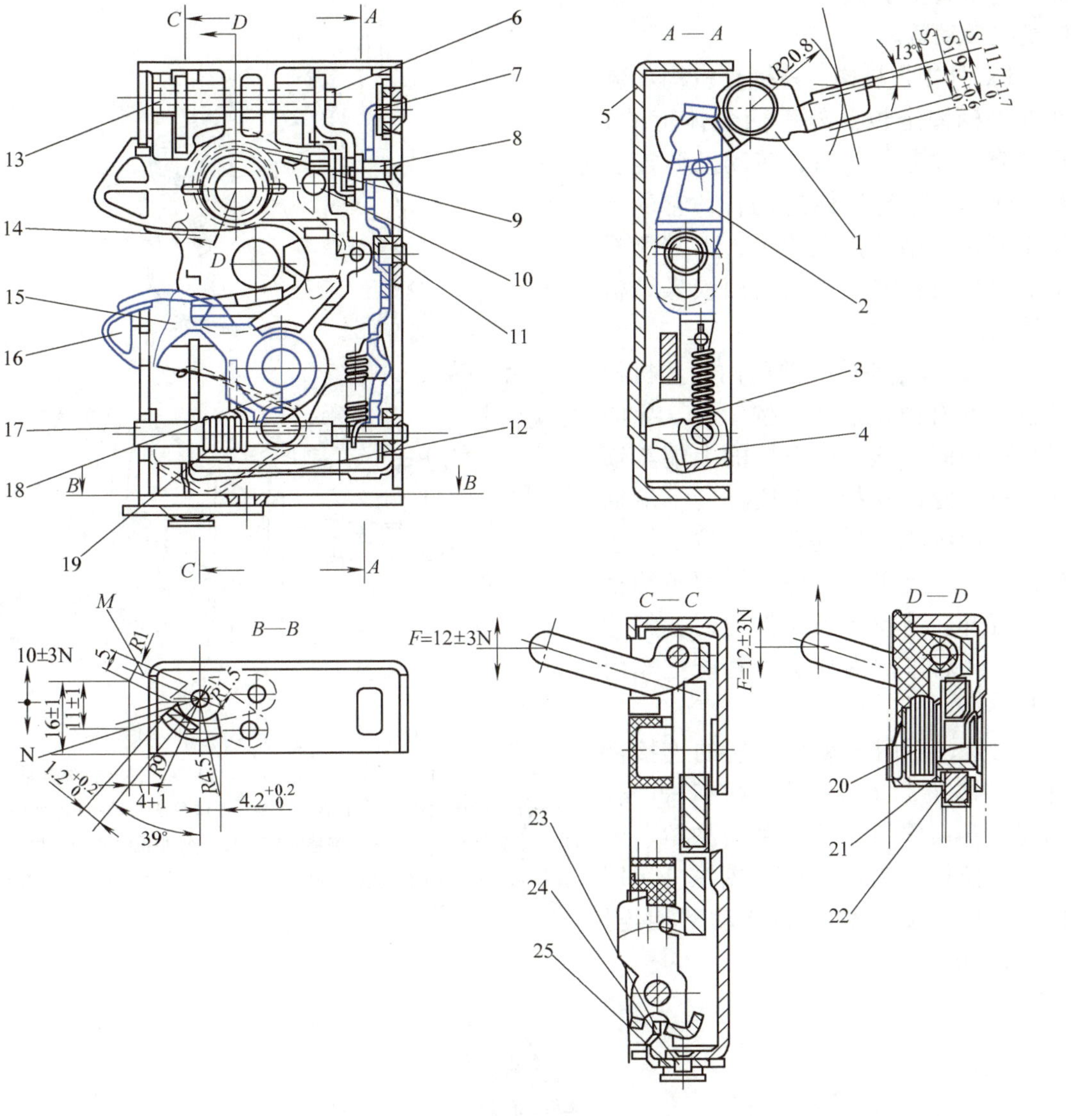

图 3-34　前、后门锁的结构

1—外手柄开启臂　2—开启臂　3—拉力弹簧　4—内手柄开启臂　5—壳体
6—安全臂　7、8、11—阶梯铆钉　9—安全臂　10—限位铆钉　12—止动爪回位弹簧
13—定位销轴　14—旋转卡板　15—止动爪　16—爪支座　17—支撑轴　18、21—衬套
19、20—螺旋弹簧　22—轴承套　23—杆（儿童安全杆）　24—阶梯铆钉　25—弹簧垫圈

的第一挡位置，而使卡板的第二挡位置被卡入止动爪，从而使锁销全部被包入旋转卡板的空穴内，使车门处于全锁止状态，这种情况被认为是安全的。

（3）锁止机构　为了确保门锁止后的安全，需在门锁内设置锁止机构，门锁的锁止机构由门锁的安全臂来控制。当安全臂处在下止点位置时，门锁的开启臂与止动爪脱开（不在结合位置），这时，开启车门内外手柄都不能把车门打开。

操纵门锁安全臂有三条途径，为了适应这三条途经都能操纵安全臂及安装位置的要求，需在安全臂上套入一个塑料件门锁操纵机构转动臂。

1）外锁止机构。外锁止机构（装在外手柄固定板及外手柄壳体上的）有锁壳、锁芯、弹簧、转动叉和连动片。此外，还有锁体连动杆，它的上端靠卡扣连接于连动片上，下端靠滑动卡扣与门锁安全臂上的门锁操纵机构转动臂相连。

2）内锁止机构。前门内锁止机构的连接件有锁止按钮、按钮杆、导向衬垫和中间衬垫。按钮杆的上端与锁止按钮用螺纹联接，按钮杆的下端插入门锁操纵机构转动臂。当按下锁止按钮时，开启车门内外手柄都不能把车门打开。当拉起锁止按钮时，解除锁止，开启车门内外手柄都能把车门打开。

另外，后门内锁止机构的连接件有锁止按钮、导向衬垫、按钮杆、转动臂、开尾铆钉、转动臂防护罩、卡子、长拉杆、调正夹子和短拉杆。短拉杆与门锁安全臂上的转动臂相连，如图3-36所示。

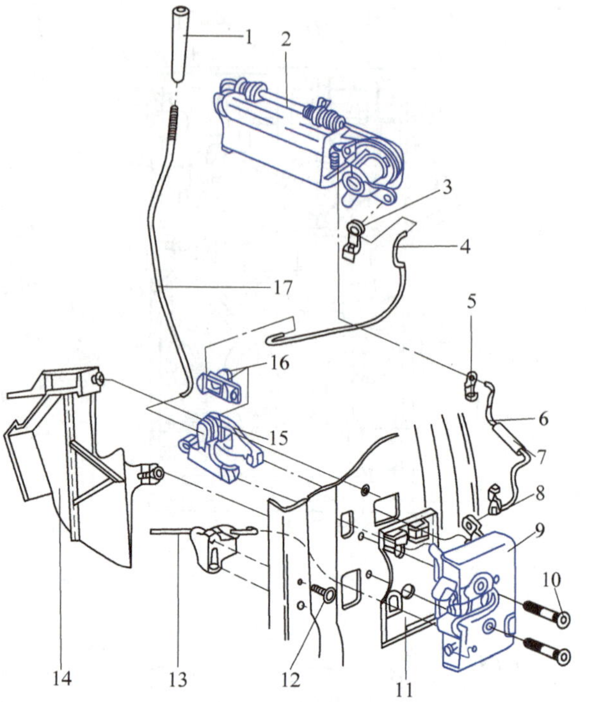

图3-35 前、后门锁的安装

1—钮 2—手柄总成 3、5、8—卡扣 4—芯与锁体连动杆 6—外手柄连动杆 7—调整套 9—锁体总成 10—内六角螺钉 11—门锁密封垫 12—十字槽螺钉 13—弯曲拉线总成 14—锁体保护罩 15—门锁操纵机构转动臂 16—滑动卡扣 17—按钮杆

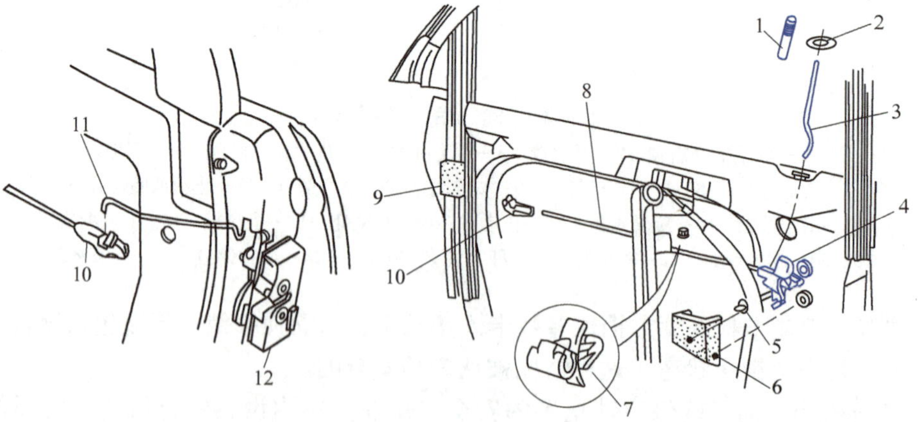

图3-36 后门内锁止机构

1—锁止按钮 2—导向衬垫 3—扭杆 4—转动臂 5—开尾铆钉 6—转动臂防护罩 7—卡子 8—长拉杆 9—密封垫 10—调整夹子 11—短拉杆 12—锁体

3）中央锁止机构。中央锁止机构在车门上的元件主要有换流阀，它用两个十字槽螺钉紧固于车门上。换流阀上的操纵杆与门锁的安全臂相连。当换流阀充气时，阀上的操纵杆带动安全臂，使它在上止点位置，这时锁止被解除，开启车门内外手柄都能把车门打开。

当换气阀被抽气时，阀上的操纵杆带动锁的安全臂向下移动，使锁处在锁止位置，这时开启车门的内外手柄就失效。当乘员在车外时，通过左右前门的钥匙来控制换流阀，在车内可由转向器点火开关插入钥匙（或用锁止按钮）来控制。

由于四个车门及行李箱盖都装有换流阀，因此中央锁止机构能控制四个车门及行李箱盖的开启与锁止。

4）儿童安全锁止机构。汽车在高速行驶时，为防止儿童误开内手柄的意外事故发生，在后门锁内装有儿童安全锁止机构。这种机构仅在前门锁的基础上增加了3个零件。

如果把门锁下面的拨杆向箭头方向转动，拨杆卡住门锁上的内手柄开启臂，车门内手柄被锁止，只能从外部开启车门，但锁止按钮必须拉起。

（4）外开机构　车门外开机构主要由门锁外手柄及与门锁相连的联动部分组成，它的功能是从车门外部开启门锁。

1）门锁外手柄结构门锁。外手柄是由外手柄固定板、外手柄开启板、外手柄壳体、长销轴、扭力弹簧和起动臂等部件组装而成，并用两个组合螺钉拧在车门外板上。

2）联动机构。与门锁外手柄开启臂相连的联动部分包括开启门锁的外手柄以及使它能把锁打开的联动杆。联动杆的一端由卡扣卡入外手柄起动臂的孔内，另一端靠螺纹拧入调节螺杆（用螺母锁止），并插入外手柄开启臂孔内，起到中间传递的功能。

（5）内开机构　车门内开机构主要由门锁内手柄及弯曲拉索组装而成，其功能是从车内开启车门。

1）门锁内手柄结构。门锁内手柄为掀抬式内手柄，它由内手柄壳体、内手柄把手、密封块及扭簧组成，并用一个十字槽螺钉紧固在车门护板上，如图3-37所示。

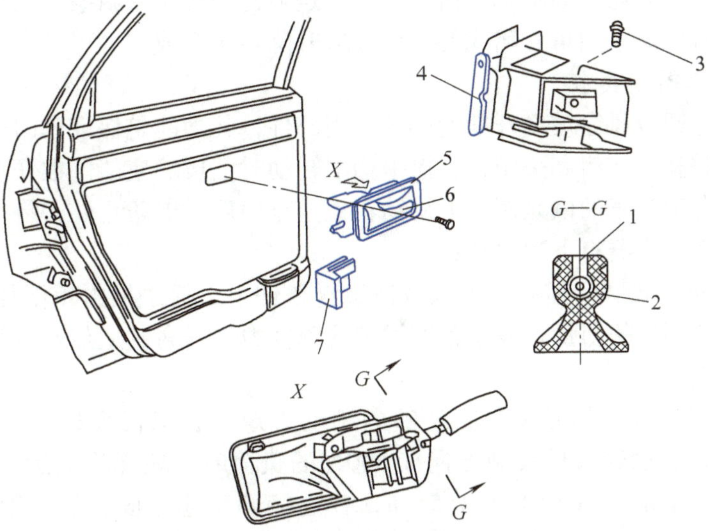

图3-37　门锁内手柄结构

1—卡子　2—弯曲拉线总成　3—十字槽螺钉　4—扭簧　5—内手柄壳体　6—内手柄把手　7—密封块

2）弯曲拉线结构。弯曲拉线由钢丝、导向管、减振套、金属护套、弯曲拉线支架和两端的挂钩等组装而成。

弯曲拉索用支架紧固于车门端板上，钢丝两端的挂钩，一端挂在内手柄把手上，另一端挂在门锁内手柄开启臂上。

（6）锁销　卡板式门锁配有圆柱形锁销来锁紧。锁销的尾端有螺纹，并套有垫圈和弹簧垫圈安装在门柱上，如图3-38所示。

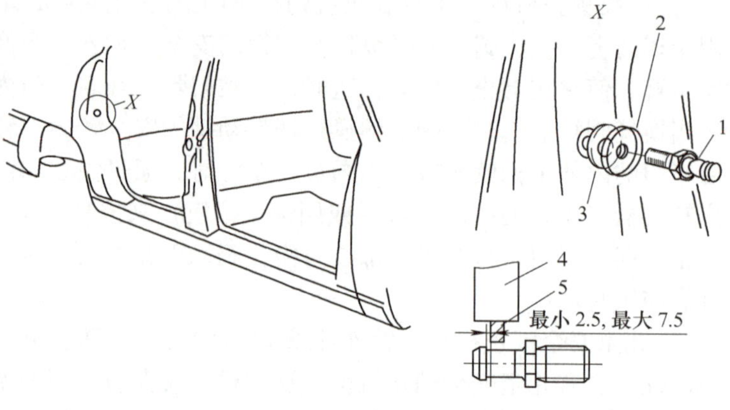

图3-38　捷达轿车卡板式门锁

1—锁销　2—弹簧垫圈　3—垫片　4—锁体　5—旋转卡板

课题2　玻璃升降器

3.2.1　车窗玻璃与玻璃升降器

车窗玻璃以不同方式装配在车身上，保证车内采光和扩大乘客视野；确保安全、密封、通风和防风雨；并对车身外形起到重要造型与装饰作用。

1. 轿车用玻璃

轿车用玻璃主要有钢化玻璃、夹层玻璃等（详见“1.3.2”中所介绍）。

轿车前后车窗玻璃均为固定式，借助具有一定弹性的橡胶密封条，黏结在车身与玻璃之间。侧窗与车门窗玻璃采用可开闭式的，由玻璃升降器来完成。

2. 对玻璃升降器的要求

玻璃升降器是调节风窗玻璃开度大小的专用部件，其功能是保证车门玻璃平衡升降，门窗玻璃能随时并顺利地开启和关闭；当摇手柄不转动时，玻璃应能停在任意位置上，既不能向下滑，也不能由于汽车的颠簸而上下跳动；锁上车门后，能防止外人将玻璃降下而进入车内。因此，对玻璃升降器有下列要求：

（1）操作方便　玻璃升降器在最大载荷工作条件下，摇手柄力矩不得大于2N·m。为此，要尽量减轻各部件的质量；减小各摩擦副的摩擦力；提高制造与安装精度；选择平衡特性良好的平衡机构。

（2）结构可靠　升降器必须具有足够的制动力矩，以保证良好的制动性能；在工作行程内在摇臂滚轮运动轨迹的切线方向加300N的负荷时，应无反转运动，升降器处于上行程任意位置时，玻璃下降量不大于5mm，各连接部位应牢固，经台架振动试验后，各铆接处及调整轴不应松动；机构应有足够的刚度和强度，即升降器经强度试验后（手摇臂位于上止点，在手柄上施加150N的负荷），各部件不得产生扭曲和有碍运动的变形。

（3）寿命长　升降器进行往复升降4万次耐久试验后，不得产生异常声响及制动失灵；

各部件不得产生严重磨损损坏，连接部位不得松动。

3. 玻璃升降器分类

1）玻璃升降器按结构不同，可分为：

- 玻璃升降器
  - 杠杆式
    - X 形双臂式 —— 一般轿车的前车门窗采用
    - 单臂式 —— 车顶盖的前、后窗及三角窗多用单臂式，轿车后车门因避让车轮拱形的位置关系，也使用单臂式
  - 钢绳式

2）玻璃升降器按操作方式分为手摇式和电动式。

3.2.2　X 形双臂式升降器

X 形双臂式升降器是由两臂端部滚轮的两个支撑点支撑玻璃升降。在玻璃上下移动过程中，支撑中心始终接近或重合于玻璃质心，载荷变动小，因此其运动平稳，升程较大，升降速度快，该结构适用于尺寸大而形状不规整的车门玻璃。

1. 电动 X 形双臂式（交叉双臂式）玻璃升降器的构造

电动 X 形双臂式玻璃升降器的构造如图 3-39 所示。

在交叉的双臂中，一根是可动的升降臂，另一根是与之保持相对角度的平衡臂，两个交叉臂像钳子一样动作，两臂的端部在玻璃托槽中移动，使玻璃托槽平行地升降运动，推动玻璃的升降。

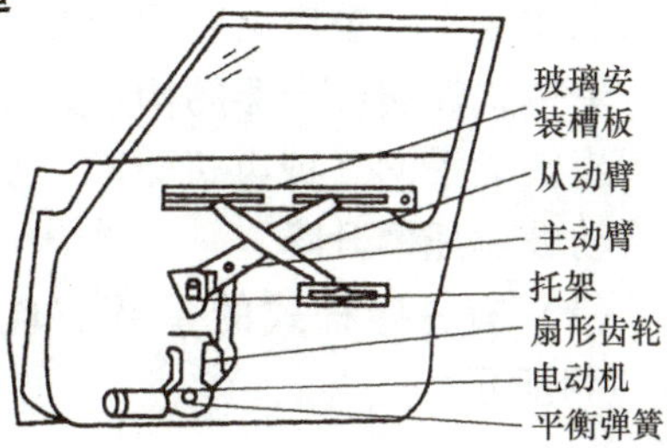

图 3-39　电动 X 形双臂式玻璃升降器

2. 手动 X 形双臂式（交叉双臂式）玻璃升降器

手动 X 形双臂式玻璃升降器的构造如图 3-40 所示。

转动摇手柄和手柄轴一体的小齿轮，带动扇形齿轮转动，以手柄回转中心为支点使升降臂摆动，使玻璃托槽推动玻璃上下移动。交叉双臂式玻璃升降器的动力传递路线为：摇手柄→小齿轮→扇形齿轮→升降臂（主动臂或从动臂）→玻璃托槽→玻璃升降运动。

手柄轴的结构如图 3-41 所示。

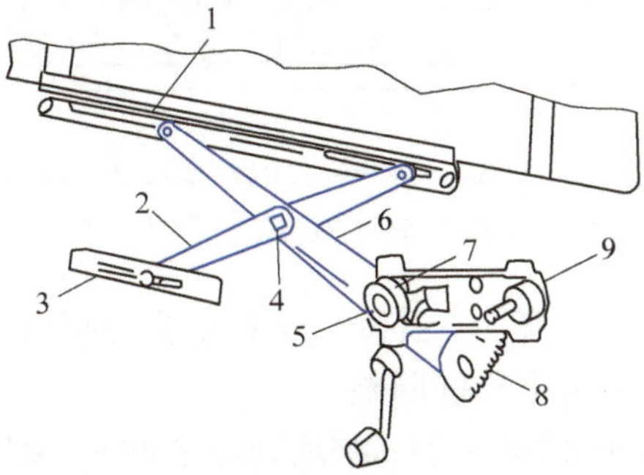

图 3-40　手动 X 形双臂式玻璃升降器的构造

1—玻璃托槽　2—平衡臂　3—平衡臂托槽　4—交叉臂支点　5—回转中心点　6—升降臂（主动臂）　7—扭簧　8—扇形齿轮　9—手柄轴

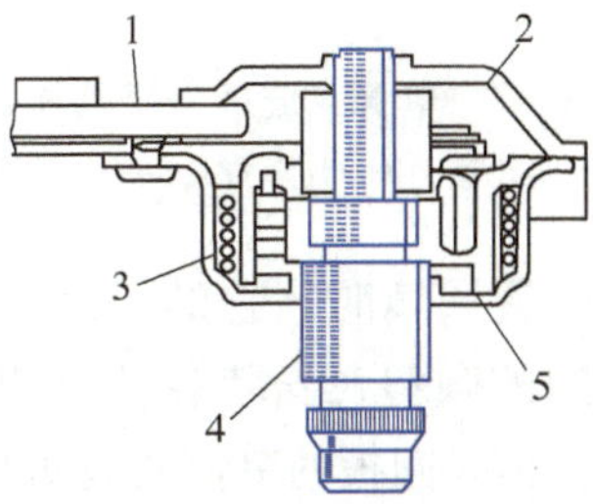

图 3-41　手柄轴的结构

1—扇形齿轮　2—小齿轮　3—扭簧　4—手柄轴　5—制动鼓

在手柄轴上装有小齿轮，从动的扇形齿轮与小齿轮啮合。若摇转手柄，从动扇形齿轮跟着转动；当因玻璃的重力或其他因素使手柄逆转时，在手柄轴机构中设有防止逆转的制动装置，以抑制小齿轮及手柄逆转。若小齿轮将要发生逆转，绕在手柄轴上的扭簧向外张开，使之与制动鼓接触，这种接触的摩擦作用防止了小齿轮的逆转。当人为地需要将玻璃向下摇时，手柄轴与小齿轮同时反转，作为制动用的扭簧收缩，与制动鼓不发生摩擦接触。

夏利轿车的前车门即采用了此种结构，如图3-42 所示。

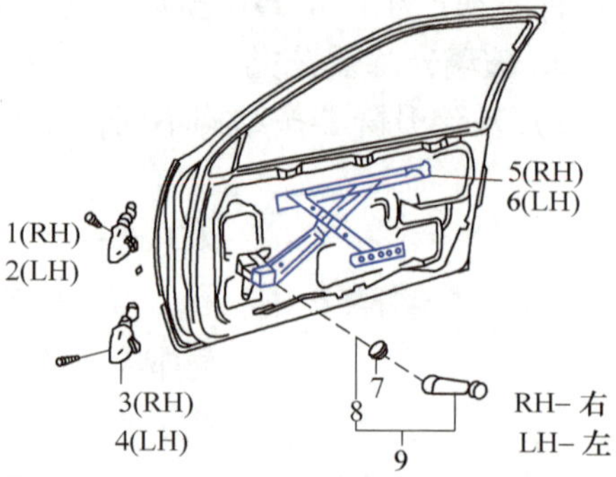

图 3-42 夏利轿车前车门玻璃升降器

1、2—前门上铰链总成（左、右） 3、4—前门下铰链总成（左、右） 5、6—玻璃升降器（左、右） 7—护垫 8—卡圈 9—升降器手柄

3.2.3 单臂式玻璃升降器

单臂式结构由单点支撑玻璃支撑点，其运动轨迹为一弧线，在水平方向产生分力，水平位移较大，影响了玻璃升降的平稳性，所以要求玻璃导轨要平直。但由于其结构简单，与车门关联比较少，被广泛应用于形状规整的矩形窗框或有避让要求的后车门上。

单臂式玻璃升降器的构造如图 3-43 所示。

当转动手柄（或电机驱动）时，通过小齿轮带动扇形齿轮及升降臂（单臂）回转，由此推动玻璃托槽升降。

（1）有一导杆式的单臂玻璃升降器构造　一根导杆式的单臂玻璃升降器的构造如图 3-44所示。

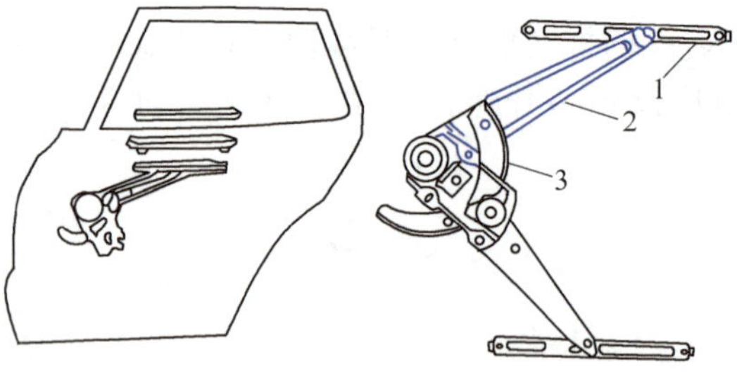

图 3-43 单臂式玻璃升降器构造

1—玻璃托槽 2—升降臂 3—扇形齿形

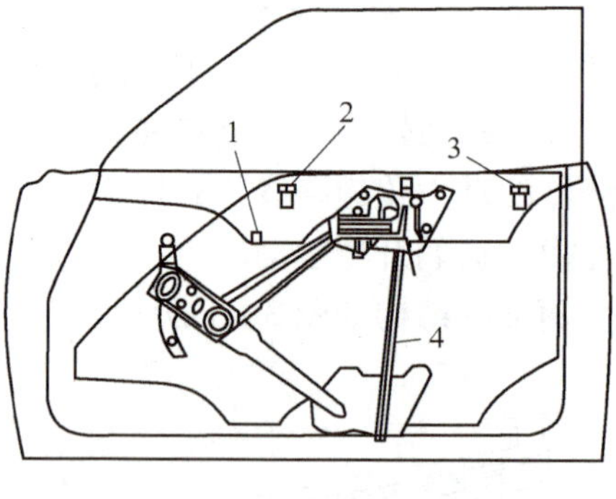

图 3-44 有一根导杆式的单臂玻璃升降器构造

1—稳定器 2—挂钩 3—下构件 4—导杆

当升降臂回转时，它的端部沿导杆移动，并支撑玻璃上下升降。这种结构的特点是，玻璃前后方向的倾斜在安装导杆时调整，玻璃插入部分由下构件调整。

（2）整体导向板的单臂式玻璃升降器　具有整体导向板的单臂式玻璃升降器如图3-45所示。

在导向板中有引导升降器端部的导向槽，升降臂的一端沿着导向槽移动，另一端支撑着玻璃。这种结构的特点是无法调整，它常在硬顶车的后三角窗上使用。

单臂式玻璃升降器主要用于后车门上，夏利轿车的后车门即采用了此种结构，如

图 3-46所示。

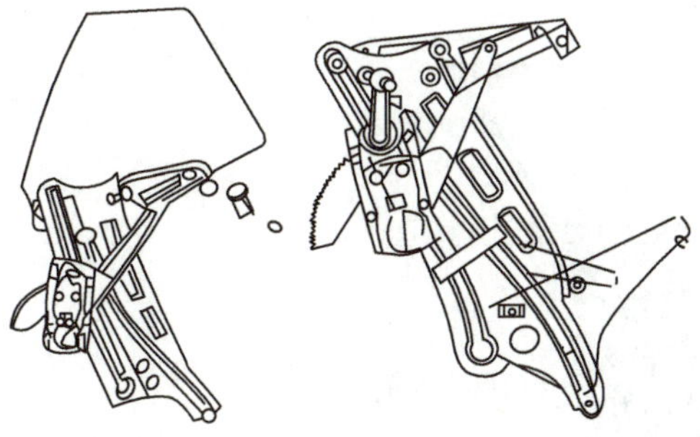

图 3-45　整体导向板的单臂玻璃升降器

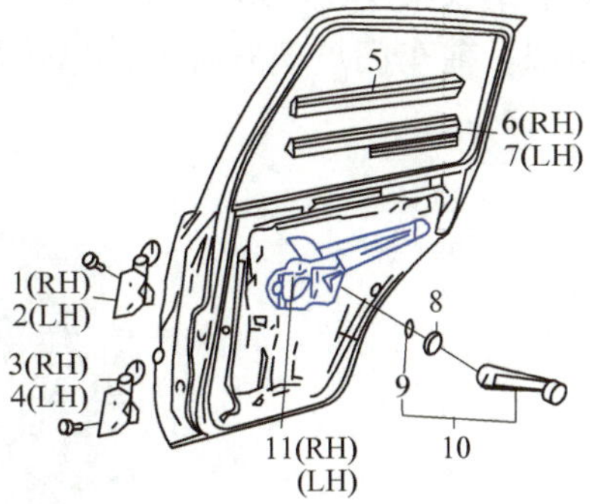

图 3-46　夏利轿车后车门玻璃升降器

1、2—后车门铰链总成（左、右） 3、4—后车门下铰链总成（左、右） 5—玻璃夹条 6、7—玻璃托架（左、右） 8—护垫 9—卡圈 10—升降器手柄 11—后门窗玻璃升降器（左、右）

3.2.4　钢绳式玻璃升降器

1. 钢绳式玻璃升降器的构造

钢绳式玻璃升降器的构造如图 3-47 所示。

钢绳式玻璃升降器是通过摇转手柄时驱动牵拉钢索来驱动玻璃托架移动的。其动力传递路线为：摇手柄→小齿轮→扇形齿轮→卷筒→钢丝绳→运动托架→玻璃升降。

钢绳式结构的优点是：手柄位置可自由布置；钢绳的松紧度可利用张紧轮进行调节；结构简单、加工容易、体积小、质量轻；由于玻璃装配在运动托架上，所以玻璃的质量重力线始终能与钢绳平行，玻璃升降过程均十分平顺。但由于这种升降机对自身倾斜没有保持能力，有必要设置玻璃导轨，如图 3-48 所示。

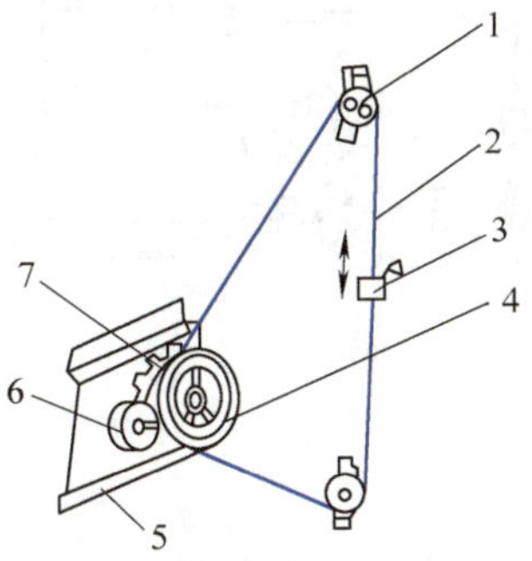

图3-47　钢绳式玻璃升降器的构造

1—滑轮　2—钢绳　3—运动托架　4—钢绳卷筒　5—座板　6—小齿轮　7—扇形齿轮

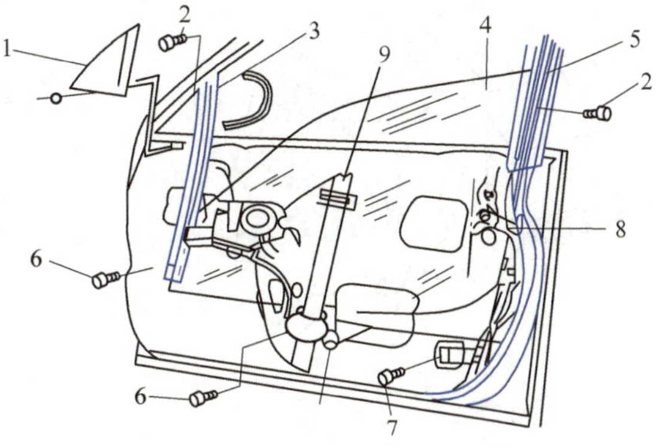

图 3-48　有导轨的钢绳式玻璃升降器

1—前门拐角保护　2—螺钉　3—前导轨　4—门窗玻璃　5—后导轨　6—螺栓　7—螺母　8—后下窗框　9—玻璃升降器总成

2. 桑塔纳及桑塔纳2000轿车玻璃升降器

桑塔纳及桑塔纳2000轿车在前、后车门均采用了手摇钢绳玻璃升降器，其升降器结构大致相似，前车门玻璃升降器的结构如图3-49所示。

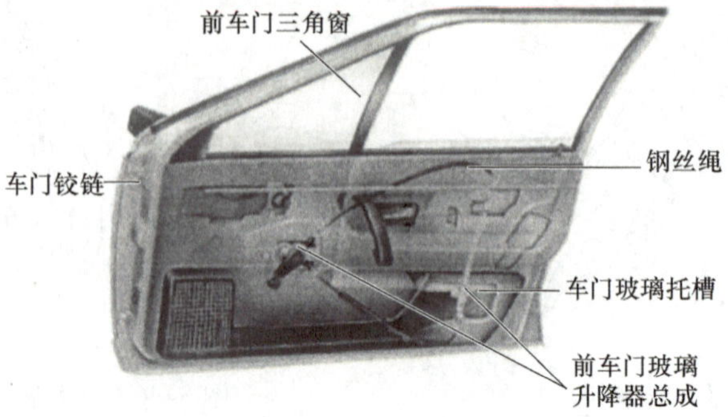

图3-49 桑塔纳轿车前车门玻璃升降器（钢丝绳式玻璃升降器）

3.2.5 电动式玻璃升降器

电动式玻璃升降器用可逆直流电动机和减速器取代摇手柄，可通过控制按钮实现集中控制。

电动式玻璃升降器使用的电动机采用永磁铁直流电动机，如图3-50所示。

电动机电压方向可正反向切换，以保证电动机轴的正反向旋转，电动机轴端设有蜗轮蜗杆机构作为一级减速，进而在蜗轮轴上的小齿轮驱动升降器扇形齿轮进行二级减速，进一步带动升降臂。

1. 捷达都市先锋轿车电动玻璃升降器

捷达都市先锋电动玻璃升降器系统的结构如图3-51所示。

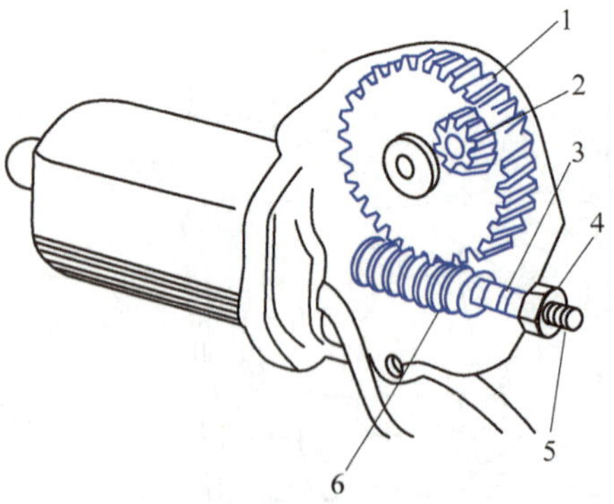

图3-50 电动式玻璃升降器用电动机

1—蜗轮 2—小齿轮 3—滚珠钢球 4—锁紧螺帽 5—推力调整螺栓 6—蜗杆

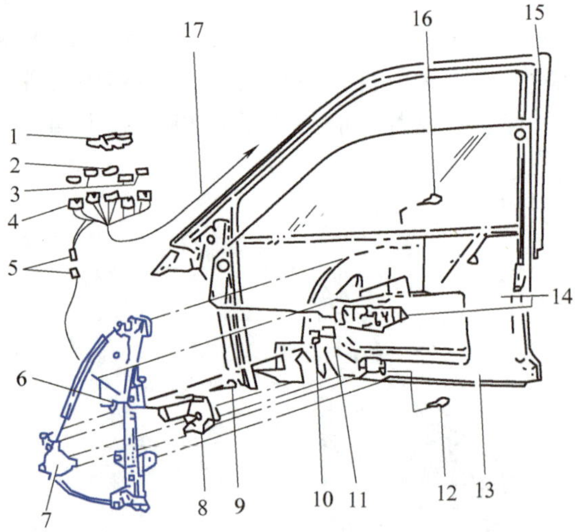

图3-51 捷达都市先锋电动玻璃升降器系统

1—插座架 2—车窗升降器锁止开关 3—车窗升降器主开关 4—开关总成插座 5—车窗升降器插座 6、11—垫 7—玻璃升降器 8—玻璃升降器电机 9—固定螺钉 10—门窗锁止夹子 12、16—固定螺栓，10N·m 13—车门窗附件支架 14—前左车门窗 15—车窗滑道（车门密封） 17—线束

该系统主要由车窗、玻璃升降器、电动机、继电器和开关等装置组成。

玻璃升降器为电动钢丝绳式玻璃升降器，具有零件少、质量轻、安全、方便等特点。由于车窗玻璃装在玻璃托架上，玻璃上下移动时，玻璃质心作用方向始终与钢丝绳平行，故玻璃上下运动平稳。玻璃升降运动由开关控制，其传动路线为：电动机→减速器→钢丝滚筒→钢丝→玻璃托架。

电动车窗使用的电动机是双向运动的，每个车窗各装有一个电动机，通过开关控制它的电流方向，使车窗玻璃上升或下降。

除驾驶人侧车窗外，其余车窗都装有两套控制开关。一套装在驾驶人侧车门上，为主开关，它由驾驶人控制每个车窗的升降；另一套分别装在各自的车门上，为分开关，可由乘客单独进行操纵。有的在主开关上还装有锁止开关，如果它断开，分开关就不起作用。该轿车没有锁止开关，驾驶人侧车门上有两个开关，分别用来控制两前门。

2. 桑塔纳2000豪华型轿车电动玻璃升降器

在桑塔纳2000豪华型轿车上也有使用电动玻璃升降器，其结构如图3-52所示。

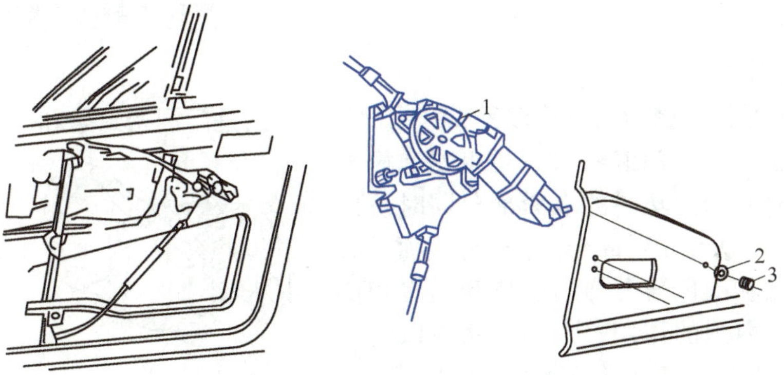

图3-52　桑塔纳2000豪华型轿车前车门电动玻璃升降器结构

1—电动摇窗机　2—垫圈　3—螺母

3.2.6　车门密封条

1. 车门密封条概述

密封条用来保持车身的门、窗玻璃等可动部分及前、后窗，三角窗等不动部分的密封。同时，密封条在开闭车门时有缓冲作用，在车门行驶时还有吸收振动的作用。

密封条的形状与断面应适应不同的使用部位及不同功能的要求，如图3-53所示。

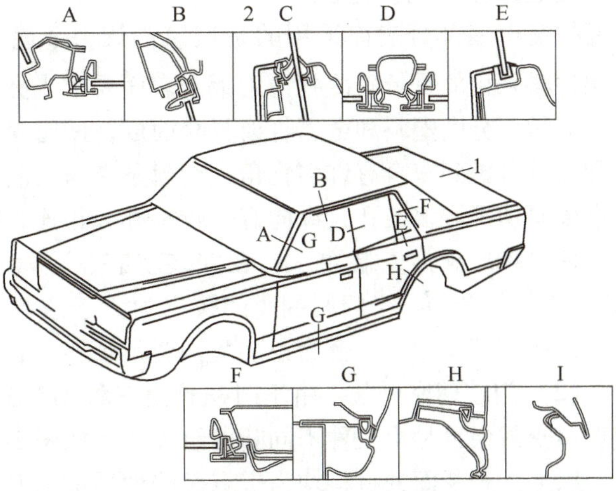

图3-53　密封条的不同位置与密封条不同断面

1—中空型　2—上唇型

(1) 车门、车窗密封条断面形状

车门、车窗密封条的基本断面形状有三种：弯曲型、压缩型和复合型，如图 3-54 所示。

（2）车门、车窗密封条布置形式　车门密封条的布置形式有：车门安装型（密封条固定车门的四周），车身安装型（密封条固定在门洞周围的骨架上），车门、车身双重安装型（在车门四周及门洞周围双侧均安装密封条），如图 3-55 所示。

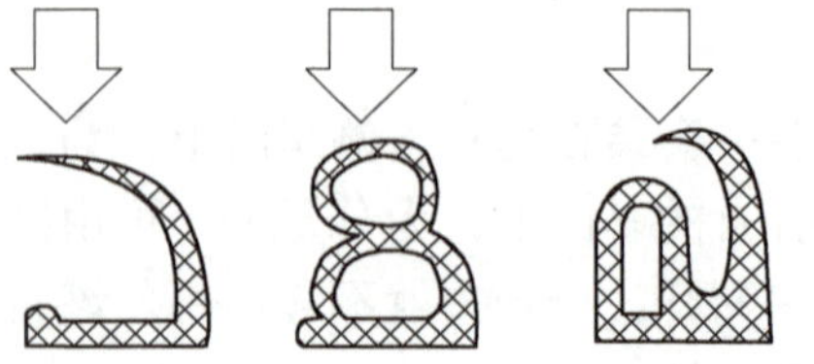

a)　　b)　　c)

图 3-54　车门、车窗密封的基本断面形状

a）弯曲型　b）压缩型　c）复合型

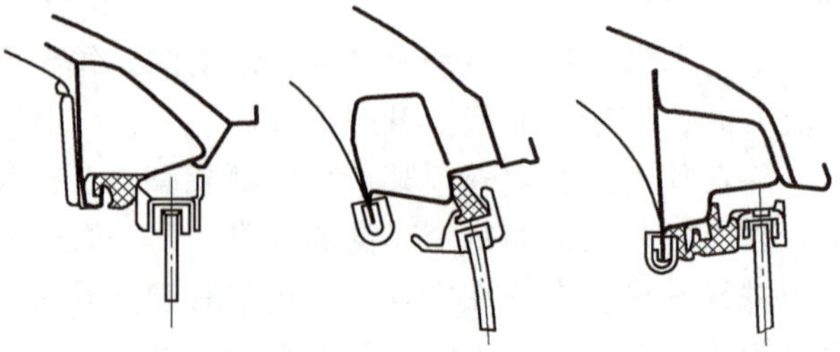

a)　　b)　　c)

图 3-55　车门、车窗密封条的布置形式

a）车门安装型　b）车身安装型

c）车门、车身双重安装型

2. 轿车车门密封条

轿车车门所采用的密封条有许多种，其中比较复杂的是门洞密封条和门玻璃密封条。

（1）门洞密封条　门洞密封条是由发泡橡胶和带有金属骨架表面为塑料的卡紧部分同时挤出成形，其弯曲半径大于70mm。卡紧部分表面带有花纹，花纹形状和颜色与内饰的颜色和图案相协调，起到了美化内饰的作用；它不吸灰，以免上下车弄脏衣服，但对加工工艺增加了一定的难度。

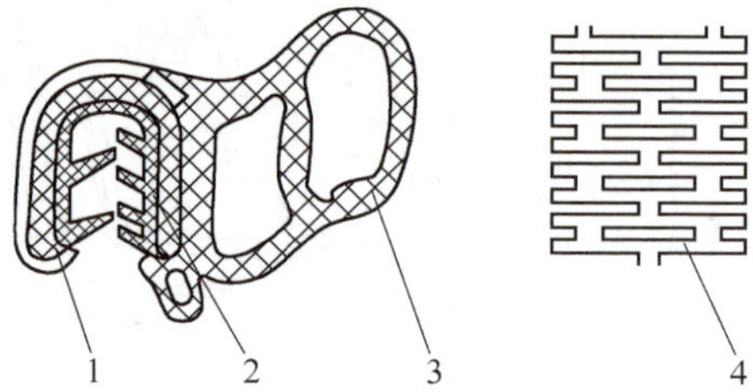

图 3-56　门洞密封条结构

1—装配护套　2—骨架

3—发泡的密封部分　4—骨架展开图

密封条为金属骨架、橡胶和塑料三复合体，如图 3-56 所示。

发泡部分采用的是三元乙丙橡胶（EPDM），装配护套卡紧部分表面采用的是聚氯乙烯，金属骨架材料采用的是低碳冷扎薄钢板，表面要求光亮。

卡紧部分由塑料和金属骨架复合而成，使密封条具有一定的刚性和强度，并具有一定的卡紧力。考虑到车身有许多拐角，密封条应与门洞很好地贴合，且具有随意弯曲的特性，所以沿横向切了许多横孔；纵向有一较窄部分相连，起到了像链节一样的作用。

密封条应满足安装要求，在安装状态，空气流通，而且在 95℃ 情况下尺寸变化小于 1%，装配护套相对于门洞翻边的拉出力大于或等于 130N/100mm。同时还必须保证，在安装后，在负荷作用下，密封条装配护套不倾斜。

（2）门玻璃密封条　由于门框是由三种不等断面的铝型材组成，所以镶嵌在门框内的门玻璃密封条也是由三种不同断面组成的，如图 3-57 所示。

以上三种断面的材料均为带有橡胶性质的氯化聚乙烯（PEC），与玻璃接触的表面带有植绒，断面是挤出成形。整段密封条要求在不少于 48h、高于 60℃ 情况下，其安装状态（塞入）不允许出现老化纹。它的植绒部分应能承受连续交变载荷的耐磨试验，并要求在氙光

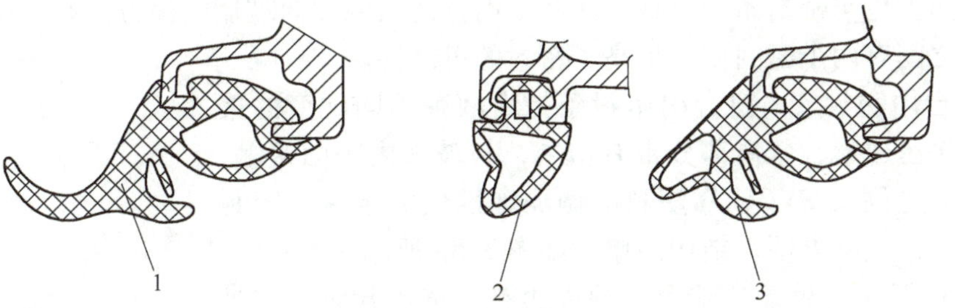

图 3-57　门玻璃密封条

1—用于前门前框和后门后框玻璃的密封条断面　2—用于导轨的密封条断面
3—用于前门后框和后门前、上框的密封条断面

试验 1000h 时不允许变色。但产品质量要求较高，工艺比较复杂，难度较大。

门玻璃密封条和门洞密封条的装配关系如图 3-58 所示。

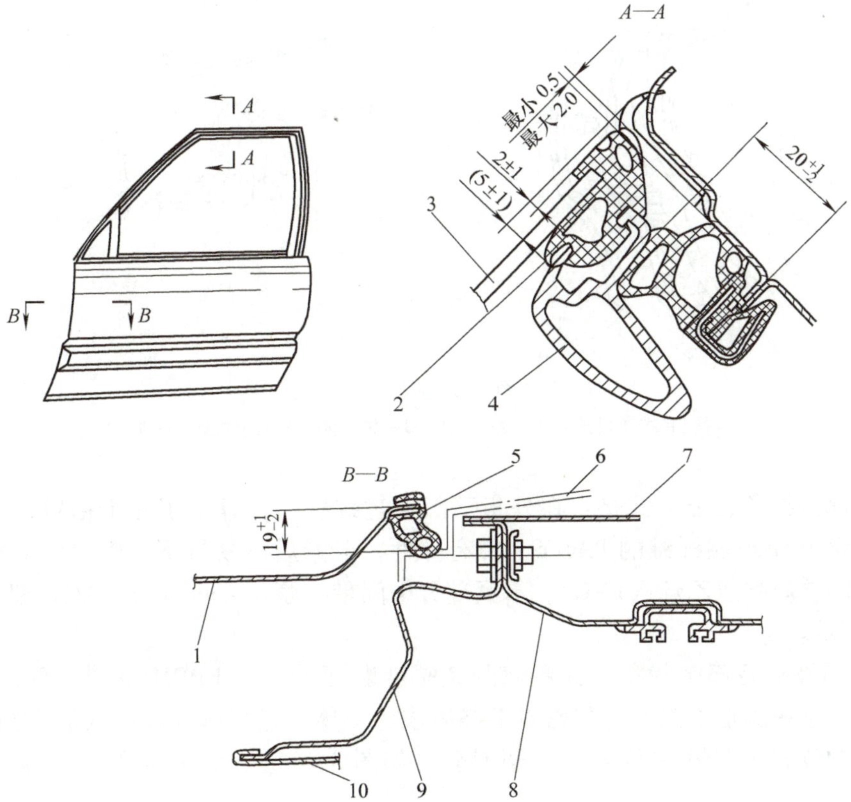

图 3-58　密封条的装配关系

1—门柱　2—门玻璃密封条　3—门玻璃　4—门框　5—门洞密封条　6—门护板
7—内板连接板　8—内板骨架　9—端板　10—外板

门洞密封条的压缩量 4mm，玻璃密封条的压缩量 1 ~2mm。

从图中看出，玻璃的内表面四周与密封条的植绒面接触，这是一个密封面。此外，在玻璃的周边断面上也与密封条的植绒面接触，而且此植绒面向玻璃断面方向有一压紧力，这样玻璃与门框之间有两个密封面，提高了密封的可靠性。

（3）窗台内密封条　窗台内密封条是由两种不同硬度的聚氯乙烯材料挤压成形，软质部分带有植绒，与玻璃内表面接触，它的固定部分是硬质 PVC，靠塑料的微弱弹性使之卡紧。密封条的受力很小，装配方便，结构简单，如图 3-59 所示。

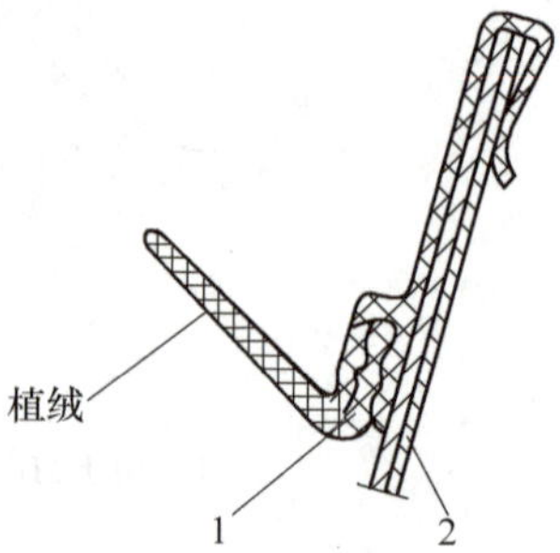

图 3-59　窗台内密封条

1—窗台内密封条　2—门内板

（4）外板下部密封条　整个门洞周边有一道密封条，在外板下周边又加了一道密封条，为两道密封。由于轿车车门下部离地面较近，雨水和泥浆很容易流入或溅到门缝处，该密封条在设计时充分考虑了这一因素，采用了如图 3-60 所示的结构，整根密封条紧贴在外板和门槛外表面上，将门缝完全挡住，起到良好的密封作用。

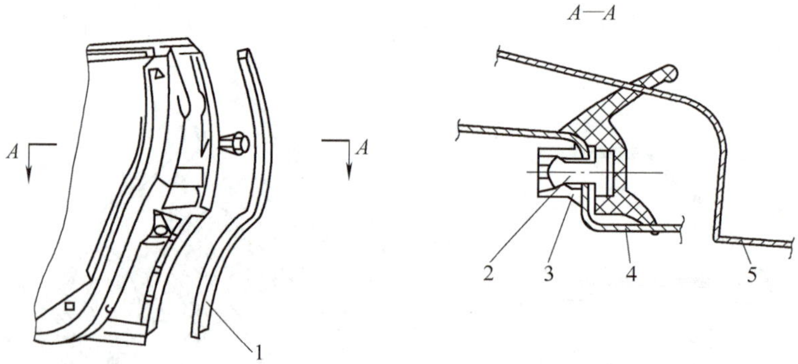

图 3-60　外板下部密封条

1—后门后端密封条总成　2—卡扣　3—护孔圈　4—门端板　5—门柱

外板下部密封条装配形式是：在外板下部通过螺柱焊，焊上了几个销钉，分别卡上卡片，卡片为含 30% 玻璃纤维的 PA6.6，带有弹性，卡紧后不易拆下。密封条的材料采用具有橡胶弹性的软质聚氯乙烯（PVC），卡紧部分中间带有厚 0.4mm 的不锈钢骨架，其断面参见图 3-58 所示。

（5）后门外板后部密封条　这种密封条是变断面的，由 EPDM 浇铸成形，质地较软。其中固定部分是一圆形卡扣，它与密封条浇铸成为一体，这样，在车门安装密封条的面上，只需在相应的位置上打孔并放入一个塑料套，如图 3-61 所示。这种结构装配和拆卸都很方便。

此外，在边角旮旯部分采用了密封块。窗台外部密封条贴近玻璃的一面采用了静电植绒。这些密封条都具有良好的耐气候性、耐臭氧稳定性和耐油漆性能。

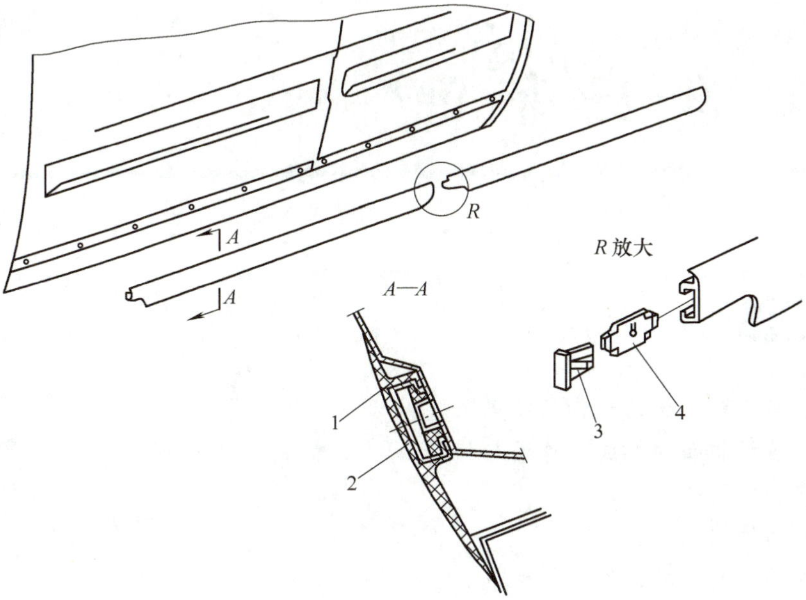

图 3-61　后门外板后部密封条

1—橡胶部分　2—骨架　3—端部堵盖　4—导向卡片

复　习　题

1. 车门的作用是什么？对车门有哪些要求？
2. 车门的开启方式有几种？各有什么特点？应用如何？
3. 车门本体骨架包括几部分？简述各部分的结构。
4. 车门附件包括哪些？
5. 对车门铰链有哪些要求？有几种形式？
6. 对车门锁有哪些要求？分几类？车门锁有哪些功能？
7. 对玻璃升降器有哪些要求？玻璃升降器有哪几种结构？
8. 简述单臂式玻璃升降器结构。
9. 简述钢索式玻璃升降器结构。
10. 简述捷达都市先锋电动玻璃升降器组成与工作过程。
11. 密封条的作用是什么？车门主要密封哪些部位？
12. 车门密封条密封了哪些部位？简述其密封情况。

单元4　车身装饰

应知应会

1. 仪表板与仪副表板的结构及特点。
2. 顶棚、各种护面的构成、作用与材料。
3. 车门内护板的构成。
4. 地板护面的构成。
5. 各种外饰件的构成、作用与材料。

课题1　车身内装饰

车身内装饰包括仪表板、副仪表板、地板护面、顶棚、车门护面、座椅、空调系统出风口、拉手、扶手、烟灰缸以及内壁护面等各部分的内部布置与装饰。其中尤以仪表板、座椅和地毯三大块构成的内饰主色调，给乘员提供了舒适、安静的乘坐环境。车身内饰既有装饰性的效果，又有功能性的要求，它应根据车身内整体使用的特点、条件与要求，拟定车内环境的整体布局与立意、统筹尺寸、形状、色彩和材质等要素，使车的各种装备协调一致、布局合理、使用安全、色调和谐，使乘员从触觉、视觉、听觉、心理上感到舒适。

4.1.1　仪表板与副仪表板

在现代轿车设计中，仪表板与副仪表板不仅在功能上为驾驶人提供视觉信息和方便、舒适的操作，而且在形体上已作为形成内饰风格的一个重要组成部分。它在造型上应与低空气阻力系数的车身外形相适应，具有圆滑、流畅、奔放的线条，给人以柔中带刚的感觉。加之，对其上的功能部件进行了合理的布置及整体性的设计，仪表板两端与门护板恰当的衔接，副仪表板下伸后延，与其他内饰件相照应，形成了一个和谐、完美的整体内饰效果。

1. 速腾轿车仪表板与副仪表板

(1) 仪表板的特点　速腾轿车仪表板上仪表部分的凸起，突出了仪表的使用功能，并且有使驾驶人目力集中的效果。贯穿全长的仪表板装饰板，与门护板上的装饰板相对应，同时也是空调出风口固定及相互联系的桥梁和纽带。左右扬声器采用传统的对称布置，但其外观形体上打破了传统的圆或方形，与侧除霜喷嘴结合成一体。左、右两侧下部分别设有敞口式的杂物盒和杂物箱，既充分利用了空间，又对仪表板下部起到遮蔽、装饰的作用，具有双重的实用价值。最关键的综合仪表最后装配，从装配顺序和结构上，保证了仪表的检修方便性。

（2）仪表板的结构　速腾轿车的仪表板为软化式结构，如图 4-1 所示。

图 4-1　速腾轿车仪表板结构

1—车架　2—仪表板总成

仪表板主要由三部分构成：骨架、表皮和中间发泡层。总质量约为 9kg，最大外部尺寸为：长 × 宽 × 高 = 1480 × 416 × 435（mm）。

其中，仪表板骨架焊接总成的质量为 4.3kg，约为仪表板总成质量的 47.8%。它是由五件厚 0.6mm 的优质低碳薄钢板冲压件和三小块厚 3mm 的加强用钢板，以 56 个焊点焊接而成。因发泡层不仅介于骨架和表皮之间，而是骨架内外侧均有，所以骨架上设计了 160 多个中 ϕ16mm 的泡沫流通孔，这也是减轻自重的有效手段。骨架的结构按仪表板外形曲折变化，同时又注意到了车身的强度及与其他零件的连接关系，连接部位设置了必要的冲压螺母。

仪表板的表皮为聚氯乙烯（PVC）材料的搪塑表皮，厚度控制在 2.5 ± 0.2mm，颜色有石墨灰和深蓝色两种供选择。从安全方面考虑，表面带有花纹、乌光，以提高表面粗糙度，避免使驾驶人炫目。

这种 PVC 表皮质地较软，具有较好的耐老化性、耐高低温性和色牢度，易于擦洗。中间发泡层为半硬聚氨酯（PUR）泡沫，耐冲击性较好，提高了乘员的安全性。按部位不同，发泡层的设计厚度也不同。在事故中乘员易碰撞区，其发泡层较厚，最厚达 20mm；其他区域相对薄些。但从发泡工艺上考虑，发泡层不能太薄，该仪表板最薄处为 8mm。此外，PUR 泡沫还是很好的隔音、隔热、减振材料。

仪表板本身还是暖风风道的组成部分。暖风风道的凸尖顶入仪表板背面发泡层，两者形成一个密封良好的风道，如图 4-2 所示。

为了便于批量生产，速腾轿车的仪表板以装配总成的形式在总装线上装车。装配总成包括：暖风风道及其喷嘴、前扬声器、冷气风道及其出风口、杂物箱、内部支架及电线束等，总成重达 13.5kg。由于它大而重，所以采用多处支撑固定，为了保证多点支撑互不干涉，

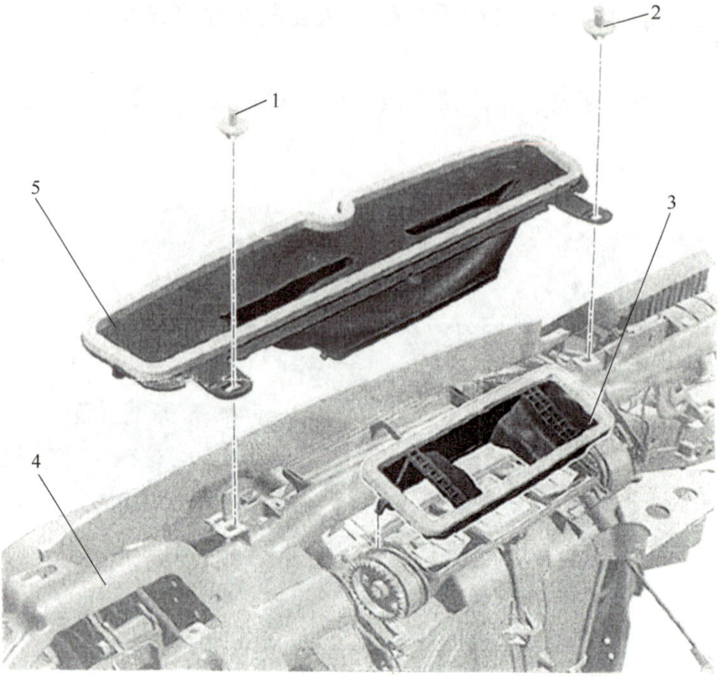

图 4-2　暖风通道

1、2—螺钉　3—暖风风道　4—仪表板骨架　5—暖风出风口

两侧及中部支架的连接部分采用了长孔，而前端采用非全定位的搭接式，同时采用三个卡簧限制了仪表板的上、下跳动。因为仪表板前端沿与支撑面接触部分为非金属，相应地，支撑它的转向柱横梁（钢板）表面也加设毛毡防护层，以免过早地损伤仪表板。中部支撑架最后坐落在地板中鼓包两侧。以上各支撑保证了仪表板总成的定位固定。

（3）副仪表板的特点　副仪表板作为仪表板的补充，其上集中了开关、收放机、空调控制开关、仪表板烟灰盒、变速杆，驻车制动器及后出风口等；同时结合本身的形体，设置了杂物斗，如图 4-3 所示。

副仪表板的设计与仪表板一样，符合人体工程学和车室功能空间的设计原则，各功能件布置合理，便于操作，可避免操作失误，提高效率，减少疲劳。副仪表板侧面分割曲线的设计，既减小了上段零件的体量感，又较好地满足了装配工艺和生产工艺的需要。

（4）副仪表板的结构　副仪表板从结构上分为前后两段。前段位置较高，遇事故时对乘员仍构成一定的威胁，尤其是膝部的撞击，所以采用了类似仪表板的软化结构。表皮和发泡层的材料与仪表板相同，而骨架则采用了填充树脂的 ABS 注塑件。其缺点是，表皮在装置功能部件处的切边变化比较多，不利于机械化生产，而多靠手工切割，使生产效率难以提高。

副仪表板后段介于两前座之间，高度较低，故采用单一材料的 ABS 注塑件。其中考虑生产工艺和装配工艺的需要，杂物斗采用了分体热合的方式。为了使副仪表板后段与前段协调一致，对其表面进行了花纹与喷软漆处理。副仪表板左、右侧护板是乘员的脚经常容易踢到的零件，因此采用了与地毯相同的地毯贴附于 ABS 骨架上，有较好的防护作用。为了便

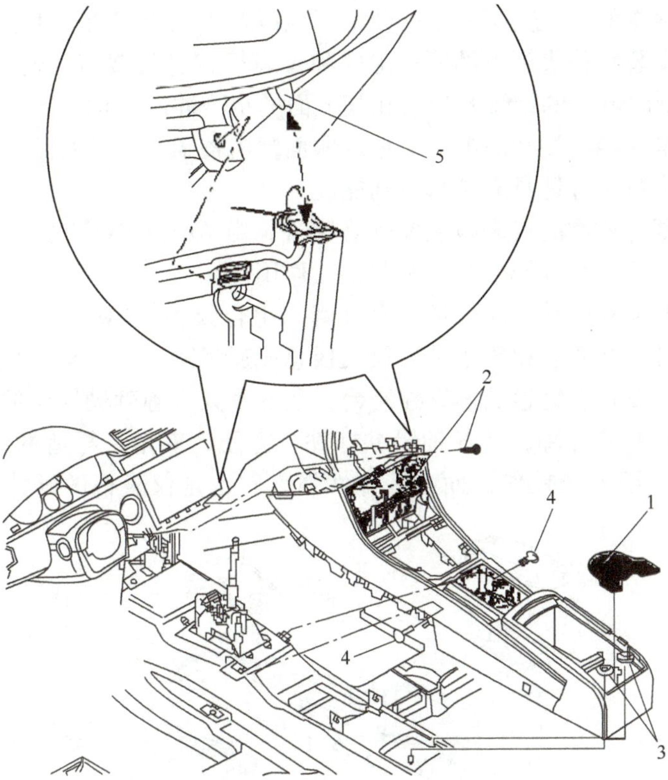

图 4-3 速腾轿车副仪表板结构

1—固定支架 2、4—螺钉 3—安装孔 5—仪表板

于副仪表板的装配、调整和检修，副仪表板侧护板采取了便于拆装的结构和固定方式，如图 4- 4所示。

2. 本田雅阁车轿车仪表板

本田雅阁车轿车仪表板如图 4-5 所示。

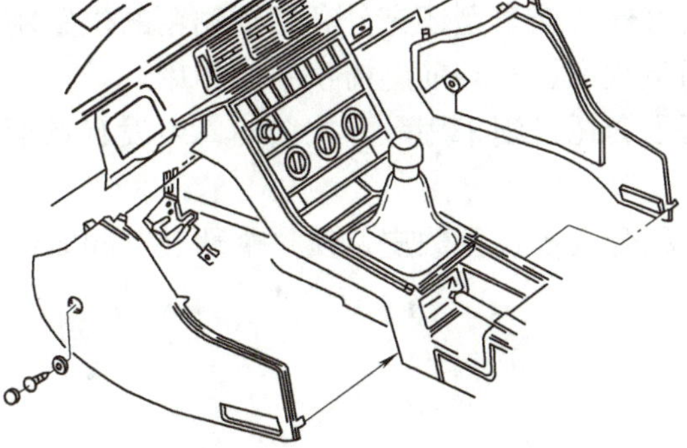

图 4- 4 副仪表板与侧护板

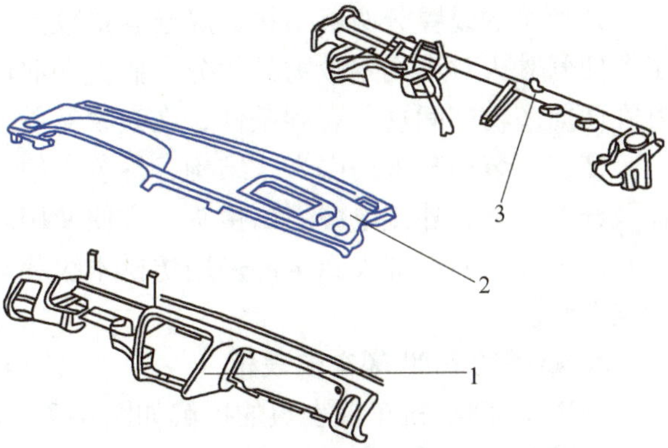

图 4-5 本田雅阁车轿车仪表板

1—主面板 2—上部装饰罩板 3—刚性支架

仪表板总成由独立的刚性支架和上部装饰罩板以及主面板组成。刚性支架是仪表板总成的主要承载部件，安装在仪表板上的所有附件和仪表板本身的载荷均通过它传递到车身上，刚性支架由外径为50.8mm的钢管及焊接在其上面的小型冲压件构成安装支架。

上部装饰罩板是一独立注塑成型的大型双曲面塑料覆盖件，外观装饰性强，表面皮纹的生成，除了提高装饰效果外还具有防目炫功能。

主面板是整体复合成型的仪表板主要外观部分，由ABS+PVC表皮、中间PP发泡层和基衬组成。同样，表面皮纹也起到装饰和防目炫作用。

仪表板总成上安装有前乘客座保护安全气囊、组合仪表、CD唱机、杂物箱、空调通风管、高音喇叭以及各种开关按钮等附件。仪表板总成通过刚性支架与车身螺纹联接。

本田雅阁车轿车设置有完整的操纵控制台，是驾驶人实施驾驶操作的工作平台之一。其作用是避免车内空间的零乱感，使各种操纵杆件在方便、安全、舒适的前提下尽可能集中布置在同一区域里，即方便操作，而且装饰性强，它也是仪表板的延伸，如图4-6所示。

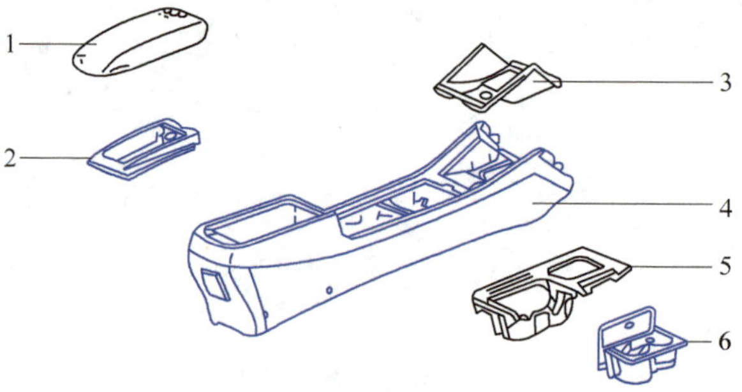

图4-6 操纵控制台

1—扶手 2—（上层）杂物箱 3—手套托盘 4—主框架 5—装饰面板 6—茶杯托架

该操纵控制台由主框架、杂物箱、茶杯托架、装饰面板和手套托盘组成。

主框架由整体注塑成型的塑料件承担，其造型上配合仪表板主面板下部并向后延伸，构成其他附件的安装框架。

茶杯托架采用按压式开启、关闭，简便灵活，便于驾驶人使用。

杂物箱的设置分两层结构，底层容量较大，上层为盘状结构，容量较小。这些设置均为了方便驾驶人对不同零散物品的分类搁置和取用。另外，该车型还充分利用杂物箱的位置刚好在两前座椅中间这一有利条件，在杂物箱盖上铺覆软饰，充当前座椅扶手的作用。

变速杆装饰罩采用嵌入式结构，拆装方便，而手套托盘则采用敞开式结构，内设有点烟器及开关按钮、外接电源引出接头，方便使用。

装饰面板的上部表面全部采用仿桃木纹装饰，配合真皮扶手蒙皮，使整个驾驶空间既舒适又美观。

3. 桑塔纳2000轿车仪表板

桑塔纳2000轿车仪表板的拆解如图4-7所示。

4. 奥迪A6轿车仪表板

奥迪A6轿车仪表板如图4-8所示。

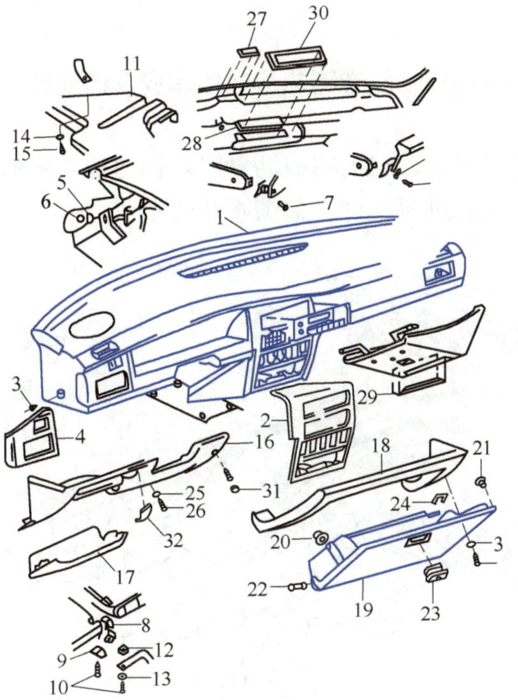

图 4-7　桑塔纳 2000 轿车仪表板的拆解

1—仪表板总成　2—中心饰板总成　3—铆钉　4—左饰板　5、6—垫圈、螺母　7—扁头螺钉　8—左固定支架　9、12、10—螺母夹、自攻螺钉　11—左下封盖　13—弹簧垫圈　14、15—垫圈、自攻螺钉　16—左饰框　17—杂物箱　18—右饰框　19—杂物箱盖　20、21—弹性缓冲块　22—铰链销钉　23—锁体　24—锁体固定卡钉　25、26—垫圈、自攻螺钉　27、28、29、30—隔音垫　31—隔罩　32—门盖

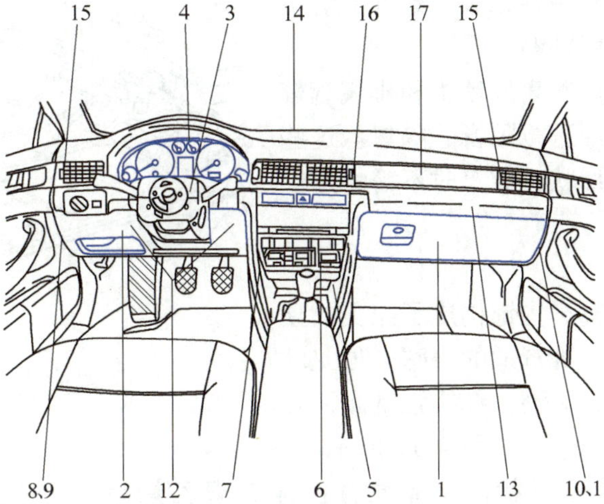

图 4-8　奥迪 A6 轿车仪表板

1—杂物箱　2—驾驶人一侧杂物箱　3—转向开关　4—组合仪表　5—中央副仪表板前部　6—仪表板中部　7—仪表板中部加强梁　8—仪表板左侧装饰件　9—仪表板左端板　10—仪表板右侧装饰件　11—仪表板右端板　12—驾驶人一侧仪表板　13—副驾驶安全气囊　14—光敏电阻　15—侧面出风口照明和温度传感器插头　16—中央出风口照明插头　17—仪表板盖板

4.1.2 地板护面

地板护面主要由两部分构成：隔音隔热层和整体成形的地毯。

1. 隔音隔热层

隔音隔热层采用沥青阻尼板、棉毛毡或沥青阻尼板与棉毛毡的复合材料，根据各部位噪声的强弱程度及距热源的远近进行设计，如图 4-9 所示。

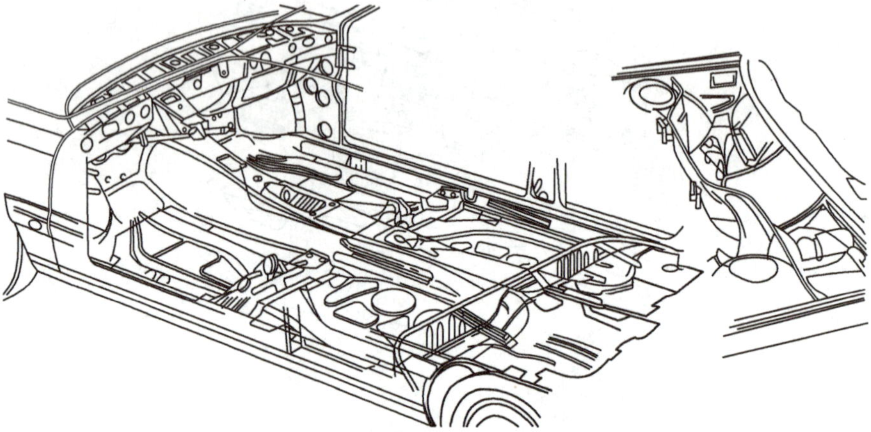

图 4-9 沥青阻尼板隔音隔热层

速腾轿车全车采用了 21 块厚 2 ~2. 3mm 的沥青阻尼板，总质量近 12kg。其装配形式有两种，一种是熔粘型，在烘烤车身底漆时，将沥青阻尼板放在相应部位，随车身经 140℃约 30min 的烘烤后，即可牢固地熔粘在车身地板上；另一种是胶粘式，利用预先涂在零件上的不干胶，在车身油漆完成后粘贴。

在前地板及中通道这些离发动机和排气管较近的位置，另加棉毛毡层进行隔音、隔热。这些毛毡制成与车身相应的形状，装车时不需特殊固定，如图 4-10 所示。

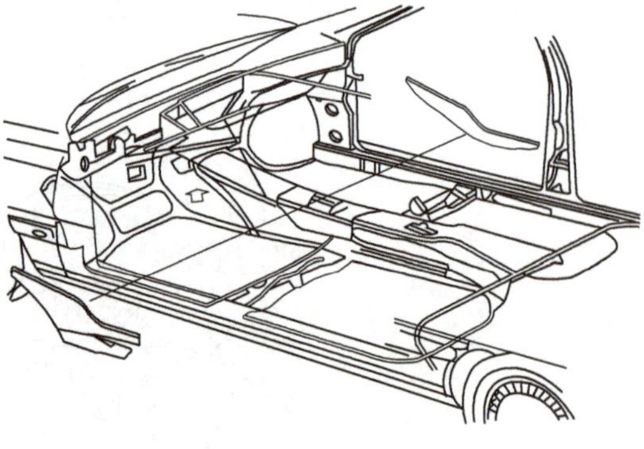

图 4-10 隔音衬垫

2. 地毯

整体成形的地毯与整车内饰构成了完美的立体造型车室，使乘员有一种舒适的美感。尼龙纤维的簇绒地毯绒毛柔软，耐磨，纤维强度高，弹性好，耐腐蚀，不怕霉、蛀，如图 4-11 所示。

为了使地毯具有立体形状，在地毯背面涂有聚乙烯涂层，前后段还分别复合有厚 1. 5mm 和 1. 0mm 的 EPDM 板材，可以获得更佳的隔音减振效果。整个复合的地毯板坯在加热后经成型模压制、定形、冲裁后得到所需形状；在前部乘员经常踏脚区还复合有 PVC 材质的脚垫，以提高地毯的使用寿命。地毯总成质量为 11. 5kg。

虽然成形地毯有许多优点，但其成形工艺比较复杂。这是因为地毯毕竟不能像钢板那样容易拉深成形，尤其是中间鼓包处，其深度达 200mm 左右。

装配时，地毯前部依赖本身形状贴附到前挡板；后端被四个卡扣固定在后座椅横梁上，并被后坐垫罩住；侧边以专门设计的 PVC 压条固定于门槛内侧，并饰以装饰板，完善外观效果，如图 4-12 所示。

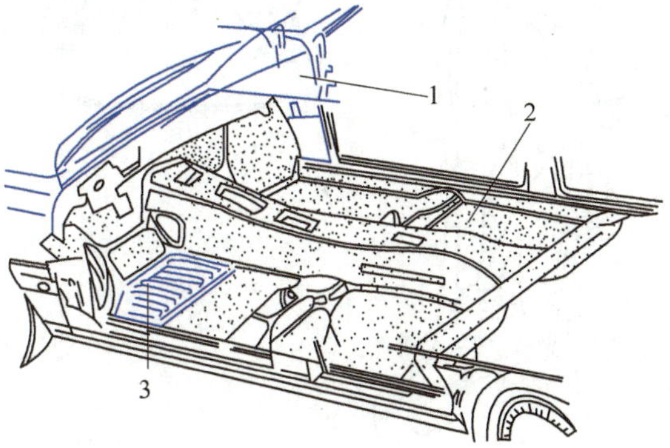

图 4-11　地毯

1—车身　2—成形地毯　3—脚垫

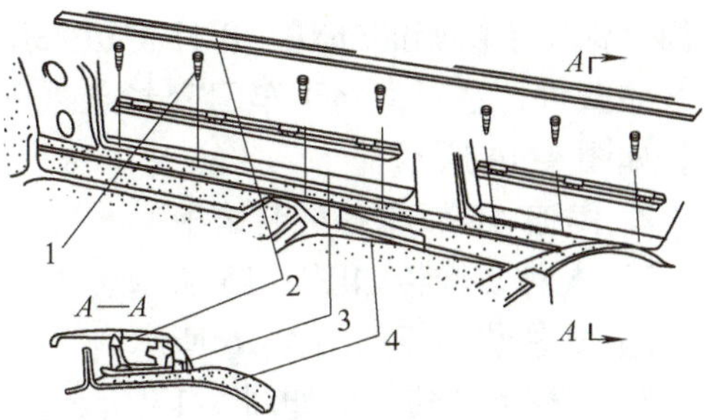

图 4-12　地毯的固定

1—紧固螺钉　2—装饰板　3—地毯压板　4—地毯

4.1.3　侧围与车门装饰板

由 A、B、C、D 柱护板构成的侧围装饰板与车门装饰板一起成为内饰立体造型的重要组成部分。

1. 侧围装饰板

四个柱的护板与四个柱相吻合，都呈下宽上窄形，利用其透视效果，给人以高大空旷的感觉。深色的柱护板配以纤秀的柱子，更使乘员视野开阔，心情舒畅，减少了沉闷感。

三个柱 A、C、D 的护板采用聚苯醚（PPO）塑料，具有热变形温度高、吸水率小、尺寸稳定性好及难燃的特点。其固定方式均采用隐蔽的弹簧卡子及卡扣，如图 4-13 所示。

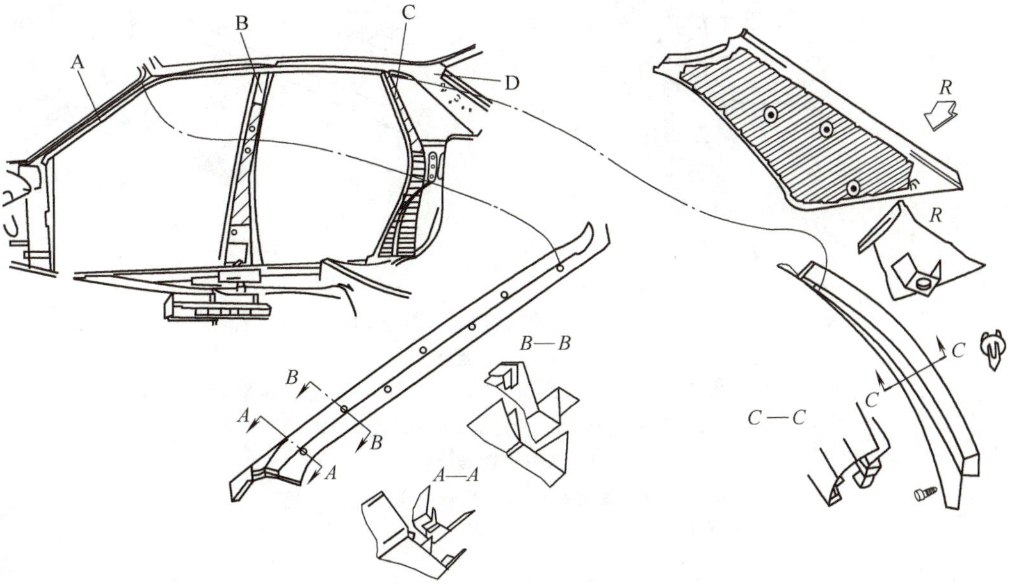

图 4-13　侧围装饰板

B柱装饰板分上、下两段，充分考虑了生产和装配工艺的需要。上段适应安全带上调节固定点的需要，设计了可移动的滑动板。滑动板上的按钮与安全带高度调节器的控制键联动，实现调节作用，保持了协调的外观。B柱护板采用ABS注塑件，主要借助于车门密封条来固定，如图4-14所示。

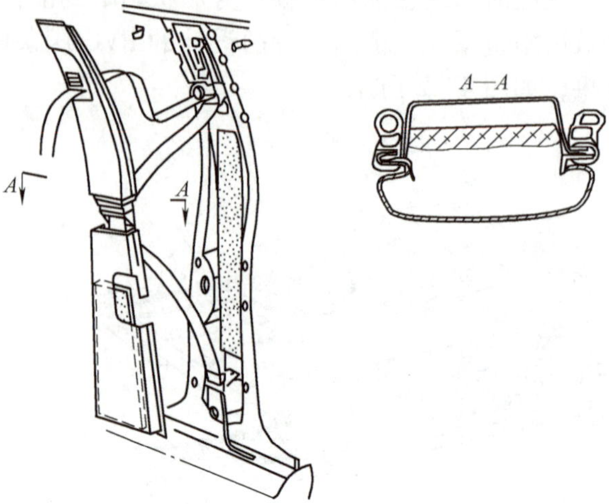

图4-14　B柱装饰板

2. 奥迪A6轿车各柱装饰板

1）A柱装饰板如图4-15所示。

2）B柱装饰板如图4-16所示。

3）C柱上部装饰板如图4-17所示。

4）D柱装饰板如图4-18所示。

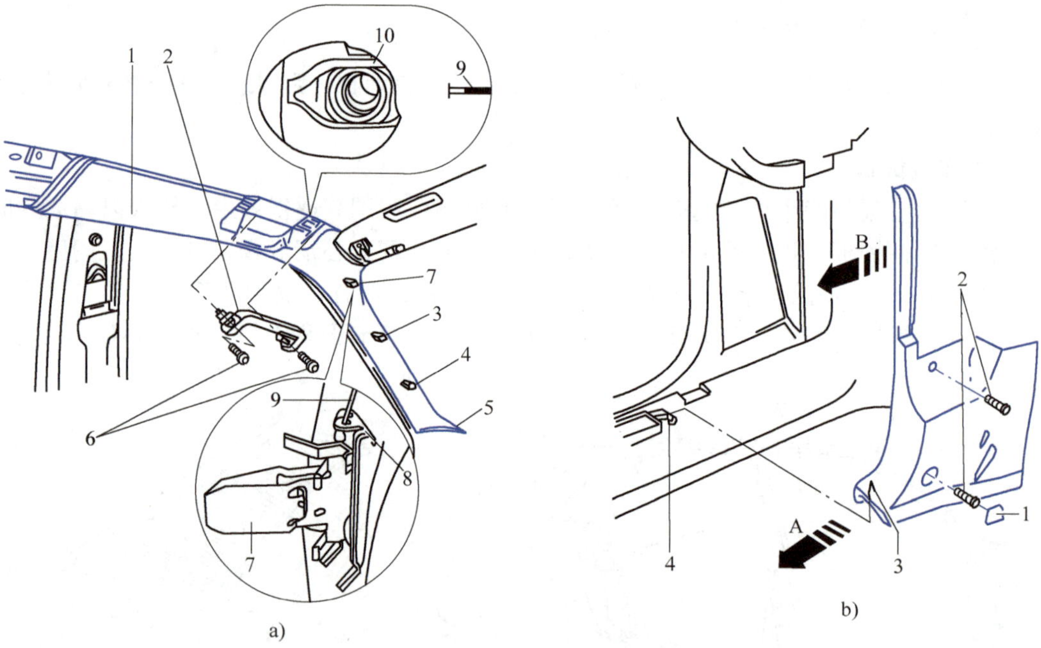

图4-15　A柱装饰板（奥迪A6）

a）A柱上部装饰板

1—A柱上部装饰板　2—前把手　3、4、7—卡夹　5—仪表板和弹簧夹中间区域　6—螺栓2个，3.5N·m　8—固定夹　9—钢丝绳　10—金属薄板

b）A柱下部装饰板

1—盖　2—螺栓2个，2.5N·m　3—销　4—槽

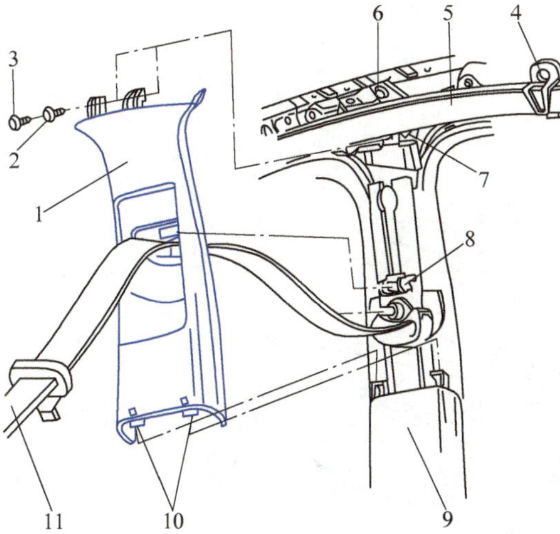

a)

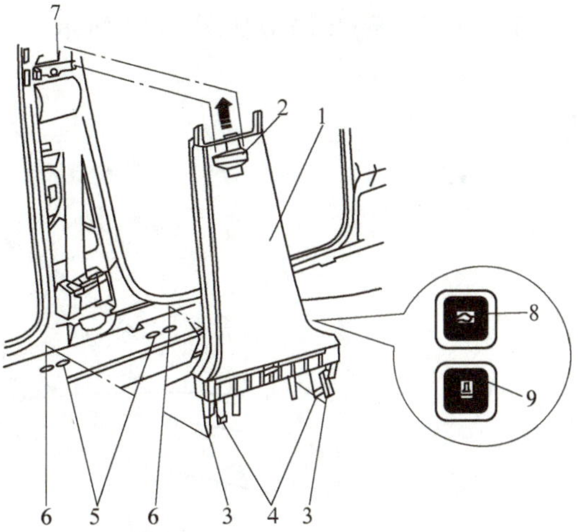

b)

图 4-16　B 柱装饰板（奥迪 A6）

a）B 柱上部装饰板

1—B 柱上部装饰板　2—螺栓，3.5N·m　3—螺栓，2.5N·m　4、5—螺栓 2 个，3.5N·m　6—头部安全气囊导向件　7—高度调节装置　8—B 柱下部装饰板　9—定位凸起　10—三点式安全带　11—高度调节按钮

b）B 柱下部装饰板

1—B 柱下部装饰板　2—安全带导向件　3—导向销　4—定位块　5、6—支座孔　7—支架　8—行李箱盖按钮　9—内部监控系统按钮

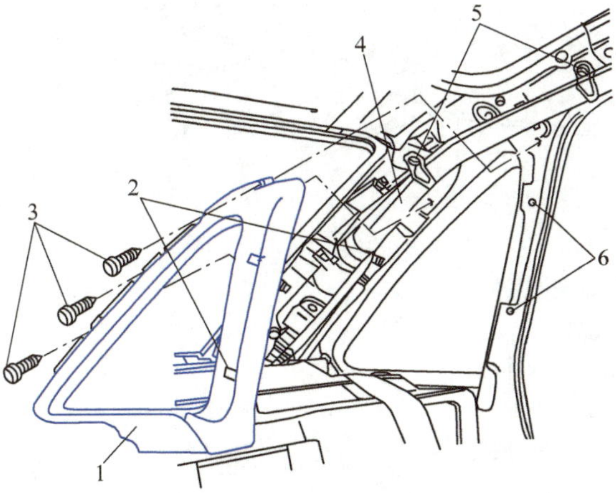

图 4-17　C 柱上部装饰板（奥迪 A6）

1—C 柱上部装饰板　2—卡扣　3—螺栓

4—头部安全气囊　5—螺栓 2 个　6—支座孔

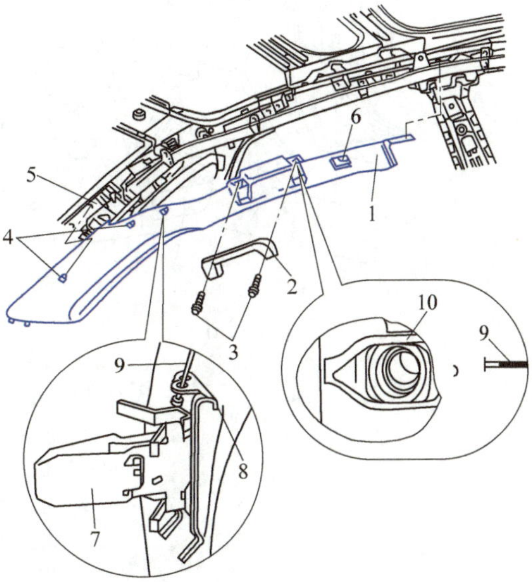

图 4-18　D 柱装饰板（奥迪 A6）

1—D 柱装饰板　2—后把手　3—螺栓 2 个，3.5N·m

4—卡扣　5—D 柱　6—挂衣钩　7—卡夹

8—固定夹　9—钢丝绳　10—金属薄板

3. 帕萨特轿车各柱装饰板

1）A 柱上部装饰板如图 4-19 所示。

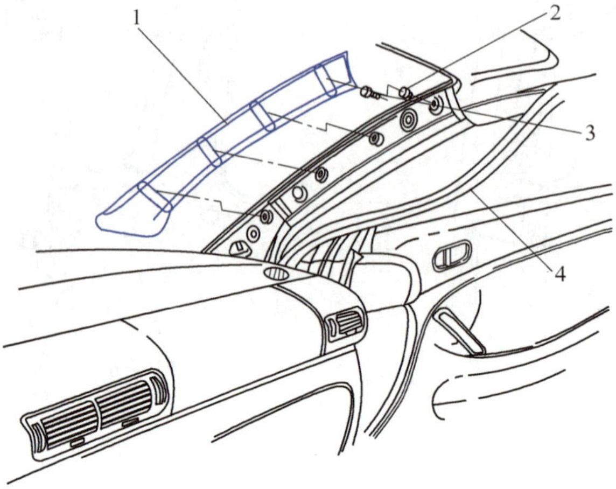

图 4-19 A 柱上部装饰板（帕萨特）

1—内饰 2—套筒 3—弹簧夹子 4—密封垫

2）A 柱下部装饰板如图 4-20 所示。

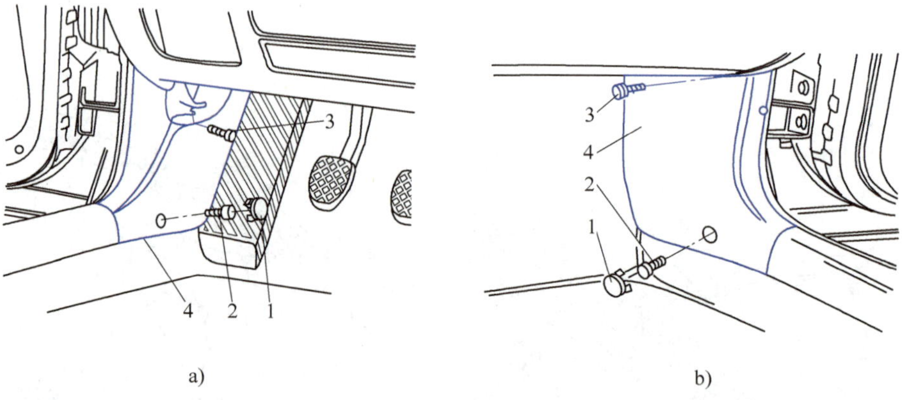

图 4-20 A 柱下部装饰板（帕萨特）

a）驾驶人侧

1—罩盖 2、3—螺栓 4—内饰

b）前座乘客侧（B 柱上部）

1—罩盖 2、3—螺钉 4—内饰

3）B 柱下部装饰板如图 4-21 所示。

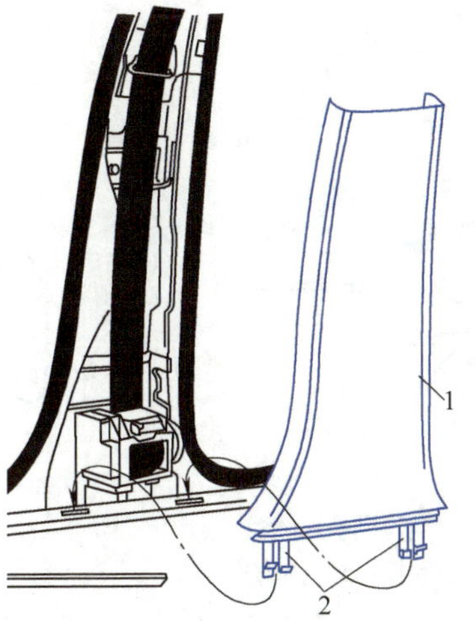

图 4-21　B 柱下部装饰板（帕萨特）

1—内饰　2—定位凸台

4）C 柱装饰板如图 4-22 所示。

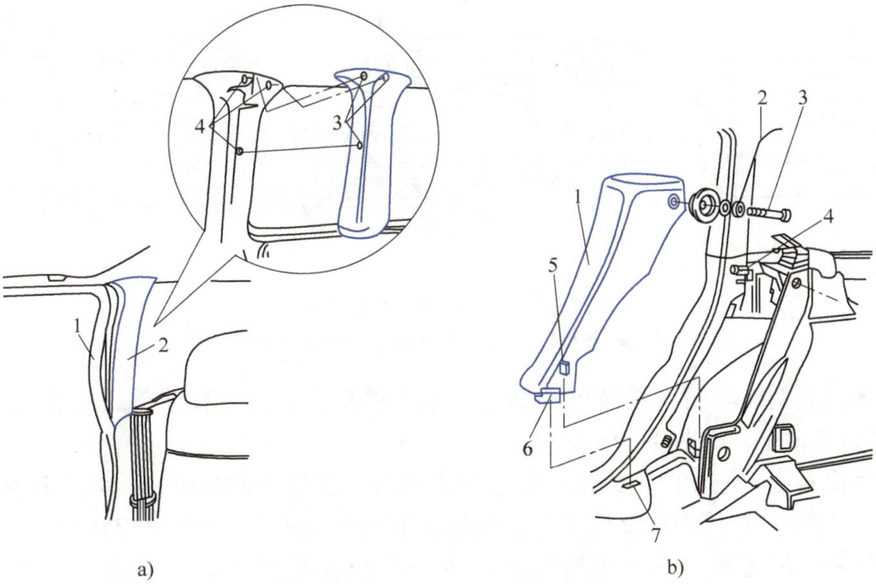

图 4-22　C 柱装饰板（帕萨特）

a）C 柱上部装饰板

1—密封条　2—内饰　3—卡脚　4—套筒

b）C 柱下部装饰板

1—内饰垫　2—六角螺母　3—螺栓　4—卡子　5—锁身　6—止动销　7—内槛饰条

5）C/D 柱上的装饰板如图 4-23 所示。

4. 车门内装饰板

（1）车门内装饰板组成　车门内装饰板是重要的内饰件，它由芯板、衬垫、饰面及其他附件等构成，如图 4-24 所示。

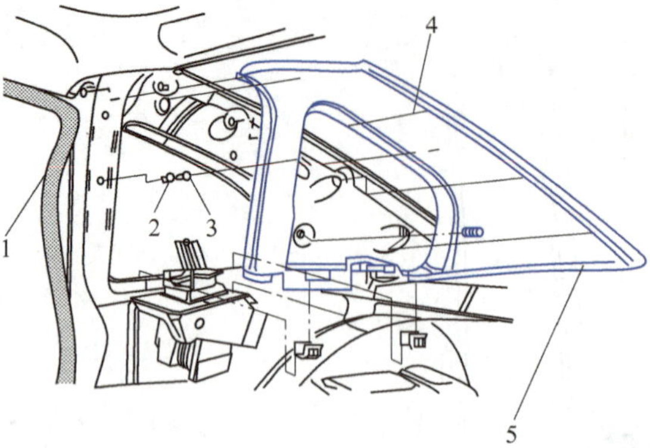

图 4-23　C/D 柱上的装饰板（帕萨特）

1—密封条　2—套筒　3—卡脚　4—卡紧件　5—内饰

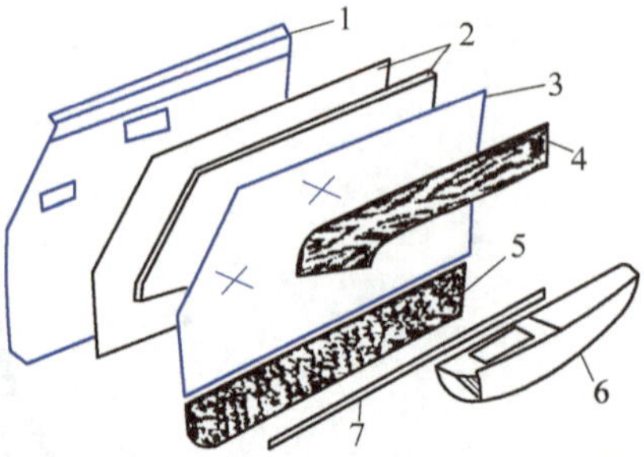

图 4-24　车门内装饰板组成

1—芯板　2—衬垫　3—饰面　4—装饰板　5—绒毡　6—车门扶手　7 —装饰条

从实用性的角度，附件有装饰条、装饰品、电气开关、车门扶手、文件袋、门灯、通风道、话筒、窗格和烟灰缸等。越是高级轿车，车门内饰附件越多。

车门内装饰板大致分为三类，如图 4-25 所示。

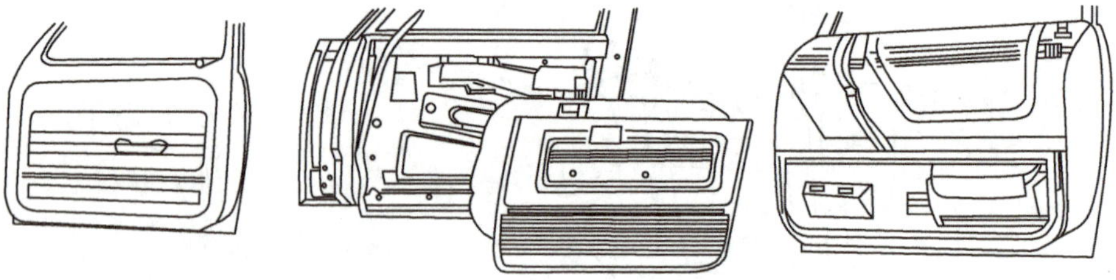

a)　　b)　　c)

图 4-25　车门内装饰板分类

a）局部覆盖型　b）整体覆盖型　c）分块整体覆盖型

1）局部覆盖型。车门内板露出一部分，不全部覆盖，是一种简单、廉价的车门内饰。多用于小型廉价轿车，如图 4-25a 所示。

2）整体覆盖型。把车门内板全部覆盖上，成为一个整体的内护板，是上述简易型结构的改进。内装饰板上端部设置其他部件，但往往不设车门扶手，如图 4-25b 所示。

3）分块整体覆盖型。用两块或两块以上的部件整体覆盖的车门内装饰板，如图4-25c所示。在内装饰板下半部使用成形树脂，可将车门扶手、文件袋等均整体成形。

（2）速腾轿车车门内装饰板　车门内装饰板是具有立体造型结构的整体式车门内装饰板，它是仪表板装饰板在侧面的延续；前门内装饰板前部呈凸凹形并与仪表板衔接；前后门内装饰板中部均采用了与座椅相同的复合面料作饰面；边框采用侧围统一的微发泡 PVC 表皮，使门护板触感好、有层次、有立体感，并把门护板与整体内饰有机地联系在一起，增强了内饰的统一、协调的美感，如图 4-26 所示。

结合立体造型，门护板还设置了杂物斗，为烟灰盒和门锁内手开手柄等功能部件提供了固定条件，增强了门装饰板的功能性。车门装饰板与车门间的隔音衬垫被三个卡扣固定在车门内板上，形成门帘式结构，便于车门附件的检修与调整。

车门装饰板的固定，上端采用挂钩式结构，其余三边以塑料卡扣与车门相连，每个车门装饰板仅用的三个螺钉都设计在隐蔽处。扶手的固定对门护板也起到了一定的辅助定位作用。

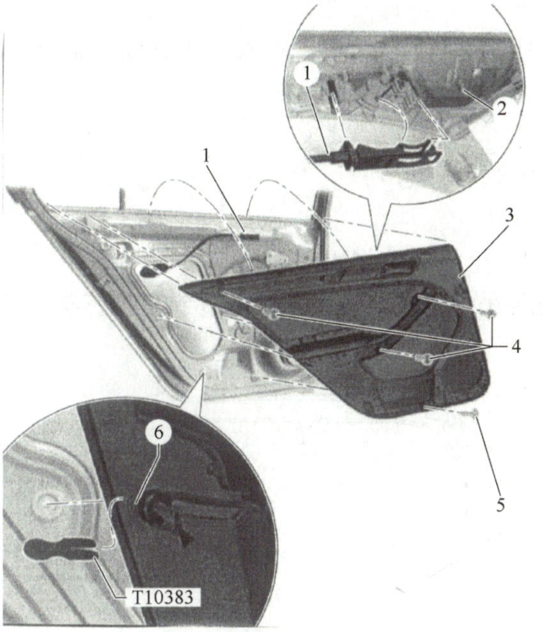

图 4-26 速腾轿车前门内饰板

1—车门拉锁 2—固定孔 3—内饰板总成

4、5、6—卡扣 T10383—大众专用工具

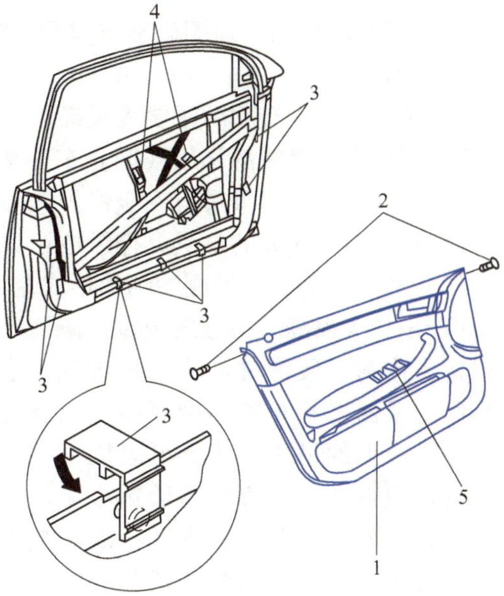

图 4-27 奥迪 A6 轿车前门内装饰板

1—车门内饰板 2—螺栓 2 个，1.5N·m

3、4—垫片 5—玻璃升降器开关总成

（3）奥迪 A6 轿车前、后车门内装饰板 具体构造如图 4-27、图 4-28 所示。

（4）帕萨特轿车车门内装饰板 具体构造如图 4-29 所示。

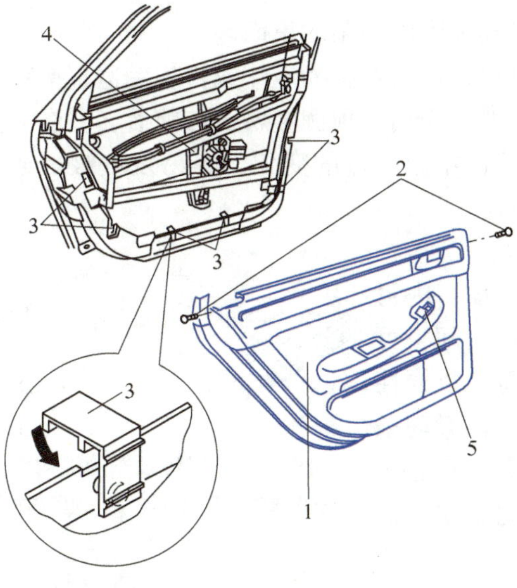

图 4-28 奥迪 A6 轿车后门内装饰板

1—车门内饰板 2—螺栓 2 个，1.5N·m 3、4—垫块

5—玻璃升降器开关总成

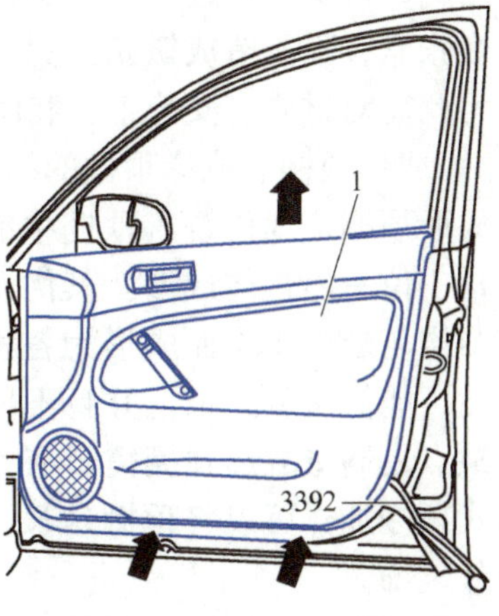

图 4-29 帕萨特轿车车门内装饰板

1—车门内装饰板

单元4 车身装饰

4.1.4　顶棚内装饰

1. 顶棚的作用与分类

（1）顶棚的作用　顶棚位于车身顶盖里，是用一层或多层软或半软的内饰材料制成的部件，其作用是：

1）是室内艺术造型的重要表现部位。

2）起隔声、隔热的作用（防止车外噪声，吸收车内噪声）。

3）软化内饰，对乘员有安全保护作用。

4）对顶盖上布置的灯具、操纵按钮类部件起安全与保护作用。

（2）顶棚的分类　顶棚的结构形式基本上分为吊挂顶棚、成形顶棚和黏结顶棚三类。

1）吊挂式顶棚。吊挂式顶棚由隔音和隔热材料为内衬、装饰材料为表皮饰面，起骨架作用的呈网格状布置的金属线，以及可以穿在金属线上的吊袋组成。可以用一张吊挂式顶棚将顶盖和支柱都覆盖装饰起来。其优点是装饰美观、轻巧、成本低；缺点是安装操作条件差，与其他类型顶棚相比，顶盖与顶棚之间需要较大的空间，减少了车内高度，如图4-30所示。

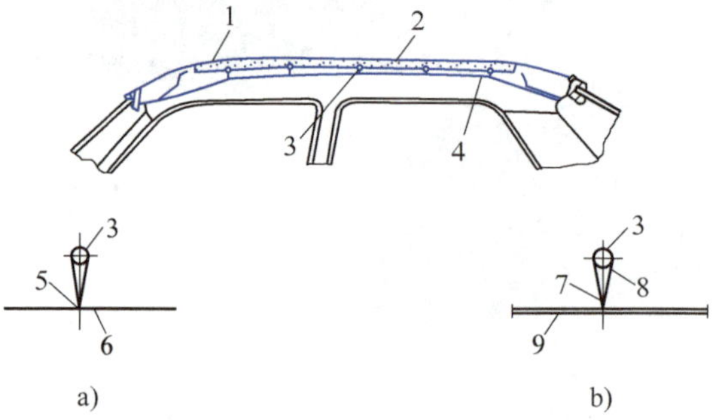

图4-30　吊挂式顶棚的结构及安装法

a）焊接加工法　b）缝纫加工法

1—顶盖　2—隔热层　3—网状金属线　4—饰面　5—焊接加工缝　6—塑料布　7—缝纫线　8—袋　9—皮革或绒布制品

顶棚用棉织品、毛绒制品、皮革和人造革等做表皮饰面，在饰面的上面缝制吊袋穿过金属线，金属线呈网格布置，线的两端固定在车身侧面，顶棚饰面的周边用黏结剂黏结到车身顶盖的侧梁上，然后装上卡扣或直接安装到风窗内护条的里面。

在饰面与顶盖之间设有起隔音、隔热作用的衬里，常用聚氨酯泡沫或再生毛毡直接粘在顶盖内侧，衬里具有透气性，还起到支撑金属线防滑的作用。顶棚金属线在前后、左右方向要适度张紧，不要造成皱折。另外，吊挂式顶棚经长年湿、热的变化，容易发生皱折或下垂。为此需对材质、安装工艺和固定方法格外注意。

2）成形顶棚。成形顶棚的结构如图4-31所示。

成形顶棚是现代轿车顶棚中的主要形式，由表皮、内衬和芯材三位一体整体成形。其优点是增大车身内部空间，可适应结构与装饰要求而成形为各种形状，从而提高了装饰性与刚性，能简化装配工艺并且不使用黏结材料，改善劳动条件。缺点是制造成形顶棚需要有大型设备，成本高，不能像吊挂式顶棚那样可以将顶棚延长，包容支柱，因此支柱还需要另外装饰。

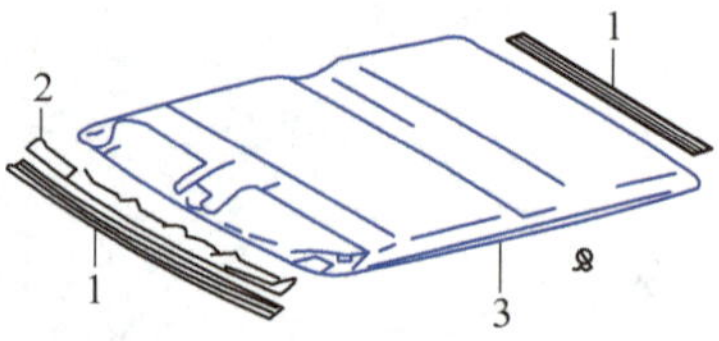

图4-31　成形顶棚的结构

1—装饰条　2—护圈　3—顶棚内衬

成形顶棚能保持预定的形状是由周边的紧固装置、遮阳支座和顶灯座等部件的安装共同完成的。也有一些汽车将顶棚中间部分黏结在车顶上，成形顶棚的周边采用按扣或螺钉等连接方式固定在车身的翻边上。

成形顶棚采用的复合材料是由芯材、内衬及饰面组成的层状重叠结构，如图 4-32 所示。

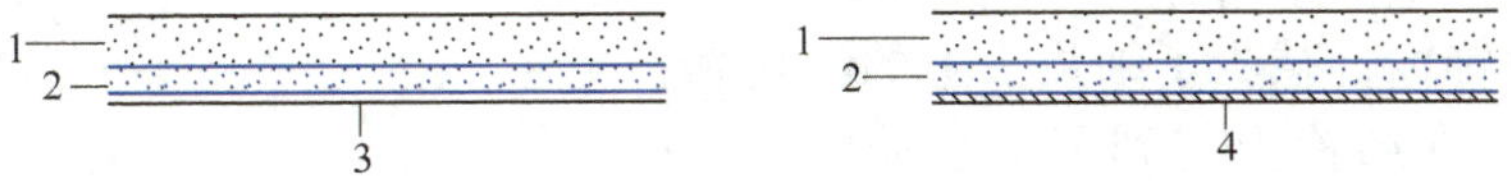

图 4-32　成形顶棚复合材料断面

1—成形玻璃纤维（芯材）　2—聚氨酯泡沫　3—人造革（饰面）　4—布织品（饰面）

芯材常用酚醛树脂的再生棉、玻璃纤维、成形纸板或成形毛毡等；内衬多采用成形聚氨酯泡沫；饰面材料根据车型档次、装饰成本要求，可选用各种塑料薄膜、化纤织物和无纺布等。选择这些材料时应注意到材料的刚性、透气性、比重、阻燃性、抗静电能力和尺寸稳定性，在装配时不产生变形。

3）黏结式顶棚。黏结式顶棚不用预成形，而是把衬里和饰面复合为一体，直接全面地粘贴在顶盖内表面上，端部插入车顶边梁以及顶盖端板。黏结式顶棚成本低、生产简便，多用于廉价的轿车及大型货车上。缺点是不能覆盖全部顶盖，维修性不好，作业环境差，如图 4-33 所示。

黏结式顶棚的内衬材料多采用聚氨酯泡沫或毛毡，饰面材料常用 PVC 薄膜、各种织物和无纺布。粘胶使用水溶性黏结剂。

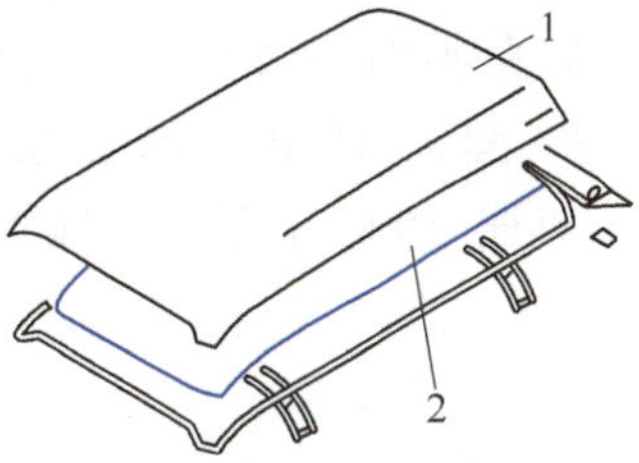

图 4-33　黏结式顶棚

1—顶盖　2—衬里

2. 奥迪 100C3 顶棚内装饰

顶棚内装饰采用整体成形的复合材料顶棚，外廓尺寸约 1450mm × 1150mm。有两种类型（共三种结构），如图 4-34 所示。

一类如图 4-34a，主要是以聚氨酯泡沫为基材；另一类用瓦楞纸板加黄麻为基材，如图 4-34b、c。这种顶棚的特点是：

（1）质量轻　瓦楞纸型，材料是天然的，总成质量为 3.25kg，但防振隔音性能稍差；聚氨酯型，总成质量为 20kg，防振隔音性能好，但成本稍高。

（2）降低车顶高度　由于是复合结构，在满足缓冲、隔音隔热功能需要的同时，可最大限度地降低车顶高度。

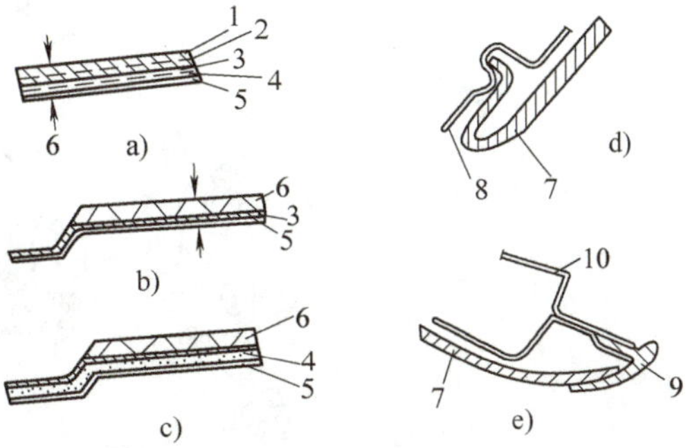

图 4-34　奥迪 100C3 顶棚的结构

1—纸板　2—PU 泡沫　3—纸板加黄麻　4—聚乙烯（PE）泡沫　5—饰面　6—瓦楞纸板　7—顶棚　8—顶盖侧梁　9—顶棚装饰条　10—顶盖

（3）易于装配　只需将中部与顶盖黏结而固定，适合现代轿车大批量生产的需求。黏结式的装配形式对厚 0.9mm 的顶盖也起到了一定的加强作用。侧面的切边经折卷，卡到侧梁的槽内，使装配后的外观圆整，如图 4-34d 所示。装于顶盖的拉手使顶棚侧面与顶盖侧梁贴靠严紧。PVC 材料的前后装饰条掩盖了顶棚的毛切边，如图 4-34e 所示。

该顶棚还显示了造型与功能结构的完美结合，如沿周边的折印呈拱形曲线，给人以高度感；配以明快的浅米色饰面，减少了乘员头上的压迫感，同时沿边的折印在结构上起到了加强筋的作用；而前部的起伏，与遮阳板和顶棚灯相互呼应，具有和谐的整体感。

顶棚选用64%的PA与36%的PES混合纤维针织品，以适应顶棚成形的需要。这两种纤维均具有高弹性、高强度。织物与厚3mm的PE泡沫复合后更加挺板，不易出现皱折。当然，顶棚总成也必须是阻燃的。

3. 帕萨特轿车车顶内装饰

帕萨特轿车轿车车顶内装饰如图4-35所示。

4. 奥迪A6轿车车顶内装饰

奥迪A6轿车车顶内装饰如图4-36所示。

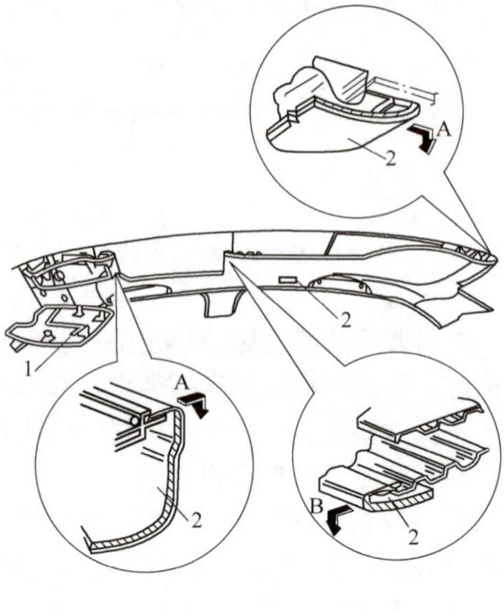

图4-35　帕萨特轿车车顶内装饰

1—SIR的护罩　2—车顶内饰

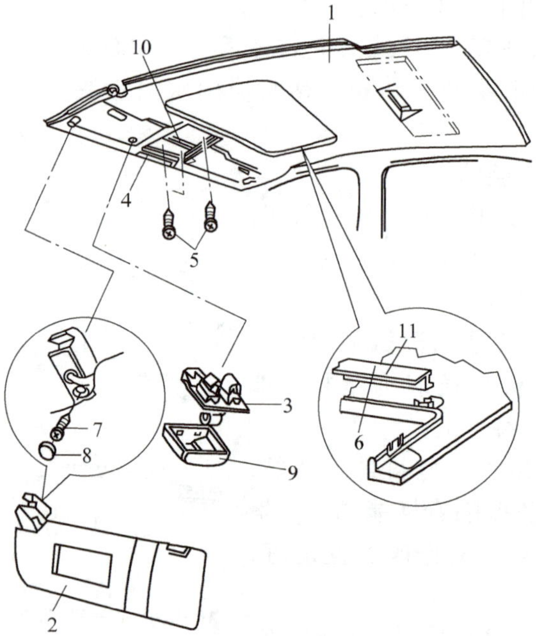

图4-36　奥迪A6轿车成形车顶装饰板和遮阳板

1—成形车顶装饰板　2—遮阳板　3—遮阳板支架　4—中央遮阳板　5—螺栓，2.5N·m　6—滑动车顶框　7—螺栓　8—装饰帽　9—装饰盖　10—框架　11—撬出标记

4.1.5　后围与行李箱内装饰

1. 奥迪100C3轿车后围与行李箱内装饰

后围与行李箱内装饰主要由包裹架护板总成和左、右安全带护板总成构成。其中包裹

架护板是后围内装饰的主体，它占据后围护面面积的80%以上，代表了后围内装饰的主流。

（1）包裹架内装饰板　包裹架内装饰板被两处凹陷部分分割，从造型上分割了大平面，结构上又起到了加强作用，给人以放置适当物品的稳定感。同时凹陷部分的底面又是车身的搭接面。为了保证行车时不出现“拍击”现象，底面衬有聚氨酯泡沫；后端沿向下的折边与风窗下沿着黑色部分相对，使外观上看不到其毛切边；考虑了空气沿周边对流的原理，将四个回风的栅板布置在后端，栅板采用“百叶窗”式的结构，乘员在车内看不见回风槽。前端的阶梯结构巧妙地借用了后座靠的压紧固定作用；两侧由于车身结构呈现“外窄内宽”的现象，所以包裹架护板的两端采用了“软结构”，即饰面不与基板粘贴，处于悬置状态，装车时向下折压，装配后靠饰面本身的弯曲刚性及饰面与基板之间的泡沫衬条撑起，从而实现了外观的“饱满”。纵横交错的隔音带，除了为提高音响效果外，还有隔尘的作用，如图4-37所示。

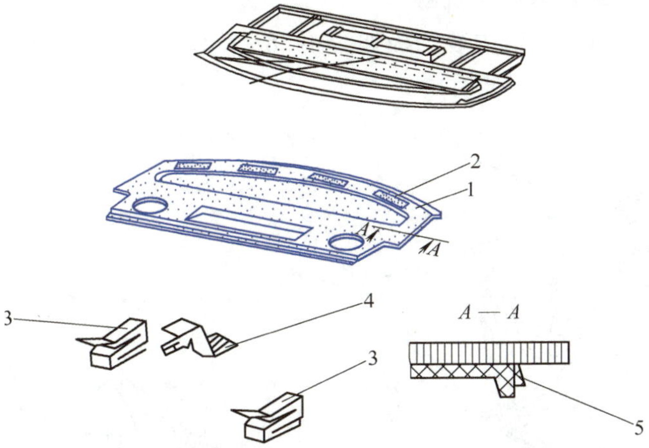

图4-37　奥迪100C3轿车包裹架内装饰板

1—包裹架护板总成　2—板　3—卡子　4—过渡角架　5—衬条

包裹架基板采用了质量较轻、易于成形、又具有一定强度的木质纤维板，使得包裹架总成质量仅2.1kg。

包裹架饰面，由于经常置于日晒之下，又经常取、放物品，所以要求饰面有较强的色牢度，耐高低温性能，耐磨损和较好的弹性，以保持良好的外观。奥迪100C3采用纯涤纶（PES100%）的针刺地毯，能较好地满足以上性能要求。此外，聚酯纤维还具有羊毛的手感卷曲性。饰面采用黑色、短绒，有利于吸收反射光。

隔音带、衬垫和垫条均采用聚氨酯泡沫。根据应用部位及作用略有差异，而采用密度不同的聚氨酯泡沫。

包裹架护板的固定，主要采用双U形卡子式的结构。

（2）行李箱箱内装饰　奥迪100C3车型的行李箱箱内装饰以尽量保留行李箱的容积为原则，除两侧围护面外，均采用了与车身贴附式结构。

行李箱内装饰为混合纤维的针刺地毯，面密度为335g/m^2±50g/m^2。零件是以平面针刺地毯为坯材，在背面涂以定形胶按设计形状定形而成。

行李箱左、右侧内装饰采用厚 1.5mm 的软质 PE，价格比较便宜。伴随车身凸凹的形体，使自身具有一定的挺度。侧护面在车上的固定基本上是靠其本身的周边与车身贴附，起到支撑、固定的作用，前端下边缘卡在 T 形焊接销钉上，这是专门为固定侧围内装饰而焊在后地板上的，从而使侧护面的装配极其简单易行。侧围内装饰表面带有花纹，以便取得与整个行李箱内装饰协调一致的色泽。

行李箱中内装饰是一块盖在备仓盖上的活动零件，掀起拿下后，可作为检修车辆时用的垫子，其尺寸设计得大些。中护面背面还有厚 2 ~ 3mm 的复合乳胶泡沫，使零件与贴附面有一定的滞性，而且，作为垫子使用时更为舒适、耐用。

行李箱后内装饰上端采用金属压条固定，以防止经常开启行李箱时护面被掀起。

行李箱左、右后内装饰采用常用塑料 ABS，并经合理分块，壁厚 2.0mm，表面带有花纹，借助于尾灯的螺杆及专用塑料花边螺母来固定。PA6 材料的花边螺母设计合理，很适合手工直接拆装。

2. 奥迪 A6 轿车行李箱盖内装饰板

（1）奥迪 A6 轿车行李箱盖内装饰板如图 4-38 所示。

（2）后挡板装饰板如图 4-39 所示。

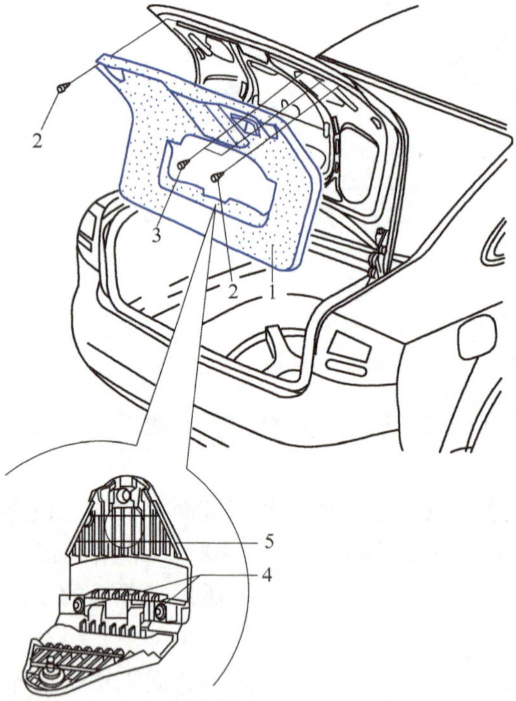

图 4-38 奥迪 A6 轿车行李箱盖内装饰板

1—行李箱盖装饰板 2、3、4—螺栓 2 个，1.5N · m

5—危险警告三角支架

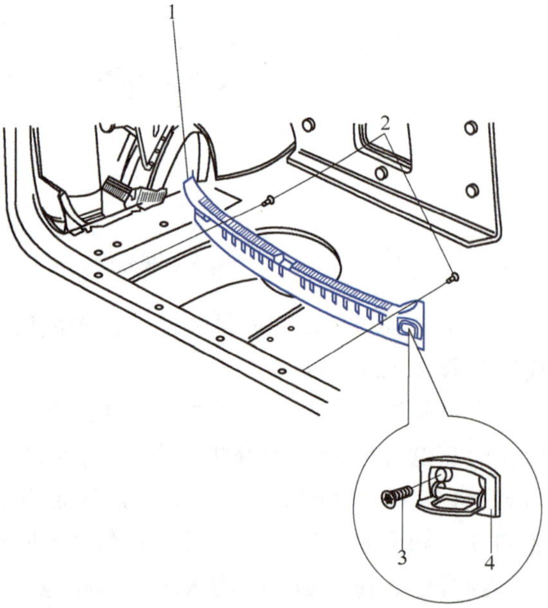

图 4-39 奥迪 A6 轿车后挡板装饰板

1—后挡板装饰板 2—螺栓 2 个，1.5N · m

3—螺栓 4 个，4.5N · m 4—固定环

（3）行李箱侧面装饰板如图 4-40 所示。

（4）后壁装饰板如图 4-41 所示。

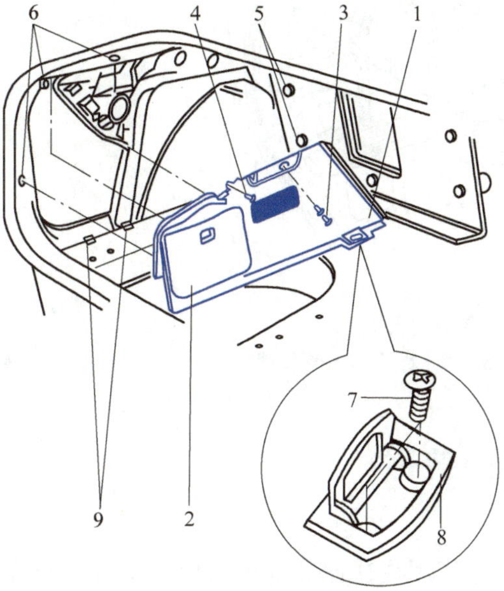

图 4-40　奥迪 A6 轿车行李箱侧面装饰板

1—行李箱装饰板　2—盖　3、4—卡夹　5—卡夹 5 个　6—支座孔　7—螺栓 2 个，45N · m　8—固定环　9—固定夹

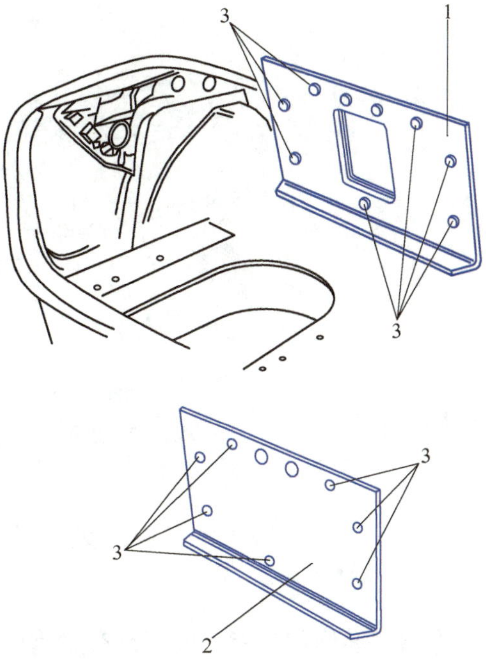

图 4-41　奥迪 A6 轿车后壁装饰板

1—带开口的后壁装饰板　2—不带开口的后壁装饰板　3—卡扣

3. 帕萨特轿车行李箱内装饰

（1）行李箱盖内衬如图 4-42 所示。

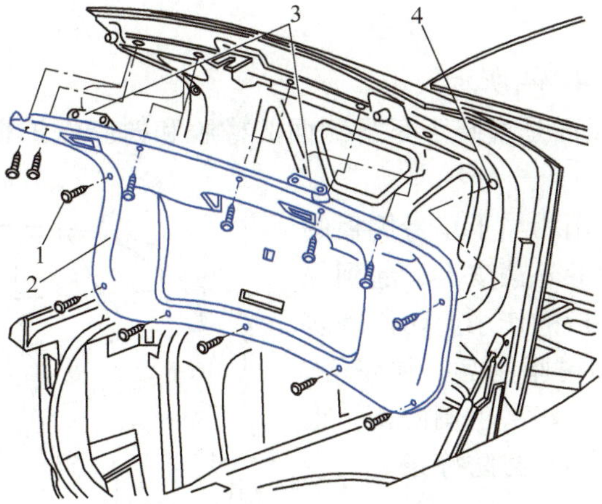

图 4-42　帕萨特轿车行李箱盖内衬

1—螺钉　2—内饰　3—手柄限位　4—螺母

（2）行李箱内装饰如图 4-43 所示。

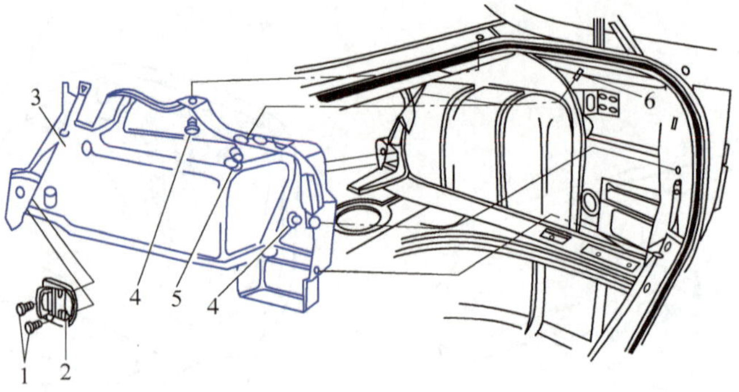

图 4-43 帕萨特轿车行李箱内装饰
1—螺栓 2—搭扣 3—内饰 4—卡箍 5—塞子 6—螺纹销

课题 2 车身外装饰

车身外装饰的功能一般都具有多重性，它的实际作用往往比装饰更重要。车身外装饰件有三种类型：辨识标志性装饰件、造型效果性装饰件和功能性装饰件。辨识标志性装饰件主要为汽车牌铭、标志等，其装饰部位取决于车身造型的需要；造型视觉效果性装饰件，旨在补充、强调或平衡车身造型在视觉上存在的不足，如车身分色压条和装饰镶条等；而功能性装饰件多用来掩盖构件的接缝，保护车身局部外表面不受损伤和引起空气的导流作用，包括前装饰栅、防擦条、导流罩和平衡翼等。

4.2.1 车身防擦条与装饰镶条

车身防擦条与装饰镶条具有保护车身蒙皮和装饰车身外表的双重功能。

1. 防擦条

车身侧面防擦条如图 4-44 所示。

图中 *A—A* 和 *B—B* 断面是横装于车身侧面的橡胶和树脂保护板，在发生轻度碰撞时保护车身。

车身侧面防擦条的作用相当于车身侧板的保险杠，它装于车身两侧的外蒙皮上，起到保护车身蒙皮并装饰美观外形的作用。防擦条多为塑料制品，也有橡胶和树脂制品，质量轻、成形性好、拆装方便、易与车身色调协调。也有用薄钢片、轻合金制作的车身防擦条。

2. 装饰镶条

车身其他部位装配的各类镶条，如车轮拱形罩镶条、车顶引流镶条、窗框镶条和车门槛镶条等，也都不同程度地起着保护与装饰车身的作用，如图 4-45 所示。

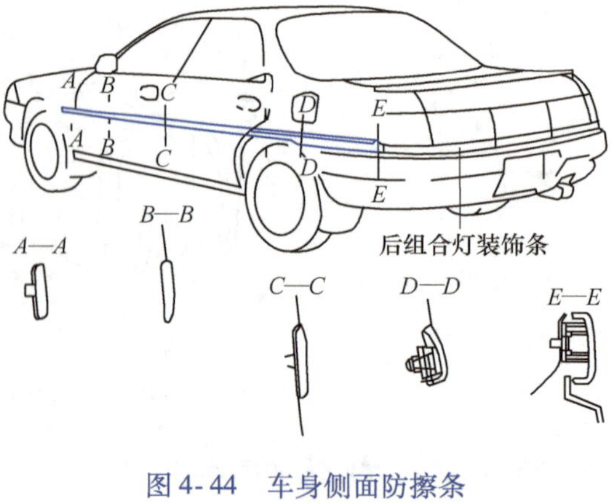

图 4-44 车身侧面防擦条

车顶引流镶条对雨水的引流作用如图 4-46 所示。

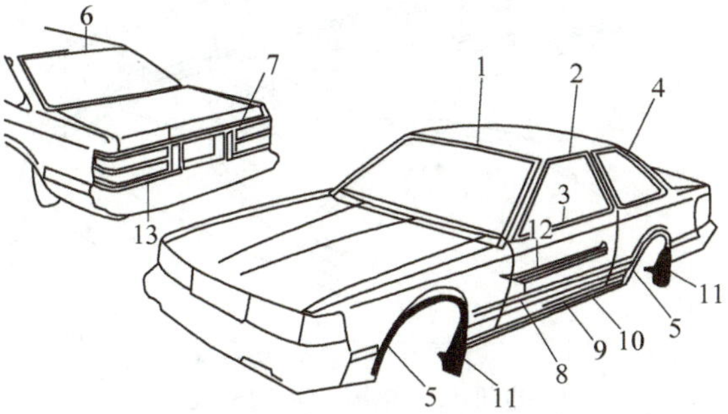

图 4-45　车身装饰镶条

1—挡风窗镶条　2—车顶引流镶条　3—前车门窗镶条　4—三角窗镶条　5—车轮拱形罩镶条　6—后窗上镶条　7—行李箱镶条　8—侧面防护镶条　9—车门槛镶条　10—防擦板　11—挡泥板　12—防擦条　13—后背镶条

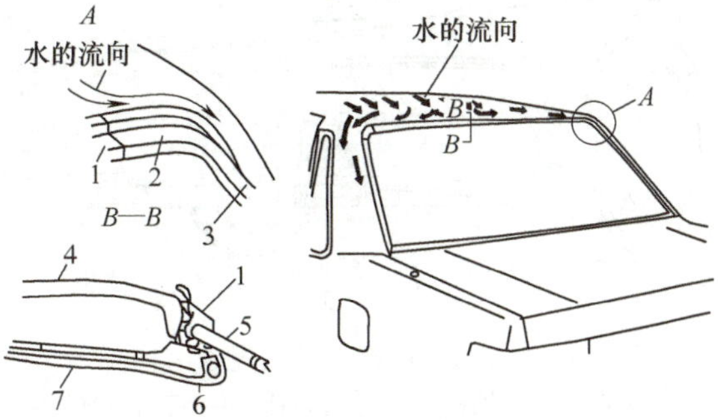

图 4-46　镶条对雨水引流作用示意图

1—后窗上镶条　2—拐角接头　3—后窗侧面镶条　4—顶盖　5—后窗玻璃　6—车顶饰面内装饰条　7—车顶饰面

当轿车高速行驶（或加速行驶）时，在车顶上的雨水向后流向后窗引流的上镶条，然后横向流向上镶条末端，从拐角接头流下。因此，要使雨水不妨碍后窗及三角窗的视野，车顶的引流镶条起到重要的作用。

4.2.2　导风板与后阻流板

前面讲到的对车身外形产生影响的某些功能性部件，从造型的角度看都可以看成是车身外装饰件，如：前、后保险杠，散热器面罩等。这里介绍的导风板及后阻流板也属于功能性装饰件。

1. 导风板

导风板安装在前保险杠下面，它可抑制钻入车身底部的空气量，减小高速行驶时的浮升力，减少车身前侧发生的紊流，降低空气阻力系数 C_D 值，如图 4-47 所示。

由于导风板离地间隙小，行驶在凸起路面时地面会碰到导风板。因此，有的汽车在平时收起碍事的导风板，达到一定车速时，导风板自动推出。

2. 后阻流板

很多轿车在行李箱或尾板上都安装了后阻流板，如图 4-48 所示。

后阻流板的作用在于提高轮胎高速行驶时的接地附着力，防止由于车身浮升力的作用，使车身被抬起后，轮胎的接地性恶化，对轿车操纵稳定性产生不良影响。

4.2.3　标牌

标牌类是轿车辨识标志性装饰件。在标牌类装饰件中包含公司名、车名和式样名（品级、发动机排量、发动机及整车结构与技术特征）等。

公司名、车名常用英文或汉语拼音字母直接标明；也有采用象征性标牌的，例如，采用徽标、装饰品和吉祥物。著名公司的徽标具有很高的无形资产价值。

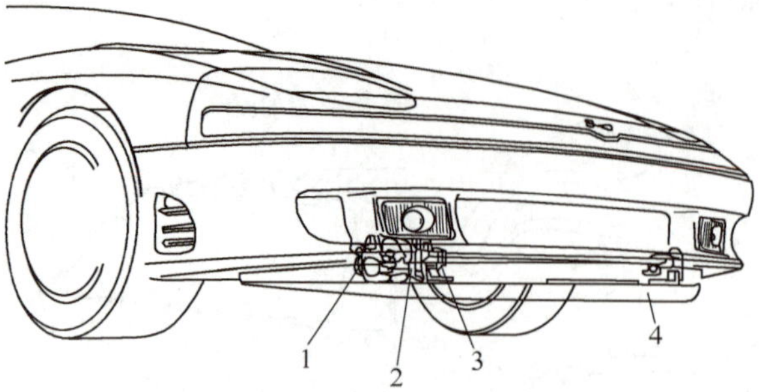

图 4-47 导风板

1—电机 2—曲轴臂 3—连杆机构 4—可动式前导风板

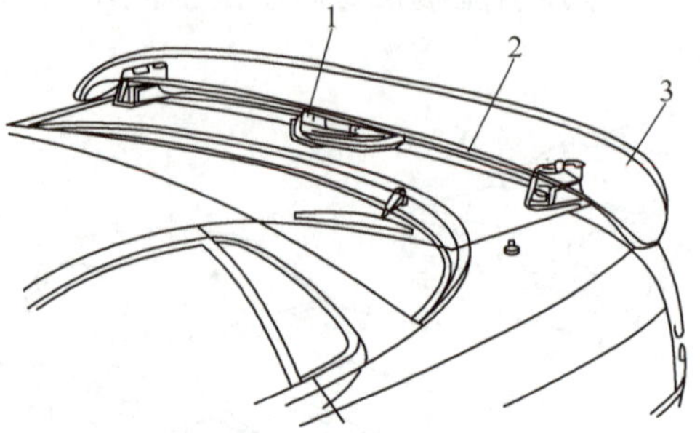

图 4-48 后阻流板

1—电机 2—电缆 3—可动式后阻流板

有的轿车为了突出该车型所拥有的先进结构或先进技术，常在年年更新的轿车的车头、车尾或车门下部标志了这种车突出的技术特色的英文缩写，如 EFI、TllrhO、DOHC4、ABS、4WS4WD、GPS、AT 等，既成为车身外表装饰性的亮点，又介绍了该车最新的技术成就，以满足顾客求新、求变的心理。

4.2.4 奥迪 A6 轿车外部装饰

1. 装饰条

1）车顶装饰条如图 4-49 所示。

2）车顶边缘装饰条如图 4-50 所示。

3）侧面装饰条如图 4-51 所示。

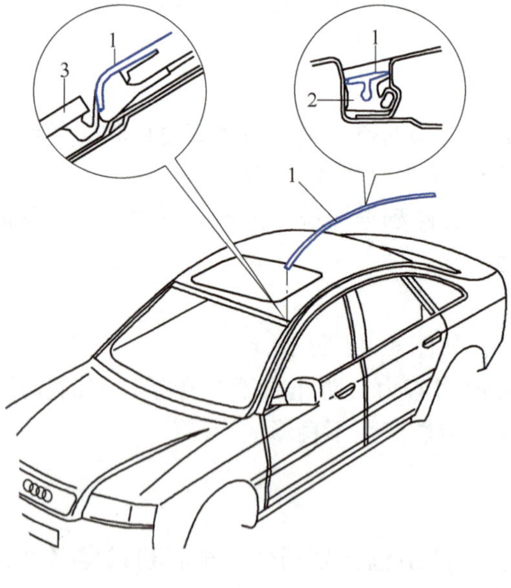

图 4-49 车顶装饰条

1—车顶装饰条 2—密封条 3—前风窗玻璃

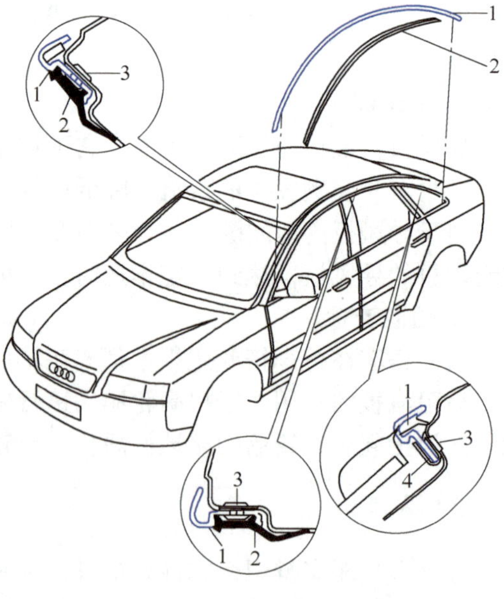

图 4-50 车顶边缘装饰条

1—车顶边缘装饰条 2—护条 3—铆钉 4—卡夹 4 个

2. 护板与装饰板

1）下部间隙护板如图 4-52 所示。

2）B 柱装饰板如图 4-53 所示。

3）行李箱装饰条如图 4-54 所示。

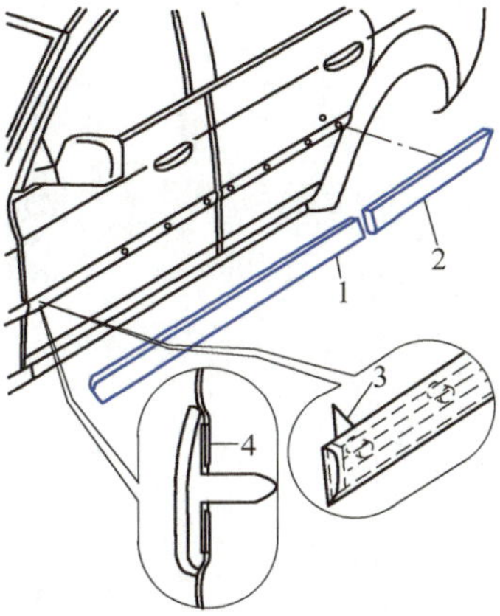

图 4-51 侧面装饰条

1—前间隙护板 2—后间隙护板
3—保护膜 4—双面胶带

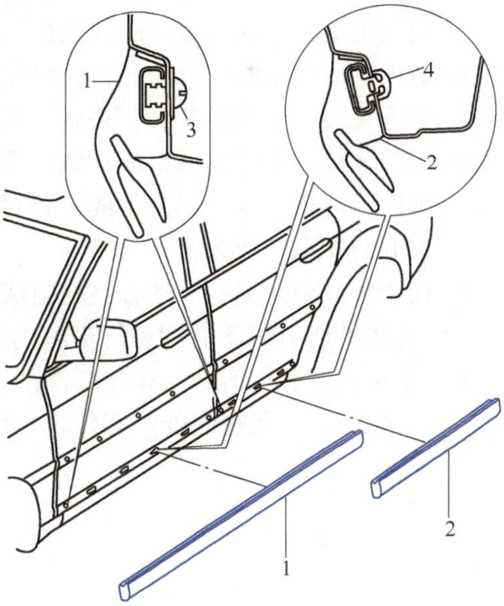

图 4-52 下部间隙护板

1—前间隙护板 2—后间隙护板
3—螺栓，1N · m 4—卡扣

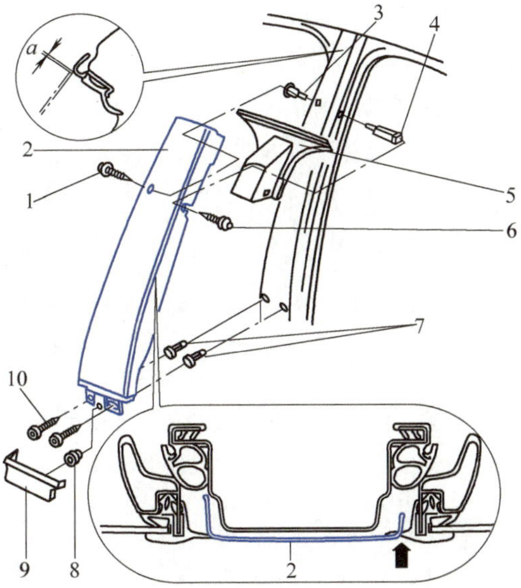

图 4-53 B 柱装饰板

1—组合螺栓 2—B 柱装饰板 3—前部膨胀螺母
4—后部膨胀螺母 5—护板 6—组合螺栓，1.5N · m
7、10—膨胀螺钉 8—衬套 9—B 柱盖板

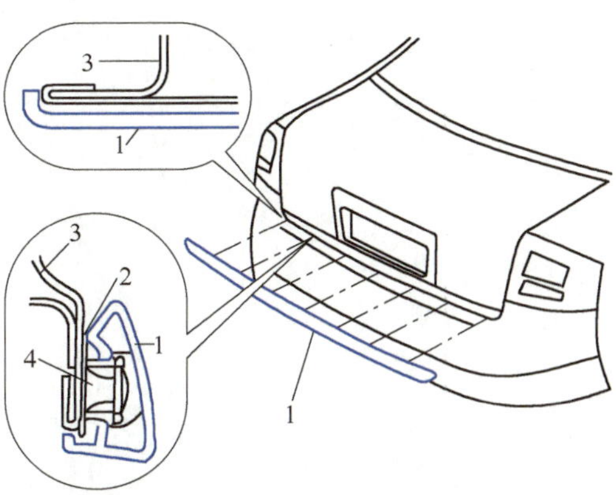

图 4-54 行李箱装饰条

1—装饰条 2—胶带 3—行李箱盖 4—止动锁

复 习 题

1. 车身装饰的作用是什么？包括哪些装饰？
2. 简述速腾轿车仪表板和副仪表板的结构？
3. 简述雅阁轿车仪表板和副仪表板的结构？
4. 地板护面由哪两部分组成？速腾轿车地板护面组成如何？
5. 侧围装饰的作用是什么？采用什么材料和固定方法？
6. 车门装饰板由哪些件组成？包括哪些附件？
7. 车门装饰板由哪三部分组成？各自的特点是什么？
8. 顶棚的作用是什么？
9. 顶棚装饰分几类？简述各类的组成与优缺点。
10. 简述奥迪 100C3 后围和行李箱内装饰。
11. 导风板安装在何处？有什么作用？
12. 后阻流板安装在何处？有什么作用？

单元5　座椅与座椅安全带

应知应会

1. 熟知座椅的构造
2. 熟知电动座椅的工作原理与构造
3. 熟知座椅安全带的作用与构成
4. 学会对座椅与座椅安全带的拆装与维修

课题1　座　　椅

5.1.1　座椅的基本构造

1. 座椅的功用与类型

汽车座椅的主要功用是为驾驶人及乘员提供便于操作、舒适又安全、不易疲劳的驾乘位置。汽车座椅应具备以下条件：

1）整个车厢内座椅的布置应合理，特别是驾驶人座椅必须处在最佳位置。

2）座椅的外形设计必须符合人体生理功能，在保证舒适性的前提下力求美观。

3）座椅必须安全可靠，应有足够的强度、刚度与耐久性，结构紧凑，应尽可能地减少质量。

4）为满足司乘人员舒适性所设的各种调节机构，要有可靠的锁止机构，以确保安全。

汽车座椅按形状可分为分开式座椅、长座椅；按功能可分为固定式、可卸式和调节式；按乘坐人数可分为单人、双人和多人椅。根据座椅的使用性能，从最早的固定式座椅，一直发展到多功能的动力调节座椅，有气垫座椅、电动座椅、立体音响座椅、精神恢复座椅，直到电子调节座椅。

2. 普通手动座椅的基本构造

普通手动座椅的基本组成如图5-1所示，由坐垫及坐垫架、靠背及靠背骨架、头枕及头枕支架、调整装置等组成。坐垫、靠背和头枕具有一定的表面形状，坐垫和靠背的外形曲线应与人体放松状态下的背部曲线相吻合，乘员入座后座椅的表面形状与体压分布能使乘员的肌肉处于最放松的状态，能支撑到腰椎部位，不会因血液循环不良而引起肢体麻木，长时间乘坐不易感到疲劳。通过对座椅的前后上下、靠背的倾斜角度、头枕前后上下等位置的有限调节，可以使大部分人处于舒适状态。

普通手动座椅的构造如图5-2所示，由座椅骨架、弹簧、缓冲垫和蒙皮等组成，弹簧固定在骨架上，弹簧上方装设缓冲垫，再用蒙皮把座椅包起来。

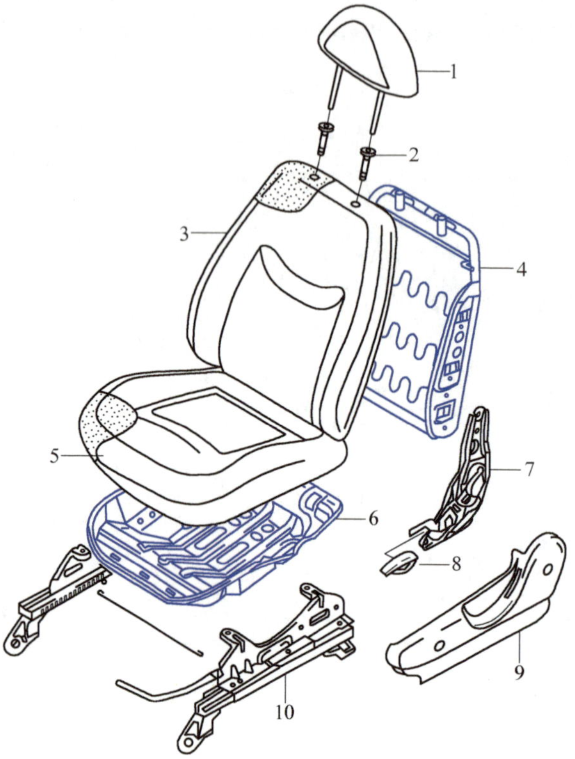

图5-1 普通手动座椅的基本组成

1—头枕 2—头枕支架 3—座椅靠背 4—座椅靠背骨架 5—坐垫 6—坐垫架 7—靠背倾斜调节器 8—靠背倾斜调节器手柄 9—装饰板 10—座椅前后滑动调节器

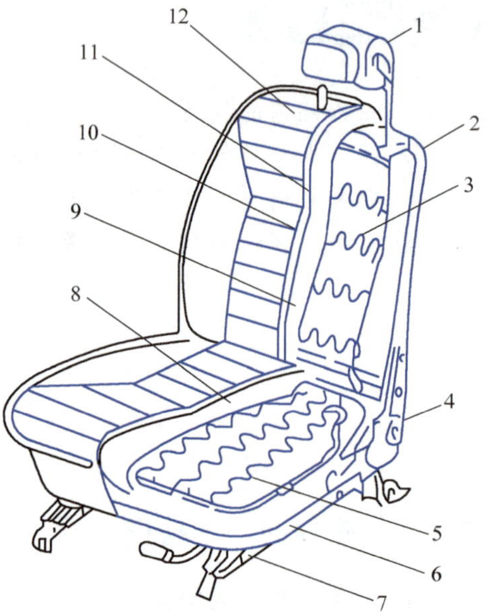

图5-2 普通手动座椅的构造

1—头枕 2—靠背骨架 3—靠背弹簧 4—靠背倾斜调节机构 5—座椅弹簧 6—座椅骨架 7—座椅调节器 8—座椅缓冲垫 9—靠背缓冲垫 10—衬垫衬布 11—蒙皮衬垫 12—蒙皮

（1）座椅骨架 座椅骨架是座椅的基本结构，承载着乘员和座椅本身的质量，并通过骨架传到车身，在车辆行驶途中要受到起动、制动及路况不稳所引起的冲击，所以座椅的骨架必须有足够的强度和刚度。

座椅骨架从结构上大致可分为管式骨架和冲压骨架两种，材料通常采用软钢板、软钢管或硬钢丝等，也有的采用铝板、树脂板和木材等。

（2）座椅弹簧 座椅弹簧是构成座椅的重要零件，它决定了座椅的静动弹性特征。座椅的弹簧性能是构成座椅振动特性的关键。试验证明，车辆行驶时尽管地板振动大，但由于座椅弹簧的作用，仍有可能在座椅上获得良好的舒适性，如果弹簧性能不好，则汽车的舒适感会比较差。座椅弹簧通常用直径为$\phi 2.6 \sim 4.0$mm的弹簧钢丝加工而成。座椅弹簧有许多种类，如图5-3所示。

S形弹簧是把钢丝连续加工成S形，根据所需的长度切断两端，按需要加工成鱼口形。S形弹簧易于加工，所以被广泛使用。

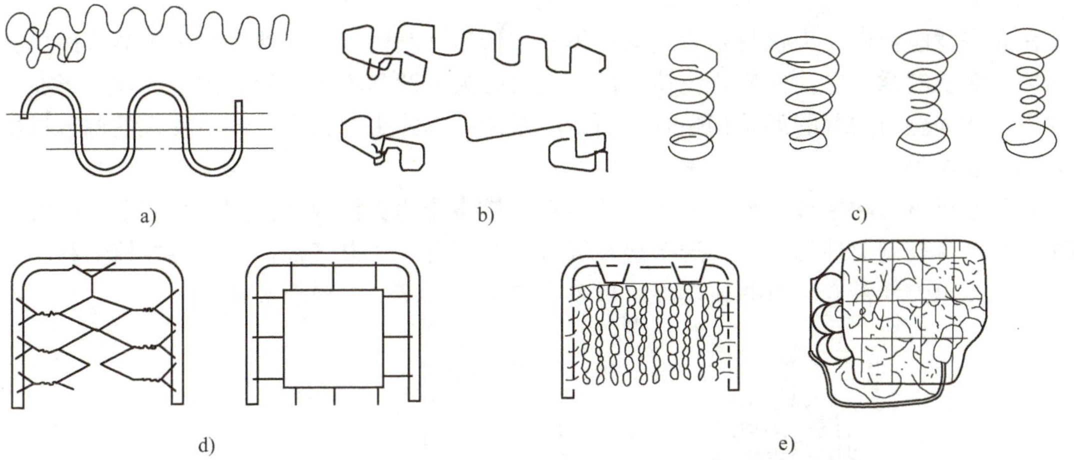

图 5-3　座椅弹簧的种类

a）S 形弹簧　b）成型钢丝弹簧　c）螺旋弹簧　d）小型螺旋弹簧　e）其他形状弹簧

（3）缓冲垫　缓冲垫是在弹簧与蒙皮及衬垫之间柔软而富有弹性的部件。通常由泡沫尿烷、黄麻毡、梯毡、棕榈乳胶和毛发乳胶等材料制成，其功用是分散人体对弹簧的压力，使座椅表面更具有柔软感，振动时起阻尼作用。现代汽车大都采用整体泡沫尿烷缓冲垫，它用螺旋弹簧或者 S 形弹簧埋于泡沫尿烷之中而成，具有结构简单、成本低、无噪声的优点。

（4）蒙皮　蒙皮是覆在座椅表面上的一层外皮，对缓冲垫等材料起保护膜的作用。从座椅的外观看应具美感，在功能方面具有表面接触感好和臀部落座贴合等性能。蒙皮的材料有天然皮革、人造革、布和短毛绒织物等。

（5）辅助装置　为了提高座椅的舒适性、安全性，在座椅上增设的附加装置统称为座椅的辅助装置，如座椅头枕、座椅腰椎支撑和取暖器等。

1）头枕。头枕的作用是在正常行驶条件下，避免乘员头颈疲劳，以及在遇交通事故时，能防止或减轻乘员颈部受伤。随着车速的增加，它对人身安全日益重要。汽车一旦发生追尾碰撞，汽车受后面冲击力作用瞬间急速向前，由于惯性作用乘员的头部却会突然向后仰，颈椎承受到很大的加速度力而容易伤害。有了头枕承托，减少头部自由移动的空间就可以降低对颈椎的冲击力。

有些轿车的两前座椅配备有主动安全式头枕，如图 5-4 所示。当车身后端发生碰撞时，主动安全式头枕会向上方和前方移动以支撑乘员的头部并减小对乘员颈部的伤害。碰撞的冲击力会向前推动车辆（和座椅），当车辆以大于乘员身体能反应的速度向前移动时，身体会陷入座椅（A）中并压在主动头枕支撑箍带上。由于主动头枕骨架绕枢轴旋转，骨架会带动头枕向上方和前方移动，支撑乘员头部并阻止其后移。当来自乘员背部的压力释放之

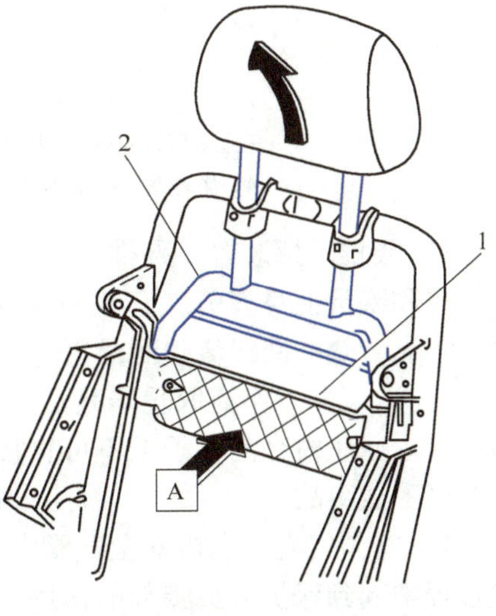

图 5-4　前座椅主动安全式头枕

1—主动头枕支撑箍带　2—主动头枕骨架

后，头枕则利用其弹簧机构弹回到原先的位置。

在高靠背座椅中，头枕与靠背连成一体；在低靠背座椅中，头枕是一个单体，用单柱或双柱插入头枕的插座中。低靠背座椅中的头枕可分为可调和不可调的，由于头枕外形曲线的设计不可能完全与颈背的形状相贴合，所以应采用可调式头枕为宜。调节头枕的调节机构有手动和电动两种。

有些轿车可选配影音系统，显示屏幕装在前排座椅的头枕内，如图 5-5 所示。在椅背内的线束将来自控制组件的信号传送至显示屏幕。线束有一个电气插接器安装在椅垫基座靠近椅背的上方以方便维修。有些轿车显示屏幕无作用时，需要更换新头枕。

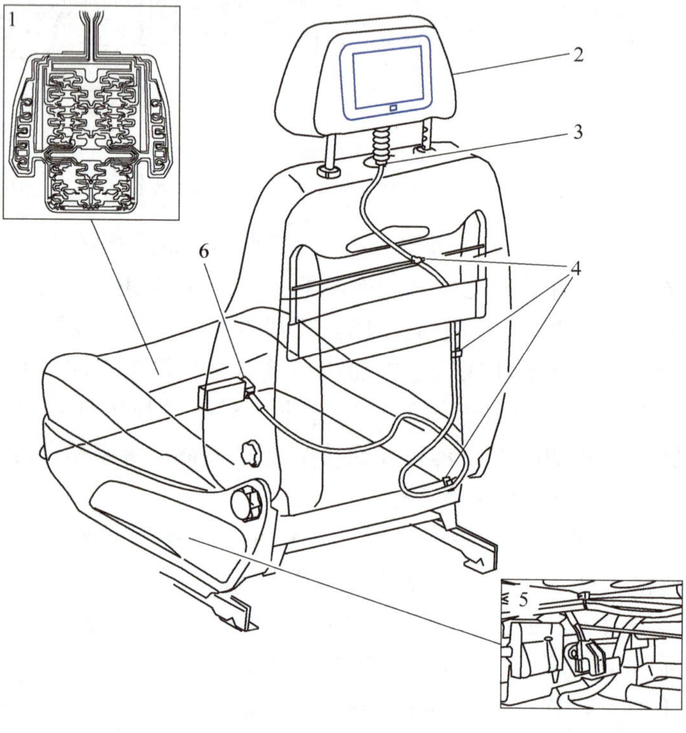

图 5-5　带有影音显示屏（DVD）的头枕

1—乘员区传感器（限乘客座）　2—有显示屏幕的头枕　3—头枕电气插接器
4—影音系统线束固定夹　5—座椅位置传感器　6—座椅底部电气插接器

2）腰椎支撑装置。腰椎支撑装置固定在座椅靠背骨架上，它支撑乘员的第二、第三腰椎，缓和乘员上身疲劳。有些高级轿车上的腰椎支撑装置已改用充气的气垫结构，还可微调，将靠背垫的曲线调整到最舒适的位置。

3）取暖器。座椅取暖器是通过给电热丝通电加热来达到取暖目的的，如图 5-6 所示。但在带皮革座椅套的车子上不可直接使用一般的电热丝加热元件，以免对座位取暖时会产生过热而酿成事故。

4）安全气囊。座椅安全气囊安装在座椅侧面，如图 5-7 所示。座椅安全气囊在车辆碰撞过程中起到保护人员腰部的作用。座椅侧面一般标有“AIR BAG”或“SRS”字母。

（6）调整装置　调整装置可以调整座椅的靠背倾斜、座椅前后移动、坐垫前部和后部升降、头枕高度调整等，使座椅能适应不同身材的驾驶人和乘员，减少旅途疲劳。普通手动

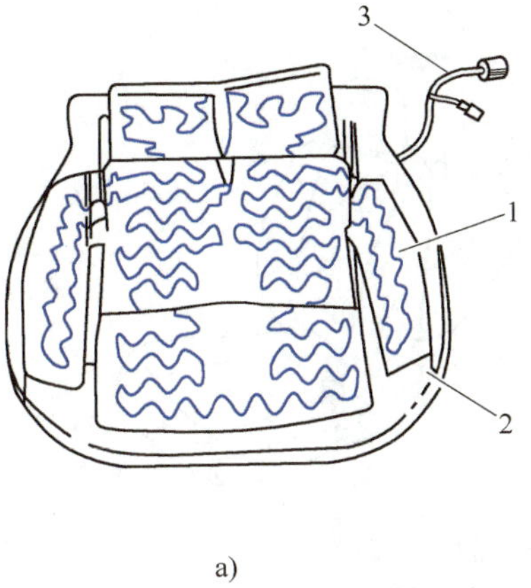

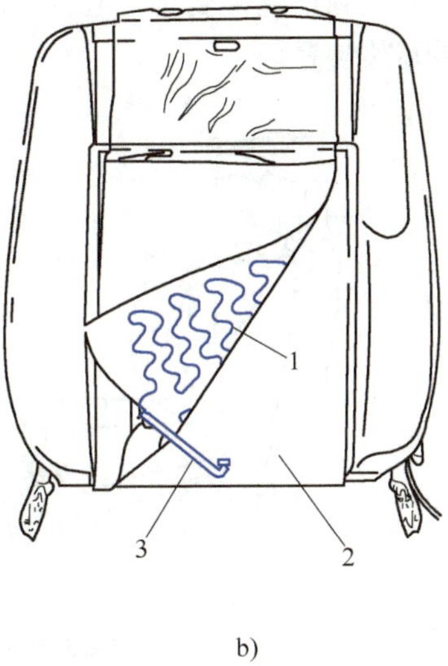

图 5-6 座椅取暖器

a）坐垫取暖器 b）靠背取暖器

1—加热元件 2—软垫 3—取暖器连接线束

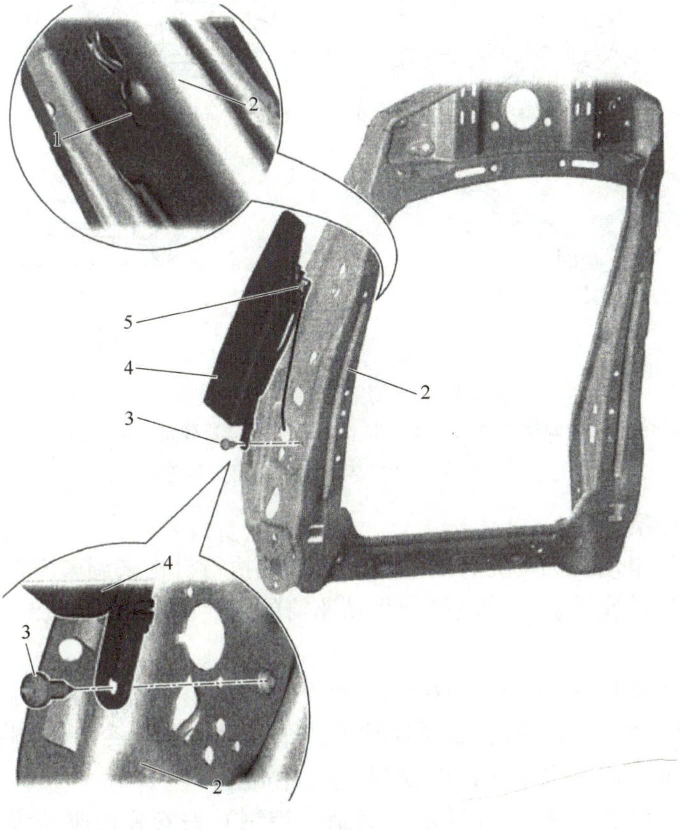

图 5-7 座椅安全气囊

1—安装孔 2—座椅骨架 3—固定螺钉 4—座椅气囊总成 5—线速插头

座椅通过机械手柄调整座椅的前后位置和靠背倾斜度，如图 5-8 所示。图 5-9 为普通手动座椅的靠背倾斜调整装置。

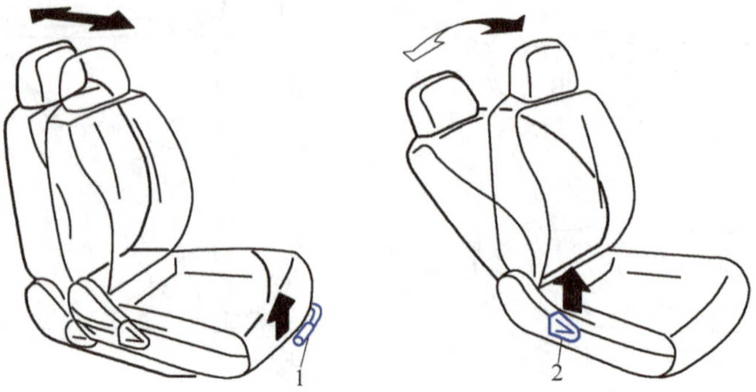

图 5-8 普通手动座椅的调整装置

1—前后调整手柄 2—靠背倾斜调整手柄

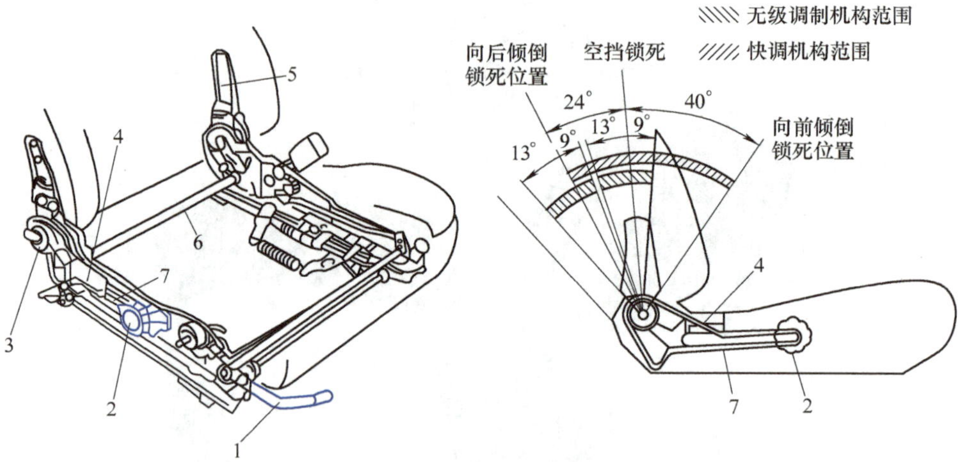

图 5-9 座椅靠背倾斜调整装置

1—坐垫前后移动调整手柄 2—倾斜调整旋钮 3—螺旋弹簧 4—快调机构放松杆 5—上支臂 6—连接杆 7—连接链条

3. 电动座椅的构造

电动座椅是指以电动机为动力，通过传动装置和执行机构来调整座椅的各种位置，使驾驶人或乘员乘坐舒适的座椅。电动座椅与手动座椅的主要区别是调整装置不同以及调整的功能不一样。

电动座椅的调整装置一般由控制装置和执行机构组成。

（1）控制装置 控制装置用于接受驾驶人或乘员输入的命令，控制执行机构完成电动座椅的调整，具体而言就是电动座椅的控制开关或按钮。

电动座椅的控制装置如图 5-10 所示，其组合控制开关安装在座椅旁边，也有的安装在车门上，使驾驶人或乘员操纵方便。该座椅的调整是由固定在座椅外侧盖上的座椅控制开关来控制的。两个调整按钮分别控制：靠背倾角（按钮 1）和坐垫前部高度、坐垫后部高度和座椅前后移动（按钮 2）。

电动座椅前后滑动调整量一般为 100 ~ 160mm，座垫前部与后部的调整量约 30 ~ 50mm。全程移动所需时间约为 8 ~ 10s。

（2）执行机构　执行机构用来完成驾驶人的指令，在传动装置提供的动力前提下完成座椅的调整，以实现座椅的调节。执行机构主要由电动机、传动与调节装置等组成，如图 5-11 所示。

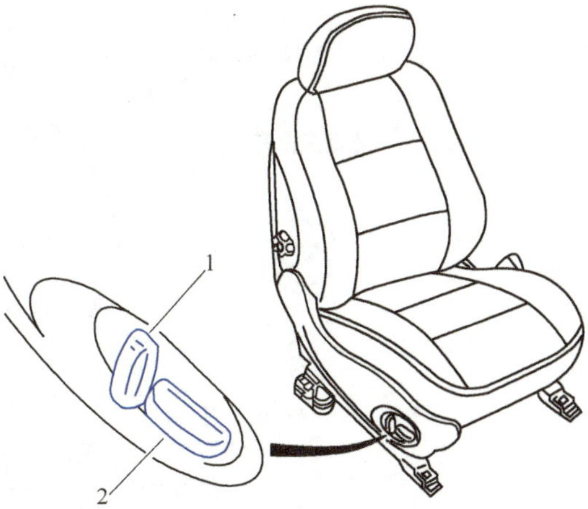

图 5-10　电动座椅的控制装置

1—靠背倾角调整按钮

2—坐垫前、后部高度和座椅前后移动调整按钮

1）电动机。电动机的作用是为电动座椅的调节机构提供动力。此类电动机多采用双向电动机，即电枢的旋转方向随电流的方向改变而改变，使电动机按不同的电流方向进行正转或反转，以达到座椅调节的目的。电动机的数量取决于调整功能的完善程度。调整的功能越多，所需的双向电动机也越多。根据所装电动机的数量，电动座椅可以实现双向、四向、六向、八向甚至十二向调整。

双向电动座椅只能前、后移动调整，只装有 1 个双向电动机。

四向电动座椅在前后移动基础上还可上下升降，通常装有 2 个双向电动机。

六向电动座椅可以实现座椅的整体上下高度调整、前后滑动调整和座椅的倾斜度调整，装有 3 个双向电动机。

八向电动座椅可以实现座椅前后滑动调整、坐垫前方上下调整、坐垫后方上下调整和靠背倾斜度调整，装有 4 个双向电动机。

十向电动座椅除了具有八向电动座椅的功能外，一般还有腰撑前后位置调整或头枕高度调整功能，装有 5 个双向电动机。

十二向电动座椅除了具有八向电动座椅的功能外，一般还同时具有腰撑前后位置调整和头枕高度调整功能，装有 6 个双向电动机。

为防止电动机过载，电动机内装有熔断丝，以确保电器设备的安全。

2）传动与调节装置。传动装置的作用是将电动机的动力传给座椅调节装置，使其完成座椅的调整。它主要由万向节、软轴、减速器与螺纹千斤顶或齿轮传动机构等组成。电动座椅动力传递过程是：电动机的动力→软传动轴→减速器→螺纹千斤顶或齿轮传动机构，使座椅按驾驶人或乘员的理想位置进行调节。

4. 电动座椅的工作过程

图 5-12 为六向电动前座椅的控制电路，它主要由蓄电池、组合控制开关和 3 个电动机等组成。驾驶人通过控制电动座椅开关上的滑动开关、升降开关和倾斜开关来控制电流路线和方向，操纵开关可使某一电动机按不同方向运动，可以调节座椅的前后滑动、整体升降和前后倾斜位置。

下面以别克荣御轿车八向电动前座椅为例说明电动座椅的工作过程。该轿车每个前排座椅装有 4 个电动机和齿轮箱（减速器）总成，如图 5-13 所示，能够实现座椅前部升高/降低、

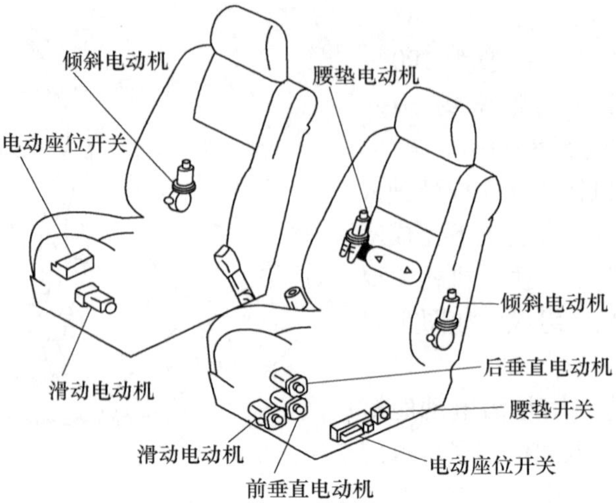

a)

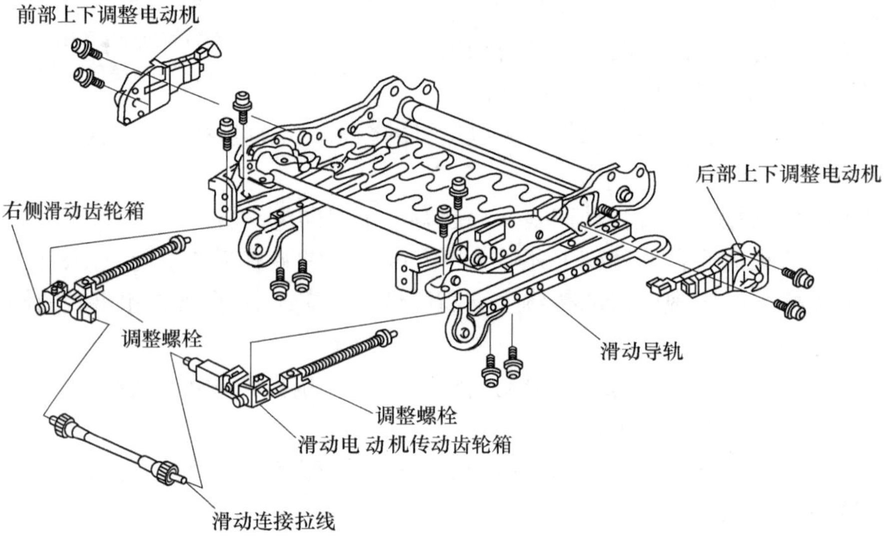

b)

图 5-11　电动座椅的执行机构

后部升高/降低、座椅前/后移动和靠背倾斜角度调整，每个功能都是独立控制的。另外，如果想让座椅整体升高或降低，只要同时执行前部和后部升高/降低功能即可。

（1）坐垫的升高/降低　两个升降电动机和齿轮箱总成 1 和 2 固定在导轨和高度调节总成的内侧，电动机 1 负责座椅前部升高/降低，电动机 2 则负责座椅后部升高/降低。当升降电动机工作时，会驱动齿轮箱，而齿轮箱使一根啮合蜗杆缩回或伸出。进而驱动控制臂和横轴。横轴连接在导轨和高度调节总成另一侧的另一根控制臂上并使座椅相应部分（前或后）升高或降低。

（2）座椅的前后移动　为了使座椅能前后移动，电动机和齿轮箱总成 3 连接到一根轴上，轴的两端均带有齿轮。在座椅导轨中，轴上的齿轮与齿条相啮合，使座椅前后移动。

（3）靠背倾斜　靠背倾角由倾角调节电动机和齿轮箱总成 4 进行调节。电动机和齿轮箱总成固定在靠背骨架上。齿轮箱中伸出的一根轴两端各装有一个驱动齿轮，并与固定在靠

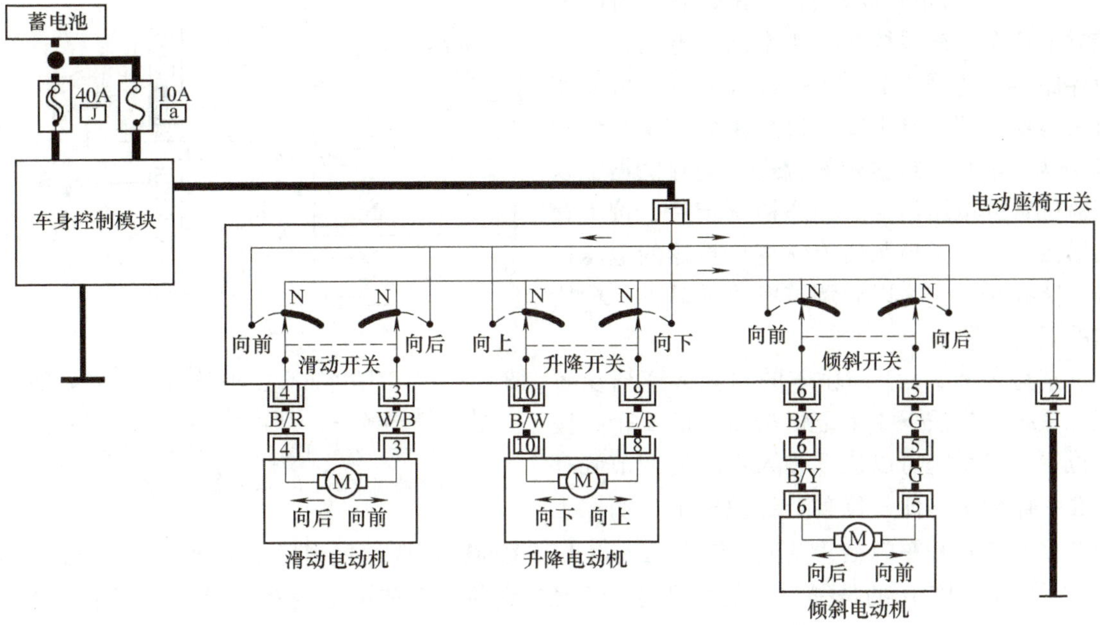

图 5-12 东风日产颐达轿车六向电动前座椅的控制电路

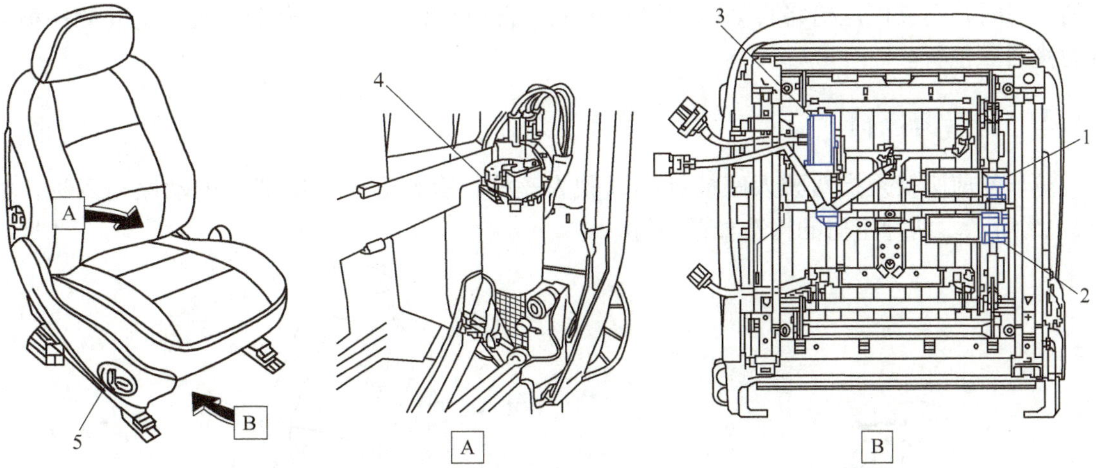

图 5-13 别克荣御轿车八向电动前座椅

1—前部升高/降低调整电动机及齿轮箱 2—后部升高/降低调整电动机及齿轮箱

3—座椅前后移动调整电动机及齿轮箱 4—靠背倾斜调整电动机及齿轮箱 5—调整装置

背骨架枢轴上的一个从动齿轮相啮合。电动机运转使驱动齿轮转动，进而转动从动齿轮和靠背骨架，从而改变靠背倾角。

当线路端子的极性被颠倒时，所有的电动机也反转，从而使座椅朝相反方向移动。在座椅位置调节过程中，通过一个内部热动开关（过载保护开关），驱动电动机会在其行程末端停止工作，即使一直按住座椅调节开关，驱动电动机也不再工作。靠背倾角调节机构以及导轨和高度调节总成的组成部件不可维修。

图5-14为带记忆功能的电动前座椅电子控制示意图，该系统装有4个调整电动机和单独存储器（电子控制模块）。这种系统可使座椅获得4个调节自由度，每个座椅有4个位置传感器（电位器或霍尔效应式）向存储器输入座椅位置的电压信号。当座椅调定后，按下存储器按钮，电子控制装置就将传感器的电压信号存储起来，作为以后调整座椅的基准，即所谓的记忆功能。

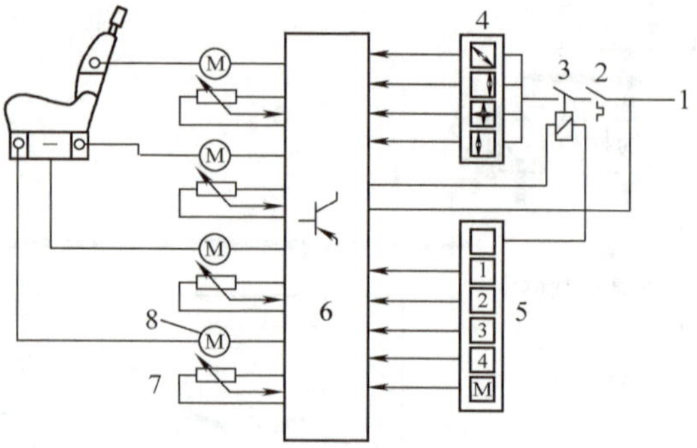

图5-14 带记忆功能的电动座椅电子控制示意图

1—接蓄电池 2—过载保护装置 3—继电器 4—手动调节开关 5—存储复位开关 6—电子控制模块 7—传感器 8—调整电动机

别克荣御5+级别轿车的驾驶人座椅位置记忆系统，当按下3个记忆按钮中的1个，座椅位置记忆系统可以让驾驶人将座椅调节到存储在存储器中的任一位置。当使用记忆钥匙上的开锁按钮打开车门锁并且记忆钥匙插入点火开关时，座椅位置记忆系统通过车身控制模块（BCM），识别使用的是哪一个点火钥匙（记忆钥匙位置1或记忆钥匙位置2），并将座椅位置和车外后视镜移动到该钥匙上次插入点火开关时所设定的位置。

有些轿车（如东风日产蓝鸟智尊）不仅配置了有记忆存储功能的电动座椅，可以存储2个座椅记忆模式，而且还有驾驶侧方便进出功能：将挡位置于P位，关闭点火开关，打开驾驶侧车门时，驾驶侧座椅将自动向后移40mm。打开点火开关并关上车门时，驾驶侧座椅会自动移回原位置。

5.1.2 轿车前座椅

轿车的前座椅是指驾驶人座椅和副驾驶人座椅，有普通手动座椅和电动座椅两种，如图5-15所示。两种座椅的构造如前所述。

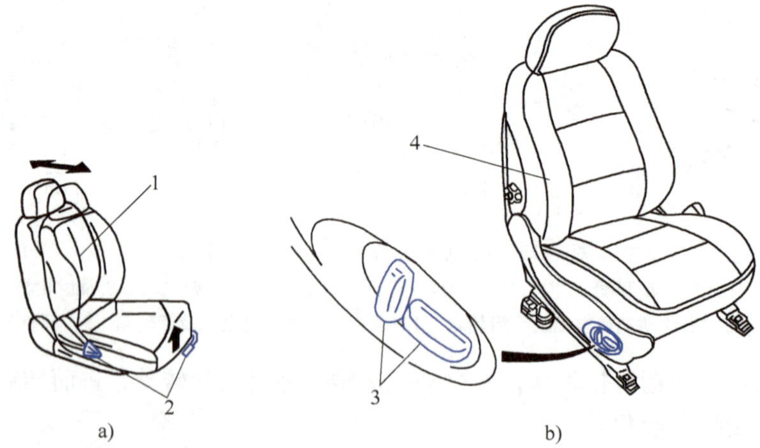

图5-15 轿车前座椅

a）普通手动座椅 b）电动座椅

1—普通前座椅 2、3—座椅调整装置 4—电动前座椅

1. 普通手动前座椅的调整

（1）座椅前后位置的调整　前座椅设有座椅前后调整机构，可调整座椅的前后位置，如图5-16a所示，将设置在坐垫下侧的前后调整控制手柄1往上提起，松开滑轨的锁止机构，座椅即可前后滑动，按自己的需要调整到舒适的驾驶位置后，放下手柄即可锁定在该位置。

（2）座椅靠背倾斜调整　前座椅设有靠背倾斜角度调整装置，如图5-16b所示，将调整装置的手柄2往上提起，用背将座椅靠背调整到所需的角度后，放下手柄锁定该位置。

（3）座椅头枕高度调整　头枕可减轻颈部在事故中所受的伤害程度。调节头枕时，先按下或打开导套上的锁扣3，如图5-16c所示，然后用手将头枕调节到适当的挡位，最好使头枕的上端与耳部上缘平齐，松开锁扣将其锁定。

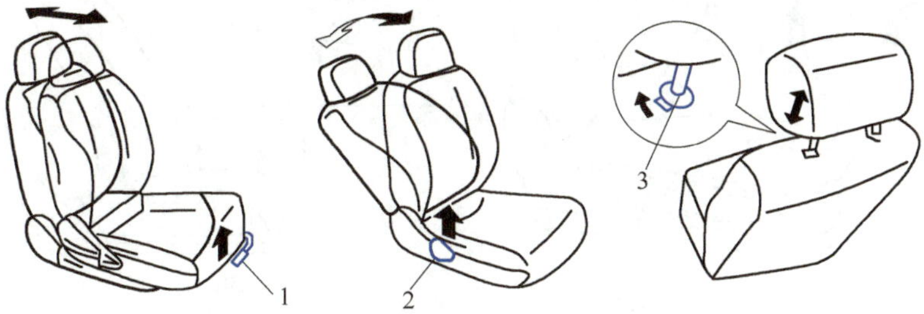

图5-16　普通手动前座椅的调整

a）座椅前后位置的调整　b）座椅靠背倾斜度调整　c）头枕高度调整
1—座椅前后调整手柄　2—靠背倾斜调整手柄　3—锁扣

2. 电动前座椅的调整

下面以十向电动前座椅为例说明电动前座椅的调整。

（1）座椅前后滑动调整　如图5-17a所示，根据座椅前后滑动调整按钮①的箭头指示方向按压，即可实现座椅前后滑动调整，调整合适后松开按钮。

（2）靠背倾斜度调整　如图5-17b所示，按两个不同方向按压靠背倾斜调整按钮②，即可实现靠背倾斜度调整，调整合适后松开按钮。

（3）腰撑前后位置调整　如图5-17c所示，按住腰撑位置调整按钮①或②，即可调整腰撑调节装置向前向后运动，调整合适后松开按钮。

（4）坐垫前后方及整体升降调整　如图5-17d所示，用手指抬起或压下坐垫升降调节按钮①的前部或后部，即可实现坐垫前部或后部的升高或降低调整。如果想让座椅整体升高或降低，只要同时执行前部和后部升高或降低功能即可。

（5）头枕高度的调整　十向电动座椅头枕高度的调整和普通座椅的调整方法一样，十二向电动座椅头枕高度的调整是电动控制的（参看图5-11）。

5.1.3　轿车后座椅

1. 后座椅的基本组成

轿车后座椅的基本组成及内部构造与前座椅类似，都是由坐垫、靠背和头枕等组成，一般是三人长座椅，所不同的是有些后排中间座椅带有储物盒并可以选装折叠杯架或折叠扶手（隐藏），如图5-18与图5-19所示。当后排中间座椅不坐人时可以把隐藏的折叠杯架或折叠

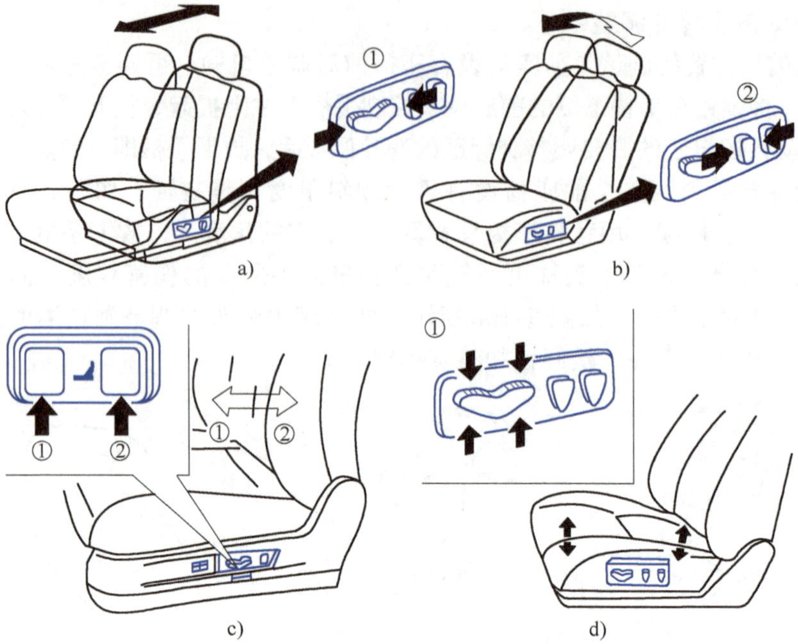

图 5-17　十向电动前座椅的调整

a）座椅前后滑动调整　b）靠背倾斜度调整　c）腰撑前后位置调整　d）坐垫前方和后方上下调整

扶手翻转下来，如图 5-18b 所示。

有些两厢轿车的后排座椅还可以折叠，以提供更大的储物空间。一些三厢轿车的后座椅也可选装一个分体折叠式座椅。

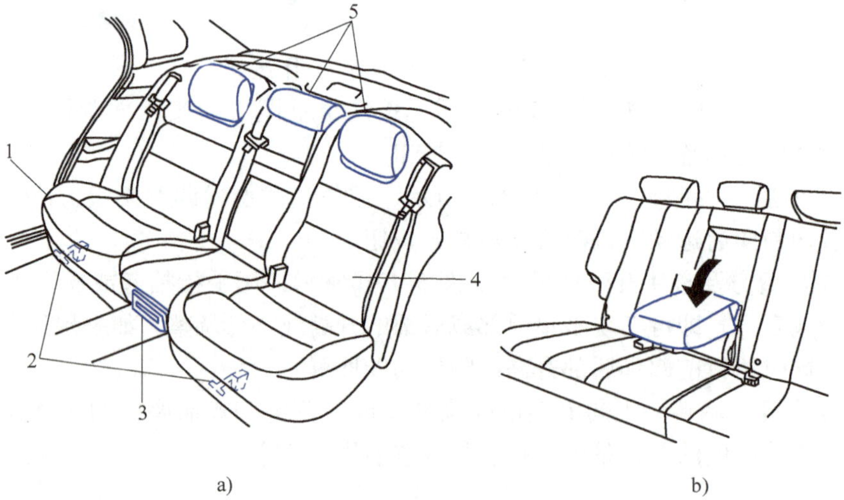

图 5-18　轿车后座椅

a）折叠杯架隐藏　b）折叠杯架打开

1—坐垫　2—后座椅释放把手　3—储物盒　4—靠背　5—头枕

2. 后座椅的调整

（1）靠背倾斜调整　如图 5-20a 所示，有些后座椅设有靠背倾斜角度调整装置，将调整

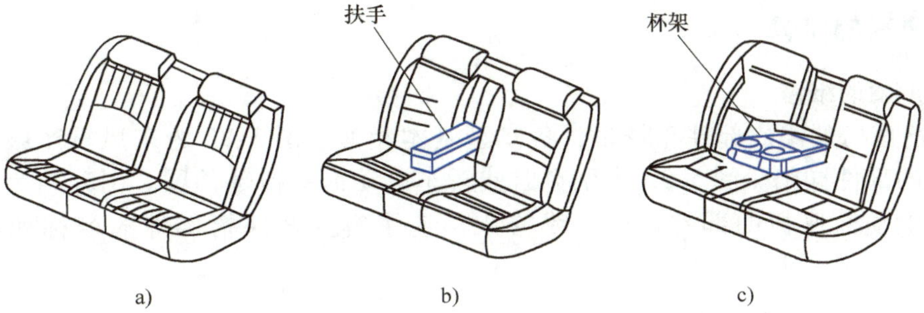

图 5-19　后座椅选装件

a）静止后排座椅　b）带折叠扶手的后排座椅　c）带折叠杯架的后排座椅

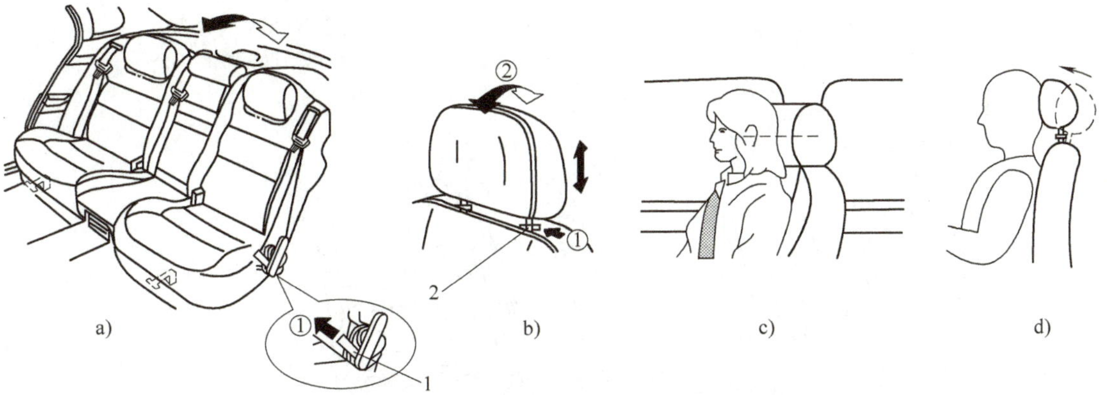

图 5-20　后座椅的调整

a）靠背倾斜调整　b）头枕高度和倾斜角度调整　c）头枕高度位置　d）头枕倾斜角度

1—靠背倾斜角度调整手柄　2—头枕导套锁止按钮

装置手柄 1 往上提起，用背将座椅靠背调整到所需的角度后，放下手柄锁定该位置。

（2）头枕高度和倾斜度调整　如图 5-20b 所示，调整头枕时，先按下或打开导套上的锁止按钮 2，然后用手将头枕调节到适当的高度和倾斜位置（图 5-20c、5-20d），松开按钮将其锁定。

3. 电动后座椅

轿车电动后座椅的结构组成与电动前座椅类似，只是控制功能较少，有些电动后座椅仅仅能够进行前后滑动调整，如图 5-21 所示。

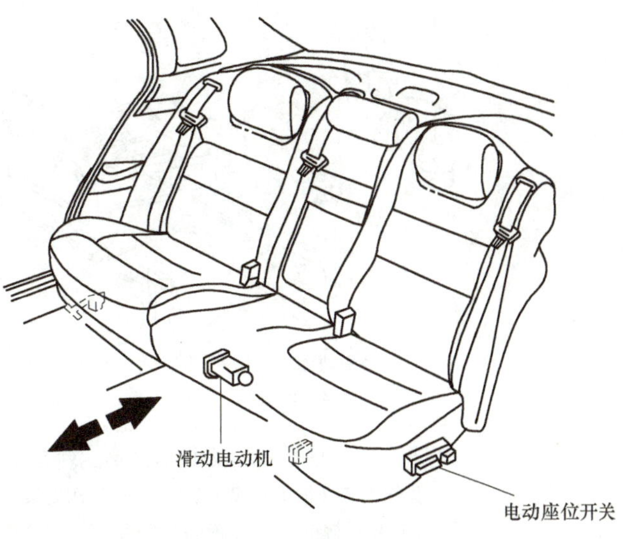

图 5-21　双向调整的电动后座椅

5.1.4 座椅的维修

1. 前座椅的维修

轿车前座椅的组成部件比较多，各车型基本相似，图 5-22 为东风日产颐达轿车手动前座椅的部件详图。图 5-23 为别克君威轿车电动前座椅部件图。图5-24为东风日产颐达轿车电动前座椅的部件详图。维修人员应了解这些座椅部件的名称和相互安装关系。

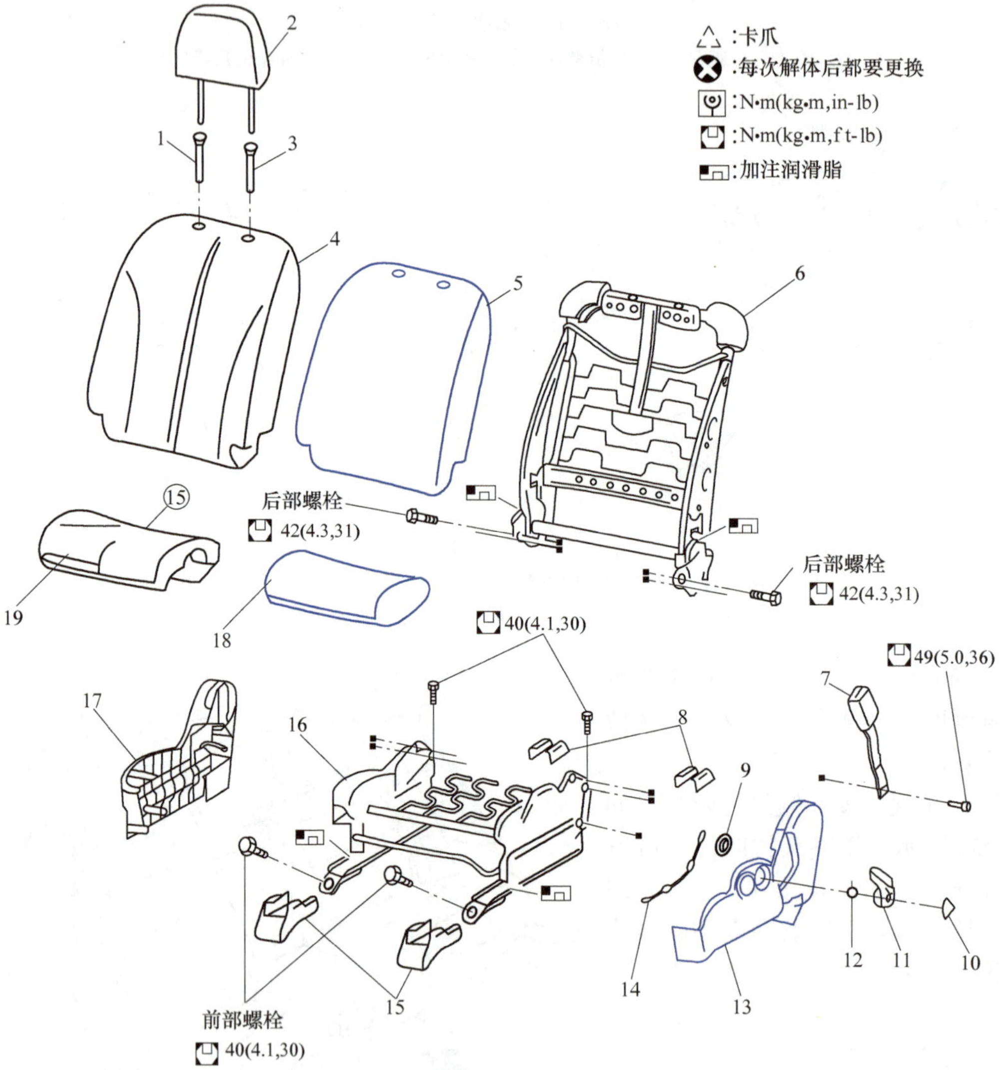

图 5-22 东风日产颐达轿车手动前座椅部件图

1—头枕支架（锁止） 2—头枕 3—头枕支架（自由） 4—座椅靠背罩（蒙皮）
5—座椅靠背衬垫 6—座椅靠背骨架 7—安全带锁扣 8—后腿盖 9—按压螺母
10—杆盖 11—倾斜拉杆手柄 12—扣环 13—坐垫内部装饰件 14—倾斜装置控制软轴
15—前腿盖 16—坐垫骨架 17—坐垫外部装饰件 18—坐垫衬垫 19—坐垫罩（蒙皮）

5 UNIT

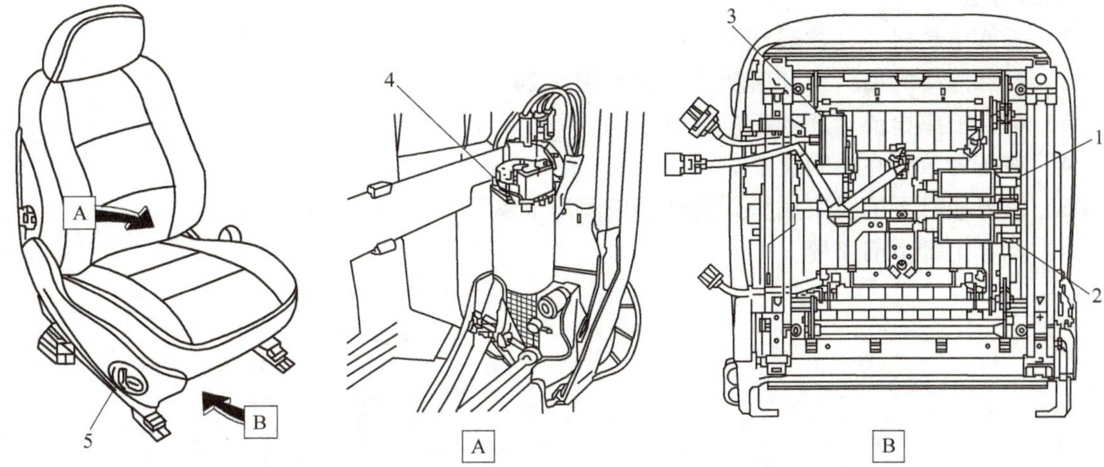

图 5-23　别克君威轿车电动前座椅部件图

1—座椅前部升降电动机及齿轮箱　2—座椅后部升降电动机及齿轮箱
3—座椅前后移动电动机　4—座椅靠背倾斜电动机　5—电动座椅开关

（1）手动前座椅的拆装　下面以东风日产颐达轿车手动前座椅为例说明其拆装更换方法。

>>> **注意**　在拆卸和安装时，用布保护好被拆下的零部件；工作前断开蓄电池两极电缆。

拆卸方法：

1）拆卸座椅的前腿盖和后腿盖（参看图 5-22）。

2）拆卸前座椅前后部的固定螺栓（参看图 5-22）。

3）断开座椅下的线束接头，拆卸线束固定卡箍。

>>> **注意**　在拆除或安装之前，请确保将点火开关关闭，断开蓄电池电缆，然后等待至少 3min。

4）将椅背放置在中间位置，然后从车上卸下前座椅。

安装方法：按照与拆卸相反的顺序安装，注意以下 3 点：

1）安装之前，确定滑轨内外侧锁止在同一位置。

2）确定滑轨固定销置于地板的孔中。

3）将线束用卡箍固定。

（2）电动前座椅的拆装　电动前座椅的拆装与手动前座椅的拆装类似，下面以东风日产颐达轿车电动前座椅为例说明其拆装更换方法。

>>> **注意**　在拆卸或安装之前，请确保将点火开关关闭，断开蓄电池电缆，然后等待至少 3min，以耗尽安全气囊的备用电源，避免气囊控制模块意外的展开。

拆卸方法：

1）拆卸电动机盖（参看图 5-25）。

2）拆卸座椅的前腿盖和后腿盖（参看图 5-24）。

3）拆卸前座椅前后部的固定螺栓。

4）将椅背放置在中间位置。

5）断开座椅下的线束插头，拆卸线束固定卡箍。

6）从车上卸下前座椅。

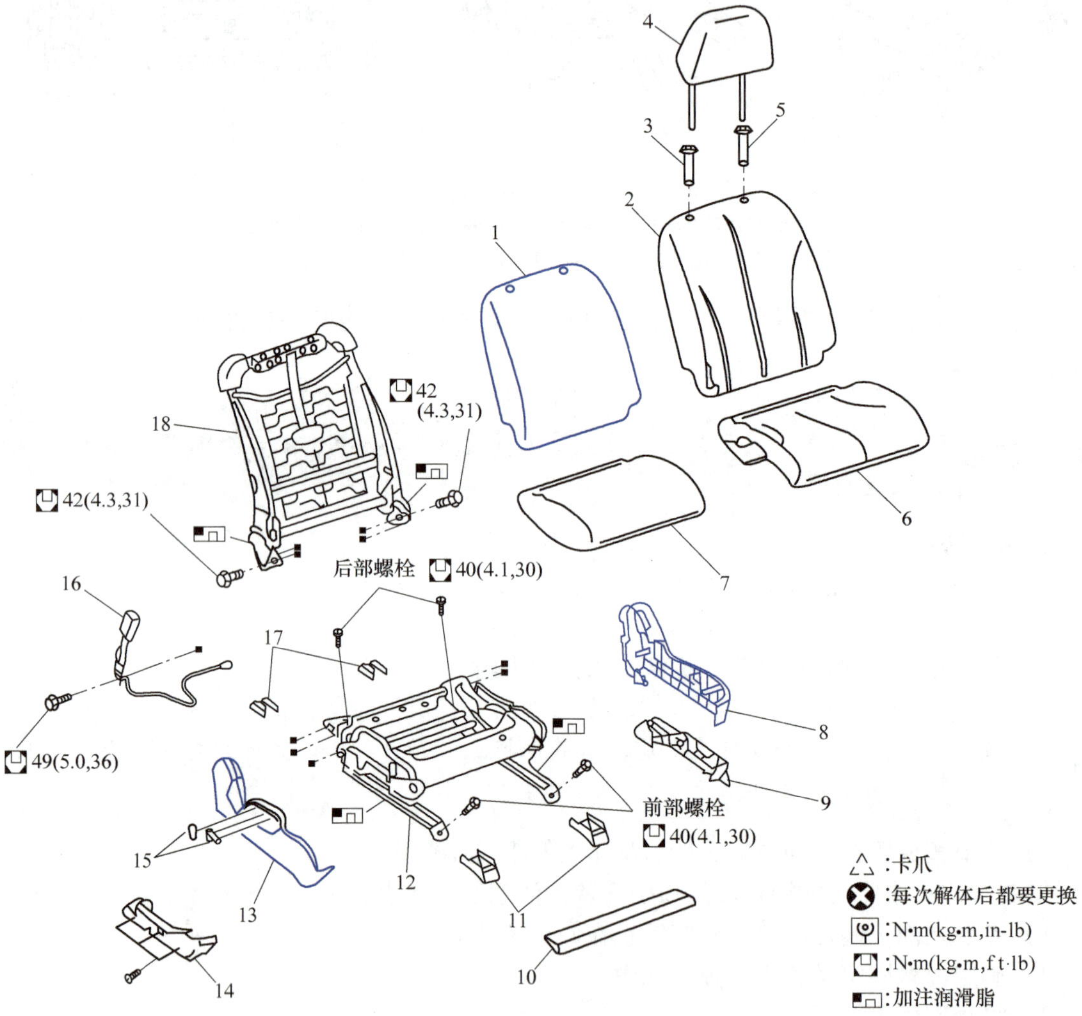

图 5-24　东风日产颐达轿车电动前座椅的部件图

1—座椅靠背衬垫　2—座椅靠背罩（蒙皮）　3—头枕支架（锁定）　4—头枕
5—头枕支架（自由）　6—坐垫罩（蒙皮）　7—坐垫衬垫　8—坐垫外部装饰件
9—坐垫下部装饰件　10—电动机盖　11—前腿盖　12—坐垫骨架　13—坐垫内部装饰件
14—坐垫装饰件　15—组合控制开关按钮　16—安全带锁扣　17—后腿盖　18—座椅靠背骨架

安装方法：按照与拆卸相反的顺序安装，注意以下 2 点：

1）确定滑轨固定销置于地板的孔中。

2）将线束用卡箍固定。

（3）前座椅头枕的更换

拆卸方法：

1）将头枕升至最高位置（电动座椅）。

2）用镙钉旋具松开头枕支架上的锁定凸舌，如图 5-26 所示。

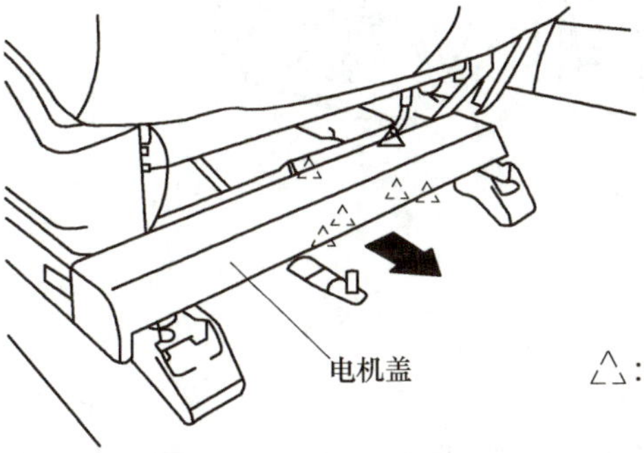

图 5-25　拆卸前座椅电机盖

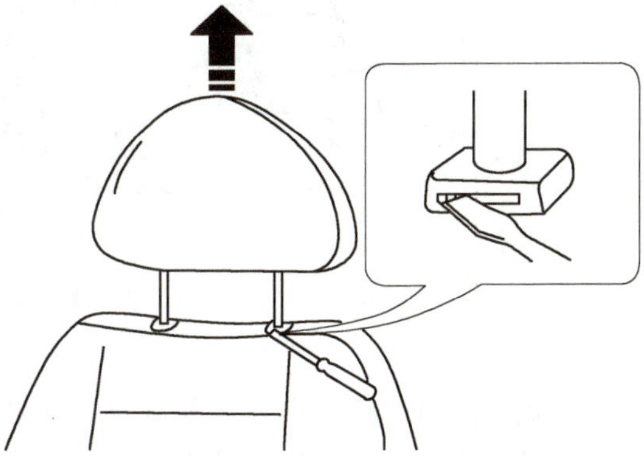

图 5-26　头枕的拆卸

3）拉出头枕，断开 DVD 电气插接器（如果装备）。

4）从座椅靠背上拆卸头枕。

安装方法：基本上按照与拆卸相反的顺序进行安装。

1）接上 DVD 电气插接器（如果装备）。

2）将头枕放到座椅头枕支架上。

3）将头枕推到最下端位置。

4）抬起头枕以确保保护装置止动器停在止动点。

5）将头枕调整到原来位置。

（4）前座椅头枕支架的更换

>>> **注意**　在支架底部使用一个平刃工具（如撬杆等）有助于拆卸座椅头枕支架。

拆卸方法：

1）拆卸头枕。

2）将前座椅靠背放在完全垂直位置。

3）松开座椅靠背罩底部的 J 形夹持器（搭扣），如图 5-27a 所示。

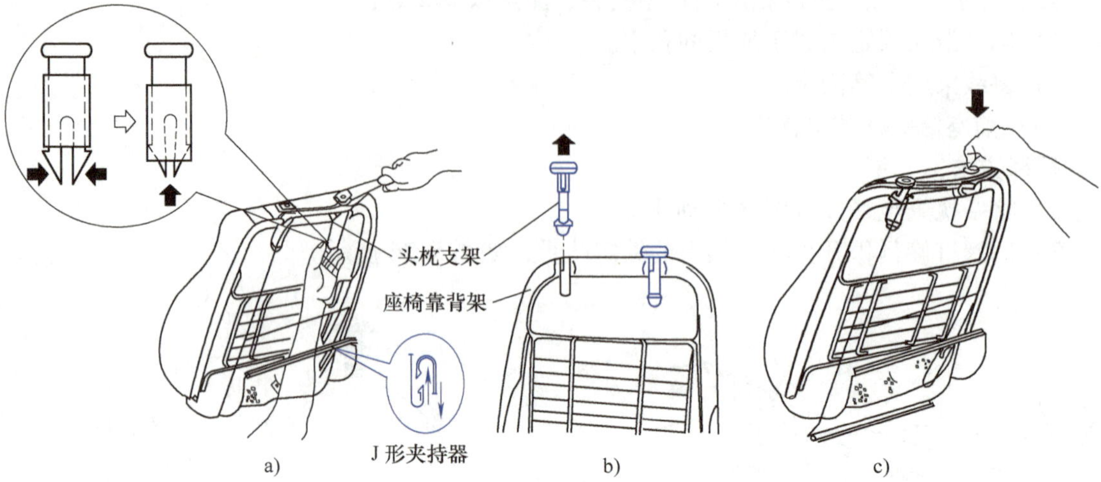

图 5-27　头枕支架的更换

4）翻开前排座椅靠背罩以扩大前排座椅架检修空间。

5）将手小心伸入座椅靠背罩与座椅靠背垫之间的前座椅靠背内，将座椅头枕支架底部挤到一起，同时用另一只手从座椅靠背架上向上拔座椅头枕支架，如图 5-27a 所示。

6）从前座椅靠背架上拆卸座椅头枕支架，如图 5-27b 所示。

安装方法：

1）将头枕支架安装到座椅靠背架上，并注意在安装头枕支架之前，检查它的方向（前/后和左/右），如图 5-27c 所示。

2）用力推头枕支架，将其锁入座椅靠背架。

3）扣上位于座椅靠背罩底部边缘上的 J 形夹持器（搭扣）。

4）安装头枕。

5）将座椅靠背调整到原来位置。

（5）前座椅靠背的更换

拆卸方法：

1）从车辆上拆卸前座椅。

2）拆卸螺钉并向下滑动靠背板将其拆下，如图 5-28a 所示。

3）拆卸前座椅两侧装饰板，如图 5-28b 所示。

4）断开电气插接器。

5）拆卸倾斜调整装置上部与座椅靠背联接螺栓，如图 5-28c 所示。

6）取下前座椅靠背。

安装方法：基本上按照与拆卸相反的顺序安装。

（6）前座椅靠背罩（蒙皮）的更换　有时前座椅靠背的维修仅仅需要更换靠背罩（蒙皮），而不需要更换整个靠背，其更换方法如下：

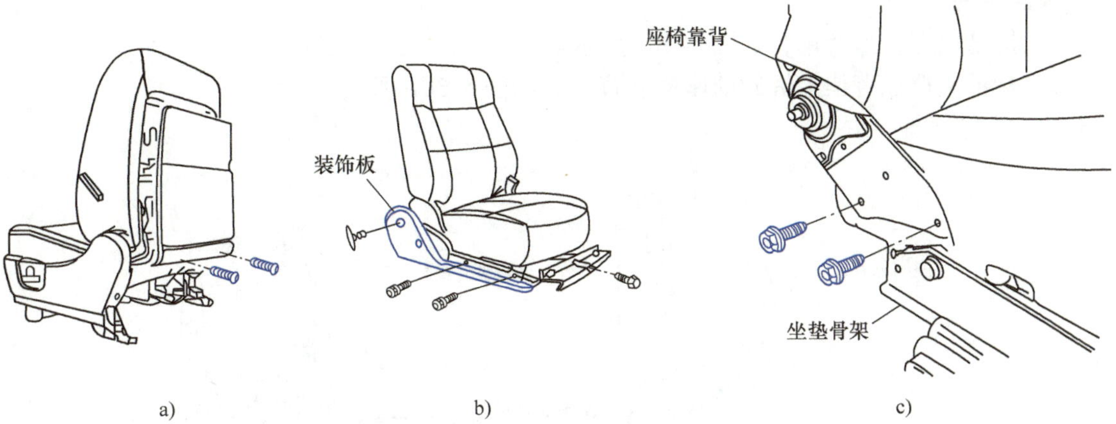

图 5-28　前座椅靠背拆卸

拆卸方法：

1）拆卸前座椅头枕。

2）松开座椅靠背罩与靠背架之间的 J 形夹持器（搭扣），如图 5-29a 所示。

3）拆卸头枕支架。

4）拆开座椅靠背罩与靠背垫之间的固定挂钩和环形夹持器（搭扣）。

5）用平刃工具拆卸后排乘客用电动调节钮及饰盖（如果装备）。

6）从座椅靠背垫上取下座椅靠背罩，如图 5-29b 所示。

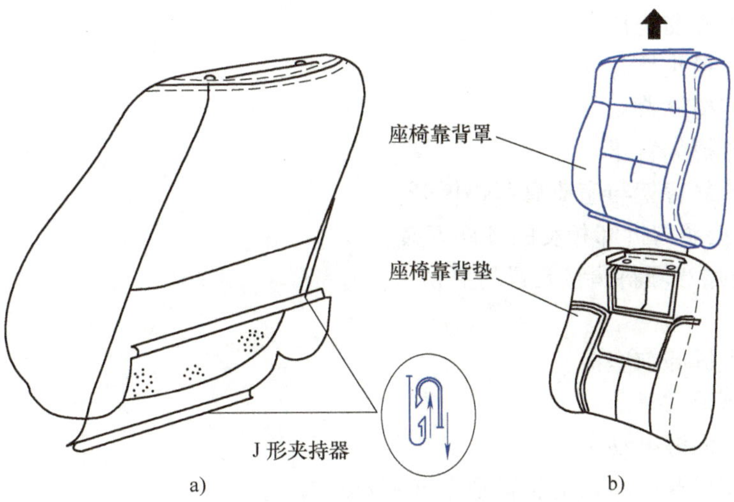

图 5-29　前座椅靠背罩（蒙皮）的拆卸

安装方法：基本上按照与拆卸相反的顺序安装。

（7）前座椅靠背垫的更换

拆卸方法：

1）拆卸前座椅靠背罩，如图 5-30a 所示。

2）从前座椅靠背架上拆卸前座椅靠背垫，如图 5-30b 所示。

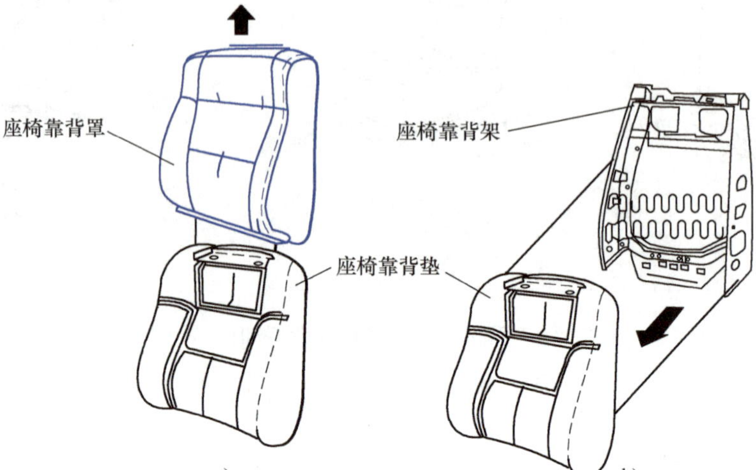

图 5-30　前座椅靠背垫的更换

安装方法：按照与拆卸相反的顺序安装。

（8）前座椅靠背架的更换

拆卸方法：

1）从车上拆卸前座椅。

2）拆卸前座椅头枕。

3）拆卸前座椅靠背。

4）拆卸前座椅靠背罩。

5）将前座椅靠背架与座椅靠背垫拆开。

安装方法：按照与拆卸相反的顺序安装。

（9）前座椅靠背倾斜调整装置的更换

拆卸方法：

1）从车辆上拆卸前座椅。

2）拆卸前座椅靠背。

3）拆卸靠背调整电动机。

4）松开座椅靠背倾斜调整装置把手（手动座椅）。

5）从座椅上拆卸座椅靠背倾斜调整装置把手。

6）拆卸座椅靠背倾斜调整装置与座椅调整器之间的联接螺栓，如图 5-31 所示。

7）从座椅垫架上拆卸座椅靠背倾斜调整装置。

安装方法：按照与拆卸相反的顺序安装。

（10）电动前座椅控制开关的更换

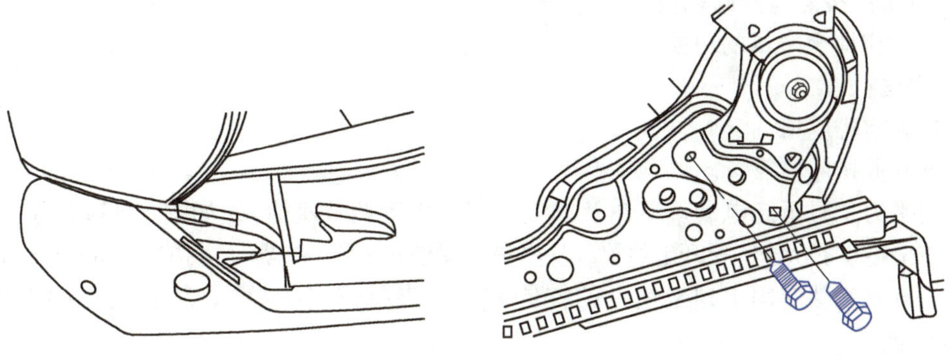

a)　　　　　　　　b)

图 5-31　前座椅靠背倾斜调整装置的拆卸

>>> **注意**　如果开关之一需要更换，在安装新开关前，确认电源供电电路未对电路中的任何导线短路。如果出现短路，短路故障会导致更换开关损坏。此外，在从线束上断开座椅开关时需要特别小心，避免开关供电端子和开关接地端子之间短路，如果出现这种情况就会损坏座椅开关。

拆卸方法：

1）拆卸电动座椅开关按钮及饰板，然后拆卸开关侧装饰板，如图 5-32a 所示。

2）松开开关侧坐垫罩 J 形夹持器并向上拉开坐垫罩以便操作。

3）在坐垫架下松开线束卡子并将其报废。

4）在坐垫架下断开开关电气接口。

5）拆卸电动座椅开关螺钉，从座椅上拆卸开关，如图 5-32b 所示。

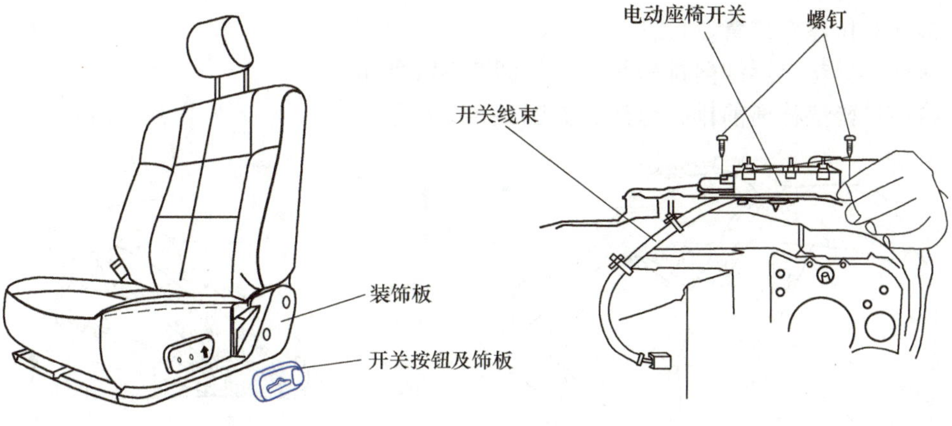

a)　　　　　　　　b)

图 5-32　拆卸电动前座椅控制开关

安装方法：按照与拆卸相反的顺序安装。

（11）前座椅坐垫罩的更换

拆卸方法：

1）拆卸前排座椅。

2）拆卸前排座椅靠背。

3）用平刃工具拆卸电动调节钮及饰盖（仅对电动调节座椅），如图5-33a所示。

4）在坐垫架下从挂钩松开坐垫罩，从坐垫四周松开J形夹持器（搭扣），如图5-33b所示。

5）松开将坐垫罩固定到坐垫上的挂钩和环形夹持器（卡箍），从垫块上抽出坐垫罩，如图5-33c所示。

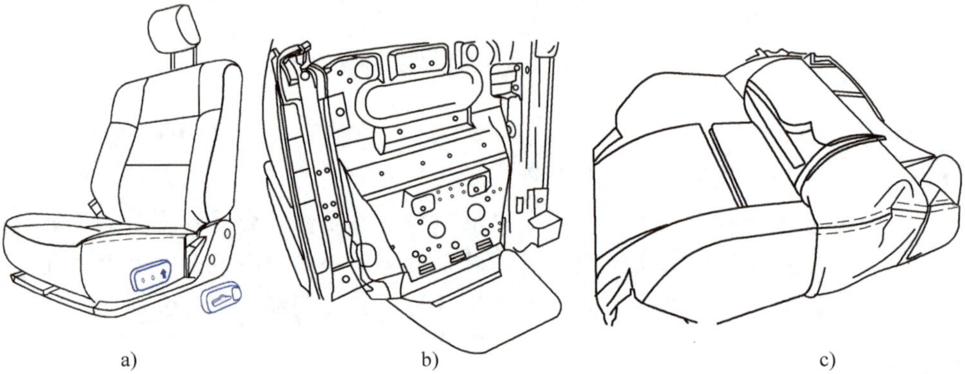

a)　b)　c)

图5-33　前座椅坐垫罩的更换

安装方法：按照与拆卸相反的顺序安装。

（12）前座椅坐垫的更换

拆卸方法：

1）拆卸前排座椅。

2）拆卸前排座椅靠背。

3）从前排坐垫上拆卸前排坐垫罩，如图5-34a所示。

4）将前排坐垫移离前排坐垫架，如图5-34b所示。

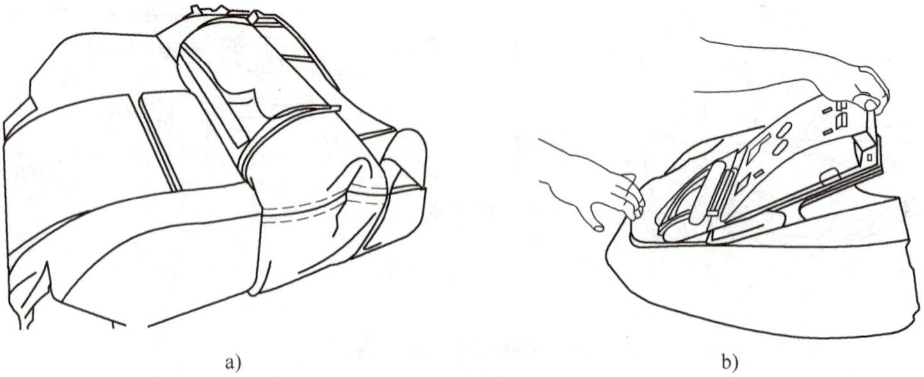

a)　b)

图5-34　前座椅坐垫的更换

安装方法：按照与拆卸相反的顺序安装。

（13）前座椅坐垫架的更换

拆卸方法：

1）从车辆上拆卸前座椅。

2）拆卸前坐垫罩。

3）将前坐垫架与坐垫拆开。

4）松开线束卡子并断开电动调整装置电气接插口（电动座椅）。

5）拆卸坐垫架与前座椅调节器的联接螺栓，如图5-35所示。

6）移走坐垫架和电动座椅调节开关（如果装备）。

7）拆卸电动座椅调节开关。

8）分离电动座椅调节开关和坐垫架（仅对电动调节座椅）。

安装方法：按照与拆卸相反的顺序安装。

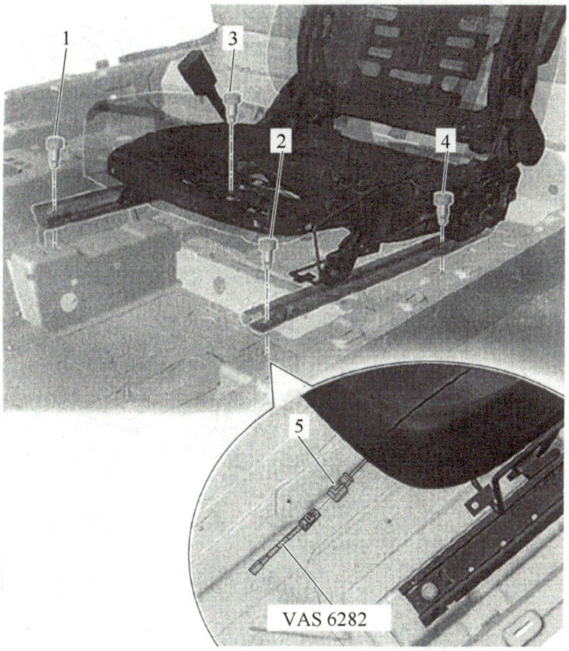

图5-35　前座椅坐垫架

1、2、3、4—螺钉　5—线束插头

2. 后座椅的维修

轿车后座椅的组成部件与前座椅的类似，也比较复杂。图5-36所示为东风日产颐达轿车带扶手可折叠后座椅的部件图，图5-37为东风日产颐达轿车后排整体长座椅部件图。维修人员应了解这些座椅部件的名称和相互安装关系。

（1）后座椅的更换　以东风日产颐达轿车后排整体长座椅为例说明其拆装方法。

拆卸方法：

1）向上拉出坐垫，然后从坐垫挂钩上拆卸坐垫，如图5-38所示。

2）将坐垫从汽车上拆下。

3）拆卸后门内踏脚板。

4）拆卸椅背固定螺栓（图5-38）。

5）从与汽车附带的挂钩上拆卸椅背上侧中间与两端的电线，以便从车上拆卸长排座椅，如图5-39a所示。

6）拆卸螺栓，然后拆卸椅背加固件，如图5-39b所示。

7）从车上取下长座椅。

安装方法：按照与拆卸相反的顺序安装。

（2）后座椅扶手的更换

拆卸方法：

1）将后座椅靠背罩从背面折起，然后拆下扶手的固定螺母，如图5-40a所示。

2）将扶手向后拉取的同时向左推动，以便取出，如图5-40b所示。

3）拆卸后座椅衬套，然后向后拉出扶手铰链盖，如图5-40c所示。

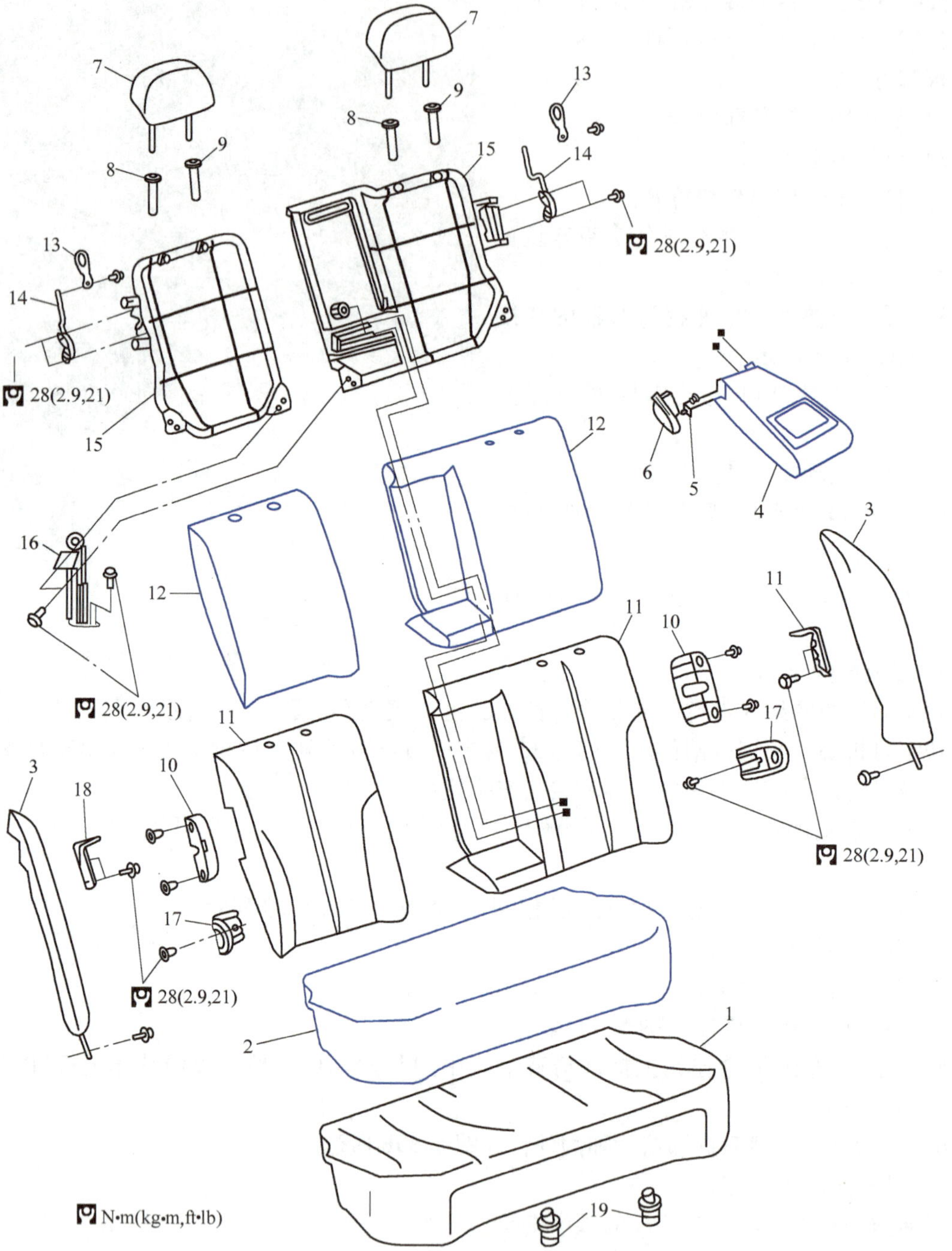

图 5-36 东风日产颐达轿车带扶手可折叠后座椅部件图

1—后坐垫罩 2—后坐垫 3—椅背侧 4—扶手 5—扶手铰链衬套 6—扶手铰链盖 7—头枕 8—头枕支架（自由） 9—头枕支架（锁定） 10—锁扣盖 11—座椅靠背罩（蒙皮） 12—座椅靠背垫 13—后座椅靠背锁按钮 14—后座椅锁总成 15—座椅带靠背骨架 16—后座椅靠背中间支架 17—后座椅靠背侧支架 18—后座椅锁扣 19—坐垫挂钩

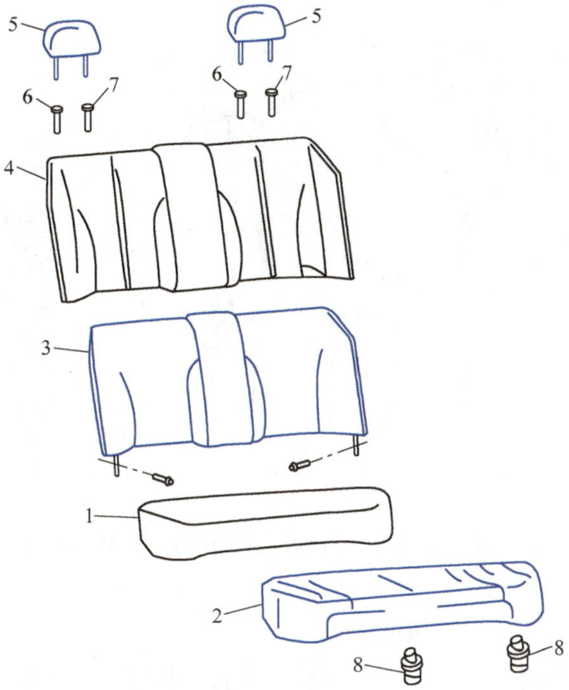

图 5-37　东风日产颐达轿车后排整体长座椅部件图

1—坐垫　2—坐垫罩（蒙皮）　3—靠背垫　4—靠背垫罩

5—头枕　6—头枕支架（自由）　7—头枕支架（锁定）　8—坐垫挂钩

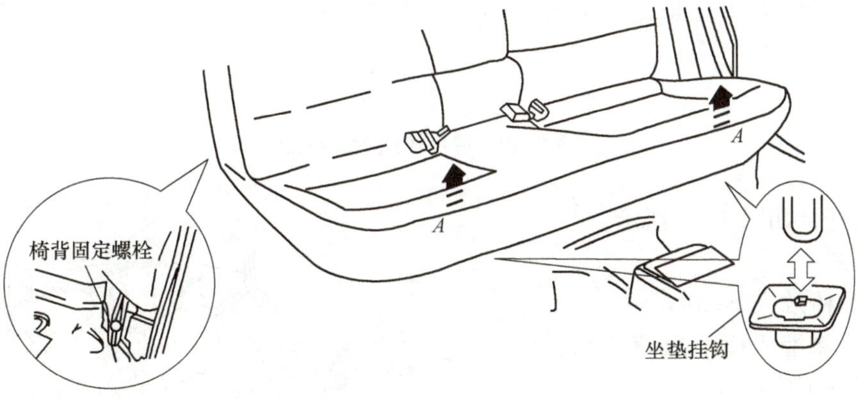

图 5-38　后坐垫和椅背固定螺栓的拆卸

安装方法：按照与拆卸相反的顺序安装。

（3）后座椅坐垫的更换

拆卸方法（别克轿车）：

1）对于坐垫采用固定卡直接与车身连接作为锁止机构的后座椅，可以用力向上抬起后坐垫，使后坐垫与车身分离。

2）对于固定卡有释放拉手控制的后坐垫，拆卸时轻轻抬起后坐垫总成的前部，再分别从坐垫下部的左侧和右侧，将释放拉手的J形件水平向前拉，同时抬起后坐垫的前部，直到

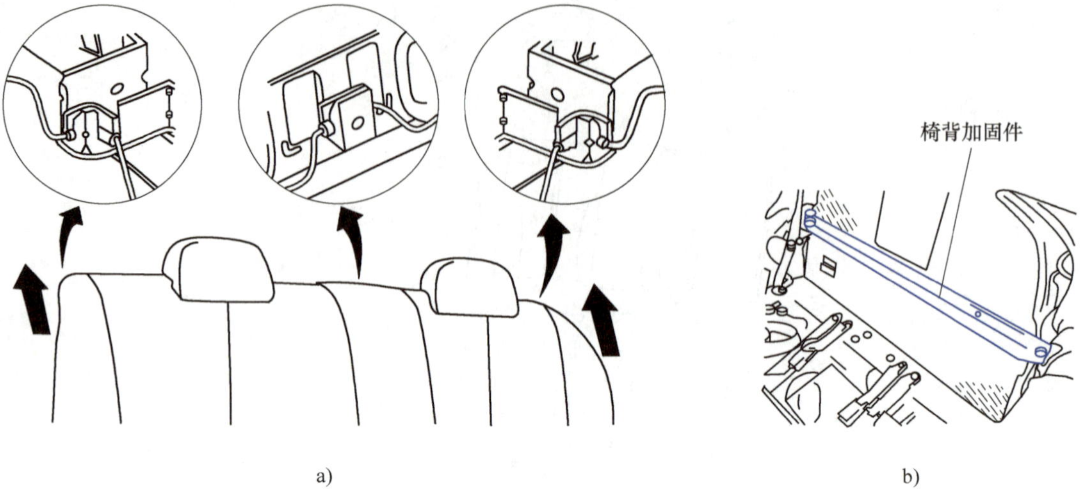

图 5-39 后座椅电线插接器及椅背加固件的拆卸

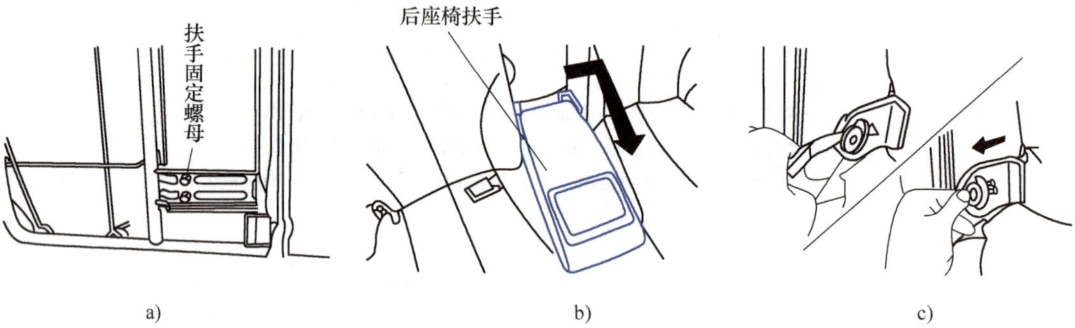

图 5-40 后座椅扶手的拆卸

锁止机构松开，如图 5-41 所示。

安装方法：

1）将座椅放入车辆内。

2）将坐垫滑到座椅靠背底部，使安全带恢复到正确位置。

3）向下按压确保夹持器固定卡就位。

（4）后座椅坐垫罩的更换

拆卸方法（别克君威轿车）：

1）拆卸后座椅坐垫。

2）从后坐垫罩上拆卸弯环，如图 5-42a 所示。

3）将手伸入后坐垫罩内松开坐垫罩

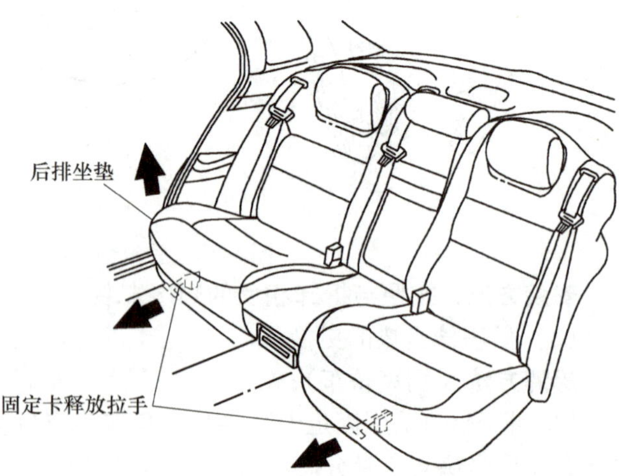

图 5-41 别克君威轿车后坐垫的拆卸

与坐垫间的固定挂钩和环形夹持器，如图 5-42b 所示。

4）从坐垫上拆卸坐垫罩，如图 5-42c 所示。

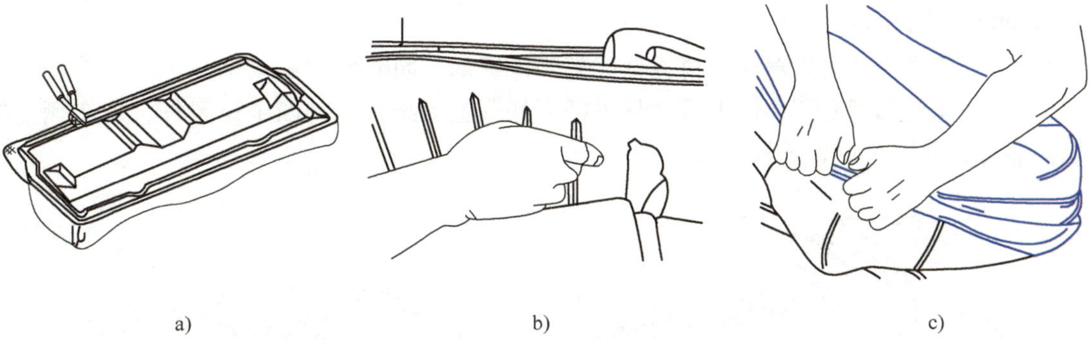

图 5-42　后座椅坐垫罩的拆卸

安装方法：

1）将后坐垫罩放到坐垫上。

2）将后坐垫罩上的定位标记（圆形）对准坐垫上的定位标记（槽），如图 5-43a 所示。

3）将后座椅坐垫罩套在坐垫上，使挂钩和环形夹持器对准，如图 5-43b 所示。

4）将坐垫罩套在坐垫上，罩上顶部和侧面，如图 5-43c 所示。

5）用手使劲按压紧固挂钩和环形夹持器，将后坐垫罩固定到坐垫上，如图 5-43d 所示。

6）将后坐垫罩上的定位标记对准坐垫上的背部定位标记，如图 5-43e 所示。

7）将弯环安装到后坐垫罩上，如图 5-43f 所示。

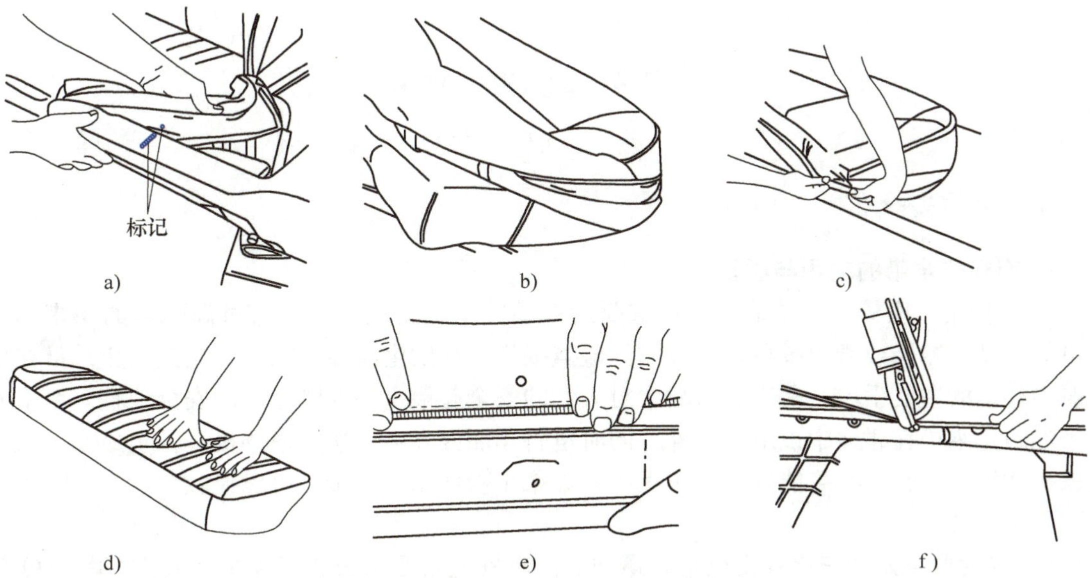

图 5-43　后座椅坐垫罩的安装

8）安装后坐垫。

（5）后座椅靠背的更换

拆卸方法（别克君威轿车）：

1）拆卸后排坐垫。

2）拆卸后排座椅夹持器至座椅靠背底部固定螺母，如图 5-44a 所示。

3）抓住座椅靠背底部并向上撬，从吊杆上松开上椅架杆上的四个偏置杆，从车辆上拆卸座椅靠背，如图 5-44b 所示。

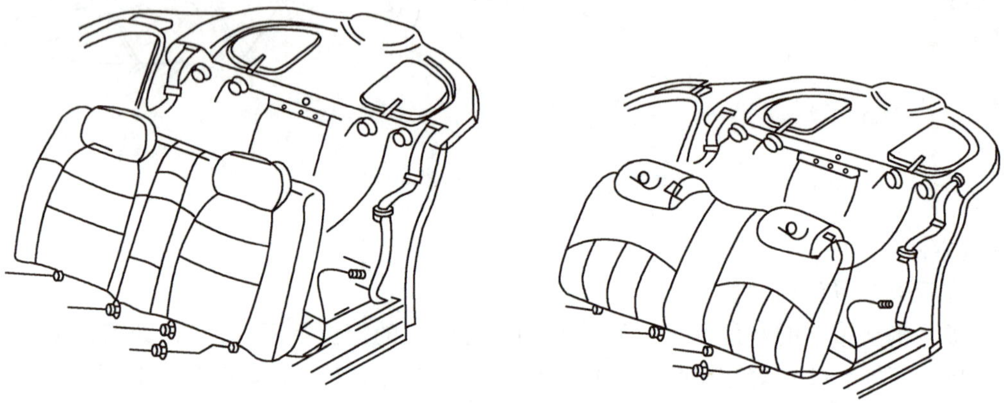

a) b)

图 5-44 后座椅靠背的更换

安装方法：按照与拆卸相反的顺序安装。

课题 2 座椅安全带

5.2.1 座椅安全带

1. 座椅安全带的功用与类型

（1）功用 座椅安全带是车辆最重要的被动安全设备之一，它通过高强度的织带约束乘员的运动，减轻或避免乘员与其他物体碰撞损伤。在发生碰撞事故时，它是阻止乘员在驾驶舱内移动的主要手段，是交通事故中对人们的安全起最主要保障作用的安全装置。系上安全带能防止乘员在碰撞中被甩出车外，同时也将车厢内发生二次碰撞的机会减至最小。根据有关机构统计，在所有可能致命的车祸中，如果正确使用安全带，可以挽救约 45% 的生命。

（2）类型

1）普通两点式和三点式安全带。最初的汽车安全带是瑞典人发明的，自 20 世纪 40 年代别克轿车将安全带作为标准配置后，美国将安装和使用安全带确定为强制性的联邦法规，由此开始了安全带的大规模普及。当时的安全带仅仅是简单的两点式腰部约束——即两点式安全带，其约束的松紧程度完全由驾驶人或乘员自己调节。目前两点式安全带在轿车后座椅和大客车乘员座椅上仍有采用，如图 5-45a 所示。

经过 40 多年的发展，安全带逐渐走向成熟，现在的安全带均由强度极大的合成纤维制成，带有自锁功能的卷收器，采用对驾、乘人员的肩部和腰部同时实现约束的三点式设计——即三点式安全带，如图 5-45b 所示。系上安全带后，卷收器自动将其拉紧，当车辆万一出现紧急制动、正面碰撞或发生翻滚时，乘员会使安全带受到快速而猛烈的拉伸，此刻卷收器的自锁功能可在瞬间卡住安全带，使乘员紧贴座椅，避免摔出车外或碰撞受伤。两点式和三点式安全带系统都属于被动安全带系统。

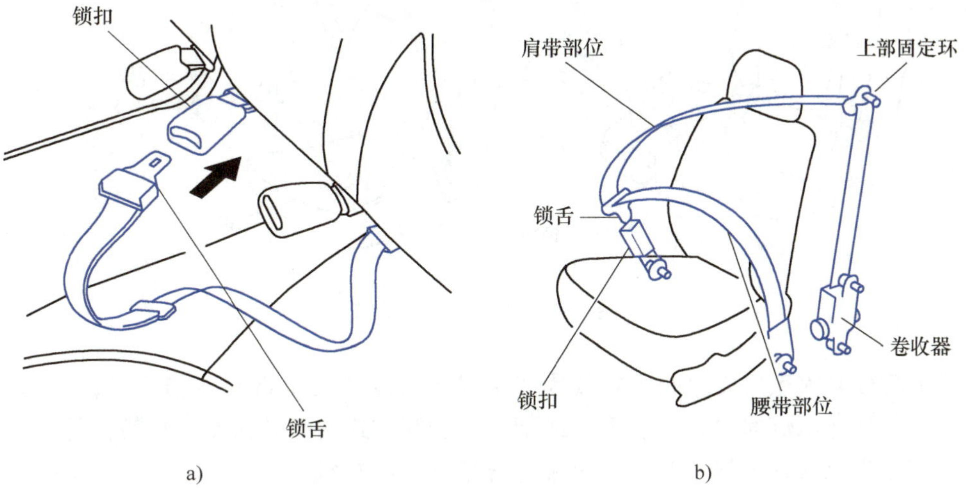

图 5-45　三点式安全带

2）预紧式安全带。预紧式安全带是在普通三点式安全带的基础上增加预紧器构成的。预紧器可以与锁扣结合在一起（锁扣预紧器），也可以与卷收器结合在一起（卷收器预紧器）。

这种安全带的特点是当汽车发生碰撞事故的一瞬间，乘员尚未向前移动时，它会首先拉紧织带，立即将乘员紧紧地绑在座椅上，然后锁止织带防止乘员身体前倾，有效保护乘员的安全，如图 5-46 所示。预紧式安全带系统属于主动式安全带系统。

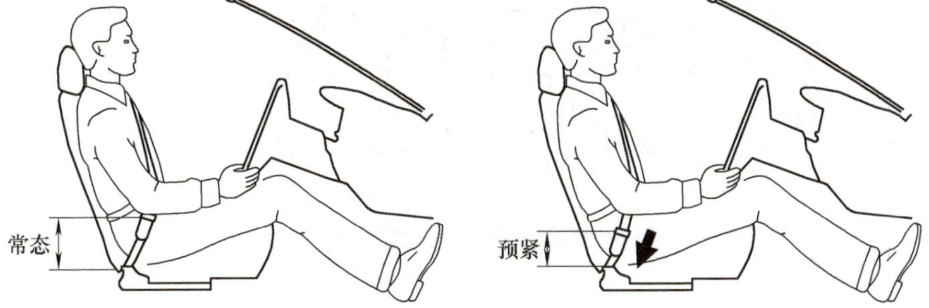

图 5-46　预紧式安全带

2. 座椅安全带的组成

普通三点式座椅安全带一般由高强度织带、惯性式卷收器、锁扣和锁板等组成，前后座椅的三个固定点位置略有不同，如图 5-47 所示。

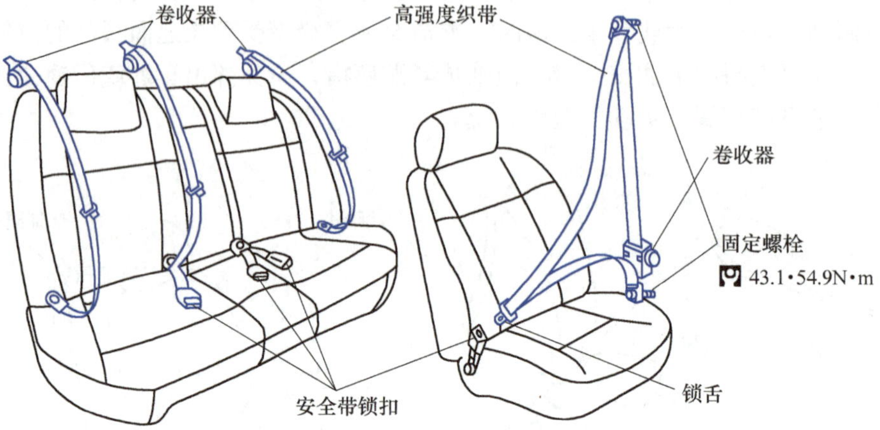

图 5-47 座椅安全带组成

为了提醒驾驶人系好安全带，在仪表盘上设置有座椅安全带警告指示灯，如图 5-48 所示。安全带警告指示灯通过常亮、闪烁或配合声音等方式向驾驶人发出报警信号。例如，别克荣御轿车每当点火开关接通时，安全带警告指示灯将持续点亮 60s。如果在此期间未系好安全带，指示灯将继续闪烁 90s，然后即使未系安全带，也将熄灭。当指示灯点亮时，只要驾驶人系上安全带，指示灯就会熄灭。如果系上安全带后又解开，指示灯将重新持续点亮，并重复本过程。

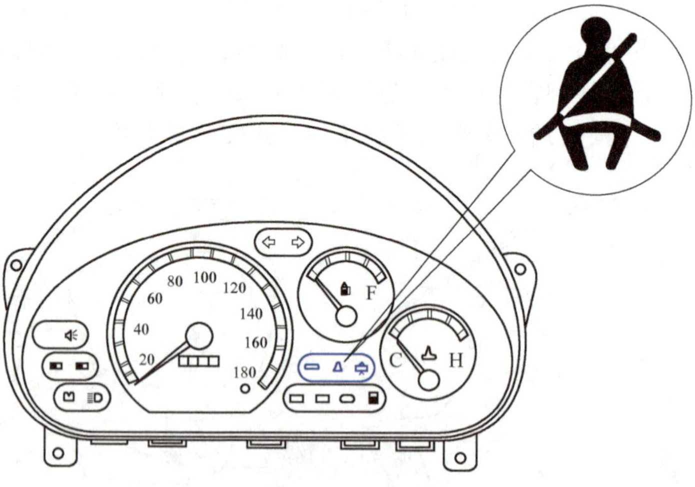

图 5-48 座椅安全带警告指示灯

5.2.2 预紧式座椅安全带

预紧式座椅安全带的组成和工作原理在各车型上基本相同，下面以别克荣御轿车为例加以说明。

1. 预紧式座椅安全带的组成

（1）预收紧装置——预紧器　预收紧装置有多种形式，常见的是一种爆燃式的，主要由锁扣总成、卷收器拉线互锁凸轮、锁扣卷收器拉线、点火器和气体发生剂、卷收器拉线活塞等组成，如图 5-49 所示。这种预紧器有一定的使用时间，有效期满必须更换。

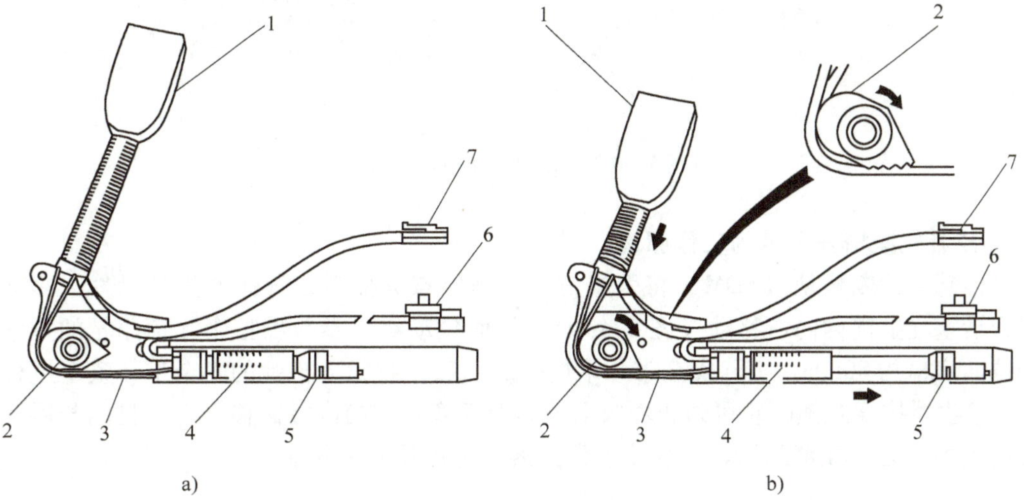

图 5-49　别克荣御轿车安全带预紧器

a）正在展开的安全带和预紧器总成　b）完全展开的安全带和预紧器总成

1—锁扣总成　2—卷收器拉索互锁凸轮　3—锁扣卷收器拉索　4—点火器和气体发生剂

5—卷收器拉索活塞　6—预紧器线束插接器　7—安全带锁扣开关插接器（仅驾驶人侧）

（2）控制装置　预紧式座椅安全带的控制装置有机械式和电子控制式两种，现代轿车大都采用电子控制式，即所谓的电动安全带。电子控制式座椅安全带控制装置与安全气囊配合工作。当安全气囊点火引爆时，SRS 电脑将信号同时输出给安全带预紧器，使安全带预紧器与安全气囊同步作用于驾驶人和前排乘客。通过在时间方面的高精度配合，给乘员提供最理想的保护。机械式控制装置由传感器检测到汽车加速度的不正常变化，控制装置激发预收紧装置工作，这种预紧式安全带可以单独使用。

别克荣御轿车预紧式座椅安全带的控制装置是传感和诊断模块（SDM），是预紧式座椅安全带和安全气囊共用的控制装置，是一个独立的集中式碰撞传感和触发系统，安装在地板控制台总成下方，如图 5-50 所示。该装置由一个电子加速度传感器系统、电子控制系统和储能装置组成，其电子系统具有自诊断、故障记忆和记录碰撞事件等功能。

传感和诊断模块（SDM）的主要功能是感测碰撞事件，确定是否需要展开安全带预紧器和（或）安全气囊总成，能够指令保护装置中的部分装置独立或同时操作：可以只展开前排座椅安全带预紧器或安全气囊总成，也可以两者同时展开。

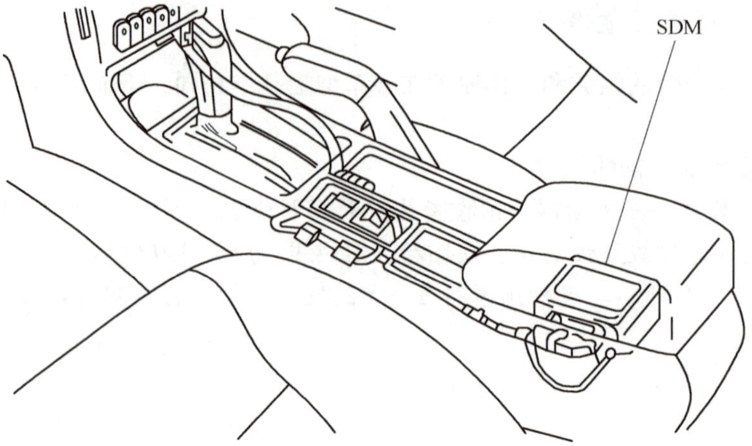

图 5-50 传感和诊断模块（SDM）

2. 预紧式座椅安全带的工作原理

当传感和诊断模块（SDM）将引爆信号发送给点火器时，气体发生剂触发，驱动卷收器拉索活塞在缸筒内向右移动（图 5-49b），从而拉动经过卷收器拉索互锁凸轮的拉索，将锁扣拉向座椅约 80mm，消除安全带与乘员间的间隙，收紧了松弛的安全带，整个过程大约 0.1s。卷收器拉索互锁凸轮可防止卷收器拉索及活塞在缸筒内往回移动。一旦向与展开相反的方向施加了力，互锁凸轮就会直接卡住拉索，防止其继续移动。

5.2.3 座椅安全带的维修

1. 安全带维修注意事项

1）在拆卸前座椅安全带预紧器总成之前，应先关闭点火开关，断开蓄电池电缆，并等待至少 3min，以耗尽安全气囊的备用电源，避免安全气囊意外展开。

2）请勿使用电器测试设备对前座椅安全带预紧器进行检查。

3）当更换或重新安装了前座椅安全带预紧器总成，或重新连接前座椅安全带预紧器插头之后，请检查系统功能。

4）在处理前先引爆前座椅安全带预紧器总成。

5）请勿使用解体的锁扣或安全带总成。

6）如果固定螺栓变形或磨损请立即更换。

7）切勿用机油润滑安全带压舌和锁扣。

8）如果安全带总成的任何零部件有问题，不要进行修理，直接更换整个安全带总成。

9）如果安全带断裂、磨损或是损坏，更换安全带总成。

2. 座椅安全带的检查

汽车在发生任何撞击后，应检查所有座椅的安全带总成，包括卷收器和其他金属零部件。建议更换所有碰撞中使用过的安全带总成，除非安全带在轻微碰撞后没有损坏并且功能正常，否则可能在事故中造成严重的人身伤害。碰撞中未使用的安全带，如果被发现损坏或功能异常，也要更换。如发生致使安全气囊引爆的正面碰撞，即便安全带并没有被使用，安全带预紧器也应被更换。

1）检查安全带警告灯及蜂鸣器（如配备）是否正常操作。点火开关处于 ON 位置时安全带警告灯应点亮，同时安全带警告蜂鸣器应鸣叫约 7s。扣紧驾驶人安全带后安全带警告灯应熄灭且蜂鸣器（如果鸣叫）应停止。

2）检查安全带卷收器操作。将安全带带子完全拉出，检查是否有扭曲、撕裂或其他损坏，放手后安全带应自动平稳并完全地卷回到卷收器中。如果安全带没有平稳卷回，用干净的纸布擦净卷起的内部，因为灰尘会造成安全带收紧缓慢。

系紧安全带，检查安全带是否平稳并完全的进入卷收器。如果带子没有平稳的收紧，可能是因为灰尘的积累造成的。

夹紧安全带并试着快速拉出卷收器，带子必须锁止住且不能再向外拉，如果不是，更换卷收器总成。

3. 座椅安全带的维修

各种轿车座椅安全带的维修方法基本相同，下面以别克荣御轿车为例说明其拆装维修方法。图 5-51 是前座椅安全带组成部件图，图 5-52 和图 5-53 是后座椅安全带组成部件图，维修人员应熟悉这些部件的名称及相互安装关系。

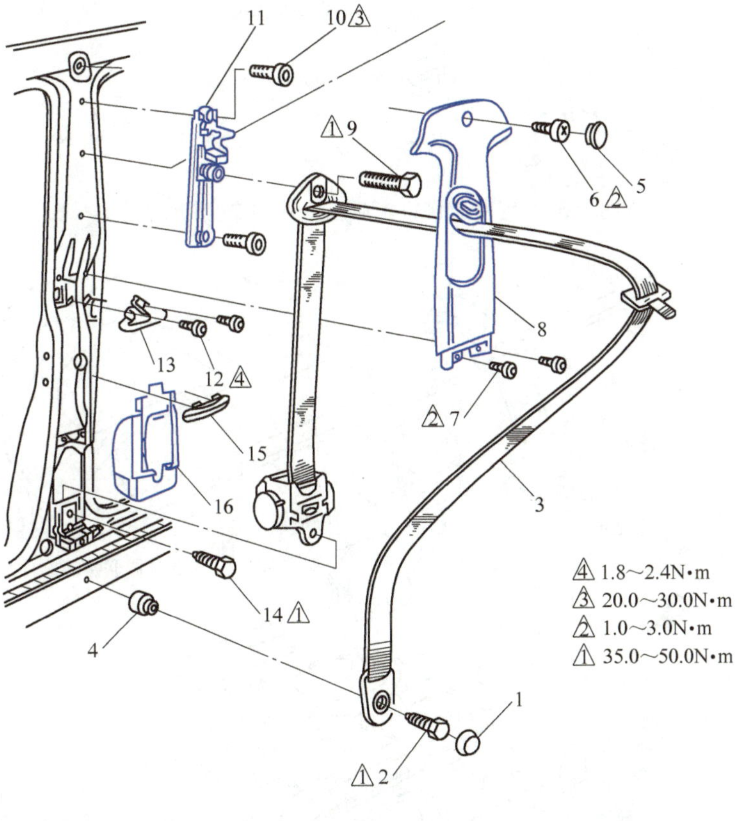

图 5-51　别克荣御轿车前座椅安全带组成

1—固定板联接螺栓帽　2—固定板联接螺栓　3—前排座椅安全带总成　4—固定板隔垫
5—中柱饰件螺帽　6—中柱饰件上联接螺钉　7—中柱饰件下联接螺钉　8—中柱饰件
9—上导板联接螺栓　10—高度调节器联接螺栓　11—高度调节器总成　12—中间导板联接螺钉
13—中间导板　14—卷收器联接螺栓　15—下导板　16—卷收器防尘帽

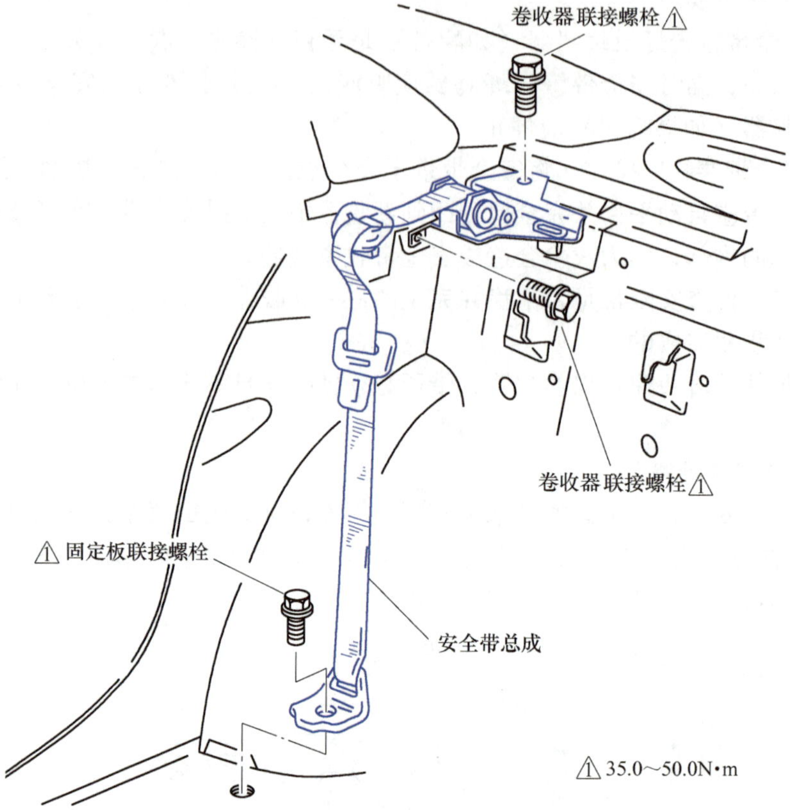

图 5-52 别克荣御轿车后座椅外侧安全带组成

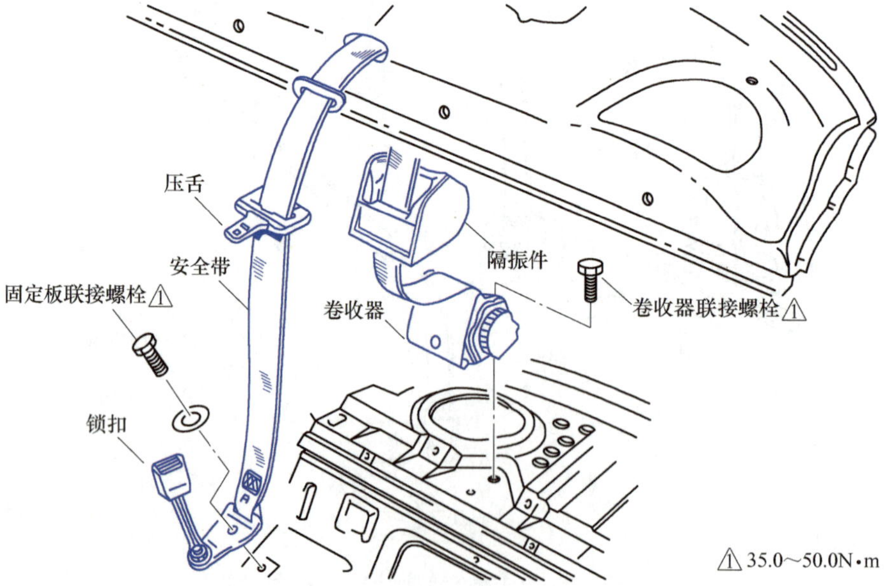

图 5-53 别克荣御轿车后座椅中间安全带组成

（1）前座椅安全带的维修

拆卸方法：

1）拆卸安全带下固定板，如图 5-54a 所示。

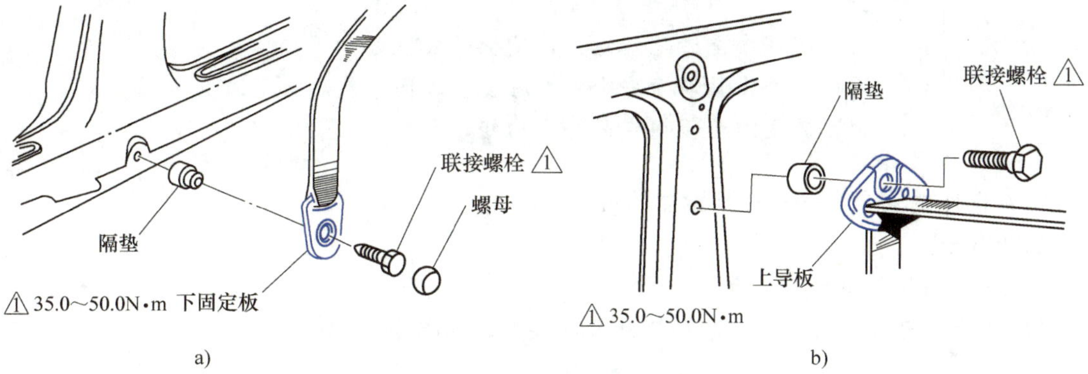

图 5-54　前座椅安全带下固定板和上导板的拆卸

2）拆卸中柱下饰件、中柱上饰件和侧门槛饰件。

3）拆卸安全带上导板，如图 5-54b 所示。

4）拆卸安全带中间导板，如图 5-55a 所示。

5）拆卸卷收器总成，并从中柱腔中拆卸安全带总成。必要时，用小号平刃螺钉旋具撬开下导板，如图 5-55b 所示。

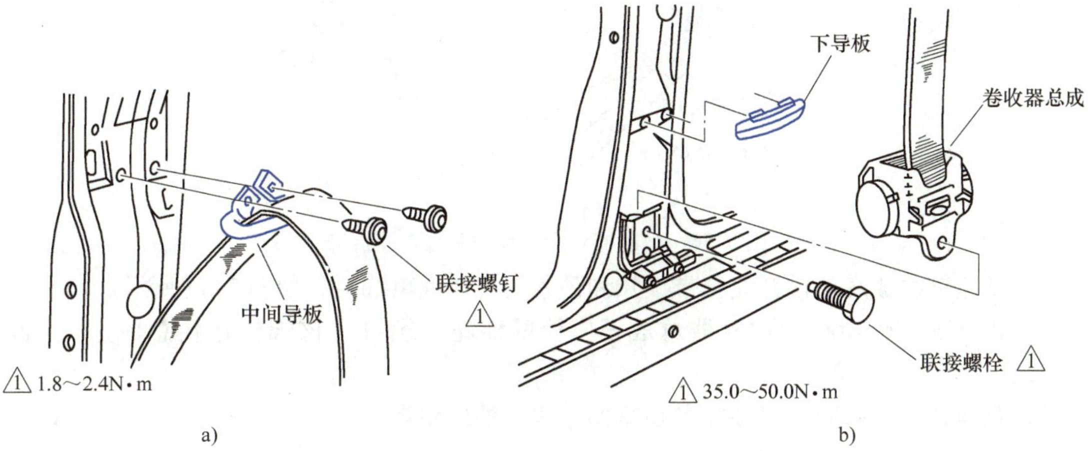

图 5-55　前座椅安全带中间导板和卷收器的拆卸

安装方法：

> **注意**　要重新安装原来的卷收器总成时，检查固定板、导板和卷收器总成是否损坏，安全带是否磨损、开裂或有切口等。如有任何零部件损坏，成套更换安全带总成。

按与拆卸相反的顺序重新安装前排座椅安全带总成。

>>> **注意**

1）在卷收器防尘帽的周边涂上一层非固化型密封剂（前风窗密封剂）。

2）确保安全带不扭结，固定板的安装方向正确。

3）用手上紧所有安全带螺栓至少5圈，然后再用工具紧固。

4）紧固螺栓至规定的拧紧力矩。

（2）前座椅安全带锁扣和预紧器的维修

拆卸方法：

1）从车辆上拆卸前排座椅。

2）从座椅总成上断开安全带锁扣开关插接器，如图5-56所示。

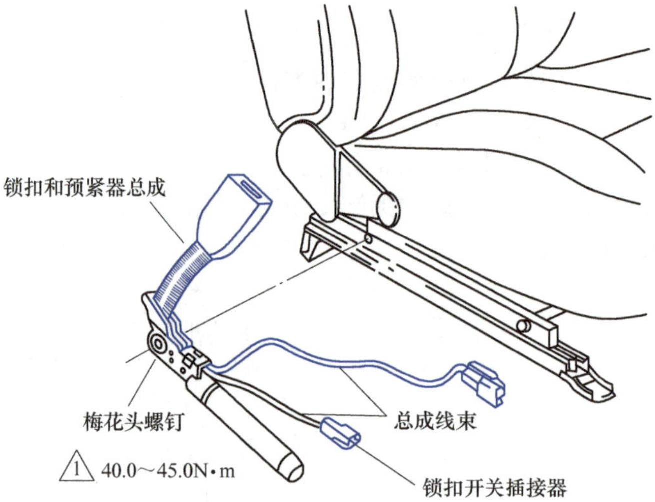

图5-56　前座椅安全带锁扣和预紧器拆卸

3）从座椅总成底部松开安全带锁扣和预紧器总成线束线夹，如图5-56所示。

4）松开安全带锁扣和预紧器总成至座椅的梅花头螺钉（该螺钉连在总成上），如图5-56所示。

5）从座椅上拆卸安全带锁扣和预紧器总成并抽出线束。

>>> **注意**　将安全带锁扣和预紧器总成放在安全处。

安装方法：按与拆卸相反的顺序重新安装安全带锁扣和预紧器总成。

>>> **注意**

1）如果安全带锁扣和预紧器总成展开，则该总成必须连同滑道和高度调节器总成一起更换。

2）安装安全带锁扣和预紧器总成时，应确保前定位销对准座椅骨架。

3）安装安全带锁扣和预紧器总成连接螺栓并紧固至正确的拧紧力矩规

格（40～45N·m）。

4）启用传感和诊断模块（SDM），接通点火开关并观察组合仪表上的安全气囊警告指示灯。警告指示灯应点亮约5s。在此期间，传感和诊断模块（SDM）会执行线路检查和自检。如果未发现系统故障，安全气囊警告指示灯将熄灭。

（3）后座椅外侧安全带的维修

拆卸方法：

1）拆卸后排坐垫。

2）拆卸安全带下固定板至车辆的联接螺栓（参见图5-52）。

3）拆卸左侧或右侧座椅靠背。

4）拆卸后窗台装饰板。

5）拆卸卷收器总成与车辆之间的两个联接螺栓，并取下安全带总成（参见图5-53）。

安装方法：要重新安装原来的卷收器总成时，检查固定板、导板和卷收器总成是否损坏，安全带是否磨损、开裂或有切口等。如有任何零部件损坏，成套更换安全带总成。按与拆卸相反的顺序重新安装后排座椅安全带总成。

注意

1）确保安全带不扭结，固定板的安装方向正确。

2）确保车身线束和DVD线束（若装配）未刮碰到固定板。

3）用手上紧所有安全带螺栓至少5圈，然后再用工具紧固。

4）紧固螺栓至规定的拧紧力矩。

（4）后座椅中间安全带的维修

拆卸方法：

1）拆卸后排座垫。

2）拆卸安全带下固定板，如图5-57a所示。

3）拆卸后窗台装饰板。

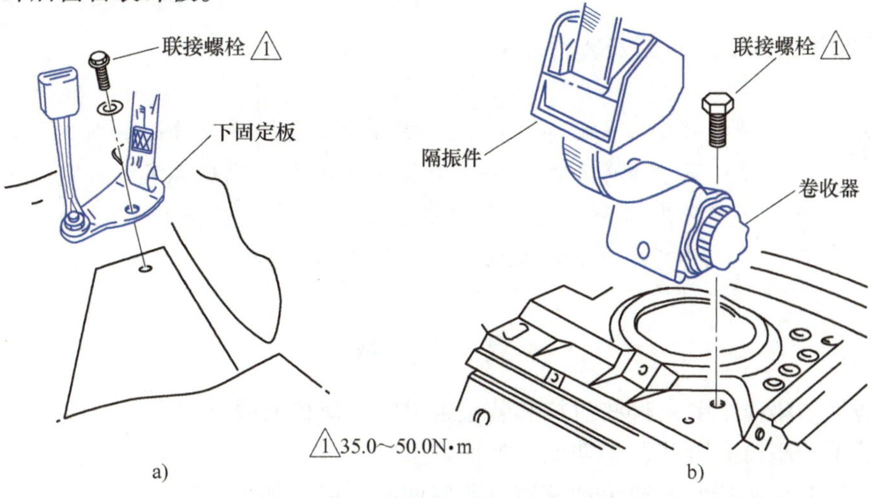

图5-57　后座椅中间安全带的拆卸

4）取出隔振件，拆下卷收器总成并取下安全带总成，如图 5-57b 所示。

安装方法：安装方法与后座椅外侧安全带的安装方法及要求相同。

（5）后座椅安全带锁扣的维修

拆卸方法：

1）拆卸后排坐垫。

2）拆卸后排座椅安全带锁扣和固定板总成，如图 5-58a 所示。

3）拆卸锁扣总成。

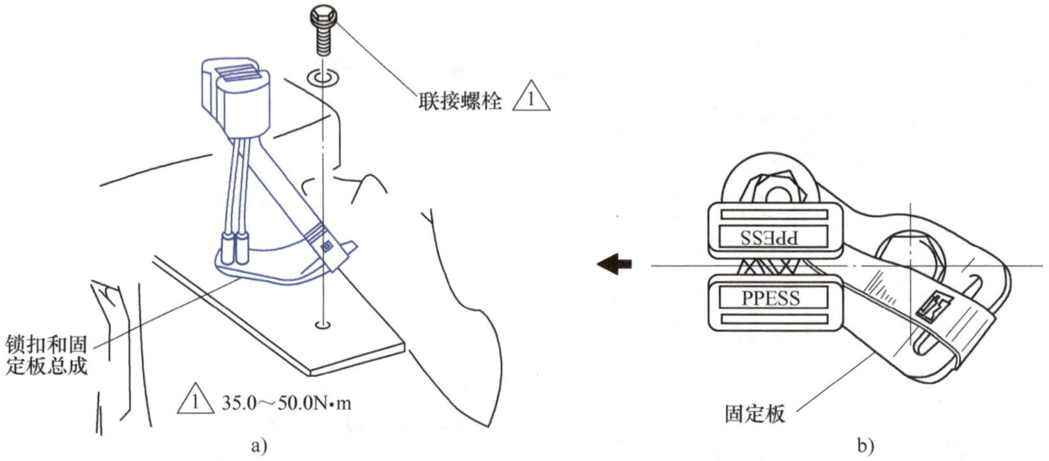

图 5-58 后座椅安全带锁扣的拆装

安装方法：

>>> **注意** 要重新安装原来的卷收器总成时，检查固定板、导板和卷收器总成是否损坏，安全带是否磨损、开裂或有切口等。如有任何零部件损坏，成套更换安全带总成。

按与拆卸相反的顺序重新安装后排座椅安全带总成。

>>> **注意**

1）确保安全带不扭结，固定板的安装方向正确，如图 5-58b 所示。

2）用手上紧所有安全带螺栓至少 5 圈，然后再用工具紧固。

3）紧固螺栓至规定的拧紧力矩。

4）执行安全带功能检查，保证工作正常。

复 习 题

1. 普通手动座椅主要由哪些机构和装置组成？对座椅有哪些要求？
2. 普通手动座椅有哪些调整功能？如何调整？
3. 什么是电动座椅？普通手动座椅有哪些调整功能？如何调整？

4. 什么是电动座椅的记忆功能？如何进行设置？
5. 现代轿车的座椅安全带主要有几种形式？各用于何处？有哪些零件组成？
6. 如何维修或更换损坏或失灵的座椅部件？
7. 如何检查、维修或更换损坏或失灵的座椅安全带？
8. 如何拆装座椅？
9. 如何拆装安全带？

单元6 车身附件

应知应会

1. 熟悉车身附件的作用与要求。
2. 能熟练对车身附件进行更换与调整。

课题1 后视镜

6.1.1 后视镜的作用

汽车后视镜反映汽车后方、侧方和下方的情况，使驾驶人可以间接看清楚这些位置的情况，扩大了驾驶人的视野范围。

汽车后视镜属于重要安全件，它的镜面、外形和操纵都颇讲究，其质量及安装都有相应的行业标准。

6.1.2 后视镜的分类

后视镜以安装位置划分，分有外后视镜、下后视镜和内后视镜，外后视镜反映汽车后侧方，下后视镜反映汽车前下方，内后视镜反映汽车后方及车内情况。以驱动方式分，有手动后视镜和电动后视镜。

用途不一样，镜面结构也会有所不同。一般后视镜镜面主要有两种，一种是平面镜，顾名思义镜面是平的，用术语表述就是“表面曲率半径 R 无穷大”，这与一般家庭用镜一样，可得到与目视大小相同的映像，这种平面镜常用做内后视镜。另一种是凸面镜，镜面呈球面状，具有大小不同的曲率半径，它的映像比目视小，但视野范围大，好像相机“广角镜”的作用，这种凸面镜常用做外后视镜和下后视镜。

轿车及其他轻型乘用车一般装配外后视镜和内后视镜，大型商用汽车（大客车和大货车）一般装配外后视镜、下后视镜和内后视镜。

6.1.3 后视镜的主要特点及影响因素

后视镜有一个视界的问题，也就是指镜面所能够反映到的范围。影响到视界的主要因素有三个，即驾驶人的眼睛与后视镜的距离、后视镜的尺寸大小和后视镜的曲率半径。这三要素之间具有一定的关系，当后视镜的距离和尺寸相同时，镜面的曲率半径越小，镜面反映的视界越大。当镜面的曲率半径相同时，镜面的尺寸越大，镜面反映的视界越大。

虽然镜面的曲率半径越小视野范围越大，但同时镜面反映的物体变形程度也越大，这有些像“哈哈镜”，往往会造成驾驶人的错觉。从行车安全的角度出发，有一个映像失真率的问题。行业标准规定，平面镜的失真率不得大于3%，凸面镜的失真率不得大于7%，要求不能反映有歪曲变形的实物图像。因此，镜面的曲率半径就有一个限制范围，行业标准规定外后视镜的曲率半径为 $R=1200$，内后视镜的曲率半径为无限大（平面镜）。

同时，后视镜也有一个反射率指标。反射率越大，镜面反映的图像越清晰。反射率的大小与镜内表面反射膜材料有关。汽车后视镜反射膜一般用银和铝为材料，它们的最小反射率为80%。高反射率在一些场合会有副作用，例如夜间行车在后面汽车前照灯的照射下，经内后视镜的反射会使驾驶人产生炫目感，影响行车安全。

因此，内后视镜一般采用棱形镜，虽然镜面也是平的，但其截面形状是棱形，它利用棱形镜的表面反射率与里面反射率不一样的特点，达到无炫目要求。白天采用反射率为80%的银质或铝质里面反射膜，晚上则用反射率只有4%左右的表面玻璃。为此，晚上只需略微将白天位置的内后视镜转动一下角度就行了。

目前有一种自动变色的内后视镜，它的电子感光检测器能自动分辨外界的自然光和强加光源，通过电流变化在几秒钟内调节镜内的变色材料，从无色变到有色以调节内后视镜的反射率，从而解决炫目问题。

驾驶人的眼睛与后视镜的距离，也就是后视镜的安装位置，直接影响到后视镜的视界、清晰程度和汽车轮廓尺寸，对行车安全很重要。因此，后视镜的安装位置要求达到行业标准的视界要求；后视镜应尽可能靠近驾驶人的眼睛，应方便驾驶人观察，头部及眼球转动尽量小；后视镜应安装在车身上下振动最小的位置上。

以现在的轿车为例，外后视镜主要装配在前车门上，控制方式有电动式和手动式。电动式外后视镜的镜片后面装有驱动机构，它由小型可逆式直流电动机、减速齿轮和电磁离合器组成，驾驶人在车内控制开关对外后视镜进行上下左右调整，调整范围在30°以内，并可以折叠。手动式外后视镜多采用杠杆式，驾驶人在驾驶座上摆动车门上相应的小手柄，即可上下左右调整镜面角度，这种手动后视镜的结构比较简单，一般装配在经济型轿车上。

外后视镜外形轮廓不但影响到车身的外观，也影响到车身尺寸，行业标准有轿车外后视镜的安装位置不得超出汽车最外侧250mm的规定。同时，由于一般轿车的速度提高，风阻和噪声是设计者要考虑的重要问题，因此外后视镜外形轮廓要符合空气动力学，用圆滑的线条尽量减少风阻及噪声。

目前一些汽车的外后视镜还具有除霜除雾功能和洗涤功能。由于外后视镜最外端面也就是汽车最宽的位置，所以有些车上外后视镜前端还增加了侧面转向灯，可以醒目提示汽车转弯方向。至于内后视镜的附加功能就更加多了，在内后视镜后面装置集成芯片，利用液晶显示可将倒车雷达、来电显示、内外温度、汽车速度、胎压、CD及GPS显示等信息在内后视镜上反映出来。

随着科技的发展，用摄像系统取替后视镜已经成为一些厂家今后的新目标。它通过车辆两侧和车尾的摄像装置及红外线装置，将摄到的图像在后视显示屏上显示出来。例如，第七届北京国际车展上，日产 ideo 概念车没有传统的后视镜，四周一共安装了 14 个摄像机（8 个平面视图摄像机和 6 个环视摄像机），其作用除了能够帮助驾驶人确保行驶安全外，还能用来扩展信息和收集图像。整个仪表板是一个显示屏，显示了汽车后面及两侧的图像，取替了后视镜的作用。

课题 2　后视镜的更换及调整

6.2.1　捷达机械式后视镜的安装与调整

1. 安装

1）如图 6-1 所示，安装时，用两个 M5 铆接螺母 1 把加强板 4 连接到车门外板 5 上。

2）再用抽芯铆钉 2 把加强板 4 连接到车门内板 3 上（事先已打好孔）。

2. 调整

1）调整时，将后视镜壳体沿汽车行驶方向向前转动，直到可以看到箭头（图6-1b）所指处的凹槽。

2）再用螺钉旋具撬起安全弹簧 6（图 6-1c），将后视镜壳体向前或向后摆动，使安全弹簧与所希望的凹槽啮合。

3）最后将后视镜壳体向回摆动至不能动为止。

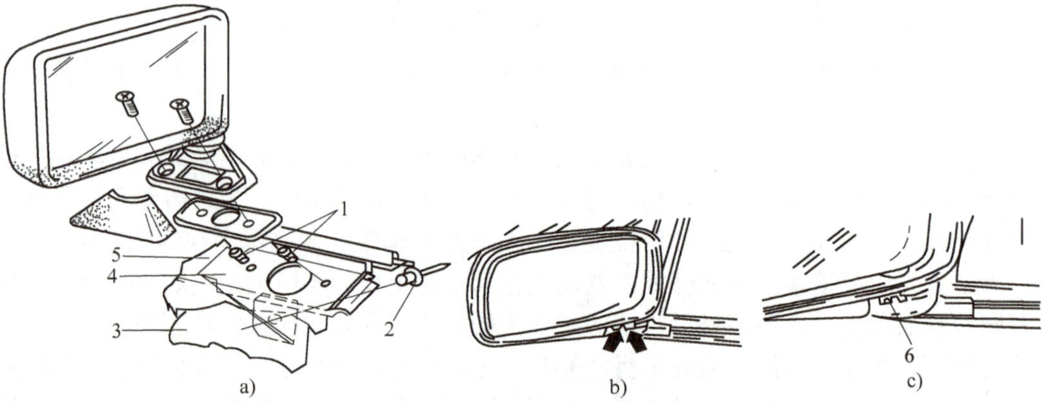

图 6-1　后视镜的调整

a）安装后视镜　b）、c）调整后视镜

1—M5 铆接螺母　2—抽芯铆钉　3—车门内板　4—加强板　5—车门外板　6—安全弹簧

6.2.2　高尔夫和奥迪轿车的外后视镜片的更换

1. 高尔夫轿车的外后视镜片的更换

本车型的外后视镜片为卡夹式。

1）如图 6-2a 所示，取出镜片时应先压出镜片下部，然后再压出上部，切勿损坏镜片边角。

2）如图 6-2b 所示，安装镜片时应对准导向销，并且压紧（注意只可压镜片中央，压时必须带防护手套）。

2. 奥迪轿车的外后视镜片的更换

1）拆下视镜玻璃（图 6-2c）：罩住视镜壳；用薄塑料片在下部小心地撬出玻璃，然后再撬上面；拔开连接插头。

2）安装视镜玻璃（图 6-2d）：把视镜玻璃对准导销并压入，注意只能压视镜的中心部位。

3. 奥迪轿车的内后视镜的拆除及粘结其镜座

1）拆下内后视镜：如图 6-3a 所示，按角度（卡簧在视镜体内）向下按内视镜，使其脱开底座板，然后拆下。

2）粘结内后视镜座：如图 6-3b 所示，视镜玻璃与球铰点的尺寸，$a=95\text{mm}$；视镜玻璃与双铰点的尺寸，$a=130\text{mm}$。

① 擦干净风窗内侧粘结表面及底座表面；

② 喷上活化剂 D000701 并擦干；

③ 在干净的风窗粘结表面上再喷活化剂 D000701，并干燥 2 ~ 4min；

④ 在干净的表面上，于底座中心位置滴一滴金属粘结胶 D000702；

⑤ 把底座压在准备粘结的表面上约 30s；

⑥ 推上后视镜，并用六角螺钉固定；

⑦ 擦去多余的活化剂。

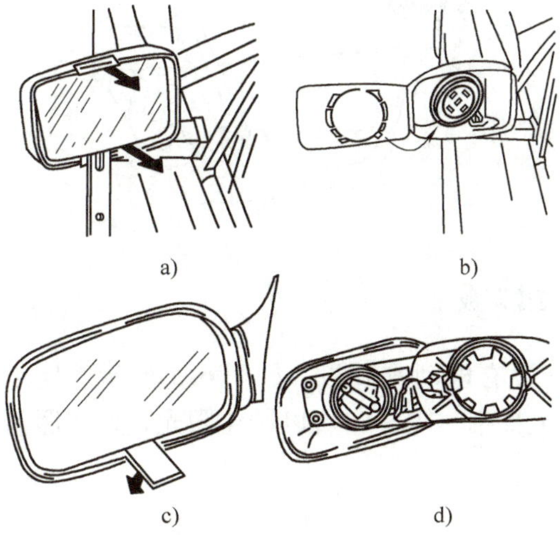

图 6-2　安装视镜玻璃

a）取出镜片　b）安装镜片

c）拆下视镜玻璃　d）安上视镜玻璃

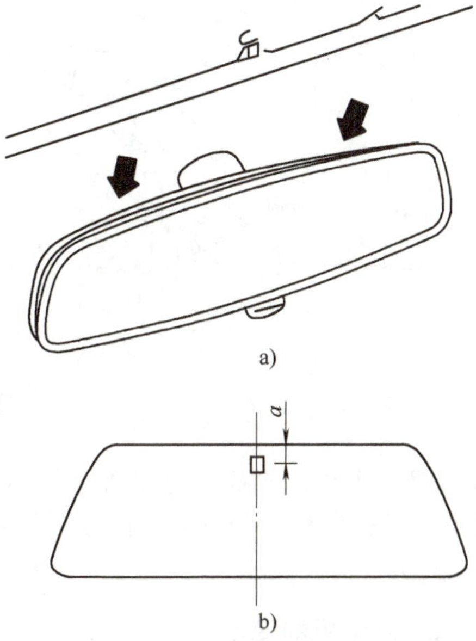

图 6-3　内后视镜的拆卸

a）拆下内后视镜　b）粘结内后视镜

课题 3　遮阳板、烟灰盒与拉手

6.3.1　遮阳板

1. 遮阳板的作用和安装位置

遮阳板安装在驾驶室内前风窗玻璃的上方，用来遮挡阳光对驾驶人和前排乘员眼睛的照射，即拉下遮阳板，可使驾驶人和前排乘员的眼睛免受阳光直射。有些轿车的后风窗玻璃和电动天窗处也安装有遮阳板。

2. 遮阳板的类型

（1）普通遮阳板　普通遮阳板仅具有遮挡阳光的功能，一般汽车上都装有。

（2）多功能遮阳板　这种遮阳板是在普通遮阳板的基础上增加一些附属功能，如驾驶人侧遮阳板带票夹，可以装夹随时取用的票据，副驾驶人侧遮阳板带加盖梳妆镜，如图 6-4a 所示，或者两侧遮阳板都带梳妆镜，有些遮阳板还带有一块延伸板，如图 6-4b 所示。带延伸板的遮阳板一般有两个固定点，一点是铰链连接可以转动，另一点用扣夹固定，可以取出。

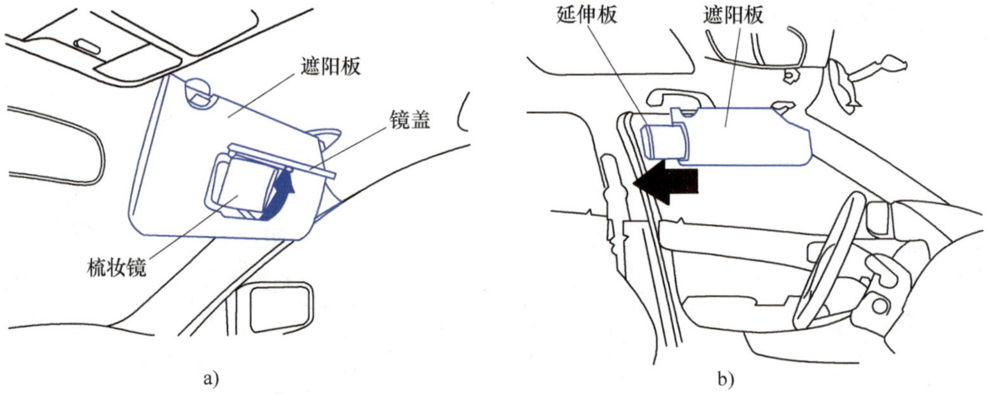

图 6-4　多功能遮阳板

（3）电动遮阳板　有些轿车的后风窗玻璃处设有电动遮阳板，如图 6-5 所示。使用这种电动后遮阳板在行车时可以使后排乘客免受阳光照射，停车时可以避免阳光直射车厢而使车内温度过高。

3. 遮阳板的使用

（1）普通遮阳功能　需要使用遮阳板时，将其拉下即可。不使用遮阳板时，要把遮阳板折回原处，以免影响驾驶人的视野。

（2）侧窗遮阳功能　带延伸板的遮阳板也可用来做侧窗遮阳板，方法是将遮阳板拉下，从扣夹上取下支撑栓，然后将遮阳板转向侧窗，再将延伸板拉出，以增大遮挡面积，如图 6-6 所示。

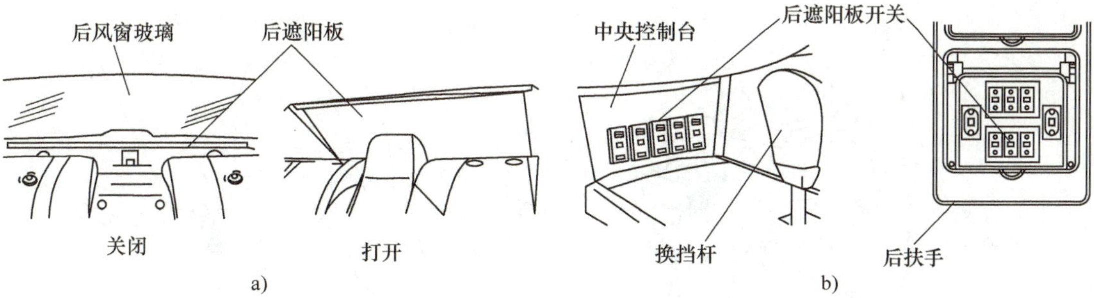

图 6-5　日产天籁轿车后电动遮阳板

a）电动后遮阳板　b）后遮阳板开关安装位置

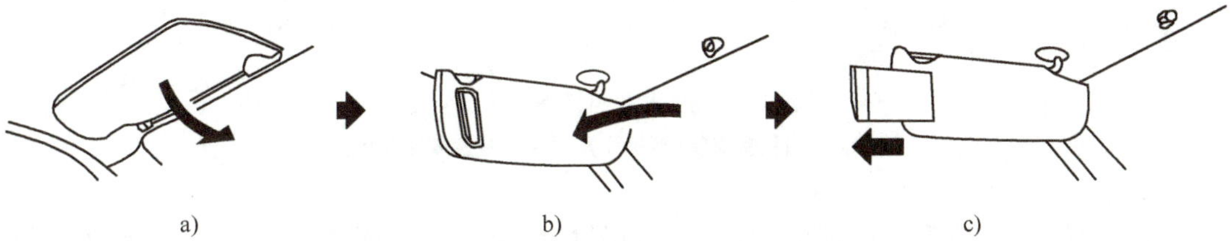

图 6-6　遮阳板的侧窗遮阳功能

（3）梳妆镜功能　遮阳板里侧的梳妆镜一般在停车时使用。使用时拉下遮阳板，掀开梳妆镜盖子即可（参见图 6-4a）。

（4）后电动遮阳板　后电动遮阳板可以由驾驶人通过中央控制台上的开关控制其开闭，也可以由后排乘客通过后扶手内的开关控制（参见图 6-5b）。

（5）电动天窗遮阳板　电动天窗遮阳板可以通过控制开关打开，也可以手动控制。如长安福特蒙迪欧轿车的天窗遮阳板中有一个孔，用于手动推开和拉闭遮阳板。

6.3.2　烟灰盒

1. 烟灰盒的作用和安装位置

烟灰盒专门用来给前排和后排乘客抽烟时弹放烟灰之用。前座烟灰盒一般安装在变速器变速杆前方控制台的下面，如图 6-7a 所示。后座烟灰盒有安装在后门内饰板上的，也有安装在前座中央储物盒后面的，如图 6-7b 所示。

2. 烟灰盒的使用

以广州本田轿车烟灰盒的使用为例，按住前座烟灰盒的底部边缘，即可将其打开；推入即关上。欲卸下前座烟灰盒清理烟灰时，应压住金属板内侧，将其完全拉出即可（参见图 6-7a）。后座烟灰盒，抓住灰斗上缘往下拉即可打开使用。欲卸下后座烟灰盒清理烟灰时，应先打开盖子，然后向上提拉，便可取出（参见图 6-7b）。为防止火灾，烟灰盒不许当做废料箱使用。关闭烟灰盒前，烟蒂应彻底熄灭。

6.3.3　拉手

1. 车门外拉手

车门外拉手用于从车外打开车门闩锁并拉开车门，因此车门外拉手一般通过滑杆（连

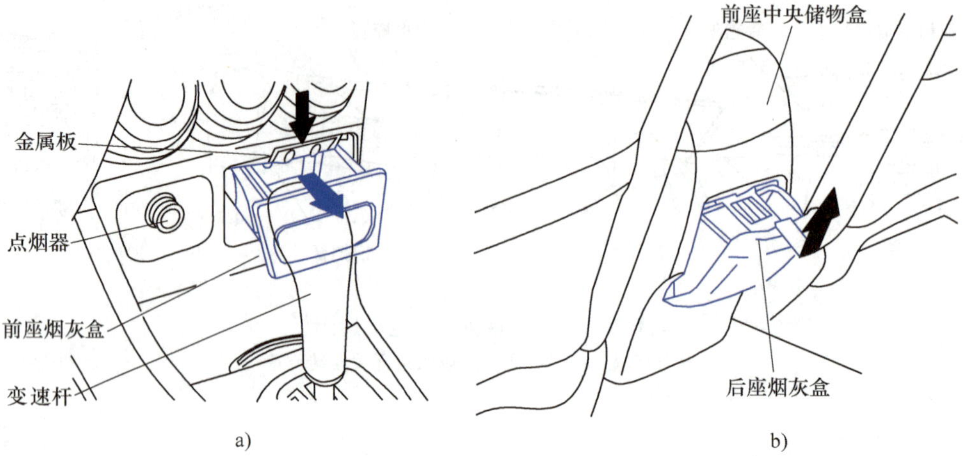

图 6-7 广州本田轿车烟灰盒

a）前座烟灰盒安装位置 b）后座烟灰盒安装位置

杆、横杆、锁杆）或拉索与门锁机构相连，如图 6-8a 所示。门锁锁芯通常也安装在车门外拉手边上，如图 6-8b 所示。

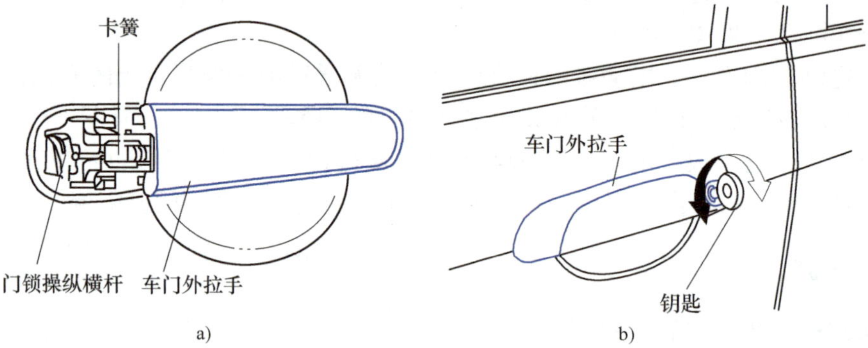

图 6-8 车门外拉手

a）车门外拉手结构 b）带锁芯的车门外拉手

当车门处在非完全锁止状态时，通过提拉或按压车门外拉手上的闩锁开关可以打开车门，而当用门锁钥匙锁止车门或在车内按下门锁锁止按钮时，用车门外拉手无法打开车门。

2. 车门内拉手

车门内拉手用于从车内打开车门闩锁以便打开车门，车门内拉手也通过滑杆（连杆、横杆、锁杆）或拉索与门锁机构相连，如图 6-9 所示。

3. 乘客辅助拉手

每个后排外侧座椅和前排乘客座椅处都在顶篷设有一个乘客辅助拉手，如图 6-10 所示。在通过颠簸路面或急转弯时，乘客可借助辅助拉手保持平衡。

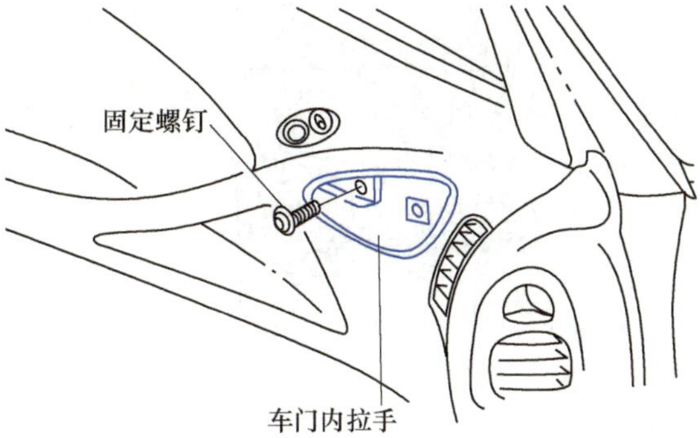

图 6-9　车门内拉手

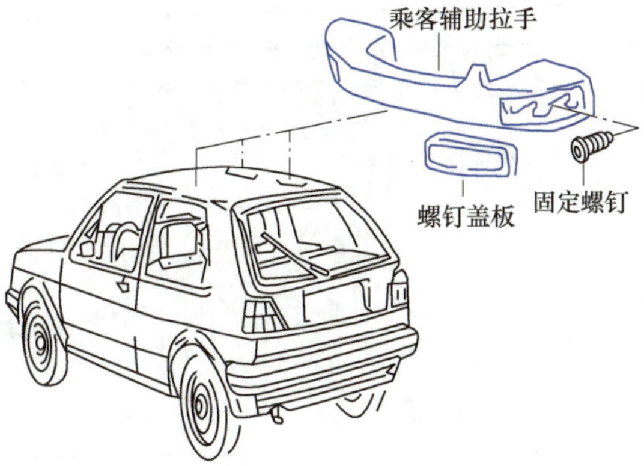

图 6-10　乘客辅助拉手及其安装位置

6.3.4　遮阳板、烟灰盒与拉手的更换

1. 遮阳板的更换

（1）拆卸方法

1）从顶篷衬里上拆卸遮阳板固定螺钉，取下遮阳板，如图 6-11 所示。

2）断开遮阳板化妆镜灯电气插接器（如果安装）。

3）从顶篷衬里上拆卸遮阳板支架固定螺钉，取下遮阳板支架。

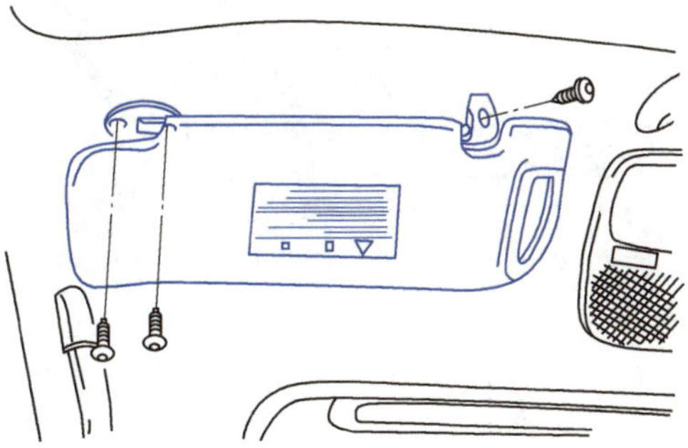

图 6-11　遮阳板的拆卸

（2）安装方法

1）用螺钉将遮阳板支架安装到顶篷衬里上。

2）连接化妆镜电气插接器。

3）用螺钉将遮阳板安装到顶篷衬里上。

2. 烟灰盒的更换

（1）拆卸方法

1）断开蓄电池负极电缆。

2）拆卸控制台盖。

3）拆卸固定螺钉和烟灰盒装饰板，如图 6-12a 所示。

4）断开烟灰盒后电气插接器，如图 6-12b 所示。

5）从烟灰盒上拆卸点烟器，如图 6-12c 所示。

6）拆卸烟灰盒照明灯，如图 6-12d 所示。

（2）安装方法

按拆卸的相反顺序进行安装。

3. 拉手的更换

（1）车门外拉手的更换

1）拆卸方法：

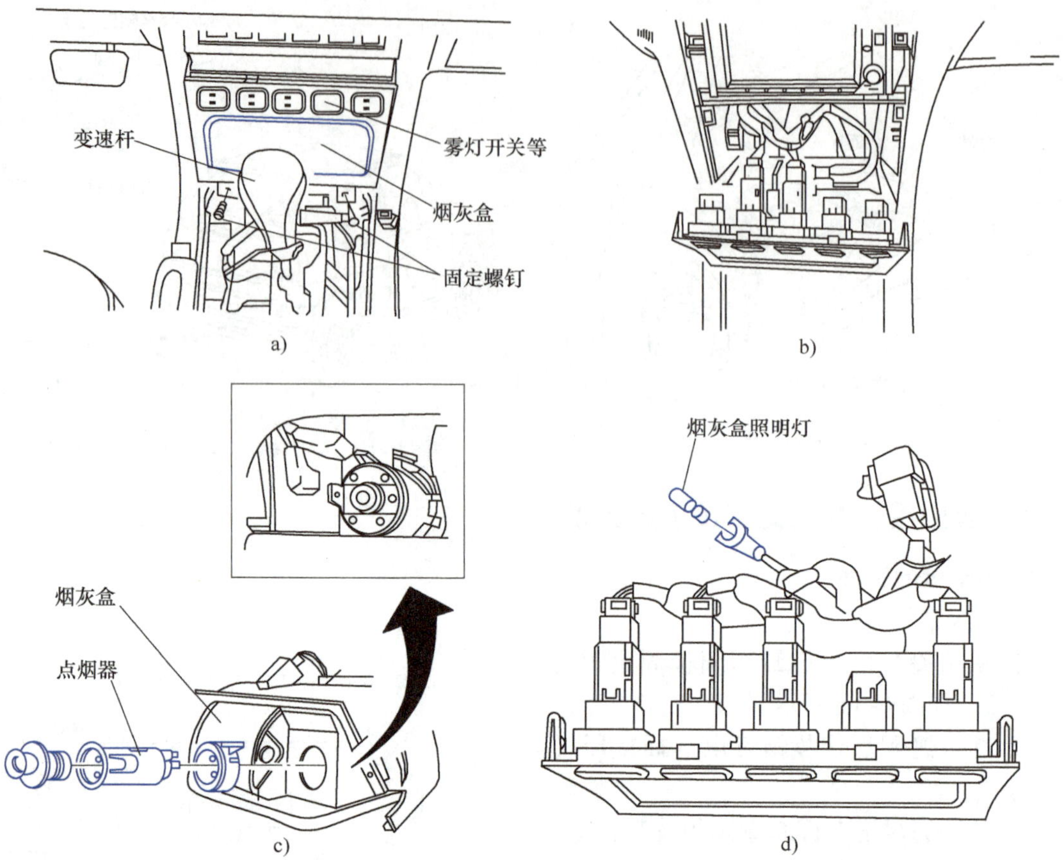

图 6-12　烟灰盒的拆卸

① 拆卸车门内密封装饰条，如图 6-13a 所示。
② 从车门内侧断开车门外拉手和锁杆的连接。
③ 从车门内拆卸车门外拉手托架的固定螺栓，取下车门外拉手，如图 6-13b 所示。

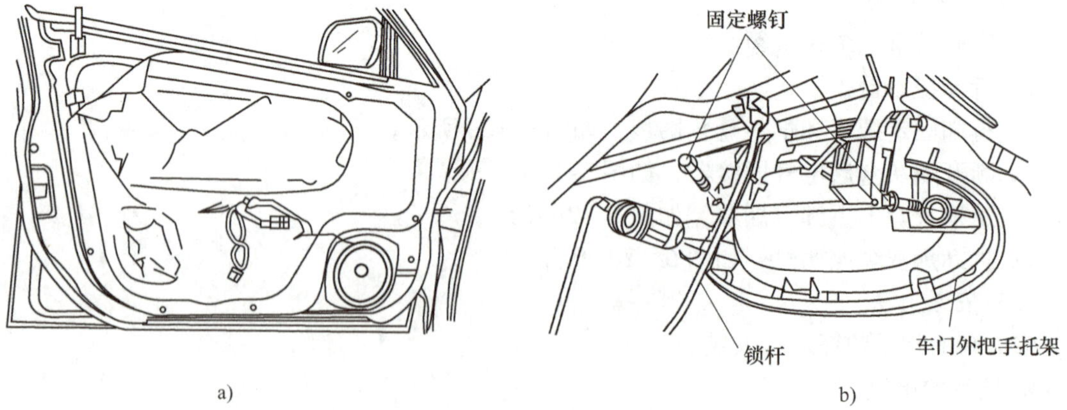

图 6-13　车门外拉手的拆卸

2）安装方法。按拆卸的相反顺序进行安装。

（2）车门内拉手的更换

1）拆卸方法：

① 撬下内门拉手螺栓装饰盖，如图 6-14 所示。

② 拆下固定螺钉，如图 6-14 所示。

③ 向前拆卸内门拉手总成并将门锁拉杆从内门拉手总成上拆下。

2）安装方法。重新安装程序与拆卸程序相反，并应注意以下几步：

① 在最终配装前，应确保内门拉手总成与门锁拉杆正确配合。

② 将内门拉手总成固定螺钉紧固至正确的拧紧力矩。

（3）乘客辅助拉手的更换

1）拆卸方法。撬开乘客座辅助拉手的外盖，使固定螺钉露出并拆下辅助拉手，如图 6-15 所示。

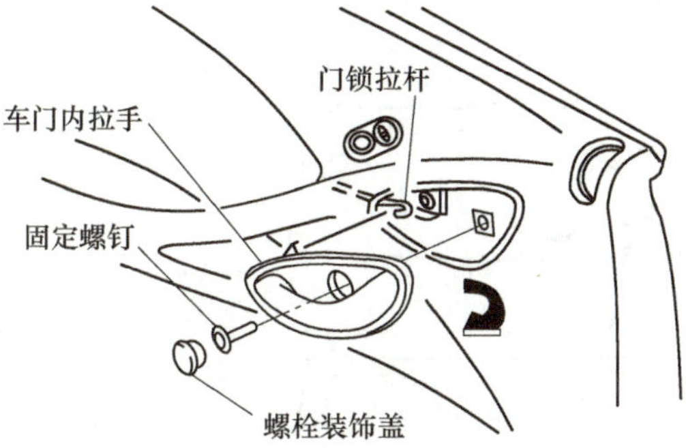

图 6-14　车门内拉手的拆卸

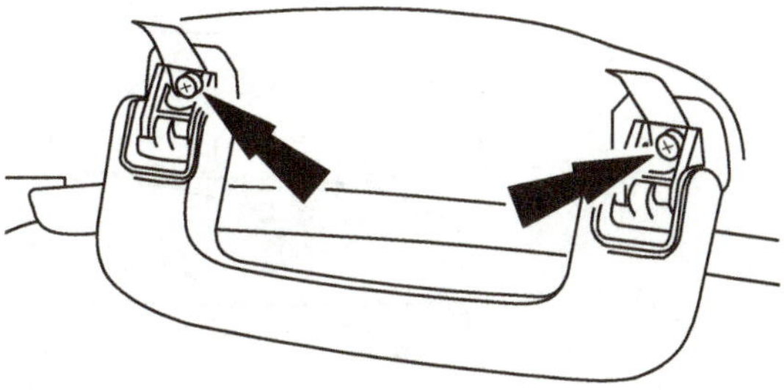

图 6-15　乘客辅助拉手的拆卸

2）安装方法。用螺钉将乘客座辅助拉手安装到顶篷衬里上，并盖好螺钉护盖。

课题 4　刮水器与洗涤器

6.4.1　风窗刮水器

风窗刮水器的功用是用来刮除风窗玻璃上的雨水、雪、泥土及灰尘等污染物，以确保驾驶人有良好的视野。在行驶中，由于车辆前方泥土的飞溅或其他原因污染风窗玻璃，为了有效地除净污垢，刮水器还设有洗涤装置。

风窗刮水器的类型有许多种。

1. 按刮水片与刮臂的停置方式分

（1）自动复位外露式　当切断刮水器电动机电源时，刮片自动回位到风窗玻璃的最下沿。

（2）自动降位外露式　刮臂、刮片自动回位到比正常刮刷低限位置还要低的位置。

（3）自动复位（降位）凹入式　在风窗玻璃的底部设有凹槽，刮水器与刮臂停置时部分或全部掩蔽在槽内。

（4）隐藏式　当刮水器不工作时，刮臂与刮片全部隐藏在凹槽内，并由活动盖板封住，起到保护和美观的作用。

2. 按刮水器刮片的刮拭方式分

（1）同向刮拭式　两个或两个以上的刮臂和刮水片刮拭时呈同一方向，相互之间平行运动。同向刮拭式是使用最为广泛而典型的刮拭方式，适用于高速汽车，如图 6-16a、图 6-16b 和图 6-16f 所示。

（2）对向刮拭式　刮片刮拭时相互交叉运动。如图 6-16d 所示，它的缺点是刮片工作时，易在风窗玻璃的中部形成一个顶部下垂的倒三角形的刮刷盲区，会影响驾驶人的视野。同向刮拭式、对向刮拭式的刮水器均装有两个以上的刮臂和刮片。还有一种单刮片式，如图 6-16c 所示，同样具有很好的高速适应性，多用于赛车或汽车后风窗玻璃。图6-16e为双刮臂结构，它可改变刮臂与刮片之间的角度，可使刮片在刮到终端时平行于车窗的侧立柱，有效地扩大了驾驶人的视野，多用于客车。

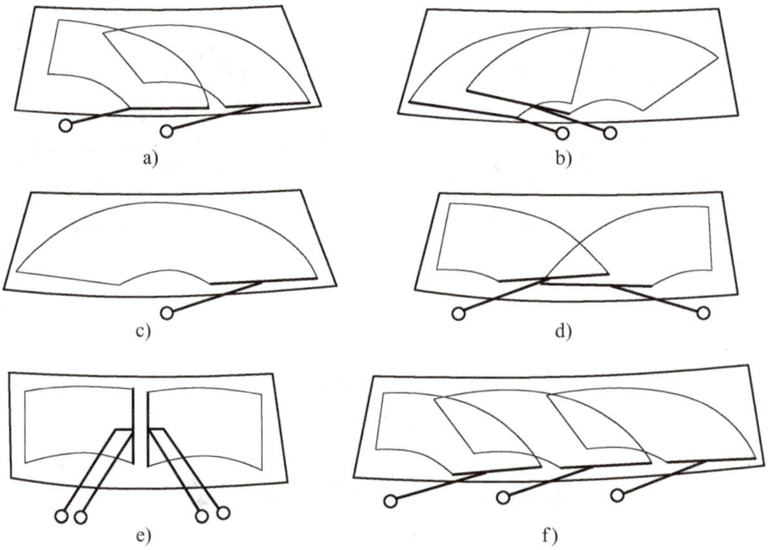

图 6-16　刮片刮拭形式

3. 根据驱动刮水器的动力源分

气动式刮水器只适用于具有压缩空气气源的汽车，利用汽车上气泵所产生的压缩空气作为动力源，推动刮水器本体内的大活塞，经过换向阀使左右腔交替接通压缩空气或与大气相通，使大活塞做往返运动，通过扇形齿轮和齿条的传动，带动刮臂轴左、右转动，使刮水片左右摆动消除风窗玻璃上的污垢。

目前轿车上主要安装电动式刮水器。

6.4.2　电动式刮水器

电动式刮水器是用电动机驱动的，刮水器的左、右刮片被刮臂压靠在风窗玻璃外表面上，电动机驱动变速机构旋转，通过驱动杆系统做往复运动，带动刮臂和刮片左右摆动，刮拭风窗玻璃。其动力源是汽车自身的蓄电池，工作时不受任何条件的限制，所以被广泛使用。

1. 电动式刮水器的组成

电动式刮水器由电动机、传动机构、雨刮和控制装置四大部分组成，如图 6-17 所示。

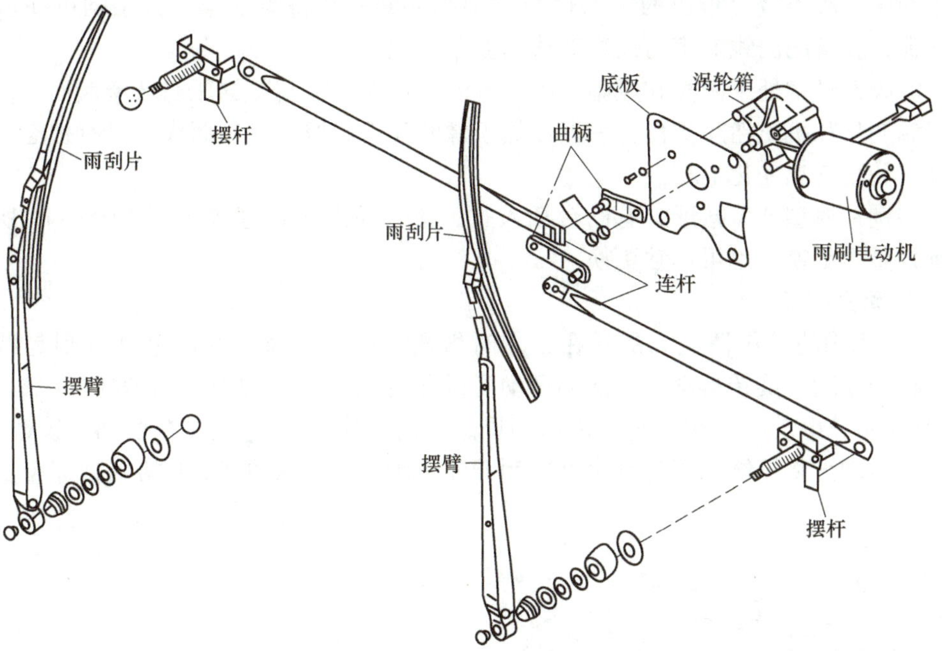

图 6-17　电动式刮水器的组成

（1）电动机　刮水器电动机按磁场结构的不同，可分为线绕励磁式和永磁式两种，永磁式电动机的优点是：体积小、质量轻、结构简单，且价廉，在汽车上使用广泛。

15～18kW 的刮水器电动机都应具有双速自动回位的功能。目的是无论在什么时候切断电源，刮水器的刮片都能自动停止在风窗玻璃的下部，确保驾驶人有良好的视线。

（2）雨刮　雨刮由刮杆和刮片两部分组成，如图 6-18 所示。其功用是清洁风窗玻璃，是刮水器唯一外露部件。

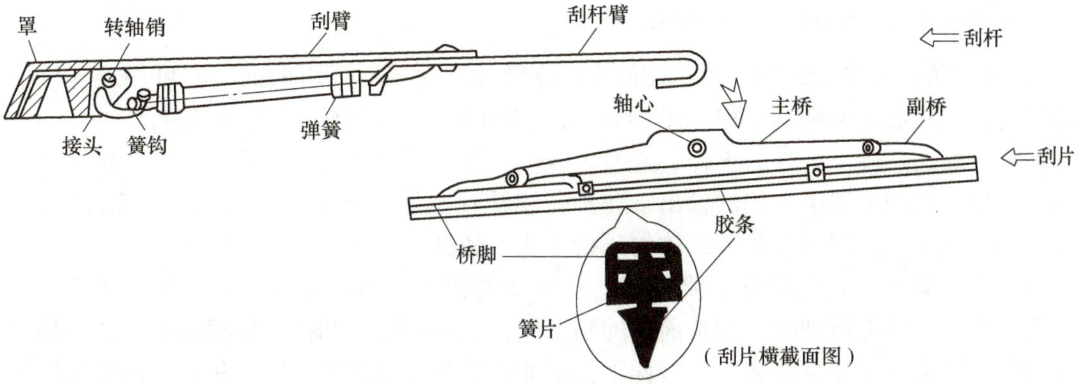

图 6-18　雨刮的组成

刮杆部分是由接头、刮杆臂、刮臂及弹簧等零件组成的一个刚性杆件。接头与传动轴输出端相连接，刮臂等零件铰接在接头的转轴销上，在弹簧的作用下产生合适的压力给刮片中心，使之与风窗玻璃贴合。

刮片部分由主桥、副桥簧片及胶条等零件组成。刮片的副桥架多少视刮片长度和风窗玻璃的曲率而定，胶条簧片组成的端部仅与桥架端部的一个桥脚固定，其余均可在桥脚间移动，借此保证胶条的曲线曲率与风窗玻璃的曲率一致。

刮片的胶条经常处于阳光和风雨之中，气温变化大，被刮臂加压在玻璃表面上，材料上要求耐气温变化和机械性质优良，一般以氯丁橡胶和天然橡胶配制而成，具有抗老化、富有弹性和良好的耐气温变化的特性。

刮杆与刮片典型的装接形式有凸台插入式、槽孔插入式和弯钩式，如图 6-19 所示。刮片可随刮杆整体更换，也可单独更换。

（3）传动机构

1）传动机构的工作情况。刮片在工作时做摆动运动，而刮水器电动机则是做旋转运动。根据机械原理，旋转运动变为摆动运动可以通过四连杆机构中的曲柄摇杆机构来实现。如图 6-20 所示，电动机带动曲柄 O_1A 做圆周运动时，播杆 O_2B 做左右摆动，铰链 O_2 的轴随之做正反转动。将铰链轴视为刮水器的刮臂输出轴，则安装在 O_2 上的刮臂即可实现左右摆动。

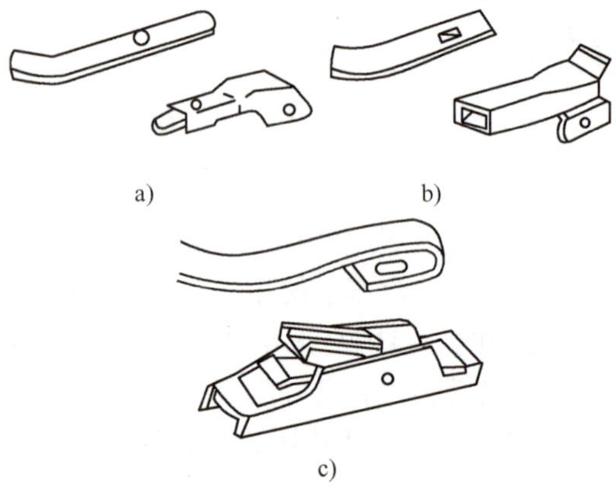

图 6-19 刮杆与刮片的装接形式

a）凸台插入式 b）槽孔插入式 c）弯钩式

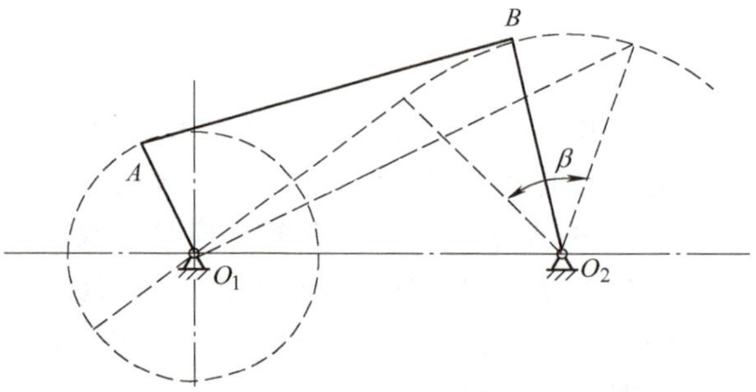

图 6-20 曲柄摇杆机构示意图

2）传动机构的典型结构。为了使两个刮水臂能同时同向或对向摆动，可用连杆机构不同的组合方式构成各种联动机构，图 6-21 为同向式和对向式组合的典型实例。

在满足前述条件下设计的连杆，要按车身形状和前风窗玻璃的形状，使连杆机构在同一平面上动作，则刮水器电动机的输出轴和刮臂驱动轴不能平行设置。因此，在实际结构中，连杆各结合部大多采用球形关节结构的连接方法，如图 6-22 所示。

（4）控制装置 控制装置主要包括刮水器开关和电子间歇控制系统。汽车在毛毛细雨或雾天、小雪天气中行驶时，如按前述的刮水器在低速挡进行刮拭，风窗玻璃上的微量水分和灰尘就会形成一个发黏的表面，这样不仅不能将风窗玻璃刮拭干净，相反会使玻璃模糊不清，留下污斑，影响驾驶人的视线。因此，现代汽车上一般都设有电子间歇系统。在碰到上

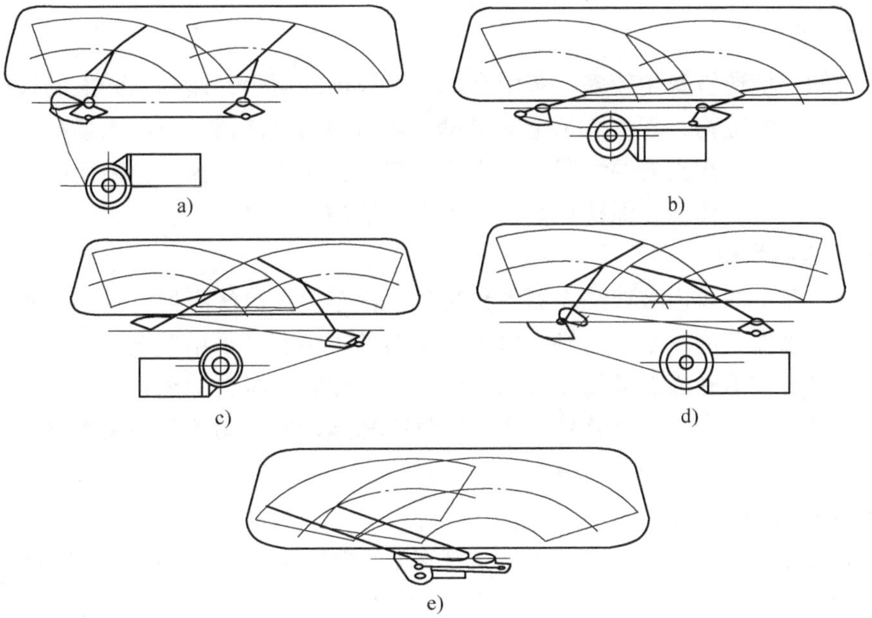

图 6-21　传动机构的典型结构

a）同向串联联动机构　b）同向并联联动机构　c）反向串联联动机构

d）反向带以交叉连杆联动机构　e）紧凑型同向联动机构

述情况时，开动间歇开关，使刮水器按一定周期自动停止和刮拭，每刮一次停歇 5～7s，保证风窗玻璃的洁净，使驾驶人获得良好的视野。

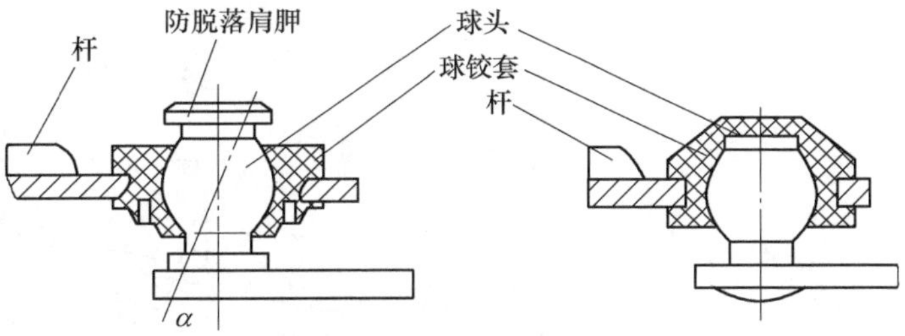

图 6-22　球铰结构图

2. 电动式刮水器的工作情况

刮水器的左右刮片被刮臂压靠在风窗玻璃外表面上，电动机驱动减速机构旋转，并通过传动机构做往复运动，带动刮杆和刮片左右摆动，刮拭风窗玻璃。

3. 电动式刮水器的使用维护

1）风窗玻璃应避免沾有酸、碱、油污，以防胶条接触后过早老化。

2）刮拭时应先清洗玻璃上的尘埃、细小沙子；不允许干刮，否则会严重损坏胶条刃口，还会将玻璃刮毛。

3）刮水器长期工作后会使铰接部磨损或松动而产生侧偏角，严重时会使桥脚与玻璃碰擦而划坏玻璃，应注意刮水器的工作状态，产生偏角时应及时调整。

4）接通电源后刮水器连杆不动作，电动机却发出嗡嗡声，应立即切断电源，检查各部分的接线是否正确，各传动部件是否卡死，以防电动机烧毁。

5）定期检查心轴与固定螺套内的润滑情况，经常加注润滑脂，以防磨损过快；注意连杆铰接处的接头、球碗等润滑情况，定期维护，并加注润滑脂。

6.4.3 洗涤器

汽车行驶的环境通常灰尘较多，灰尘会飘落在风窗玻璃上，遮挡驾驶人的视线。为了消除附在风窗玻璃上的脏物，现代汽车上又增设了风窗玻璃洗涤器，与刮水器配合使用，构成完善的风窗刮洗系统。在需要的情况下，汽车风窗洗涤装置向风窗玻璃表面喷洒专用洗涤液或水，在刮水器配合工作下，保持风窗玻璃表面的清洁。

1. 风窗洗涤器类型

不同型号汽车上的风窗玻璃洗涤器各具特色。汽车上风窗洗涤器有的用单独的电动机驱动；也有的和刮水器共用一个电动机。风窗洗涤器的喷嘴有的采用单座可调节偏置喷管；大多数的风窗洗涤器在前围板总成的左右两面各装一个喷管，各自冲洗自己的区域；还有一些风窗洗涤器的喷管装在刮水器刮臂里，当刮臂做弧形运动时，喷管就向风窗玻璃板上喷洒洗涤液。

2. 风窗洗涤器结构

电动风窗洗涤器由储液罐、电动机、洗涤泵、喷嘴、软管、三通接头和控制开关组成，如图 6-23 所示。

（1）储液罐　储液罐由塑料制成，容量为 1.2L。常用的洗涤液是硬度不超过 205×10^{-6}的清水。为了刮洗油、蜡等物，可在水中添加少量的去垢剂和防锈剂。强效洗涤液的去垢效果虽好，但会促使风窗密封条和刮片胶条变质，严重的会引起车身喷漆变色及储液罐、喷嘴等塑料

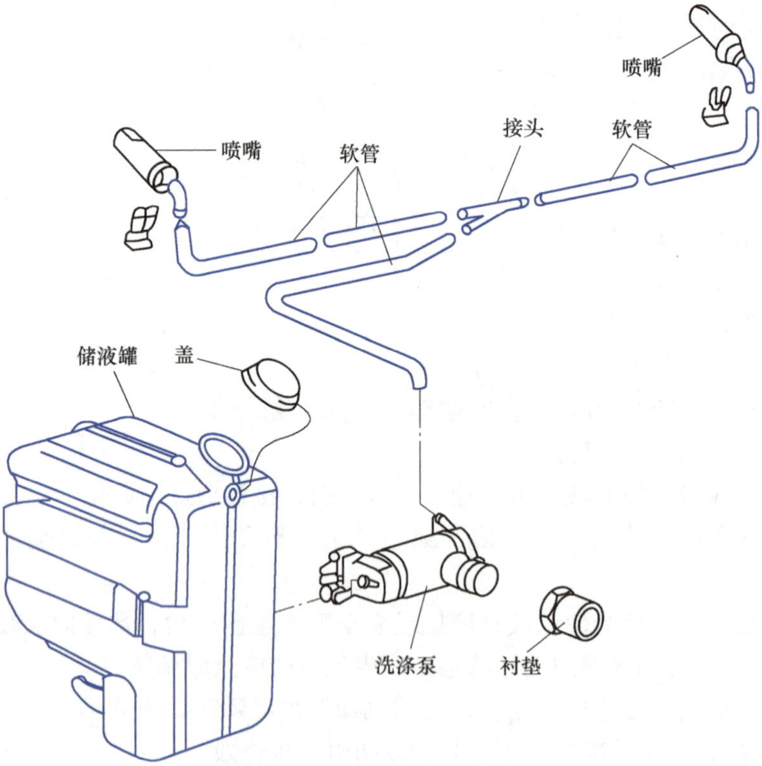

图 6-23　电动风窗洗涤器

件老化开裂，所以选用洗涤液必须十分慎重。洗涤液应保持清洁，以免堵塞喷嘴。冬季使用洗涤器，应添加防冻剂，可使凝固温度下降到 -20℃以下，以免冻裂储液罐。

（2）洗涤泵　洗涤泵的形式有离心式、齿轮式和挤压式三种，如图 6-24 所示。

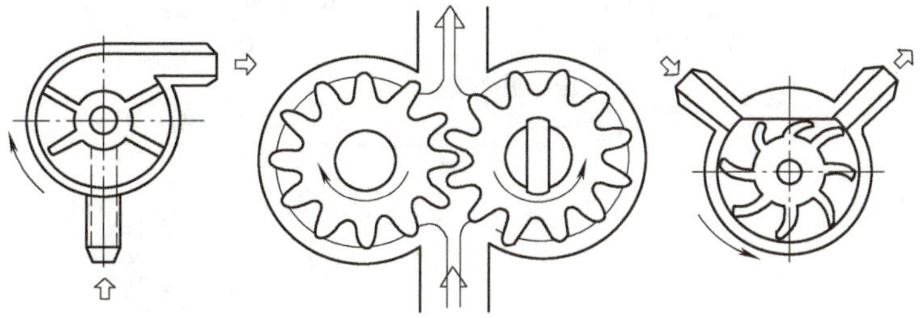

图 6-24　洗涤泵的形式

a）离心式　b）齿轮式　c）挤压式

离心式洗涤泵通常安装于储液罐的下部，其电力由蓄电池供给，消耗电流不大于 3.6A。离心式洗涤泵的优点是所需功率较小，经久耐用，应用最广；其缺点是洗涤液被抽空时，泵内会吸入空气，引起喷射不稳定现象。齿轮式洗涤泵是在泵体内装有两个相互啮合的齿轮，转动时，洗涤液从各齿轮的齿间排出。挤压式洗涤泵是靠叶片挤压洗涤液，其优点是安装地点不受限制，但耐久性差。洗涤泵连续工作时间一般不超过 1min，洗涤时应先开动洗涤泵，后开动刮水器。在喷水停止后，刮水器应继续刮 3～5 次，这样配合使用才能达到良好的洗涤效果。

（3）喷嘴　洗涤器的喷嘴形状分为圆形、方形和扁形三种。单孔喷嘴布置在左右雨刮驱动轴附近，双孔喷嘴布置于车身中心线上。喷嘴的喷头是一个球体，如图 6-25 所示，喷射方向可以调节，只要在使用时用大头针插入内孔，稍稍用力即可改变洗涤液的喷射方向。如喷嘴堵塞，可用细钢丝加以疏通。喷水嘴直径一般为 0.8～1.0mm，各喷嘴排量要均等，射出的水不应分散。

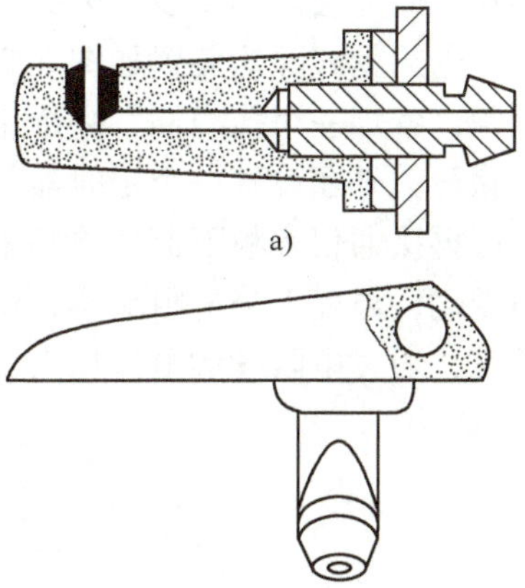

图 6-25　喷嘴

a）圆方柱形　b）扁形

6.4.4　除霜装置

车辆在冬季行驶时，车内人员呼出的气体使车厢内的湿度增大，如果玻璃内表面的温度低于露点，小水珠就会凝结在玻璃上，使玻璃内表面起雾。还有，风窗玻璃外表面上的霜和冰雪，用刮水器是无法清除的，必须用除霜装置来消除汽车风窗玻璃上的雪、霜和雾气。

1. 前窗除霜装置

大多数汽车前窗除霜装置是采用暖风装置的热空气吹向玻璃的方法来达到除霜的目的，此类除霜装置由鼓风机、进出暖风风管和除霜喷口等组成，如图 6-26 所示。除霜器喷口安装在风窗玻璃的下部，喷口长度应占风窗玻璃半边的 2/3 左右。

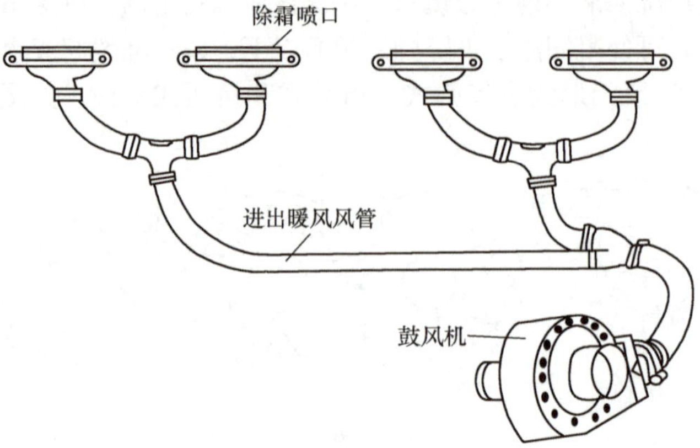

图 6-26　除霜装置结构示意图

暖风的进口和车内暖风装置的风管相连，以便直接用暖风将覆盖于风窗玻璃外表面的霜、冰雪融化，消除风窗玻璃内表面的雾气。

桑塔纳轿车前风窗除有热风除霜口外，左右两侧还有一个侧窗除霜口，其目的是提高行车的安全性。

2. 后窗除霜装置

向风窗玻璃上吹热空气的除霜方法需较长的时间，且不能快速将整个风窗玻璃上的冰雪溶化。不少汽车采用热电式除霜装置。热电式除霜装置是把电阻丝直接加工制造在玻璃层内，即用肉眼看见的那几道红线。利用汽车本身的电流加热电阻丝，达到除霜目的，但线条印在玻璃上会影响视线，因此，这种方法仅用于后窗。

电热丝式除霜装置如图 6-27 所示，由一组平行的含银陶瓷电阻丝组成，玻璃两侧有汇流条，各焊一个接线柱，一个用以供电，另一个搭铁。因为后窗电阻丝消耗电流较大，电路中除开关外还设置一个定时器，通电 10min 后将自动切断电热丝的电流，如霜未除净，驾驶人可再接通仪表板下面的除霜器开关，但每次只能通电 5min。电热丝的电阻随温度的变化而变化，温度下降电阻减小，温度升高电阻增大，因而除霜器有一定的自动调节功能。温度低时，通过电阻丝的电流增大，电阻丝的发热量增加，除霜装置的功能会自动加强。

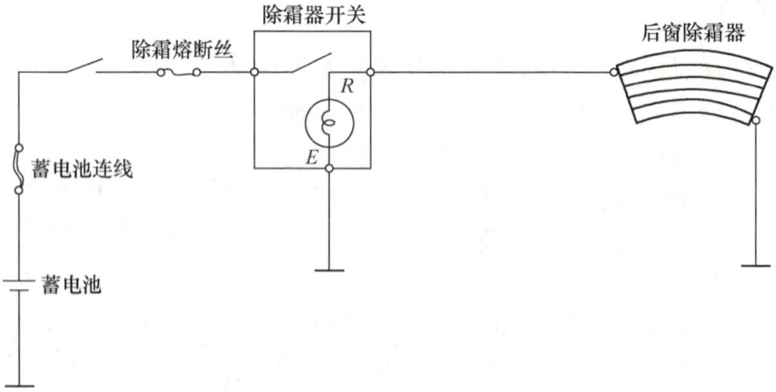

图 6-27　电热丝除霜装置

6.4.5 刮水器与洗涤器的更换

1. 刮水器的更换

（1）电动式刮水器的拆卸

1）拆下蓄电池负极。

2）拆下摇臂轴上的固定螺母，取下雨刮。

3）拔下电动机接线插座。

4）拆下连杆机构底板固定螺栓。

5）拆下底板上电动机固定螺栓。

（2）电动式刮水器的安装　传动机构一般与电动机一起安装在同一支架上。

1）将电动机安装在汽车前围固定位置，然后接通开关自动回位挡，使电动机处于自动回位状态。

2）安装传动机构输出轴套，把曲柄中心套在电动机输出轴上固定，然后调整好曲柄与连杆的一个正确极限位置，当曲柄 + 连杆 = 最长（或最短）时压紧曲柄。

3）装上雨刮，并将其处于停放位置。安装雨刮时应注意：

① 雨刮安装角 θ 为 90°（图 6-28）。若不相符可以前后调节输出轴套，或将刮杆臂折成合适的角度来补偿。

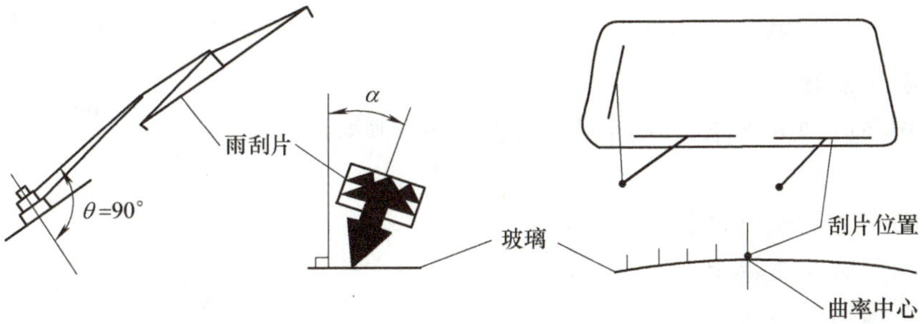

图 6-28　雨刮的安装要求

② 刮片与玻璃面应当垂直接触。如有侧偏角，说明安装不正确。此时应将刮杆臂平面反扭一个角度来弥补。这样可以有效地防止逆行刮拭时刮片产生振动及噪声，防止刮片逆行单向刮拭不清。

③ 刮片横截面尖角与玻璃的曲率中心应对准。雨刮停放时应与风窗玻璃下沿线基本平行。

④ 接通电动机慢速挡，雨刮即开始运动，正常为刮片向上摆动，如产生摆动方向相反或先略向下沉，然后再向上摆动现象，则是极限位置选择不正确或曲柄连杆未完全在一直线上，应重新调整。

⑤ 雨刮安装后，应进行试刮实验，并检查试刮效果。试刮的水可以人工喷洒或洗涤器喷洒。刮拭时，注意观察刮片是否有逆行、振动及异响存在。如有，应及时调整 θ 角和 α 角。刮拭停止后，刮拭范围应无任何水残痕存在。

2. 洗涤器的更换

下面以日产颐达轿车为例说明洗涤器的更换过程。

日产颐达轿车洗涤器管路的布置如图 6-29 所示。

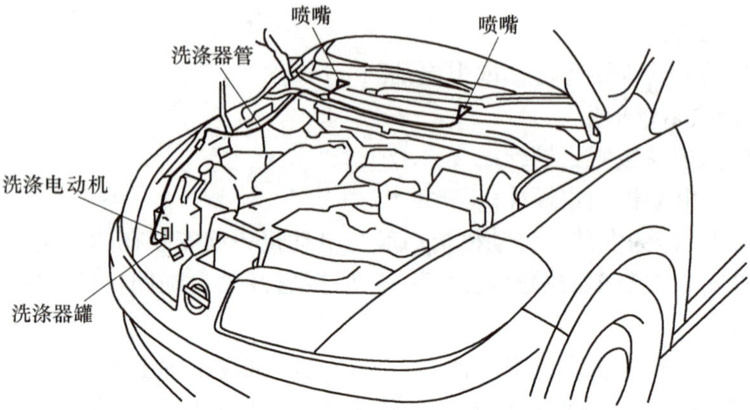

图 6-29 日产颐达轿车洗涤器管路布置

（1）喷嘴的更换

拆卸方法：

1）拆卸前围上盖板。

2）拆下洗涤器管。

3）按住喷嘴后面的卡爪，从前围上盖板上拆下喷嘴。

安装方法：

1）安装喷嘴上的洗涤器管。

2）将喷嘴安装至车辆上。

3）调节喷嘴喷射位置。

注意事项：由于喷射点不同，所以请确保正确安装左侧和右侧喷嘴。

（2）喷嘴的检查—单向阀检查 沿洗涤液喷出方向吹气，确认气流只能单向通过，并确保不能反方向通过（吸气）。

3. 洗涤液罐的更换

拆卸方法：

1）拆卸散热器上面的格栅。

2）拆下卡箍 A，并从洗涤液罐中拉出洗涤液罐进口 1，如图 6-30a 所示。

3）拆卸前保险杠。

4）断开洗涤器电动机接头和洗涤液液位传感器插头。

5）拆下固定螺栓 B，如图 6-30b 所示。

6）拆下洗涤器管 2，从车上拆除洗涤器罐 3，如图 6-30b 所示。

安装方法：

按拆卸的相反顺序安装并注意以下事项：安装完成后，向洗涤器罐内注水到上水位，检查是否有泄漏。

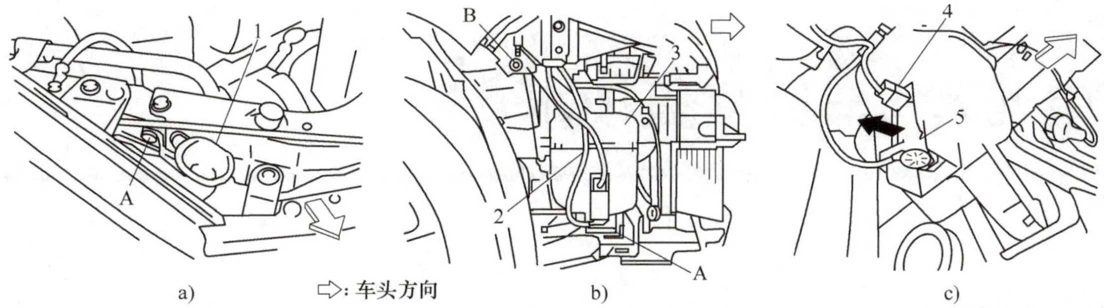

图 6-30　拆卸洗涤液罐

A—卡箍　B—固定螺栓　1—洗涤液罐进口　2—洗涤器管　3—洗涤器罐　4—洗涤器电机插头　5—洗涤器电动机

4. 洗涤电动机的更换

拆卸方法：

1）拆卸右侧翼子板内衬板（前）。

2）断开洗涤器电动机插头 4 并拆卸软管，如图 6-30c 所示。

3）按照图中箭头所示方向，拉出前洗涤器电动机 5。从洗涤液罐上拆下前洗涤器电动机 5，如图 6-30c 所示。

安装方法：

按拆卸的相反顺序安装并注意以下事项：安装洗涤器电动机时，密封垫不应有扭曲等情况。

复　习　题

1. 轿车后视镜主要有几种？各用什么镜面？对镜面有什么要求？如何调整？
2. 遮阳板的用途是什么？有几种类型？
3. 轿车的拉手主要有几种？与其他机构是如何相连接的？
4. 电动式刮水器由哪四大部分组成？如何工作的？
5. 电动风窗洗涤器由哪些零件组成？如何工作的？
6. 轿车上的除霜装置主要有哪两种？各用在何处？

单元7　车身修复技术

应知应会

熟悉如下各种修复技术：

1. 车身矫正与复位。
2. 钣金件表面整平。
3. 钣金的更换。
4. 铝板与塑料的修复。
5. 车身涂装。

课题1　车身矫正与复位

修复作业大体可分为两步：第一步是成形作业，主要应用是车身矫正与复位技术；第二步是整平作业，主要应用是钣金件表面整平技术。

修复作业的基本原则是按损伤形成的相反顺序进行修理：即先对车身结构的整体变形和钣金件上的间接损伤进行拉拔、矫正；然后对钣金件表面，特别是直接损伤的撞击点进行整平作业。即使撞损不是很严重，车身没有整体变形，也要先修理间接损伤，再修理直接损伤部位。如果间接损伤中有挤缩变形（隆起或卷曲变形），应先进行拉拔使之展开，然后在折曲部位进行整平作业，使弹性变形得以恢复后，再对直接损伤的撞击点进行整平处理。

许多变形都很难通过一次矫正来完成，而是在不断修正拉拔力的大小和方向，甚至有时还要调整施力作用点的基础上，通过一系列的小步骤来实现的，如图7-1所示。

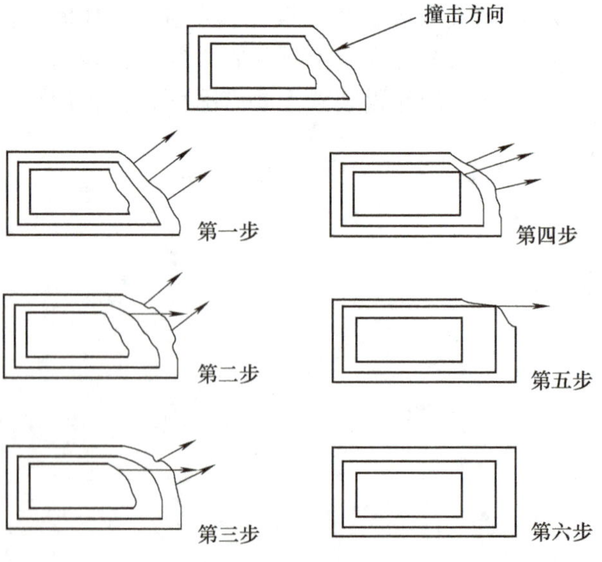

图7-1　拉拔的操作过程

7.1.1 车身的固定与牵引的连接

1. 车身的固定

在进行拉拔矫正之前，要将车身固定于地面或矫正台架上。对于承载式车身，一般是用四个压焊件夹具或采用复合固定方式，在夹具固定车身的基础上，使用索链锚定车身，但锚定力一定要与牵引拉拔力相反，如图 7-2 所示。

a)

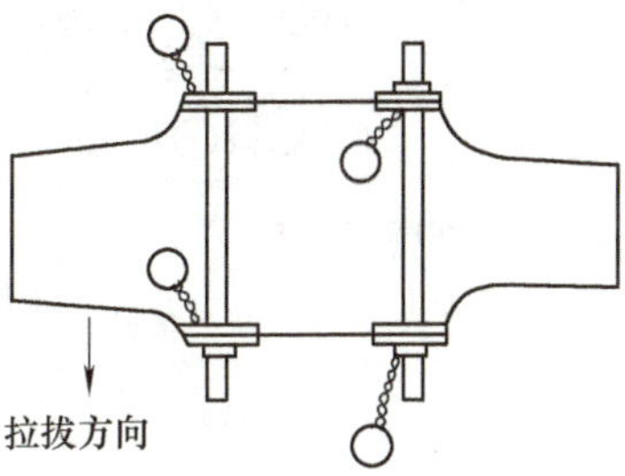

b)

图 7-2 车身的固定

a）车身校正仪及夹具 b）复合固定方式

在可能的情况下，应多设置几个固定点，以保证其能够承受住所有的牵引力，并且可防止其产生变形等二次损伤，即因修理造成的损伤。

2. 连接牵引索链

牵引索链将牵引力从矫正设备传递到车身的损伤处。牵引索链的一端紧固在液压顶杆、地面或塔架上，另一端连接在牵引夹具或适配件上。

（1）牵引夹具的安装部位 选择安装牵引夹具的部位，不但要考虑矫正车身的方便性，同时要注意连接部位能否承受住牵引力。一般要选择车身上的安装螺栓孔、损坏的金属板、焊接接头及压焊件的凸缘等部位作为连接牵引夹具的地方。对于承载式车身，应采用多点、多方位的拉拔方案，既有利于车身变形的恢复，又能防止薄钢板的撕裂。

（2）辅助钢板 在牵引夹具不能良好地连接到确定的拉拔施力部位时，可以临时焊接一小块辅助钢板，修复后再将它拆下，如图 7-3 所示。

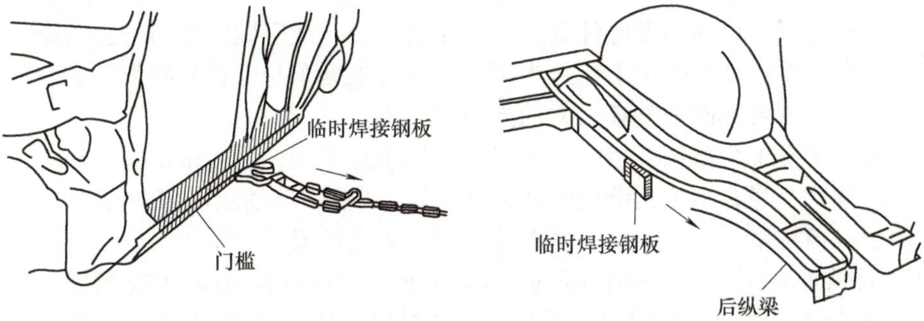

图 7-3 辅助钢板

安装在车身上的牵引夹具，应保证拉拔力的延长线通过夹具的中部，以防止夹具拉脱，对车身造成进一步的损伤。

（3）固定牵引夹具　固定牵引夹具的方法如图7-4所示。当矫直车身纵梁的弯曲时，要保证夹具连接在纵梁的正确位置上，这将有利于牵引和拉直损坏处。有的损坏，应使用第二条索链，从侧面来矫直损坏，可使矫直作业更加容易而且高效，如图7-5所示。

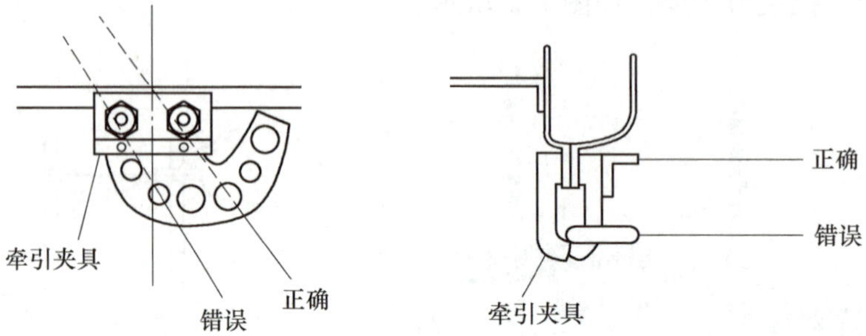

图7-4　固定牵引夹具的方法

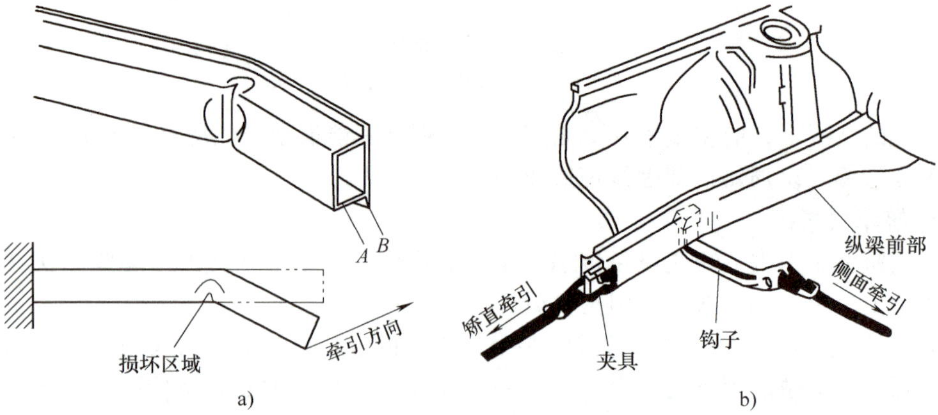

图7-5　矫直车身纵梁弯曲时夹具的位置与方法

a）纵梁弯曲时夹具的位置　b）使用二条索链

7.1.2　牵引矫正操作

全部的牵引过程应该提前做好计划。在工作过程中，最后确定较为合适的牵引施力点和牵引方向，可以在原计划的基础上作适当调整。并且根据车身位移量的大小和它与矫正参考点的方向关系，按需要不断调整牵引力的方向和大小。

矫正通常从车身中央部位开始向外进行。首先矫正长度，然后矫正侧面损坏，最后修正高度。对于承载式车身，由于其结构的高强度特性，最好不要采用一次牵引到位的方法，而应该采用牵引、保持牵引，再牵引、再保持的方法来完成操作。

在此阶段最重要工作就是如何通过索链与液力顶杆的连接来实现预定的牵引方向。可通过索链与液力顶杆不同的挂接方式，实现任何方向上的牵引或推压作业。

1. 三角形挂接

常用的最基本的是三角形挂接方式，即顶杆、地面钢槽和索链构成三角形，如图7-6

所示。

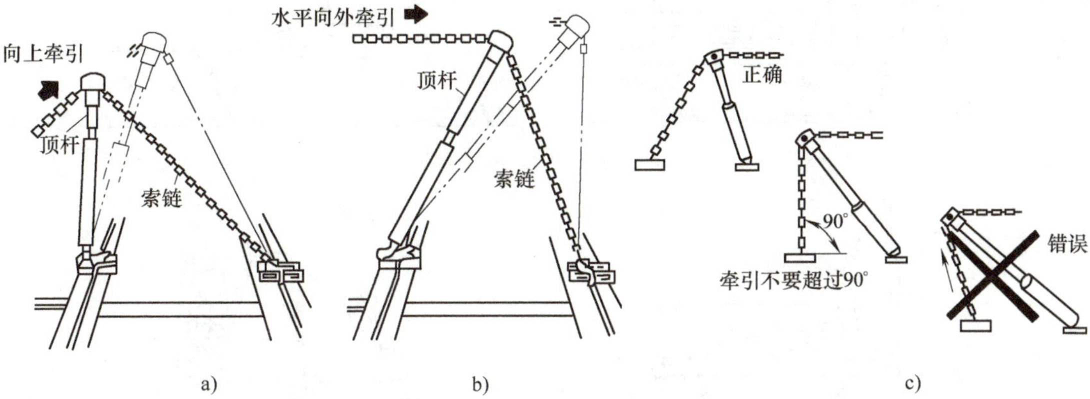

图 7-6　三角形挂接方式

a）向上牵引　b）水平向外牵引　c）正确的挂接方式

当顶杆伸长时，由于索链是锁固在顶杆上的，这将使顶杆向右摆动，就会对索链另一端连接的车身损坏部位，产生向上或向外的牵引。使用这种挂接方式时，应注意顶杆和锚固点之间的索链，与地面在顶杆侧的夹角不能超过 90°（图 7-6c），否则会造成索链过载，严重时会导致索链断裂而发生危险。

当进行更高、更长的牵引时，可以在顶杆上附加一套管，以达到所需要的合适长度，如图 7-7 所示。

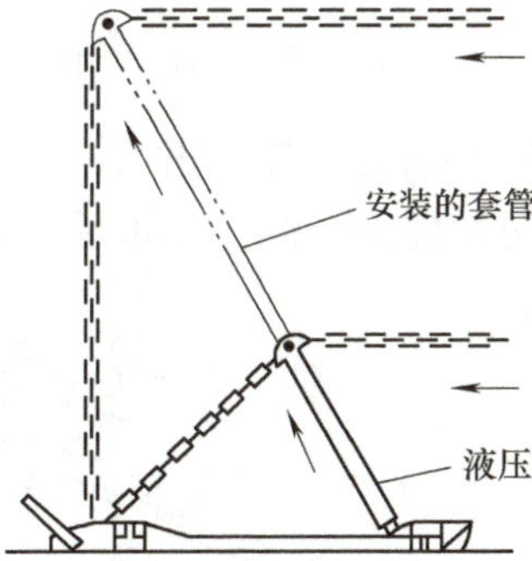

图 7-7　在顶杆上附加一套管

2. 常用的挂接方式

常用的挂接方式如图 7-8 所示。

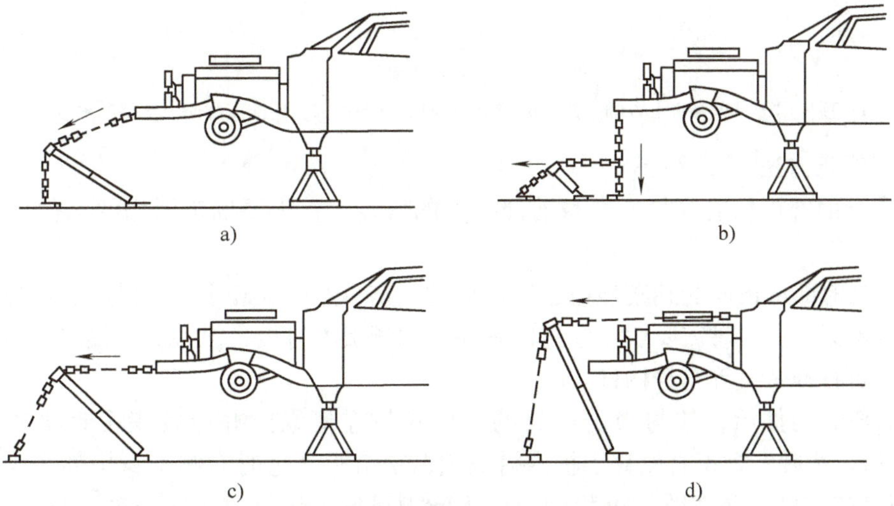

图 7-8　常用的挂接方式

a）向外向下牵引　b）使用索链桥向下牵引　c）直牵引　d）附加延伸管实现较高牵引

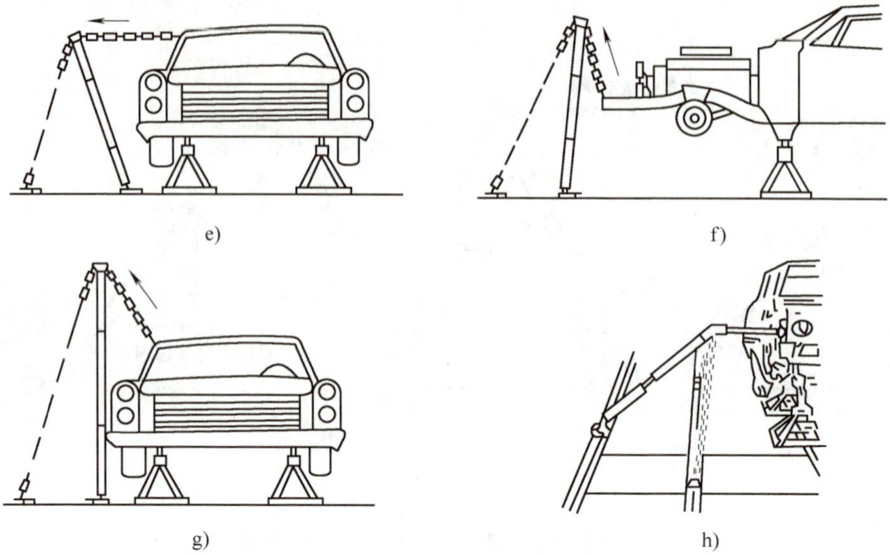

图 7-8 常用的挂接方式（续）

e）为牵引车顶使用带延伸管的顶杆 f）向上和向外牵引 g）向上牵引车顶 h）典型的推挤装置

3. 两种推挤牵引方式

两种推挤牵引方式如图 7-9 所示。

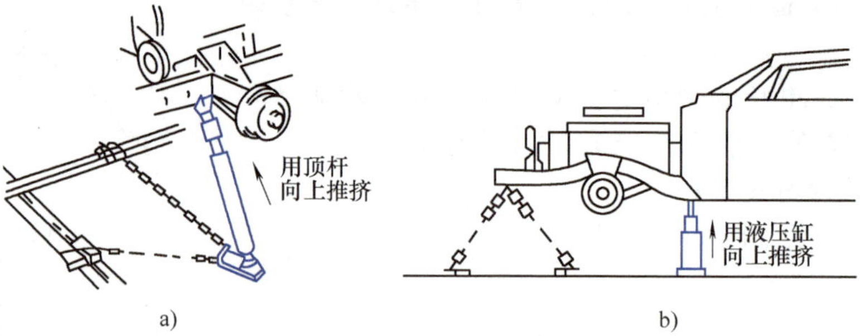

图 7-9 两种推挤牵引方式

a）顶杆用于对车身侧上方的推挤 b）锚定车身纵梁的前部，用液压缸向上推挤凹陷变形

4. 变形矫正方法

（1）车身前部损伤的修复 车身前部损伤的修复，首先要确定损伤的构件，如图 7-10 所示。

车身左侧前部从正面受到剧烈撞击所形成的损伤，经检查确定，前横梁、散热器架及左侧翼子板需要更换。这时需要矫正修复的是左侧翼子板内衬板、前左侧纵梁以及右侧翼子板和内衬板、前右侧纵梁等车身构件。

确定损伤的构件后，按与撞击相反的方向拉拔左侧纵梁并应校正发动机舱尺寸，如图 7-11 所示。然后先矫正右侧翼子板内衬板和纵梁结构（这时右侧车身构件产生的往往只是向左或向右偏斜），并在矫正过程中，应不断测量发动机舱对角线长度（图 7-11 中的 A 和 B）。而后再修复左侧翼子板内衬板和纵梁的损伤部位。如果同时拉拔纵梁和内衬板上部的加强件，作业效率将会更高。

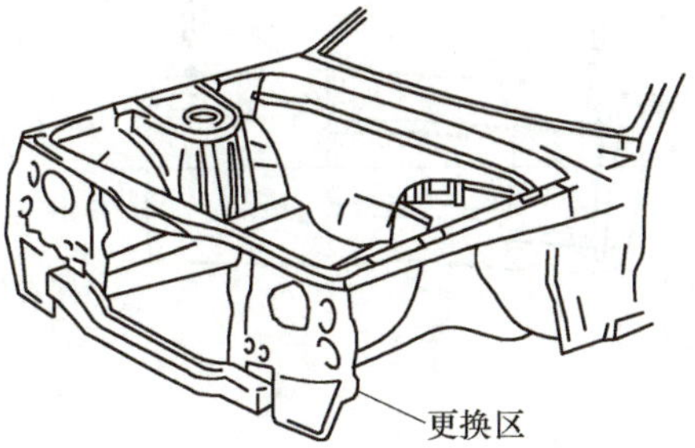

图 7-10　确定损伤的构件

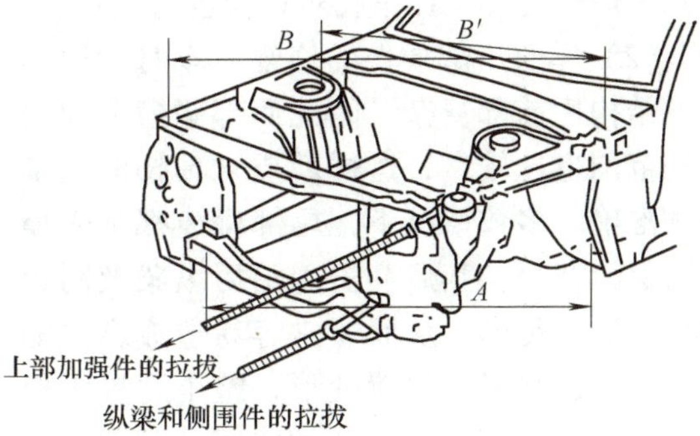

图 7-11　拉拔左侧纵梁

如果修理侧的纵梁朝外侧偏斜，则应朝斜前方拉拔，如图 7-12a 所示。

如果修理侧的纵梁朝内偏斜，则应朝正前方拉拔，如图 7-12b 所示，同时要注意监测对角线的变化。

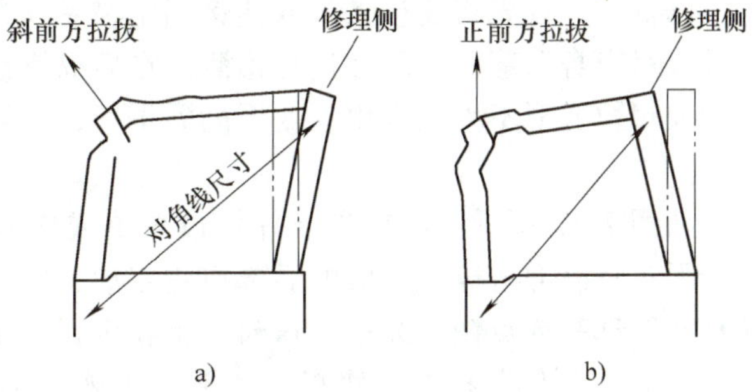

图 7-12　前部拉拔方向

a）斜前方拉拔　b）正前方拉拔

如果碰撞非常严重，损伤很可能波及前围板及前门立柱。这时仅仅简单地依靠在翼子板内衬板前缘处进行拉拔，并不能矫正前支柱和前围板的变形损伤，所以应在连接安装位置附近的截断内衬板、或者纵梁，在主要损伤部位附近夹卡，然后进行拉拔，如图 7-13a 所示。在对前支柱向前拉拔的同时，还可以用一个便携式液力顶杆从内侧推压，如图 7-13b 所示。

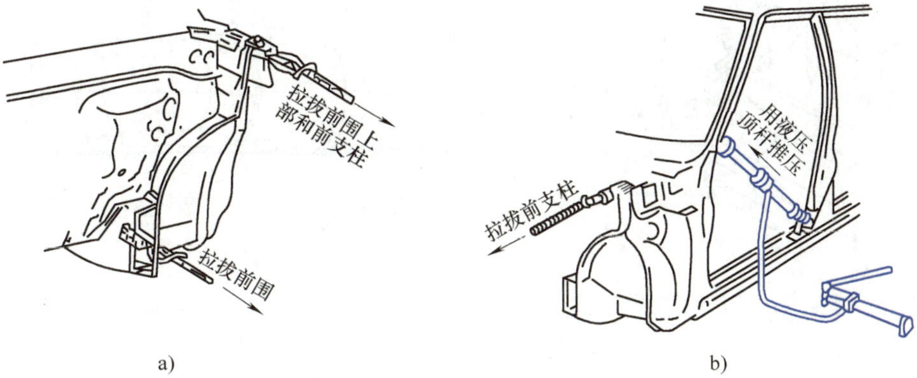

图 7-13　前支柱和前围板的拉拔矫正

a）拉拔前围和前支柱　b）用液压顶杆推压

对于因侧向碰撞而造成的前部车身侧向变形损伤的修复，最好使用台架式矫正设备，如图 7-14 所示。A 处为拉拔位置，但受力最大的部位应是 B 点，所以此处必须锚定牢固。同时，C 点不被锚定，A 处也不能进行拉拔，如果 C 处没有合适的夹卡部位，可使用 4 个台架上的压焊件夹具，在车底对车身进行固定。

（2）车身后部损伤的修复　车身后部构件的结构比前部复杂，因此后部碰撞造成的损伤范围也比较广，这样就要求损伤的判别必须准确。多数情况下，尾部碰撞都是先撞在后保险杠上，其后冲击力沿后纵梁及附近的构件进行传递，从而非常容易造成纵梁的上翘，并由此引起轮罩变形，整个后翼子板前移，从而改变了其他部件之间的间隙。如果碰撞特别严重，还将影响到车顶板、车门及车门中柱。

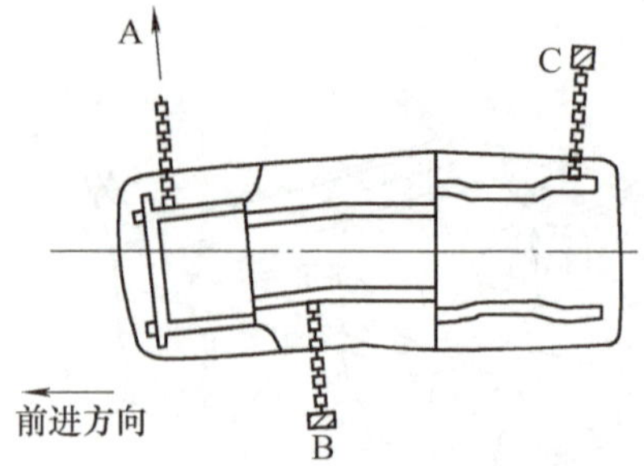

图 7-14　车身前部侧向弯曲变形的矫正

修复时，首先将连接夹具或挂钩固定在后纵梁、行李箱底板或后翼子板的后部，然后边拉拔边对车身后部每个尺寸进行检测。在后纵梁被挤进轮罩或后门缝有变形的情况下，不要夹持及牵拉变形不大或未出现变形的翼子板，而只对纵梁进行拉拔，以消除翼子板内的变形应力。

如图 7-15 所示，如果夹卡并拉拔轮罩或内侧板和后纵梁，门缝即可得到正确的修复。对于因车身前部碰撞而造成的后部扭曲变形，应将车身后下部固定在台架上，初步拉拔即可使某些下部基准点恢复原位。这时应重新设置夹钳，以保持已有的矫正。

（3）车身侧部损伤的修复　如果车身侧面中部受到严重碰撞，车厢底板都会产生变形，整个车身将弯曲成香蕉形。在修复这种损伤时，车身的前、后端都要进行拉拔，而车身中部向内弯曲的部位需要向外拉拔，这就是“三向拉拔”，如图 7-16 所示。

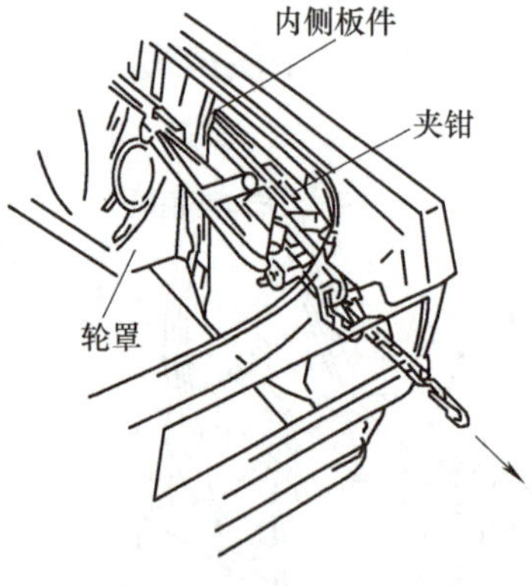

图 7-15　车身后部损伤的拉拔矫正

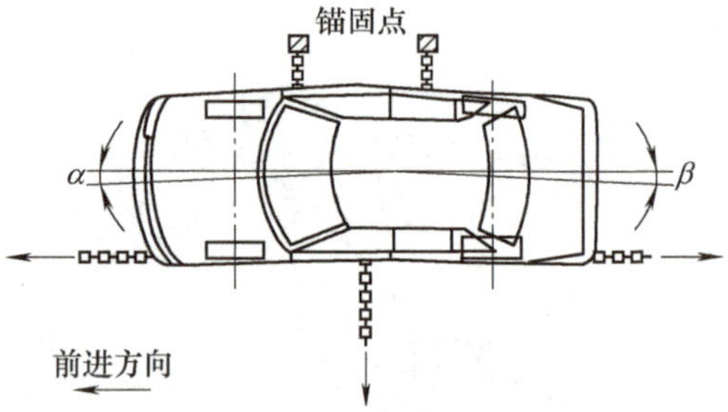

图 7-16　三向拉拔

课题 2　车身钣金件的整平

在车身结构变形的矫正过程中及矫正后，都要对损伤钣金件的表面作整平处理。对于卷曲或皱曲的钣金件，必须先进行拉拔使之展平，然后才能进行整平作业。整平技术按使用工具的不同主要有以下两种情况。

7.2.1 钣金手工具的整平技术

手工具的整平主要是指利用锤子、顶铁、修平刀及撬棍等手工具进行的整平作业。这种作业方式在车身结构受较严重损伤时所进行的整平作业中较为常用。

1. 使用锤子和顶铁进行整平操作

使用锤子和顶铁修整车身表面，是钣金作业中最为常用的一种整平方法。凡是便于放入顶铁的部位，车身外板表面发生的凹凸变形，均可用这种方法予以修整。

锤子和顶铁配合使用时，根据两者相对作用位置的不同，可分为实敲和虚敲两种操作方法，如图 7-17 所示。

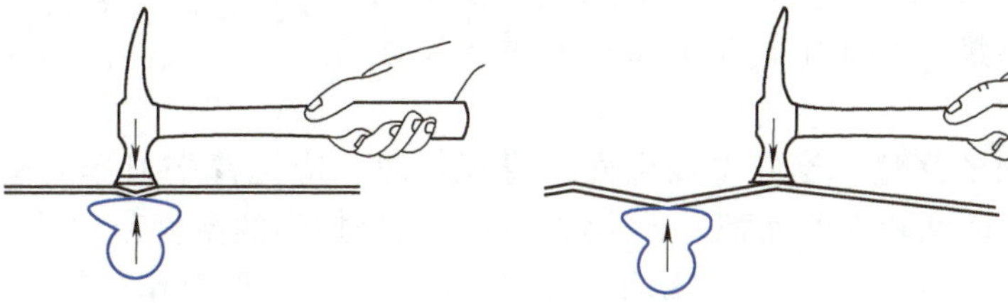

a)　　　　b)

图 7-17　锤子和顶铁配合使用的整平

a）实敲法　b）虚敲法

无论采用哪种敲打方式，顶铁的工作表面必须与所修正的钣金形状基本一致，否则会造成新的损坏，如图 7-18 所示。

（1）虚敲方式　虚敲方式有利于钣金件较大变形的校直，所以常用在粗整平过程中。操作时，一般将顶铁置于金属板背面的最低处，锤子则在外侧敲击变形的最高处。在锤子正确选择顶铁的工作面击打的同时，顶铁也可以作为敲击工具，从金属板内侧敲打变形部位，这样可提高修复质量和工作效率。

（2）实敲方式　实敲方式主要用在整平作业的精加工过程中，可以用来敲平钣金件上最后所剩的一些较小、较浅的凹陷或凸起。实敲法由于锤子击打和顶铁顶靠都在钢板的同一部位，在钢板的整平作业中如使用过多，就会造成钢板的延展变形，钢板会变薄、面积会增大，如图 7-19 所示。对于车身上的钣金件，由于结构限制了延展钢板向四周伸展，最后就会造成延展钣金件的隆起，使车身外侧形状发生改变。如想恢复，还要通过收缩作业予以处理。所以，除非是特殊需要，如车身在碰撞时钢板有挤缩现象，在钢板修复时要进行延展作业等情况以外，对于一般钣金件的整平作业，在操作中应少用、慎用实敲方法。

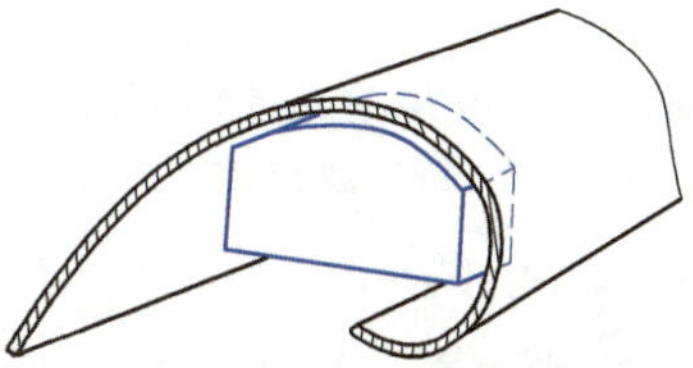

图 7-18　正确选择顶铁的工作面

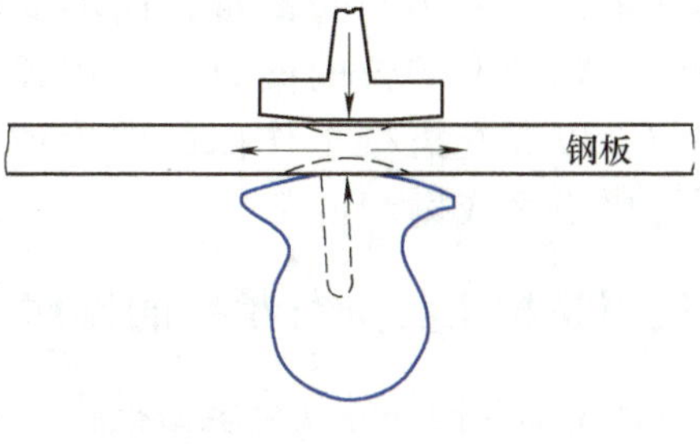

图 7-19　实敲使用过多会造成钢板变薄、面积会增大

(3) 凹陷损伤的修整 凹陷损伤的修整如图7-20所示。对于钣金件表面较大凹陷损伤的修整过程：先用顶铁由钣金内侧将凹陷向外顶出，使凹陷变浅；而后使用整平锤子，敲打凹陷周围比原来板面略微高凸的部位，此时应使用虚敲法，并且锤子与顶铁应同时敲打，或交替着敲打，将变形的范围缩小并使变形量集中；最后采用实敲法，将残余的小凸起或凹陷部位敲平。

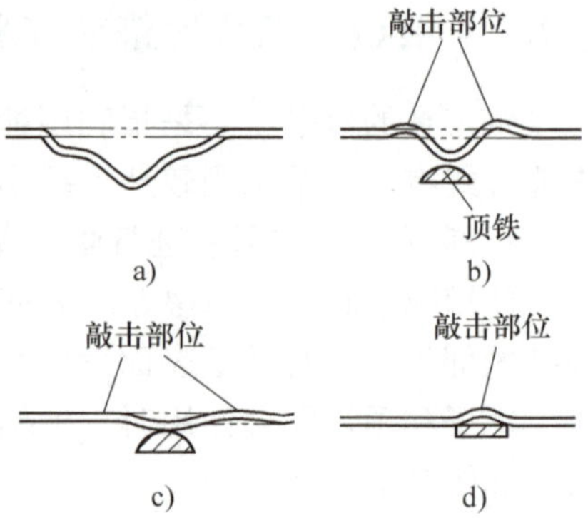

图7-20 钣金大凹陷的修整过程
a）~d）修整步骤

2. 使用修平刀进行整平操作

修平刀在使用中，既可以作为锤打工具，又可以作为顶衬工具，还可作为撬顶工具，把凹陷从内侧撬顶出来。所以，在钣金面整平作业中，修平刀是一种多用途工具。

(1) 凸脊损伤时的修整 当修整钣金面凸脊损伤时，应把修平刀作为锤打工具。它可以把锤子的敲击力分散到较大的面积上，非常有利于凸脊损伤的恢复和整平。

对于难以放入顶铁的部位，可用修平刀作顶衬工具。修平刀作顶铁用时，所选修平刀顶衬部位形状也要与修整表面相近。受修平刀握持部位往往与顶衬部位相距较远因素的影响，其顶衬面对钢板的顶贴力量往往不易控制。如锤击力大于修平刀的顶贴力，就达不到修平目的，反而会使变形加剧。所以，与顶铁顶衬相比，修平刀顶衬时锤子的敲打力度要相对小些。在轻轻锤击的过程中，还应注意随时调整顶贴位置和敲击的部位。

(2) 撬起凹陷变形 在使用修平刀撬起凹陷变形时，要避免以车身上强度较低的部位作支撑点。不得已时，也应垫上木板以防支点变形。同时，所用修平刀的工作面宽度应大些，接触面积过小会在金属表面留下硬伤痕。

3. 使用撬棍进行整平操作

撬棍不但可以用来对车身构件变形的撬压矫正，同时也能用来撬起钣金件外板的凹陷，如图7-21所示。

撬棍常用于修整那些顶铁甚至修平刀都伸不进去的部位。在用撬棍修整凹痕时，注意不要因施加的撬压力过大而使钢板产生拉伸变形。要从撞击点或凹陷最低点开始，逐步将凹陷部位撬起。对于面积较大的凹陷，应采用平头撬棍，而不要用尖头撬棍。在撬起凹陷变形部位的同时，应用锤子轻轻敲打损伤部位，以探查撬棍工作面的准确位置，并将其引导到需要敲平或撬起的部位。

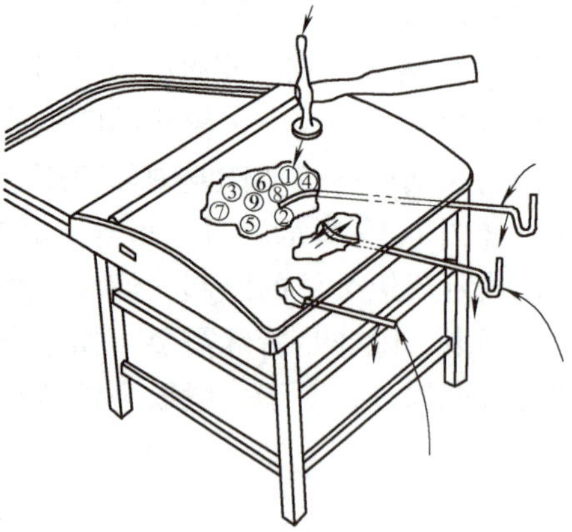

图7-21 用撬棍修整车门外板
①~⑨为撬修顺序

7.2.2 使用拉拔工具进行整平的操作

一般只有在车身构件外板受轻微损伤，例如面积不大的凹陷或沟痕，并且整个车身也是只有表面损伤时，才使用拉杆、滑锤及垫圈熔植机等拉拔工具进行钣金面的整平作业。

这种修整方法的最大特点是只在车身外表面进行整平作业，所以不用拆除钣金内部零件，也不用考虑内侧空间的大小，相应地修复速度比较快，作业效率高。

利用拉拔工具进行钣金面整平作业的操作方法较为简便，前已介绍（见1.4.3），这里不再多述。

课题3　钢板的收缩

汽车车身在碰撞过程，矫正时的拉拔过度以及整平作业中实敲过多，都会使钢板产生延展，造成修复后的车身板件向外隆起。如果是车身外板，就会影响整车的外观形状，这时必须对钢板进行收缩作业。

7.3.1　使用收缩锤和收缩顶铁的收缩

对于车身上板类构件，由于延展、膨胀并由此引起的隆起变形，可使用专用收缩锤和收缩顶铁进行收缩作业，如图7-22所示。

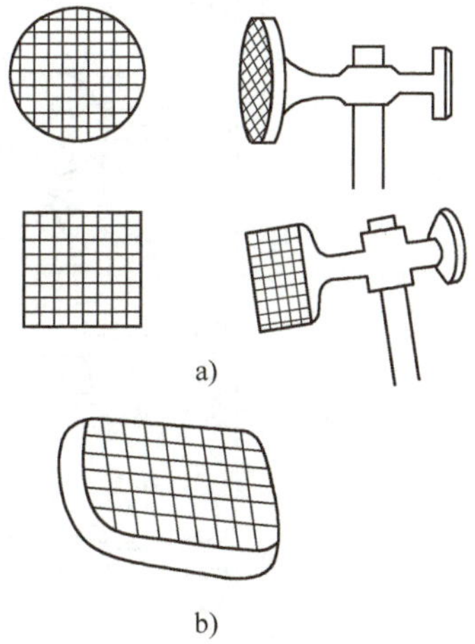

图7-22　收缩锤和收缩顶铁

a）收缩锤　b）收缩顶铁

1. 操作技术

使用收缩锤和收缩顶铁的收缩操作方式类似于钣金面整平过程中所采用的实敲方法。收缩锤和收缩顶铁表面有许多纵横排列的沟槽，在锤击钢板时，钢板表面金属就会产生向沟槽内挤缩的现象。这些微小挤缩变形的综合作用效果，就会使钢板的表面拉紧并产生收缩。

用这种方法收缩钢板时，不允许将收缩锤与收缩顶铁同时使用。否则，将得不到理想的收缩效果。合理的做法是应根据实际情况，交替使用收缩锤和收缩顶铁。一般收缩顶铁（外侧配用平面锤）的使用，要多于收缩锤（内侧配用平面顶铁）。这是因为收缩锤敲击过频，容易导致钢板表面损伤，锤纹的作用会使钢板表面变得比较粗糙。

2. 作业特点

利用收缩锤和收缩顶铁进行的收缩作业，所用工具简单且操作方便，收缩效果显著，作业效率较高，对钢板防锈层破坏的程度较小，尤其适合耐腐蚀特种钢板的收缩。但是，这种方法也有一定的局限性，例如，对延展变形量大且面积较大的钢板，收缩起来较为困难；对于一些厚板或构件上不具备一定的收缩面时，也不适用。

7.3.2　气焊火焰加热的收缩

1. 收缩原理

运用气焊火焰加热进行的收缩作业，是利用金属热胀冷缩这一性质来实现的，如图7-23所示。

当利用气焊火焰对钢板迅速加热时，受热点金属会向外膨胀。但由于受热点周围金属仍处于冷硬状态，限制了受热点金属沿其周向的膨胀扩展，金属只能选择在垂直方向上扩张，受热点金属的膨胀变厚反而会对周边金属产生向心的收缩力，钢板的延展也就得以收缩。在此状态下，如对受热点及其周围的金属进行轻轻地锻打，垂直方向上膨胀的金属就被压缩并固定下来，钢板内的应力也因此被消除。如再用空气或水使受热点快速冷却，将可以获得更大的收缩量。

2. 操作技术

操作时，应先确定需要收缩的区域及其中心和最高点，如图 7-24 所示。

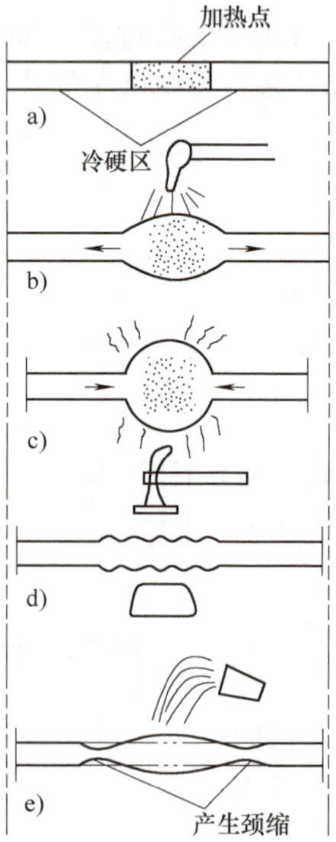

图 7-23　收缩原理

a）对收缩点加热　b）受热金属膨胀并对周围金属产生挤压

c）受热金属进一步膨胀、变厚反而使周围金属产生向心收缩力

d）锻打加热部位金属使其压缩并固定　e）冷却使加热金属产生颈缩现象

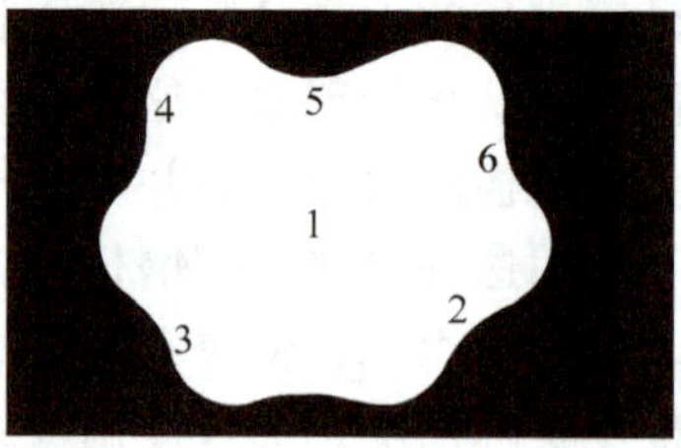

图 7-24　加热收缩的顺序

（从中心最高点开始，然后沿周边部位以一定方向进行）

最先应加热收缩中心点或最高点，然后按图中序号所示顺序沿周缘按一定方向选择加热收缩点。对钢板加热时，应根据板厚选择合适的焊嘴并使用中性焰，加热点面积的大小由钢板膨胀鼓起的范围及高度来决定，一般直径应在 20～30mm 范围内，加热温度应控制在 600℃以下，即把钢板加热至樱红色为止，温度过高会影响金属性能。在对烧红的加热点进行锻打时，一定要控制好敲击力度。因为采用实敲法本身就容易使板料延展，所以敲击时力度不可过大，并按如图 7-25 所示的顺序依次敲击，运锤时要有向加热点中心滑移的动作。冷却时，冷却的速度对收缩量影

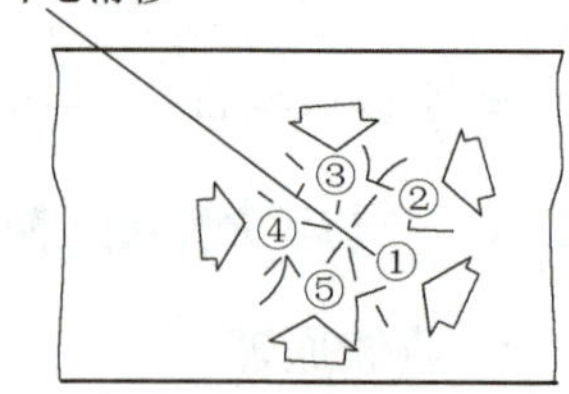

图 7-25　对加热点的敲击次序及运锤方向

（敲击时应向中心滑移）

响很大，利用湿布或湿海绵对加热部位急速冷却，能够得到更大的收缩量和更显著的收缩效果。采用何种冷却方式，应根据延展变形量和膨胀程度来决定，并应防止收缩过度。

3. 作业特点

气焊火焰收缩法可以获得比收缩锤法大得多的收缩量，所以这种方法更适合延展程度大且膨胀范围大的变形，并且作业时间短、效率高，操作过程也比较直观。缺点是加热火焰会破坏钢板面的防腐涂层，高温也会对周围构件产生不良的热影响，所以在现代汽车车身修复中，基本不再采用此方法进行收缩作业。

7.3.3 电热法收缩

1. 收缩原理

多功能车身整形机及与之配套的电热棒，是电热法收缩的主要工具和设备，如图7-26a所示。

将电热棒通电加热后，便可直接在待收缩钢板上作圆圈状划动，使膨胀、隆起的金属受热，并根据具体情况采用风冷或水冷的方式冷却加热部位，板类构件的延展和膨胀就会收缩（机理同火焰法），从而钢板延展后的膨胀变形得以消除，达到收缩修复之目的。

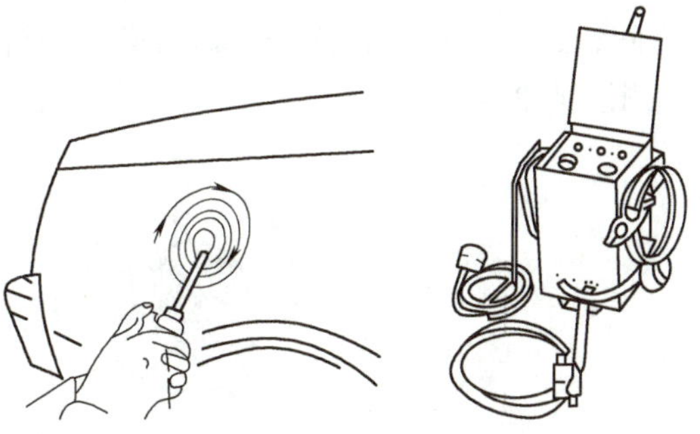

a)　　b)

图 7-26　电热收缩法

a）用电热棒加热　b）多功能车身外形修复机

2. 作业特点

电热法收缩不像收缩锤那样，需要在构件的内外两侧同时操作，也不像火焰法那样，在构件表面上留下因加热导致的凹凸不平及热辐射造成的不良影响。收缩时可从车身外侧直接进行操作，不必拆除内部饰板，并且对钢板表面的烧损及对周围涂层的破坏程度非常轻，作业终了时，一般也不需对加热部位进行敲平。此外，电热收缩法还具有效率高、质量好、变形小等优点，对于面积较大薄板类膨胀变形，可获得较佳的收缩效果。缺点是受加热速度及能量的限制，对厚板或深度延展变形的收缩则难以奏效。

7.3.4 钢板的切开焊合收缩

这种作业方法是将钢板延展和膨胀的表面在中央部位切开，并将切开的切缝边缘适当重叠使膨胀消失，然后再将重叠面焊合，最后使用砂磨机修平焊道。这种方法目前已经很少使用，除非钢板表面延展或膨胀得异常严重。

课题 4　车身钣金更换

轿车碰撞后，如果车身损伤严重或造成车身件撕裂、缺损，或是因腐蚀产生较大面积的锈穿，这时就应该采用钣金件更换的方法进行车身修理。

钣金件的更换有两种方式：一是钣金件的换新，即沿原构件装配时的接缝进行整块钣金件的拆卸和更换；二是钣金件的局部切换，即是在钣金件相应位置截断后进行更换。

7.4.1 车身钣金件的换新

钣金件更换作业中，在旧钣金件拆卸之前，应对车身损伤部位进行拉拔矫正，其目的是使关联件的变形能够得到基本矫正，从而使新件的装配、定位更容易。

1. 钣金件的拆卸

旧钣金件拆卸时，应采用合理的拆卸工具和方法。一般情况下，用焊点钻除钻头和气动凿拆除定位焊焊点，用砂轮机拆除连接焊缝。

（1）找出焊点位置 为拆除连接焊缝，首先应找到焊点和焊接部位，通常要把连接部位的油漆、密封和其他覆盖材料清除掉，以便找出焊接位置，如图 7-27 所示。

如果去除油漆后，仍然看不出焊点的部位，则可按图 7-28 所示的方法，把錾子楔入板缝之间，这时焊点轮廓就会显露出来。在拆卸旧板过程中，一定要注意不要损伤需保留的且与之相关联的板件。

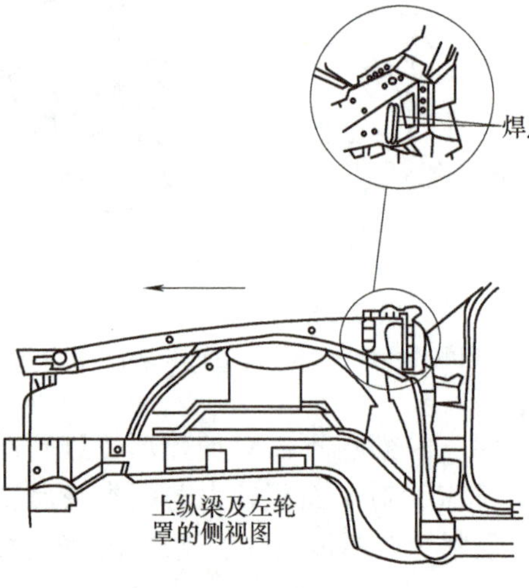

图 7-27 找出焊接位置

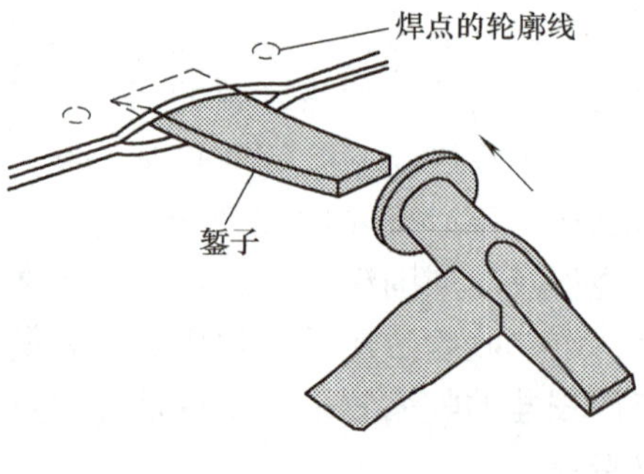

图 7-28 利用錾子找出焊点位置

（2）铜钎焊构件的拆卸 车身中有些构件采用铜钎焊方式连接，如轿车的车身立柱（车门中柱、窗柱）与顶盖的结合部，采用这种铜钎焊连接方式可提高外观品质并能获得可靠的密封性。拆解铜钎焊构件可使用氧乙炔焊枪加热的方法，如图 7-29 所示。

将焊枪火焰调节成中性焰，对焊缝上的铜钎料加热，使之熔化。与此同时，用钢丝刷将熔化的钎料清除，以免流淌。趁铜钎料未冷凝之前，用一字螺钉旋具等工具撬动焊缝，使构件松动。但是，这种方法不适于拆解电弧焊连接的构件，因电弧焊的熔点比较高，应用此法加热时，有可能伤及焊缝下面的其他构件。

（3）砂轮切割法拆卸 对于电弧焊连接的构件，应采用砂轮切割的方法进行拆解，如图 7-30 所示。

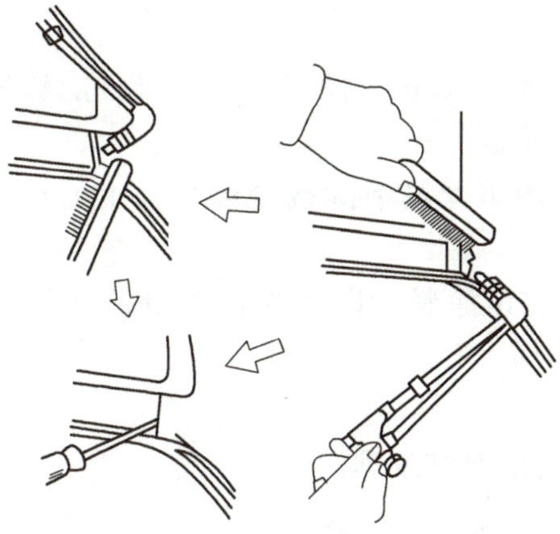

图 7-29　铜钎焊构件的拆卸

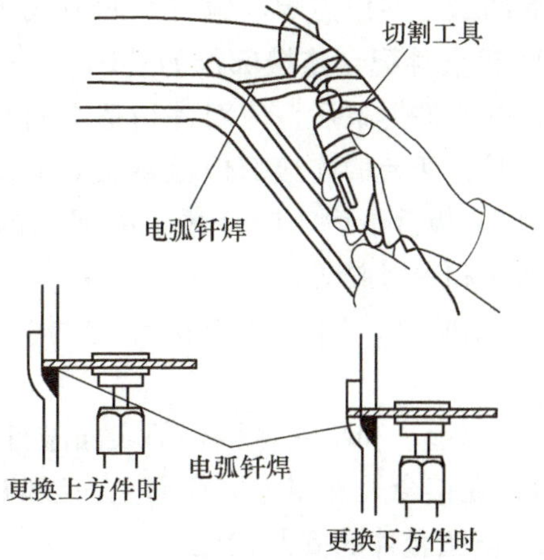

图 7-30　砂轮切割法拆卸

铜钎焊与电弧焊的区别，可依据钎料颜色来判定，一般铜钎焊所用钎料呈黄铜色，而电弧焊所用钎料的颜色则呈紫铜色。

（4）螺钉联接构件的拆卸　车身上一些容易受到碰撞而损坏的构件，其装配连接方式在设计时，就考虑到拆卸的方便性而采用螺钉联接，例如前翼子板等构件，对于这些构件，只要将螺钉拆除，就可把整个构件拆解下来，非常简便，如图 7-31 所示。

有时对车身上一些构件做更换修理时，只进行车身外板的更换，使修理作业既简便又经济。例如，车门更换有时就不必做车门总成的换新，而只是更换车门外板即可，如图 7-32 所示。

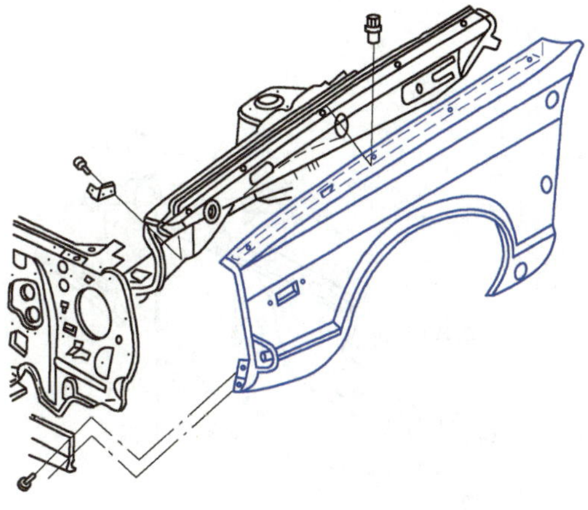

图 7-31　螺钉联接的前翼子板拆卸

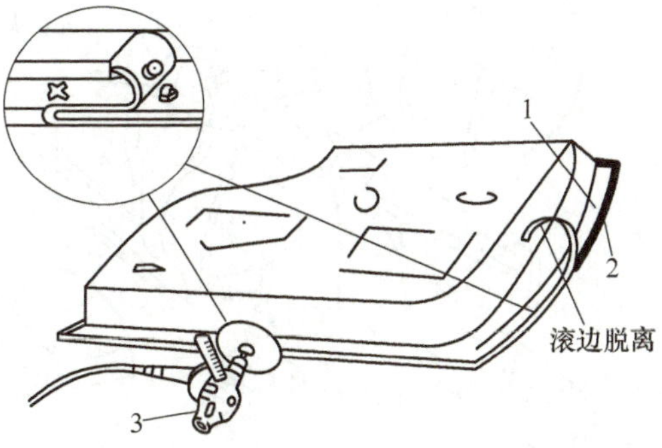

图 7-32　车门外板的板拆卸

1—内板　2—外板　3—砂轮机

先将车门总成自车身上拆下，拆除内饰、外部饰条及门锁等零件。然后将车门放在平台上，利用手提砂轮机磨除外板的包缝，车门外板的上缘与门窗框有两处铜钎焊接合部位，使用气焊火焰烧熔后即可分离。取下整块外板，包缝与内板的电阻定位焊处，以手电钻钻除焊点后，利用平口凿去除残余的包缝并修理内板；最后放上新的外板，将外板边缘向内包卷住内板的凸缘，并以点焊、铜钎焊的方式将其与内板焊合。

2. 钣金件配合连接部位的处理

在损伤件拆下后，应对保留钣金件做进一步的修复矫正，使之与新车身件能够良好配合。同时，两者的连接部位也要做以下几方面的处理。

1）旧板拆下后，应打磨连接部位的焊缝，并用钢丝刷清除接合部表面上的污物、锈迹、油漆和密封胶等。

2）清除新、旧板件连接部位两侧的油漆及防锈涂料，以便焊接时电流能够很好地通过。

3）用锤子和垫铁将接合部表面敲打光滑。

4）在接合处裸露金属表面上涂以防腐剂，进行防腐蚀处理。

3. 新钣金件的安装定位

新钣金件的安装定位，是承载式车身构件更换修理中非常重要的一步。定位不准不仅影响汽车的外观，而且还会影响汽车各总成的装配及其使用性能的发挥。因此，在更换车身结构件时，必须使用测量设备对新板的安装位置进行准确定位（参数法定位）。即使在更换车身装饰件时，也要通过外观的配合检查来进行定位（适配法定位）。

现以更换安装前翼子板内加强板总成、前横梁和散热器支架为例，介绍车身构件安装定位的基本程序。

（1）夹紧装配件　检查前翼子板内加强板与纵梁安装面的装配标记是否一致，确认并匹配好之后，用夹钳将它们夹紧，如图 7-33 所示。

（2）长度方向位置的检测与调整　利用杆规检测基准点间的距离，以确定板件在长度方向上的位置。如有必要，垫上木块后用锤子敲打，使之向必要的方向移动，以调整其长度方向上的位置，如图 7-34 所示。

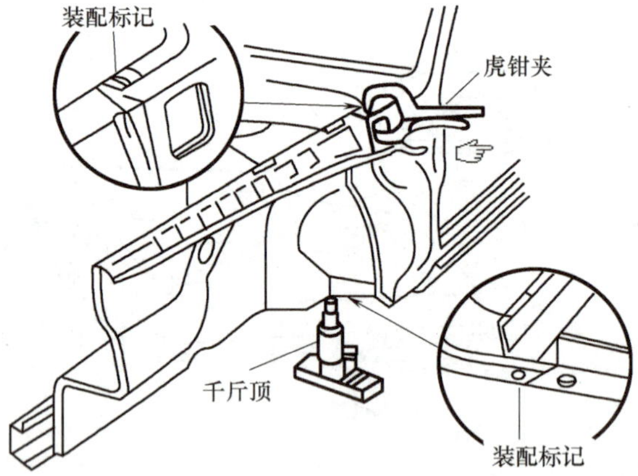

图 7-33　用夹钳夹紧内加强板与纵梁

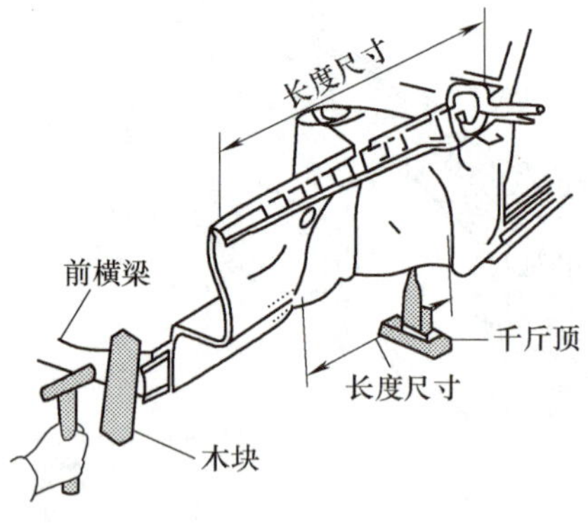

图 7-34　长度方向位置的检测与调整

（3）高度方向位置的检测与调整　用自定心规检测车辆两侧的新旧内加强板的相对高度，使之一致，然后用千斤顶支撑住新板，以确保其高度位置不发生变化，如图 7-35 所示。

（4）检查宽度和下对角线长度　检查测量宽度和下对角线长度，以确定板件在宽度方向上位置是否正确，如图 7-36 所示。

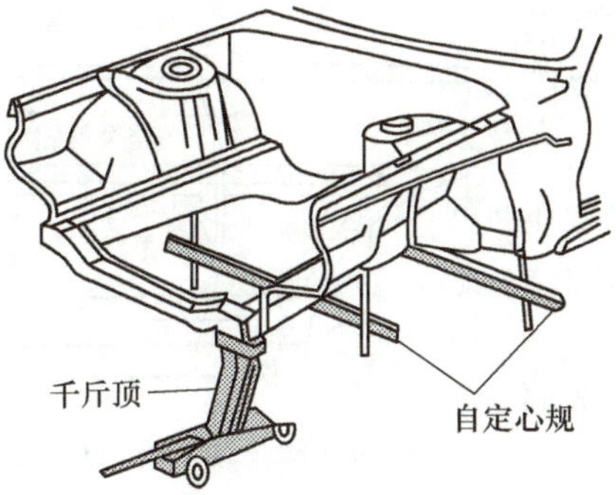

图 7-35　高度方向位置的检测与调整

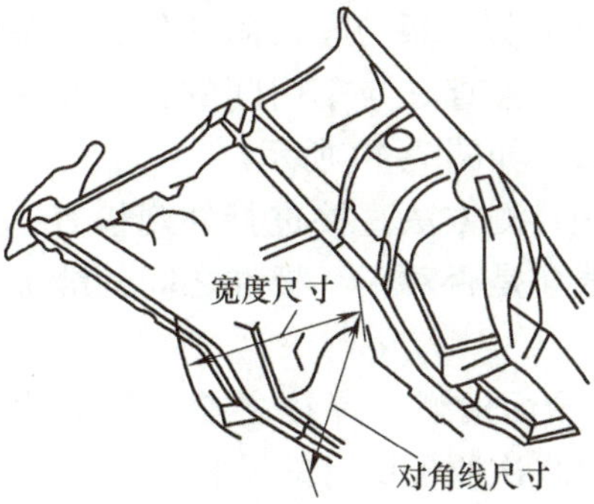

图 7-36　检查宽度和下对角线长度

（5）确定前横梁的位置　仔细确定前横梁的位置，使其左右两端均匀一致，并用定位焊临时将前横梁固定在纵梁上。

（6）检测安装孔　检测翼子板后安装孔与悬架座孔，或翼子板前安装孔之间的对角线长度，以检查安装横梁时内加强板是否产生了位移，并最终确定内加强板的位置，如图 7-37 所示。

（7）临时安装散热器　临时性地安装并固定散热器的上、下支座，如图 7-38 所示。

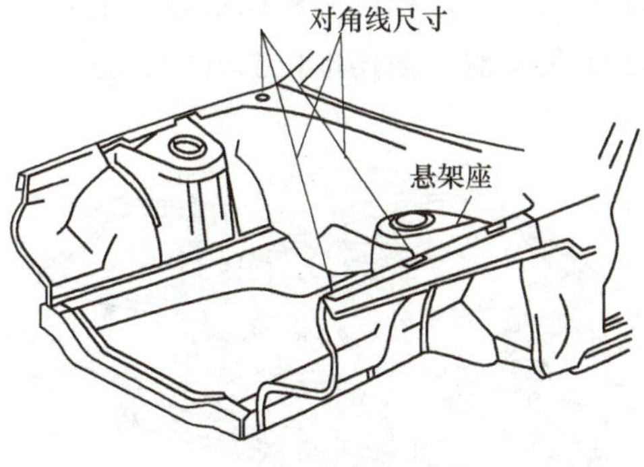

图 7-37　检测安装孔

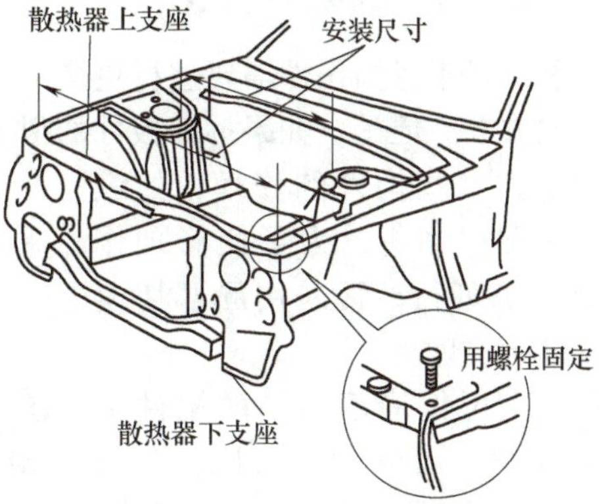

图 7-38　临时安装散热器

（8）测量散热器支座尺寸　测量散热器支座在宽度方向上的尺寸（图 7-39a）及其对角线长度（图 7-39b），确保散热器支座准确定位，并用夹钳进行固定。

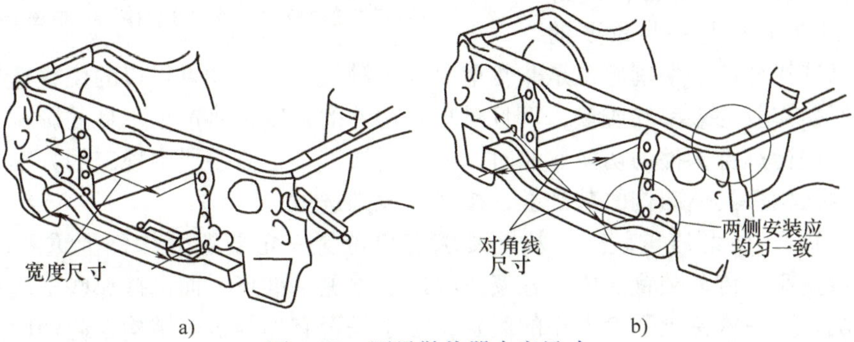

图 7-39　测量散热器支座尺寸

a）宽度尺寸　b）对角线尺寸

(9) 检查翼子板与车门间的位置 临时性安装前翼子板，然后检查它与车门间的位置关系，整个缝隙应均匀一致，如图 7-40 所示。

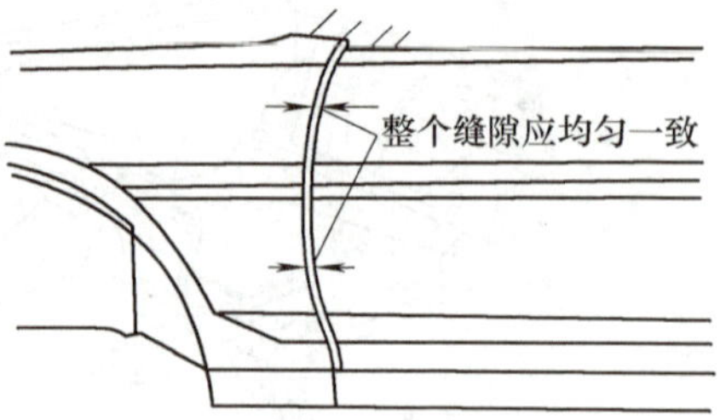

图 7-40 检查翼子板与车门间的位置

可采用目测方法直接进行外观检查，主要检查车身的外观线条是否对正，板件之间的缝隙是否均匀一致等。

(10) 全面检测 焊接之前，按上述方法再全面检测一遍，再次验证所有的尺寸。

4. 新件的焊接

当经全面检测新板件定位和尺寸达到要求后，即可进行正式的焊接固定。一般情况下，安装的整个程序是：防腐蚀处理→夹紧→定位焊→再一次检测→焊接→打磨装饰件焊缝的表面。

焊接时，首先应注意必须采用原件的焊接方法进行焊接。其次在使用定位焊时，应按制造厂采用的焊点数量及位置进行定位焊。

7.4.2 钣金件的局部切换

当承载式车身损伤件需要进行更换修理时，在原接合处作构件的整体拆换，即钣金件换新是首选方案。但是，如果拆卸板件的很多接缝必须在车辆未损伤部位拆开时，这种方法就不实用了。有些构件的修理，如纵梁、支柱和门槛等，为了使修理作业更加经济可行，常采用局部切换的方法进行修理。

车身上可作局部切换的构件主要有前纵梁、后纵梁、门槛、车门立柱、车厢地板、行李箱地板和后翼子板等，如图 7-41 所示。

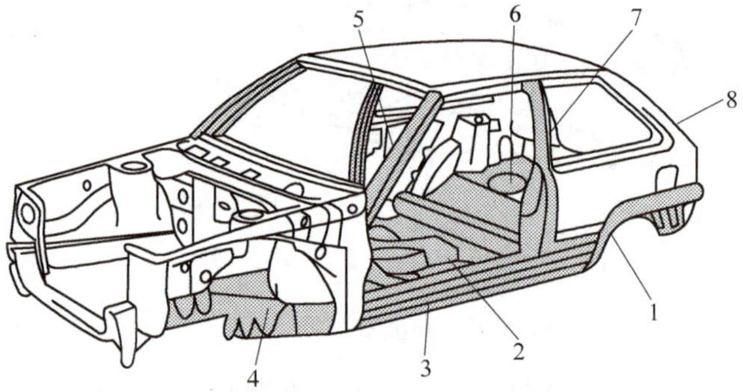

图 7-41 承载式车身上常作局部切换的部位

1—后纵梁 2—车厢地板 3—门槛 4—前纵梁 5—车门 A 立柱 6—行李箱地板 7—车门 B 立柱 8—后翼子板

1. 切割部位的选择与粗切割

(1) 切割部位的选择 从图 7-41 中可以看出，车身上常作局部切换的部位都是车身上一些重要的结构件，所以选择合适的切割部位是非常重要且关键的一步。如果切口的位置选择不当，不仅会影响到切换作业的效率和质量，而且对车身构件的强度也将产生不良的影响。

为此，在进行车身构件的切换作业时，一定要按汽车维修手册中规定的方案选取切割位置，或是在掌握构件具体结构的基础上，按以下原则选位：

1) 避重就轻。所谓避重就轻，就是要求切口位置一定要避开构件上重要的强度支撑点，如发动机支座、传动装置支座、悬架座等以及检测基准点，而选择那些不起重要支撑作用的位置切割。同一构件上强度大小的区别，在于是否有加强板等结构在起辅助加强作用。

2) 易于修整。构件割换时还需对接口、焊缝等进行修整，如果在选择切口时考虑这方面的影响，就可减少构件更换后的修整工作量。例如，所选切口如果位于车身外板覆盖范围以外，其接口或焊缝的表面处理就容易得多。

3）便于施工。选位应兼顾到切换作业的难易程度，如需要拆装的关联件数量、是否便于切割以及切口面的大小等。

4）无应力集中。应力集中会使构件容易产生损坏，切口的选位应避开车身构件的应力集中区。否则，构件的连接强度将受到严峻考验并能诱发应力集中现象的产生。

（2）粗切割　切割部位选择好后，就可以实施割断作业了。但为了使原件与替换件在切口处能够良好配合，此时实施的割断作业是留有余量的粗切割。所留余量的大小，要考虑原件与替换件的连接形式以及采用的切割方法等因素的影响，一般留有的切割余量为20～30mm。

粗切割作业所使用的工具，也要与割断部位的结构形状相适应。用气动锯切割可以获得整齐的切口，适合于断面尺寸的柱状类构件，如窗柱、门柱和门槛等。用气动锯切割后翼子板和中门柱，如图7-42所示。

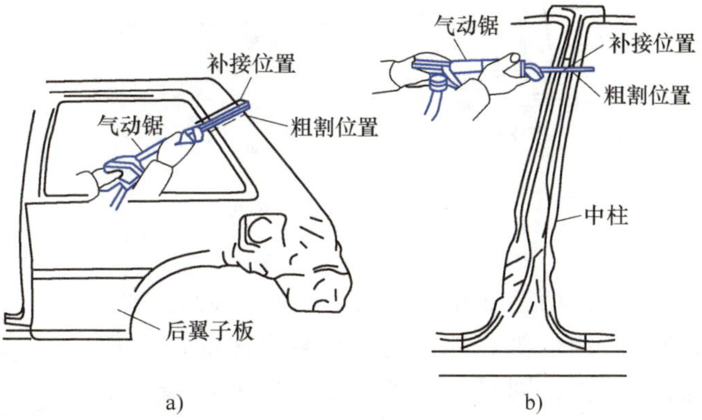

图7-42　用气动锯切割

a）切割后翼子板　b）切割中门柱

用剪切工具可以进行精确的切割且切口清洁，适合于切割薄板类构件，如车身外板、底板和翼子板等；用气动凿配切割凿刀的割断效率高，但切口粗糙，只适合薄板件的粗切割；氧乙炔气体切割虽然具有切割能力强、切断效率高的优点，但热影响较大，需留有较大的切割余量，适合于对较厚钢板制成的梁状类构件的切割，如底板横纵梁、车架和骨架等。等离子切割的功效要优于氧乙炔切割，虽然它现在并不普及，应用较少，但它必然是替代氧乙炔切割的一种工具。

2. 替换件的连接形式与精切割

（1）替换件的获取

1）利用废旧件截取。这是一种既经济又实用的方法，但对于废旧件在使用前，应检查是否有损伤及其腐蚀情况。

2）利用新件截取。这是一种非常方便的方法，但容易造成不应有的浪费。

3）替换件的制作。制作替换件往往是最后一种不得已的方法，对于一些较为简单的车身构件还可以，但对于承载式车身上一些非常复杂的构件，如果进行手工制作，则要求修理人员必须具备较高的技术水平及相应设备。

（2）替换件的连接形式

1）加芯平口对接。这种连接形式主要用于管形件，如纵梁、门槛、车门前支柱和中支柱。通过加芯可使定位准确，连接容易，同时也便于焊接，如图7-43所示。

2）无芯错口对接。这种连接形式主要用于前纵梁、前支柱和中支柱（外口用错口对接而内侧用搭接），如图7-44所示。

3）搭接。这种连接形式适用于后纵梁、车厢地板、行李箱地板及中支柱等，如图7-45所示。

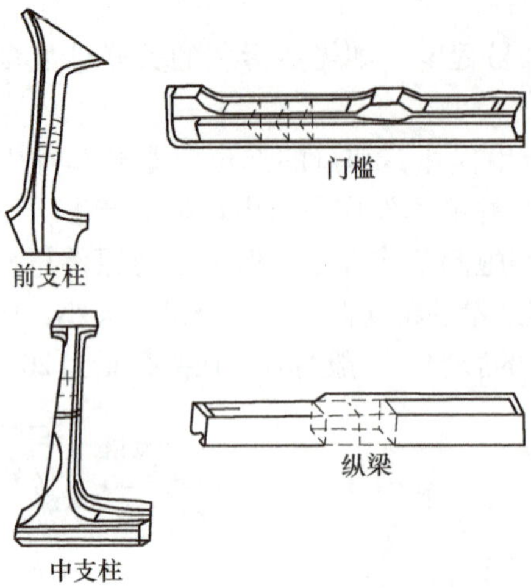

图 7-43 加芯平口对接

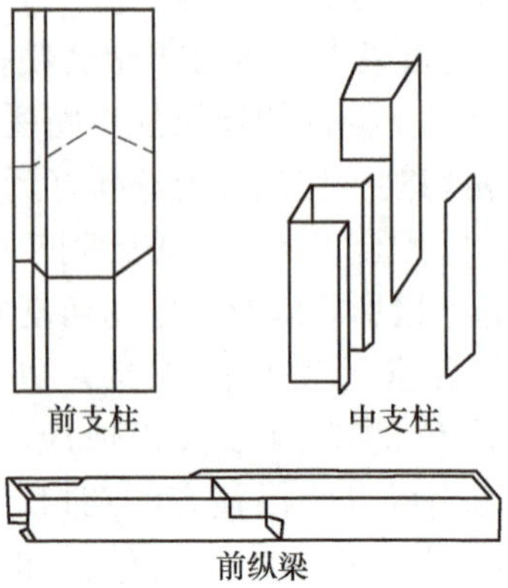

图 7-44 无芯错口对接

确定出切割部位及连接形式后，即可对替换件进行粗切割。其方法与车身损坏部位的切割基本相同，同时也要预留出相应的余量，待替换件在车身上完成定位后，再重新划线精切割。操作时应注意替换件落料的余量不宜过大，否则将不便于构件的安装定位；当然更不能将尺寸留小，否则将严重影响连接质量，甚至会使替换件报废。

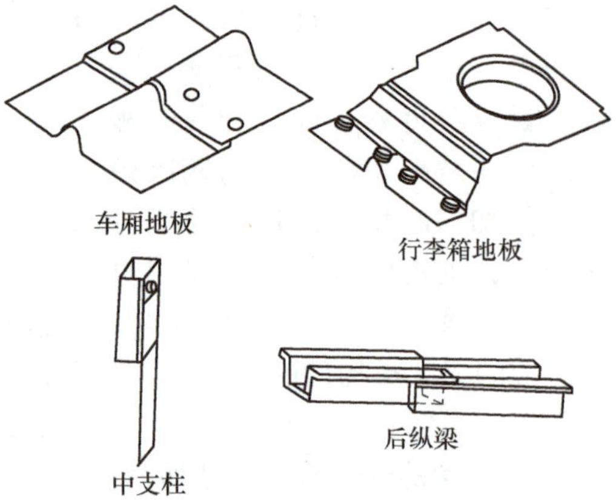

图 7-45 搭接连接

（3）精切割　精切割之前，应对车身构件及替换件进行装配位置度的矫正，这对替换件最后的装配调整及定位，都将产生重要影响。

1）确定出替换件的正确安装位置。由于车身上的切换部位，常设有明确的定位标准，这时要采用对比法测取相关的位置参数值。通过与相同车身，或同一车身上与之对称的部位进行对比，来确定切换部位上有关测量点的位置。具体操作方法是：先测量切口各点沿车身纵向至某一基准点的距离；然后以这一长度值为准，在与之对比的车身上确定出相对各点的空间位置，即在纵向、横向及垂直方向上与车身相应基准点的相对位置（尺寸）；最终可获得切口各测量点的目标尺寸值，再与实际尺寸对照，就可确定出切口处构件是否有变形以及矫正的基准。

对车身构件及替换件进行矫正后，即可把替换件装配到车身的切换部位比对，确定出替换件的正确安装位置后，就可进行精切割了。

2）精切割工具与方法。精切割时常采用剪切工具和气动锯，以保证切口质量。

对于平口对接的连接形式，可采用重叠切割法，重叠切割法接缝的质量不受锯割时走偏的影响，但锯割后的切口会留下较大的接口缝隙，如图 7-46 所示。

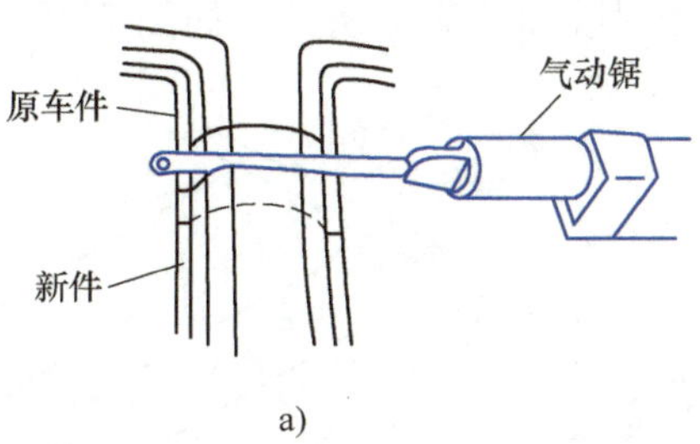

图 7-46　重叠切割法

a）在新、旧件的重叠部位直接切割　b）切割后会留有相当于锯口宽度的缝隙

重叠切割法接缝的质量不受锯割时走偏的影响，但锯割后的切口会留下较大的接口缝隙。如果对此有较高要求，应采用划线切割法，如图 7-47 所示。

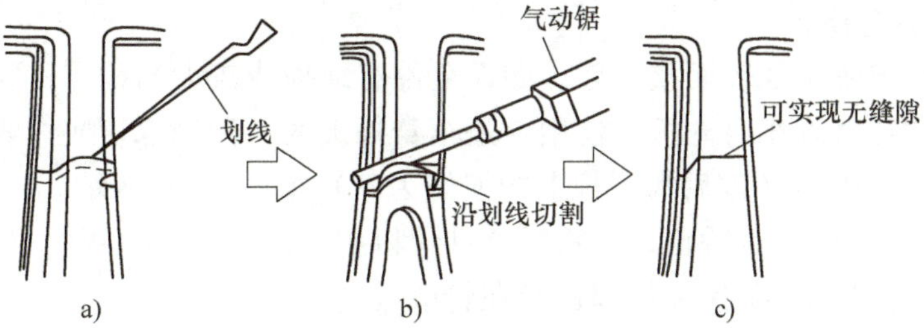

图 7-47　划线切割法

a）比照对接边缘划线　b）沿划定的线切割　c）可实现无缝对接

划线切割法是先把替换件的断头在最后确定的切换位置处划线割下，并以此为基准，在车身构件切换处重新划线（图 7-47a），然后将构件沿切割线分割，由此可获得无缝或缝隙很小的平口对接（图 7-47b、c）。

对于错口对接的连接形式，不但要采用对比划线法，还要利用测量法确定错口位置，以保证接口质量。对于搭接连接形式，在精切割时相对较容易，只要留出足够的搭接重叠量，即可对原件及替换件分别划线切割。

3）切口的修平和清洁处理。车身构件和替换件精切割后，要对切口进行修平和清洁处理。要用锉削等方法，使切口与划定的切割线吻合；使用锤子、垫铁等工具，将切割时造成的变形敲平，使切口得到修整；要将切口及焊接部位残留的油漆、锈迹和污物，以及切割后留下的金属屑、毛边等清除干净，并将这些部位做防腐处理。

3. 替换件的焊接

替换件重新安装，通过调整正确定位，并用万能夹钳予以固定。

（1）焊缝的要求　对接焊缝应施以连续焊接，焊缝不可有间断，并用塞焊固定所用的芯件。对于搭接方式，搭接处应使用塞焊，塞焊方向为自上层板向下进行，下层板边进行搭缝焊焊接时一定要严格遵守操作规程，以获得优良的焊接品质，保证构件间的连接强度，如图 7-48 所示。

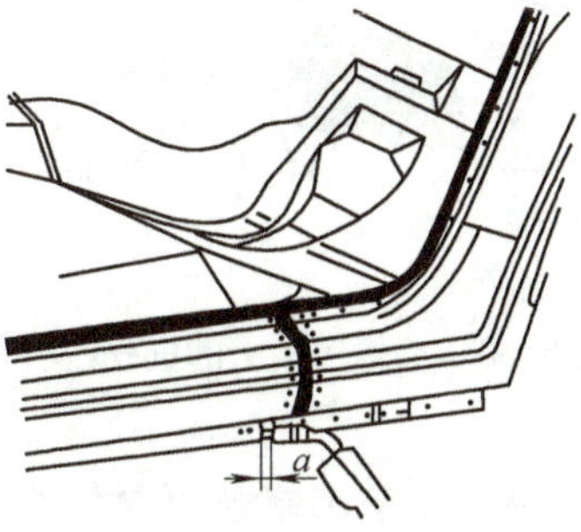

图 7-48　门槛对接处的连续焊接

（2）焊后的要求　焊接后，使用砂磨或锉削的方法对焊

缝进行修整，并且在焊缝处施涂车身密封胶和喷涂防锈剂，如图 7-49 所示。

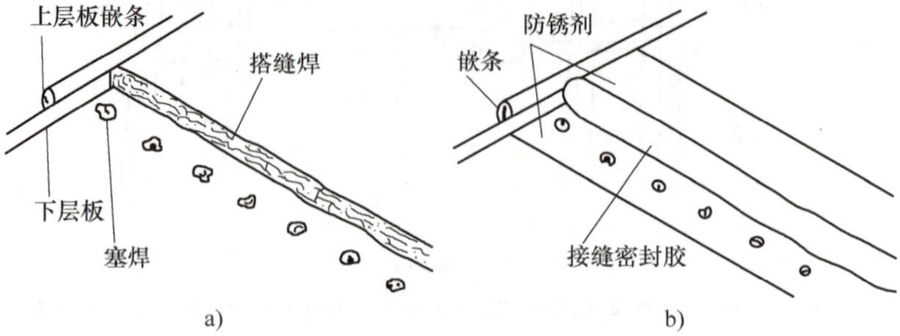

图 7-49　车厢地板搭接的焊接

a）从上方进行塞焊，下层板边进行搭缝焊　b）焊缝处作密封和防锈处理

4. 车身外板的挖补

损坏车身经拉拔矫正及表面整平后，如钣金件有缺损或较大的锈穿，要对其进行挖补修理。挖补作业经常在修理车身外板时使用，是车身外板的一种局部切换作业。

挖补作业的基本步骤（以后翼子板上的损伤为例）如图 7-50 所示。

1）对损伤车身进行拉拔矫正，并将钣金件予以整平。

2）描绘出损坏区域，确保损坏部位都在轮廓线内。

3）从钣金面外缘、接缝及基准孔等处量取其范围的大小及位置。

4）再将测量结果转移到替换用的钣金件上，在相应位置划出切割线并沿线剪开，即可得到替补件，或是选择车身同种钢板手工制作替补件。

5）把替补件边缘切口修平，将其盖在损坏的部位上，进行位置调整并正确定位后，沿替补件边缘，在损坏部位处重新划线，然后将损坏部分切除，如图 7-51 所示。

图 7-50　后翼子板上的损伤挖补作业

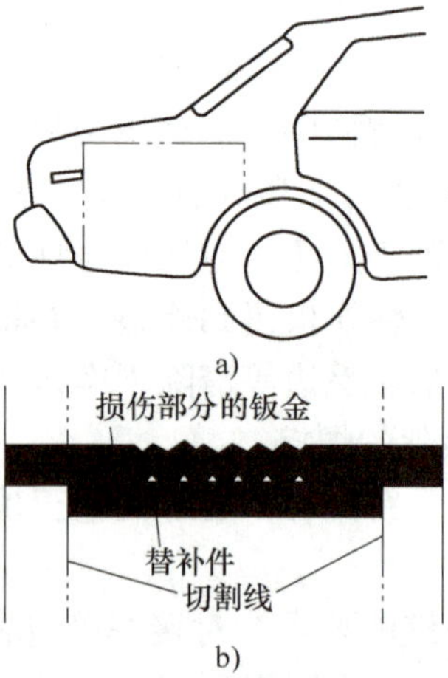

图 7-51　重新划线

a）沿替补件轮廓在车身损伤部位上重新划线　b）断面放大图

6）不敷出修整车身钣金件的切口，再将替补件装入车身被切割的部位并检查配合情况，不可有重叠的现象。

7）在切口处涂敷防腐剂，并用固定钳将替补件固定。

8）采用对接连续焊缝焊接替补件。为了减小焊接变形，可采用对称焊法，由中间向两端焊接，焊接后对焊缝要进行清洁、密封、防腐等处理。

上述车身外板挖补的切换方法，其最后的焊接是以对接连续焊法施焊。此外，还有重叠搭接的接合方法。这时要在切除了损坏部分的车身切口边缘处做沉搭作业，如图 7-52a 所示。

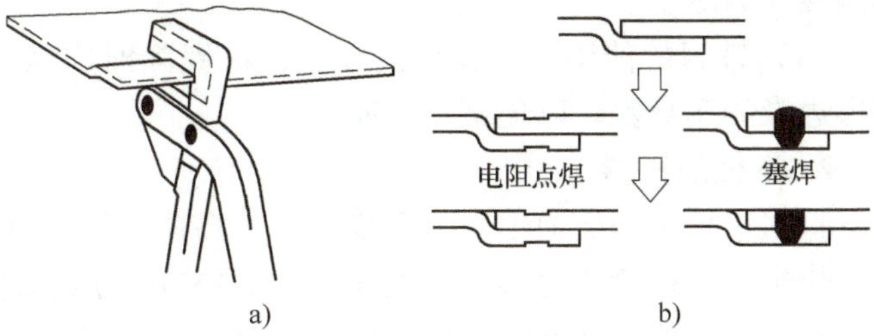

图 7-52　替补件搭接的接合方法

a）沉搭作业　b）补锡作业

沉搭成形后必须仔细的整形，以保证其与替补件的搭接处配合紧密。而后就可采用定位焊或塞焊进行焊接组合。焊接后，原则上要求采用车身补锡作业，对 2 块钣金件的连接缝隙进行密封，如图 7-52b 所示。

课题 5　铝板件与塑料件的修复

现代轿车车身制造中铝制件和塑料件应用越来越多，它们各自都具有一些钢板所不具备的特性，并且随材料科学的发展，它们的性能不断提高。所以在车身修理中，铝制件和塑料件的修复作业将会越来越多。

7.5.1　铝板件修复

汽车上使用的铝制材料都是经过热处理的铝合金，使其具有更高的强度。此外，铝板还具有质量轻、良好的成形能力和抗腐蚀能力等特点。所以，铝板可用来制造车身中如发动机罩、车顶板等各种板件。

修理铝制件比修理钢板要更加小心，因为铝比钢软得多，而当铝板出现加工硬化时却更加难以继续修复，并且它的熔点也较低，加热时容易变形。

1. 铝板的手工具修复

（1）铁锤和垫铁的使用　对于铝板，非常适合采用铁锤和垫铁作业，其操作方法与整平钢板的方法基本相同，但要注意以下几点：

1）应采用虚敲法整平铝板，这样既有利于铝板的变形恢复，又可防止铝板的延展，如图 7-53a 所示。

2）如果需要采用实敲法，应使用多次轻轻敲击而不要采用少数的重敲，以防铝板拉伸，如图 7-53b 所示。

3）不可用收缩锤收缩铝板，以免铝板开裂。

（2）鹤嘴锤和撬棍的使用　对于铝板上出现的小凹陷，使用鹤嘴锤或撬棍撬起非常有效。但要注意把握好力度，不能使凹陷处升高太多，更不能拉伸铝板。

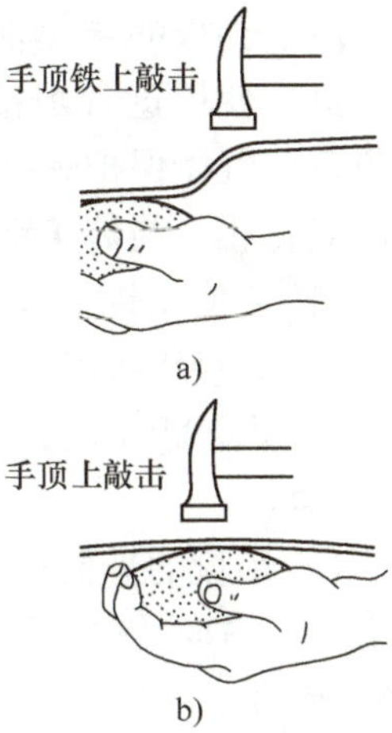

图 7-53　整平铝板

a）虚敲法　b）实敲法

（3）铁锤和修平刀的使用 可以使用铁锤和修平刀对铝板进行弹性敲击，来释放凸脊处的应力。修平刀将敲击产生的力分散到一个较大的范围，使折损处产生凹陷等二次损伤的可能性大为减小。

（4）锉刀的使用 因为铝板较软，在锉削时应减轻施加于车身锉刀上的压力。应使用圆形边缘的车身锉，以免刮伤金属。

2. 铝板的打磨

打磨铝板时需更加小心，不仅要防止高速旋转的砂轮磨穿铝板，还要防止磨削过程中产生的热量使铝板弯曲变形。可以使用36号粒度的松散型砂轮，打磨时要特别注意：只能将油漆和底漆磨掉，不能磨削到金属；打磨2～3次后，应用湿布冷却打磨区域。对于小范围或薄板的打磨，应使用双向运动式砂磨机，转速应低于2500r/min，使用粒度为80号或100号的砂纸和一个具有柔韧性的底座作衬垫。

3. 铝板的热收缩

采用热收缩法收缩铝板时，如使用气焊火焰加热延展的铝板时，由于铝在高温下其颜色无明显改变，所以往往会加热过度。铝在660℃的温度下便会熔化，因此对加热温度的控制十分重要。可以使用110℃时改变颜色的热敏涂料或热敏蜡笔来监控加热的温度，方法如下：

1）围绕铝板的加热区，用热敏涂料或蜡笔画一个环状的标志，如图7-54所示。

2）均匀移动火焰，对延展变形处加热。

3）当热敏涂料或蜡笔标志改变颜色时，停止加热，这时加热处中心位置的温度应在300～420℃之间，离铝的熔点还有相当的余量，这样就有效地控制了加热温度。另外，对于热收缩部位，应极缓慢地进行冷却，以免收缩过度造成铝板变形。

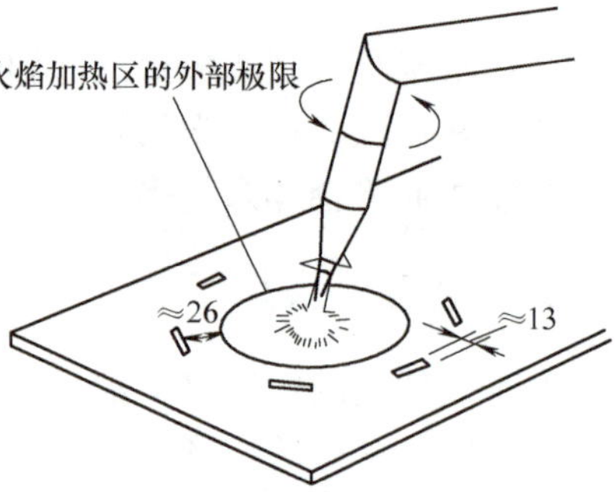

图7-54 使用热敏涂料控制加热温度

4. 铝板的焊接

由于铝板的导热性好，它最适合采用惰性气体保护焊接，使用这种焊接方法，更容易获得高品质的焊接质量。气体保护焊接法还可以起到清洁的作用，移动焊炬时，电弧可清除焊炬前铝板表面上的氧化物。与焊接钢板相比，焊接铝板应注意以下几点：

1）要使用铝焊丝和100%的氮气。

2）焊接铝板时的送丝速度要快些。

3）焊接铝板时，焊炬的使用角度应更加接近垂直，在纵向上，焊嘴与垂直线应成5°～15°夹角。

4）铝板的焊接只能采用前进焊法（左焊法），不能在铝板上进行右向传焊接垂直焊缝，应从下面开始向上焊接，如图7-55所示。

5）应将送丝滚轴上的压力调低一点，以免焊丝弯曲。但也不可将压力调得过低，防止造成送丝速度不稳定。

6）焊接铝板时，保护气体的流量要增大约50%。

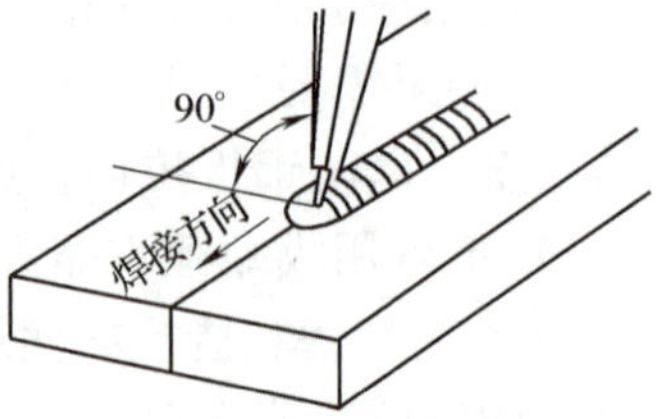

图7-55 铝板的前进焊法

7 UNIT

7）焊接铝板时，会产生更多的飞溅物，应在喷嘴和导电嘴的端部涂上防溅剂。

7.5.2 塑料件修复

塑料板材抗拉强度较低，大约只有钢材的 1/10，且随着温度升高强度减弱，一般塑料件使用温度应低于 80℃。但塑料件具有较强的抗腐蚀能力，且其隔热性、防振动和防噪声性能好，质量轻、不导电、重塑能力强，因而多用于制造车身上形状复杂且易损的构件。

目前汽车车身应用较多的非金属材料主要是塑料，如图 7-56 所示，括号内为塑料种类。

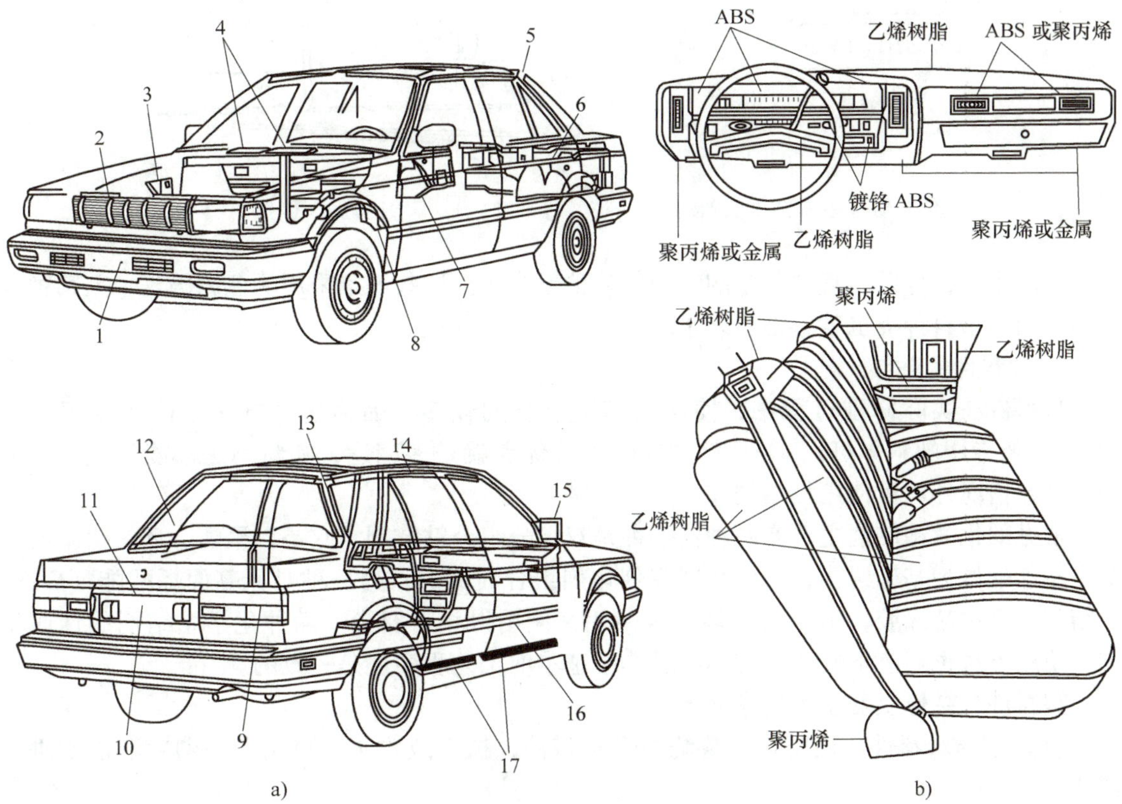

图 7-56 轿车上的塑料件

a）轿车外部塑料件 b）轿车内部塑料件

1—前保险杠（PP 或 PUR） 2—散热器格栅（ABS） 3—前围侧板缓冲层（PP） 4—前围上盖板格栅（AAS） 5—后窗镶边（PP） 6—行李箱边座（PP） 7—后轮室覆盖层（PP） 8—前翼板防护板（PE） 9—后组合灯罩（PMMA 或 PC） 10—后面板饰层（ABS） 11—行李箱盖饰层（ABS） 12—后支柱饰板（PP） 13—天窗支柱覆盖层（PP） 14—天窗 上镶边（PP） 15—后视镜（PP 或 ABS） 16—侧防护板饰条（PVC） 17—踏板（PP）

修理塑料件主要有两种方法：利用化学黏结剂黏结和进行塑料焊接。但在进行具体修复操作之前，应先鉴别塑料的种类，以确定最佳的修理方法。一般来说，热固性塑料用粘结方法，热塑性塑料多用焊接方法。

1. 塑料的鉴别

（1）查看 ISO 识别码 ISO 识别码是一种国际鉴别符号，此码常模压在塑料件上，通常需要拆下该零件来查看符号，如图 7-57 所示。

（2）查阅车身修理手册　修理没有 ISO 识别码的塑料件时，可以查阅车身修理手册，这些手册中往往列出塑料件的种类。

（3）试焊　鉴别塑料类型的另一种可靠方法，是在该零件的隐蔽部位或损伤处进行试焊，如图 7-58 所示。

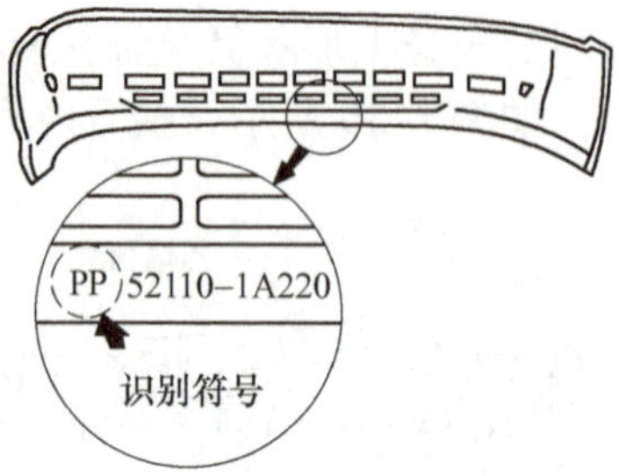

图 7-57　查看 ISO 识别码

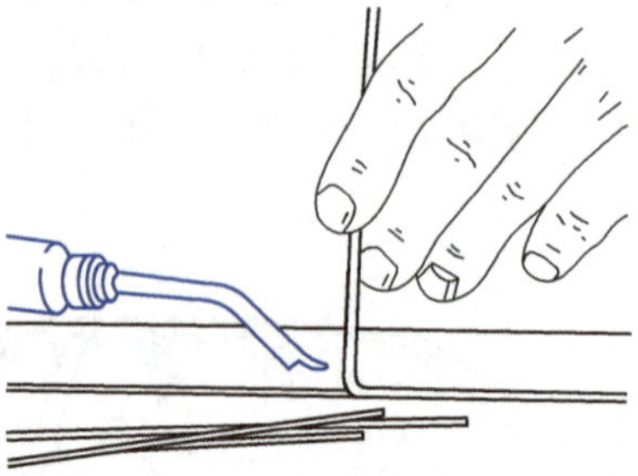

图 7-58　试焊

可试用几种焊条，直到其中的一种能够粘着为止。这些焊条采用颜色编码，一旦某种焊条起作用，塑料种类也就鉴别出来了。

2. 塑料件的粘结

塑料件在实际修理过程中，使用粘结法修复的较多。因为这种方法不需要专用设备（焊接需要专用塑料焊机），并且粘结法的主要优点就是多用途，塑料不是都能焊接的，但是除少数情况外均可使用粘结剂。

常见的化学粘结剂主要有两种：一种是双组分组合粘结剂，它是以聚酯、环氧树脂或氨基甲酸乙酯作为基础树脂，与硬化剂或催化剂组合而成的；另一种是氰基丙烯酸酯（CAS）粘结剂，又称超级胶，由于它不能经久耐用，使用得相对要少。两种化学粘结剂的性质不同，使用方法也略有不同，但在粘结操作中基本的工艺程序还是一致的。

塑料件粘结修复的基本程序如下：

（1）清洁塑料件　用肥皂水清洗整个塑料件，拭干或吹干，再用专用塑料清洁剂进行清洁。

（2）矫正变形　塑料件如有变形，需要先矫正变形，如图 7-59 所示。

可使用红外线灯加热变形部位及其周围，调整灯光，使塑料件表面温度达到大约 40℃，保持该温度 10～20min，然后再将变形部位的表面温度升到 60℃，保持大约 5～10min，大的变形部位将回复到原来的状态，其余小的变形用手修整即可，如图 7-60 所示。

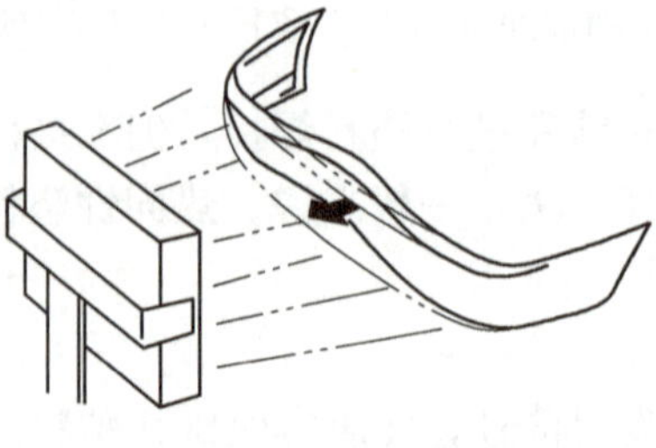

图 7-59　矫正变形

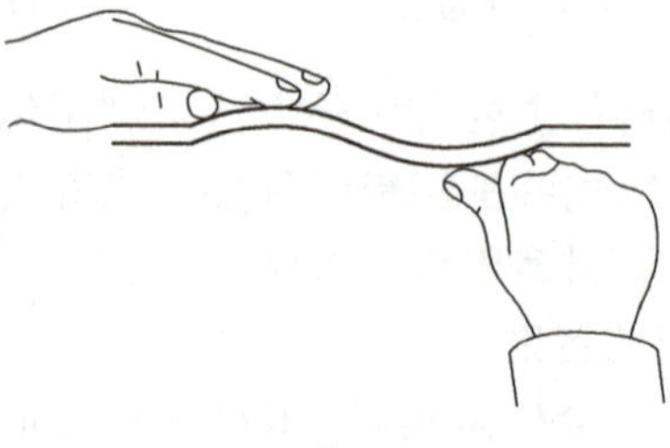

图 7-60　矫正小的变形

(3) 在裂纹末端钻孔　对于塑料件上的裂纹，应使用4mm直径钻头在裂纹末端钻一个孔，防止裂纹进一步发展，如图7-61所示。

(4) 打磨V形槽　用砂磨机（120号砂纸），在损伤处打磨V形槽，用180号砂纸把损伤部位周围的油漆磨除并把磨屑吹掉，如图7-62所示。

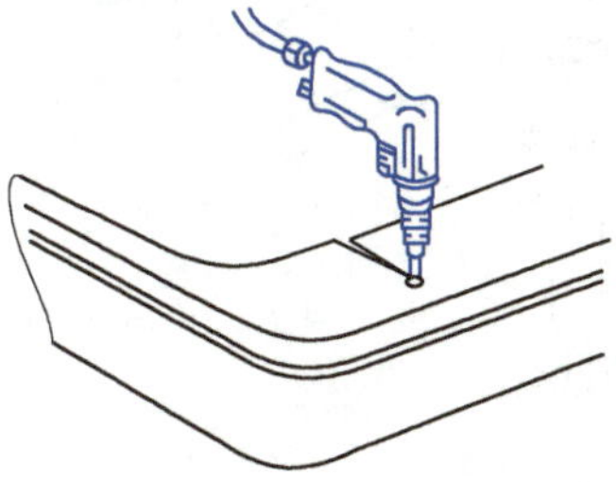

图7-61　在裂纹末端钻孔

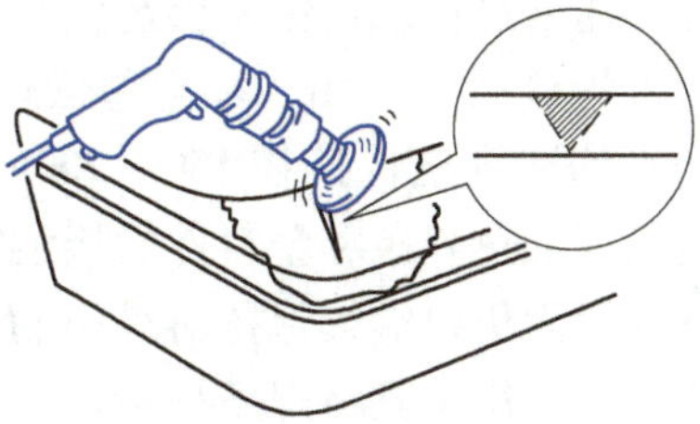

图7-62　打磨V形槽

(5) 增强损伤处的背面　根据损伤的严重程度，确定是否增强损伤处的背面，如需要，将调配好的粘结剂放在一块玻璃纤维布上，把浸透粘结剂的玻璃纤维布贴到损伤处的背面（使用双组分环氧树脂粘结剂时，应先在塑料底板上涂粘结促进剂），并在开裂部位的末端固定一块辅助材料（如薄铁板），用夹子夹住以防裂纹处错位，按照粘结剂使用说明的要求（温度和时间）进行固化，冷却后拆下夹子，如图7-63所示。

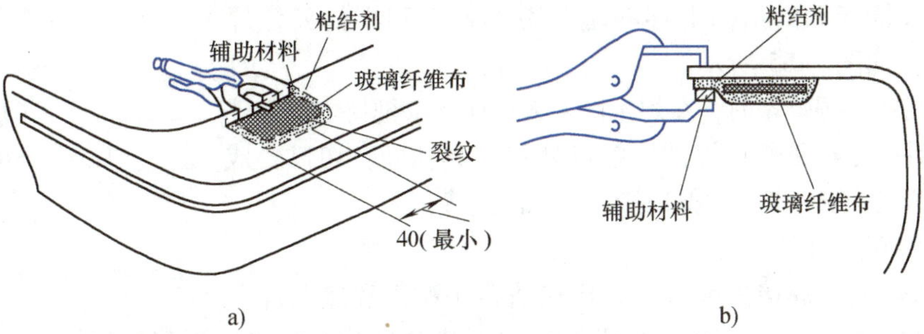

图7-63　增强损伤处的背面

a) 俯视图　b) 横断面

(6) 涂粘结剂　在塑料件正面磨好的修理部位处涂上粘结促进剂，将调配好的粘结剂涂在修补部位及其周边，并按规定进行硬化处理。

(7) 打磨整个修理部位　上述操作完成后，最后用80号砂纸对粘结部位进行粗磨，然后用180号砂纸和240号砂纸打磨整个修理部位，打磨时用力不能过大，以防塑料件变形。

3. 塑料件的焊接

塑料焊接主要有热空气焊接和无空气焊接两种。

(1) 热空气塑料焊接　它是利用热空气焊炬产生的热空气加热塑料接缝，使其软化，同时将加热的塑料焊条压入接缝而进行焊接的。热空气手工焊接如图7-64所示。

开始焊接时，焊嘴应指向焊条，焊条端部切成60°角并垂直于焊件，使热空气交替吹向焊条和焊件，当两者同时被加热到略带亮光且具有黏性时，用较轻的压力把焊条压向焊缝，焊条便会黏住焊件。在焊接过程中，应保持焊嘴与焊缝的距离为10～12mm，焊炬的倾角在30°左右，并做扇形摆动，使塑料板焊缝处得到更多的热量且受热均匀。此时还应注意保持焊接热量和压力的适当均衡，压力过大会使焊缝扩大，而热量过多会使塑料焦化、扭曲，同时焊接速度和焊条的熔化也应配合协调，焊接速度过快或过慢，会造成焊条与焊件熔接不良，或焊条落入焊缝后成一团，都会降低焊缝的连接强度。手工焊接时的平均速度应保持在150～200mm/min。焊接即将完成时，应迅速加热焊条和塑料件的接触区域，并停止焊条移动。拿开焊炬后仍要继续保持对焊条的压力，直到焊条和焊缝充分冷却后，用工具将焊条拧断。

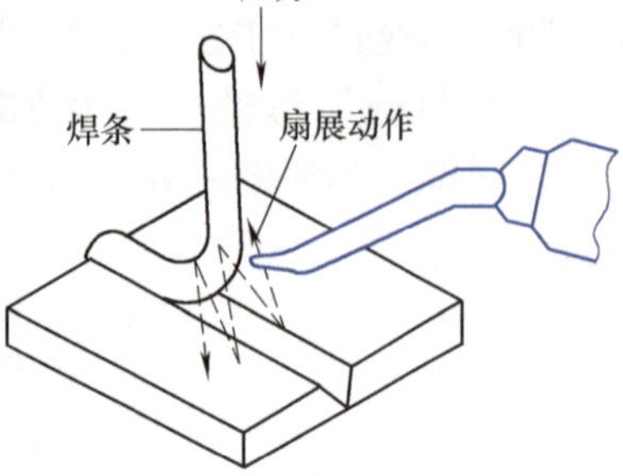

图7-64　热空气手工焊接

使用热空气焊机焊接塑料件时，焊接温度不可过高，焊炬的空气温度可通过加热线圈调节，一般情况下在280℃左右，有时可通过焊嘴至焊缝距离适当控制。良好的焊缝应在焊缝两侧出现小流线或波纹，说明焊条与塑料焊件完全熔合。焊条不应比焊前拉长或压粗，与原来圆形断面相比，应略显扇平状。如果焊条与焊件间没有完全互熔，焊缝中有明显的焊条形状，说明焊接热量不足；如果焊缝出现皱折或变为棕黄色，则说明焊接温度过高。

在手工焊接过程中，施加在焊条上的施压力应保持一致。随焊条逐渐消耗，操作者需要调整焊条的握持位置，所以焊接人员必须掌握在手指改变位置时，连续向焊条施加压力的技术。其方法是：在拇指和食指向上移动时，用无名指和小指夹住焊条施加压力，如图7-65所示。

当需要另接一根焊条时，在焊条尚未太短而不够把持之前即停止焊接，随后在焊条和塑料焊件接触点处用工具切断，切口要成60°角，新焊条也切成60°角，保证接合处平滑过渡。

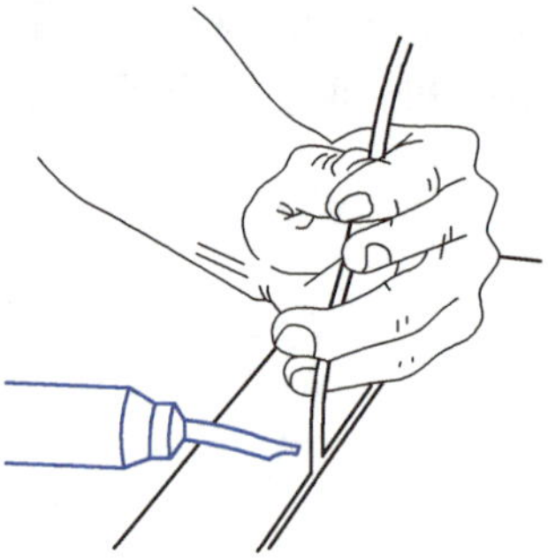
图7-65　塑料焊条握持方法

焊嘴主要有三种类型：

1）圆形焊嘴。焊接速度较慢，比较适合小型件和复杂件上短焊缝的焊接，尤其适合焊填小的孔洞，以及尖角部位和难以靠近部位的焊接。

2）定位焊嘴。主要用于断裂板件或长的焊缝在真正焊接前的定位焊。进行定位焊时，必须将断口对准、固定，不使用焊条，而是将喷嘴头压紧在断口底部，使两侧板件同时熔化形成定位焊点。必要时还可断开重新进行定位。

3）快速焊嘴。主要用于长而直的焊缝。快速焊嘴夹持着焊条，并对焊条和焊件进行预热。一旦开始焊接，焊条自动进入预热管，由焊嘴端部的尖形加压掌向焊条施加压力，所以用一只手就可完成操作，而且焊缝更加均匀一致，焊接速度也提高很多，平均速度可达1000mm/min，如图7-66所示。

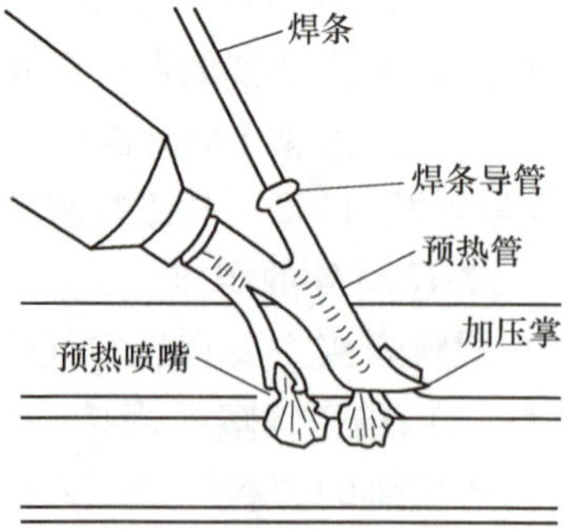

图7-66　快速焊嘴

热空气塑料焊接步骤如下：

1）把焊机调节到适当的温度。

2）用专用塑料清洁剂清洗零件。

3）在损伤部位开坡口为60°左右的V形槽，如焊件较厚则开X形槽，坡口宽度为6mm。

4）用定位焊或铝质车身胶带将断裂处粘结固定。

5）选取最适合该类型塑料及损坏状况的焊条和焊嘴。

6）按要求进行焊接，焊完后冷却硬化30min左右。

7）打磨修整焊缝，以获得适当的轮廓和外形。

（2）无空气塑料焊接　无空气塑料焊机是一种新型的塑料焊接设备。在焊炬中，电热元件直接对焊条加热，然后将熔化的焊条压入焊件的V形槽内进行焊接，所以对于热固性塑料也可使用无空气焊机来“焊接”。与热空气焊接法相比，这种焊接技术具有费用低、容易掌握、操作简单和用途广泛等优点。

使用无空气焊机时，首要的也是非常重要的一步就是：要根据所焊接的具体塑料件，调节好合适的温度。至于焊条的选择，除尺寸外还要考虑兼容性，就是焊条的材质要与焊件相匹配。选定焊条后，最好用一小段焊条穿过焊炬，这样在开始焊接前清理一下焊嘴。

课题6　修补涂装作业常识

现代汽车车身材料大多都是金属，尤其是主体车身，一般使用的都是钢板或者铝合金等合金材料。汽车涂装是汽车车身制造过程中非常重要的工艺，这一过程中的涂装称为原厂汽车涂装，它虽然不会影响汽车的使用功能，但却直接影响到汽车的使用寿命、外表美观和整车价值等。典型的原厂汽车涂装工艺包括涂装前预处理、涂料的施涂和漆膜的烘烤三大工艺。

汽车因交通事故造成车身损伤需进行修补或整车翻新，称为汽车修补涂装。汽车修补涂装是车身钣金修理作业的延续，也是最后一道工序。汽车修补涂装的目的与原厂涂装相同，但是由于生产作业环境、作业内容和作业性质等方面的不同，涂装工艺方法却不尽相同，本课题只简单介绍修补涂装工艺的相关内容。

7.6.1　涂料的基本知识

1. 汽车涂料的发展历史与趋势

在1924年前，所有涂装工作都是使用油制涂料，就是把烟尘、轻煤或其他颜料与树脂混合，这类涂料需要一个月时间才可以完成涂装工作。第二次世界大战前，硝基漆替代了油制涂料，硝基漆最大的好处是干燥快、使用简单。二次世界大战后，醇酸合成树脂的油漆也开始广泛使用，这种油漆的特点是覆盖性良好，不需抛光也可以得到良好的光泽，而且耐天气的性能非常好。

20世纪70年代前，单组分的丙烯风干漆也相当受喷漆工人喜爱，它不但干燥快、使用简单，光泽和耐天气性能都比硝基漆好。

20世纪70年代，也是汽车维修油漆一个重大发展的年代，双组分的聚氨基丙烯油漆在汽车维修喷漆中起了重大的变化，无论在喷漆设备、工艺还是效果方面都有重大突破，由此成为汽车维修喷漆的主要材料。它的光泽、耐天气性能与原厂汽车生产的油漆极为相似，这类油漆差不多占领了整个市场。

作为汽车漆面修补的维修人员，不仅要懂得如何使用现有漆，同时也要洞悉油漆的发展趋势，以提高自己的竞争力。

2. 涂料的基本知识

涂料是一种含颜料或不含颜料的有机分子胶体的混合物溶液或粉末。涂料涂装在物表面上能结成较为牢固的膜层，通常被称为油漆。

涂装的目的：保护、美观和识别的作用。

下面介绍一些基本术语。

(1) 腐蚀　当金属和周围介质接触时，由于发生化学作用或电化学作用而引起的材料性能的破坏，叫做金属的腐蚀。

(2) 电镀　电镀是利用电解原理将一种金属或多种金属镀到另一种金属表面上的过程。

(3) 涂装　涂装是在金属的表面均匀喷涂上防腐材料和油漆的过程，作用为防腐和装饰。

(4) 油漆（涂料）　涂料是一种流动状态或粉末状态的有机物质，将其涂布在物体表面上能干燥固化形成一层薄膜，均匀地覆盖和良好地附着在物体表面。涂料由 4 部分组成：树脂（成膜物质）、颜料、溶剂和添加剂，如图 7-67 所示。涂料的分类方法很多，按照用途分为木器涂料、建筑涂料和工业涂料等；按照工序可分为底漆、原子灰、二道漆和面漆；按照涂料专用效果则可以分为绝缘漆与防腐漆等。

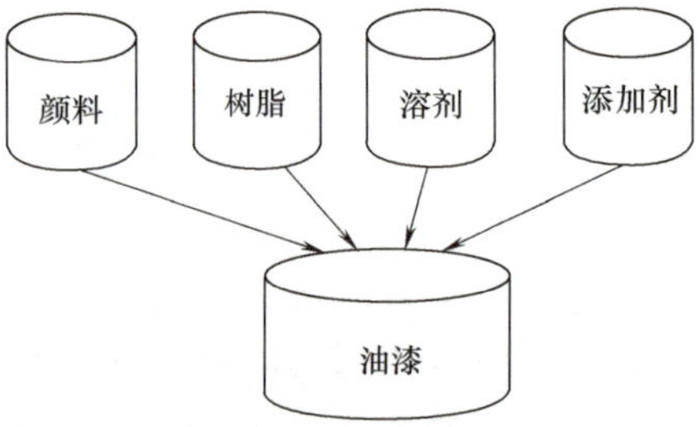

图 7-67　涂料的组成

1）树脂。树脂是形成漆膜的主要物质成分（见表 7-1），它决定了漆膜的主要性能。它在涂料储存期间内，性能稳定，不会发生明显的物理或化学变化。在施工后，树脂和颜料一起形成固化漆膜。树脂一般为天然油脂、天然树脂和合成树脂。

表 7-1　涂料的主要成分

序　号	树 脂 类 别	主要成膜特质
1	油脂	天然植物油、鱼油和合成油等
2	天然树脂	松香及其衍生物、虫胶、乳酪素、动物胶和大漆等
3	酚醛树脂	酞醛树脂、改性酚醛树脂和二甲苯树脂
4	沥青	天然沥青、煤焦沥青、硬质酸沥青和石油沥青
5	醇酸树脂	甘油醇树脂、季戊四醇及其他醇类的醇酸树脂等
6	氨基树脂	脲醛树脂、三聚氰胺甲醛树脂
7	硝基纤维树脂	硝基纤维素、改性硝基纤维素
8	纤维酯	乙酸纤维、苄基纤维、乙基纤维和乙酸丁酸纤维等
9	过氯乙烯树脂	过氯乙烯树脂、改性过氯乙烯树脂
10	烯类树脂	合烯类聚合物树脂、含氟树脂和石油树脂等
11	天丙烯酸树脂	丙烯酸树脂、丙烯酸共聚树脂及其改性树脂

7 UNIT

（续）

序　号	树脂类别	主要成膜特质
12	聚酯树脂	饱和聚酯树脂、不饱和聚酯树脂
13	环氧树脂	环氧树脂、改性环氧树脂
14	聚氨基甲酸酯	聚氨基甲酸酯
15	元素有机聚合物	有机硅、有机钛和有机铝
16	橡胶	天然橡胶及其衍生物、合成橡胶及其衍生物
17	其他	以上16类以外的成膜特质，如无机高分子材料等

2）颜料。颜料是涂料固化成膜的另一个主要成分，颜料呈现颜色，遮盖底层是它的基本功能。除此以外，在某些特定要求下，颜料具有防腐、防污、增强机械性能、提高耐久或其他功能。

3）溶剂。它溶解成膜物质，并将涂料黏度降低，使其适合于施工操作。溶剂的性能可以通过以下几个方面进行评价：溶解能力、挥发速率、折光指数、闪点和毒性。常用的溶剂有信那水。

4）添加剂。助剂在涂料中的含量很少，但是它在涂料中对改善涂料的性能、保证涂装品质起着重要的作用。它有以下几个品种：催干剂、防霉剂、固化剂、紫外线吸收剂、悬浮剂、流平剂、柔软剂和消光剂等。

催干剂是一种能够加速漆膜干燥的物质，对于干性油膜的吸氧、聚合作用起着类似催化的作用。

固化剂是在涂装修补中最常用的辅助材料，有的也可以作为成膜物质。它与涂料中的树脂混合后进行固化交联反应，或引发树脂进行固化反应。

流平剂一般为一些高沸点溶剂，在喷涂施工后，低沸点溶剂挥发，高沸点溶剂滞留于油漆涂膜内，延长漆膜润湿时间，促使漆膜舒展平整。

（5）涂料的命名　可用下列公式表示：

涂料的命名 = 颜色或颜料的名称 + 成膜物质的名称 + 基本名称

例如：铁红醇酸底漆、白丙烯酸磁漆等。

（6）涂料的代号　随着越来越多的国际品牌的汽车进入国内市场，汽车涂料的代号也随之发生了很多变化。很多厂家的相同涂料采用不同的代号。这需要漆面修复人员在工作中针对不同车型来选用供应商提供的不同代号的涂料。

（7）涂层　涂层是将底漆、原子灰、面漆、罩光漆按照一定的比例和顺序喷涂在汽车金属表面的一系列工作。在汽车漆面修复作业中，各种不同的车辆涂层的类别不一样，有着不同的分级标准和技术要求，一般可分为装饰性涂层和保护性涂层。

（8）底漆　油漆系统的第一层，喷涂在底材表面，可提高面漆的附着力。喷涂时要考虑到底材的处理、耐水性以及工具的施工性能等。

（9）原子灰（腻子）　原子灰是在成膜物质（树脂）中，加入适量的颜料、催干剂和溶剂调制而成的一种厚浆状物质，具有容易干燥、涂施方便、干后坚硬和能耐砂磨等特点。原子灰的主要作用是改善车身构件表面的平整度，使涂层表面光滑。合理使用原子灰是汽车涂装修复作业一项非常重要的工作。

原子灰是中间涂层，要求其与底漆、面漆有很好的结合力和配套性以及良好的干磨性能。漆面修复人员应按照供应商提供的汽车漆面修复资料的标准来选用原子灰。

在原子灰与面漆之间的涂层可称为中间层涂料，它主要包括二道底漆和封闭底漆，用于填补原子灰上细小缺陷、道痕。

（10）面漆　面漆是汽车涂装工序中最后一个工作，它的各项性能指标直接影响到汽车涂层的使用寿命和汽车的自身价值。

7.6.2　调色理论

一般车身涂料都要经过适当的调配后才能使用。若要掌握漆色的调配技巧，首先要对色彩的基本知识进行了解。

1. 颜色的三大属性——色调、亮度和色度

要描述颜色，必须通过三个方面，即色调、亮度和色度，这亦是常说的颜色的三大属性。

（1）色调　色调也称色相，常用的是红、橙、黄、绿、青、蓝、紫七大色调。

（2）亮度　亮度也称色品、明度或者白度，就是我们常感受到的明暗差异。同一种色调的颜色有不同的亮度，比如红色就有深红和浅红之分，而因为深红不如浅红明亮，所以深红的亮度就不如浅红的亮度。同样，不同的色调也有不同的亮度。例如在太阳光谱中紫色亮度最低，红色和绿色亮度中等，黄色亮度最高，人们感到黄色最亮就是这个原因。

亮度一般用黑白表示，越接近白色，人感受到的亮度就越高；相反，越接近黑色，亮度越低，所以在调色时，黑色和白色能够最快、最明显地影响颜色的亮度。图7-68所示是由暗到深的亮度。

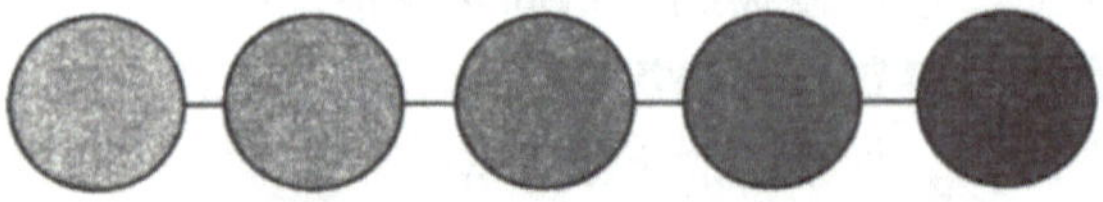

图7-68　由暗到深的亮度

（3）色度　色度是表示颜色距离亮度与其相同的灰色的程度，越接近灰色就越没有色彩，色度越低；越远离灰色的颜色的色彩就越鲜艳，色度越高。色度是颜色在心理上的颜色鲜艳与否的感觉，也称为纯度、饱和度或者彩度。图7-69表示由低色度向高彩度的渐进。

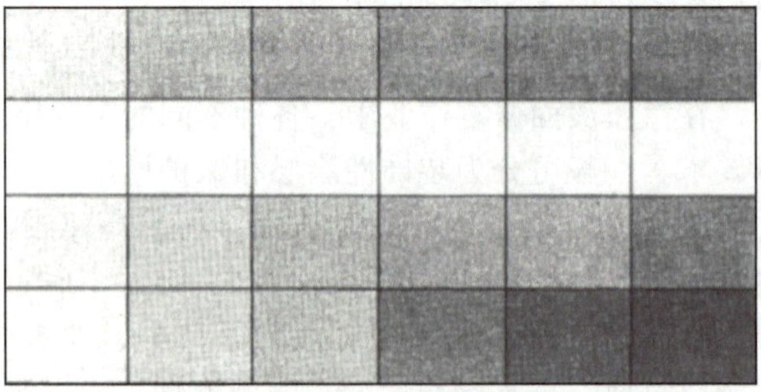

图7-69　由低色度向高彩度的渐进

每个色调能够达到的最高色度是不同的，红色的色度最高，绿色低些，其他居中，黑色、白色和灰色的色度最低。

2. 调色的材料、工具和设备

调色材料就是汽车修补涂料中的色母，工具和设备则包括调色架、电子秤、色卡资料、颜色登记册、配方光盘、计算机和喷涂样板。条件好的调色间还会配备比色灯箱，改善阴天或晚间调色的条件。

（1）色母　顾名思义，色母就是颜色之母（图7-70），用其可以调配出各种需要的颜色。目前所有汽车修复涂料品牌主要采取两种方法设计色母系统：一种方法是把色母分成两个系列，一个系列是单工序面漆的色母，一个系列是双工序面漆的色母；另一种方法是只使用一套色母，调色后在色母中加入树脂，由加入的树脂类型决定面漆是单工序性质还是双工序性质面漆。汽车涂料千变万化的颜色都是由数量有限的色母调配而成，所以调色人员必须掌握所使用的涂料品牌的色母特性，汽车修复涂料供应商会提供色母指南之类的资料和培训，指导调色人员正确使用色母。

图7-70　色母

（2）调色架　调色架又称色母搅拌架、调色机和调漆机，如图7-71所示。罐装涂料打开后盖上专用的带搅拌桨的盖子放在调色架上，调色架电动机起动，在传动装置的作用下，可以均匀地搅拌调色架上的所有色母。一般而言，调色架有大型和小型之分，常用的大型架可以放置100多罐色母，小型架可以放置60多罐色母。当然，还有一些其他规格的调色架。

图7-71　调色架

（3）电子秤　电子秤作为称量色母工具，是精密的设备。如图7-72所示，它应该放置在调色架的附件上以方便称量。同时它要求放在厚实的桌面上，而桌子要放置在坚实的地面上，避免在工作中受振动而影响精度。

在称重色母的过程中，不要把涂料罐重重地放在桌子上，称重时要避免强风吹过，这些都会引起读数不稳定。不要在电子秤上搅拌色母，这样会损坏电子秤或降低其精度。应按照说明书的指示，定期校正电子秤，电子秤归零时读数显示如图 7-73 所示。

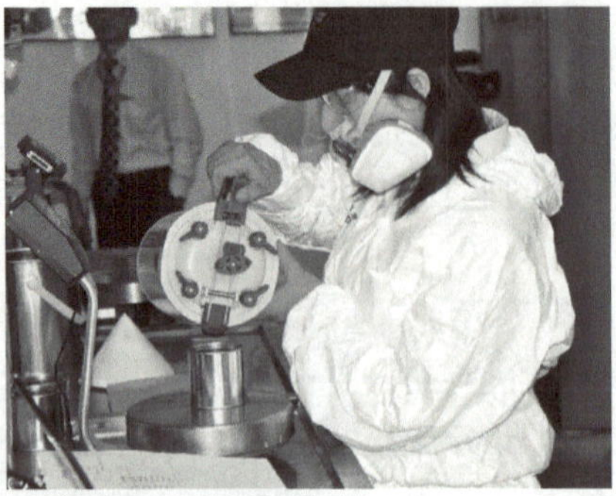

图 7-72　电子秤称量色母

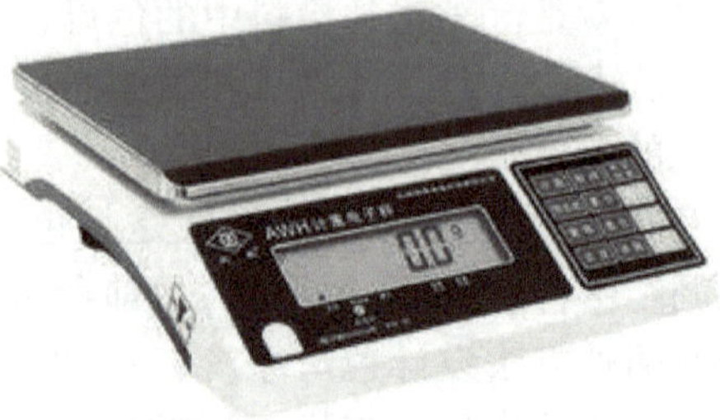

图 7-73　电子秤的显示读数

（4）色卡资料

1）色母指南。色母指南是由汽车修复涂料供应商提供的，表现其色母特性的色卡。各家供应商所提供的色母指南有所不同，但目的是相同的，也就是使调色人员能够明了、直观地理解该品牌色母的特性，以方便调色。

2）色卡。所有知名品牌的涂料供应商除了定期为其客户提供国际市场上最新推出的汽车颜色的配方外，还会给客户提供这些汽车颜色的色卡。

色卡是很重要的调色工具，一套完整、齐全的色卡会起到事半功倍的效果。即使在现代最严格、科学的控制下，在生产线生产的汽车在颜色上还是会存在误差的，这就是差异色。

3）颜色配方系统。目前，储存颜色配方的介质多为光盘，利用计算机程序阅读，计算机中的配方系统界面如图 7-74 所示。其具有更新迅速、方便，数据存储量大的优点。由于计算机还有更强大的功能，某些涂料厂家还能利用配送给客户的计算机软件完成一些功能以达到服务增值的效果。

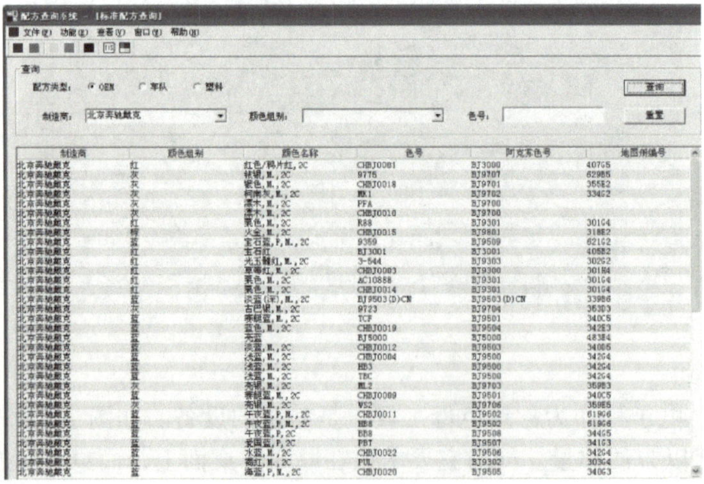

图 7-74　微机中的配方系统

现阶段多家国际大涂料公司都采用网上配方方案，目的是把准确、详细的配方在最短的时间内让客户知道，第一时间了解客户困难，并给予指导和帮助。

3. 色漆的种类

由于油漆技术的发展，现代的汽车有着丰富多彩的外观颜色。考虑到在汽车面漆修复过程中涉及的油漆颜色种类，粗略地可以分成三大类：素色漆、金属漆和特殊效果色彩。素色和金属色几乎涵盖了当今所有汽车颜色。在实际应用时，习惯把其中的金属色漆细分为双工序金属漆和三工序金属漆。

这里以调配喷涂素色漆做基本训练，因此主要介绍素色漆的相关内容。

（1）素色漆　素色漆也叫纯色漆或者实色漆，与金属漆不同，喷涂的因素对素色漆颜色的变化影响比较少，所以这类颜色既相对容易调配，也是调色的基本功。

在大多数的修理厂，对于素色漆一般使用单工序漆的工艺，这样既方便快捷，又省时省力。素色漆色母一般要求高遮盖力、高饱和度、施工后有高的光泽度。

（2）素色成品漆的修补微调

1）确认成品漆与车身的色差。

2）查色号或比对色卡，如有差异色，找出最接近车身颜色的配方。

3）参考色轮海报或色母特性表，分析配方色母色相。

4）选择配方中已有的色母，如有需要，再参考色轮海报进行微调修正。

（3）调配素色漆的注意事项

1）尽量选择纯度高的色母。当今汽车在素色选择上喜欢明快、鲜艳的颜色，以红色、蓝色、黄色为主。这些颜色调配要根据需要少用黑色母，偶尔会用相当数量的白色色母调节亮度和鲜艳度，但要注意这会造成一定程度的颜色混浊。

2）尽量不选用低强度的色母作为主色，即使不得不选用时，也要尽量搭配使用高遮盖力的色母，这种情况以鲜艳的红色最为常见。

3）白色使用一段时间以后会变得稍黄。

4）调配白色时尽量选用低强度色母，就是透明的色母，强度高的色母其浓度一般是低强度色母的6~10倍，即使一升里面只有一滴，在白色中也能明显地反映出来。

5）黑色的表面光泽对判断其色差起着决定性的作用，新喷涂的黑色由于表面光泽太高容易给人造成新修理漆面过黑的误差，可以先打蜡抛光再进行比较。

6）当调配因时间暴露而褪色的颜色时，可以添加少量的白色或者黄色色母。

4. 调色流程

虽然现今汽车的颜色丰富多彩，但是我们不用对每一个颜色都从无到有地做涂料配方。修补涂料品牌的公司提供了市场上最常见的颜色配方供客户使用。现在对各个步骤进行较为具体的讨论。

（1）检查原厂颜色代码　查找车身上的标牌，在标牌上找出颜色代码。颜色标牌是国际上所有规范的汽车生产商都会在车身上提供的，它是注明车身颜色的标记。这种标牌可能是金属牌，铆在车身内表面上；也可能是一张贴纸，贴在车内不明显的地方。根据车的颜色代码，可以在已知品牌的修补涂料厂家的配方库内查找颜色配方。

（2）参考颜色数据库　从车身标牌或色卡得到颜色代码后，就可以从色卡箱中查找相应的色卡，与原车颜色做比较。涂料供应商会提供多种色卡，对于大多数的汽车颜色都提供至少一个标准颜色色卡，很多时候常常有多个差异色卡供选用，在比较和选择时应该找到所有的标准色卡和差异色卡一起比较，确定最准确的一个。选择好了色卡以后可以查找到相应的颜色配方。所谓颜色配方，就是列出某个颜色所使用的色母以及每个色母的用量。

（3）准备色母　根据选好的色卡和配方，应该准备所需的色母。准备色母时需要确认：色母已经搅拌均匀，色母的数量足够，调配涂料的罐是干净的，电子秤已校准，搅拌尺已经准备好。

（4）称量色母　先决定哪些色母的数量保持不变，哪些色母应该减少或增加，写出配方。当一切都准备好后，开始称量色母。称量色母时要注意以下几点：

1）最好一次把数量调够，没有把握的先根据配方调出小样。

2）对某个色母数量没有完全把握，可以先少加点。加入色母不能再拿出来。

3）应该把电子秤放在厚实的桌面上，这样可以减少因为振动引起的误差。

4）一滴色母的质量在0.02～0.05g之间，因色母密度不同而异，电子秤不具备四舍五入的功能，如0.28g，电子秤显示0.2g，所以实际的质量一般比显示的大。因此，在理论上要准确调配一个配方，每个色母的最小加入量应该在0.5g以上，这样可以提高精度。

5）使用累积质量和单独质量的区别。很多调漆人员每次使用完电子秤后不归零，每次误差不断积累后，后面所加的色母会偏少。如涂料的质量是5.18g，显示是5.1g，这时只要加一滴色母，电子秤立即显示5.2g。这种差量虽然不大，但在加入少量对颜色影响较大的色母时，误差就会很大。实际选择使用哪种称量方式要灵活掌握，重要的是要知道有哪些误差会影响调色精度。

（5）喷涂试板　喷涂试板是很重要的一步，湿涂料的颜色不能真实反映干涂膜的颜色，特别是金属漆中银粉的颗粒和亮度，不经过喷涂不可能把握得准确。试板的面积不宜太小，太小则对颜色的分辨不准确。

（6）检查颜色　把喷涂的试板与试板车身比较，颜色符合就可以施工，颜色不符合就需要微调。检查试板颜色需要注意以下几点：

1）在光线充足的地方，最好在室外，以免受灯光、装饰物的反射光影响。

2）不要在阳光直射的地方检查颜色，不要在光线不足时检查颜色。

3）当不得不在日光灯或烤房内检查颜色时，注意分辨色差和颜色异构之间的区别。

4）存在微小色差时，正确判断哪些是必须微调的，哪些是可以利用喷涂方式解决的。

5）充分考虑周围的影响因素，如墙壁、车辆；还要考虑车身修补区域的影响因素，如遮阳膜、氧气、老化、失光等。

（7）调色时的注意事项

1）调色时加入的色母尽可能是配方中所用到的色母。若需要加入配方外的色母，必须在不同光源下比较颜色，即除日光外，还应该在较强亮度的白炽灯和荧光灯下比较，避免颜色异构。

2）颜色总是从鲜艳色到混浊色调整，即只能降低色度。加入的色母数量越多，颜色越混浊。

3）不要加入在色轮上的色调与涂料色调相对的色母，这会使颜色再变混浊。

4）必须喷涂样板，并且样板上的涂料要完全遮盖，待涂料完全干燥后比较颜色，尽可能对样板与车身修补部位的附近的涂膜颜色进行比较。

5）充分利用上述调色工具、色母指南和色轮。色母指南介绍了每个色母的特性及其加入涂料中所能产生的效果，色轮上列出了各个色母的位置，可以让我们正确地评价色母之间的关系，以选择合适的色母加入涂料内。注意只能在主色旁边的颜色区域中选择色母。

6）在自然日光或者模拟日光光源的灯箱内调色，不要在直射阳光下调色。

7）喷涂样板纸质要好，要不易吸收涂料，否则样板与车身的喷涂效果不相同。

7.6.3 修补涂装的工具设备

车身涂装设备所使用的设备和工具，是影响车身涂漆品质的关键性因素。下面介绍常用的修补涂装的工具设备。

1. 刮涂工具

为了使汽车表面平整光亮，需要使用刮涂和打磨工具，刮涂工序主要是刮原子灰，刮涂使用的主要工具是刮具，俗称刮子。其中分为硬刮具和软刮具两种，应根据不同情况灵活选用，常见刮具如图 7-75 所示。

图 7-75 常用刮具

硬刮具是泛指那些有一定弹性和硬度的刮具，如牛角刮子、硬聚氯乙烯板刮子和胶木板刮子等，硬刮子刃口较薄，易于对刮涂过的表面进行修整，刮具要求弹性好，能弯不折，不变形。

软刮具是指端口较软的橡胶刮具，如胶板大刮子、木柄橡胶小刮子等。软刮具中，端口中间的直线度好并且十分光滑，这种类型的软刮具用起来省力便捷，适合用往垂直平面上刮原子灰。

此外，一些手托板等软刮具的夹具等，也是刮涂原子灰工作中不可缺少的辅助工具。正确握持刮具的方法如三指法适合小型刮具、五指法适合大型刮具，如图 7-76 所示。

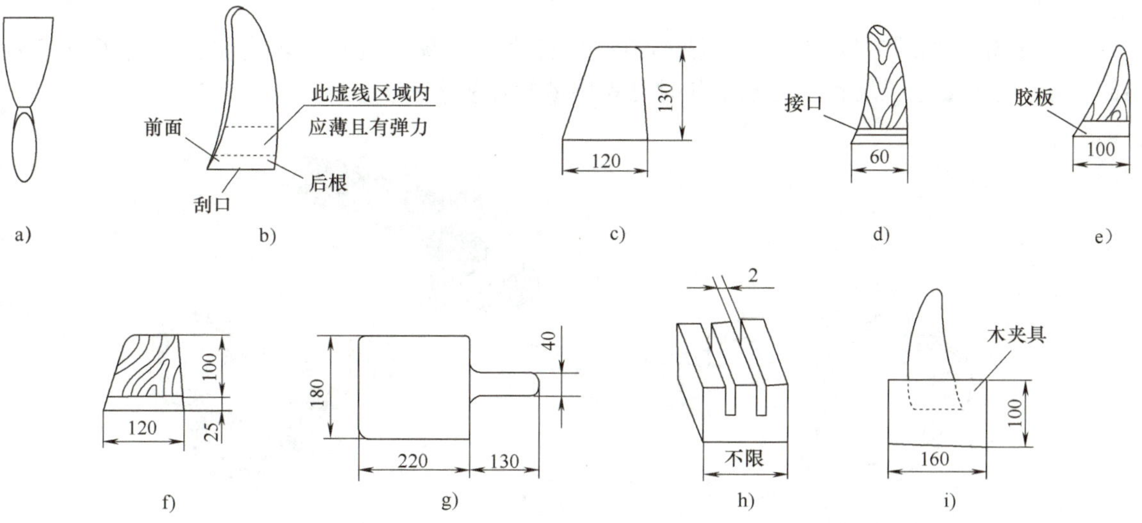

图 7-76 刮具的使用

a）油灰刀 b）牛角刮子 c）聚氯乙烯刮子或薄钢片刮子 d）中型木柄橡胶刮子 e）木柄橡胶斜口刮子 f）木柄橡胶大刮子 g）原子灰手托板 h）旋转橡胶软刮子的夹具 i）放置方案

2. 打磨工具

现阶段的汽车喷涂的打磨工具多采用机械或半机械打磨方法。

（1）气动打磨工具　气动打磨工具主要有气动打磨机、气动砂轮、钢丝轮和抛光轮等，主要作用是清除钢铁表面的旧涂层、铁锈、旧漆、打磨原子灰、抛光和上蜡等，可以减轻劳动强度，提高工作效率。

（2）电动打磨工具　电动打磨工具主要有电动砂轮机、布轮和磨原子灰机等。其主要作用和风动打磨工具一样，比风动打磨工具使用方便。使用时应穿戴好劳保用品和采取必要的安全防护措施。经常用的打磨机有以下几种。

1）圆盘打磨机。圆盘打磨机以快速转动的形式用于清除旧漆膜和准备焊接前的工作，如图 7-77 所示。

2）轨迹式打磨机。轨迹式打磨机主要用于打磨原子灰或喷灰，如图 7-78 所示。

图 7-77　圆盘打磨机

图 7-78　轨迹式打磨机

3）双作用打磨机。双作用打磨机的旋转方式像月球围绕地球的方式，主要用于打磨斜边、原子灰或喷灰等，如图 7-79 所示。

（3）打磨材料　打磨材料是汽车喷涂中必不可少的材料，打磨材料主要有砂轮、砂纸和抛光膏等。

1）砂轮。如图 7-80 所示，主要用废砂轮打磨原子灰，但质量较为粗糙。为了节省砂纸，在打磨头道原子灰和二道原子灰时可先用砂轮片粗磨一下。

图 7-79　双作用打磨机

图 7-80　砂轮

2）砂纸。砂纸是进行底层除锈、打磨原子灰的主要材料，是将磨料粘结在纸上制成的，详见表 7-2。砂纸的磨料主要由氧化铝粉制成。根据磨料的粒度大小可以分为多种规格，筛目数通常印在砂纸的背面。数字越大，摩擦粒子越细。在汽车中涂时所使用的筛目数通常在#60 ~ #2000 之间。

表 7-2　砂纸

砂纸											
砂纸	日本	#60	#80	#120	#180	#240	#320	#600	#1000	#1500	#2000
	美国	60	80	120	220	—	240	360	600	—	—
	欧洲	P60	P80	P120	P220	—	P240	P500	P1200	P1500	—
工作类别		清除漆料；打磨羽状边缘；打磨中间漆；打磨聚酯原子灰；驳口打磨；面涂后之抛光工序									

3. 喷涂工具

喷涂工具是车身涂装作业中所不可或缺的重要工具，车身涂漆主要采用空气喷涂的方法，喷漆枪（也叫喷枪）是主要的喷涂工具。喷枪按功能分为面漆喷枪（图 7-81）和底漆喷枪（图 7-82）两种，按结构分为吸上式和重力式两种（见表 7-3）。

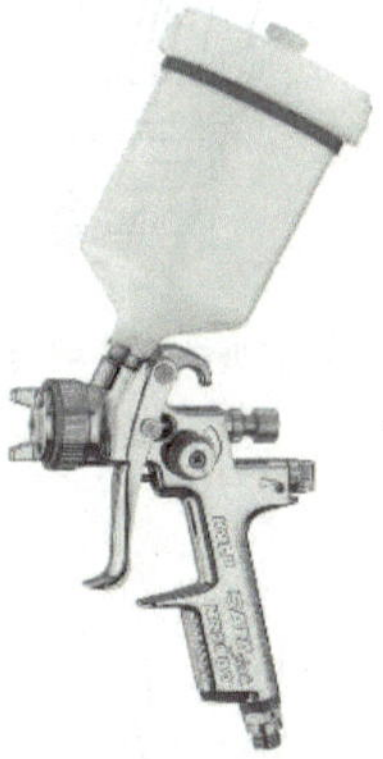

图 7-81　面漆喷枪

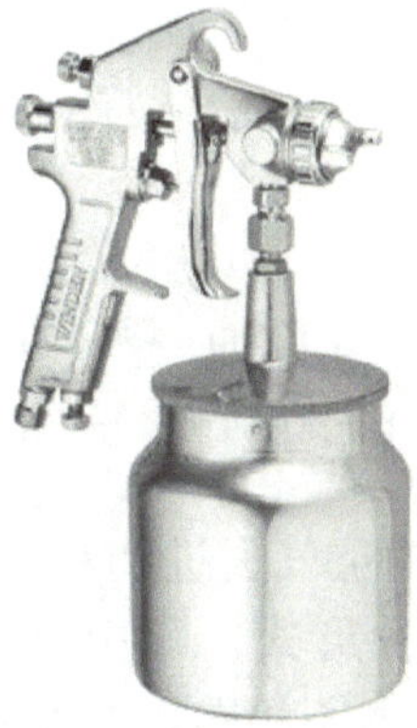

图 7-82　底漆喷枪

表 7-3　喷枪的比较与选用

修补类型	油漆种类	油漆应用系统	喷嘴口径/mm	辅助气孔
局部修补	底漆中间漆	重力式	约 1.5	小
	面漆	重力式	约 1.3	多
全车喷涂	底漆中间漆	重力式/吸上式	约 1.8	小
	面漆	吸上式	约 1.5	多

（1）吸上式喷枪　吸上式喷枪的涂料罐位于喷枪的下部，涂料喷嘴一般较空气帽的中心孔稍向前凸出，压缩空气从空气帽中心孔，即涂料喷嘴的周围喷出，在涂料喷嘴的前端形成负压，将涂料从涂料罐内吸出并雾化。吸上式喷枪的涂料喷出量受涂料黏度和密度的影响较明显，并且与涂料喷嘴的口径密切联系，吸上式喷枪用于一般非连续性喷涂作业。

（2）重力式喷枪　重力式喷枪的涂料罐位于喷枪的上部，涂料靠自身重力与涂料喷嘴前端形成的负压作用从涂料喷嘴喷出，并与空气混合雾化。喷枪的基本构造与吸上式喷枪相同，但在相同喷涂条件下，涂料喷涂量比吸上式大。重力式喷枪多用于涂料用量少与换色频繁的喷涂作业。当涂料用量多时，可另设高位涂料罐，用胶管与喷枪连接。在这种情况下，可通过改变涂料罐的高度调整涂料喷出量。

（3）喷枪的主要零件　以现在汽车钣金修复行业中比较常见的空气喷枪为例做介绍，它的主要零部件如图 7-83 所示。有些喷枪装有可拆的喷头装置，该装置由气帽、喷嘴和针阀组成。

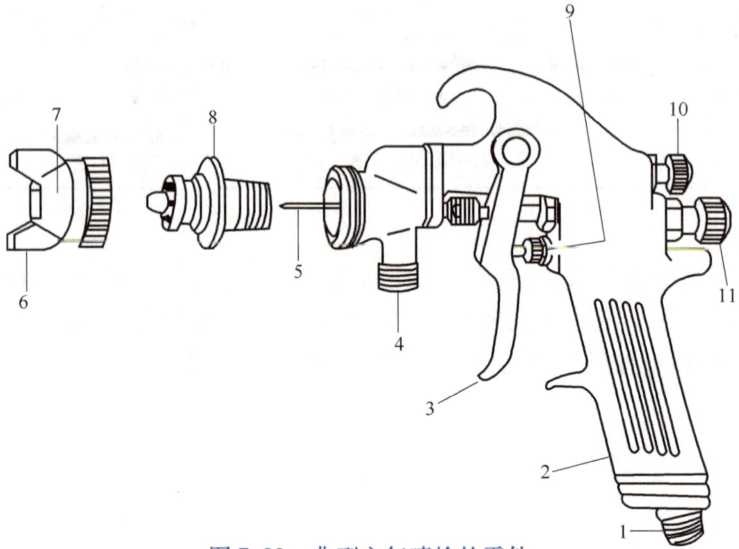

图 7-83　典型空气喷枪的零件

1—进气口　2—枪身　3—扳机　4—流体入口　5—针阀　6—喇叭筒　7—气帽　8—流体针阀　9—气门芯　10—模式控制钮辅助空气调节螺钉　11—流体控制钮

气帽把压缩空气引进物料流使其雾化并形成一定的喷射形状，喷口有三种形式，即中央喷口、侧喷口和辅助喷口（图 7-84），其功能各不相同。中央喷口位于喷嘴尖上，用来产生真空以排出油漆。侧喷口在空气压力的作用下确定喷射形状。辅助喷口可以促进油漆雾化，较大的辅助喷口能提高物料的雾化能力，适于高速喷涂大型物件。较少或者较小的喷口一般需要的空气就少一些，产生较小的喷射直径，排出的油漆较少，能以较低的速度向较小的物件喷漆。

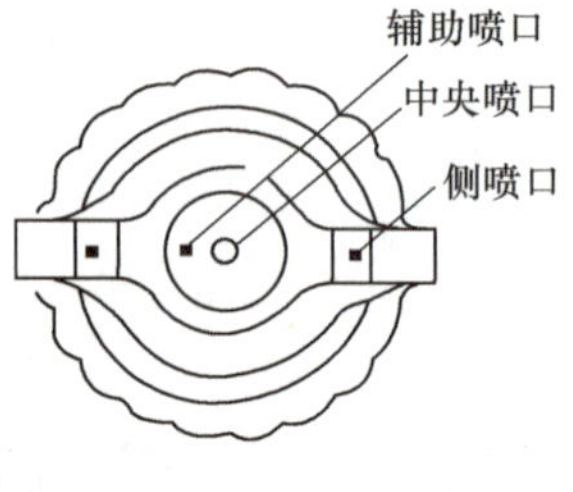

图 7-84　空气喷口的名称

空气也流过气帽喇叭筒中的两个侧喷口，从而形成一定的喷射形状。模式控制钮关闭时，喷出的涂料成圆形；模式控制钮开启时，喷出的涂料成长椭圆形。

针阀和喷嘴直接控制从喷枪进入空气流的涂料流量，喷嘴形成针阀的内座，从而阻止物料的流动，从喷枪前端喷出的物料实际数量取决于针阀控制的喷嘴的开口大小，喷嘴有多种规格尺寸，以便控制不同类型和黏度的涂料，并按不同用途以不同的速度把所需的物料量送往气帽。扳动扳机时流体控制钮可以控制针阀在喷嘴中与阀座之间的距离。

（4）喷枪的操作方法　操作喷枪是一项技术工作，并不仅仅是扳动一下扳机，把油漆喷在要喷的部位上，是需要漆面修复人员具备相当的经验和知识。一般来说，影响喷涂面的主要因素是喷涂物料的黏性、喷涂时烤漆房的温度、漆膜厚度和相关的操作经验。这里主要介绍一下喷枪的操作。

1）使喷枪和表面保持适当的距离，空气湿度高则需要缩短距离。以较短距离喷涂时，高速的喷射空气会使湿漆膜起皱。如果距离较大，会产生橘皮或干膜。

2）使操作喷枪与表面成水平和垂直状态，如果喷枪不与表面保持垂直，就会产生不均匀的油漆膜。在平坦的表面，如发动机罩或者车顶，喷枪应向下直指表面。

3）在扳动扳机前，喷枪应处于运动状态，并且应在喷枪停止运动之前松开扳机。这样可以防止在两次喷涂面积的端部重叠部位产生过喷的情况。

4）若要使油漆膜均匀，不可使喷枪乱动，唯一允许喷枪动的情况是喷涂边缘膜比中心部分偏薄时。

5）以平稳的速度使喷枪移动，移动过快形成的膜较薄，移动过慢则会导致油漆渗开。速度必须一致，否则油漆膜不均匀。不能使喷枪停留在一个部位，否则会发生油漆的滴流和渗开。

6）喷涂困难的部位如角落和边缘应当先喷。对准该部位直射，使油漆的一半盖住边缘或角落的每一边。在把所有的边缘和角落喷好后，就应该喷涂平坦或者几乎平坦的部位。

7）对很窄的表面进行喷涂时，改用喷涂面积较小的喷枪或气帽，就不必重新调整全尺寸喷枪。在重要部位，面积较小的喷枪易于掌握。

8）一般来说，直立的表面应从顶部开始喷涂，例如车门板，喷嘴应与盖表面的顶部平齐，这意味着喷涂面积的上半部碰到遮盖物。

9）第二次喷涂从相反的方向进行，喷嘴应与上次喷涂的下边缘平齐。这样，喷涂的一半与上次行程重叠，其他的一半喷在未喷涂的部位。

10）继续进行来回的喷涂行程，每个行程终了时都扳动扳机，使每个相继行程按喷涂部位上下高低的四分之一进行喷涂。

11）最后的喷涂应位于所喷表面下缘喷涂行程的下半部。如果是车门，最后一道喷涂应在其下面的空间。

以上的程序称为单涂层，双涂层是立即重复单涂层的程序。本节主要介绍单涂层的喷漆技术，对双涂层技术不做过多说明。

4. 其他涂装工具设施

（1）涂装房与烤漆房　目前我国各汽车维修单位对车身表面油漆的修补涂装多采用单车手工作业。为了保证车身表面油漆质量，一般应用汽车喷漆烤漆房设备。喷漆烤漆房对空气净化率有要求，因此要采用空气过滤材料。一般选用高效无纺过滤布，长时间使用导致污染严重时要换新的。

喷漆烤漆房的房内应光线明亮、柔和，使用寿命长，才能看清车身表面，才能保证油漆质量；烘烤设备温度恒定，烘烤均匀。喷漆烤漆房多采用电控系统，这样才能使喷漆烤漆过程按程序进行控制。另外，保证设备使用方便，稳定可靠，才能使汽车的油漆修补涂装达到满意的效果。

对于损坏的轿车车身进行油漆修补和涂装时，应当应用喷漆烤漆房，以保证车身外观的油漆质量。常见的烘烤设备如红外线烤烤灯（图 7-85），利用红外线原理，对局部漆面进行快速干燥。

（2）工具小车　工具小车盛载喷涂工作中使用的小件工具与物料，方便使用和管理，如图 7-86 所示。

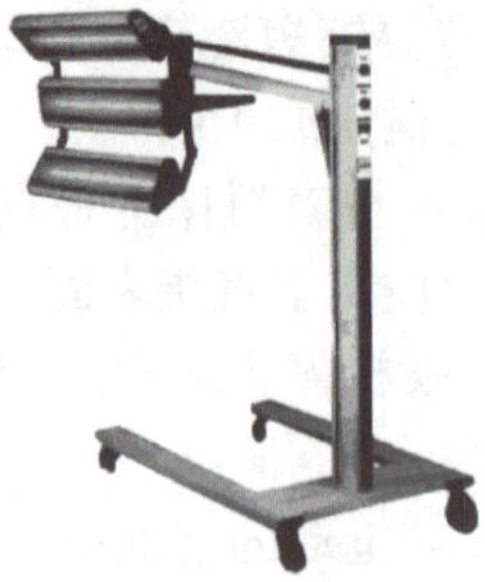

图 7-85　红外线烤灯

图 7-86　工具小车

（3）零部件固定架　固定小部件于喷涂间内，方便喷涂与移动，如图 7-87 所示。

（4）配料工具　油尺、黏度计、秒表和油壶是喷涂前调校盛装油漆必不可少的工具，如图 7-88 所示。

图7-87　零件固定架

图 7-88　配料工具

7.6.4　修补涂装工艺流程

汽车维修中的涂漆方法主要以空气喷涂为主流，下面以现阶段常见的轿车喷涂工艺为例，介绍漆面修复的程序。图 7-89 展示了漆面修复作业的基本步骤。

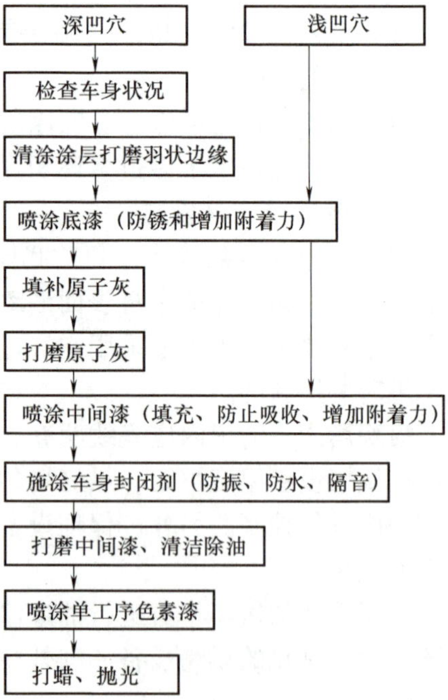

图 7-89　钣金处理后的车身工件修复步骤

1. 涂装前预处理

本工序中的受损部件漆面已损坏，为防止新涂层发生开裂、附着不牢，必须铲除受损部位旧涂层。

（1）清洁、除油　操作人员穿戴好防护用品，对受损部件用棉纱布蘸取专用脱脂、除蜡剂进行除尘、除蜡、除油的擦拭，直至作业部件完全清洁，如图 7-90 所示。

（2）清除旧漆层　这时用铲刀铲除起层、崩裂的旧涂层，小的凹坑内的旧涂层也要清除，旧涂层与底材结合完好的部位无须铲除，如图 7-91 所示。

图 7-90　清洁

图 7-91　清除旧漆层

（3）打磨羽状边缘　再用手刨或打磨机配 80#干磨砂纸磨掉旧涂层至裸金属，然后换 120#干磨砂纸打磨羽状边，距离与裸金属凹陷范围要大于 70mm，羽状宽度要大于 10mm，如图 7-92 所示。

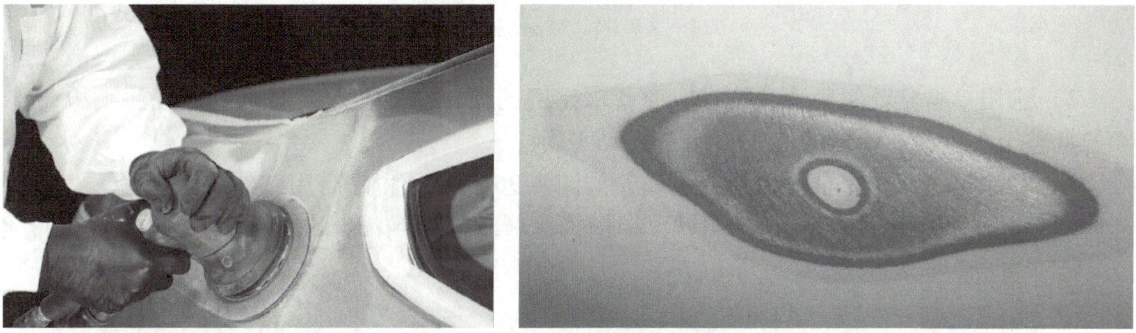

图 7-92　打磨羽状边及效果

（4）清洁、除油、遮蔽　使用压力枪和除硅清洁剂再次清除车身上的灰尘和油渍，使用反向粘贴法遮蔽车身需喷涂底漆的位置，如图 7-93 所示。

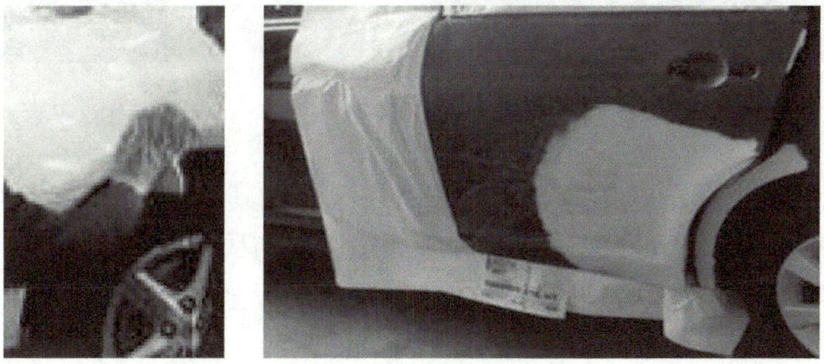

图 7-93　遮蔽除油

以上是手工除漆方法，有条件的还可以用带吸尘的电动打磨机。电动打磨机生产效率高，粉尘污染小，更适合大面积的打磨、除尘、除锈。

2. 底漆的喷涂

1）为保证新涂层的附着力、耐腐蚀性，对受损部件的金属裸露部位要喷涂防腐底漆。

首先将打磨清洁后部件的裸露金属周围，用胶带及遮蔽纸或报纸遮蔽，其他无需喷涂的部位最好用车身遮蔽罩遮蔽，有专用喷漆室的要将车开进喷漆室，并且必须佩戴防毒面罩，如图7-94所示。

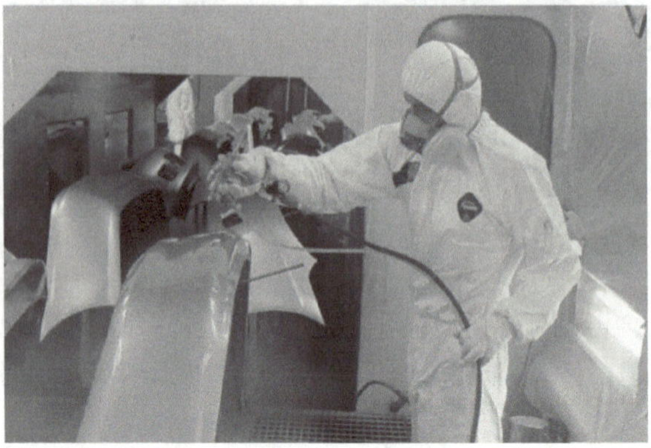

图7-94　喷涂底漆

2）选用单组分环氧底漆，按供应商要求比例调配、搅拌均匀后灌入专用底漆喷枪，将喷枪调整至小扇面、较低的气压，如图7-95所示。

3）喷涂时底漆要完全覆盖裸露金属，如图7-96所示。喷涂后用红外线烤灯烤干，干燥30min。底漆喷完后，如对效果满意就可以撕掉遮蔽纸进行下一步的操作。

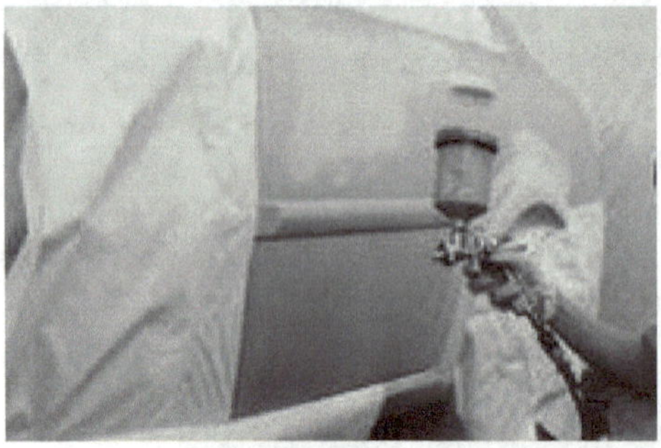

图7-95　按厂家给定比例调配并喷漆

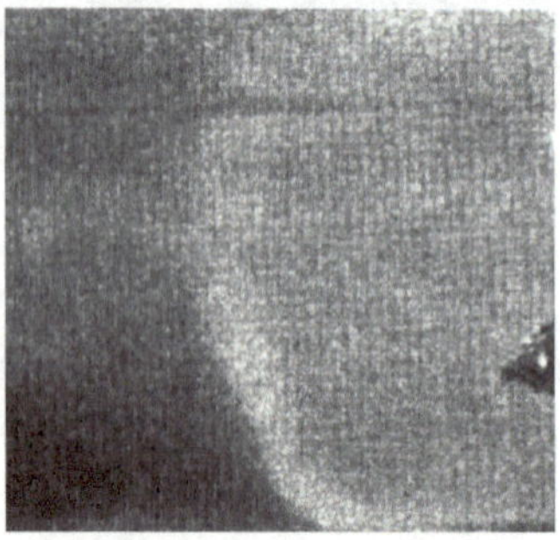

图7-96　底漆喷涂效果

4）较大面积裸露金属最好喷涂双组分环氧底漆，因其附着力、抗腐蚀能力、封闭性及耐化学品性能大大优于单组分底漆。双组分底漆中漆料与固化剂的比例及稀释剂的使用按供应商的要求。表面镀锌的钢板必须喷底漆或选择专用的钣金原子灰。

3. 中间涂层的施涂

（1）原子灰刮涂、打磨

1）底漆干燥后用砂纸磨出砂痕即可以刮涂原子灰，现阶段汽车维修领域大多应用双组分的聚酯原子灰，原子灰调配前先将主剂和固化剂各自调和均匀，如图7-97所示。

2）调配时先将主剂用铲刀或刮具拨到专用托板上，兑入主剂数量3%左右的固化剂，用刮具将主剂和固化剂挤压搅拌均匀。需要注意的是，调配原子灰要用多少调多少，以免浪费，而且调配后的原子灰要在尽量短时间内用完，如图7-98所示。

图 7-97　原子灰

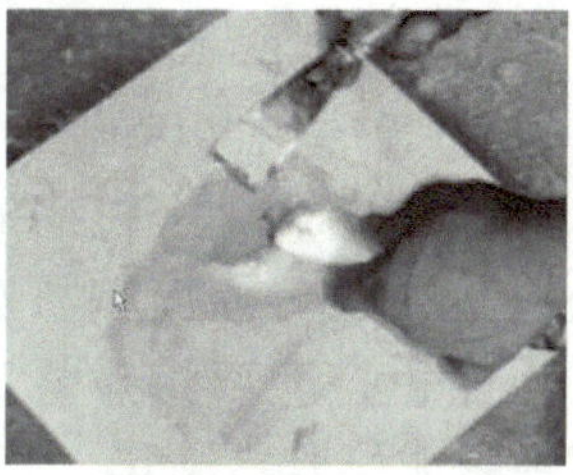
图 7-98　调配原子灰

3）刮涂第一层原子灰时要选用硬刮具（如凹坑较大可用宽些的刮具），在托板上拨取原子灰在凹坑处进行挤压式刮涂，起始方向横竖均可，刮具与底材夹角以 50°～60°之间比较适宜，刮涂时以高处为准，再找平顺，如图 7-99 所示。

图 7-99　刮涂原子灰

4）低凹较大的部位不要一次刮涂太厚，先挤压一层，待其表面凝固未干透即可在上面复涂一层到两层，但不要为了一次刮平使原子灰层超过 5mm。

5）刮涂较大凹坑时第一层原子灰只需初步平整，待完全干燥后即可进行打磨。手工打磨用 60～80#砂纸，打磨沿手刨长度方向按车身流线方向往复打磨，打磨幅度适当长些，用力均匀，动作平稳并且以高处为基准。

6）当高点露底后，低凹未打磨处换手刨也要进行简单打磨，局部刮涂要注意原子灰层与旧涂层羽状边的连续性，也就是原子灰口要磨平。打磨折口、型线和圆弧时要留心图形及线条的平直性。打磨完毕，用风枪将粉尘吹干净，如图 7-100 所示。

7）当选用干磨机打磨时，用双动偏心圆磨机，并应将其平放在打磨面上，在原子灰刮涂面上作连续的直线移动，打磨到与周围高点接近即可，如图 7-101 所示。

图 7-100　简单手工打磨

图 7-101　干磨机干磨

8）刮涂第二层平面处时仍用硬刮具，圆弧较大时可使用塑料或橡胶刮具，此层原子灰同样以平整为准则，不求光滑，但原子灰厚度应比第一层稍薄。局部刮涂时面积要比第一层面积略大，满刮时要注意边缘的平直性，并且应顺着汽车流线型方向刮涂，尽量拉长以减少

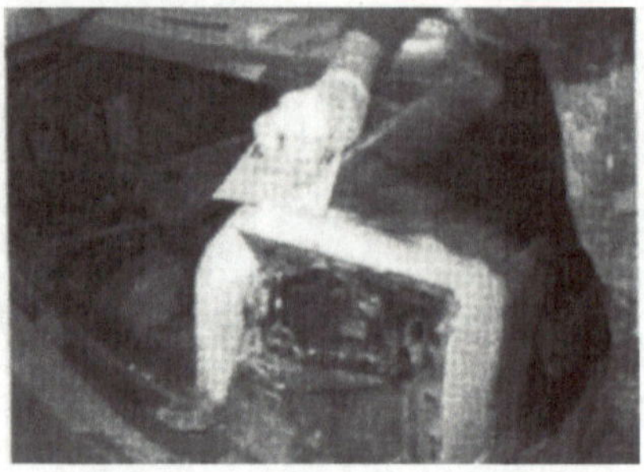
图 7-102　刮涂第二层平面

原子灰接茬口，如图 7-102 所示。

9）第二层原子灰打磨用 120#砂纸，打磨方向以车身流线型为主，其他方向为辅，打磨时要经常用手抚摸打磨面来检查打磨效果，大面积打磨时要注意各个方向的平整性，小面积打磨要注意打磨区与旧涂层的平整度，过渡要平顺无接茬口。第二层原子灰打磨后，作业部件应无明显低凹，型线、弧面与原车无异。打磨后将粉尘吹干净。

10）第三层原子灰的刮涂最好用塑料或橡胶刮具，平面处仍可使用硬刮具，如图 7-103 所示。刮涂时手的压力与刮具的弹力相结合时，使涂面上遗漏的小凹陷、砂孔完全填充覆盖，原子灰层既要平整又要光滑，刮涂方向与第二层相同。局部刮涂时原子灰面积大于第二层，原子灰边缘过渡平顺。

第三层原子灰的打磨应选用 120～240#的砂纸进行手工打磨，打磨方向以顺车身流线型水平方向为主，打磨动作幅度要大一些，如图 7-104 所示。对圆弧、折口等手刨不易磨到之处，可用手指夹住砂纸直接进行修整打磨。打磨后工作面无坑孔，原子灰边缘无接茬口，型线恢复原样。

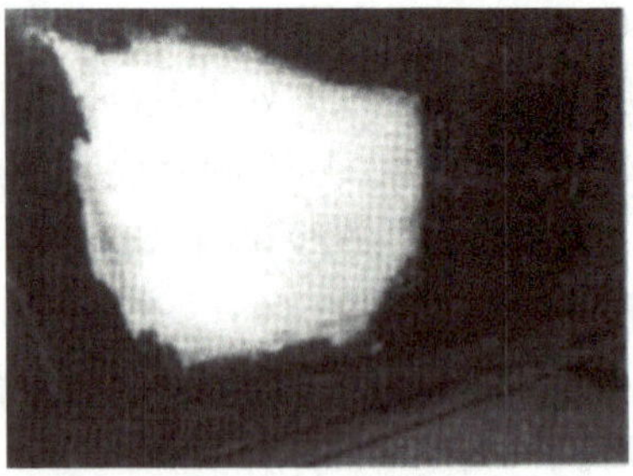
图 7-103　第三层原子灰

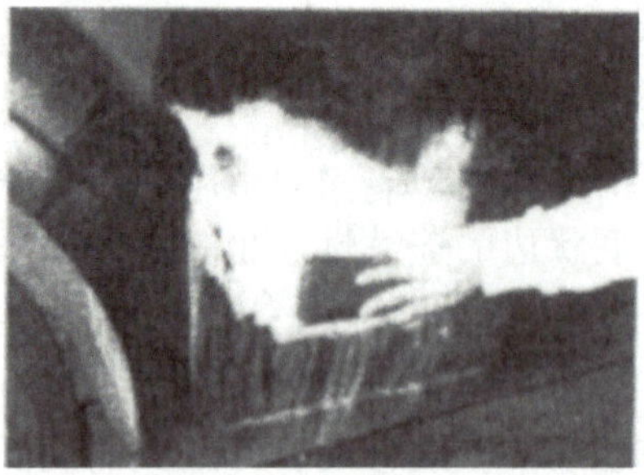
图 7-104　手工打磨第三层原子灰

11）第四层原子灰刮涂应使用硬刮具刮涂工作面上遗留的砂纸痕迹、微小砂孔，原子灰层要薄而且光滑，局部刮涂面积要大一些，以使原子灰层及旧涂层上的砂纸痕迹全部覆盖。

第四层原子灰的打磨用 240#砂纸及手刨进行，打磨后工作面原子灰边缘平顺无接茬口、无砂痕、无砂孔、光滑平整。除部件全喷原子灰层以外，旧涂层也要打磨到失去光泽，以增加涂层间附着力。打磨后用菜瓜布清洁，用风枪吹掉灰尘。原子灰层外旧涂层用除油剂清洁。如经过以上操作没有达到要求，可重复第二层或第三层以后的刮涂打磨操作。

（2）中涂底漆施涂　受损部件经过以上工序的操作就可喷涂中涂底漆，把施工部件周围不喷漆处用遮蔽纸和胶带遮蔽，车身其他部位用遮蔽罩遮蔽。现维修市场大多选用硝基中涂底漆，底漆的黏度用硝基稀释剂调整，喷前要搅拌均匀。因硝基底漆固体成分含量低，需喷 2～3 遍，每遍间隔 10min，喷底漆时要在喷漆室进行，喷后约 1h 就完全干透了，如图 7-105 所示。

中涂漆干透后喷涂指示涂层。中涂漆打磨时用240或320#砂纸，先将刮涂原子灰处底漆打磨平整，再打磨旧涂层底漆区域。机械打磨用偏心距3～5mm中间软垫的打磨机配400#砂纸（双工序500#）。打磨后如指示层显示有针孔等缺陷，要刮涂填眼灰（快干原子灰），然后继续打磨，直至完全光滑无缺陷，如图7-106所示。

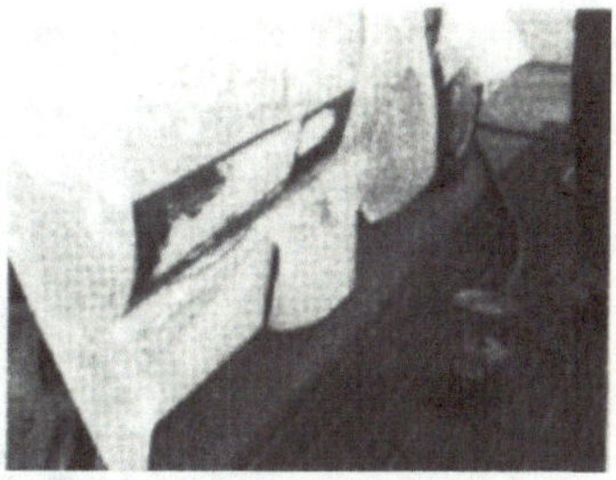

图7-105　中涂漆的喷涂

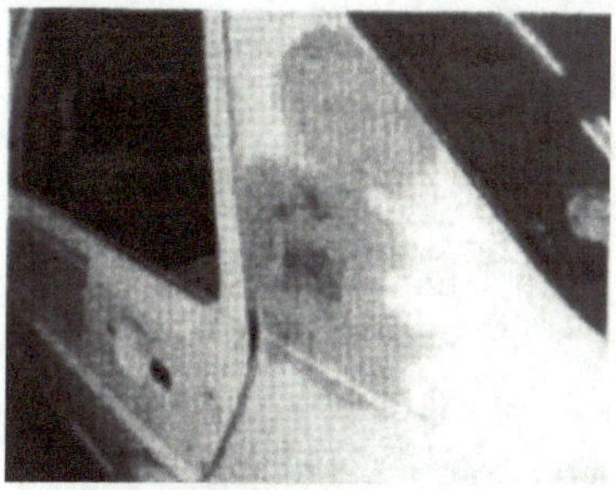

图7-106　中涂漆打磨

4. 面漆的喷涂

中涂底漆打磨后，喷涂表面无缺陷符合喷涂面漆的粗糙度就可以喷面漆。

1）用封闭纸、遮蔽罩和胶带遮蔽不喷漆部分。

2）喷漆部位用除油剂脱脂、除蜡，用粘尘布除尘，如图7-107所示，使用粘尘布要轻擦，不要将粘尘布上的黏剂粘到涂装面上。

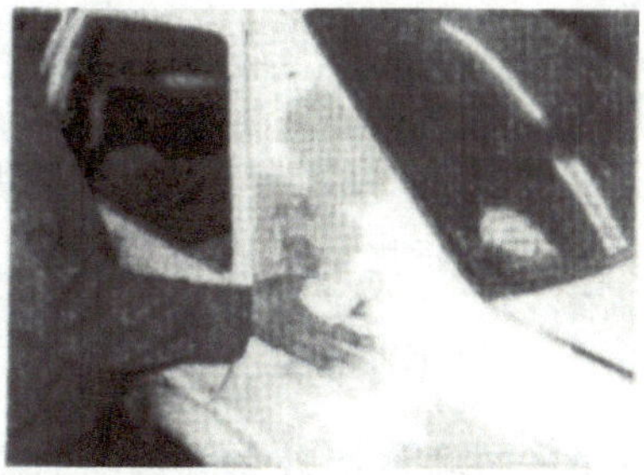

图7-107　喷涂面漆前的除尘、除油

3）将车缓慢移动到烤漆房。

4）选用维修行业常用的双组分素色油漆，调配油漆颜色、浓度及成分。

5）将调配好、搅拌均匀的油漆过滤后，灌入面漆喷枪里，如图7-108、图7-109所示，调整喷幅、气压后就可以喷漆了。

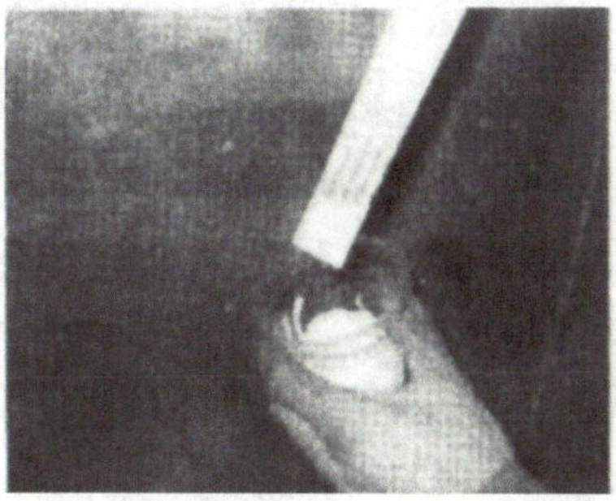

图7-108　调配好的油漆

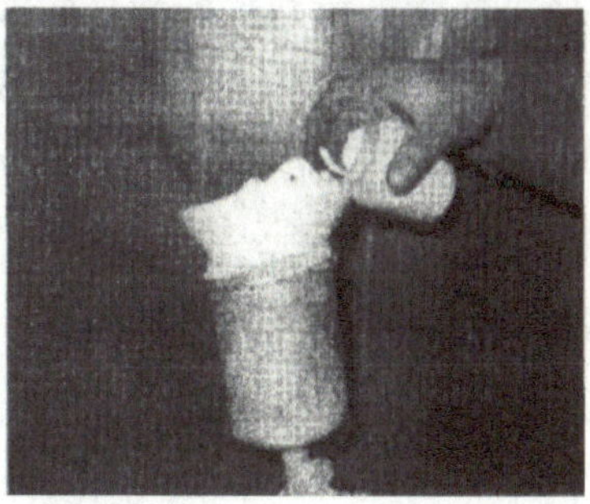

图7-109　将调配好的油漆倒入喷枪

6）喷漆时室温保持20℃左右，打开引风，喷枪风帽与待喷部件垂直、距离20cm左右。喷枪移动轨迹与所喷部件平行，移动速度要均匀，移动速度约为30～50cm/s。喷漆时先从左到右再从右到左，喷幅重叠约1/3～1/2，若有必要可先喷部件周围折口处，如图7-110所示。

7）第一层油漆喷完后检查漆面情况，如有缩孔等缺陷，要想办法补救或返工；若无不良情况，第一层油漆稍干后再喷第二层。一般情况下，油漆不粘手就可以喷第二遍了。第二层油漆最好比第一层稍稀，喷枪移动速度稍慢，喷漆压力可提高 0.02MPa。第二层喷涂完毕后小心撕掉遮蔽纸，如图 7-111 所示，如油漆遮盖力较差可以喷第三、第四层。

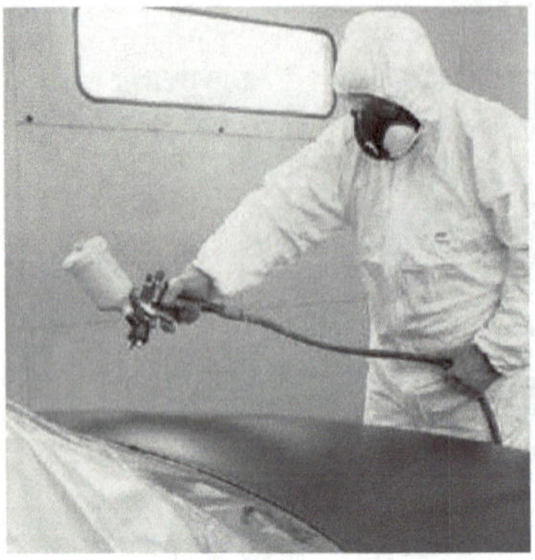

图 7-110 喷枪的使用

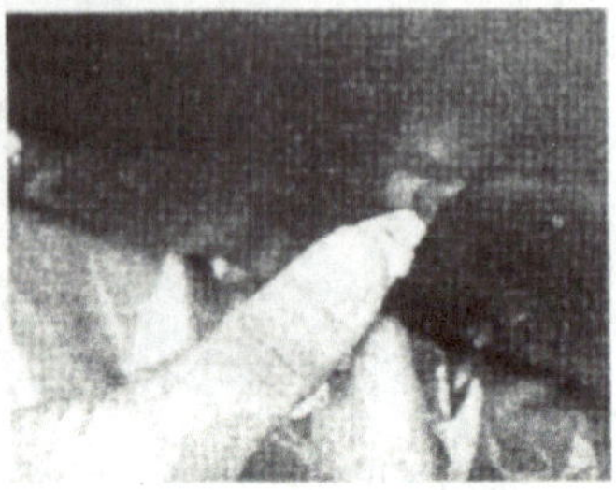

图 7-111 摘除遮蔽纸

8）双组分油漆可自然干燥，也可强制干燥。气温 20℃情况下 15h、60℃情况下加温 30min 即可抛光投入使用了，如图 7-112 所示。但油漆完全固化需一周左右时间。

本工艺仅对单工序漆的喷涂做详细讲解，双工序漆的喷涂技术在此不做过多说明。

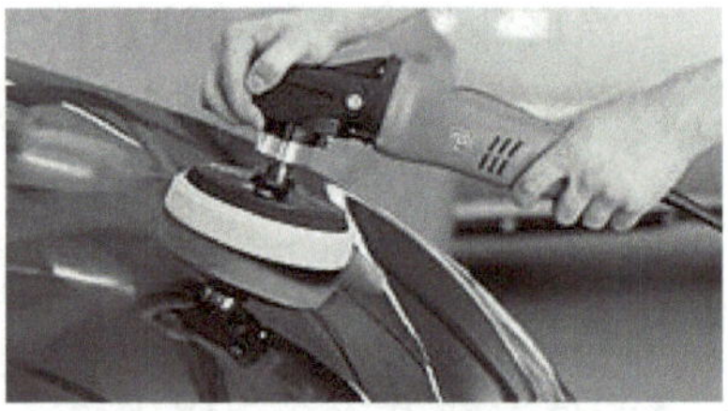

图 7-112 面漆抛光

7.6.5 全车喷漆

在全车喷漆时底材处理同上述基本相同，也应该用中涂底漆全车喷涂，防止新、旧漆膜不配套。如确定新、旧漆膜间不会出现问题，只局部喷涂中涂底漆的在喷第一层面漆之前，先在喷涂中涂漆部位薄喷一遍。整车喷漆中不喷涂部分都要遮蔽，包括发动机舱、乘客室、行李箱、轮胎、风窗玻璃和拆卸部件留下的孔洞等。整车喷涂没有固定的方法和硬性规定，但有一点共识，即如何防止漆尘落到已喷涂的漆面上和保持三个水平面（前盖、顶盖、后盖）最佳的湿润度。现按喷涂顺序说明一下方法，如图 7-113 所示。

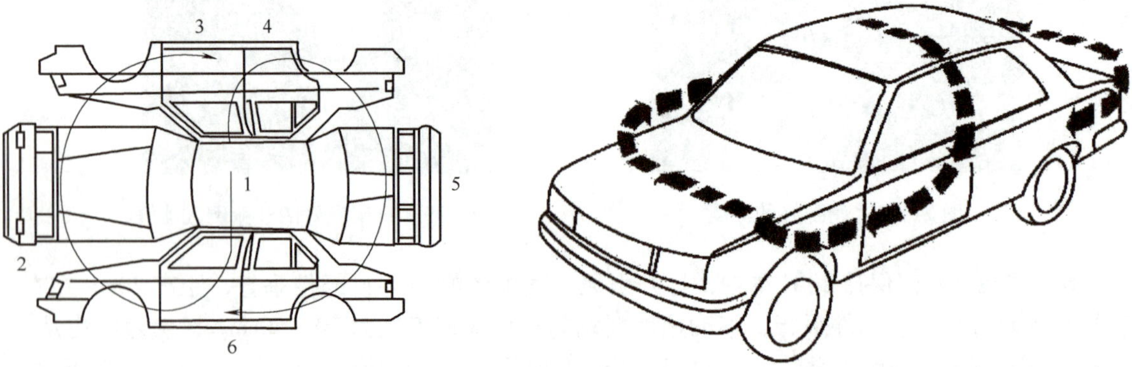

图 7-113 全车喷漆顺序

1. 喷涂车顶

先从靠近喷漆人员的车顶边缘副驾驶人侧开始用带状法喷涂，从左到右再从右到左逐渐向车顶中心移动，直到喷涂面超过车顶中心线，喷漆人员移向驾驶人侧，再从车顶中心线前涂漆边缘开始喷涂，从左到右再从右到左向驾驶人一侧的车顶边缘移动，并且要将涂料喷涂扩大到支柱及门框。直到油漆全部覆盖顶盖。

2. 喷涂驾驶人侧前车门、前翼子板

首先喷漆人员从左到右，再从右到左自上而下带状喷涂前车门直至全部覆盖。然后相同方法喷涂驾驶侧翼子板。

3. 喷涂前机盖

首先喷漆人员站在前部喷涂前盖的前端折扣处，然后站在驾驶人侧的翼子板边，从靠近翼子板的前盖边缘开始，从左到右再从右到左带状喷涂，直到喷涂面超过前盖中心线，喷漆人员移向机盖的另一侧，喷涂从前盖中心线前喷涂边缘开始，从左到右再从右到左向副驾驶人侧前盖边缘移动，直到机盖被油漆全部覆盖。

4. 喷涂副驾驶人侧翼子板、前门、后门及后翼子板

喷涂方法与喷涂驾驶人侧前车门相同。需注意的是，喷涂后门时应打开已喷过的前门，喷涂后翼子板应打开已喷过的后门，以防漆尘飞落。

5. 喷涂后盖

先沿着后风窗玻璃的底边带状喷涂一道，然后喷漆人员站在车的后部，从后风窗底边开始，从左到右再从右到左向后部移动喷涂，直至后盖全部覆盖。

6. 喷涂驾驶侧后翼子板、后门

喷涂方法同喷涂副驾驶人侧翼子板。

按以上程序方法喷涂一遍后若无异常，干燥到不粘手可以喷涂第二遍，双组分漆一般喷两遍就可以了。

7. 喷漆后油漆不粘尘时方可加温烘干

喷漆时要注意喷枪气管、工作服不要触碰到喷过的漆面，喷车顶等平面时小心喷枪漆罐漏漆。喷漆结束撕掉遮蔽材料，一定不要碰到喷过的油漆。

7.6.6 喷涂油漆缺陷及解决方法

1. 原子灰发生的剥落问题

定义：聚酯填充料（原子灰）成块脱落，如图 7-114 所示。

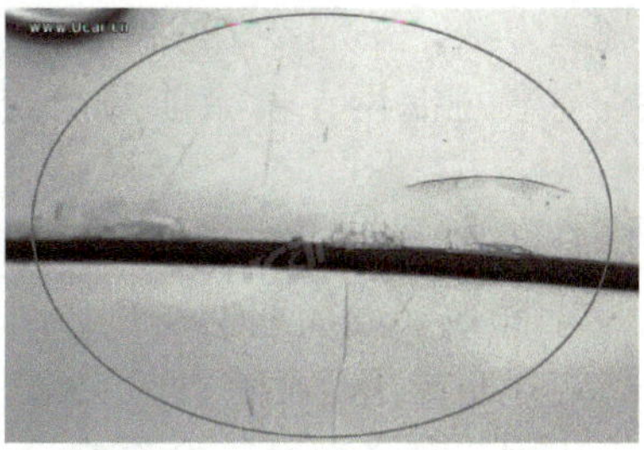

图 7-114 原子灰脱落

成因：底材没有经过小心准备；使用了不合适的聚酯填充料（原子灰）；不正确使用红外线烤漆器。

预防方法：底材必须经过彻底清洁和打磨，使用聚酯填充料（原子灰）前，须细心阅读技术资料；使用适合底材的原子灰和底漆；进行红外线烤漆器烘干时须按制造商的指示。

补救方法：将有缺陷的油漆部分彻底打磨妥当，然后利用合适的材料修补。

2. 聚银（起云、斑点）

定义：漆膜表面混浊无光（银粉聚于一团），如图7-115所示。

成因：铝片（银粉）离位，不正确的喷漆黏度、喷涂方法、静止时间或喷房温度；不正确的喷枪喷嘴、喷涂压力；不合适的稀释剂。

预防方法：利用黏度杯和调漆尺准确地调整喷涂黏度；喷涂时保持喷枪与喷涂表面平行；选用合适的喷枪与喷嘴；选用制造商推荐的稀释剂；依照制造商提供的技术资料所建议的施工方法。

补救方法：在清漆干燥后加以打磨和重新喷涂；涂上厚膜或清漆前，先涂上薄覆盖层。

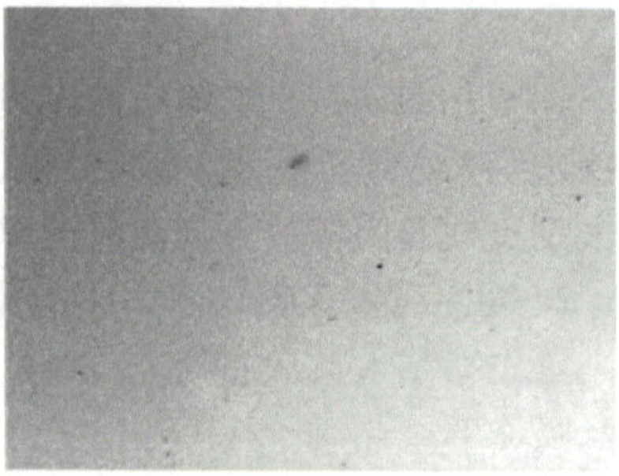
图7-115　起云

3. 颜色偏差、不相符

定义：与既定色泽不相符，如图7-116所示。

成因：喷涂方法不正确，太湿、太干，遮光度不足；不正确的喷枪喷嘴和喷涂压力；原有漆面受气风化；配色不准确，与原色颜色不一致。

预防方法：喷涂前一定要在样板上试验，确保配色准确。

补救方法：打磨表面，将面漆颜色调校到较接近的色调，然后重新喷涂；将附近表面抛光清洁，以检查颜色。

图7-116　颜色出现偏差

4. 面漆凹痕

定义：面漆上有些地方凹陷，如图7-117所示。

成因：不正确的喷涂黏度、静止时间和喷房温度；喷涂压力不正确；稀释剂不稳定；空气中有污垢和尘埃。

预防方法：正确地调节黏度；依照技术资料所建议的施工方法；一定要保持喷漆房环境清洁，而且须经常检查空气过滤网；喷涂前须确定车身表面已经正确的清洁。

补救方法：打磨、抛光；打磨后重新喷涂。

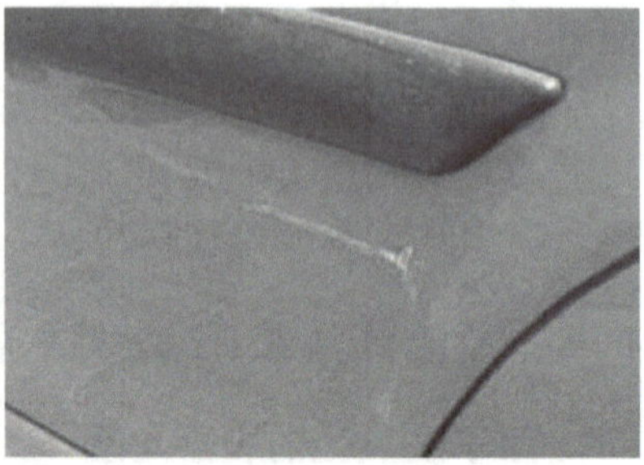
图7-117　凹痕

5. 颗粒（污垢和尘埃）

定义：涂层表面有微粒突出，如图7-118所示。

成因：车身表面在涂漆前没有经过适当的清洁；空气过滤网已到时候需更换；喷漆房气压过低；喷漆工穿着不正确、不清洁的衣服。

预防方法：喷涂前须确定已使用清洁剂清洁车身及确定已经用粘尘布清洁车身表面；定期检查过

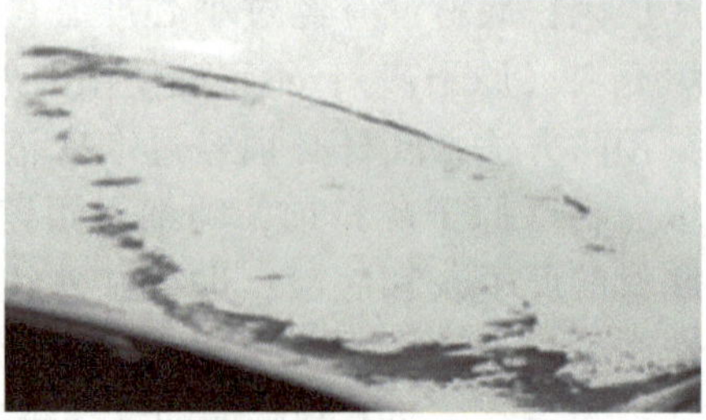
图7-118　污垢

滤网；穿着不带绒毛的工作服；确保喷漆房环境清洁。

补救方法：轻轻打磨和抛光受影响的部分；打磨整个喷涂部分，然后用除硅清洁剂加以清洁，再重喷。

6. 橘皮（漆膜表面不光滑）

定义：表面固化太快而不能流平（表面自我平整的运动），如图 7-119 所示。

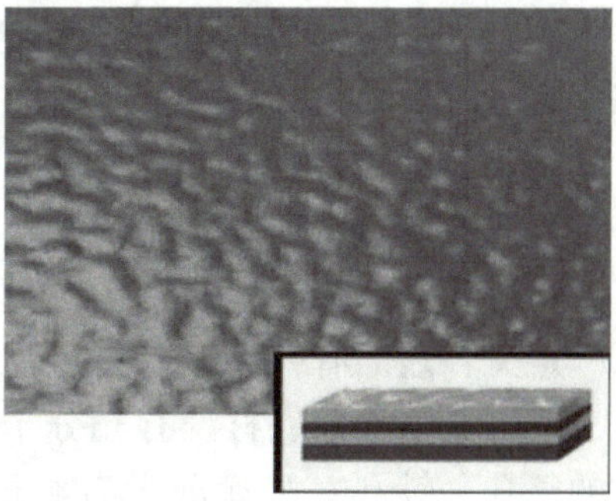

图 7-119　橘皮

成因：不正确的喷涂压力或黏度、喷涂方法或施工温度；使用的硬化剂、稀释剂不适合喷漆房的环境；底材打磨不足；油漆没有搅匀。

预防方法：严格按照油漆技术资料所建议的混合和施工方法；正确地准备和打磨底材；避免在极高或极低温度和湿度下喷涂，同时应注意喷涂重叠、气压及远近距离。

补救方法：将表面打磨光滑，然后利用适合当时环境的硬化剂、稀释剂调节妥当，再重新喷涂。

7. 针孔

定义：针刺状小孔，深及中间漆，如图 7-120 所示。

图 7-120　针孔

成因：玻璃纤维底材；原子灰混合不足；经打磨的表面仍留有溶剂泡；原子灰打底不足。

预防方法：彻底混合原子灰；不可打磨溶剂泡，或将问题漆膜完全清除；填充足够的原子灰。

补救方法：清除有毛病的面漆；打磨后涂上原子灰；喷涂上底漆后重新喷涂面漆。

8. 溶剂泡（痱子、起热痱）

定义：漆面呈现小泡和泡痕，如图 7-121 所示。

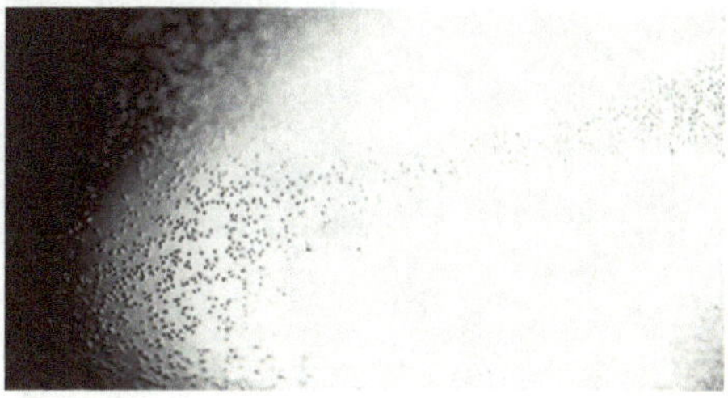

图 7-121　溶剂泡

成因：溶剂空气藏在漆膜内，其后逸出，留下泡痕；漆膜喷涂过厚，使用干得太快的硬化剂或稀释剂；喷枪喷嘴或喷涂黏度或喷涂气压不正确；加温干燥前静止时间不足或烤漆房气流不足。

预防方法：使用正确的喷涂黏度、喷涂气压和喷嘴口径；使用适当的硬化剂和稀释剂；给予足够静止时间；定时检查烤房内的气压和湿度。

补救方法：烘干后打磨，在受影响的范围重新喷涂中间漆，打磨后再喷面漆。

9. 原子灰痕迹（原子灰印）

定义：修整部分周围的面漆鼓起成环状，如图 7-122 所示。

成因：底材没有完全硬化，以致吸收了面漆；砂纸太粗，面漆使用了不合适的稀释剂；以原子灰或填眼灰修补的部分在喷涂面漆前没有经过正确的打底或封闭。

预防方法：打磨经修补的部分，直至金属层外露；在外露的油漆层边缘利用稀释剂进行溶剂试验，如油漆软化，则此漆层必须封隔；原子灰及填眼灰只可用于外露的金属上，不可覆盖在原有漆面上；选用合适的砂纸；确定所有预备材料都已完全干燥。

补救方法：修补材料干透后，磨平损坏的部分，再以打底材料加以隔离，然后重新喷涂。

图 7-122　原子灰痕迹

10. 起泡

定义：表面有一些圆点突起，如图 7-123。

成因：喷涂前底材没有充分干透或清洁；底材的气孔、针孔在喷涂前没有经过打磨或填平；喷涂过程中没有将聚酯材料适当隔绝；喷涂时温度变化不定，以致产生缩聚（收缩）作用。

预防方法：确定所有预备材料都已恰当地干透；用除硅清洁剂小心清洁底材；喷涂面漆前须隔离聚酯材料；小心打磨针孔，或重新施喷原子灰、填眼灰、中间漆。

补救方法：打磨有毛病的范围，然后重新喷涂。

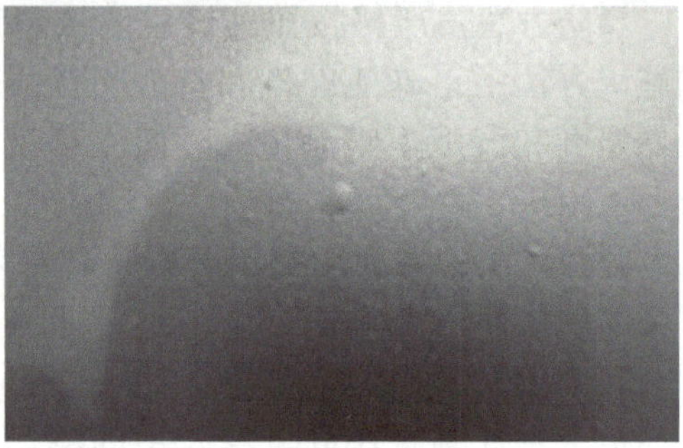
图 7-123　起泡

11. 中间漆凹陷

定义：边缘突起近似火山口状凹陷，如图 7-124 所示。

图 7-124　中间漆凹陷

成因：没有以除硅清洁剂充分清洁底材；空气供应受到油或水污染。

预防方法：使用除硅清洁剂彻底清洁底材；确保进气管得到定时维修。

补救方法：待中间漆干燥后，磨去凹陷；清洁整个范围，然后重新喷涂中间漆。

12. 打磨划痕（砂纸痕）

定义：边缘胀起有刮痕，如图 7-125 所示。

成因：打磨金属表面或原子灰的砂纸太粗，造成的沟痕和划痕透过面漆显现出来；中间漆在打磨前没有干透或过于柔软；面漆喷涂前，打底或隔绝工作不足。

预防方法：利用制造商建议的砂纸型号打磨特定的底材；打磨前须让打底材料彻底硬

化；喷涂正常厚度的中间漆及面漆。

补救方法：将受影响范围彻底打磨，然后重新喷涂。

13. 原子灰渗出过氧化物（发红现红）

定义：填平车身的填充灰（原子灰）渗出过氧化物，如图 7-126 所示。

成因：原子灰使用太多过氧化物硬化剂；混合不足。

预防方法：使用制造商建议分量的硬化剂；以量重方式或使用硬化剂分配器量度硬化剂的分量；彻底混合。

图 7-125　划痕

图 7-126　发红

补救方法：打磨受影响的范围，用喷涂原子灰隔绝，然后再喷涂。

14. 腐蚀/锈蚀

定义：机械损伤以致漆膜底下出现锈蚀，如图 7-127 所示。

成因：湿气和化学剂透过漆膜上可见或细微裂隙（砂石破损）侵蚀金属；油漆覆盖下的金属锈蚀没有完全清除；覆盖金属层的油漆被没戴手套的人手触摸，或受到金属预处理时积聚的化学品、打磨水、脱漆剂污染的金属接触过。

预防方法：可能受到机械损伤的油漆部分，在生产或在维修时都必须喷涂可抵御砂石侵蚀的保护层；彻底打磨外露的金属层，清除表面和麻坑上的所有锈迹；外露的金属必须经过金属预处理和除锈剂处理；不可用手接触预处理的金属部分，且须在 30min 内进行底漆工序，以免锈蚀重新形成。

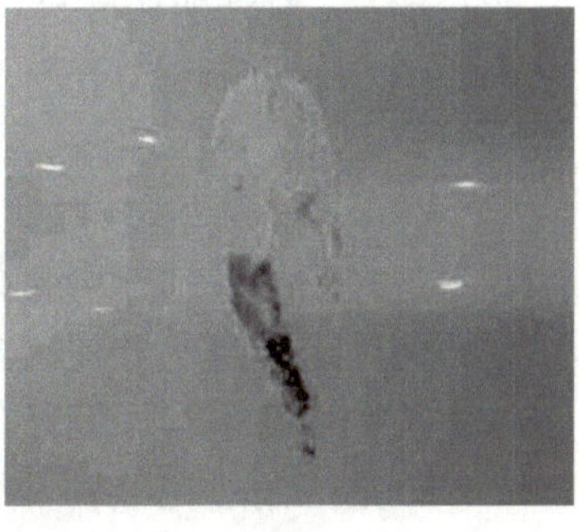

图 7-127　锈蚀

补救方法：脱除油漆，直至金属层，再依照上述指示重新喷涂。

15. 流挂（滴流及重流）

定义：油漆在车身垂直流下，如图 7-128 所示。

成因：不正确的喷涂黏度，喷涂方法，道层间的静止时间、漆膜厚度；喷嘴口径不正确或喷涂气压不正确；油漆、底材或喷漆房的温度过低，选用不正确的硬化剂和稀释剂。

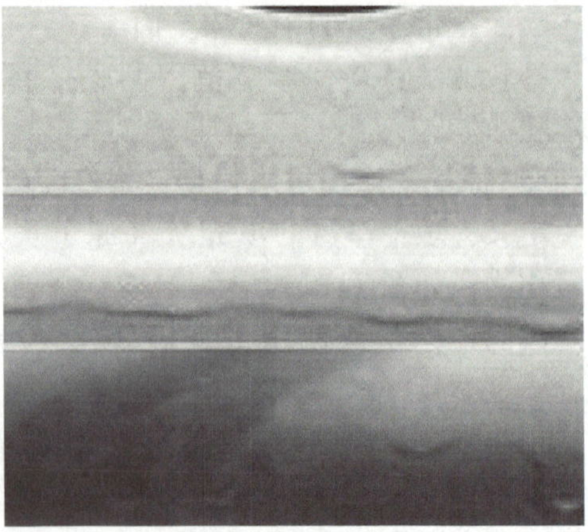

图 7-128　流挂

预防方法：依照技术资料所建议的施工方法；确定喷枪操作良好；将喷涂工件和油漆升温到20℃；注意喷涂重叠、气压及远近。

补救方法：面漆彻底硬化后，利用砂纸打磨及棉纱团和抛光材料清除淌流及垂流；必要时打磨后重新喷涂。

16. 缩珠（缩孔、鱼眼、陷穴、走珠）

定义：出现有火山口边缘突起的凹陷点，如图 7-129 所示。

成因：车身表面在喷涂前受到油、蜡、油脂或有机硅的污染；喷涂使用的空气受到污染；使用了含有机硅（内用清洁剂）的抛光剂或气溶胶喷剂；清洁不足。

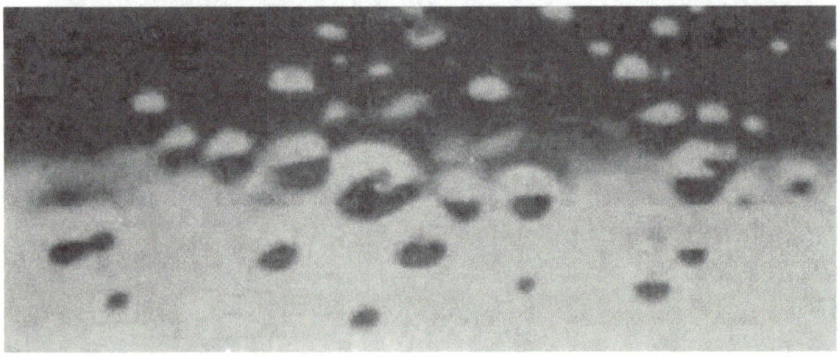

图 7-129　鱼眼凹陷

预防方法：修整前用除硅清洁剂或表面清洁剂清洁车身表面。

补救方法：如果陷穴不多，而且体积小，可用抛光法清除；严重的必须彻底打磨重喷。

复　习　题

1. 车身维修的基本原则是什么？
2. 如何固定车身？如何确定牵引锁链的连接位置？
3. 矫正操作的基本原则是什么？
4. 什么是三角形挂接？常用的两种挂接方式是什么？
5. 简述变形矫正方法。
6. 什么是手工具钣金整平？
7. 如何用锤子和顶铁进行整平？
8. 如何用修平刀整平？
9. 为什么要进行钢板收缩作业？
10. 叙述用收缩锤和收缩顶铁进行维修操作的过程和特点。
11. 叙述气焊火焰加热的收缩原理和方法及特点。
12. 叙述电热收缩的原理和作业特点。
13. 为什么需要钣金更换？钣金更换有几种方法？

14. 简述钣金更换作业的程序。
15. 什么情况下进行钣金切换？简述切换程序。
16. 简述铝板件修复作业程序。
17. 简述塑料件修复作业程序。
18. 简述涂装前的表面处理程序。
19. 修补涂装常用工具设备有哪些？
20. 漆面修复作业的基本工艺流程有哪些？各工序有何要点？
21. 喷涂油漆缺陷有哪些？如何预防？

单元8　轿车车身拆装维修实训

应知应会

1. 正确使用车身拆装维修工具。
2. 学会使用维修手册，了解车身构造特点和拆装方法。
3. 学会车身常见的碰撞修复方法。

课题1　车身外饰件的更换

车身外饰件是指车身外部的装饰件（如徽标、铭牌等）和一些小型的功能部件（如散热器上下格栅、车窗窗框盖板和前雾灯嵌框等），它们与车身的连接有胶粘、螺钉、卡扣或吐舌等方式，更换前应通过查阅维修手册等方式确认它们与车身的连接方式，以免盲目拆卸造成损坏。

8.1.1　前保险杠蒙皮的更换

车身维修的很多工作经常需要先拆卸前保险杠蒙皮，因此需要掌握它的拆装方法。下面以雪佛兰科鲁兹轿车前保险杠蒙皮的更换为例进行说明。

1. 查阅维修手册，确认连接方式

1）查阅维修手册总目录，如图8-1所示，找到前保险杠蒙皮的维修介绍，即第3章的3.2节“保险杠和蒙皮”有关内容。

2）查阅维修手册可知，前保险杠蒙皮与车身的连接是以螺栓联接为主，拆卸时必须找到并拆下相关螺栓。

2. 更换前保险杠蒙皮

（1）拆卸　根据维修手册，雪佛兰科鲁兹轿车前保险杠蒙皮的拆卸步骤如下：

1）拆下前保险杠蒙皮开口下盖、固定件和螺栓，其位置如图8-2所示。

2）如图8-3所示，依次拆卸前轮罩衬板螺栓1（数量：8）、前保险杠蒙皮螺栓2（数量：2）、前保险杠蒙皮固定件3（数量：4）和前保险杠蒙皮下加强件螺栓4（数量：3），取下前保险杠蒙皮5。

（2）安装　按拆卸的反顺序进行安装。

总目录

图 8-1　雪佛兰科鲁兹轿车维修手册总目录

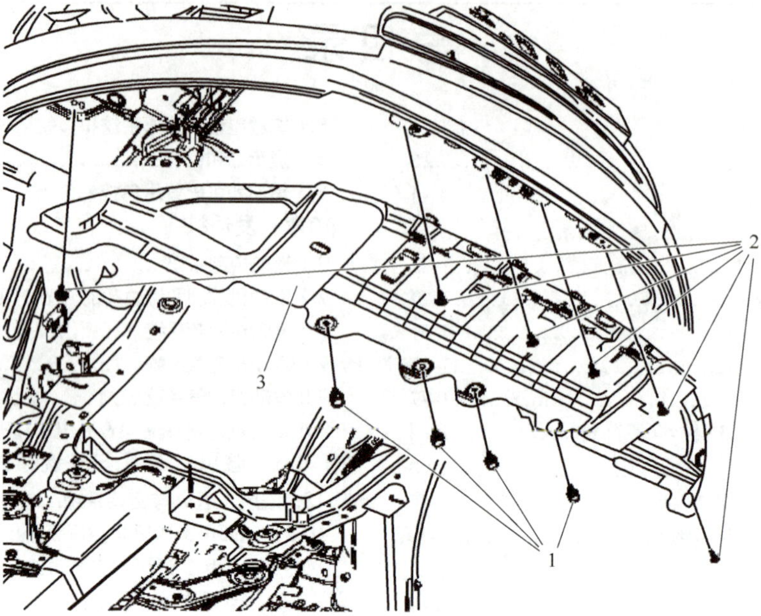

图 8-2 前保险杠蒙皮开口下盖的拆装

1—前保险杠蒙皮开口下盖固定件 2—前保险杠蒙皮开口下盖螺栓 3—前保险杠蒙皮开口下盖

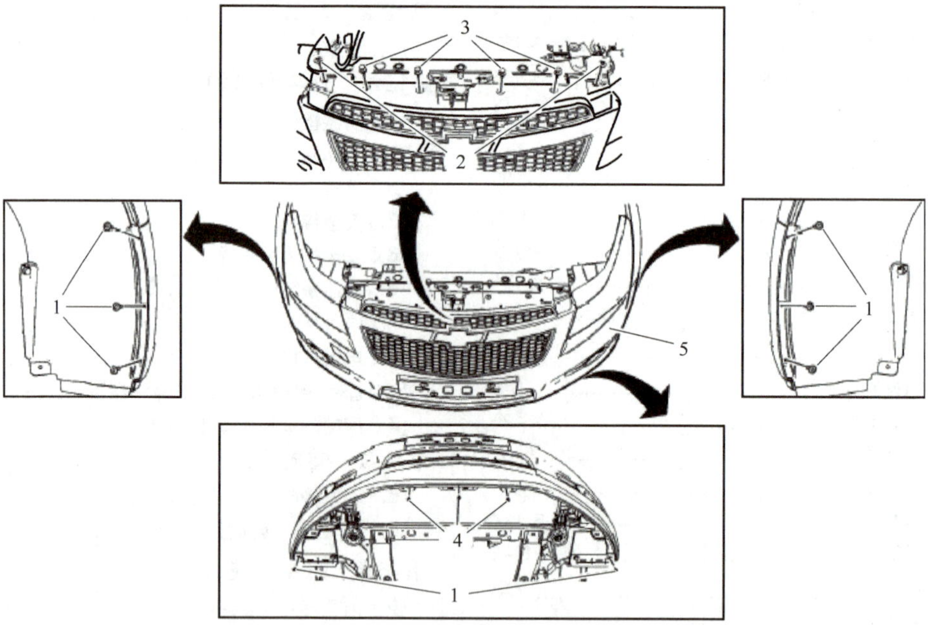

图 8-3 雪佛兰科鲁兹轿车前保险杠蒙皮与车身的连接

1—前轮罩衬板螺栓 2—前保险杠蒙皮螺栓 3—前保险杠蒙皮固定件

4—前保险杠蒙皮下加强件螺栓 5—前保险杠蒙皮

8.1.2 汽车徽标/铭牌的更换

汽车徽标/铭牌属于外饰件，以雪佛兰科鲁兹为例，说明更换方法。

1. 查阅维修手册，确认连接关系

根据维修手册总目录，找到“散热器格栅徽标/铭牌的更换”和“行李箱盖徽标/铭牌的更换”相关内容。

查阅维修手册可知，散热器格栅上的雪佛兰徽标与散热器格栅之间的连接是螺钉联接，而行李箱盖上的徽标/铭牌与行李箱盖之间的连接是胶粘连接。

2. 徽标/铭牌更换

1）散热器格栅徽标的更换。如图 8-4 所示，根据维修手册，分别拆下 2 颗散热器格栅徽标螺钉，取下旧的徽标，再装上新的徽标，螺钉拧紧力矩为 2.5N · m。

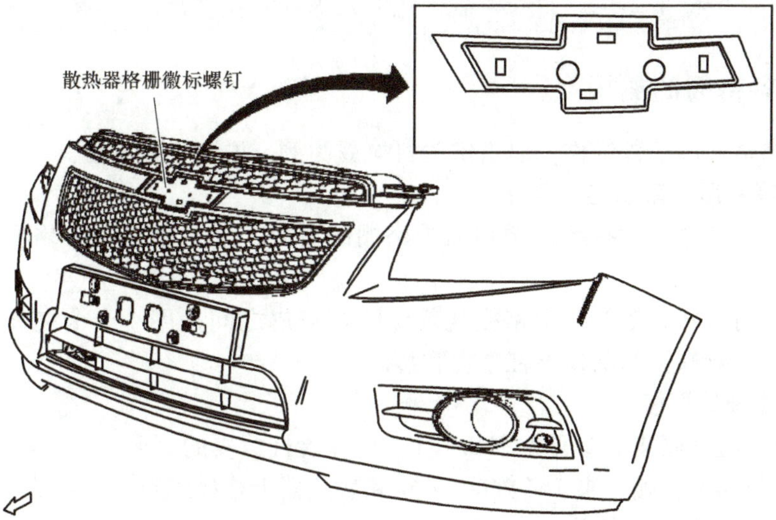

图 8-4 散热器格栅徽标/铭牌的更换

2）行李箱盖徽标/铭牌的更换。如图 8-5 所示，根据维修手册，更换步骤如下：

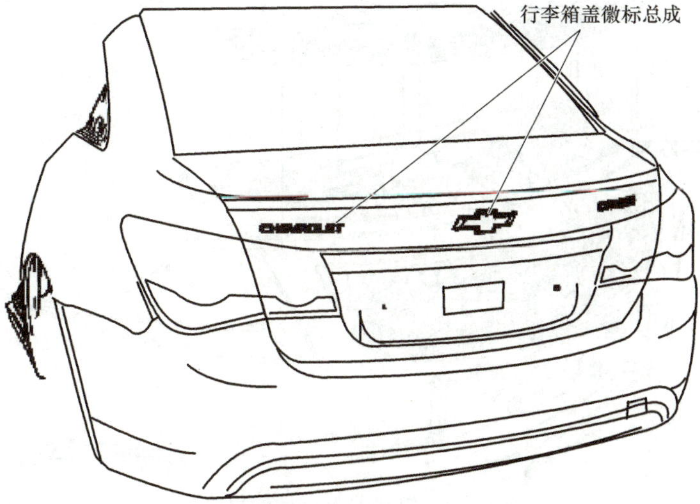

图 8-5 行李箱盖徽标/铭牌的更换

① 用加热枪和塑料平刃工具（注意：不得使用金属工具，以免损伤油漆）拆下旧的铭牌或徽标。

② 清除行李箱板上所有的粘合剂，并用清洁、不起毛的抹布把表面擦干。

③ 剥下徽标/铭牌胶带上的保护衬纸，小心不要用手接触胶带，在粘贴之前，防止胶带粘上脏物或异物。

④ 将徽标/铭牌粘至行李箱盖上规定的位置，确保徽标/铭牌完全粘在行李箱盖上。

> **注意** 在安装前，零件和表面应为21℃（70℉）。装配后的一小时内，车辆应保持在21℃，以使粘合剂达到足够的粘接强度。

8.1.3 散热器格栅的更换

汽车散热器格栅属于外饰件，以雪佛兰科鲁兹为例，说明更换方法。

1. 查阅维修手册，确认连接关系

根据维修手册总目录，找到“散热器上格栅的更换”和“散热器下格栅的更换”相关内容。

查阅维修手册可知，散热器上格栅与前保险杠蒙皮之间是用4个卡夹和8颗螺钉联接的，下格栅则以4颗螺钉与前保险杠蒙皮联接。

2. 散热器格栅的更换

1）拆下前保险杠蒙皮。参见本书8.1.1“前保险杠蒙皮的更换”。

2）拆下散热器上格栅卡夹1（数量：4）和散热器上格栅螺钉2（数量：8），取出散热器上格栅总成3，如图8-6所示。

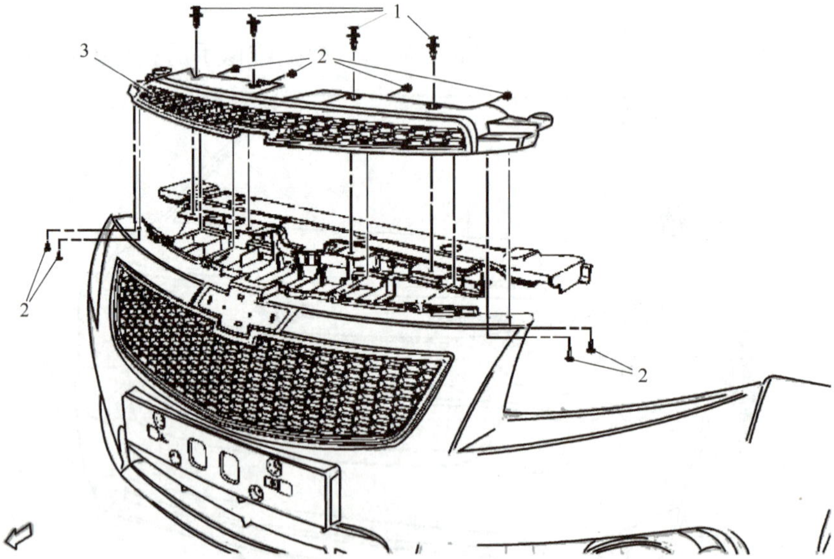

图8-6 散热器上格栅的更换

1—散热器上格栅卡夹 2—散热器上格栅螺钉 3—散热器上格栅总成

3）拆下4颗散热器下格栅螺钉，取下散热器下格栅总成，如图8-7所示。

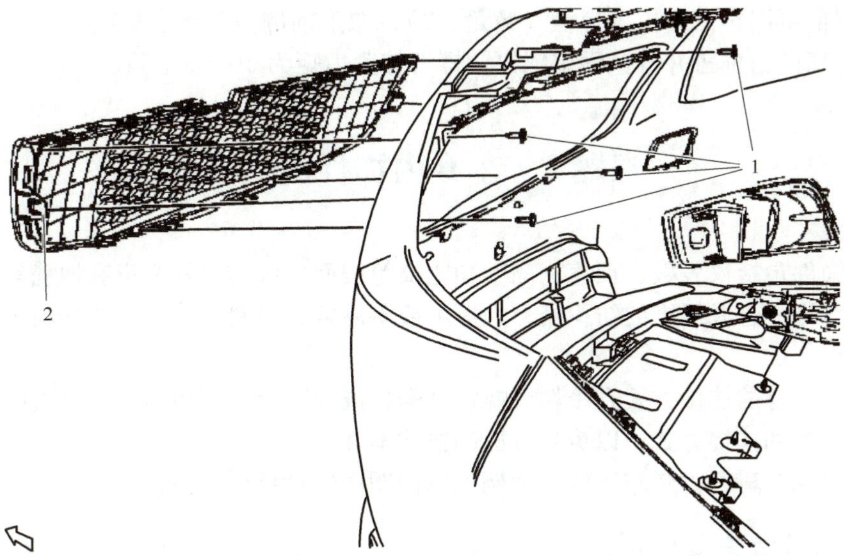

图 8-7 散热器下格栅的更换

1—散热器下格栅螺钉 2—散热器下格栅总成

4）换上新的散热器上、下格栅，安装好相应的螺钉和卡夹，螺钉拧紧力矩均为2.5N·m。

8.1.4 前侧门车窗窗框后盖的更换

汽车车窗窗框盖也属于外饰件，以雪佛兰科鲁兹为例，说明更换方法。

1. 查阅维修手册，确认连接关系

根据维修手册总目录，找到“前侧门车窗窗框后盖”相关内容。

查阅维修手册可知，前侧门车窗窗框后盖与窗框之间是用 3 颗螺钉联接的。

2. 车窗窗框盖的更换（图 8-8）

1）把车窗密封条 3 拉到一边。

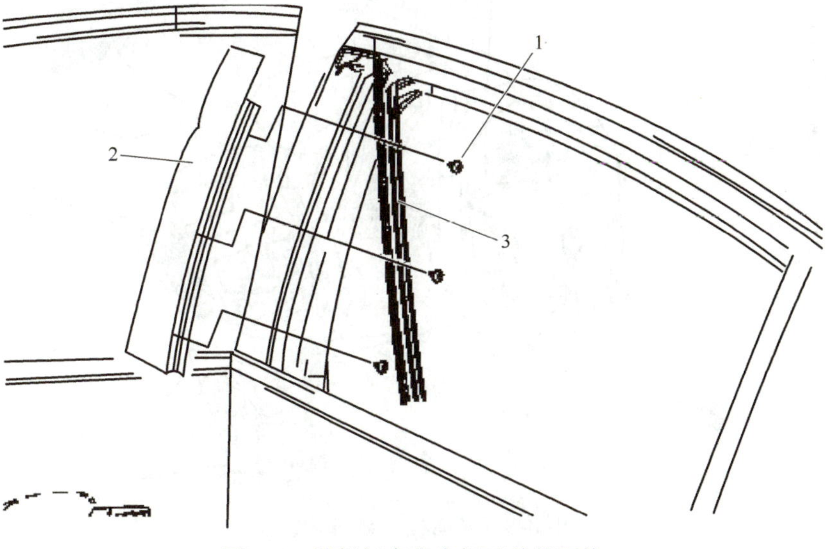

图 8-8 前侧门车窗窗框后盖的更换

1—前侧门车窗窗框盖螺栓 2—前侧门车窗窗框盖 3—车窗密封条

2）拧出前侧门车窗窗框盖螺栓（数量：3），取下前侧门车窗窗框盖2。

3）换上新的窗框盖并拧紧固定螺钉，螺钉拧紧力矩为2N·m。

课题2　车身内饰件的更换

汽车内饰件包括仪表板、顶篷、侧壁和座椅等表面覆饰物以及窗帘和地毯等。轿车上广泛采用天然纤维或合成纤维的纺织品、人造革或多层复合材料、连皮泡沫塑料等表面覆饰材料作为内饰件。

内饰件与车身的连接方式有胶粘、螺钉、卡扣或吐舌等，更换前应通过查阅手册等方式确认它们与车身的连接方式，以免盲目拆卸造成损坏。

下面以雪佛兰科鲁兹轿车为例，举例加以说明内饰件拆装的更换。

8.2.1　转向柱装饰盖的更换

1. 查阅维修手册，确认连接方式

转向柱装饰盖属于内饰件，根据维修手册总目录，找到“转向柱上装饰盖”和“转向柱下装饰盖”相关内容。

2. 更换分析

转向柱上、下装饰盖的结构分别如图8-9和图8-10所示，转向柱上装饰盖通过凸舌插在下装饰盖中，下装饰盖通过3颗螺钉固定在转向柱上。因此，更换上、下装饰盖时，先拧出下装饰盖的3颗固定螺栓，用平刃塑料撬板或卡扣拔取器（图8-11）分离上、下装饰盖，取出下装饰盖，再取出上装饰盖。

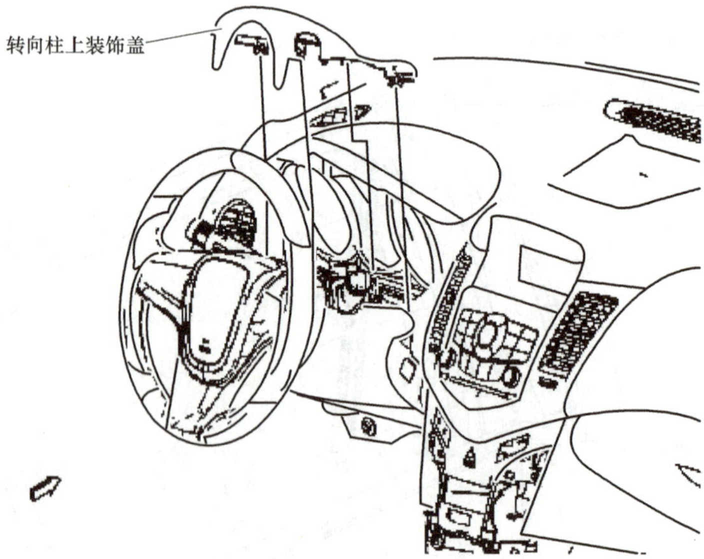

图8-9　转向柱上装饰盖结构

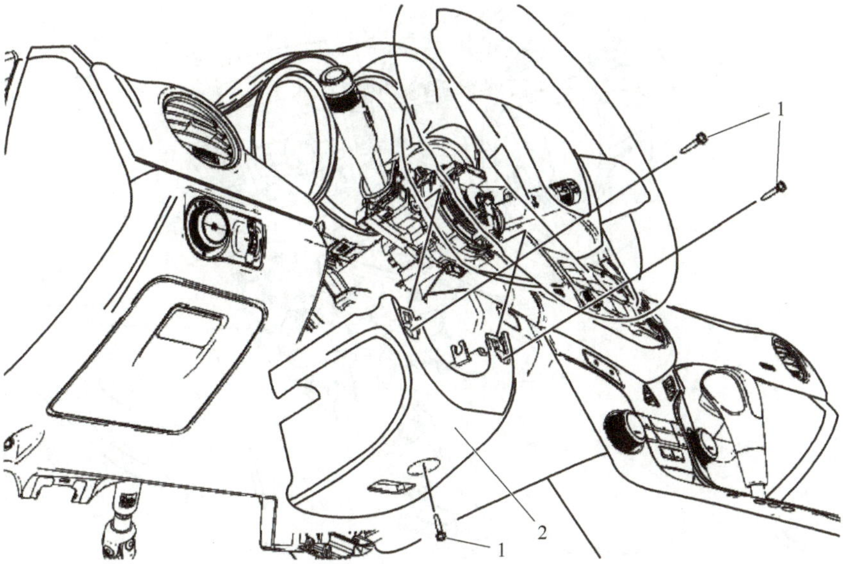

图 8-10　转向柱下装饰盖结构

1—转向柱下装饰盖螺栓　2—仪表板转向柱下装饰盖总成

图示	工具编号/说明
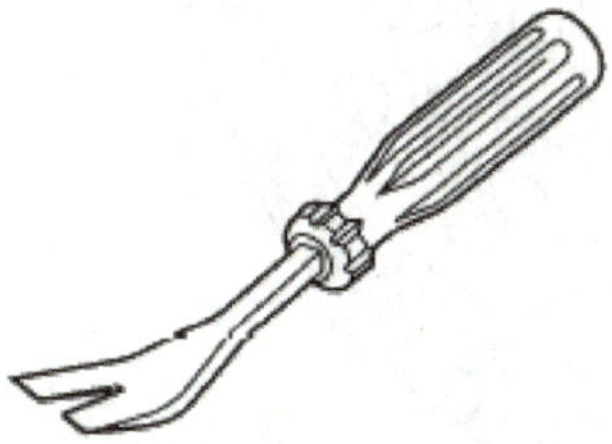	BO-569-A KM-569-A 卡扣拔取器

图 8-11　塑料板件拆装专用工具

8.2.2　仪表板附件嵌框的更换

1. 查阅维修手册，确认连接方式

仪表板附件嵌框属于内饰件，根据维修手册总目录，找到“仪表板附件嵌框的更换”相关内容。

2. 更换分析

查阅维修手册可知，仪表板附件嵌框通过 4 颗螺钉固定，如图 8-12 所示。但要拆卸仪表板附件嵌框，必须先拆下变速器控制盖。

根据维修手册总目录，找到“自动或手动变速器换档杆装饰盖的更换”相关内容。

由图 8-13 可知，变速器装饰盖与前地板控制台之间采用凸舌连接（没有螺钉），可以使用平刃塑料撬板小心分离两者之间的连接，再拆卸仪表板附件嵌框的 4 颗螺钉，这样仪表板附件嵌框就可以取下来了。

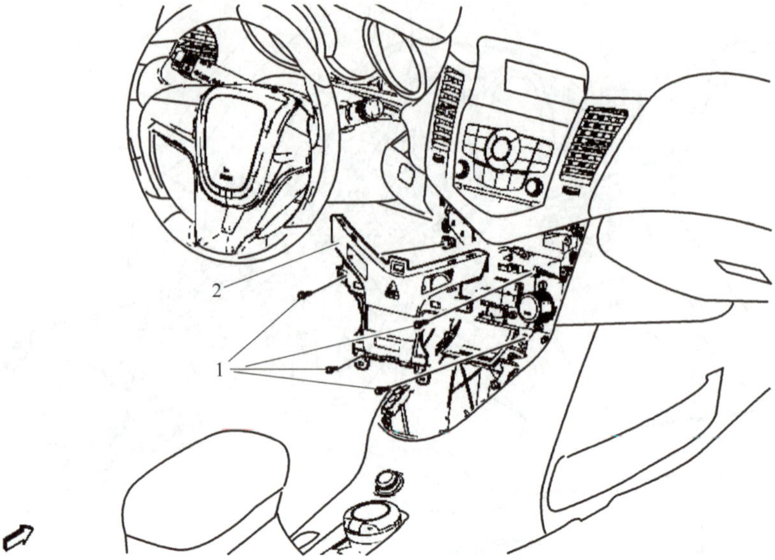

图 8-12 仪表板附件嵌框结构

1—仪表板附件嵌框螺钉（拧紧力矩 2.5N·m） 2—仪表板附件嵌框总成

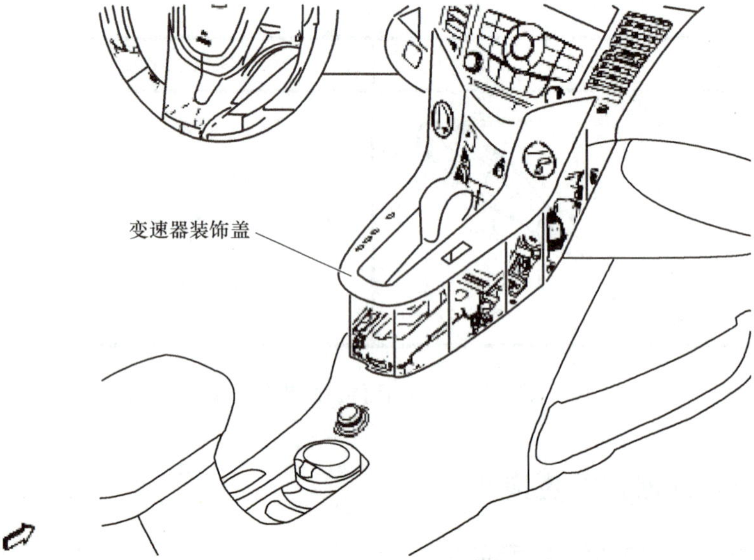

图 8-13 自动或手动变速器变速杆装饰盖的更换

8.2.3 前侧门装饰板的更换

1. 查阅维修手册，确认连接方式

前侧门装饰板属于内饰件，根据维修手册总目录找到“前侧门装饰板的更换”相关内容。

2. 更换分析

查阅维修手册可知，前侧门装饰板与前门通过 10 个卡夹连接，同时前侧门拉手内的车窗开关电线与车门间有连接，前侧车门内把手也通过门锁拉索与车门有连接，如图 8-14 所示。因此，要拆卸前侧门装饰板，基本步骤如下：

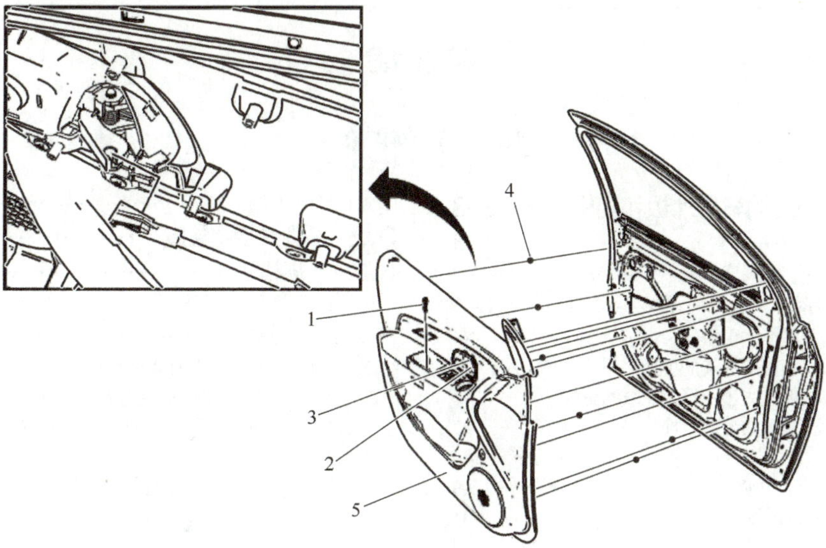

图 8-14　前侧门装饰板的更换

1—前侧门拉手螺栓　2—前侧门内把手螺栓装饰盖　3—前侧车门内把手螺栓
4—前侧门装饰板卡夹　5—前侧门装饰板总成

1）拆卸前侧门内把手螺栓装饰盖（提示：向后拉把手以拆下装饰盖，使用一个合适的工具松开），拧下前侧门内把手螺栓。

2）拆卸前侧门拉手螺栓。

3）用平刃塑料撬板或卡扣拔取器（参见图 8-11）小心撬开前门装饰板与车门的连接，取出装饰板和 10 个卡夹。

4）分离前侧门内把手与门锁拉索的连接（向上拉动门锁固定件拉索以便分离），断开车窗开关上的电气插接器插头，取下前门装饰板。

安装按拆卸的相反顺序进行，其中，前侧门拉手螺栓拧紧力矩为 2N · m；前侧车门内把手螺栓拧紧力矩为 2. 5N · m。

课题 3　车身外板及其附件的更换与调整

轿车车身外板件包括翼子板、发动机舱盖、车门和行李箱盖等，其相应附件有翼子板托架、发动机舱盖和行李箱盖铰链及锁、车门铰链等。它们与车身主要通过螺栓联接固定。

下面以雪佛兰科鲁兹轿车为例，举例说明车身外板件拆装的更换和调整。

8. 3. 1　前翼子板的更换

1. 查阅维修手册，确认连接方式

根据维修手册总目录（参见图 8-1），翼子板的维修应该在第 3 章“3. 1 用螺栓固定的车身外板和隔板”这一节。翻到第 3-1 页“第 3 章车身维修”目录，如图 8-15 所示，找到

“前翼子板的更换”相关内容。

第3章

车身维修

图8-15 第3章 车身维修目录（节选）

8 UNIT

2. 更换分析

查阅维修手册可知，前翼子板与车身通过8个螺栓联接，要想拆下前翼子板，必须先拆卸保险杠蒙皮和导板、前轮罩衬板、前照灯、进风口格栅板、前翼子板装运盖和隔音板等附件，如图8-16所示。

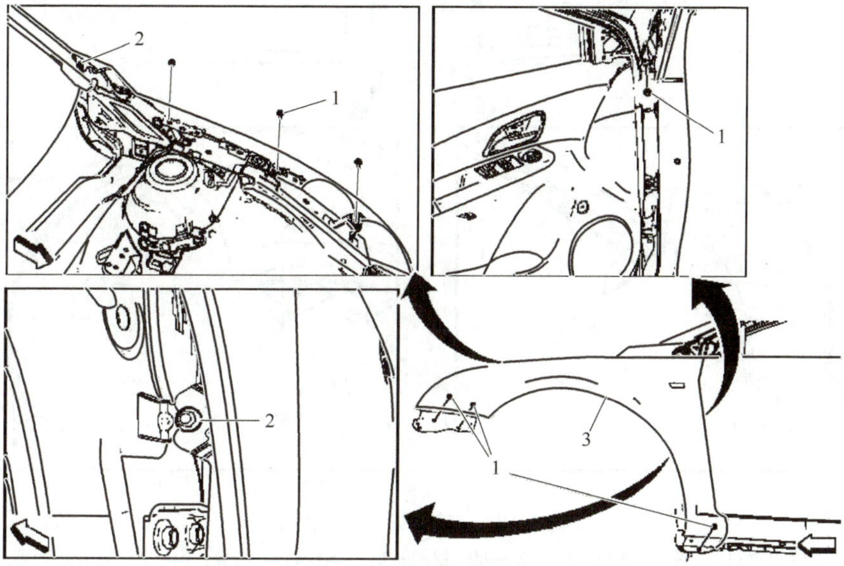

图8-16　前翼子板的更换

1、2—前翼子板螺栓　3—前翼子板

3. 拆卸步骤

1）拆下前保险杠蒙皮。见本书8.1.1“前保险杠蒙皮的更换”。

2）拆下前保险杠蒙皮导板（图8-17）。

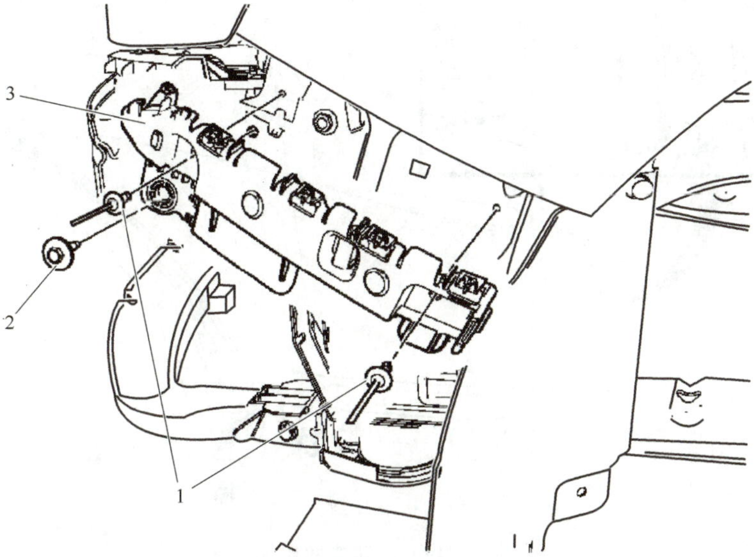

图8-17　前保险杠蒙皮导板的拆卸

1—前保险杠蒙皮导板铆钉（数量：2）　2—前照灯螺栓　3—前保险杠蒙皮导板

3）拆下前轮罩衬板（图 8-18）。

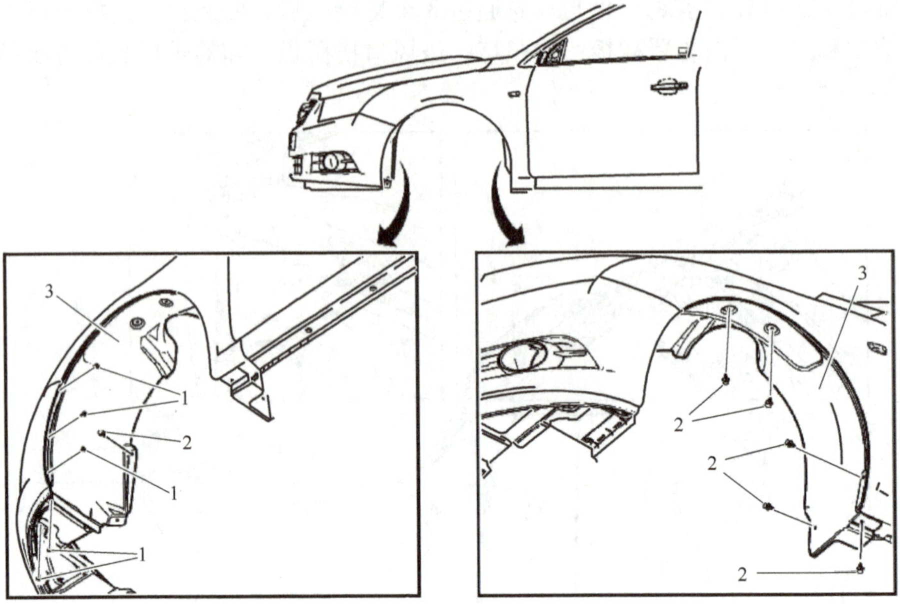

图 8-18　前轮罩衬板的更换

1—前轮罩衬板螺钉（数量：5）　2—前轮罩衬板塑料固定件（数量：1）　3—前轮罩衬板

4）拆下前照灯（图 8-19）。

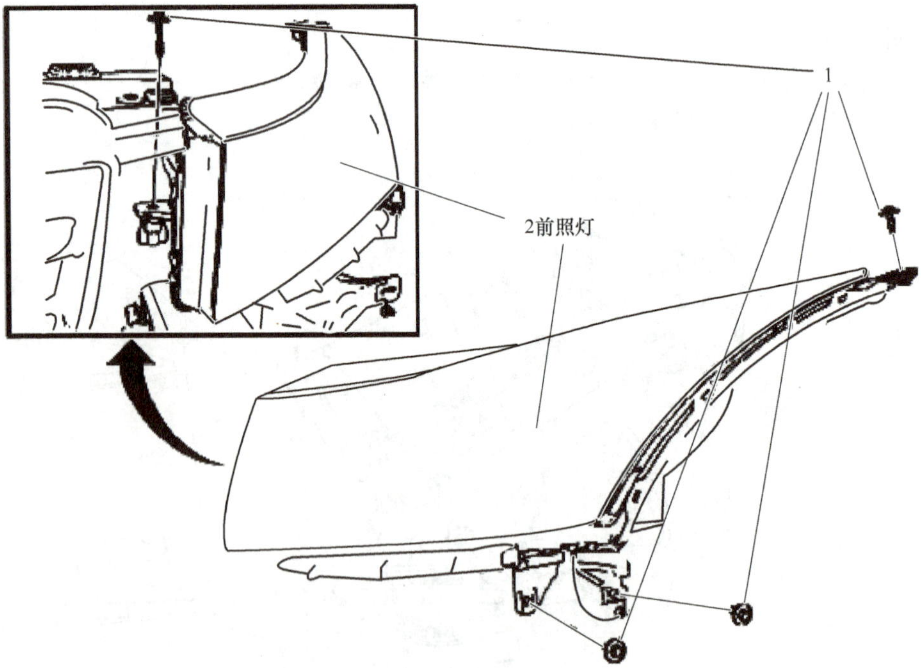

图 8-19　前照灯的更换

1—前照灯螺钉（数量：4）　2—前照灯总成

5）拆下进风口格栅板（图 8-20）。

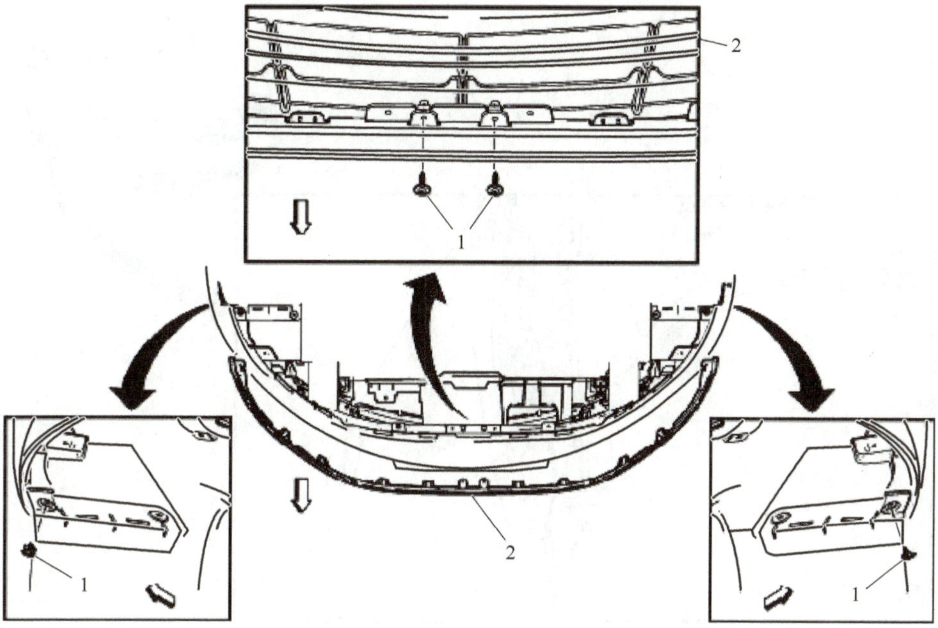

图 8-20　进风口格栅板的更换

1—进风口格栅板螺钉（数量：4）　2—进风口格栅板

6）拆下前翼子板装运盖（图 8-21）。

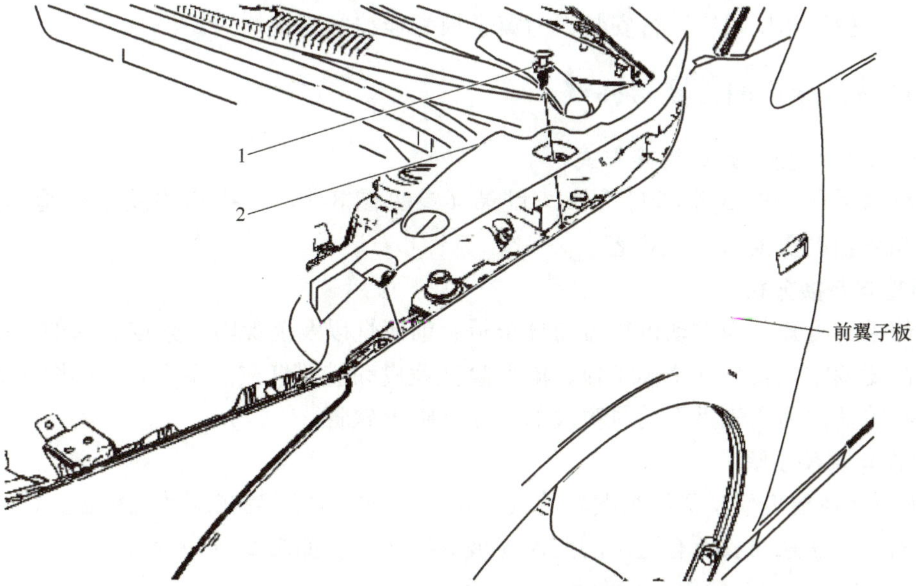

图 8-21　前翼子板装运盖的更换

1—前翼子板装运盖螺钉　2—前翼子板装运盖

7）拆下前翼子板隔音板（图 8-22）。

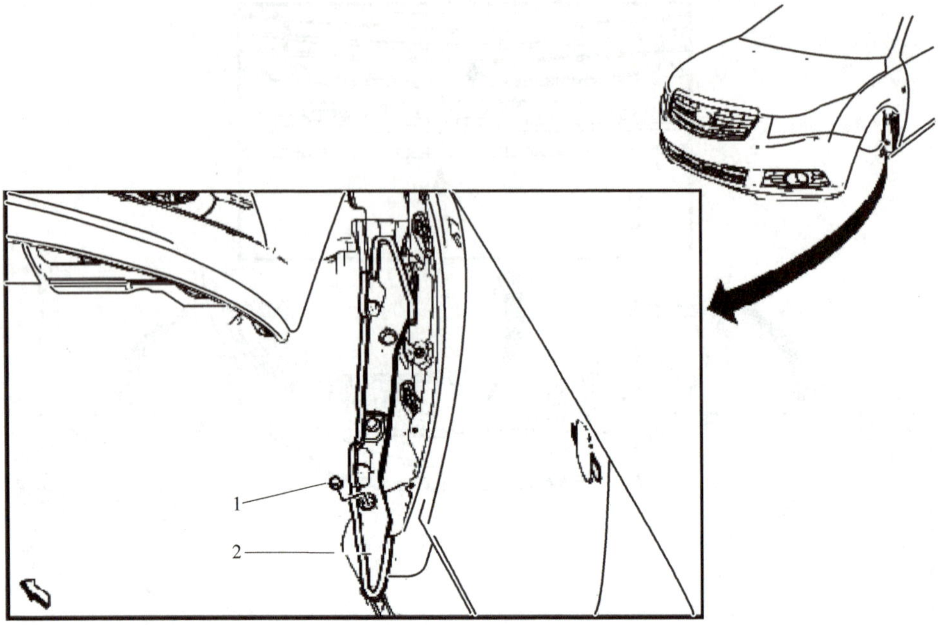

图 8-22 前翼子板隔音板的更换

1—前翼子板隔音板螺钉 2—前翼子板隔音板

8）拆下前翼子板（参见图 8-16）。

4. 安装步骤

按拆卸步骤的相反顺序进行安装，前翼子板螺栓拧紧力矩均为 8N · m。

8.3.2 发动机舱盖的更换与调整

1. 查阅维修手册，确认连接方式

根据维修手册“第 3 章车身维修”目录（参见图 8-15），找到“发动机舱盖的调整”和“发动机舱盖的更换”相关内容。

2. 调整与更换分析

由维修手册可知，当发动机舱盖与翼子板、前照灯以及前保险杠蒙皮之间的两侧间隙不均匀时，需要调整使其与两个翼子板、前保险杠蒙皮和前照灯在前端平齐，如图 8-23 所示。拆卸发动机舱盖前需要先拆下前风窗玻璃洗涤器喷嘴软管。

3. 更换与调整步骤

1）拆下前风窗玻璃洗涤器喷嘴软管（将洗涤器软管从安装在发动机舱盖上的两个洗涤器喷嘴上断开，注意回收所有流出的前风窗玻璃洗涤液，如图 8-24 所示）。

2）拆卸更换发动机舱盖，如图 8-25 所示。

>>> **注意** ①在拆下或安装发动机舱盖支撑杆时，请助手协助或采取必要的支撑措施。②4 颗发动机舱盖铰链加强件螺母的拧紧力矩均为 26N · m。

3）按图 8-23 所示尺寸调整发动机舱盖与翼子板、前照灯以及前保险杠蒙皮之间的间隙，使之均匀。

图 8-23　发动机舱盖的调整

1—发动机舱盖　*a*—发动机舱盖至翼子板间隙（3.0mm ±0.75mm）　*b*—发动机舱盖至前照灯间隙（3.0mm ±1.0mm）
c—发动机舱盖至前照灯间隙（4.5mm ±1.5mm）*d*—发动机舱盖至前保险杠蒙皮间隙（4.0mm ±1.0mm）

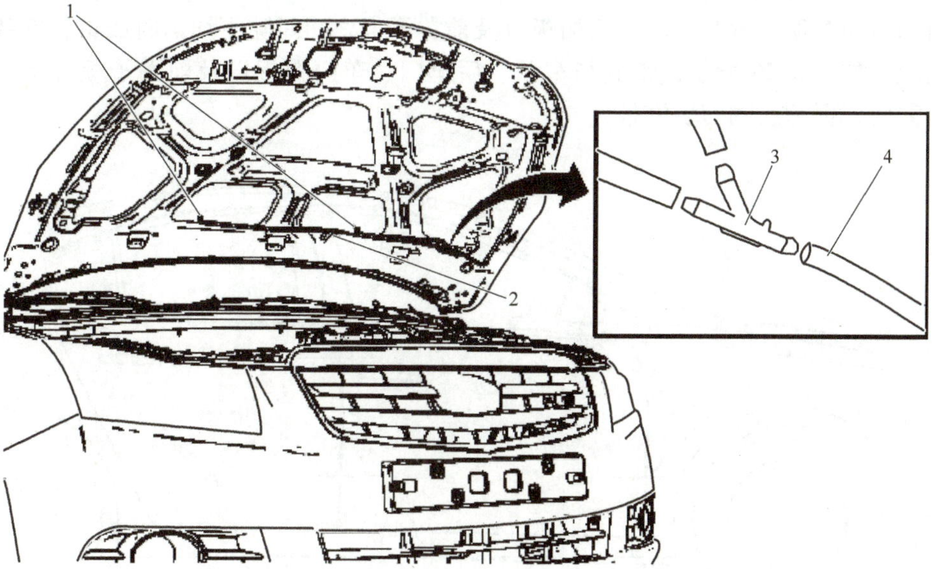

图 8-24　前风窗玻璃洗涤器喷嘴软管的更换

1—前风窗玻璃洗涤器喷嘴软管　2—前风窗玻璃洗涤器软管发动机舱盖铰链
3—前风窗玻璃洗涤器喷嘴软管集成插接器　4—前风窗玻璃洗涤液泵软管

8.3.3　前侧门的更换与调整

1. 查阅维修手册，确认连接方式

根据维修手册“第 3 章车身维修”目录（参见图 8-15），找到“前侧门的调整”和

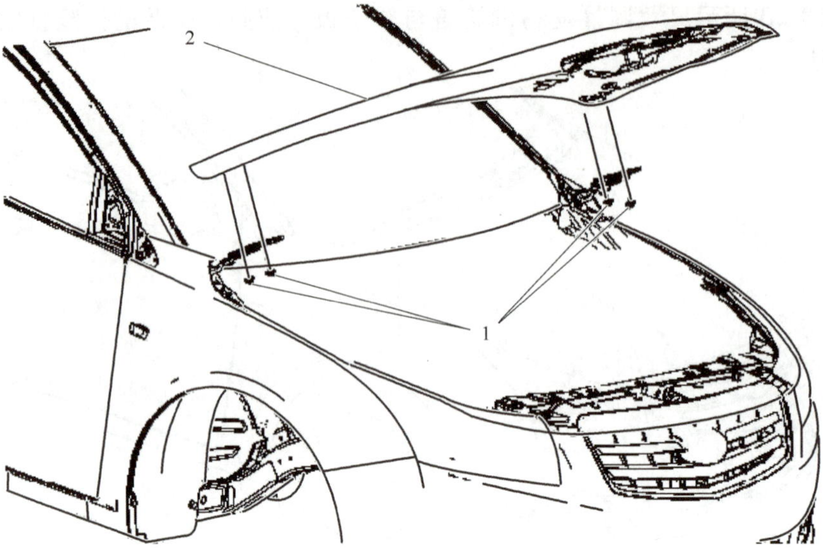

图 8-25　发动机舱盖的更换

1—发动机舱盖铰链加强件螺母　2—发动机舱盖

“前侧门的更换”相关内容。

2. 调整与更换分析

当前侧门和车顶、后车门、车门槛板以及前翼子板之间间隙不均匀时或重新安装时需要调整其间隙，如图 8-26 所示，使其与车顶、后车门、车门槛板以及前翼子板齐平。拆卸前侧门时，需要先拆卸前侧门装饰板。

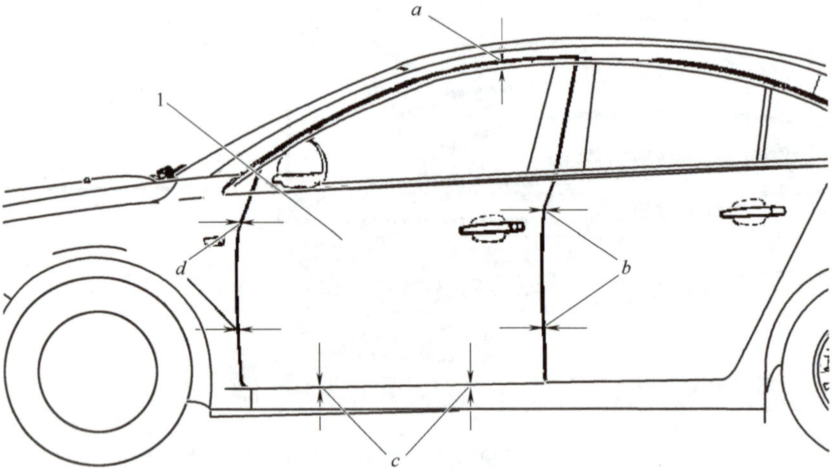

图 8-26　调整间隙

1—前侧门　*a*—前侧门至车顶间隙（6.0mm ± 1.0mm）　*b*—前侧门至后车门间隙（3.5mm ± 0.75mm）
c—前侧门至车门槛板间隙（4.5mm ± 1.0mm）　*d*—前侧门至前翼子板间隙（3.5mm ± 0.75mm）

3. 更换与调整步骤

1）拆卸前侧门装饰板（见本书 8.2.3 前侧门装饰板的更换）。

2）拆卸前侧门限位连杆螺栓和前侧门上、下铰链螺栓，取下前侧门（需要助手协助），如图 8-27 所示。

3）更换新的前侧门，前侧门铰链螺栓（数量：4）和前侧门限位连杆螺栓拧紧力矩均为 25N · m。

4）调整前侧门与车顶、后车门、车门槛板以及前翼子板的间隙，使之符合图 8-26 所示的调整要求。

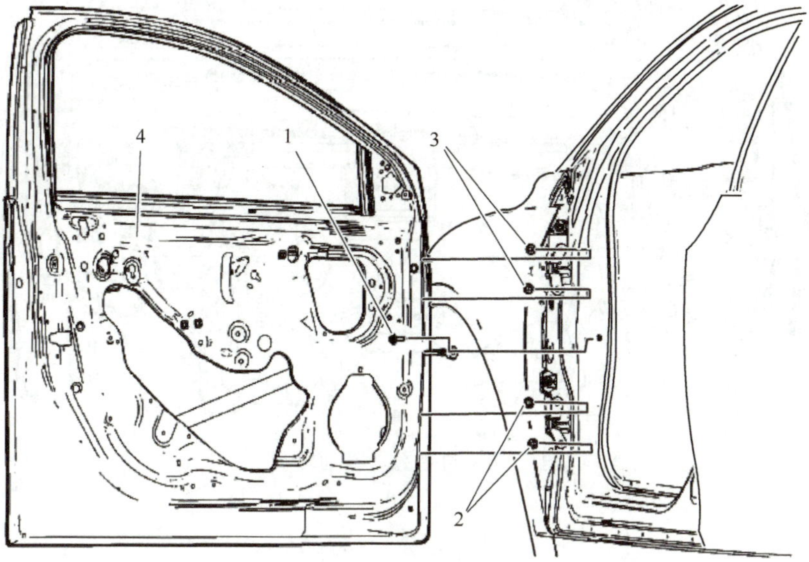

图 8-27　拆卸前车门

1—前侧门限位连杆螺栓　2—前侧门下铰链螺栓　3—前侧门上铰链螺栓　4—前侧门

课题 4　车身碰撞修复

汽车车身发生碰撞后，需要对汽车进行整体评估以及车身的损伤进行全面的分析，其涉及的内容有汽车车身的测量、汽车车身钣金的整形、拉伸矫正、去应力焊接以及汽车车身附件更换装配与调整等工作。

下面以雪佛兰科鲁兹轿车为例，说明车身碰撞修复的主要作业内容。

8.4.1　车身尺寸和结构的识别

正确识别车身尺寸和结构是碰撞维修的基础，也是保证维修质量的关键。

1. 了解车身尺寸

根据“第 3 章车身维修”目录（参见图 8-15），找到“车身尺寸”相关内容，如图 8-28 ~ 图 8-34 所示。

这些基础尺寸是维修人员判断损伤程度和作出维修方案的依据，也是完工验收质量的依据。

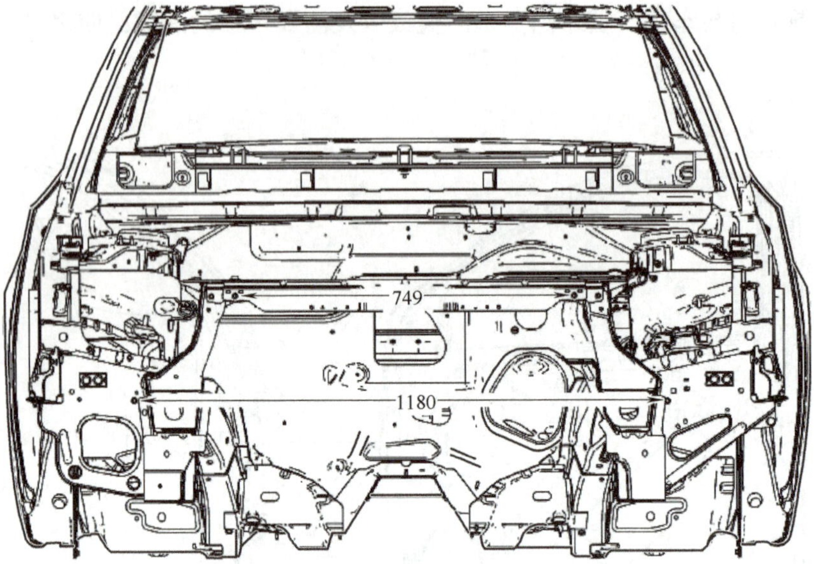

图 8-28　科鲁兹车身前端尺寸

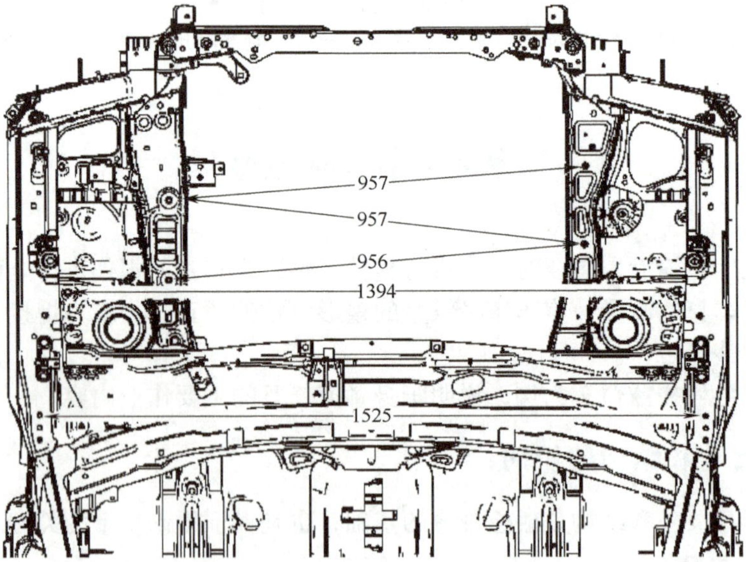

图 8-29　科鲁兹发动机舱尺寸

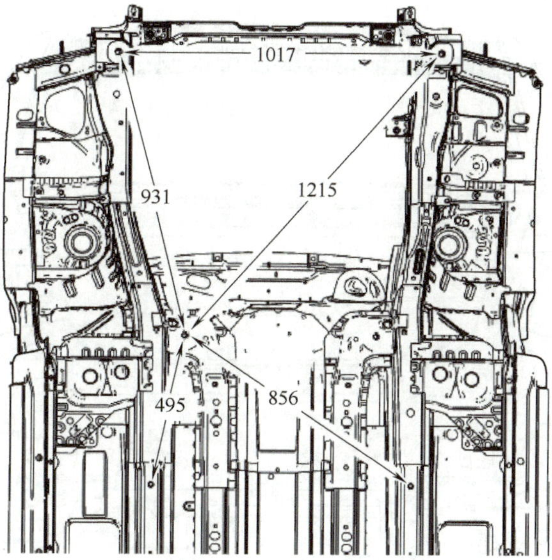

图 8-30　科鲁兹车身前下端尺寸

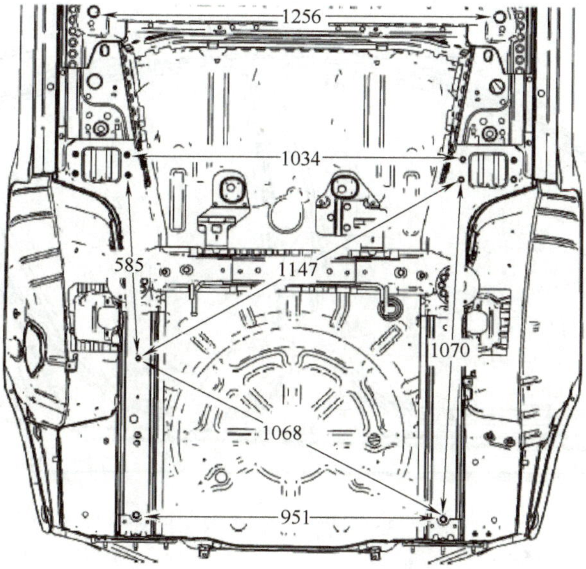

图 8-31　科鲁兹车身后下端尺寸

图 8-32 科鲁兹车身后端尺寸

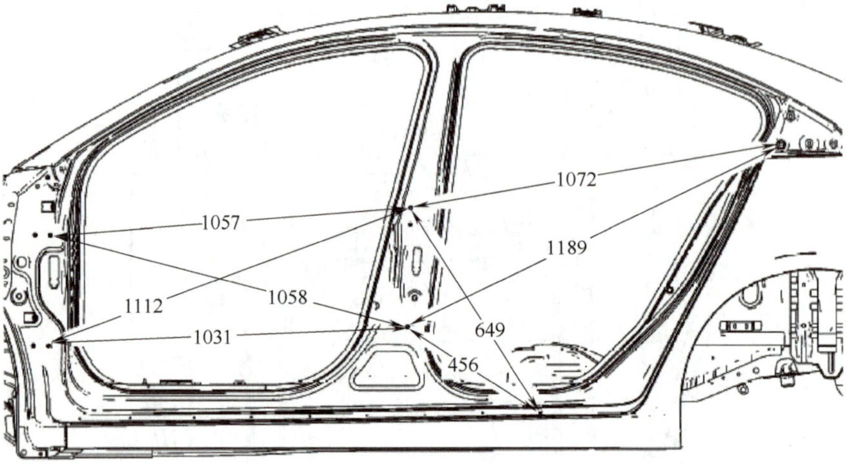

图 8-33 科鲁兹车身侧面尺寸

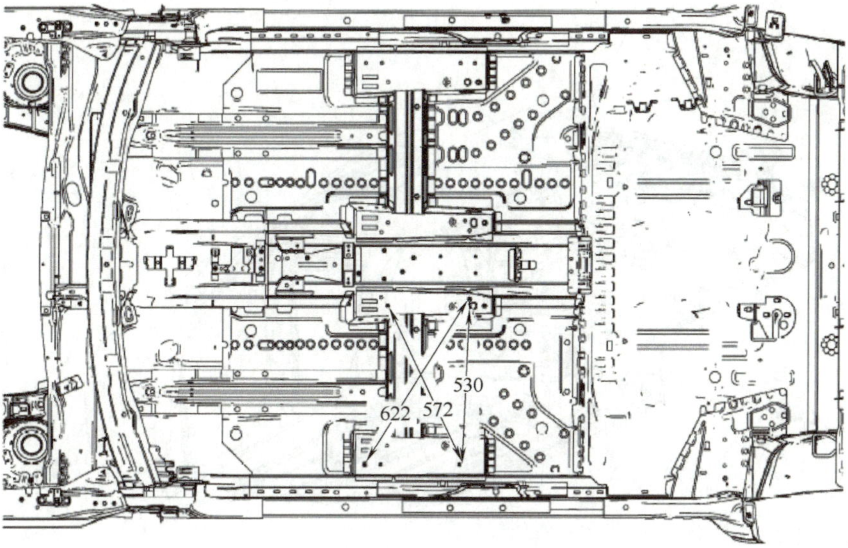

图 8-34　科鲁兹前排座椅安装点尺寸

2. 识别车身结构

根据“第 3 章车身维修”目录（参见图 8-15），找到“结构识别”相关内容。车身结构的前、后视图如图 8-35、图 8-36 所示，其中的零部件名称、材料、工作内容等见表 8-1 和表 8-2。

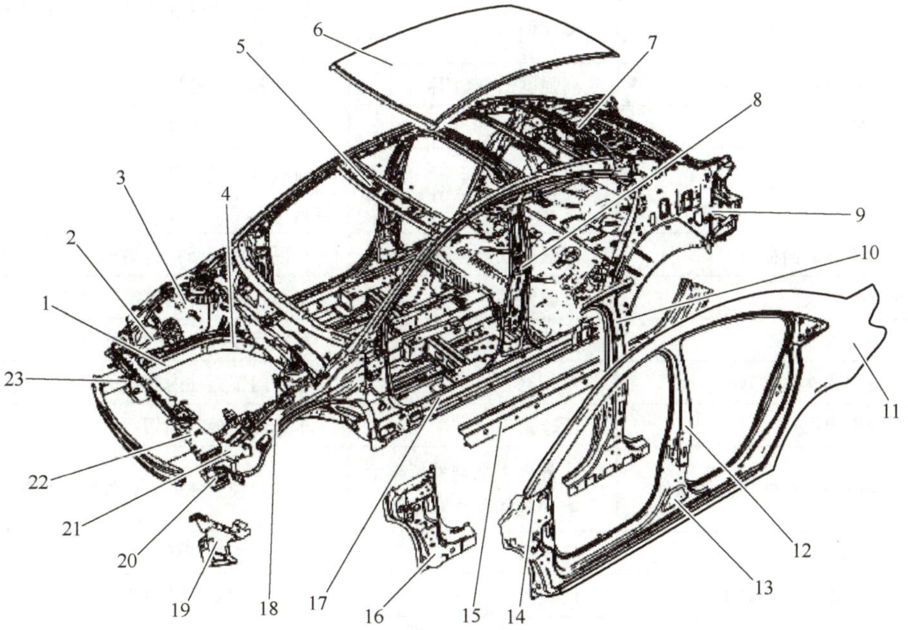

图 8-35　科鲁兹车身结构前视图

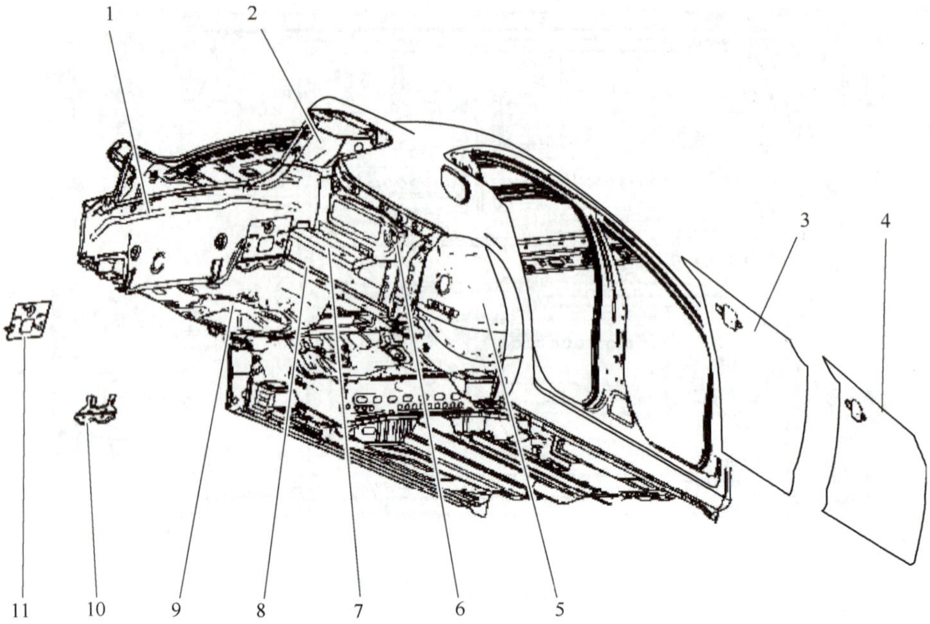

图 8-36　科鲁兹车身结构后视图

表 8-1　科鲁兹车身结构前视图零部件名称、材料及工作内容说明

序号	说　明	材　料	工作内容
1	前舱纵梁（前）	低碳钢	前舱前纵梁的剖切（长）、前舱前纵梁的剖切（短）
2	前轮罩前板	高强度低合金钢	前轮罩前板的更换
3	前轮罩板	低碳钢	前轮罩板的更换
4	前舱纵梁（后）	高强度低合金钢	前舱前纵梁的剖切（长）、前舱前纵梁的剖切（短）
5	车顶前顶部面板	高强度低合金钢	车顶前顶部面板的更换
6	车顶外侧板	低碳钢	车顶外侧板件的更换
7	车顶后内板	低碳钢	车顶后顶部面板的更换
8	车身门锁立柱内侧板	双相钢	车身门锁立柱内侧板的更换
9	车身侧内板	低碳钢	车身侧内板的剖切
10	车身门锁立柱外侧板加强件	● 外侧板加强件低碳钢 ● 中柱加强件双相钢	车身门锁立柱外侧板加强件的更换
11	后侧外板	低碳钢	后侧外板的剖切
12	车身门锁立柱外侧板	低碳钢	车身门锁立柱外侧板的剖切
13	门槛外侧板	低碳钢	门槛外侧板的剖切
14	前车身铰链立柱	低碳钢	车身前铰链立柱的剖切
15	车身外侧板加强件	双相钢	车身外侧板加强件的更换
16	车身铰链立柱下加强件	低碳钢	车身铰链立柱下加强件的更换

（续）

序号	说　明	材　料	工作内容
17	内侧门槛板	超高强度双相钢	内侧门槛板的更换
18	前舱上纵梁	高强度低合金钢	● 前舱上纵梁的更换 ● 前舱上纵梁的剖切
19	前照灯支座板	低碳钢	前照灯支座板的更换
20	传动系统和前悬架车架前支架	高强度低合金钢	传动系统和前悬架车架前支架的更换
21	前轮罩板后加强件	低碳钢	前轮罩板后加强件的更换
22	前端上横梁支架	低碳钢	前端上横梁的更换
23	前保险杠防撞杆钢挡板托架	低碳钢	前保险杠防撞杆的更换

表 8-2　科鲁兹车身结构后视图零部件名称、材料及工作内容说明

序号	说　明	材　料	工作内容
1	车身后端板	低碳钢	车身后端板的更换
2	尾灯凹槽	低碳钢	尾灯槽的更换
3	后侧门外板	低碳钢	后侧门外板的更换
4	前侧门外板	低碳钢	前侧门外板的更换
5	后轮罩板	低碳钢	后轮罩板的更换
6	车身侧外下板	低碳钢	车身外侧板加强件的更换
7	后地板盖板	低碳钢	后地板盖板的更换
8	车身底部后纵梁	高强度低合金钢	后纵梁的剖切
9	行李箱地板	低碳钢	行李箱地板的剖切
10	车身底部后纵梁加强件	低碳钢	车身底部后纵梁加强件的更换
11	后保险杠防撞杆双头螺栓板	低碳钢	后保险杠防撞杆双头螺栓板的更换

8.4.2　微钣金

微钣金也称免喷漆凹陷修复或无损修复，是指利用气动或手动工具将一些比较轻微的钢板损伤恢复原状，通常应用于小刮碰中钢板出现的“软坑”及冰雹砸伤等凹陷，一般不会破坏原车油漆。它是利用钢板的塑形、弹性及杠杆原理，通过光线折射的视觉效果判断出凹陷的位置和程度，使用工具逐步将凹陷部位的应力释放，从而使凹陷复原。采用微钣金工艺的前提：损伤部位没有原子灰、油漆没有破裂、不能靠近板件的边缘部位、没有死角。根据修复方式可以分为外部粘接拉拔和内部顶撬。

1. 外部粘接拉拔修复

外部粘接拉拔使用整套工具如图 8-37 所示，包括溶胶枪、热熔胶棒、溶胶拉拔接头、修复胶棒、照明灯和稀释剂等。粘接拉拔修复的工艺步骤主要有检查损伤、清洁漆面、熔胶、粘接塑料拉钉、拉拔整型和去除粘胶等。

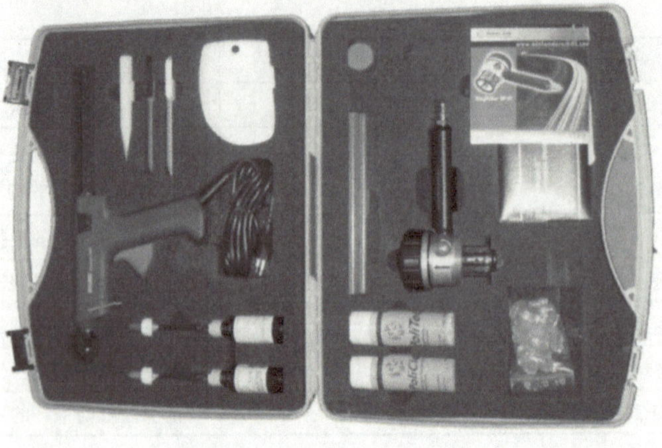

图 8-37　车身外部粘接拉拔工具

（1）检查损伤　在做凹陷修复的时候，首先是要借助灯光找出凹陷的点。先将灯管放在待修板件的上方或侧面，让灯管与待修板件成垂直状态，以便找出损伤部位，如图 8-38 所示。

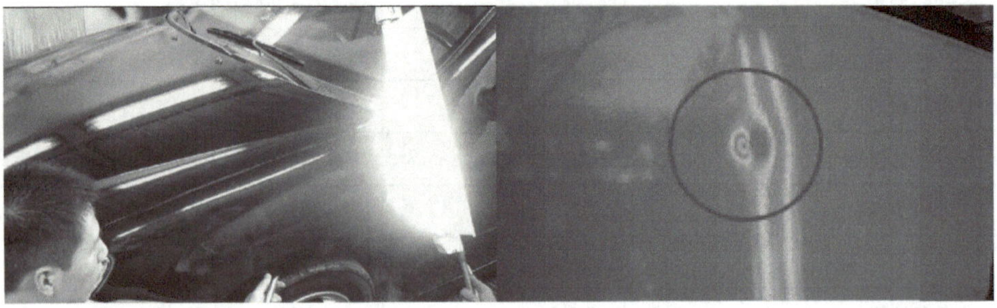

图 8-38　检查车身损伤

（2）清洁漆面　清洁车身损伤表面和装备工具，清洁后不要再次污染板件表面，保证粘结剂能够很好地进行粘合，如图 8-39 所示。

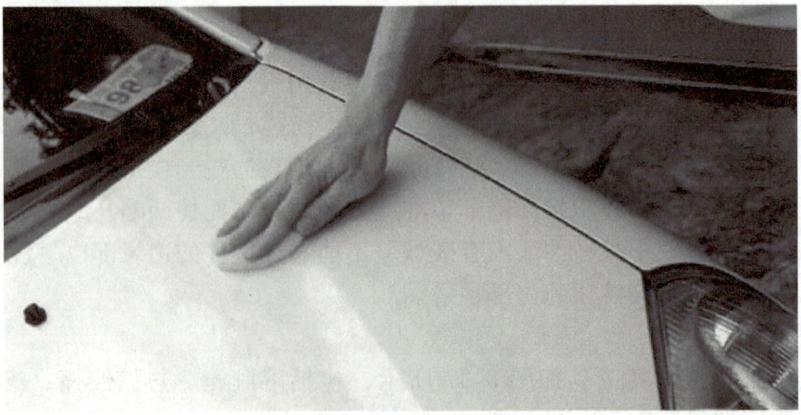

图 8-39　清洁车身损伤表面

（3）熔胶　接通粘结剂枪的电源，将溶胶胶棒插到枪里等 4 ~ 5min，胶棒加热变成液体状后才能使用，如图 8-40 所示。

图 8-40　粘结剂枪的使用

（4）粘接塑料拉钉　选择如图 8-41 所示拉拔工具，接头的直径和形状要和损伤的凹陷直径相符。把热溶胶涂到接头圆弧表面，将接头放到碰撞点，粘结剂只要能填平凹陷部位即可。不要用太大的力量按下接头，否则粘接不牢。

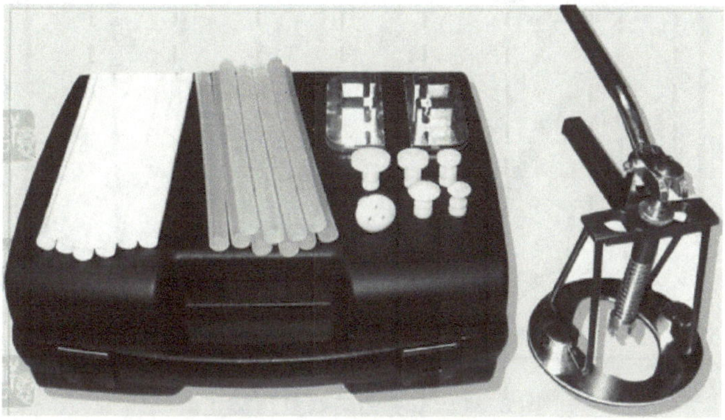
图 8-41　车身拉拔工具

（5）拉拔修复凹陷　等接头上的溶胶冷却后就可以对凹陷进行拉拔修复，将拉拔器和拉拔接头连接，用垂直于板件的力量进行拉拔修复，如图 8-42所示。拉拔时应注意掌握力度，避免拉拔过多。

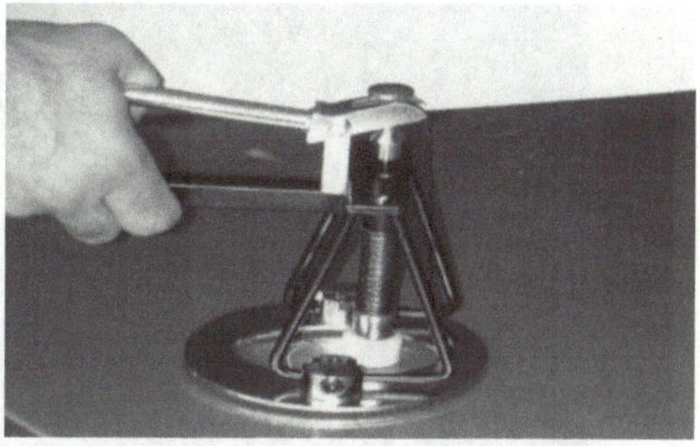
图 8-42　拉拔修复车身凹陷部位

（6）去除粘胶　拉拔完成后，使用稀释剂取下接头。在接头周围滴几滴稀释剂，使用塑料刮刀的边缘取下粘结剂，然后对修复表面进行抛光处理，如图 8-43 所示。

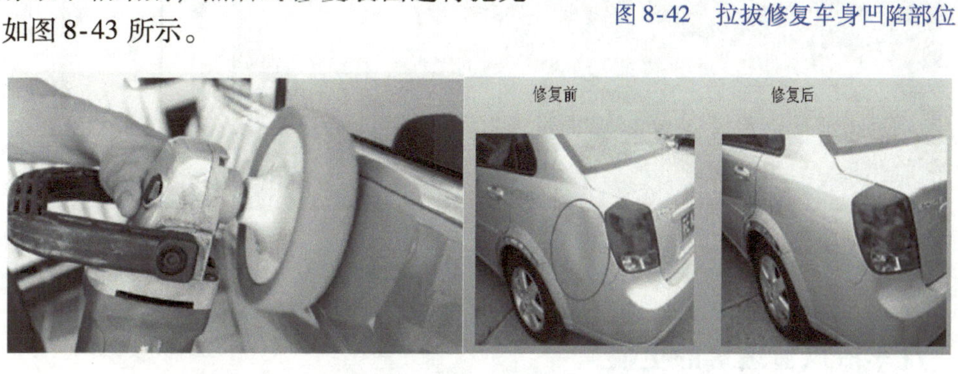

图 8-43　拉拔修复后的抛光处理及修复前后对比

2. 内部顶撬修复

车身内部顶撬修复是使用整套工具（图 8-44），通过钢板缝隙、内部工艺孔，或在内部隐蔽部位打孔（需要橡胶垫密封），利用杠杆原理进行凹陷修复。具体步骤如下：确认凹陷位置→确定修复灯摆放的位置及角度→根据凹陷情况选择适合的工具→确定修复时的支点→修复（图 8-45）→漆面处理（清洁抛光等）→变换角度检验修复效果直至满意为止。

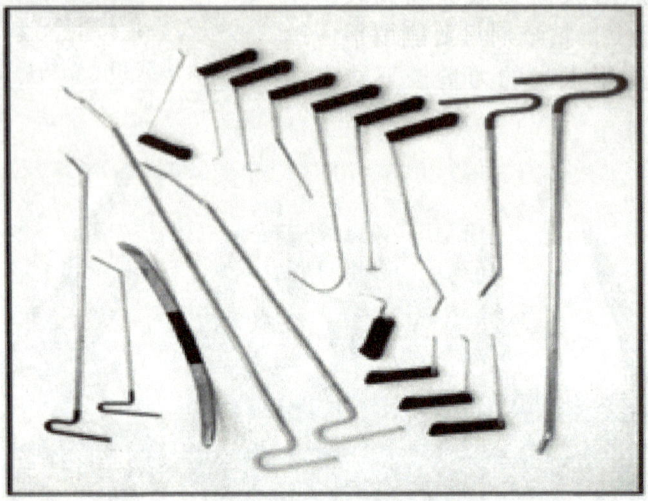

图 8-44　车身凹陷修复顶撬工具

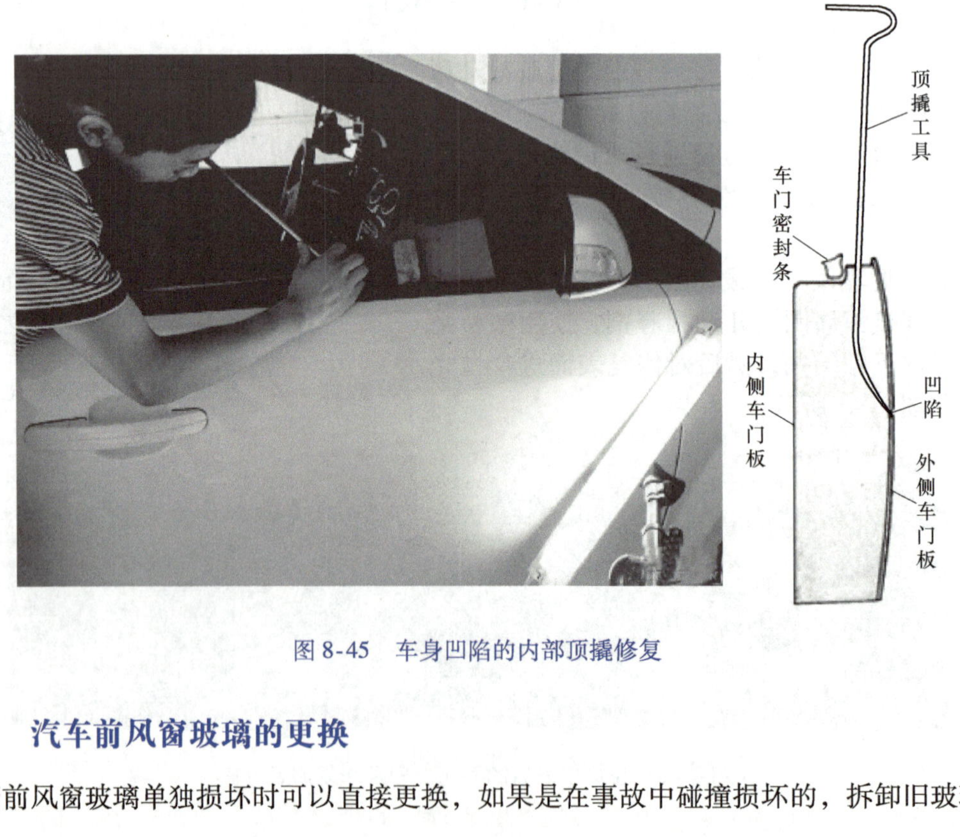

图 8-45　车身凹陷的内部顶撬修复

8.4.3　汽车前风窗玻璃的更换

当前风窗玻璃单独损坏时可以直接更换，如果是在事故中碰撞损坏的，拆卸旧玻璃后还需要检测风窗玻璃安装框架有没有变形。以下介绍的是直接更换的方法。

1）拆卸玻璃前，先对座椅、车身侧面翼子板等做好防护，如图 8-46 所示。

2）拆除车顶至风窗玻璃两边的嵌条（装饰条），如图 8-47 所示。

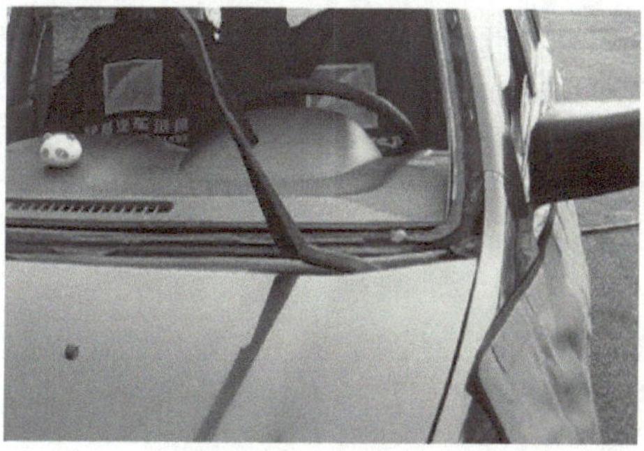

图 8-46　做好防护

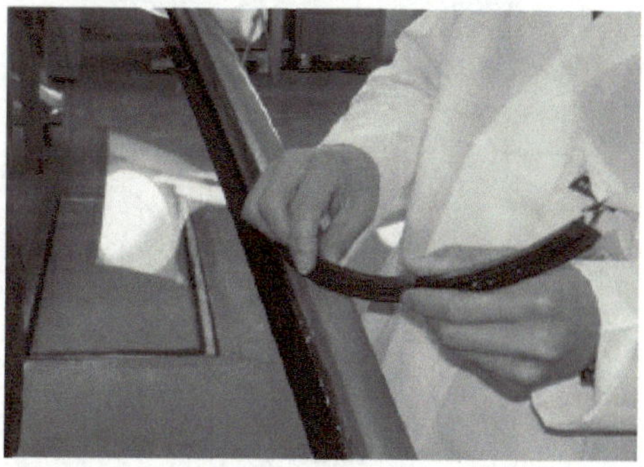

图 8-47　拆除嵌条

3）将刮水器摆臂竖起，离开风窗玻璃，如图 8-48 所示。

4）用铲刀切割风窗玻璃的密封粘合胶，如图 8-49 所示。

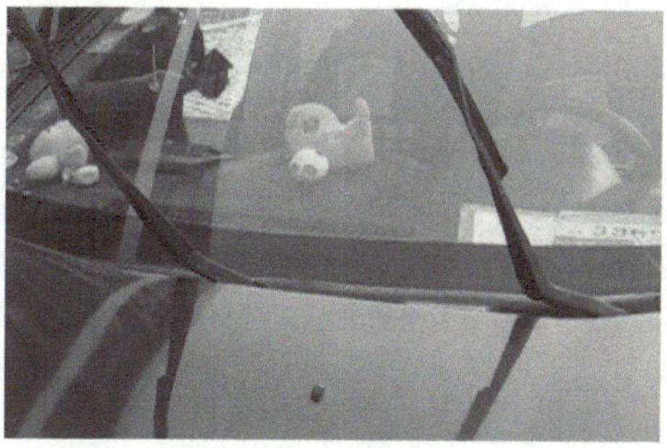

图 8-48　竖起摆臂

图 8-49　切割粘合胶

拆卸粘合的风窗玻璃还有多种工具，一般有钢丝（最小直径的单股钢琴线）、热刀和冷刀等，如图 8-50 所示。图 8-51 所示为单股钢琴线，它能完好拆下风窗玻璃，可避免玻璃损坏。采用钢丝、热刀和冷刀拆卸风窗玻璃的拆卸方法见表 8-3。

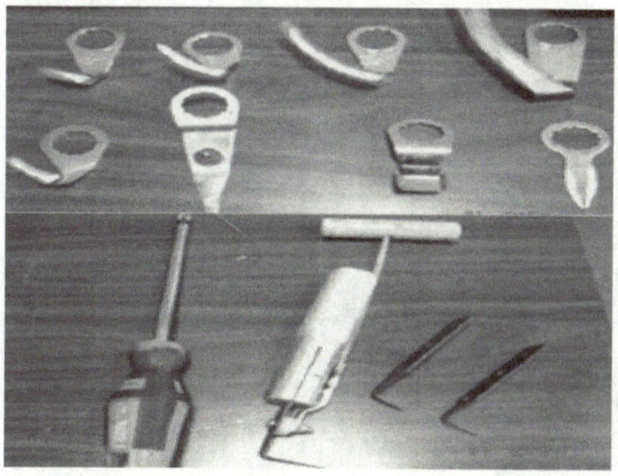

图 8-50　拆卸工具

图 8-51　单股钢琴线

表 8-3　采用钢丝、热刀和冷刀拆卸风窗玻璃的拆卸方法

示意图	说明
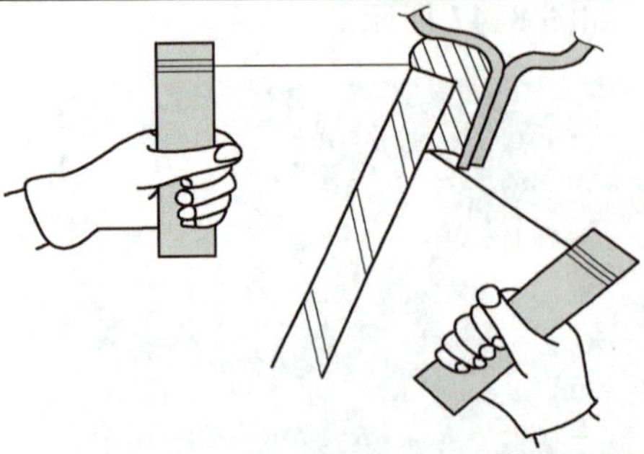	先用加热喷枪软化粘合胶，用锋利的小刀切去玻璃边缘和点焊处之间的多余粘合胶，如图所示。将钢丝的一端连在木制把手上，将另一端穿过粘合胶到达玻璃底部下面，再系在另一木制把子上。一位维修人员在汽车内，来回拉动钢丝切削粘合胶
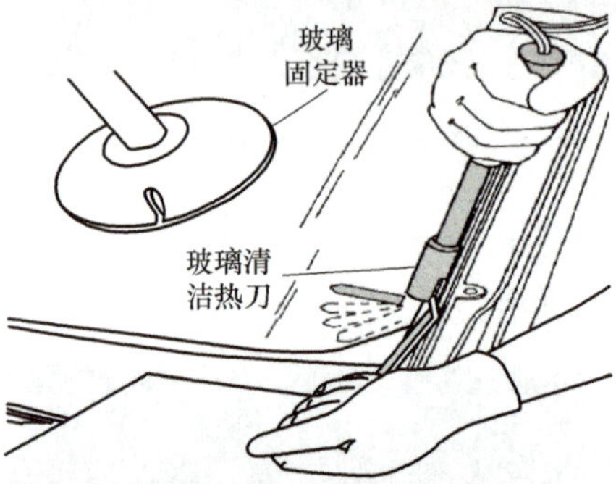	使用热刀来拆除玻璃。将热刀插入粘合胶并尽可能地靠近玻璃，沿着玻璃的整个周围轮廓进行切割，如图所示。切割玻璃拐角处的粘合胶密封时，尽可能靠近拐角移动工具把手，然后转动工具切除粘合胶。不要扭转刀片，否则刀片会断裂。切割后的粘合胶使用楔块（木制或塑料的）使其与玻璃分开
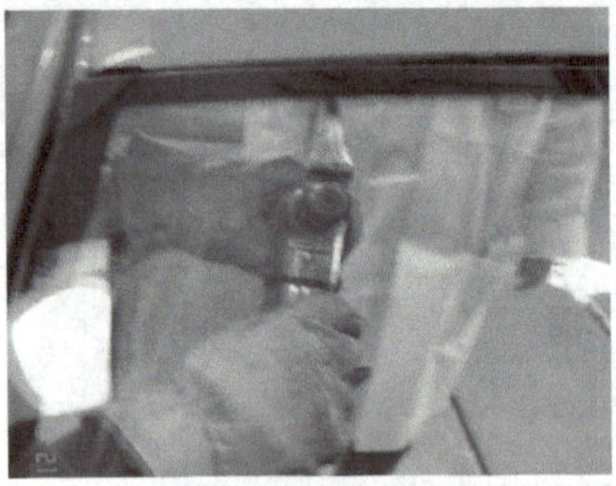	使用冷刀来拆除玻璃，如图所示。使用加热喷枪软化粘合胶，插入刀片，小心地拉动穿过粘合胶。将刀稍稍倾斜一些，使刀片的前缘沿着玻璃表面刮。沿着玻璃的整个周围轮廓进行切割

5）切割完粘合胶后可移走风窗玻璃，并从玻璃上拆下相应的嵌条和橡胶垫（靠近车顶的一边），如图 8-52 所示。

6）用刀具清除残留在框架上的粘合胶，如图 8-53 所示。

图 8-52　移走风窗玻璃

图 8-53　清除粘合胶

7）用钢丝轮或50#砂轮清除所有的铁锈。用金属清洁剂处理裸露出来的金属，然后涂上氨基甲酸乙酯底漆，让底漆干燥3～6min，如图8-54所示。

8）用玻璃清洁剂彻底地清洁内侧表面，然后用干净的无绒布或毛巾擦干。在玻璃内侧边缘均匀涂上一层12mm宽的氨基甲酸乙酯底漆，让底漆干燥3～6min，如图8-55所示。

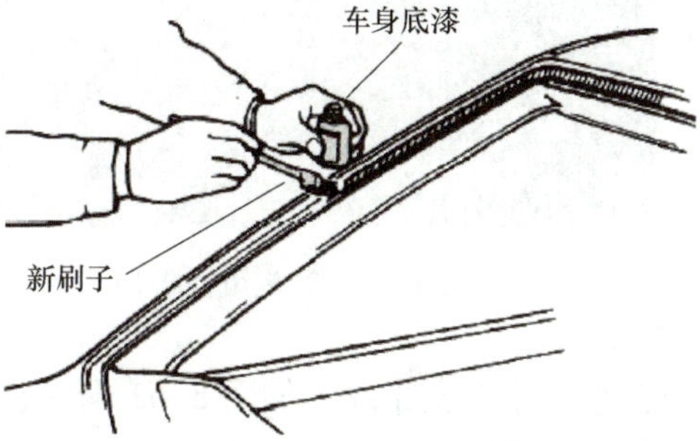

图8-54　涂底漆（一）

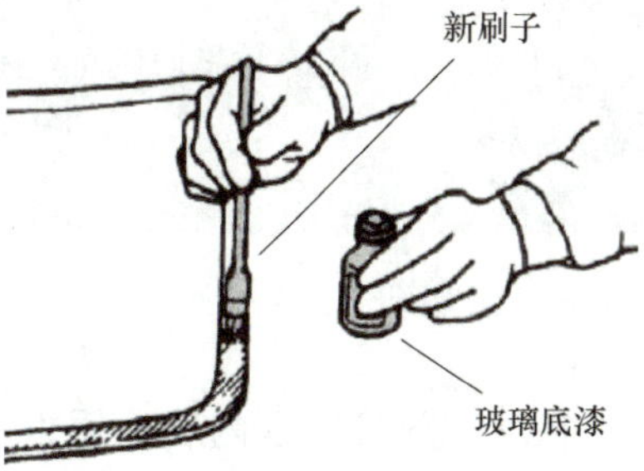

图8-55　涂底漆（二）

9）装上相应的橡胶垫（靠近车顶的一边），并用透明胶粘牢，如图8-56所示。

10）将新更换的风窗玻璃在窗框上定位，均匀对准并调整定位块（隔垫），如图8-57所示。为了使氨基甲酸乙酯充分粘合，确保除了将会覆盖上丁基胶带的位置以外，整个玻璃周围至少要有6 mm的玻璃用彩色粉笔或遮蔽带，标记出位置，切去玻璃边缘的遮蔽带，拆下风窗玻璃。

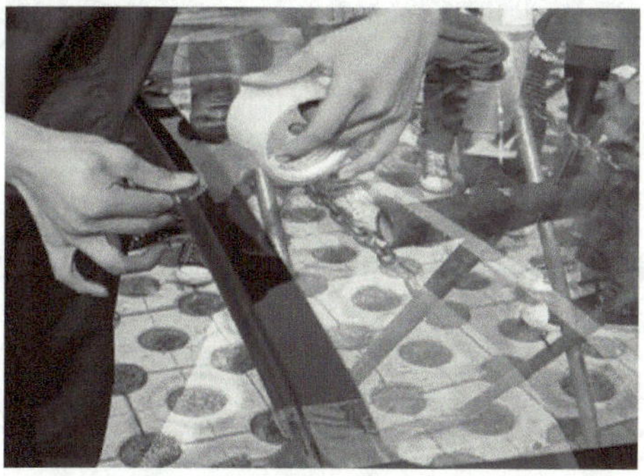

图8-56　装上橡胶垫并粘牢

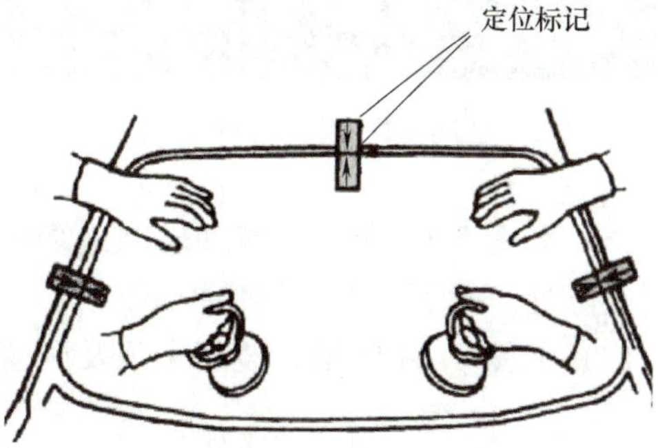

图8-57　将风窗玻璃定位

11）将粘合胶筒嘴切割成细长小缝或20°的V形开口，以便新涂的密封胶宽度尺寸略大于粘结带，如图8-58所示。

12）从窗框下部中间位置开始，把粘合胶（丁基橡胶粘合剂）均匀涂到玻璃框周围，如图8-59所示。

13）用吸盘小心把风窗玻璃安放到窗框上，使用遮蔽带作为参照，安置玻璃时小心不要将粘合剂弄脏，如图8-60所示。

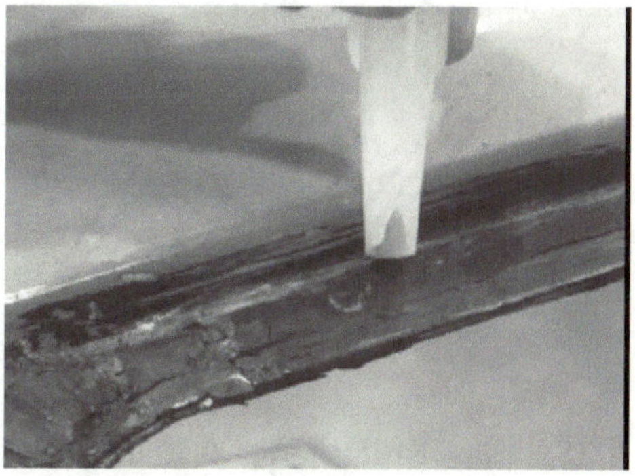

图8-58　粘合胶筒切V形开口

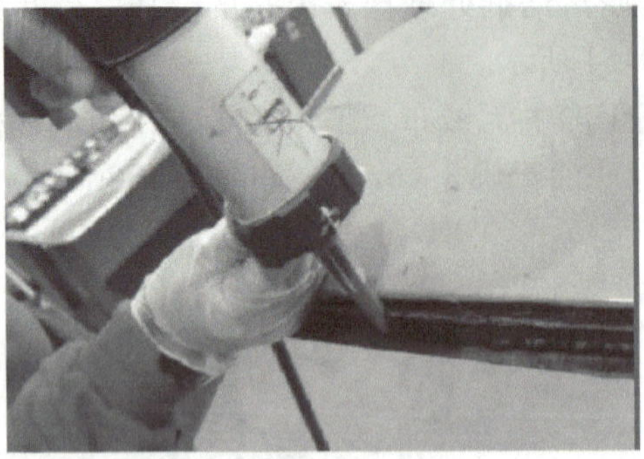

图 8-59　涂粘合胶

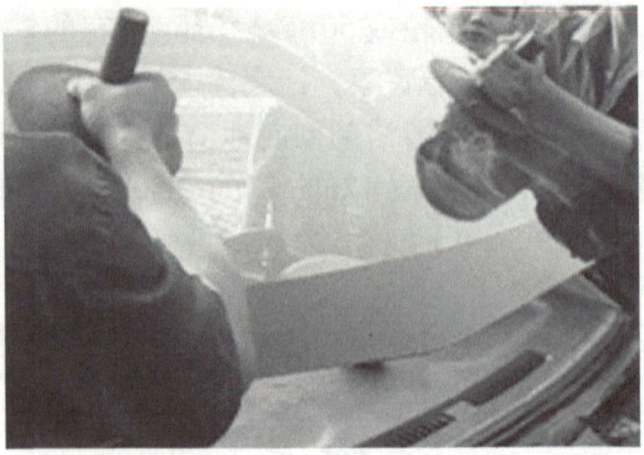

图 8-60　安装风窗玻璃

14）在玻璃放到窗框内后，用力压，以便良好地密封安装部位，如图 8-61 所示。

15）风窗玻璃定位好后用透明胶带固定，如图 8-62 所示。

图 8-61　做好密封

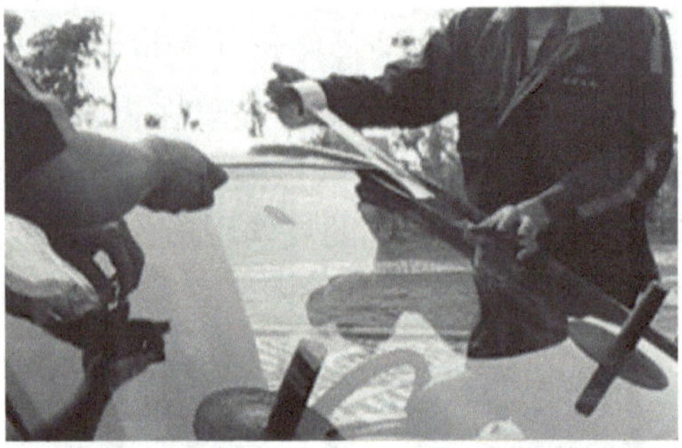

图 8-62　做好固定

16）如图 8-63 所示，清理玻璃边缘挤出的粘合剂。将玻璃和车身之间的粘合剂刮起来填到空隙处。拆下遮蔽带和保护罩。

17）如图 8-64 所示，装回车顶及风窗玻璃两边的嵌条。

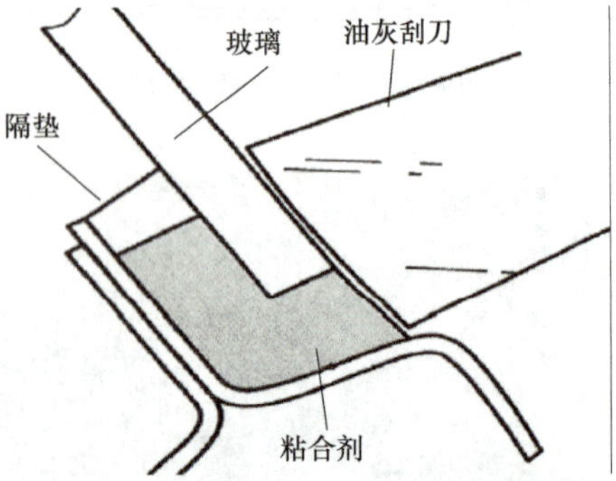

图 8-63　清理粘合剂

图 8-64　装回嵌条

18）如图 8-65 所示，在锁止条槽内喷一些肥皂液，使用专用工具更换锁止条。用楔形工具将槽扩开，然后向里面送入锁止条。肥皂液可以润滑凹槽，使工具更容易滑过橡胶凹槽。

19）用柔和的水流检查安装密封情况，不要将水直接喷到新涂上的粘合胶上面，让水从玻璃边缘流过。如果发现泄漏，则在泄漏点涂上附加的粘合胶。

按照厂家推荐的时间使粘合胶在室温下硬化，一般为 6 ~ 8h 以上。

最后按 5S 要求进行收尾工作，如图 8-66 所示。

图 8-65　更换锁止条

图 8-66　做好收尾工作

复　习　题

1. 车身外饰件与车身的连接方式通常有哪些？拆装注意事项有哪些？
2. 车身内饰件更换经常要用到哪些工具？
3. 说说散热器格栅的拆卸方法。
4. 说说你是如何利用维修手册来帮助自己进行车身修复的？
5. 车身碰撞修复经常用到哪些方法？

参 考 文 献

[1] 庄志，李玉香. 现代轿车车身的构造与修复［M］. 武汉：湖北科学技术出版社，2000.

[2] 韩德恩. 奥迪轿车构造［M］. 北京：机械工业出版社，1997.

[3] 戴耀辉，孙凤英. 轿车车身修理与涂装技术培训教程［M］. 北京：机械工业出版社，2003.

[4] 顾建国. 汽车车身维修［M］. 北京：人民交通出版社，2001.

[5] 尹维贵. 奥迪 A6 轿车结构与维修［M］. 哈尔滨：黑龙江科学技术出版社，2001.

[6] 古聿. 上海帕萨特 B5 轿车结构与维修［M］. 哈尔滨：黑龙江科学技术出版社，2001.

[7] 李春明. 宝来轿车维修手册［M］. 北京：北京理工大学出版社，2003.

[8] 门胁轰二，陆志峰. 广州本田雅阁轿车构造、使用与维修［M］. 北京：人民交通出版社，2001.

[9] 张子波. 汽车车身与附属设备［M］. 北京：人民交通出版社，2002.

[10] 宋森，马国才，王福明. 汽车车身维修实例［M］. 北京：机械工业出版社，2002.

[11] 劳动和社会保障部就业培训技术指导中心. 涂装工初级技能/中级技能/高级技能［M］. 北京：中国劳动社会保障出版社，2004.

[12] 张凤山，赵树刚. 雪佛兰科鲁兹轿车快修精修手册［M］. 北京：机械工业出版社，2013.